JN440128

응용행동분석의 이해

Understanding Applied Behavioral Analysis

이성봉 · 이영지 · 조성하 · 홍이레 공저

학지사

머리말

최근 인간 행동에 대한 과학적 이해와 근거 기반 중재의 중요성이 그 어느 때보다 강조되고 있다. 응용행동분석은 인간 행동의 법칙과 원리를 과학적으로 탐구하고, 이를 실제 환경에 적용하여 사회적으로 의미 있는 행동 변화를 이끌어 내는 실천적 과학이다. 특히 개인의 삶의 질 향상, 사회적 적응과 기능 개선, 조직의 효율성과 생산성 증진에 기여하는 핵심 학문 영역으로 자리매김하고 있다. 응용행동분석의 가장 큰 특징은 관찰 가능한 행동을 과학적 분석의 대상으로 삼고 체계적인 측정과 실험설계를 통해 원인을 탐구하며, 기능적 평가에 기반한 중재를 실행한다는 점이다. 이를 통해 단순히 행동의 빈도나 강도를 증가시키거나 감소시키는 것에 그치지 않고, 행동이 발생하는 환경적 요인과 그 기능을 이해하여 지속 가능하며 일반화 가능한 변화를 유도한다.

응용행동분석의 원리와 중재 방법은 발달장애아동의 의사소통 능력 향상, 학습장애 학생의 학업 성취도 증진, 정서·행동장애 청소년의 문제행동 감소 등 다양한 특수교육 및 임상 현장에서 필수적인 도구로 자리매김했다. 이처럼 응용행동분석은 이론과 현장이 상호 보완하며 실제 문제 해결에 반영되는 증거 기반의 실제라 할 수 있다.

이 책은 응용행동분석의 핵심 이론과 절차를 체계적으로 정리하고, 대학생과 대학원생이 학습과 연구, 현장 적용을 통해 스스로 전문성을 키워 나가도록 설계되었다. 학습자는 이 책을 통해 응용행동분석의 핵심 원리와 절차를 이해하고 능숙히 적용하게 될 뿐만 아니라, 실제 현장 사례를 통해 스스로 중재 설계를 할 수 있는 역량을 갖추게 될 것이다.

응용행동분석의 구성 영역은 행동 측정 방법, 평가 방법, 행동 원리의 세 가지 주요 분야와 기타 영역으로 나뉘며, 이 책은 이를 반영하여 총 12장으로 구성되어 있다. 먼저, 응용행동분석의 개괄을 소개하는 제1장 '응용행동분석의 기초'에서는 행동분석의 철학적 토대와 과학적 원리를 정리하고, 국내외 발전 과정을 살펴본 후 한국적 맥락에서의 적용 과제를 종합적으로 검토하였다. 다음으로, 행동 측정 방법 영역의 제2장 '행동 변화 측정'에서는 목표 행동을 설정하고 사건 기록, 시간 기록, 간격 기록 등 객관적 데이터 수집 방법을 소개하며, 신뢰도와 타당도 확보 절차를 실제 예시와 함께 제시한다. 평가 방법 영역의 제3장 '단일대상연구'에서는 반전 설계와 중다기초선 설계 등 주요 연구 설계 유형을 설명하고, 각 설계의 시각적 분석 방법을 학습한다. 제4장 '기능행동평가'에서는 문제행동의 관심 · 도피 · 요구 · 자기자극 등 문제행동의 기능을 파악하기 위한 면담, 설문, ABC 관찰, 기능분석 절차를 다룬다. 그리고 행동 원리 영역의 제5장 '행동 증가 절차'에서는 정적 강화, 부적 강화, 강화 스케줄의 원리와 적용 방법을 구체적 사례로 설명하고, 제6장 '행동 감소 절차'에서는 차별강화, 소거, 비유관 강화, 기능적 의사소통 훈련, 벌 절차를 살펴보며 윤리적 · 실천적 고려 사항을 논의한다. 제7장 '선행 자극 통제 절차'에서는 자극 통제, 동기 조작, 촉구와 용암, 일반화 절차를 상세히 설명한다. 제8장 '새로운 행동 지도 절차'에서는 모방, 모델링, 관찰학습과 행동연쇄, 행동형성, 행동기술훈련 방법을 제시한다. 제9장 '행동 중재 전략'에서는 토큰경제, 행동 계약, 집단유관을 소개하고, 실제 사례를 통해 중재 설계부터 실행, 피드백까지 전 과정을 제시한다. 마지막으로, 기타 영역의 제10장 '언어행동분석'에서는 언어행동분석의 기본 개념과 주요 유형을 검토한 뒤 생성적 언어행동을 설명하고, 구체 사례를 통해 적용 기법을 제시한다. 제11장 '조직행동관리'에서는 조직행동관리의 이론적 배경과 발전 과정을 살펴보고, 조직문화, 행동환경, 성과관리, 강화 시스템 등 조직 단위에서의 적용 방안을 다룬다. 제12장 '행동분석가 윤리'에서는 윤리 개념과 국내외 윤리 규정을 비교 · 검토하고, 교육 현장에서의 적용 사례 및 전문가로서의 책임과 역할을 명확히 제시한다. 제1장, 제8장, 제12장은 이성봉이, 제2장부터 제4장까지는 이영지가, 제5장부터 제7장까지는 조성하가, 제9장부터 제11장까지는 홍이레가 집필하였다.

이 책은 국내외 행동분석 연구의 최신 동향과 현장 경험을 바탕으로 우리나라 실정에 맞는 응용행동분석 교육의 표준을 제시하고자 하였다. 기존의 번역서 중심 교육에서 벗어나 한국적 맥락과 실제 사례를 반영한 교재의 필요성을 절감하여 여러 전문가가 힘을 모았다.

이 책을 통해 독자들이 응용행동분석의 과학적 원리와 실천적 지식을 익혀 사회적으로 의미 있는 변화를 만들어 가는 전문가로 성장하기를 기대한다. 또한 대학과 대학원에서 응용행동분석을 공부하는 학생들에게는 학문의 나침반이 되고, 현장에서 응용행동분석을 실천하는 행동분석가들에게는 실질적인 지침서가 되기를 바란다.

마지막으로, 응용행동분석 분야를 함께 개척해 나가는 교수, 현장 전문가, 동료 연구자와 이 책이 나오기까지 힘써 주신 학지사의 김진환 사장님과 편집 관계자들에게 깊은 감사를 전한다.

2025년 11월

저자 일동

차례

제12장 행동분석가 윤리 • 411

제1장

응용행동분석의 기초

• 개요

응용행동분석은 인간 행동을 과학적으로 이해하고 변화시키는 데 중점을 둔 실천적 접근법이다. 행동주의 이론은 Watson과 Skinner의 연구를 기반으로 하며, 행동이 환경 자극에 의해 조절된다는 전제에서 출발한다. 응용행동분석은 작동적 조건화 원리를 적용해 의도적인 행동 변화를 유도하고, 그 효과를 실험적으로 검증하는 체계적 방법이다. 이 장에서는 응용행동분석의 이론적 배경과 과학적 정의를 살펴본 후, 특수교육뿐만 아니라 일반교육, 가정, 지역사회, 기업 등 다양한 환경에서 어떻게 발전해 왔는지 검토한다. 그리고 응용행동분석의 구성에 따른 행동 측정 방법, 평가 방법, 그리고 행동 원리에 기반한 중재 방법과 새로운 행동을 지도하는 중재 절차를 설명한다. 마지막으로 응용행동분석 분야의 주요 과제를 살펴본 뒤, 이론과 실천을 통합한 윤리적이고 효과적인 응용행동분석 분야의 방향을 제시한다.

APPLIED BEHAVIOR ANALYSIS

핵심 용어

- 가족 중심 행동지원(family-centered behavioral support)
- 강화(reinforcement)
- 고전적 조건화(classical conditioning)
- 관찰학습(observational learning)
- 근거 기반 실제(evidence-based practice)
- 긍정적 행동지원(Positive Behavior Support: PBS)
- 기술 기반 중재(technology-based intervention)
- 다학제 협력(multidisciplinary collaboration)
- 데이터 기반 의사결정(databased decision Making)
- 동기 조작(motivating operation)
- 모델링(modeling)
- 모방(imitation)
- 벌(punishment)
- 사회적 타당도(social validity)
- 소거(extinction)
- 실험행동분석(experimental analysis of behavior)
- 앱 기반 행동 기록(appbased behavior recording)
- 연민(compassion)
- 원격의료 기반 중재(telehealth-based intervention)
- 윤리적 실천(ethical practice)
- 자극 통제(stimulus control)
- 작동적 조건화(operant conditioning)
- 조직행동관리(organizational behavior management)
- 지역사회 기반 행동지원(community-based behavioral support)
- 차별강화(differential reinforcement)
- 행동기술훈련(behavioral skills training)
- 행동연쇄(behavior chaining)
- 행동주의(behaviorism)
- 행동형성(shaping)

I 응용행동분석의 정의 및 특성

1. 응용행동분석의 정의

응용행동분석(applied behavior analysis)은 인간 행동을 과학적으로 이해하고 변화를 촉진하는 것을 목표로 하는 실천적 학문이다(Baer et al., 1968). 응용행동분석은 **행동주의**(behaviorism) 이론에 기초한다. 행동주의에서는 인간과 동물이 외부 자극에 어떻게 반응하는지를 분석하여 행동 발생 원리를 규명하고, 이를 바탕으로 행동을 조절하는 방법을 개발해 왔다. 이 이론의 기본 구조는 자극(stimulus: S)과 반응(response: R)의 관계로 설명되며, 이를 'S-R 이론'이라고 부른다.

행동주의는 20세기 초 심리학자 John B. Watson에 의해 체계화되었다. Watson은 1913년 논문에서 심리학이 자연과학의 한 분야로 자리매김하려면 객관적이고 관찰 가능한 행동만을 연구 대상으로 삼아야 한다고 주장하였다(Watson, 1913). 그는 내면의 사고나 감정보다 외현적 행동을 중심에 놓고 연구할 때 심리학이 과학적 타당성을 확보할 수 있다고 보았다. 이러한 관점에서 행동주의는 모든 행동이 환경 자극에 의해 일정한 법칙에 따라 결정된다고 본다. 즉, 인간의 행동은 우연이나 자유의지가 아니라 자극-반응(S-R)의 관계 속에서 예측 가능하게 발생하며 조절될 수 있다는 관점이다(Baum, 1994; Chiesa, 1994). 이 같은 관점은 교육과 치료 현장에서 인간 행동을 분석하고 개선하려는 다양한 시도로 이어졌다.

응용행동분석은 종종 행동수정(behavior modification), 행동치료(behavior therapy)와 유사한 맥락에서 사용되기도 하지만, 응용행동분석은 **실험행동분석**(experimental analysis of behavior)에서 도출된 과학적 원리를 바탕으로 사회적으로 의미 있는 행동 변화를 이끌어 내는 데 초점을 둔다(Skinner, 1953).

Baer 등(1968)은 응용행동분석의 핵심 기준인 응용적, 행동적, 분석적, 기술적, 개념적으로 체계적, 효과적, 일반성을 제시하여 이 학문의 정체성을 확립했다. 그들은 응용행동분석이 다루는 행동은 사회적으로 중요한 것이어야 하며, 실험적 방법을 통해 행동 변화의 원인을 명확히 밝혀야 한다고 강조했다. Cooper 등(2020)은 응용행동분석을 행동의 법칙에 기반한 절차를 사회적으로 중요한 행동 향상을 위해 체계적으로 적용하고, 실험을 통해 행동 변화의 주요 변인을 확인하는 과학으로 정의했다. 이 정의는 응용행동분석이 단순한 이론이나 중재 기법이 아니라, 행동의 원리를 실험적으로 검증하고 실제 현장에 적용하는 과학적 접근임을 분명히 한다.

응용행동분석의 정의를 용어 중심으로 정리하면, '응용(applied)'은 응용행동분석이 실제 삶의 질에 영향을 미치는 행동에 초점을 둔다는 점을 의미하고, '행동(behavior)'은 관찰 가능한 외현 행동을 대상으로 한다는 점을 의미하고, '분석(analysis)'은 행동 변화가 어떤 변인에 의해 발생했는지를 체계적으로 검증한다는 점을 의미한다. 다시 말해, 응용행동분석은 이론에 머무르지 않고 실제 삶에 변화를 이끄는 실천 중심의 과학이다.

최근에는 응용행동분석이 자폐스펙트럼장애를 포함한 다양한 발달장애 아동의 교육 및 행동 중재에서 효과적인 방법으로 인정받고 있다. 이를 뒷받침하는 실증 연구도 꾸준히 증가하고 있다. 더 나아가 비장애 아동의 학습 지원, 문제행동 중재, 직업재활, 조직행동관리 등 다양한 분야로 확장되고 있다. 응용행동분석은 인간 행동에 대한 깊이 있는 이해를 바탕으로 긍정적인 변화를 유도하는 과학적이고 실천적인 도구로 계속 발전 중이다.

2. 응용행동분석의 특성

응용행동분석은 인간 행동을 과학적으로 이해하고, 실제 생활에서 의미 있게 변화시키기 위한 체계적 접근이다. Baer 등(1968)은 응용행동분석의 실천을 정의하는 7가지 핵심 특성을 제시했고, 이는 지금까지 응용행동분석의 이론과 적용을 규정하는 틀로 작용하고 있다. 최근에는 Penney 등(2023)의 제안에 따라 여덟 번째 특성인 '연민(compassion)'이 추가되었으며, 이는 응용행동분석이 기술 중심을 넘어 사람 중심의 윤리적 실천으로 나아가고 있음을 보여 준다. 다음은 응용행동분석의 8가지 특성에 대한 구체적인 설명이다.

1) 응용적

'응용적(applied)'이라는 특성은 응용행동분석이 다루는 행동이 단순한 이론적 관심이 아닌, 실제 삶에서 개인의 기능적 독립성과 삶의 질을 향상시키는 데 기여해야 함을 의미한다. 즉, 행동분석가는 대상자나 가족, 사회가 중요하게 여기는 행동을 선택하여 중재 목표로 삼아야 한다. 예를 들어, 자폐스펙트럼장애 아동의 경우 언어 표현, 자기

관리, 또래와의 상호작용, 학습 참여 등 실생활에서 반드시 필요한 행동들이 중재의 대상이 된다. 이러한 행동은 교실, 가정, 지역사회 등 일상 환경에서 직접적으로 영향을 미치므로 중재 결과 또한 실질적이어야 한다. 행동의 선택은 단순히 관찰이나 측정이 가능한 것을 넘어서, 그것이 개인의 성장과 자립, 사회참여에 어떤 긍정적 기여를 하는지를 기준으로 결정되어야 한다.

2) 행동적

'행동적(behavioral)'이라는 특성은 중재의 초점을 내면의 상태나 주관적 해석이 아닌, 명확히 정의되고 관찰 가능한 구체적 행동에 두는 것을 의미한다. 행동은 반드시 측정 가능해야 하며, 객관적인 기록을 통해 변화 여부를 판단할 수 있어야 한다. 예를 들어, '불안하다'는 표현은 주관적이고 해석에 따라 달라질 수 있으므로 이를 '자주 손을 비비고 주변을 두리번거린다.'와 같이 구체적인 행동으로 바꾸어 기술한다. 이와 같은 행동 정의는 중재의 타당도와 신뢰도를 확보하는 데 핵심적이다. 또한 행동분석가는 행동의 주체가 누구인지, 어떤 맥락에서 발생했는지를 명확히 식별할 수 있어야 하며, 중재 결과도 수치화하여 보고해야 한다. 이러한 접근은 실제 변화의 원인과 결과를 명확히 연결해 줄 수 있는 기반이 된다.

3) 분석적

'분석적(analytic)'이라는 특성은 특정 환경 조작이 행동 변화를 유발했음을 실험적으로 입증할 수 있어야 함을 의미한다. 행동분석가는 행동과 환경 사이의 기능적 관계를 밝혀내기 위해 단일대상연구에서의 연구 설계를 활용한다. 이 과정은 단순히 행동이 바뀌었는지를 보는 것이 아니라 어떤 조작이 그 변화를 유도했는지를 파악하는 데 목적이 있다. 예를 들어, 교실에서 손들기 행동이 증가했다면, 그 변화가 강화제 때문인지, 교사의 피드백 때문인지, 혹은 자연적 발달에 따른 것인지를 실험을 통해 구분해야 한다. 이러한 '분석적' 특성이 확보되어야 중재가 다른 환경이나 대상자에게도 적용 가능한 보편적 원리로 발전할 수 있다.

4) 기술적

'기술적(technological)'이라는 특성은 행동 중재의 모든 절차가 명확히 문서화되어 다른 행동분석가가 동일하게 실행할 수 있는 수준으로 정리되어야 함을 말한다. 이는 중재의 재현 가능성과 확장성을 확보하는 데 중요하다. 중재 설계 시 강화물의 종류, 제공 시기, 중재자의 언어적 반응, 행동 측정 방법 등 모든 세부 사항은 구체적이어야 한다. 만약 절차가 모호하거나 일관되지 않다면, 동일한 행동 변화가 재현되기 어렵고, 그 효과 역시 과학적으로 검증하기 힘들어진다. 따라서 행동분석가는 중재를 설명할 때 가급적 구체적인 행동 예시와 절차를 함께 제공하여 중재가 '기술적'으로 전달될 수 있도록 해야 한다.

5) 개념적으로 체계적

'개념적으로 체계적(conceptually systematic)'이라는 특성은 행동 중재가 단지 효과만을 기준으로 사용되는 것이 아니라, 행동과학의 기본 원리에 근거하여 구성되어야 함을 의미한다. 강화, 벌, 소거, 자극 통제, 행동연쇄 등은 모두 응용행동분석의 핵심 개념이다. 중재 절차가 이러한 원리에 기반하지 않으면 중재의 원인을 설명하기 어렵고 유사한 문제에 대한 일관된 접근도 불가능해진다. 예를 들어, 어떤 중재가 효과가 있었다면 그것이 '차별강화'의 원리에 의한 것인지, '소거' 때문인지를 설명할 수 있어야 한다. 이를 통해 응용행동분석은 다양한 사례에서 기술의 일관성과 과학적 신뢰성을 유지하게 된다.

6) 효과적

응용행동분석의 목표는 실질적인 행동의 변화를 이끌어 내는 것이다. '효과적(effective)'이라는 특성은 단순한 수치 변화가 아니라 개인의 삶에 실질적이고 사회적으로 의미 있는 변화를 만들어 내는 것을 강조한다. 예를 들어, 문제행동의 빈도가 줄어들었더라도 그것이 실제 수업 참여나 사회적 상호작용에 긍정적 영향을 주지 못한다면, 중재는 효과적이라 보기 어렵다. 효과적은 단기적인 수치 변화만이 아니라 일상생활 속에서의 실천 가능성과 장기적인 유지까지 포함하여 판단해야 한다. 이를 위해 행동분석가는 중재의 목표를 설정할 때부터 구체적이고 실용적인 변화 기준을 함께 고려해야 한다.

7) 일반성

'일반성(generality)'이라는 특성은 중재 결과가 시간, 환경, 행동 측면에서 지속되고 확장되는 정도를 의미한다. 응용행동분석에서 성공적인 중재란 특정 조건에서만 효과가 있는 것이 아니라 다양한 상황과 유사 행동에도 영향을 미치는 것이다. 예를 들어, 교실에서 학습된 자기관리 기술이 가정이나 지역사회에서도 유지된다면, 이는 시간과 환경의 일반화가 이루어진 것이다. 또한 손 씻기 행동을 중재한 결과, 양치나 옷 정리 같은 유사한 자기관리 행동에도 긍정적 변화가 나타났다면, 이는 행동의 일반화라 할 수 있다. 응용행동분석은 이처럼 행동의 지속성과 전이 가능성까지 고려하여 중재를 설계한다.

8) 연민

최근 제안된 **연민**(compassion)은 응용행동분석의 윤리적 · 철학적 기반을 강화하는 특성으로 주목받고 있다. Penney 등(2023)은 행동분석가가 단순히 기술을 전달하는 사람에 그치지 않고, 고객의 삶과 감정을 공감하며 존중하는 태도를 가져야 한다고 강조한다. 연민은 고객의 고통이나 어려움을 외면하지 않고, 그것을 줄이기 위한 실질적 행동을 포함한다. 행동분석가는 고객과의 관계 속에서 협력하고 해를 최소화하며, 존엄과 권리를 중심에 둔 실천을 해야 한다. 이는 특히 자폐스펙트럼장애 아동이나 발달장애인과 같이 장기적인 중재가 필요한 집단에서 더욱 중요하다. 연민은 행동의 기술적 변화뿐만 아니라 그 변화 과정에서도 대상자가 인간으로서 존중받고 있다는 경험을 하도록 이끄는 근본적 가치다.

이와 같이 8가지 특성은 응용행동분석이 과학적 근거뿐만 아니라 실천적 윤리성을 함께 갖춘 분야로 성장하는 데 있어 중요한 기준이 된다. 특히 연민의 추가는 행동분석가가 단지 중재의 기술자가 아닌, 사람 중심 실천가로서 자리매김하는 데 중요한 전환점을 제시한다.

Ⅱ 응용행동분석의 역사

1. 행동주의의 기원과 기반

행동주의의 기원은 I. P. Pavlov(1849~1936)의 **고전적 조건화** 실험에서 찾을 수 있다. Pavlov는 개의 침 분비 반응을 연구하면서 중립 자극과 무조건 자극을 반복 결합하면 중립 자극이 조건 자극으로 전환되어 자동적 반응을 유도할 수 있음을 밝혀냈다. 이 고전적 조건화 이론은 학습이 자극에 대한 반응을 통해 이루어진다는 점에서 이후 심리학 이론에 큰 영향을 미쳤다.

이후 J. B. Watson(1878~1958)은 '행동주의(behaviorism)'라는 용어를 도입하고, 심리학은 의식이나 감정 같은 내면적 현상보다 관찰 가능한 행동을 연구해야 한다고 주장했다(Watson, 1913). 그는 자극(S)과 반응(R) 사이의 관계를 강조하며, 인간의 정서 반응조차 학습될 수 있다고 보았다. 대표적인 예가 바로 'Little Albert' 실험이다. 이 실험에서 Watson과 Rayner는 흰 쥐와 함께 큰 소리를 반복 제시함으로써, Albert라는 유아가 흰 쥐에 대해 공포 반응을 갖도록 만들었다(Watson & Rayner, 1920). 이 연구는 정서도 환경 자극을 통해 학습될 수 있음을 보여 주는 상징적 사례로 기록된다.

Watson은 행동이 유전보다는 환경의 산물임을 강조하며, 교육과 경영 등 다양한 사회 영역에서 인간 행동을 예측하고 통제할 수 있다고 보았다. 그는 다음과 같은 유명한 말을 남겼다.

> 건강하고 잘생긴 12명의 유아와 내가 그들을 기를 수 있는 나만의 환경을 준다면, 나는 무작위로 그중 한 명을 골라 내가 선택한 어떤 전문가, 즉 의사, 변호사, 예술가, 상인, 심지어 거지나 도둑으로도 훈련시킬 수 있다고 장담한다. 이는 그 아이의 재능, 성향, 경향, 능력, 적성, 인종과는 무관하다(Watson, 1930).

Watson의 발언은 심리학의 과학화와 환경의 영향 강조라는 긍정적 유산을 남겼지만, 극단적 환경결정론과 내적 과정 경시라는 한계를 드러냈다. 이후 현대 심리학은 유전과 환경, 행동과 인지의 상호작용을 중시하는 통합적 관점으로 발전하게 되었다.

2. 작동적 조건화와 실험행동분석의 발전

행동주의는 B. F. Skinner(1904~1990)의 연구를 통해 이론적으로 더욱 정교화되었고 과학적 실천 영역으로 확장되었다. Skinner는 Pavlov의 고전적 조건화가 불수의적, 반사적인 반응에 초점을 맞추는 데 그친다고 보고, 인간과 동물의 자발적 행동이 어떻게 학습되는지에 주목했다. 그는 이러한 자발적 행동이 행동 이후의 결과에 의해 영향을 받는다는 점에서 고전적 조건화와 구분하고, 이를 **작동적 조건화**(operant conditioning)

라 명명하였다(Skinner, 1938).

Skinner는 'Skinner 상자'라 불리는 실험 장치를 고안하여 쥐가 상자에 설치된 레버를 누르는 특정 행동을 할 때마다 먹이를 보상해 주는 실험을 설계했다. 이를 통해 특정 행동의 발생 빈도가 결과 자극의 유형, 즉 강화 또는 벌에 따라 증가하거나 감소한다는 것을 실험적으로 입증했다. 그는 이러한 행동의 발생 과정을 선행 자극(antecedent), 행동(behavior), 후속결과(consequence)로 구성된 **3요인 유관**(three-term contingency) 개념으로 설명했으며, 이는 환경과 행동 사이의 **기능적 관계**(functional relation)를 이해하는 핵심 틀이 되었다(Skinner, 1953).

Skinner는 이 연구들을 통칭하여 '실험행동분석(experimental analysis of behavior)'이라 명명하고, 행동의 기본 원리를 체계적으로 밝혀냈다. 실험행동분석은 인위적인 실험실 조건에서 다양한 조작을 통해 원인을 통제하고 행동 결과를 관찰함으로써 인간 행동의 과학적 분석 가능성을 열었다. 이러한 접근은 행동을 예측하고 조작할 수 있는 강력한 도구로 자리 잡았고, 훗날 응용행동분석의 이론적 · 실험적 기반으로 작용하게 되었다(Cooper et al., 2020).

Skinner 이후, 행동 원리를 실제 인간 행동에 적용하려는 시도들이 본격화되었다. Fuller(1949)는 최중도 지적장애 성인을 대상으로 한 실험에서 특정 행동이 나타날 때마다 강화 자극을 제공하여 자발적 팔 움직임을 성공적으로 유도했다. 이는 작동적 조건화 원리가 인간에게도 적용 가능함을 처음으로 보여 준 사례로 응용행동분석의 실천적 가능성을 연 최초의 실험으로 평가받는다.

이후 Bijou(1961)는 실험행동분석의 원리를 다양한 인간 대상 군에게 확장 적용하며 응용행동분석의 실천 영역을 넓혔다. Bijou와 Baer(1961)는 영유아의 발달과 초기 행동 형성에 응용행동분석 원리를 적용하였고, Ferster와 DeMyer(1961)는 자폐스펙트럼장애 아동의 언어 습득 과정에서 작동적 조건화 절차를 효과적으로 활용하였다. Lindsley(1972)는 행동의 빈도를 측정하고 표준 셀러레이션 차트(standard celeration chart)를 활용해 학습을 시각적으로 추적하는 정밀 교수(precision teaching)를 개발하여 교육 분야에 응용행동분석 적용을 확장시켰다.

이러한 연구자들은 행동을 과학적으로 측정 가능한 단위로 정밀하게 정의하고, 그 변화를 실험적으로 검증함으로써 응용행동분석을 단순한 이론이 아닌 재현 가능하고 실용적인 과학으로 정착시켰다. 이러한 접근은 장애 아동의 문제행동 중재나 의사소통 능력 향상 등 실제 현상에서 효과를 입증하는 기반이 되었으며, 정신건강 치료, 노인 인지 재활, 직업 재활 프로그램 등 다양한 분야로 확산되었다. 특히 자폐스펙트럼장애 아동의 조기 중재에서는 응용행동분석이 효과적인 근거 기반 접근으로 자리매김하였고, 이는 다수의 임상 연구와 실천 사례를 통해 지속적으로 검증되고 있다.

3. 응용행동분석의 학문적 정립

1968년, 『Journal of Applied Behavior Analysis(JABA)』가 창간되면서 응용행동분석은 하나의 독립된 학문 영역으로 자리 잡기 시작했다. JABA는 행동주의 심리학의 이론을 실제 삶의 문제에 적용하려는 연구를 체계적으로 수용하고 발표할 수 있는 최초의 전문 학술지로서 실험적 정밀성과 실용적 효과성이라는 두 축을 기반으로 응용행동분석의 기준을 정립하였다(Heward et al., 2005). 이를 통해 연구자들은 행동 변화의 원리를 과학적으로 검증하고, 실천적 중재 전략을 구조화할 수 있는 틀을 갖추게 되었다.

그 이후 1974년에는 Association for Behavior Analysis International(ABAI)이 설립되면서 응용행동분석은 단순히 미국 내의 연구 흐름에 그치지 않고 전 세계적으로 확산되기 시작했다. ABAI는 매년 국제 학술대회를 개최하고 행동분석 관련 저널을 발간함으로써 연구자 간의 교류와 학문적 협력을 촉진했다(Cooper et al., 2020). 이 학회는 행동분석학의 이론적 기반, 연구 윤리, 적용 기술에 대한 국제적 합의 형성을 가능하게 했으며, 학문과 실천의 균형을 추구하는 글로벌 플랫폼으로 기능해 왔다.

1998년에는 Behavior Analyst Certification Board(BACB)가 미국에서 설립되어 행동분석 전문가 양성 및 자격 인증 체계를 제도화하였다. BACB는 행동분석가의 교육, 실습, 자격시험, 윤리 규정 등을 엄격하게 규정함으로써 전문가로서의 신뢰성과 사회적 책임성을 제고하였다(BACB, 2020). 최근에는 BACB 외에도 Qualified Applied Behavior Analysis Credentialing Board(QABA)가 국제적으로 인정받는 자격 인증 체계로 주목받고 있다. QABA는 2012년에 설립된 국제 인증 기관으로 미국국가표준협회(ANSI)의 공식 인증을 받아 그 공신력을 국제적으로 인정받고 있다. 이러한 발전을 통해 응용행동분석은 단순한 행동수정 기법을 넘어 이론적 깊이와 실천적 효과를 동시에 추구하는 종합적 학문으로 성장하였다. BACB와 QABA는 각기 다른 제도와 접근 방식을 통해 전문성과 윤리성을 더욱 공고히 하고 있으며, 행동분석 전문가들이 국제적 기준에 따라 활동할 수 있는 기반을 마련하고 있다.

JABA의 창간, ABAI의 설립, BACB의 제도화, QABA의 국제적 확산은 응용행동분석이 단순한 실용적 접근을 넘어선 학문으로 자리 잡는 데 핵심적인 역할을 하였다. 이로 인해 응용행동분석은 심리학, 교육, 의료, 사회복지 분야 등 다양한 실천 영역에서 널리 적용되고 있으며, 전문성과 윤리성을 동시에 확보하고 있다.

4. 한국에서의 응용행동분석

우리나라에서 응용행동분석은 1970년대 초반부터 도입되기 시작했다. 1968년 설립된 한국행동과학연구소는 인간 행동을 과학적으로 이해하고 중재하는 연구의 출발점이 되었으며, 이곳을 중심으로 행동수정 개념이 국내에 소개되었다. 1979년에는 행동과학연구소 내에 행동수정연구회가 조직되어 응용행동분석의 이론적 탐색과 실제 적용에 있어 보다 체계적인 접근이 이루어지기 시작했다(홍준표, 2014). 초기에는 행동수정 기법이 특수교육 및 상담 분야를 중심으로 제한적으로 사용되었지만, 연구자들의 지속적인 노력과 실천 사례의 축적을 통해 응용행동분석의 효과성이 입증되면서 관심은 점차 확대되었다. 특히 장애아동뿐만 아니라 일반아동의 행동 개선에도 응용행동분석이 효과적이라는 연구 결과들이 발표되면서 특수교육에서 응용행동분석에 대한 수요가 본격적으로 증가했다.

이러한 흐름을 바탕으로 2013년에는 '한국특수교육응용행동분석학회'가 창립되었다. 초기에는 특수교육학 전공자들이 중심이었지만 점차 심리학, 교육학, 사회복지학, 의학 등 다양한 분야의 전문가들이 학회 활동에 참여하게 되면서 응용 범위가 더욱 넓어졌다. 2014년 이 학회는 명칭을 현재의 '한국행동분석학회(KABA)'로 변경하고 같은 해 학술지인 『행동분석 · 지원연구(Journal of Behavioral Analysis & Supports)』를 창간하였다. 이 학술지는 응용행동분석뿐만 아니라 긍정적 행동지원(Positive Behavior Support: PBS) 분야의 학문 발전에도 기여하고 있으며, 현재까지 꾸준히 발간되고 있다(이성봉 외, 2019).

전문가 양성을 위한 대학 교육기관도 꾸준히 증가하고 있다. 학부 과정은 2007년 대구사이버대학교에 행동치료학과가 처음 신설되었고, 석사과정은 2013년 공주대학교의 심리 · 행동치료 전공 개설을 시작으로 여러 대학에서 관련 전공이 개설되었다. 박사과정은 2023년 백석대학교에 응용행동분석 전공이 신설되면서 국내에서도 이 분야의 고급 전문 인력 양성이 본격화되고 있다.

이처럼 우리나라에서의 응용행동분석 역사는 비교적 길지 않지만 연구, 실천, 교육이 유기적으로 연결되며 지속적인 성장을 이어 가고 있다. 응용행동분석은 이제 특수교육을 넘어 다양한 분야에서 사람 중심의 지원 체계로 자리 잡아 가고 있으며, 앞으로도 더 넓은 영역에서 활발히 활용될 것으로 기대된다.

5. 현대 응용행동분석의 확장과 논의

현대의 응용행동분석은 과거의 행동수정 중심 패러다임에서 벗어나 보다 개인 중심적이고 윤리적인 실천으로 변화하고 있다. 이는 문제행동의 제거에 초점을 맞춘 기술적 중재에서 삶의 질 향상을 목표로 하는 포괄적 접근으로의 전환을 의미한다. 오늘날 응용행동분석가들은 기술적 숙련뿐만 아니라 문화적 민감성, 윤리적 책임, 협력적 실천을 중시하고 있다.

응용행동분석의 주요 변화 중 하나는 자연주의적 접근의 확대다. 대표적으로 중심축반응 훈련(Pivotal Response Treatment: PRT)은 아동 주도의 놀이 상황을 기반으로 언어, 사회적 상호작용, 자기조절과 같은 핵심 행동을 중심으로 중재를 설계한다(Koegel et al., 2016). 이는 전통적인 **개별시도학습**(Discrete Trial Training: DTT)보다 학습자의 동기를 높이고 보다 지속적이며, 일반화 가능한 행동 변화를 유도한다. 자폐스펙트럼장애 아동의 자율성, 흥미, 선택권을 존중하는 점에서도 현대적 가치에 부합한다.

또한 응용행동분석은 과거의 중재가 당사자에게 정서적 고통이나 스트레스를 유발했다는 비판을 받고 있다. 특히 자폐스펙트럼장애 당사자 커뮤니티는 응용행동분석이 감정 표현이나 자기주장을 억압하는 방식으로 사용되었다고 지적하며, 윤리적 재검토를 요구하고 있다. 이에 따라 현대의 응용행동분석은 단순한 행동 변화뿐만 아니라 중재의 윤리성, 자기결정권 보장, 삶의 질 향상을 핵심 목표로 삼고 있다. 행동분석가들은 중재의 사회적 타당도(social validity), 즉 당사자와 가족, 지역사회가 중재를 얼마나 의미 있고 수용 가능하다고 느끼는지를 중요한 평가 기준으로 삼는다(Cooper et al., 2020).

응용행동분석의 적용 범위도 빠르게 확장되고 있다. 전통적으로 발달장애 중재에 초점이 맞춰졌던 응용행동분석은 이제 조직행동관리(Organizational Behavior Management: OBM), 스포츠 심리학, 동물 훈련, 교정 프로그램, 공공보건, 환경 행동 변화 등 다양한 영역으로 활용되고 있다. OBM은 직장 내 성과 향상과 안전 강화를 목표로 응용행동분석 기법을 적용하며, 스포츠 분야에서는 선수들의 기량 향상을 위한 피드백 전략에 응용행동분석 원리를 활용한다(Martin & Pear, 2019). 이처럼 응용행동분석의 원리는 인간 행동과 환경 간의 보편적 상호작용을 설명하고 변화시킬 수 있는 유연한 과학적 틀로 기능하고 있다.

현대의 응용행동분석은 윤리적 자각, 문화적 민감성, 다학제적 연계를 기반으로 한 실천 체계로 발전하고 있다. 이는 응용행동분석이 단지 이론적 분석 도구가 아니라 사람 중심의 실천학문으로 자리 잡고 있음을 보여 준다. 향후에도 응용행동분석은 학제 간 협력, 당사자 참여, 문화적 적합성 등을 통해 더욱 진보된 실천 모델로 발전해 나갈 것이다.

Ⅲ 응용행동분석의 구성

응용행동분석은 특정한 중재 방법이나 교수 전략만을 의미하지 않는다. 응용행동분석은 인간 행동의 변화 과정을 설명하고 중재하기 위한 하나의 이론적이고 실천적인 체계다. 단순히 문제행동을 감소시키거나 바람직한 행동을 증가시키는 절차를 넘어, 왜 그러한 행동이 발생하고 어떻게 변화하거나 지속되는지를 과학적으로 설명하는 학문이다.

응용행동분석은 인간 행동의 원인과 결과, 그리고 이를 둘러싼 환경 간의 상호작용을 이해하려는 시도에서 출발한다. 사회적으로 의미 있는 행동을 중심으로 설정된 목표를 실천 가능한 절차로 구체화하고, 그 결과를 관찰과 측정을 통해 증거 기반으로 평가한다는 점에서 응용행동분석은 교육학, 심리학, 발달학 등의 실천 영역에서도 핵심적 역할을 하고 있다. 이러한 응용행동분석은 행동 측정 방법, 평가 방법, 행동 원리의 3가지 주요 영역과 기타 영역으로 구성되어 있다.

1. 행동 측정 방법

응용행동분석은 행동을 과학적으로 다루는 학문이므로 모든 행동 변화는 객관적으로 관찰 가능하고 측정 가능한 방식으로 기록되어야 한다(Cooper et al., 2020). 행동은 내면적 상태나 주관적 해석이 아닌 구체적이고 명확한 정의에 기반하여 측정되어야 하며, 그렇지 않으면 중재의 효과를 판단하거나 결과를 재현하는 데 문제가 발생한다. 이는 응용행동분석의 핵심 전제인 **데이터 기반 의사결정**(data-based decision making)을 가능하게 하는 조건이기도 하다.

행동은 여러 차원에서 측정될 수 있으며, 다양한 측정 지표를 통해 정밀한 행동분석이 가능해진다. 기본적인 행동의 측정 단위는 다음과 같다.

- 빈도(frequency): 특정 행동이 일정 시간 동안 얼마나 자주 발생했는지를 측정한다. 가장 기본적이고 널리 사용되는 측정 지표로 행동의 발생률을 파악하는 데 유용하다.
- 지속시간(duration): 하나의 행동이 얼마나 오랫동안 지속되었는지를 측정한다. 주의 집중 시간이나 우는 행동처럼 행동의 길이 자체가 중재의 대상이 되는 경우에 적합하다.
- 반응지연시간(latency): 자극이나 지시가 주어진 후, 행동이 시작되기까지 소요된 시간을 의미한다. 이는 반응의 민첩성이나 지시 이행 속도를 평가할 때 중요하며, 특히 행동 개시의 지연이 문제행동으로 이어지는 상황에서 유용하다.
- 행동형태(topography): 행동이 어떤 물리적 형태로 나타나는지, 즉 행동의 외형적 특성이나 표현 방식을 설명한다. 같은 목적의 행동이라도 개인에 따라 움직임이나 방식이 다를 수 있으므로 정확한 정의와 기술이 요구된다.
- 강도(intensity): 행동이 얼마나 강하게 일어났는지를 측정한다. 이는 객관적 수치로 측정하기 어려운 경우가 많아 관찰자의 명확한 기준과 훈련이 필수적이다. 예를 들어, 목소리의 크기나 신체적 접촉의 세기를 평가할 때 사용된다.
- 위치(location): 행동이 어디에서 발생했는지, 혹은 어떤 물리적 환경에서 이루어졌는지를 기록하는 척도다. 이는 행동과 환경 간의 관계를 분석하고, 특정 장소나 자극과 연관된 행동 패턴을 식별하는 데 도움이 된다.

행동을 효과적으로 측정하기 위해 사용하는 자료 수집 방법도 다양하다. 상황과 목적에 따라 적절한 방법을 선택해야 하며, 대표적인 측정 방법은 다음과 같다.

- 일화기록(anecdotal recording): 행동이 발생한 전후 상황과 행동 자체를 서술형으로 상세히 기록하는 방법이다. 주관성이 개입될 수 있지만, 복잡한 행동 맥락이

나 초기 평가 단계에서 유용하다. 행동의 기능분석에 필요한 정보도 수집할 수 있다.

- 영구산물기록(permanent product recording): 행동의 직접적인 결과물(예: 숙제, 완성된 퍼즐, 쓰레기통 사용 여부 등)을 측정 지표로 활용한다. 관찰자 없이도 자료 수집이 가능하며, 객관성 유지와 시간 효율성이 높다는 장점이 있다.
- 직접관찰(direct observation recording): 행동이 발생하는 순간을 실시간으로 관찰하고, 사전에 정한 기준에 따라 행동을 측정하는 방법이다. 사건기록(event recording), 지속시간기록(duration recording), 반응지연시간기록(latency recording), 간격기록(interval recording) 등이 포함되며, 응용행동분석에서 널리 사용되고 신뢰도가 높은 방식으로 간주된다.

이러한 측정 방법은 단순한 기술적 절차를 넘어서 중재의 효과를 분석하고, 새로운 중재 전략을 설계하며, 행동 목표의 진척도를 평가하는 데 핵심적 근거 자료가 된다. 또한 행동 변화의 패턴을 시각화하거나, 중재 조건 변경 시점과의 상관성을 분석하는 데에도 활용된다. 행동을 측정하는 방법에 대한 자세한 내용은 제2장 '행동 변화 측정'에서 다룬다.

2. 평가 방법

1) 단일대상연구

응용행동분석에서는 전통적인 집단 비교 중심의 통계 분석보다 단일대상연구(single subject research)를 통해 개별 행동의 변화를 정밀하게 추적하고 해석하는 방식을 선호한다. 단일대상연구는 소수 또는 한 명의 참여자를 대상으로 시간의 흐름에 따라 반복 측정을 통해 중재 전후의 변화를 비교함으로써 인과관계를 직접적으로 파악할 수 있게 해 준다. 이는 실험 통제가 어려운 실제 환경에서 중재의 효과를 구체적이고 현실적으로 평가하는 데 유리하다. 대표적인 단일대상연구 설계는 다음과 같다.

- 반전 설계(ABAB design): 가장 고전적인 형식의 설계로, '기초선(A) – 중재(B) – 기초선 반복(A') – 중재 반복(B')'의 순서로 진행된다. 이를 통해 중재 도입과 제거 시 행동 변화가 반복적으로 일어나는지를 관찰할 수 있다. 이러한 반복은 중재와

행동 변화 간의 인과성을 뒷받침한다. 그러나 문제행동 중재처럼 중재 제거가 윤리적으로 문제가 되는 상황에는 사용이 제한될 수 있다. 또한 중재 이후 되돌릴 수 없는 변화, 즉 비가역적(irreversible) 행동에는 반전 설계를 적용할 수 없다. 예를 들어, 새로운 기술의 습득처럼 일단 발생하면 이전 상태로 되돌리기 어려운 행동 변화는 반전이 불가능하므로 이 설계를 적용할 수 없다.

- 중다기초선 설계(multiple baseline design): 동일한 중재를 서로 다른 대상, 행동, 또는 상황에 대해 시간차를 두고 적용함으로써 변화의 시점을 비교한다. 각 기초선은 독립적으로 유지되며, 중재가 시작된 시점에만 행동 변화가 나타난다면 이는 중재 효과를 뒷받침하는 증거가 된다. 이 설계는 반전 설계에서 중재 제거가 불가능하거나 부적절한 상황에 적합하다.
- 교대중재 설계(alternating treatments design): 둘 이상의 중재를 빠르게 번갈아 적용하여 어떤 중재가 더 효과적인지 비교하는 데 사용된다. 중재는 통제 가능한 조건에서 짧은 간격으로 반복 적용되며, 각 중재에 대한 행동 반응을 시각적으로 비교할 수 있다. 이 설계는 중재 간 비교가 필요하거나 시간적 여유가 없는 경우 유용하지만, 잦은 전환이 행동에 영향을 줄 수 있어 해석 시 주의가 필요하다.
- 준거변경 설계(changing criterion design): 목표 행동의 기준치를 점진적으로 변경하며 행동이 각 기준치에 맞춰 조절되는지를 확인하는 설계다. 예를 들어, 하루에 10번 문제행동을 '8회→6회→4회→0회'로 줄이도록 기준을 설정할 경우, 행동이 기준 변화에 따라 점진적으로 변화하면 중재의 효과가 입증된다. 이 설계는 점진적 행동 개선을 목표로 하는 습관 형성, 금연, 식습관 개선 등에 적합하다.

이러한 단일대상연구 설계들은 통계적 유의성보다는 실제 행동의 변화 양상과 과정 자체에 초점을 맞추며, 행동분석의 과학적 타당성을 뒷받침하는 데 유효하다. 시각적 자료(예: 그래프)를 중심으로 해석되며, 소수의 표본이라도 높은 실험 통제와 반복성을 통해 증거를 생성할 수 있다. 특히 교육, 임상, 발달장애 중재 분야에서 개별 맞춤형 중재의 효과를 확인하는 데 핵심적인 도구로 활용된다. 평가 방법에서의 단일대상연구에 대한 자세한 내용은 제3장 '단일대상연구'에서 다룬다.

2) 기능행동평가

기능행동평가(functional behavior assessment)는 응용행동분석에서 문제행동의 원인과 기능을 체계적으로 파악하여 효과적인 중재 전략을 수립하기 위한 핵심적인 과정이다. 전통적인 접근법이 행동의 형태에만 초점을 맞춰 일률적인 중재를 적용했다면, 기능행동평가는 행동이 발생하는 맥락과 그 행동이 개인에게 제공하는 기능을 이해함으로써 개별화된 중재를 가능하게 한다. 이는 "행동은 의도가 있다."라는 응용행동분석의 핵심 원리에 기반하며, 동일한 형태의 문제행동이라도 개인마다 다른 기능을 할 수 있다는 점을 인정한다.

문제행동의 기능은 일반적으로 사회적 관심 획득, 과제 회피 또는 도피, 물건이나 활동 요구, 감각 자극 추구 4가지로 구분된다. 그러나 문제행동의 기능은 개인의 발달 수준, 의사소통 능력, 상황 맥락, 문화적 배경에 따라 다양하게 나타날 수 있으며, 동일한 행동이라 하더라도 서로 다른 기능에 의해 발생할 수 있다.

기능행동평가는 정보 수집 방식에 따라 3가지 유형으로 구분되며, 각각은 고유한 장점과 제한점을 가지고 있다. 이러한 단계적 접근을 통해 문제행동의 기능을 보다 정확하고 체계적으로 파악할 수 있다.

첫째, 간접 기능행동평가는 교사나 부모 등 주변인과의 면담이나 설문을 통해 문제행동의 기능에 대한 정보를 수집하는 방법이다. 면담, 체크리스트, 설문지 등을 통해 행동에 대한 기본 정보를 수집하며, 행동의 빈도, 강도, 지속시간과 같은 기본적 특성뿐만 아니라 행동이 발생하는 상황, 선행사건, 후속결과에 대한 정보를 얻는다. 이 방법은 시간 효율성이 높지만 응답자의 주관에 의존한다는 한계가 있다. 간접 기능행동평가 도구로는 기능평가 면담지, 행동기능 설문지(Questions About Behavioral Function: QABF), 동기 사정 척도(Motivation Assessment Scale: MAS)가 있다.

둘째, 직접 관찰 방법인 기술적 기능행동평가는 실제 환경에서 아동의 행동을 관찰하며 선행사건, 행동, 후속결과를 구조화하여 기록하는 방식이다. 자연적 환경에서 행동을 실시간으로 관찰하고 기록하여 간접 평가에서 얻은 정보를 검증하고, 보다 정확한 행동-환경 관계를 파악할 수 있다. 자연스러운 맥락에서 자료를 수집할 수 있지만 인과관계를 명확히 밝히기에는 제한이 있다. 기술적 기능행동평가 도구로는 선행사건, 행동, 후속결과를 순차적으로 기록하는 ABC 관찰지, 시간대별로 행동 발생을 표시하여 행동의 시간적 패턴을 시각적으로 확인하는 산포도 기록이 있다.

셋째, 실험적 기능분석은 통제된 환경에서 가설된 기능에 따라 조건을 조작하고 문제행동의 발생 빈도를 비교함으로써 기능을 과학적으로 검증하는 절차다. 이는 기능행동평가의 가장 정확하고 과학적인 방법으로 통제된 조건에서 가설적 기능을 체계적으로 조작하여 행동의 기능을 실험적으로 확인한다. 실험 조건에는 관심 끌기 기능을 검증하기 위한 관심 조건(attention condition), 회피/도피 기능을 검증하기 위한 요구 조건(demand condition), 자동적 강화 기능을 검증하기 위한 고립 조건(alone condition), 통제 조건으로 기능하는 놀이 조건(play/control condition)이 있다. 이 방식은 인과성을 명확히 입증할 수 있다는 점에서 가장 정밀한 방법으로 간주되지만 시간과 인력, 공간이 많이 소요되며, 일부 문제행동은 실험적으로 유도하는 것이 윤리적으로 어렵다는 한계가 있다. 이러한 실험적 접근은 가장 정확한 결과를 제공하지만, 시간과 전문성이 많이 요구되고 윤리적 고려사항이 있어 모든 상황에서 실시하기는 어렵다. 최근에는 이러한 한계를 극복하기 위해 간편 기능분석이나 인터뷰 기반 합성 유관분석(Interview-Informed Synthesized Contingency Analysis: IISCA) 등 보다 실용적인 절차가 개발되어 활용되고 있다. 이러한 방법들은 전통적인 실험적 기능분석의 정확성을 유지하면서도 시간과 자원의 효율성을 높이는 방향으로 발전하고 있다.

기능행동평가는 일반적으로 네 단계의 절차로 이루어진다. 먼저, 다양한 간접 및 직접 기능행동평가를 통해 문제행동과 관련된 정보를 폭넓게 수집한다. 이후 수집된 자료를 분석하여 행동의 선행사건, 행동, 후속결과를 구조화하고, 그 기능에 대한 가설을 수립한다. 다음으로 실험적 절차를 통해 가설을 검증하고, 마지막으로 확인된 기능 정보를 바탕으로 기능 기반 중재를 설계한다. 이때 선행사건을 조정하거나 대체 행동을 교수하고, 후속결과를 체계적으로 조작하는 전략이 포함된다. 기능행동평가의 결과는 기능 기반 중재(function-based intervention) 계획 수립의 토대가 된다. 파악된 기능에 따라 선행사건 중재, 대체행동 교수, 후속결과 조정 등의 포괄적 중재 전략이 개발된다.

기능행동평가는 학교, 가정, 임상 등 다양한 환경에서 광범위하게 활용되며, 특히 발달장애, 자폐스펙트럼장애, 정서행동장애를 가진 개인의 문제행동 중재에서 필수적인 도구로 인정받고 있다. 개별교육계획(IEP) 수립 시 법적으로도 요구되는 절차이며, 증거기반 실무의 핵심 구성 요소로서 행동분석가의 전문성을 뒷받침하는 중요한 기술이다. 기능행동평가를 통해 교육자와 보호자는 아동의 행동을 보다 깊이 있게 해석하고, 개별화된 지원을 제공함으로써 지속 가능한 변화를 이끌어 낼 수 있다. 평가 방법에서의 기능행동평가에 대한 자세한 내용은 제4장 '기능행동평가'에서 다룬다.

3. 행동 원리

1) 수동적 조건화와 작동적 조건화

응용행동분석의 행동 원리는 "모든 행동은 원인이 있다(Skinner, 1953)."라는 기본 가정에 근거한다. 이때 말하는 원인은 개인의 내면 심리 상태보다는 외부 환경 자극과 그에 따른 결과, 즉 피드백에서 찾는다. 인간의 행동은 무작위적으로 일어나는 것이 아니라 일정한 법칙과 패턴에 따라 환경에 반응하며 반복되거나 사라진다.

응용행동분석은 행동주의 이론을 바탕으로 2가지 주요 학습 원리를 통해 행동을 설명한다. 첫째는 수동적 조건화(respondent conditioning), 둘째는 작동적 조건화(operant conditioning)다. 이 두 원리는 각각 행동이 어떻게 학습되는지를 다른 관점에서 설명하며, 그에 따라 행동 중재의 방향과 전략도 달라진다.

(1) 수동적 조건화

수동적 조건화는 고전적 조건화(classical conditioning)라고도 하며, 러시아 생리학자 Ivan Pavlov의 개 실험을 통해 과학적으로 정립되었다. Pavlov(1927)는 개에게 음식을 주기 전에 반복적으로 종소리를 들려주는 실험을 통해 중립 자극이 일정 조건에서 반응을 유도할 수 있다는 사실을 밝혀냈다. 이 실험에서 음식은 무조건 자극(US)이고, 이에 대한 침 분비는 무조건 반응(UR)이다. 처음에는 아무 반응을 유발하지 않던 종소리, 즉 중립 자극(NS)이 음식과 반복적으로 연합되면서 조건 자극(CS)이 되고, 이후에는 종소리만으로도 침을 흘리는 조건 반응(CR)이 나타났다. 이는 학습된 반사 반응의 대표 사례다.

한편, 조건 자극(CS)을 무조건 자극(US) 없이 반복해서 제시하면, 처음에는 조건 반응(CR)의 강도가 점차 약해지다가 결국 완전히 소실된다. 이러한 과정을 수동적 소거(respondent extinction)라고 하며, 이는 학습된 반응이 더 이상 보강되지 않을 때 자연스럽게 사라지는 현상을 가리킨다. 이처럼 수동적 소거는 학습된 연합이 유지되기 위해 반드시 강화 자극(US)이 함께 제시되어야 함을 보여 준다. 무조건 자극(US)이 제거된 채 조건 자극(CS)만 반복되면, 조건 자극(CS)-무조건 자극(US) 간 연합이 점진적으로 약화되어 조건 반응(CR)이 사라지게 되는 것이다.

수동적 조건화는 무조건 자극(US) 없이 중성 자극(CS)만 반복 제시해도 학습된 정서 반응이 변화하거나 소거되는 과정을 설명한다. 예컨대, 공포증 환자가 두려운 대상

[그림 1-1] Pavlov의 수동적 조건화 실험

(CS)에 반복 노출되면서 실제 해로운(US) 것이 발생하지 않으면, 초기 강한 공포 반응(CR)이 점차 약해져 사라지고 회피 행동도 줄어든다. 임상에서는 이 원리를 노출 치료(exposure therapy)에 적용해 환자가 안전한 환경에서 두려운 상황(CS)에 반복 노출되도록 함으로써 공포와 불안이 감소하고 새로운 안전 신호(safety signal)가 형성되도록 돕는다. 이처럼 수동적 조건화는 불안, 공포, 회피 반응과 같은 정서적 행동의 형성과 변화를 설명하는 데 유용하다.

(2) 작동적 조건화

작동적 조건화는 특정 자극이 행동을 유발하는 것이 아니라 행동 후에 따르는 결과에 의해 그 빈도와 강도가 결정된다는 관점이다. 고전적 조건화가 자동적 반응에 초점을 맞추는 반면, 작동적 조건화는 자발적 행동(voluntary behavior)의 학습 과정을 설명한다. Skinner는 **Skinner 상자** 실험을 통해 작동적 조건화를 입증했다. 이 실험에서 배고픈 쥐는 상자 안을 탐색하다 우연히 지렛대를 눌렀고, 그 결과로 먹이가 제공되었다. 이후 쥐는 지렛대를 더 자주 누르게 되었으며, 이는 행동이 결과에 의해 강화되어 반복된다는 사실을 보여 준다(Skinner, 1938).

Skinner(1953)는 작동적 행동이 **3요인 유관**(three-term contingency)에 따라 조절된다고 설명했다. 이 3가지 구성 요소는 다음과 같다.

- 선행 자극(antecedent): 행동이 일어나기 전의 상황이나 자극
- 행동(behavior): 관찰 가능한 구체적인 반응
- 후속결과(consequence): 행동 이후에 주어지는 자극이나 결과

3요인 유관은 특정한 상황에서 특정한 행동이 발생하고, 그 행동에 따라 어떤 결과가 뒤따르는지를 체계적으로 분석하는 데 사용된다. 이러한 분석을 통해 행동이 왜 발생했는지를 이해할 수 있을 뿐만 아니라 앞으로 그 행동이 반복될 가능성을 예측할 수 있게 된다. 따라서 3요인 유관은 행동을 변화시키기 위한 중재 방법을 설계하고 적용

하는 데 필수적인 기초 틀이 된다. 선행 자극, 행동, 후속결과 간의 관계를 명확히 함으로써 바람직한 행동은 증가시키고 문제행동은 감소시키는 방향으로 유도할 수 있다.

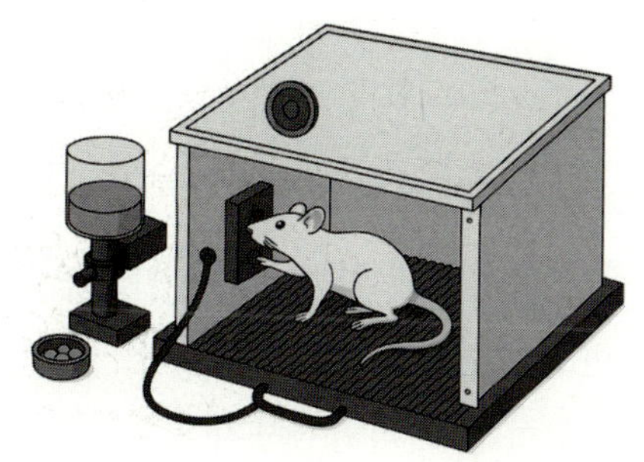

[그림 1-2] Skinner 상자 실험

작동적 조건화의 원리는 아동·청소년의 문제행동을 감소시키기 위한 중재 전략, 또래 관계를 향상시키기 위한 사회적 기술 훈련, 일상생활에서 자기조절 능력을 향상시키기 위한 자기관리 훈련 등에 널리 활용된다. 뿐만 아니라 학교, 상담, 발달재활, 특수교육 등 다양한 심리적·교육적 환경에서 이론적 근거이자 실천적 도구로 자리 잡고 있다(Miltenberger, 2018).

〈표 1-1〉 수동적 조건화와 작동적 조건화 비교

개념 구분	정의	핵심 요소	현장 적용 예시
수동적 조건화	중립 자극(NS)이 무조건 자극(US)과 반복적으로 연합되어 조건 자극(CS)이 되고, 조건 반응(CR)을 유발하는 학습 형태	- 자극 간의 연합 - 선행 자극 중심 - 감정 및 반사 행동 중심	- 공포증 치료 - 조건 자극에 대한 민감도 조절
작동적 조건화	행동에 따라 나타나는 결과가 그 행동의 빈도를 증가 또는 감소시키는 학습 형태	- 후속 결과의 통제 - 강화와 벌 - 자발적 행동 중심	- 학습 기술 증진 - 문제행동 감소 - 사회적 기술 훈련

2) 행동 원리에 기초한 중재 방법

응용행동분석의 행동 원리는 단순한 이론적 설명에 머무르지 않고, 구체적인 중재 방법으로 구현되어 현장에서 실천적 도구로 활용된다. 행동 원리에 기초한 중재 방법은 중재는 크게 3가지로 나눌 수 있다. 첫째, 작동적 조건화에 기초해 행동을 통제하는 중재 방법, 둘째, 새로운 행동을 가르치는 데 사용되는 지도 절차, 셋째, 행동 중재 전략이다. 이 3가지 중재 방법은 교육 현장과 실생활에서 폭넓게 활용된다.

(1) 작동적 조건화에 기초한 중재 방법

작동적 조건화에 기초한 중재 방법은 Skinner의 3요인 유관, 즉 선행 자극(A), 행동(B), 후속결과(C)를 기반으로 한다. 3요인 유관에서의 후속결과를 통제하는 중재 절차와 선행 자극을 통제하는 중재 절차는 다음과 같다.

① 후속결과 통제 절차

후속결과 통제 절차는 행동이 일어난 뒤 어떤 결과를 제공할지를 조정해 미래의 행동 빈도를 변화시키는 방법이다. 즉, 행동의 결과를 체계적으로 설계하여 바람직한 행동은 강화하고, 바람직하지 않은 행동은 감소시키는 것을 목표로 한다. 후속결과 통제 절차에는 강화, 소거, 벌이 있다.

강화(reinforcement)는 행동 뒤에 긍정적 자극을 제공하거나 불쾌한 자극을 제거하여 그 행동의 빈도를 유지·증가시키는 방법이다. 강화는 교육 현장에서 바람직한 행동을 증진하기 위한 주요 중재 방법으로 긍정적 자극을 주는 정적 강화와 불쾌 자극을 제거하는 부적 강화 형태로 활용된다.

소거(extinction)는 이전에 강화되던 행동에 대한 강화를 중단하여 그 행동의 발생 빈도를 줄이는 전략이다. 즉, 행동이 더 이상 원하는 결과를 가져오지 않도록 환경을 조성해 자연스럽게 사라지게 만드는 방법이다. 특히 소거는 관심 끌기와 같은 문제행동을 감소시키는 데 효과적이다. 소거 초기에는 일시적으로 문제행동이 더욱 심해지는 **소거 폭발**(extinction burst)이 나타날 수 있으므로 이를 적절히 관리해야 소거 효과를 얻을 수 있다. 또한 한동안 사라졌던 행동이 시간이 지난 후 다시 나타나는 **자발적 회복**(spontaneous recovery) 현상도 발생할 수 있다. 이는 소거가 완전히 정착되지 않았거나 이전의 강화 경험이 일시적으로 영향을 미친 경우에 나타나며, 일관된 소거 전략을 유지함으로써 점차 감소시킬 수 있다.

벌(punishment)은 특정 행동이 발생한 직후 불쾌한 자극을 제시하거나 기존의 긍정적 자극을 제거하여 그 행동의 빈도를 낮추는 방법이다. 벌에는 정적 벌과 부적 벌의 2가지 유형이 있으며, 벌 적용 시 윤리적 고려가 반드시 수반되어야 한다. 벌은 즉각적인 행동 감소를 유도할 수 있으나 잘못 사용하면 정서적 부작용이나 대인 관계 문제를 초래할 수 있기 때문에 신중하게 적용해야 한다. 가능하면 강화 전략과 함께 사용하여 긍정적인 행동을 동시에 높이는 것이 바람직하다.

이러한 후속결과 통제 절차는 학생 지도, 교육 현장, 조직행동관리, 치료 장면 등 다양한 분야에서 널리 활용되고 있으며, 계획적이고 일관된 실행이 핵심이다. 후속결과를 통제하는 절차에 대한 자세한 내용은 제5장 '행동 증가 절차'와 제6장 '행동 감소 절차'에서 다룬다.

② **선행 자극 통제 절차**

선행 자극 통제 절차는 행동이 발생하기 전에 주변 환경이나 자극을 조절하여 바람직한 행동의 빈도를 높이는 방법이다. 이는 행동을 직접적으로 수정하기보다는 행동이 발생할 조건을 사전에 설계하거나 조정함으로써 행동 변화를 유도하는 접근이다. 선행 자극 통제 절차에는 자극 통제와 동기 조작이 있다.

자극 통제(stimulus control)는 특정 자극이 제시될 때에만 목표 행동이 발생하도록 환경을 설계하고 훈련하는 방법이다. 이는 행동을 촉진하거나 억제하는 자극의 기능을 조건화하여 원하는 행동을 유도하기 위해 환경을 조정하는 것을 의미한다. 자극 통제는 행동의 일관성과 예측 가능성을 높이는 데 효과적이며, 변별과 일반화, 촉구와 용암과 같은 절차들을 포함한다.

동기 조작(Motivating Operations: MO)은 특정 자극의 강화 효과와 행동 유발 효과(evocative effect)를 일시적으로 조절하는 전략이다. 이는 자극 자체의 기능을 변화시키는 것이 아니라, 그 자극이 강화제로서 갖는 가치를 높이거나 낮춤으로써 행동 빈도에 영향을 미치는 선행 조건을 제공한다. 즉, 동기 조작은 특정 행동이 일어날 가능성과 그 결과로 제공되는 강화제나 벌의 효과를 잠시 증대 · 감소시켜 환경적 조건 속에서 행동의 동기를 조절하는 방법이다. 동기 조작은 크게 동기 설정 조작(Establishing Operation: EO)과 동기 해지 조작(Abolishing Operation: AO)의 2가지 유형으로 나뉜다.

선행 자극 통제 절차는 환경을 구조화하거나 조건을 조절해 행동 중재의 효과를 높이며, 다양한 교육 및 치료 현장에서 활용된다. 선행 자극을 통제하는 절차에 대한 자세한 내용은 제7장 '선행 자극 통제 절차'에서 다룬다.

(2) 새로운 행동 지도 절차

① **모방, 모델링, 관찰학습**

응용행동분석에서 새로운 행동 지도 절차로는 모방, 모델링, 관찰학습이 있다. 이들 절차는 학습자가 타인의 행동을 관찰하고 유사한 행동을 수행하도록 유도함으로써 직접적인 시행착오 없이도 새로운 기술을 습득할 수 있게 한다.

모방(imitation)은 학습자가 타인의 행동을 직접 관찰한 뒤, 이를 유사하게 따라 하는 과정을 말한다. 이는 가장 기초적인 형태의 사회적 학습으로 신체 동작, 언어 표현, 표정, 도구 사용 등 다양한 행동 양식을 익히는 데 활용된다. 모방의 특징은 즉각적이고 반복적인 행동 수행을 통해 기술을 습득한다는 점이며, 주로 시범 직후에 반응이 나타난다. 모방을 효과적으로 지도하려면 명확한 시범과 함께 즉각적인 강화를 제공하는 것이 중요하다.

모델링(modeling)은 학습자에게 학습시키고자 하는 행동을 타인이 먼저 직접 수행하여 보여 주는 방법이다. 학습자는 이 시범을 관찰하고 이해한 뒤, 유사한 행동을 시도하게 된다. 모델링은 단순한 행동뿐만 아니라, 그 행동이 나타나는 맥락과 적절성까지 함께 학습하게 한다. 행동의 절차, 속도, 표현 방식 등을 구체적으로 제시할 수 있으며, 언어적 설명과 함께 제공될 경우 학습 효과가 높아진다. 모델링 지도에서는 학습자가 모방할 수 있는 긍정적 모델을 선정해야 하며, 모방이 성공했을 때 즉각적인 긍정적 피드백을 제공함으로써 학습 효과를 극대화할 수 있다.

관찰학습(observational learning)은 타인의 행동뿐만 아니라 그 행동의 결과까지 함께 관찰하고, 이를 바탕으로 자신의 행동을 조정하는 학습 형태다. 직접적인 수행 없이도 행동 변화를 유도할 수 있어 효율적인 교수 방법으로 간주된다. 관찰학습의 핵심 원리는 **대리강화**(vicarious reinforcement)다. 학습자는 타인이 특정 행동을 수행한 후 어떤 결과를 얻는지를 보고, 긍정적인 결과가 뒤따를 경우 해당 행동을 모방할 가능성이 높아진다. 반대로, 부정적인 결과를 보면 그 행동을 회피할 수 있다. 이 방법을 효과적으로 활용하기 위해서는 관찰 대상의 행동과 그 결과가 명확하게 드러나야 하며, 학습자가 그 의미를 인식할 수 있도록 교사의 안내가 필요하다.

이 3가지 절차는 상호 밀접하게 연관되어 있으며, 실제 교수 상황에서는 함께 활용되는 경우가 많다. 적절한 시범 제공, 반복적 연습, 긍정적 강화가 병행될 때 사회성, 일상생활 기술, 언어 표현 등 다양한 행동 영역에서 효과적인 학습이 가능하다.

② 행동연쇄, 행동형성, 행동기술훈련

새로운 행동을 지도하기 위한 또 다른 절차로는 행동연쇄, 행동형성, 행동기술훈련이 있다. 이들 절차는 목표 행동을 보다 작은 구성 요소로 세분화하거나 단계적으로 접근함으로써 학습자가 점진적으로 복잡하고 기능적인 행동을 습득할 수 있도록 돕는다.

행동연쇄(chaining)는 하나의 복잡한 행동을 보다 작은 단위의 하위 행동 단계로 세분화한 뒤, 이를 순차적으로 가르쳐 전체 행동을 완성하도록 하는 지도 방법이다. 이 절차는 각 행동 단계가 선행 자극(discriminative stimulus: S^D)과 반응(response: R) 그리고 그 반응의 결과(Reinforcement: R^+)로 구성된다는 점에서 응용행동분석의 핵심 개념인 3요인 유관 구조에 기반을 둔다. 행동연쇄는 한 행동의 결과가 다음 행동의 선행 자극이 되는 자극-반응-강화의 연쇄 구조로 전체 과제를 구성한다. 학습자가 각 단계를 정확히 수행하면 점차 범위를 확장하여 전체 행동이 완성되도록 지도한다. 이 교수 절차는 학습자의 수행 수준, 과제 난이도, 행동의 순차적 특성을 고려해 적절히 적용해야 한다. 행동연쇄의 유형으로는 **전진행동연쇄**(forward chaining), **후진행동연쇄**(backward chaining), **전체과제행동연쇄**(total task chaining)가 있으며, 각각의 방법은 교수 목표와 학습자의 특성에 따라 유연하게 선택된다. 행동연쇄는 자폐스펙트럼장애를 포함한 발달장애 아동에게 효과적인 중재 방법으로 널리 활용되고 있다. 이 방법은 복잡한 행동의 흐름을 체계적으로 구조화하고 반복적인 연습 기회를 제공함으로써 학습자가 일상생활에서 요구되는 독립적이고 기능적인 행동을 단계적으로 습득할 수 있도록 돕는다(Seaver & Bourret, 2014).

행동형성(shaping)은 목표로 하는 새로운 행동이나 복잡한 행동을 한 번에 가르치기 어려운 경우, 학습자가 그 행동에 점진적으로 접근할 수 있도록 돕는 교수 절차다. 이 절차는 학습자가 자발적으로 목표 행동을 수행하기 어려운 초기 단계에서 특히 효과적이며, 현재 행동 수준과 목표 행동 간의 격차가 큰 경우에 유용하게 사용된다(Miltenberger, 2018; Skinner, 1953). 행동형성은 **점진적 접근**(successive approximations)과 차별강화(differential reinforcement)를 핵심 원리로 한다. 처음에는 목표 행동과 유사한 초기 반응에도 강화를 제공하고, 이후 점차 기준을 높여 목표에 더욱 가까운 반응만을 선택적으로 강화함으로써 학습자가 자연스럽게 목표 행동에 도달하도록 유도한다(Cooper et al., 2020). 행동형성은 언어 발달, 운동 기술, 자기관리 기술, 사회적 상호작용 등 다양한 영역에서 적용 가능하며, 특히 자폐스펙트럼장애, 학습장애, 지적장애를 가진 학습자에게 적합한 전략으로 평가된다. 반복적인 성공 경험을 통해 학습자의 자신감과 동기를 증진시킬 수 있으며, 무오류 학습(errorless learning) 형태로 구성할 경우 학습의 효율성과 안정성을 높일 수 있다.

행동기술훈련(behavioral skills training)은 사회적 행동이나 일상생활 기술을 효과적으로 교수하기 위해 개발된 구조화된 교수 절차다. 이 절차는 단순히 행동을 설명하는 데 그치지 않고, 학습자가 행동을 관찰하고, 직접 시도하며, 피드백을 통해 기술을 습득할 수 있도록 설계되어 있다(Cooper et al., 2020). 특히 자기통제, 대화 기술, 안전 행동, 직장 내 예절 등 실생활과 밀접하게 연관된 기능적 행동을 가르치는 데 효과적이다. 행동기술훈련은 교수(instruction), 모델링(modeling), 시연(rehearsal), 피드백(feedback)의 4가지 단계로 구성된다(Sarokoff & Sturmey, 2004). 이러한 절차는 서로 유기적으로 연결되어 있으며, 상황에 따라 반복적으로 적용된다. 행동기술훈련은 자폐스펙트럼장애, 지적장애, 행동 문제를 가진 학습자뿐만 아니라 기능적 행동 기술이 부족한 일반 아동과 성인에게도 효과적으로 적용할 수 있다(Miltenberger, 2018). 특히 직업훈련, 사회성 기술 교육, 안전 행동 지도, 자조 기술 훈련 등 실제 생활과 직접적으로 연결된 다양한 상황에서 핵심적인 교수 전략으로 활용된다.

새로운 행동 지도 절차는 학습자가 다양한 상황에서 목표 행동을 효과적으로 습득하도록 모델 제공, 단계적 접근, 체계적 피드백을 통해 점진적인 행동형성과 일반화를 지원한다. 모방, 모델링, 관찰학습과 행동연쇄, 행동형성, 행동기술훈련에 대한 자세한 내용은 제8장 '새로운 행동 지도 방법'에서 다룬다.

(3) 행동 중재 전략

행동원리에 기반한 대표적인 행동 중재 전략에는 토큰경제, 행동계약, 집단유관이 있다. 이들 절차는 목표 행동이 발생할 때마다 강화물을 체계적으로 제공하거나, 행동 목표와 강화 기준을 계약으로 명문화하거나, 집단의 성과에 따라 보상을 연계함으로써 학습자가 일관되게 바람직한 행동을 수행하도록 돕는다.

토큰경제(token economy)는 목표 행동이 발생할 때 즉각적으로 토큰(token)을 제공하고, 일정 수량이 모이면 지원 강화제(back-up reinforcer)로 교환하도록 설계된 체계적 중재 시스템이다. 이 절차는 작동적 조건화에 근거하여 바람직한 행동의 빈도와 지속성을 증가시키는 데 목적이 있다(Cooper et al., 2020). 토큰은 상징물이지만 반복적으로 제공됨으로써 대상자에게 강화 기능을 지닌 조건화된 강화제로 학습된다(Kerr & Nelson, 2010). 이후 교환 절차를 통해 모은 토큰을 간식이나 자유 활동 시간 등 가치 있는 보상물과 교환하여 추가적인 강화 효과를 얻는다. 토큰경제의 핵심 요소는 목표 행동 설정, 토큰 조건화, 보조 강화제 선정, 토큰 제공 일정, 토큰-교환 일정 설정 등이다(Ivy et al., 2017).

행동계약(behavior contract)은 학습자와 교사 또는 보호자 간에 목표 행동, 수행 기준, 강화 조건, 평가 방법, 실행 기간, 역할 분담 등을 서면으로 합의한 문서다. 이를 통해 자기관리 능력과 동기를 강화하고, 행동 변화 과정을 예측 가능하고 일관되게 유지할 수 있다(Miltenberger, 2018). 행동계약은 작동적 조건화와 강화 이론을 바탕으로 특정 목표 행동이 발생했을 때 미리 정해진 보상을 제공함으로써 해당 행동의 빈도를 증가시키는 구조로 구성된다. 행동계약의 핵심 요소는 목표 행동의 명확화, 수행 기준 및 측정 방법, 행동 수행 시기 · 장소, 강화 및 결과 조항, 계약 참여자의 역할과 책임 명시 등이다(Miltenberger, 2018). 행동계약의 특징으로는 모든 당사자의 책임과 역할을 구체적으로 기록하여 아동이 자신의 행동 결과에 책임감을 가질 수 있도록 돕는다는 점이다.

집단유관(group contingency)은 집단 구성원이 정해진 행동 기준을 충족했을 때 보상을 제공하여 협력과 책임감을 높이고 조직 내 질서 있는 분위기를 조성하는 절차다(Hanley & Tiger, 2011). 이 절차는 작동적 조건화 원리에 따라 강화제를 제공함으로써 바람직한 행동을 학습하도록 돕는다. 명확한 선행 자극을 제시하여 어떤 행동이 언제 강화로 이어지는지를 반복 경험하게 한다(Cooper et al., 2020). 집단유관에는 독립적 집단유관(independent group contingency)과 종속적 집단유관(dependent group contingency)이 있다. 독립적 집단유관은 전체 집단에 동일한 강화 기준을 적용하되, 보상은 개인의 행동 수행 여부에 따라 제공된다(Theodore et al., 2003). 종속적 집단유관은 '영웅 절차(hero procedure)'라고도 하며, 특정 대표자 한 명 또는 소수의 행동 성취 여부에 따라 전체 집단의 보상을 결정한다(Cooper et al., 2007). 이 절차는 명확한 시작 · 종료 시점을 통해 학생들이 강화 조건을 분명히 인식하도록 하고, 교사에게도 중재의 일관성을 유지하게 한다. 결과적으로, 집단유관은 개별 동기 유발뿐만 아니라 협동적 학습 분위기 조성에도 기여한다.

행동 중재 전략은 다양한 강화 및 계약 기반 절차를 통해 목표 행동의 빈도와 지속성을 증진시키며, 학습자에게 일관된 강화 체계와 책임감을 제공하여 긍정적 행동 변화를 촉진한다. 토큰경제, 행동계약, 집단유관에 대한 자세한 내용은 제9장 '행동 중재 전략'에서 다룬다.

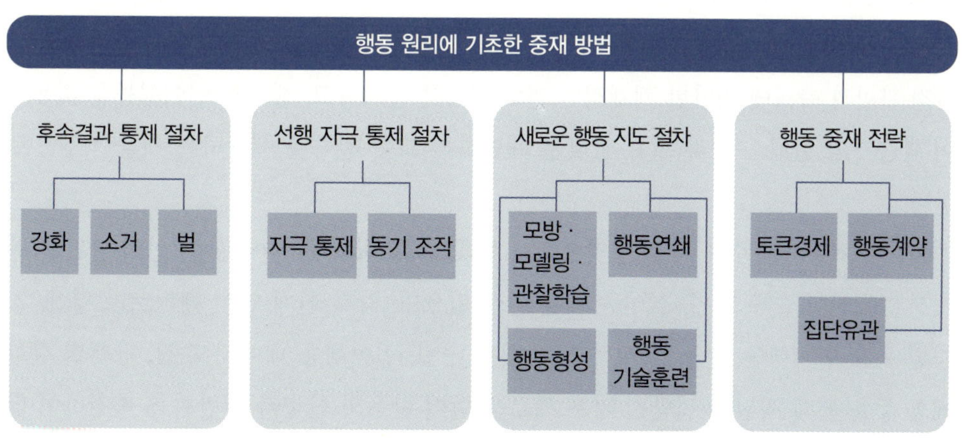

[그림 1-3] 행동 원리에 근거한 지도 절차

4. 기타 응용행동분석 영역

응용행동분석에서의 기타 영역으로는 언어행동분석, 조직행동관리, 행동분석가 윤리가 있다. 이들 영역은 행동 원리를 각각 언어 기능 발달 지원, 조직 내 성과 및 효율성 향상, 전문가의 윤리적 · 전문적 실천 기준 확립에 적용함으로써 다양한 맥락에서의 행동 변화를 촉진하고 지속가능한 중재 효과를 보장한다.

1) 언어행동분석

언어행동분석은 Skinner의 언어행동 이론을 기반으로 언어를 화자가 청자에게 영향을 미치는 환경과의 기능적 상호작용으로 간주하여 자극-반응-강화의 관계를 중심으로 과학적으로 분석하는 접근법이다. 이는 전통적인 언어학의 구조 중심 접근에서 벗어나 형태가 아닌 기능을 기준으로 맨드(mand), 택트(tact), 에코익(echoic), 인트라버벌(intraverbal), 텍스추얼(textual), 트랜스크립션(transcription)의 1차 언어행동과 오토클리틱(autoclitic)의 2차 언어행동으로 체계적으로 분류하고, 각각의 고유한 자극 조건과 강화 조건에 따라 언어 습득과 발달의 실질적 메커니즘을 규명하는 언어 이론이다.

생성적 언어행동은 직접 훈련받지 않은 새로운 언어 반응을 산출하는 능력으로 자극 등가이론을 통해 일반화와 확장을 가능케 한다. 네이밍(naming)은 동일 자극의 수용 · 표현 반응이 결합된 현상이며, 특히 양방향 네이밍을 통해 수용 훈련만으로도 표현반응이 유도된다. 관계 틀 이론은 자극 간 다양한 관계를 맥락에 따라 유연하게 구성하여 고차원적 언어와 인지 과정을 설명하는 이론적 토대를 제공한다. 이들 이론은 현대 언어행동분석에서 학습자의 언어행동 변화와 확장, 파생적 언어 능력 습득을 설명하는 핵심적인 틀이다. 언어행동분석은 개인의 언어 능력과 의사소통 권리를 존중하면서도 객관적 관찰과 측정에 기반한 체계적인 언어 평가를 실시하고, 생성적 언어행동을 적용하여 학습자의 현재 수준과 필요에 맞춘 개별화된 교수 전략을 제공하는 것을 핵심으로 한다.

언어행동분석의 주요 적용 영역으로는 자폐스펙트럼장애 언어 중재, 언어 발달 지연 개선, 제2언어 습득 지원, 실어증 재활 등이 있으며, 각각 현재 언어 레퍼토리 평가, 기능별 목표 언어행동 설정, 체계적 교수 계획 수립, 언어행동 데이터 수집, 단계별 강화 제공 등을 통해 직접 훈련받지 않은 새로운 언어 반응의 산출과 일반화를 촉진하여 학습자의 자발적 의사소통 동기와 언어 학습 목표를 효과적으로 연계시킨다. 행동분석가는 이러한 원칙을 준수하여 학습자의 언어 발달 권리를 최우선으로 보장하고, 과학적 객관성과 윤리적 책임성을 동시에 지켜야 한다. 언어행동분석에 대한 자세한 내용은 제10장 '언어행동분석'에서 다룬다.

2) 조직행동관리

조직행동관리는 응용행동분석 원리를 조직 환경에 적용하여 선행사건, 후속결과, 자극 통제 등 환경 변수를 통해 개인 행동을 형성하고 유지하는 과학적 접근법이다. 이는 산업안전과 생산성 향상에서 시작되어 협력, 성과, 규범 준수 등 다양한 조직 행동을 체계적으로 측정하여 분석하고 조정함으로써 실질적인 조직 변화를 이끌어 내는 전문 분야다. 조직행동관리는 구성원의 자율성과 존엄성을 존중하면서도 객관적 행동 데이터에 기반한 투명한 성과관리를 실시하고, 조직문화 변화 과정에서 구성원들의 참여와 합의를 통해 새로운 행동 양식을 정착시키는 것을 핵심으로 한다.

조직행동관리의 주요 적용 영역으로는 조직문화 변화관리, 성과관리 시스템, 안전행동 증진, 팀워크 향상 등이 있으며, 각기 환경 조건 분석, 목표 행동 설정, 강화 계획 수립, 행동 모니터링, 차등 보상 제공 등을 통해 구성원의 내재적 동기와 조직 목표를 효과적으로 연계시킨다. 조직행동관리 실무자는 이들 원칙을 준수하여 구성원의 행동 변화 권리를 최우선으로 보장하고, 과학적 객관성과 윤리적 책임성을 동시에 지켜야 한다. 조직행동관리에 대한 자세한 내용은 제11장 '조직행동관리'에서 다룬다.

3) 행동분석가 윤리

행동분석가 윤리는 응용행동분석 실천 전 과정에서 지켜야 할 전문적 · 사회적 기준과 가치체계다. 이는 고객의 안전과 복지를 최우선으로 보장하고 자율성을 존중하며, 연구 및 중재 결과와 한계를 정직하고 투명하게 보고하는 것이 핵심이다. 또한 검증된 행동 원리에 기반한 과학적 근거를 제시하고, 계속교육 및 슈퍼비전과 동료 피드백을 통해 전문역량을 유지하며, 법적 요건과 윤리강령에 따라 고객 정보를 엄격히 기밀로 관리하여 개인정보 보호를 철저히 하는 것이 윤리다. 이러한 윤리적 기준은 행동분석가가 '무엇을 할 수 있는가?'가 아니라 '무엇을 해야 하는가?'를 지속적으로 성찰하고 책임감 있게 실천하도록 이끄는 규범적 틀이다.

행동분석가 윤리강령으로 Board Certified Behavior Analyst(BCBA), Qualified Applied Behavior Analysis Credentialing Board(QABA), 한국행동분석학회의 윤리

강령이 있으며, 각기 고객 권리 보호, 개인정보·비밀 유지, 공정 서비스, 전문 역량 및 책임성 확보, 이해충돌 방지 등을 규정한다. 행동분석가는 이들 원칙을 준수해 고객 권리를 최우선으로 보장하고, 투명성과 책임성을 지켜야 한다. 행동분석가 윤리에 대한 자세한 내용은 제12장 '행동분석가 윤리'에서 다룬다.

IV 응용행동분석 적용 분야

1. 특수교육

응용행동분석은 자폐스펙트럼장애, 지적장애, 발달지체 등 특수교육 대상 아동의 행동 발달과 기능적 기술 습득을 지원하는 핵심 접근법으로 자리 잡고 있다. 언어, 사회성, 자조기술 등 전반적인 발달 영역에서 과학적이고 체계적인 중재 방법이 폭넓게 적용된다.

언어 교육에서는 언어를 기능적으로 사용하는 능력을 향상시키기 위한 다양한 방법이 활용되며, 대표적으로 언어행동 접근, 그림교환의사소통체계(PECS), 개별시도학습(DTT) 등이 있다. 이들 중재 방법은 표현 및 수용 언어뿐만 아니라 맨드, 택트, 인트라버벌 등 실용적인 언어 기능의 습득을 촉진한다. 사회성 기술 훈련에서는 또래와의 상호작용, 놀이 기술, 감정 표현 등 사회적 행동을 교수하기 위해 사회성 이야기(social stories), 역할극(role-playing), 모델링(modeling) 등이 활용된다. 이러한 중재 방법은 학습자가 사회적 상황에 적절히 반응하고 또래와 긍정적인 관계를 형성하는 데 도움을 준다. 자조 및 일상생활 기술 훈련은 옷 입기, 손 씻기, 화장실 사용과 같은 일상생활 기술을 중심으로 행동연쇄(behavior chaining), 촉구 용암(prompt fading) 등의 절차를 통해 독립적인 수행 능력을 향상시키는 데 중점을 둔다. 이러한 중재 방법은 모두 개별화교육계획(IEP)에 통합되어 실행되며, 사전에 설정된 행동 목표를 바탕으로 그 효과가 지속적으로 평가되고 조정된다. 이는 교육 목표와 학습자의 특성에 맞는 맞춤형 중재를 가능하게 하며, 응용행동분석이 특수교육 현장에서 갖는 실용성과 과학적 타당성을 뒷받침한다.

Lovaas(1987)의 고전적 연구에서는 2~4세 자폐스펙트럼장애 아동 59명을 대상으로 **조기집중행동중재**(Early Intensive Behavioral Intervention: EIBI)를 실시한 결과, 약 47%가 일반학급에 성공적으로 통합된 것으로 보고되었다. 이어서 National Autism Center의 National Standards Project Phase 2(2015)에서는 자폐스펙트럼장애 아동 및 청소년, 성인을 대상으로 한 다양한 중재의 효과를 검토한 결과, 응용행동분석 기반의 행동 중재가 효과적인 근거 기반 전략임을 재확인하였다. 더불어, 최근 National Autism Center(2025)에서 발표한 『Profound Autism: A Parent's Guide』에 따르면, 응용행동분석 중재는 중증 자폐스펙트럼장애 아동에게도 실질적인 효과를 보이며, 의사소통 향상, 일상생활 기능 증진, 문제행동 감소, 가족 지원 등 여러 영역에서 유의미한 변화를 이끈다고 강조하고 있다. 이 자료는 개별 아동의 특성과 목표에 따라 **선행 자극 기반 중재**(Antecedent-Based Interventions), 기능적 의사소통 훈련, 개별시도학습 등이 근거 기반 실제(Evidence-Based Practice)로 권장된다고 명시하고 있다.

최근의 연구들은 응용행동분석 기반 중재가 자폐스펙트럼장애 아동, 특히 중증 장애 아동을 포함한 다양한 지원 요구를 지닌 아동들에게도 효과적인 중재 전략임을 보여주고 있으며, 그 적용은 아동의 개별 특성과 필요에 따라 맞춤형으로 설계되어야 함을 강조하고 있다.

2. 일반교육

응용행동분석은 일반학급에서도 아동의 학업 행동과 사회적 행동을 증진시키는 데 효과적이다. 주의집중력 향상, 과제 지속성, 교실 규칙 준수 등 목표 행동을 강화하기 위해 차별강화, 촉구 체계, 피드백 제공 전략이 활용되며, 이는 학업성취도뿐만 아니라 교실 내 긍정적 분위기 조성에도 기여한다.

Sugai와 Simonsen(2012)은 만 4~5세 유아반 전체에 긍정적 행동지원을 도입했다. 교사와 아동이 함께 3~5개의 학급 규칙을 정해 벽에 게시하고, 규칙 준수 시 스티커·토큰을 즉시 제공했다. 주요 활동 전환 시 시각적 타이머와 바닥 표시선을 활용해 환경을 구조화한 결과, 모든 학생의 밀치기, 고함 등의 문제행동이 감소하고 또래 놀이 참여와 협력적 상호작용이 늘어 사회적 효능감이 향상되었다. Kern과 Clemens(2007)는 일반 교실에서 선행 자극 절차, 체계적 촉구, 차별강화와 행동 구체적 칭찬(behavior-specific praise)을 조합해 적용했다. 이 중재를 통해 부적절 행동이 감소하고 학생들의 자율적 과제 참여와 교실 분위기가 긍정적으로 변화되었다.

이들 연구는 응용행동분석 중재 방법이 특수교육을 넘어 일반교육 현장에서도 실질적이고 체계적인 행동 개선 도구로 활용될 수 있음을 보여 준다.

3. 정신건강 및 임상 중재

응용행동분석은 다양한 정신건강 문제에 대한 비약물적 접근을 제공하며, 특히 불안, 주의력결핍 과잉행동장애(Attention-Deficit Hyperactivity Disorder: ADHD), 틱 장애, 충동조절 문제 등에서 그 효과가 입증되고 있다. 불안 및 공황장애의 중재에서는 회피 행동의 기능을 분석한 후, 점진적 노출 훈련과 긍정적 강화를 통해 보다 적응적인 대처 행동을 학습하도록 지원한다. 이러한 접근은 회피 행동을 줄이고 기능적인 반응 범위를 넓히는 것을 목표로 한다.

ADHD 아동의 경우, 대체행동차별강화, 시각적 스케줄, 자기점검 기법 등이 활용되어 과잉행동 및 주의산만 행동을 감소시키고, 과제 수행 지속력을 향상시키는 데 효과를 보인다. Morris 등(2015)은 응용행동분석 기반 중재가 ADHD 아동의 집중력 및 자기조절 기술 향상에 유의미한 효과를 나타낸다고 보고하였다.

틱 장애 및 충동조절 문제의 중재에서는 기능행동평가(FBA)를 바탕으로 행동의 원인을 파악하고, 이에 근거한 대체 행동 전략을 수립한다. 특히 **반응차단**이나 **습관 반전 훈련**(habit reversal training)과 같은 절차가 틱 빈도 감소에 효과적인 것으로 나타났다. Himle 등(2006)의 연구에 따르면, 틱 장애 아동에게 기능적 행동 중재를 적용한 결과, 틱 발생 빈도가 통계적으로 유의미하게 감소하였다.

이와 같이 응용행동분석은 특정 장애 유형에 국한되지 않고 다양한 정신건강 문제에 대해 과학적 근거에 기반한 실용적인 중재 수단을 제공한다. 이러한 특성은 응용행동분석을 약물치료의 대안 또는 보완적 중재 전략으로 활용할 수 있는 임상적 유용성을 지닌 접근으로 자리매김하게 한다.

4. 가족 및 지역사회 중재

응용행동분석은 가정과 지역사회 영역에서도 널리 활용되며, 보호자와 일반 시민이 행동 원리를 이해하고 실천할 수 있도록 다양한 교육 및 실천적 지원을 제공한다. 특히 가족 구성원이 직접 중재 전략을 실행할 수 있도록 함으로써 일상생활 속에서 지속적이고 일관된 행동 개선을 도모할 수 있다.

부모 훈련 프로그램은 아동의 문제행동을 감소시키고 긍정적인 행동을 강화하기 위해 기능적 중재 전략을 부모가 직접 습득하고 실행할 수 있도록 구조화되어 있다. 이와 같은 접근은 가정 내 일관성을 높이며, 아동의 행동 변화 유지와 일반화에 효과적이다. Kaminski 등(2008)의 메타분석에 따르면, 응용행동분석 기반의 부모 훈련은 부모의 양육 기술을 향상시키고 아동의 문제행동을 유의미하게 감소시키는 데 효과적인 것으로 나타났다.

가족 중심 행동지원(family-centered behavioral support)은 형제자매 간의 긍정적 상호작용 증진, 가정 내 일과 조정, 자녀 양육 갈등 해소 등의 상황에서 응용행동분석 절차를 활용하여 가정 내 전반적인 기능을 향상시키는 데 중점을 둔다. 이러한 접근은 행동지원이 단순히 아동 개인에 국한되지 않고 가족 전체의 생활 질을 향상시키는 것을 목표로 한다.

지역사회 기반 행동 지원(Community-Based Behavioral Support)은 공격적 행동, 공공장소에서의 부적절한 행동, 규칙 위반 등 지역사회 내에서 발생하는 다양한 문제행동에 대한 중재를 포함한다. 이러한 중재는 사회복지기관, 보건소, 교육기관 등과의 연계를 통해 실행되며, 지역 수준에서의 행동 개선과 사회 적응을 지원한다. Lucyshyn 등(2015)은 지역사회 중심의 행동중재가 가족 단위의 삶의 질 향상에 기여하며, 장기적이고 지속 가능한 긍정적 변화를 유도한다고 보고하였다.

이와 같이 응용행동분석은 가정과 지역사회의 다양한 맥락 속에서 문제행동의 예방 및 중재, 긍정적 행동의 촉진을 통해 개인뿐만 아니라 가족과 공동체 전체의 복지를 증진하는 데 기여한다.

5. 조직행동관리

조직행동관리(Organizational Behavior Management: OBM)는 응용행동분석의 원리를 산업 및 조직 환경에 적용한 실천 분야다. OBM은 조직 구성원의 행동을 체계적으로 분석하고, 강화 원리를 활용하여 조직의 효율성, 안전성, 성과를 향상시키는 데 목적이 있다.

기존에 응용행동분석은 주로 발달장애, 자폐스펙트럼장애 분야에 중점을 두어 왔으나, 오늘날 그 적용 범위는 문화심리학, 임상심리학, 언어행동, 그리고 산업 및 조직 환경으로 확장되고 있다. 특히 OBM은 행동의 평가와 중재에 효과적인 도구로 주목받고 있으며, 응용심리학 분야에서 『Journal of Organizational Behavior Management』와 같은 전문 학술지를 통해 학문적 영향력을 지속적으로 확대해 나가고 있다.

OBM은 업무 절차를 분석해 비효율적인 행동을 제거하고, 목표 행동을 강화하는 전략을 사용한다. 예를 들어, 병원에서는 간호사의 환자 기록 정확도를 높이기 위해 행동 기반 피드백과 강화 절차가 활용된다. 행동 기반 안전(behavior-based safety)은 OBM의 대표적 적용 사례다. 안전 장비 착용, 사고 예방 행동 등을 강화하기 위해 실시간 피드백과 토큰 강화 전략이 사용된다. 이러한 접근은 위험 행동을 줄이고 안전한 작업 환경을 조성하는 데 효과적이다. 또한 OBM은 목표 지향적 행동을 강화하기 위해 체계적인 강화계획과 토큰경제 시스템을 운영한다. 이는 개인 및 팀의 생산성과 성과 향상에 기여할 수 있다.

조직은 OBM 중재를 통해 구성원들이 선행 자극과 후속결과를 활용하며 새로운 행동을 학습할 수 있도록 돕는다. 관리자는 직무에 적합한 기술 교육과 친화적인 환경 조성, 그리고 지속적인 모니터링과 피드백을 통해 직원의 행동 개선을 지원해야 한다. 아울러, 긍정적인 행동 변화를 보인 직원에게는 적절한 보상이 제공되어야 한다(Church et al., 2019). 연구에 따르면, Austin과 Carr(2000)는 OBM이 교육, 관리, 성과 개선에 효과적인 체계임을 강조했으며, Bucklin 등(2000)은 행동 기반 피드백 시스템이 작업 현장의 성과 향상에 긍정적인 영향을 미친다고 보고하였다.

6. 기타 분야

응용행동분석은 인간 행동을 대상으로 한 과학적 접근이지만, 그 원리는 인간 외 유기체나 비전통적인 상황에도 효과적으로 적용될 수 있다. 응용행동분석의 핵심 원리인 강화, 소거, 행동연쇄, 자극 통제 등의 절차는 다양한 실생활 영역에서 응용되며, 그 효과성이 보고되고 있다.

동물훈련 분야에서는 긍정적 강화, 행동연쇄 등의 절차를 활용하여 탐지견 훈련, 조련, 의료 처치 협조 훈련 등에서 동물의 목표 행동을 효과적으로 유도하고 유지하는 데 사용된다. 예를 들어, 경찰견이나 치료견은 체계적인 행동 강화 프로그램을 통해 특정 지시 행동을 학습하게 된다.

스포츠 수행능력 향상 분야에서는 운동선수의 기술 숙련, 집중력 향상, 일관된 루틴 형성 등에 응용행동분석전략이 활용된다. 자기 점검(self-monitoring), 피드백 제공, 토큰 강화 시스템을 통한 동기부여 전략은 선수 개인의 수행을 객관적으로 분석하고 개선하는 데 유용한 도구로 작용한다.

공공보건 행동 증진 영역에서도 응용행동분석은 건강한 생활 습관 형성에 기여한다. 금연, 손 씻기, 백신 접종과 같은 건강 관련 행동을 증진시키기 위해 사회적 강화, 시각자료 제공, 환경 구조화 등의 전략이 활용된다. 이와 같은 전략은 특정 건강 행동을 일반화하고 유지시키는 데 효과적이다.

V 응용행동분석 분야의 주요 과제

1. 사회적 타당도와 윤리적 실천의 강화

응용행동분석은 과학적 근거에 기반한 행동 변화 기법이지만, 연구 결과가 통계적으로 유의미하더라도 그것이 개인의 실제 삶에서 의미 있는 개선으로 받아들여지지 않는다면 중재는 성공했다고 보기 어렵다. 이러한 관점에서 **사회적 타당도**(social validity)는 응용행동분석에서 고려되어야 할 핵심 개념이다.

Wolf(1978)는 응용행동분석이 진정한 '응용'이 되기 위해서는 연구자가 아닌 중재의 수혜자가 그 결과를 평가해야 한다고 강조하였다. 즉, 응용행동분석은 단순히 측정 가능한 행동의 변화에 머물지 않고, 그 변화가 당사자와 사회 전반에 긍정적 영향을 주는지를 기준으로 평가되어야 한다. 사회적 타당도는 일반적으로 3가지 측면에서 중재의 적절성과 효과를 평가한다.

- 중재의 목표가 사회적으로 가치 있는 것인가?
- 중재 절차가 윤리적이고 수용 가능한 방식으로 설계되었는가?
- 중재 결과가 실제 삶에서 긍정적 변화를 만들어 냈는가?

Baer 등(1968)도 응용행동분석은 사회적으로 중요한 행동을 향상시키는 것을 목표로 한다고 말하며 사회적 타당도를 학문적 필수 요소로 규정하였다.

현대의 응용행동분석은 이러한 인식을 바탕으로 **윤리적 실천**(ethical practice)의 강화를 강조하고 있다. Behavior Analyst Certification Board(2022)의 윤리강령은 "행동분석가는 고객의 자율성과 존엄을 존중하며, 고객이 정보에 기반해 스스로 선택할 수 있도록 설명하고 투명성을 유지해야 한다(Core Principle 2).”고 명시하고 있다. 특히 아동이나 장애인처럼 자기 의사를 명확히 표현하기 어려운 고객에게는 대리 판단이 아닌 진심 어린 존중과 배려가 더욱 요구된다.

이와 관련하여 Penney 등(2023)은 응용행동분석이 갖추어야 할 여덟 번째 차원으로 '연민(compassion)'을 제안하며, 행동변화를 이끄는 모든 과정은 상대의 삶을 진심으로 고려하는 태도에서 출발해야 한다고 지적하였다. 이는 윤리적 실천과 사회적 타당도를 단순한 형식이 아닌 응용행동분석의 본질적 가치로 바라보게 한다.

사회적으로 수용 가능한 목표 설정과 윤리적인 실천은 결국 중재의 효과를 지속 가능하게 만들고 응용행동분석에 대한 신뢰를 높이는 기반이 된다.

2. 장애 범주별 맞춤형 중재 방법 개발

응용행동분석은 다양한 개인의 행동을 이해하고 변화시키기 위한 과학적 방법론이지만 모든 사람에게 똑같은 방식으로 적용할 수는 없다. 특히 자폐스펙트럼장애, 지적장애, ADHD, 뇌병변장애, 감각장애 등 다양한 장애 범주에 따라 개인의 특성과 환경은 달라지며, 이에 따라 중재 방법도 다르게 적용해야 한다. 장애 유형별 특화된 중재 방법의 개발은 실제 중재의 효과성과 사회적 수용성을 높이는 핵심 과제다.

자폐스펙트럼장애 아동의 경우 언어 및 사회적 상호작용 결함, 상동행동, 감각 과민성 등의 특성이 두드러진다. 이러한 특성에 따라 시각적 지원, 구조화된 환경, 강화 중심의 사회적 기술 훈련이 효과적으로 활용된다. Cooper 등(2020)은 자폐스펙트럼장애 아동의 중재에서 표적 행동의 명확한 정의와 반복 가능한 강화 절차는 중재의 일관성과 신뢰도를 높이는 데 핵심적 역할을 한다고 설명한다.

지적장애 아동은 인지 발달과 작업 기억에 제약이 있으므로 단계화된 과제, **무오류 학습**, 직접 교수법을 사용하는 것이 적절하다. Browder와 Spooner(2006)는 행동연쇄와 과제분석을 결합한 교수 전략이 지적장애 아동의 자조 및 일상생활 기술 학습에 효과적임을 보고했다.

ADHD 아동의 경우에는 지속적인 주의집중과 충동 조절이 어려우므로 즉각적 피드백, 시간 제한 과제, 자기관리 전략이 중재의 핵심 요소로 작용한다. Barkley(2015)는 ADHD 아동에게는 내적 통제가 어려운 만큼 외적 구조와 명확한 결과 예측 가능성이 보장되어야 한다고 주장한다.

청각장애나 시각장애 등 감각장애 아동은 언어나 시각 중심의 자극에 제약이 있을 수 있어 보완대체의사소통, 촉각적 자극, 몸짓 기반 피드백과 같은 대체 방법이 필요하다.

이처럼 장애 범주별 특성과 기능적 요구를 반영한 중재는 단순한 맞춤형 적용을 넘어 응용행동분석의 사회적 타당도와 윤리적 정당성을 강화한다. Slocum 등(2014)은 장애 유형에 특화된 중재 설계는 단지 중재의 효과를 높이는 데 그치지 않고, 아동과 가족이 경험하는 삶의 질을 향상시키는 출발점이 되어야 한다고 강조한다.

궁극적으로 행동분석가는 특정 장애 진단에 따라 선입견 없이 행동의 기능을 평가하고, 해당 범주의 일반적 특성과 현장 경험을 바탕으로 과학적이면서도 유연한 전략을 수립해야 한다. 이는 단순한 기술적 조정이 아닌 대상자에 대한 깊은 이해를 바탕으로 한 진정성 있는 중재 설계이자 전문 역량의 핵심이다.

3. 기술 기반 응용행동분석의 확대

응용행동분석은 시간이 지나면서 다양한 사회 변화와 기술 발전에 맞춰 진화해 왔다. 특히 원격 교육과 원격 중재가 급격히 확산되면서 응용행동분석 실천 역시 전통적인 대면 중심 구조에서 벗어나 기술 기반 접근을 적극적으로 수용하기 시작했다. 이는 단순히 접근성을 높이는 차원을 넘어 중재의 효율성, 자료 기록의 정확성, 실시간 피드백의 가능성을 확대하는 계기가 되었다.

기술 기반 응용행동분석은 크게 3가지 영역으로 구분할 수 있다. 첫째, **원격의료 기반 중재**(telehealth-based intervention)의 확산이다. 인터넷 화상 플랫폼을 활용해 행동분석가가 원격으로 중재를 시행하고, 보호자나 현장 교사가 직접 중재를 보조하거나 수행한다. 최근 연구에서는 원격 중재가 자폐스펙트럼장애 아동의 사회적 상호작용 훈련, 문제행동 감소, 부모 훈련 등에 효과적으로 적용될 수 있음이 보고되었다(Neely et al., 2021).

둘째, 앱 기반 행동 기록 시스템의 활용이다. 전통적으로 종이 기반으로 수집하던 행동 데이터는 디지털 기기와 모바일 앱을 통해 실시간으로 기록되고 분석될 수 있게 되었다. Cooper 등(2020)은 정확하고 즉각적인 데이터 수집은 중재 결정의 품질을 높이는 핵심 도구라고 언급하며, 기술을 활용한 자동화된 기록 방식의 필요성을 강조하고 있다. 데이터의 시각화 기능, 알림 시스템, 원격 공유 기능 등은 현장의 업무 부담을 줄이면서 중재의 일관성을 높인다.

셋째, 인공지능(Artificial Intelligence: AI) 기술의 도입이다. AI 기술은 반복적인 행동 패턴 분석, 강화 시점 자동 제안, 개별화 중재 설계 등 다양한 영역에서 새로운 가능성을 보여 주고 있다. 예를 들어, 일부 연구에서는 아동의 음성 언어 데이터를 자동 분석해 언어행동 중재 시 강화를 추천하거나 목표를 조정하는 시스템이 개발되고 있다(Rahman et al., 2022). 그러나 이러한 기술은 아직 표준화되거나 실증 연구가 충분하지 않으며, 윤리적 검토가 필요한 초기 단계에 있다.

이와 같은 기술 기반 접근은 분명히 응용행동분석의 실천 범위와 접근성을 넓히는 장점을 갖지만 동시에 해결해야 할 과제도 남아 있다. 예를 들어, 디지털 소외계층의 접근성, 데이터 보안, 프라이버시 보호, 디지털 중재의 사회적 타당도 확보 등이 지속적으로 논의되고 있다.

기술은 응용행동분석의 본질을 대체하지 않는다. 오히려 기술은 정확한 분석과 체계적인 중재를 돕는 도구이며, 이를 올바르게 활용하기 위해서는 중재자의 이론적 기반과 윤리적 감수성이 전제되어야 한다. 행동분석가는 기술을 도입할 때 '무엇이 편리한가?'가 아니라 '무엇이 고객에게 실질적으로 도움이 되는가?'를 먼저 고려해야 한다.

4. 전문가 양성과 다학제 협력 체계 구축

응용행동분석은 개인의 행동을 과학적으로 이해하고 중재하는 정교한 학문이자 실천이다. 이 때문에 효과적인 응용행동분석 실천을 위해서는 이론적 지식뿐만 아니라 실제 적용 능력을 갖춘 전문가의 양성이 필수적이다. 최근 응용행동분석에 대한 사회적 수요가 증가하면서 전문 인력의 체계적인 양성 체계와 함께 다양한 분야 전문가들과의 협력 체계 마련이 중요한 과제로 떠오르고 있다.

현재 국제적으로 응용행동분석 실천의 전문성을 보장하는 대표적인 자격은 Board Certified Behavior Analyst(BCBA)다. 이 자격은 Behavior Analyst Certification Board(BACB)에서 인증하며, 석사 수준의 이론 교육, 실무 경험, 자격시험을 통과해야 취득할 수 있다. BCBA 자격은 응용행동분석 실천의 질을 유지하고, 윤리적 기준과 전문 지식을 갖춘 인력을 배출하기 위한 글로벌 기준으로 기능하고 있다. BACB(2022)는 전문가가 자신이 속한 분야의 윤리적 · 과학적 기준을 이해하고, 이를 지속적으로 갱신할 책임이 있다고 명시한다(Code 1.03).

BCBA에 이어, 최근에는 Qualified Applied Behavior Analysis Credentialing Board(QABA)도 국제적으로 주목받고 있다. QABA는 자폐스펙트럼장애 및 발달장애 분야에서 응용행동분석 실천 인력의 다양성과 접근성을 확대하기 위해 설립된 자격 체계로 보다 실무 중심의 유연한 자격 구조를 제공한다. 비영어권 국가를 위한 언어 지원, 비용 절감, 온라인 시험 시스템 등을 통해 자격 취득의 진입 장벽을 낮추고 있으며, 윤리 강령과 지속적인 전문성 개발을 통해 자격 보유자의 전문성을 꾸준히 유지하도록 하고 있다. QABA의 등장은 BCBA 중심이었던 기존의 자격 체계에 보다 유연하고 포괄적인 대안을 제시함으로써 다양한 지역과 실천 환경에서 응용행동분석 전문성의 확산을 도모하고 있다는 점에서 의미가 크다.

국내에서도 행동분석가를 양성하기 위한 대학 및 대학원 과정이 점차 확대되고 있으며, 한국행동분석학회를 중심으로 자격과 교육의 체계화가 이루어지고 있다. 그러나 아직까지도 대학 간 교육 수준의 편차, 실습 기회의 부족, 전문 인력에 대한 사회적 인식 부족 등의 문제는 해결 과제로 남아 있다.

그러나 행동분석가의 활동은 독립적으로만 이루어질 수 없다. 실제 중재 현장은 특수교사, 임상심리사, 언어치료사, 사회복지사, 정신건강의학과 의사 등 다양한 전문가들이 함께 협력하는 구조로 되어 있다. 특히 특수교육 현장에서 응용행동분석은 개별화 교육계획(IEP)의 핵심 전략으로 활용되기 때문에 특수교사와의 긴밀한 의사소통과 협업은 실천의 질을 좌우하는 요소다. Cooper 등(2020)은 "응용행동분석 실천은 행동을 바꾸는 기술이 아니라, 사람들과 함께 일하는 기술이다."라고 강조하며, 다학제 협력(multidisciplinary collaboration)의 중요성을 교육과정 설계에 포함할 것을 권고하고 있다. 예를 들어, 문제행동의 기능행동평가(FBA)를 통해 중재 방안을 제시할 때 교사, 보호자, 치료사와의 지속적인 정보 공유와 합의가 없으면 중재의 실행 가능성과 지속성이 떨어질 수 있다. 또한 다학제 협력은 단지 역할을 나누는 데 그치는 것이 아니라 행동분석의 언어를 타 분야 전문가들이 이해할 수 있도록 전달하고, 상호 존중 속에서 공동의 목표를 수립하는 능력을 요구한다. 이는 단순한 기술이 아니라 훈련이 필요한 역량이며, 행동분석가가 갖추어야 할 핵심 직무능력 중 하나다.

궁극적으로 전문가 양성과 협업 체계의 강화는 응용행동분석이 개별 사례를 넘어 보다 넓은 사회적 영향력을 발휘하는 실천으로 발전하는 기반이 된다. 교육, 치료, 복지, 건강 등 다양한 영역에서 응용행동분석이 타 전문 영역과 긴밀히 연결될 때, 실질적이고 지속 가능한 행동 변화가 가능해진다.

요약

응용행동분석은 인간 행동을 과학적으로 이해하고 변화시키는 실천적 학문이다. 응용행동분석은 실험행동분석에서 도출된 원리를 실제 삶의 문제에 적용해 사회적으로 의미 있는 행동 변화를 이끌어 내는 데 중점을 둔다. 응용행동분석의 주요 특성은 응용적, 행동적, 분석적, 기술적, 개념적으로 체계적, 효과적, 일반성, 그리고 최근 강조되는 연민까지 8가지로 정리된다. 응용적 특성은 실제 삶의 질 향상에 기여하는 행동에 초점을 두고, 행동적 특성은 관찰 가능하고 측정 가능한 구체적 행동을 대상으로 한다. 분석적 특성은 행동 변화가 환경 조작에 의해 발생했음을 실험적으로 입증하는 것을 의미한다. 기술적 특성은 중재 절차가 명확히 문서화되어 재현 가능해야 하며, 개념적으로 체계적 특성은 모든 중재가 행동과학의 기본 원리에 근거해야 함을 뜻한다. 효과적 특성은 실질적이고 사회적으로 의미 있는 행동 변화를 이끌어야 하며, 일반성은 중재 효과가 시간, 환경, 행동 측면에서 지속되고 확장되어야 한다. 연민은 대상자의 삶과 감정을 공감하며, 윤리적이고 사람 중심의 실천을 지향하는 태도를 강조한다.

응용행동분석의 이론적 기반은 Pavlov의 고전적 조건화와 Skinner의 작동적 조건화에 있다. Pavlov는 자극과 반응의 연합을, Skinner는 행동과 결과의 관계를 강조하며 실험행동분석을 발전시켰다. 1968년 『Journal of Applied Behavior Analysis(JABA)』 창간과 1974년 ABAI 설립을 계기로 응용행동분석은 독립된 학문 영역으로 자리 잡았다. 1998년 BACB가 설립되어 전문가 양성 및 자격 인증 체계가 제도화됐고, 최근에는 QABA 등 국제적 인증 체계도 확산되고 있다. 국내에서는 1970년대 초반부터 응용행동분석이 도입돼 특수교육, 상담 등에서 활용되기 시작했고, 2013년 한국특수교육응용행동분석학회 창립 등으로 연구와 실천, 교육이 발전하고 있다.

응용행동분석은 행동 측정 방법, 평가 방법, 행동 원리와 기타 영역으로 구성되어 있다. 행동의 측정 단위에는 빈도, 지속시간, 지연 시간, 형태, 강도, 위치 등이 있으며, 이를 측정하기 위한 자료 수집 방법으로는 일화기록, 영구산물기록 그리고 직접관찰에서 사용하는 사건기록, 지속시간기록, 지연시간기록, 간격기록 등이 있다. 응용행동분석에서는 단일대상연구를 통해 행동의 변화를 평가

한다. 단일대상연구 설계에는 반전 설계, 중다기초선 설계, 교대중재 설계, 준거 변경 설계 등이 있다. 행동 원리에 기초한 중재 방법으로는 선행 자극 통제, 후속결과 통제, 새로운 행동 지도 절차가 있다. 이러한 중재 방법들은 교육 현장과 실생활에서 폭넓게 활용되며, 실제 행동 변화를 이끌어 내는 데 효과적이다.

응용행동분석은 특수교육, 정신건강, 가족 및 지역사회, 조직행동관리 등 다양한 영역에서 활용된다. 특수교육에서는 자폐스펙트럼장애, 지적장애 등 발달장애 아동의 행동 발달과 기능적 기술 습득을 지원한다. 정신건강 분야에서는 불안, ADHD, 틱 장애 등 다양한 문제에 대해 기능행동평가, 대체행동차별강화, 습관 반전 훈련 등 비약물적 중재가 적용된다. 가족 및 지역사회 중재는 부모 훈련, 가족 기반 행동지원, 지역사회 행동지원 등을 통해 가정과 공동체의 복지를 증진한다. 조직행동관리에서는 작업자의 행동을 분석·중재해 조직 효율성과 안전을 높이고, 행동 기반 안전 프로그램, 성과 피드백 시스템 등이 활용된다. 이 외에도 동물훈련, 스포츠 퍼포먼스 향상, 공공보건 행동 유도, 일반 교육 등에서도 응용행동분석원리가 효과적으로 적용된다.

현대 응용행동분석의 주요 과제로는 사회적 타당도와 윤리적 실천, 장애 범주별 맞춤형 중재 방법 개발, 기술 기반 응용행동분석의 확대, 전문가 양성과 다학제 협력 체계 구축이 있다. 사회적 타당도는 중재 목표와 절차, 결과가 당사자와 사회에 의미 있고 윤리적으로 수용 가능해야 함을 강조한다. 기술 기반 응용행동분석은 원격 중재, 앱 기반 행동 기록, 인공지능 기술의 도입 등으로 실천 범위와 접근성을 넓히고 있다. 전문가 양성과 협업 체계의 강화는 응용행동분석이 다양한 분야에서 효과적으로 적용될 수 있는 기반이 된다.

제2장

행동 변화 측정

• 개요

응용행동분석에서 중재 효과를 평가하려면 행동 변화를 객관적 수치로 입증해야 한다. 이를 위해서는 객관적 자료를 얻기 위한 체계적인 행동 측정이 필요하다. 이 장은 이러한 자료를 얻기 위해 행동 측정을 어떻게 해야 하는지 구체적으로 제시한다. 측정의 당위성, 목표 행동의 선정에 이어 누구나 목표 행동을 동일하게 측정할 수 있도록 객관성, 명료성, 완전성을 갖춘 조작적 정의 수립에 관해 설명한다. 또한 행동 특성에 맞춰 빈도, 비율, 지속시간 등 측정 단위를 선택하는 절차와 사건 기록, 지속시간 기록, 간격 기록 등 주요 행동 기록법의 적용 방법을 다룬다. 마지막으로, 수집된 자료의 신뢰성 확보를 위해 관찰자 간 일치도(IOA)를 설명하며, 사건기록법, 간격기록법, 지속시간 기록법 자료별 IOA 산출 및 해석 방법을 제시한다.

● 핵심 용어

- 간격 기록(interval recording)
- 강도(intensity)
- 구간 대 구간 관찰자 일치도(interval-by-interval, point-by-point reliability)
- 기능–기반 정의(function-based definition)
- 반응지연시간 기록(latency recording)
- 반응지연시간(latency)
- 부분 간격 기록(partial-interval recording)
- 비율(rate)
- 빈도(frequency)
- 사건기록(event recording)
- 순간 관찰 기록(momentary-interval recording)
- 신뢰도(reliability)
- 영구 산물(permanent product)
- 전 구간 기록(whole-interval recording)
- 조작적 정의(operational definition)
- 지속시간(duration)
- 지속시간기록(duration recording)
- 지연시간기록(latency recording)
- 총 지속시간 관찰자 일치도(total duration IOA)
- 총 횟수 관찰자 일치도(total count IOA)
- 평균 발생당 지속시간 관찰자 일치도(mean duration-per-occurrence IOA)
- 행동 발생 신뢰도(interobserver agreement on occurrences)
- 행동 비발생 신뢰도(interobserver agreement on non-occurrences)
- 형태-기반 정의(topography-based definitions)

I 행동 측정의 필요

응용행동분석은 '무엇이 효과적인가'를 경험적으로 검증하고, 그 결과를 실제 삶의 맥락에 반영하려는 과학적 · 실천적 학문으로, 행동의 변화를 유도하고 그 효과를 평가하는데 데이터 기반의 접근을 사용한다(Cooper et al., 2020). '증거에 근거한 의사결정'을 이루기 위해서는 중재 전후에 발생한 행동 변화 데이터를 신뢰도 높게 기록해야 하며, 이를 가능하게 해 주는 핵심적인 절차가 행동 측정이다. 행동을 체계적이고 객관적으로 수량화하는 측정 과정을 통해 수집된 데이터는 의사결정에 필요한 구체적인 증거를 제공한다.

우선, 행동 측정은 대상 행동의 특성을 정밀하게 파악할 수 있게 해 준다. 일상적 관찰만으로는 "문제행동이 증가했다." 혹은 "참여도가 좋아졌다."와 같은 막연한 인상에 머물기 쉽다. 반면, 명확한 조작적 정의에 근거해 빈도, 지속시간, 강도 등을 체계적으로 기록하면, 행동이 실제로 얼마나 자주 일어나는지, 어느 상황에서 두드러지는지, 시간에 따라 어떤 패턴을 보이는지를 정량적 수치로 확인할 수 있다. 예를 들어, 하루 평균 30회 발생하던 문제행동이 중재 이후 5회 이하로 감소했다면, 이는 '감소했다'는 주관적 느낌이 아니라 객관적 증거가 된다. 이러한 사실 기반 정보는 연구자는 물론, 교사와 부모에게도 행동 상태를 명확히 설명할 자료가 된다.

둘째, 정확한 행동 정보는 맞춤형 중재 설계의 토대가 된다. 행동 측정을 통해 '문제행동'인지 판단할 최소 기준을 설정할 수 있고, 기능분석과 결합하면 행동이 유지 · 강화되는 환경적 요인도 규명할 수 있다(O'Neill et al., 2015). 이를 바탕으로 중재 목표를 행동의 감소, 유지, 증가 중 무엇으로 할지 수립하고, 강화 계획, 선행사건 중재, 대체행동 교수 등 구체적 전략을 결정하게 된다. 하지만 측정 데이터가 없다면 중재 목표를 어느 수준으로 설정해야 하는지 판단하기 어려우며, '중재 실시 후 평가' 역시 단순 추측에 의존하게 된다.

셋째, 지속적 모니터링은 중재의 효과성을 실시간으로 평가하게 해 준다. 응용행동분석 임상 현장에서는 최소 주 1회, 경우에 따라서는 매 회기마다 행동을 기록해 그래프로 시각화한다. 이렇게 축적되는 데이터는 2가지 중요한 판단을 가능케 하는데, 하나는 현재 중재 개입이 목표 달성에 부합하는 '변화 추세(trend)'를 보이는지 여부이고, 다른 하나는 예상치 못한 변동이나 부작용을 조기에 파악해 주는 것이다(Kazdin, 2017). 예를 들어, 행동 감소 곡선이 일정 수준에서 '평형 상태'를 이루어 더 이상 개선되지 않는다면 연구자는 강화 일정, 선행사건, 과제 난이도 등 중재 조건을 재조정함으로써 중재 효과를 최적화할 수 있다.

넷째, 체계적 데이터는 이해관계자 간의 투명한 의사소통을 가능하게 한다. 보호자, 교사, 치료사가 각기 다른 관점에서 행동 변화를 해석하면 중재 방향에 혼선이 생길 수 있다. 하지만 표준화된 기록 양식과 시각화된 그래프는 '누가 보더라도 동일한 결론'을 내릴 수 있게 한다. 실제 현장 연구에서는 주간 요약 그래프를 학부모에게 공유해 가정 협력을 강화하거나, 교내 긍정적 행동지원 회의에서 학생별 행동 경향을 논의하는 데 활용될 수 있다. 이 과정은 단순 보고를 넘어, 중재 목표 설정과 의사결정에 부모와 교사, 행동전문가가 공동책임을 지는 협력적 문화를 조성케 한다.

다섯째, 행동 측정은 연구의 신뢰성과 전문적 책임성을 확보해 준다. 과학적 탐구의 기본 요건 중 하나는 타 연구자가 동일 조건을 갖추고 동일 방법으로 측정했을 때 유사 결과를 얻을 수 있는지 여부다. 행동 연구에서 관찰자 간 일치(InterObserver Agreement: IOA) 검증, 측정 타당성 확인, 중재 충실도 평가 등의 절차는 모두 '측정이 제대로 이루어졌는가?'를 입증하는 과정이다. 따라서 데이터가 투명하게 보고되지 않은 연구는 과학적 가치뿐 아니라 임상적 신뢰성도 떨어진다. 반대로 신뢰할 만한 측정 체계를 갖춘 프로그램은 학교 혹은 기관이 외부 감사나 보건 당국 평가에서도 근거 서류로 제시할 수 있어, 서비스 품질 인증과 재정 지원 확보에 유리하다.

마지막으로, 윤리적 측면에서도 행동 측정은 중요하다. 중재를 통해 행동을 변화시키겠다는 결정 자체가 개인의 삶에 중대한 영향을 준다. 따라서 전문가에게는 실제로 효과가 있는가? 혹시 해를 끼치고 있지는 않은가?를 지속적으로 확인해야 한다. 무분별한 중재는 행동을 왜곡하거나 불필요한 스트레스를 유발할 수 있기 때문이다. 반복적 측정과 데이터 기반 판단은 이러한 윤리적 위험을 최소화하고, 중재의 이익을 증명한다는 점에서, 전문가의 책무성(accountability)과 직결된다.

Ⅱ 목표 행동의 조작적 정의

1. 목표 행동 선정

행동을 측정하기 위한 첫 단계는 무엇을 측정할지를 결정하는, 즉 목표 행동(target

behavior)을 신중하게 선정하는 일이다. 목표 행동은 특정 환경이나 상황적 맥락 속에서만 두드러지게 나타나는 경우가 많으므로, 정의 단계에서 그 맥락을 함께 명시해야 하며, 행동이 충족하는 기능적 의미를 분석하는 과정도 뒤따라야 한다.

사회적 · 교육적 중요성 역시 목표 행동 선정에서 중요한 기준이다. Cooper 등(2020)이 강조하듯, 행동분석은 사회적 타당성을 확보할 때 비로소 의미가 있다. 측정하려는 행동이 학생 본인과 교사, 또래, 부모의 삶의 질에 실질적 변화를 가져오는지, 학습적 · 사회적 성과에 어떤 파급 효과를 미치는지를 먼저 검토해야 한다. 연구 목적과 중재 자원 또한 목표 행동의 우선순위를 결정한다. 단기 연구에서는 명확히 정의되고 빈도가 높은 행동이 분석에 유리한 반면, 장기 중재에서는 생활 기술이나 학습 행동처럼 사회적 가치가 높은 행동이 선택되는 경향이 있다. 또한 행동의 주체를 명료히 하는 작업이 필요하다. 목표 행동의 주체가 반드시 학생일 필요는 없다. 경우에 따라서는 교사나 부모의 피드백 제공 빈도, 혹은 교실 환경 조정 같은 중재자 행동이 목표가 될 수도 있다(이소현 외, 2000). 주체를 분명히 해야 자료 해석의 혼선을 방지할 수 있으며, 중재 과정에서 필요한 훈련 및 지원을 효율적으로 설계할 수 있다.

목표 행동 선정 과정은 관찰 가능성과 측정 가능성, 기능적 중요성, 사회적 타당성, 그리고 연구 목적을 종합적으로 검토하여 확정하는 복합적 의사결정 절차다. 이 과정을 견고히 거쳐야 조작적 정의, 자료 수집을 비롯한 모든 후속 단계에서 학문적 정확성과 현장 적용성을 모두 확보할 수 있다.

2. 조작적 정의

목표 행동이 확정되면 **조작적 정의**(operational definition) 수립 단계로 넘어간다. 조작적 정의란 특정 행동을 언제, 어디서, 어떻게 관찰했을 때 누구라도 동일하게 '있다/없다' 혹은 '시작/종료'를 판단할 수 있도록 행동의 형태, 유발 조건, 지속 기준, 제외 상황 등을 구체적이고 경험적으로 기술하는 절차이다. 이렇게 행동을 구체적으로 정의하면 관찰자 간 일치도가 향상되어 데이터의 신뢰도(reliability)가 높아지고, 연구 결과를 해석할 때 필요한 타당도(validity) 역시 확보된다. 더 나아가 정의 자체가 명확할수록 동일 연구를 다른 환경과 참여자를 대상으로 반복할 수 있으므로, 연구와 실제 중재 모두에서 일관성을 유지하는 토대가 마련된다.

예를 들어, '수업 참여 행동'처럼 추상적인 용어를 그대로 두면 관찰자마다 해석이 달라진다. 한 관찰자는 학생이 교사를 바라보는 것만으로도 참여로 판단할 수 있는 반면, 다른 관찰자는 과제 수행이 동반되어야 참여라고 간주할 수도 있다. 이러한 주관적 편차를 최소화하려면 '특수학급 국어 수업' '교사의 구두 지시 후 5초 이내' 등과 같이 행동이 발생하는 환경적 단서, "시선을 과제물 또는 교사에게 고정한 상태로 문제 풀이, 필기, 구두 응답을 10초 이상 지속한다."와 같은 구체적인 행동의 형태, '시선이 다른 곳으로 5초 이상 이동하거나 과제 도구를 내려놓는 순간'과 같은 행동의 종료 조건, "수업 중 교재를 뒤적이지만 과제 수행이 없는 경우는 포함하지 않는다."와 같은 예외 조건 등을 모두 명시해야 한다. 이러한 구체적 조건이 있어야만 관찰자가 서로 다른 상황에서도 공통의 기준 아래 자료를 수집하고 해석할 수 있게 된다.

조작적 정의가 충족해야 할 기준으로는 **객관성**(objectivity), **명료성**(clarity), **완전성**(completeness)이 언급된다. Hawkins와 Dobes(1977)는 이 3가지 조건이 동시에 갖추어질 때에만 관찰자 간 일치도가 안정적으로 확보된다고 강조했다. 먼저, 객관성은 행동을 관찰자의 주관적 해석으로부터 분리해 외부에서 직접 확인 가능한 특성으로 규정하는 것을 뜻한다. 예를 들어, '불안해한다'와 같은 추상적 표현 대신 '양손을 10초 이상 계속 문지른다.'처럼 구체적이고 측정 가능한 행동 양상을 기록 기준으로 삼아야 한다. 다음으로, 명료성은 누구라도 정의를 동일하게 해석할 수 있을 만큼 표현이 분명해야 함을 의미한다. 예를 들어, "교사가 이름을 부른 뒤 5초 이내에 시선을 교사에게 고정한다."처럼 시간 · 공간과 같은 객관적 기준을 제시하면, 행동 발생 여부를 즉각적으로 판별할 수 있다. 마지막으로, 완전성은 포함 및 배제 조건을 함께 제시해 행동의 경계를 명확히 하는 특성을 말한다. '교사의 호명이 없었거나 5초가 지난 뒤 시선을 맞춘 경우는 참여 행동에서 제외한다.'고 명시하면, 관찰자마다 달리 해석할 여지를 최소화할 수 있다.

응용행동분석에서는 목표 행동을 기능적 혹은 형태적으로 정의할 수 있다(Cooper et al., 2020). **기능-기반 정의**(function-based definition)는 환경에 미치는 결과, 즉 행동의 효과를 중심으로 반응들을 하나의 목표 반응군으로 묶는다. 예컨대, '다른 사람의 관심을 얻는다.'는 동일한 기능을 충족한다면 손 흔들기, 옷 잡아 당기기, 큰 소리 내기처럼 외형이 서로 달라도 모두 같은 목표 행동 군으로 간주된다. 반면, **형태-기반 정의**(topography-based definitions)는 신체 움직임이나 언어 형식처럼 행동의 외형을 기준으로 목표 행동을 정의한다. 기능-기반 정의는 반응군에 속한 반응의 연관된 형태를 모두 포함하고, 행동의 기능을 중요시하며, 좀 더 단순하고 간결하고 정확하게 사용할 수 있어, 응용행동분석에서는 기능-기반 정의를 주로 사용하여 측정의 신뢰도를 높이고자 한다. 조작적 정의를 통해 형태가 다른 행동이더라도 같은 기능의 형태를 목표 행동으로 정의하며, 포함 행동과 불포함 행동을 제시하기도 함으로써 목표 행동의 범위를 명확히 하고자 한다. 〈표 2-1〉은 실제 사용에 참고할 수 있는 조작적 정의의 예시다.

〈표 2-1〉 조작적 정의의 예시

주의집중 행동	수업 중 교사가 설명하거나 교재를 제시할 때, 학생이 교사의 얼굴이나 화면을 3초 이상 지속적으로 바라보며 과제를 수행한다. 응시 시간이 3초 미만이거나 시선이 다른 학생이나 교실 밖 등 수업과 무관한 대상일 경우에는 주의집중으로 기록하지 않는다.
공격 행동	수업이나 놀이 상황에서 학생이 손, 발 또는 도구를 사용해 다른 사람의 신체를 때리거나 밀친다. 단, 부주의로 스치거나 놀이 접촉은 공격 행동으로 보지 않는다.
자기 자극 행동	식사 시간에 아동이 손 흔들기, 손가락 빨리 움직이기 또는 몸을 앞뒤, 좌우로 흔드는 행동을 5초 이상 지속한다. 하지만 자연스러운 일상 움직임이나 부모의 지시에 따른 동작은 포함하지 않는다.

Ⅲ 행동 측정

행동을 관찰하고 측정하기 위해서는 우선 측정하고자 하는 목표 행동을 선정하고, 객관적으로 측정하기 위한 조작적 정의를 하며, 적합한 측정 단위를 선정한 후, 행동을 관찰하고 기록할 방법을 선정해야 한다. 선정된 목표 행동의 특성과 연구 목적에 맞는 단위를 선택해 행동을 바라보는 분석의 틀을 마련하고, 변화를 가장 효과적으로 드러낼 기록 방법을 채택함으로써 데이터의 객관성과 타당성을 확보할 수 있다.

1. 행동 측정 단위

행동분석에서 측정 단위는 목표 행동이 '얼마나' 그리고 '어떻게' 변하는지를 수량으로 나타내 주는 기초가 된다. 부적절한 단위 선택은 중재 효과를 과대 혹은 과소 추정해 잘못된 결론을 유도할 수 있으므로, 행동의 물리적·기능적 특성과 발생 환경을 함께 고려해야 한다. 행동은 대체로 얼마나 자주 일어나는지, 얼마나 오래 지속되는지, 어떤 형태나 강도로 나타나는지에 따라 관찰 초점이 결정되며, 그 특성에 맞추어 빈도, 비율, 지속시간, 지연, 반응 시간, 강도, 영구 산물 등 다양한 측정 단위를 적절히 선택하거나 결합해 사용한다(Cooper et al., 2020; Johnston, 2010).

1) 빈도

빈도(frequency)는 관찰 세션 또는 정의된 구간 내에서 목표 행동이 발생한 횟수를 집계한 값으로, 행동분석에서 가장 오래되고 널리 사용되는 측정 단위다. 이 단위는 시작과 종료가 명확히 구분되는 이산적(discrete) 행동, 예컨대, '자발적 손들기' '문장 읽기 완료' '버튼 끼우기' 등을 정확하게 측정할 수 있으며, 관찰자가 행동이 나타날 때마다 계수기나 모바일 앱 버튼을 눌러 실시간으로 사건 기록(event recording)을 남길 수 있다는 점에서 편의성이 높다(Cooper et al., 2020).

빈도의 가장 큰 강점은 계산과 해석이 직관적이라는 데 있다. 교사는 '수업 전 5분 동안 자리 이탈 0회'처럼 행동 기대치를 구체적으로 제시해 학습자에게 즉각적 피드백을 줄 수 있고, 연구자는 그래프에서 회기별 빈도 변화를 시각적으로 확인하면서 중재를 신속하게 조정할 수 있다. 빈도 데이터는 기회(opportunity)나 과제 시도(trial) 수와 결합해 '시도당 반응률'(responses per opportunity) 지표로 확장할 수 있으므로, 과제 난이도, 노출량 차이를 통제한 정교한 비교도 가능하다(Johnston, 2010).

그러나 빈도는 관찰 시간이 동일하다는 전제가 충족되지 않을 때 왜곡을 초래한다. 두 아동이 각각 10회를 기록했더라도 한 아동은 30분, 다른 아동은 60분 동안 관찰되었다면 행동 수준은 동일하지 않다. 또한 '1분에 30회 이상의 공격 행동'과 같은 높은 반응률이나 '주의 산만'과 같은 시작이나 종료가 애매한 연속적 행동을 빈도로만 측정할 경우 자료 신뢰성이 떨어질 수 있다. 이러한 한계를 보완하기 위해, 빈도 값은 종종 관찰 시간으로 나눈 '분당/시간당 발생률' 혹은 간격당 발생률로 표준화된다(Miltenberger, 2023).

2) 비율

비율(rate)은 관찰된 행동 빈도를 그 행동이 측정된 총 시간으로 나누어 '분당' '시간당' 혹은 '일당'과 같이 표준화한 지표다. 빈도 자료를 시간 척도로 환산함으로써 서로 길이가 다른 관찰 시간을 가진 데이터를 동등한 척도에서 비교하고 해석할 수 있는 장점을 제공한다(Cooper et al., 2020). 예를 들어, 15분 언어 중재에서 아동이 요청을 18번 구사했다면 분당 요청률은 1.2회가 된다. 동일 아동이 주 2회 45분 중재회기에 참여할 때, 회기의 시간적 길이 차이를 고려하지 않고 빈도만으로는 수행률을 정확히 파악할 수 없다.

시간 기준률은 이러한 문제를 해결해 '반응 효율성'을 정량화하는 핵심 역할을 수행한다(Johnston, 2010). 비율 자료는 변동성(trend)과 가속(acceleration), 감속(deceleration)을 파악하는 데 뛰어나지만, 관찰 기간 동안 동일한 조건에서 안정적으로 발생해야 하며, 시작과 종료의 구간이 명확하게 기록되어야 한다.

3) 지속시간

지속시간(duration)은 단일 사건의 시작 시점부터 종료 시점까지 경과된 시간을 측정한 값으로, '얼마나 오래' 행동이 유지되는지를 보여 준다. 빈도나 비율이 행동의 '횟수'나 '발생률'을 다룬다면, 지속시간은 행동의 '길이' 그 자체를 관심 대상으로 삼는다. 연속적이고 경계가 뚜렷한 행동, 예컨대, 과제 수행, 울음, 기다리는 행동 등을 평가할 때 핵심 단위로 쓰인다(Cooper et al., 2020).

지속시간 측정은 2가지 형태로 구분된다. 첫째, 관찰 시간 전체에서 발생한 모든 관찰 행동의 시간을 합산한 총 지속시간이다. 이는 일정 기간 동안 문제행동이 학습 시간을 얼마나 방해했는지, 또는 과제 참여가 총 몇 분 확보됐는지를 직관적으로 제시해 준다. 둘째, 각 관찰 행동마다 발생한 지속시간이다. 이는 행동이 반복될 때마다 길이를 기록해 평균값, 중앙값을 산출하므로, 중재 전후에 개별 사건이 얼마나 짧아졌는지 혹은 길어졌는지 파악할 수 있다.

측정 절차는 비교적 단순하다. 관찰자는 행동이 시작되는 즉시 스톱워치 혹은 모바일 타이머 앱을 시작하고, 종료 시 정지하여 시간을 기록한다. 최근에는 태블릿 기반 관찰 소프트웨어를 사용하여 자동적으로 시작과 종료 시점을 저장해 합계와 평균을 즉석에서 계산한다.

지속시간 자료는 '행동의 질적 변환'을 감지하는 데 탁월하다. 공격 빈도가 일정하더라도 한 번의 발생 지속시간이 90초에서 20초로 감소했다면, 중재가 임상적으로 의미 있는 긍정적 변화를 이끌어 냈다고 볼 수 있다. 또한 학습 과제 참여가 하루 3회로 유지되지만 각 참여가 2분에서 10분으로 연장됐다면, 중재의 효과가 크다고 판단할 수 있다. '행동 강도' 지표와 결합하면 문제행동이 줄고 바람직한 행동이 길어지는 패턴을 다층적으로 보여 줄 수 있다(Ledford & Gast, 2018).

그러나 지속시간 측정에는 몇 가지 제한이 따른다. 첫째, 행동의 시작과 종료 경계가 모호하면 관찰자 간 변동이 커진다. 예를 들어, '주의산만'의 시작을 고개 돌리는 순간으로 볼지, 교재에서 시선을 뗀 순간으로 볼지에 따라 지속시간 값이 달라진다. 둘째,

짧은 지속의 고빈도 행동, 예컨대 '연필로 책상 두드리기'와 같은 행동은 지속시간 측정보다 빈도 측정이 더 실용적일 수 있다. 셋째, 장시간 행동을 측정할 때는 관찰자 피로도 등 측정의 어려움이 문제가 될 수 있다.

4) 반응지연시간

반응지연시간(latency)은 선행 자극이 제시된 순간부터 목표 행동이 시작될 때까지 경과한 시간을 의미한다. 예를 들어, 교사가 "책을 꺼내세요."라고 지시하고 학생이 실제로 책을 꺼낼 때까지 4초가 걸렸다면, 그 4초가 지연시간이다. 지연시간은 행동의 '착수 속도'를 보여 주므로 순응성, 과제 시작, 반응 민첩성 등을 평가하는 핵심 지표로 활용된다(Cooper et al., 2020).

지연시간은 기능에 따라 **자극-반응 지연**(stimulus-to-response latency)과 **반응-반응 지연**(response-to-response latency) 2가지 범주로 나뉜다. 첫째, 자극-반응 지연은 언어 지시, 경보음과 같은 환경 자극이 제시된 시점부터 첫 반응이 나타난 시점 사이의 간격을 가리킨다. 둘째, 반응-반응 지연은 동일 반응군 안에서 연속으로 발생한 두 반응 사이의 간격으로, 전통적으로 반응 간 시간(Inter-Response Time: IRT)이라고 불린다(Johnston, 2010).

측정 절차는 목표 행동의 시작과 종료 시점을 명확히 규정한 뒤, 스톱워치나 모바일 타이머 앱을 사용하여 '시작-멈춤' 시간을 기록하는 방식이 가장 일반적이다. 실험실이나 컴퓨터 기반 과제에서는 소프트웨어가 키 입력, 마우스 클릭, 센서 자극 등을 자동으로 기록하여 지연시간을 산출하도록 설정할 수 있다(Bucklin & Mace, 2006). 학교 현장처럼 연속 지시가 잦은 상황에서는 매번 타이머를 초기화하기 번거롭기 때문에, 기회 제공 횟수와 총 지연 합계를 함께 기록하여 평균 지연시간을 구하거나, 각 지연 값을 음성 메모로 저장한 뒤 세션 종료 후 일괄 입력하는 방법이 실용적이다.

반응 지연시간 자료의 강점은 단일 사건만으로도 중재 효과를 민감하게 반영한다는 점이다. 예를 들어, 순응 훈련 초기 '10초'였던 지연이 '3초'로 감소했다면, 행동 빈도가 변하지 않아도 의미있는 향상을 입증할 수 있다. 다만 기회 수가 적으면 데이터의 수량이 부족해 변동성이 커지므로, 변화의 안정성을 확보할 수 있을 만큼 충분한 측정이 필요하다(O'Neill et al., 2015).

5) 강도

강도(intensity)는 목표 행동이 지니는 물리적 힘, 감각적 자극 값, 혹은 사회적 충격의 '세기'를 계량화한 측정 단위이다. 빈도와 지속시간이 '얼마나 자주, 얼마나 오래'를 보여 준다면, 강도는 동일한 한 번의 행동이라도 '얼마나 크게' 발생했는지를 부각시킨다(Cooper et al., 2020). 강도를 측정할 때 가장 정확하고 신뢰할 수 있는 접근은 행동이 만들어 내는 물리적 힘을 센서로 직접 측정하는 것이다. 예를 들어, 음성 음량은 데시벨(dB) 미터 앱이나 소음계로 데이터를 수집할 수 있다. 그러나 학교나 임상 현장에서는 이러한 장비를 설치하기 어렵거나 비용 부담이 높아서 관찰자 평정척도 또는 간격 수준의 수치 평정을 대안으로 널리 사용한다. 0~5점 척도를 사용할 때에는 '0점은 속삭임' '5점은 교실 밖에서도 들리는 고함'과 같이 각 점수에 대한 구체적 행동 설명을 명시하고, 관찰자 훈련을 통해 기준에 대한 평정 합의가 필요하다(Johnston, 2010).

강도 자료는 임상적 · 교육적 해석력이 높다. 예를 들어, 뇌성마비 아동의 발화 빈도가 이전과 같더라도 평균 음량이 '50dB'에서 '65dB'로 증가했다면, 이는 교실 내 의사소통 가독성이 향상되었음을 시사한다. 하지만 강도 측정에도 몇 가지 한계가 있다. 첫째, 센서 기반 측정 장비는 비용과 설치 시간, 데이터 보안 같은 현실적 제약이 뒤따른다. 둘째, 평정척도는 주관성이 개입되기 쉬워 신뢰도 확보 노력이 필수적이다. 셋째, 강도가 감소해도 빈도가 증가하면 총 에너지 소비나 스트레스 노출량은 변하지 않을 수 있으므로, 강도 자료는 빈도 혹은 지속시간과 병합해 해석해야 한다. 마지막으로, 특정 강도 변화가 실제로 임상적으로 의미가 있는지, 예컨대, "5dB 감소가 소음에 민감한 학생에게 체감될 수준인가?"와 같은 사회적 타당도 검증도 요구된다(Kazdin, 2017).

6) 백분율

백분율(percentage)은 주어진 기회 대비 목표 반응이 정확하게 수행된 비율을 나타내는 지표다. 즉, 정반응 횟수를 총 기회 수로 나눈 뒤 100을 곱해 산출하며, 90% 정확도란 10회 기회 가운데 9회가 정반응이었음을 의미한다. 백분율은 기술 습득 정도와 수행 정도를 직관적으로 보여 주기 때문에 학업 과제, 일상생활 기능, 직업 기술 평가에서 가장 흔히 사용되는 측정단위다(이소현 외, 2000).

백분율이 갖는 장점은 3가지로 요약할 수 있다. 첫째, 기회 수가 분모에 포함되므로 회기의 길이나 과제 난이도가 달라져도 결과를 비교할 수 있다. 둘째, "연속 세 차례 회기에서 90% 이상의 정확도를 달성한다."와 같이 학습 목표를 구체적이고 손쉽게 설정할 수 있다. 셋째, 정반응과 오류 반응을 동시에 기록함으로써 오류 유형과 패턴을 분석할 수 있어 교수-학습 피드백에 즉각 활용된다(Ledford & Gast, 2018). 이러한 특성 덕분에 응용행동분석의 교정학습(corrective teaching) 상황에서는 정확도가 향상될 때마다 즉각적인 강화나 교정을 제공하여 학습을 촉진할 수 있다.

그러나 백분율이 모든 상황에 적합한 것은 아니다. 전체 기회 수가 적은 행동에서는 단 한 번의 반응만으로도 값이 크게 변해 과도한 해석을 초래할 위험이 있다. 예를 들어, 분모가 10 미만일 때 한 번의 오류는 10% 이상의 변동을 야기한다. 또한 '기회'를 무엇으로 정의하느냐에 따라 정확도 산출이 왜곡될 수 있다. 읽기 과제에서 기회를 '단어' 단위로 볼 것인지, '문장' 단위로 볼 것인지 모호하다면 관찰자 간 일치도가 낮아질 수 있으므로, 사전에 분명한 정의를 확립하는 것이 필수적이다.

7) 영구 산물

영구 산물(permanent product)은 행동 자체가 아니라 행동이 남긴 결과물이나 환경 변화를 수집해 행동 수준을 추론하는 측정 단위다(Cooper et al., 2020). 예를 들어, 워크시트, 정리된 물건, 파일 기록 등이 있다. 영구 산물은 관찰자가 현장에 있을 필요가 없어 반응성(reactivity)을 최소화하고, 결과물이 물리적으로 남아 재측정과 타당성 검증이 가능하다는 점이 큰 장점이다. 수업 후 워크시트 완성 여부만 확인해도 학생의 과제 참여도를 판단할 수 있고, 생산 라벨이 부착된 완제품의 수를 집계해 작업 정확도를 평가할 수도 있다.

다만, 산물이 학생의 실제 행동에서 비롯된 것이 확실한지 검증하지 않으면 자료 해석이 왜곡될 수 있다. 친구의 도움, 교사의 즉각적 피드백, 온라인 학습 플랫폼의 자동 완성, 맞춤법 교정 기능, 심지어 생성형 AI의 제안까지 개입되면 결과물은 학생의 '독립적 수행'을 정확히 반영하지 못한다. 따라서 결과물이 특정 학생의 행동과 대응되는지 확인이 필요하며, 협동 활동인지 개인 활동인지를 구분해야 한다. 또한 산물 수집 시점이 지나치게 늦어지면 분실, 훼손, 추가 편집 위험이 커질 수 있다. 특히 디지털 산물은 저장 공간, 파일 버전 관리, 개인정보 보호(예: 학생 이름 · 식별 번호 포함 여부) 등을 함께 고려해야 하므로, 제출 즉시 자동 백업 기능을 설정하는 등 산물의 원본성을 확보할 필요가 있다(Kelly, 2006).

이 방법은 다양한 환경에서 활용된다. 특수학급에서는 10분 동안 학생이 맞춘 퍼즐 조각 수로 과제 집중도를 추정하고, 가정에서는 세탁 바구니에 개어 넣은 빨래의 무게를 하루 단위로 재어 가사 참여도를 기록한다. 온라인 학습에서는 학습관리시스템에 자동 저장된 퀴즈 정답 수가 학습 숙련도의 간접 지표가 된다. 이처럼 영구 산물 측정은 직접 관찰이 어렵거나 관찰자 개입이 바람직하지 않은 환경에서도 행동 변화를 객관적으로 입증할 수 있는 대안으로 그 유용성이 확인되고 있다.

2. 행동 기록 및 측정 방법

측정 단위는 목표 행동이 '얼마나, 어떻게' 변하는지를 수량화하는 잣대였다. 이제 그 단위를 실제로 측정하려면, 관찰자가 현장에서 어떤 기록 방법으로 데이터를 수집할지 결정해야 한다. **행동 기록 체계**는 관찰을 연속적으로 수행할지 간헐적으로 수행할지, 표본을 어떤 간격과 범위로 추출할지, 그리고 기록을 수작업으로 할지 디지털 기기에 의존할지에 따라 달라진다. 어떠한 방식을 사용할 지는 연구 문제 및 목표 행동의 특성, 그리고 사용가능한 자원에 의해 결정된다.

1) 사건 기록

사건 기록(event recording)은 관찰 기간 동안 목표 행동이 발생할 때마다 빠짐없이 계수하여 빈도 자료를 축적하는, 가장 직접적이면서도 전통적인 측정 절차다(Cooper et al., 2020). 관찰자는 행동이 나타나는 순간 계수기 버튼을 누르거나 기록지에 즉시 표식을 남겨 한 사건을 기록한다. 누적된 총합은 그대로 빈도 자료가 되며, 관찰 시간이 일정하지 않거나 세션 길이가 다른 조건과 비교해야 할 때는 관찰 시간을 분모에 넣어 분당 · 시당 비율로 환산할 수 있다.

사건 기록이 가장 신뢰할 수 있게 적용되는 상황은 행동의 시작과 종료 경계가 뚜렷하고, 반응 간 간격이 충분히 떨어져 서로 중첩되지 않는 경우다. 예를 들어, 손들기, 과제 완료, 욕설 발화처럼 단일 반응이 분명하게 분리되어 있으면 관찰자 간에 높은 일치도를 기대할 수 있다. 반대로 빠른 손 떨림, 지속적 윙크와 같이 행동이 고빈도로 연속적 · 중첩적으로 일어나거나 경계가 모호하면 사건을 개별적으로 분할하기 어렵기 때문에 다른 기록 방식이 요구된다(Johnston, 2010).

사건 기록 절차는 두 단계로 요약된다. 먼저, 목표 행동을 조작적 정의로 명확히 규정해 '하나의 사건'이 무엇인지 관찰자 모두가 동일하게 인식하도록 한다. 다음으로, 계수기, 스마트폰 앱, 전자식 데이터 기록기 등의 도구를 활용해 행동이 발생하는 즉시 빈도를 누적한다. 최근에는 웨어러블 센서나 영상 분석 소프트웨어가 행동을 자동 인식해 빈도를 산출하도록 지원하지만, 여전히 인적 관찰 방식이 가장 널리 활용된다.

[그림 2-1]은 초등학교 국어 시간에 자리 이탈 행동을 사건 기록법으로 측정한 예시다. 상단에는 대상자, 관찰자, 관찰 장소와 상황이 기재되어 있으며, 표적 행동과 그 조작적 정의가 명시되어 있다. 하단 표의 각 행은 세션 날짜와 시간, 행동 발생을 √ 기호로 표시한 후 총 빈도를 합산하였다.

대상자: 김하준(가명) (푸른샘초등학교 4학년, 10세)			
관찰자: 실습교사			
관찰 장소 및 상황: 4학년 1반 국어시간, 1명의 교사와 25명의 학생이 수업을 하고 있음			
표적 행동: 자리이탈행동			
표적 행동의 조작적 정의: 지정된 좌석의 좌석 면에서 엉덩이가 3초 이상 완전히 떨어져 있다.			
날짜	**시간**	**행동발생**	**총 빈도**
6/24(월)	10:50 ~ 11:35	√√√√√ √√√	7
6/25(화)	9:00 ~ 9:45	√√√	3
6/27(목)	11:45 ~ 12:30	√√√√√ √√√√	10
6/28(금)	9:00 ~ 9:45	√√√√	4

[그림 2-1] 사건 기록 관찰 용지 예

사건 기록의 강점은 단순성과 실용성에 있다. 자료 구조가 간결하므로 시각적 분석과 통계 분석 모두에 융통성이 높으며, 반응이 나타나는 즉시 실시간 피드백을 제공할 수 있어 교수나 학습 상황에서 강화나 교정 절차를 즉각적으로 연계하기 쉽다(Ledford & Gast, 2018). 그러나 관찰자가 현장을 벗어날 수 없고, 행동이 매우 빠른 속도로 이어질 때는 계수 속도가 반응 속도를 따라가지 못해 자료 누락이 생길 위험이 있다. 이러한 한계는 복수 관찰자를 투입해 일치율을 정기적으로 확인하거나, 필요할 경우 간격 기록이나 순간 관찰 같은 샘플링 기반 기법이나 자동 센서 계수를 도입함으로써 완화할 수 있다.

사건 기록은 틀린 문제 수, 자발 발화 수, 공격적 행동 발생 수와 같이 학업 과제, 언어행동, 행동 문제 등 다양한 교육·임상 장면에서 표준 측정법으로 자리 잡고 있다. 특히 중재 이전과 중재 이후의 빈도 변화를 선 그래프로 시각화하여 기능적 관계를 판단하는 핵심 자료로 활용될 수 있다.

2) 지속시간 기록

지속시간 기록(duration recording)은 목표 행동이 시작된 순간부터 종료될 때까지 지속된 시간을 측정해 자료화하는 절차다(Cooper et al., 2020). 행동이 "얼마나 오래 지속되는가?" 자체가 임상적 · 교육적 의미를 지닐 때 가장 유용하다. 예를 들어, 독서 습관 형성을 목표로 하는 초등학생에게서는 책 읽기 집중 행동의 지속시간이 핵심 지표가 된다. 이때 행동의 시작점은 학생이 지정된 독서 자리에서 책을 펼치고 시선을 책 페이지에 고정한 순간으로, 종료점은 시선을 책에서 떼어 책을 덮거나 주변과 대화를 시작해 3초 이상 지속적으로 과제에서 이탈한 순간으로 정의할 수 있다.

측정 절차는 네 단계로 이뤄진다. 첫째, 시작과 종료 기준을 조작적 정의로 명확히 규정해 관찰자 사이의 해석 차이를 없앤다. 둘째, 스톱워치, 모바일 타이머, 전자식 데이터 기록기 등 신뢰성 높은 계측 도구를 준비한다. 셋째, 행동이 발생하면 즉시 타이머를 시작하고 종료 기준이 충족되면 곧바로 멈춰 경과 시간을 초 단위로 기록지에 옮긴다. 넷째, 같은 세션 안에서 행동이 여러 번 나타나면 각각의 지속시간을 별도로 적어 두었다가 세션 종료 후 합계와 평균 지속시간을 계산한다(Johnston, 2010).

[그림 2-2]는 초등학교 3학년 자유활동 시간에 독서 활동을 지속시간 기록으로 측정

대상자: 최민서(가명)(푸른샘초등학교 3학년, 9세)							
관찰자: 실습교사							
관찰 장소 및 상황: 3학년 3반 자유활동 시간, 1명의 교사와 25명의 학생이 수업을 하고 있음							
표적 행동: 독서							
표적 행동의 조작적 정의: 지정된 좌석에서 책을 펼치고 시선을 페이지에 고정하여 책을 읽는다.							
날짜	**행동발생**					**관찰 결과 요약**	
9/1 10:40 ~ 11:30	#1	#2	#3	#4	#5	전체 관찰시간	50분
						전체 지속시간	17분 35초
	6′ 20″	4′ 10″	7′ 05″			지속시간 백분율	35.2%
						평균 지속시간	5분 52초
9/2 10:40 ~ 11:30	#1	#2	#3	#4	#5	전체 관찰시간	50분
						전체 지속시간	27분 25초
	5′ 30″	6′ 10″	4′ 45″	7′ 20″	3′ 40″	지속시간 백분율	54.8%
						평균 지속시간	5분 29초

[그림 2-2] 지속시간 기록 관찰 용지 예

한 예시다. 지속시간 기록지가 설계될 때는 날짜, 세션 시간, 각 발생 에피소드의 시작과 종료 시각, 지속시간을 순서대로 기입할 수 있도록 행과 열을 배치하며, 자료 해석을 위해 관찰 결과를 요약해서 제시하고 있다.

지속시간 기록은 행동이 드물게 발생하지만 한 번 발생하면 장기화되는 사례, 혹은 빈도보다 지속시간 단축이 중재 목표인 사례에서 특히 효과적이다. 반면, 관찰자가 오랜 시간 타이머를 주시해야 하므로 피로도가 높고, 두 행동이 거의 동시에 발생하면 타이밍을 놓칠 위험이 있다.

지속시간 기록은 학업 과제 집중 시간, 분노 폭발이 이어지는 시간, 틱 증상의 지속시간 등 다양한 장면에서 폭넓게 사용되며, 빈도나 강도 등 다른 지표와 함께 해석하면 행동 변화를 다각도로 파악할 수 있다.

3) 반응지연시간 기록

반응지연시간 기록(latency recording)은 선행 자극이 제시된 시점과 목표 행동이 실제로 시작된 시점 사이의 시간을 측정해 자료화하는 절차다(Cooper et al., 2020). 관찰자는 스톱워치, 모바일 타이머 앱, 또는 전자식 데이터 기록기를 사용해 '시작-정지' 시점을 실시간으로 표시한다. 예를 들어, 교사가 음성 지시나 시각 신호를 주는 순간 스톱워치의 '시작' 버튼을 누르고, 학생이 목표 행동을 개시하면 즉시 '정지' 버튼을 눌러 그 수치를 기록지에 옮기는 방식이 널리 활용된다. 수업처럼 지시가 연속되는 상황에서는 매 기회마다 타이머를 초기화하기 번거로우므로, 기회 수와 총 지연시간을 함께 기록해 평균 지연시간을 계산하거나 각 지연 값을 메모로 저장한 뒤 회기 종료 후 일괄 입력하기도 한다.

[그림 2-3]은 초등학교 국어 시간 수업 참여에 관한 지연시간을 기록한 예시다. 담임교사가 "국어책 ○○쪽을 펴세요."라고 지시한 뒤 학생이 책을 펼치기까지 걸린 시간을 세 번 측정했더니 6초, 10초, 8초가 나타났다. 일주일 간의 중재 이후 같은 조건에서 다시 측정했을 때 지연시간이 2초, 5초, 4초, 7초, 3초로 줄어들어서, 평균 지연시간은 8초에서 4.2초로 단축된 것을 알 수 있다. 이 자료는 학생이 과제 착수 속도를 크게 개선했음을 시각적으로 보여 주고, 교사는 이전보다 2배 빨리 과제를 시작한다는 구체적 근거를 확보하게 된다.

반응지연시간 기록의 강점은 단일 사건만으로도 중재 효과를 민감하게 반영한다는 점이다. 초기 단계에서는 빈도 변화가 미미해도 지연이 꾸준히 짧아지는 모습이 선행

대상자: 박도현(가명) (푸른샘초등학교 2학년, 8세)							
관찰자: 실습교사							
관찰 장소 및 상황: 2학년 2반 국어 시간, 1명의 교사와 17명의 학생이 수업을 하고 있음							
표적 행동: 수업참여							
표적 행동의 조작적 정의: 교사가 "교과서 OO쪽을 펴세요."라고 말하면, 지시에 따라 교과서의 해당 쪽을 펴고 수업에 참여한다.							
날짜	행동발생					관찰 결과 요약	
3/15 9:00 ~ 9:40	#1	#2	#3	#4	#5	전체 지연시간	24초
	6″	10″	8″			평균 지연시간	8초
3/24 9:00 ~ 9:40	#1	#2	#3	#4	#5	전체 지연시간	21초
	2″	5″	4″	7″	3″	평균 지연시간	4.2초

[그림 2-3] 반응지연시간 기록 관찰 용지 예

적 개선 신호를 포착하게 해 준다. 또한 계산 과정이 단순해 평균값, 중앙값, 범위 등을 쉽게 산출할 수 있으며, 다른 측정 단위와 결합해 행동 변화를 다차원적으로 해석할 때 유용하다. 다만 기회 수가 적으면 데이터의 수가 부족해 변동성이 커지고, 자극이나 반응의 경계가 모호하면 관찰자 간 합치가 떨어질 수 있다. 반응지연시간 기록은 순응 훈련, 과제 시작 훈련, 반응 속도 향상을 목표로 하는 다양한 상황에서 활용될 수 있고, 특히 교육 현장에서는 지시 이후 응답 지연시간을 줄여 학습 시간을 효율적으로 확보하려는 상황에서 유용하게 활용될 수 있다.

4) 간격 기록

간격 기록(interval recording)은 일정한 관찰 구간을 미리 설정해 두고, 각 구간마다 목표 행동이 일어났는지 여부를 검사하여 행동 발생 양상을 샘플링 방식으로 추정하는 절차다(Cooper et al., 2020). 관찰자는 회기 전체를 동일 길이의 간격(interval)으로 나눈 뒤, 각 구간 끝에 도달했을 때 혹은 구간 전체를 살펴본 뒤 행동 발생 여부를 '있음(+)' 또는 '없음(−)'으로 표시한다. 이렇게 얻은 자료는 구간 수 대비 행동 발생 구간 수의 비율로 환산되며, 회기가 길거나 행동 빈도가 매우 잦아 사건 기록이 어려울 때 유용하다. 간격기록법에는 전 구간 기록(whole-interval recording)과 부분 간격 기록(partial-interval recording), 순간 관찰 기록(momentary-interval recording)이 있다.

(1) 전 구간 기록

전 구간 기록은 관찰 세션을 일정 길이의 간격으로 나눈 뒤, 각 구간 전체에서 목표 행동이 한 번도 끊기지 않고 지속되었을 때만 '발생(+)'으로 표기하는 간격기록법의 변형이다(Cooper et al., 2020). 행동이 구간 중 잠시라도 중단되면 그 구간은 '부재(−)'로 처리되므로, 실제 발생률을 다소 과소 추정하지만 '지속적 유지'가 임상적 핵심인 행동의 변화를 가장 민감하게 포착한다.

절차는 크게 네 단계로 구성된다. 첫째, 목표 행동의 시작과 종료 기준을 조작적 정의로 명확히 규정한다. 둘째, 관찰 회기의 길이와 행동 특성을 고려해 적절한 구간 길이를 결정한다. 일반적으로 행동 지속이 길수록, 회기가 짧을수록 구간을 짧게 설정해 추정 오차를 줄인다. 셋째, 관찰자는 타이머가 울릴 때마다 구간이 끝났는지 확인하고, 해당 구간 전체에서 행동이 지속되었는지 여부를 기록지에 '+' 또는 '−'로 표시한다. 넷째, 회기 종료 후 발생 구간 수를 전체 구간 수로 나누어 전 구간 발생 비율을 산출한다. [그림 2−4]와 [그림 2−5]는 한 구간이 20초인 전 구간 관찰 기록을 사용 시, 행동 발생으로 인정되는 경우와 그렇지 않은 경우에 관한 예시다.

[그림 2−4] 전 구간 기록에 의해 행동 발생으로 인정되는 경우

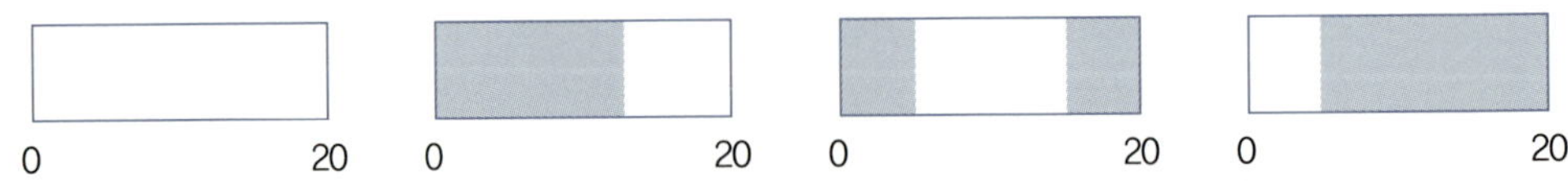

[그림 2−5] 전 구간 기록에 의해 행동 비발생으로 인정되는 경우

전 구간 기록의 강점은 "행동이 얼마나 오래 끊김없이 유지되는가?"를 직접 다루기 때문에 과제 몰입, 사회적 상호작용 유지, 신체 활동 지속처럼 지속적 특성이 중요한 행동을 평가할 때 민감하다. 또한 행동이 고빈도로 이어져 사건 기록이나 지속시간 기록이 과도한 부담을 줄 때, 간결한 '+/−' 표기는 관찰자의 피로를 줄이고 자료 정리를 용이하게 만든다.

반면, 행동이 구간 중 잠시라도 멈추면 '−'로 처리되기 때문에, 실제 발생률보다 낮게 나타나는 경향이 있다. 구간 길이가 길수록 이러한 과소 추정 편향은 심해지므로, 가능한 한 짧은 구간을 사용하되 관찰자의 기록 부담이 과도해지지 않도록 균형을 잡아야 한다(Johnston, 2010).

전 구간 기록은 학업 과제 참여, 체육 수업에서의 지속적 운동, 치료 회기에서의 정서적 안정 유지처럼 행동의 연속성이 중요할 때 널리 활용된다. 특히 학급 경영이나 행동중재 장면에서 '연속 10분 이상 과제에 집중'과 같은 구체적 목표를 설정하여 평가하기에 가장 직관적인 자료를 제공한다.

(2) 부분 간격 기록

부분 간격 기록은 관찰 세션을 일정 길이의 간격으로 분할한 뒤, 각 구간에서 단 한 순간이라도 목표 행동이 나타나면 그 구간 전체를 '발생(+)'으로 표기하는 간격 기록의 변형이다(Cooperet al., 2020). 행동이 구간 중 짧게 스쳐 지나가도 '+'로 처리되므로, 짧고 빈번한 문제행동을 효율적으로 측정할 때 특히 유용하다. 반대로 행동이 구간 전체에서 발생한 것처럼 간주하기 때문에 실제 지속시간이나 발생률을 과대 추정하는 경향이 있다.

절차는 네 단계로 이루어진다. 첫째, 목표 행동의 시작 · 종료 기준을 명확히 조작적으로 정의한다. 둘째, 관찰 회기 길이와 행동 특성을 고려해 적절한 구간 길이를 결정한다. 문제행동이 매우 짧고 빈번하다면 10~15초 구간, 학급 수업처럼 상대적으로 여유가 있는 상황이라면 20~30초 구간을 사용하는 식으로 조정한다. 셋째, 타이머가 울릴 때마다 직전 구간을 회상해 행동이 한 순간이라도 관찰되었는지 판단하고 기록지에 '+' 혹은 '–'로 표시한다. 넷째, 세션 종료 후 발생 구간 수를 전체 구간 수로 나누어 부분 간격 발생 비율을 계산한다. 예를 들어, 10분 관찰 회기를 20초 구간으로 나누면 총 30개 구간이 생긴다. 타이머가 20초마다 울리면 관찰자는 직전 구간을 회상해, '자리 이탈' 행동이 한순간이라도 있었는지 판단하여 '+'(발생) 또는 '–'(부재)를 표시한다. 30개 구간에서 9개가 '+'로 기록되었다면, 부분 간격 발생 비율은 30%로 계산된다. [그림 2-6]은 한 구간을 20초로 나누어 부분 간격 관찰을 할 때, 행동 발생으로 인정되는 경우에 관

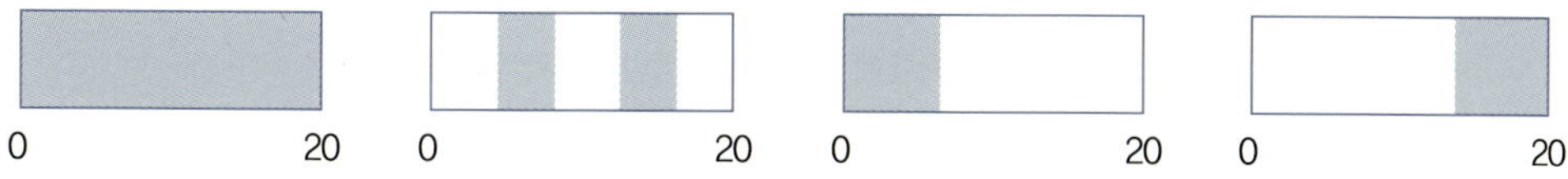

[그림 2-6] 부분 간격 기록에 의해 행동 발생으로 인정되는 경우

한 예시다.

부분 간격 기록의 강점은 관찰자가 행동이 일어나는 순간마다 카운터를 누르지 않아도 되어 고빈도 행동을 부담 없이 추적할 수 있다는 데 있다. 여러 명의 학생을 동시에 관찰하거나 행동이 빠르게 이어져 사건 기록이 어려운 교실 장면에서도 현실적인 대안이 된다. 또한 '+'와 '−'만 표시하면 되기 때문에 데이터를 정리하고 그래프로 시각화하기가 간단하다. 단점은 샘플링 특성상 행동 지속시간을 과대 추정한다는 점이다. 구간이 길어질수록 이 편향은 커지므로, 가능하면 행동 길이의 20~25%를 넘지 않는 짧은 구간을 선택해 추정 오차를 줄여야 한다.

(3) 순간 관찰 기록

순간 관찰 기록(momentary-interval recording)은 관찰 세션을 일정한 길이의 구간으로 나누고, 각 구간이 끝나는 바로 그 순간에 목표 행동이 관찰되는지 여부만을 기록해 행동 발생을 측정하는 방법이다(Cooperet al., 2020). 관찰자는 구간 동안 내내 행동을 주시할 필요가 없고 구간 말에 짧게 시선을 돌려 확인하기만 하면 되므로, 회기가 길거나 동시에 여러 학습자를 살펴보아야 하는 수업 환경에서 실용적이다. 다만 관찰 시점에 행동이 우연히 존재하지 않으면 실제로는 구간 대부분이 행동으로 채워져 있어도 '비발생(−)'으로 기록되므로, 행동 지속시간이 과소 추정될 수 있다. 반대로 행동이 드물더라도 구간 끝 무렵에 우연히 관찰되면 과대 추정이 일어날 위험도 있다. [그림 2-7]과 [그림 2-8]은 한 구간이 20초인 순간 관찰 기록에 의해 행동 발생으로 인정되는 경우와 그렇지 않은 경우에 관한 예시다.

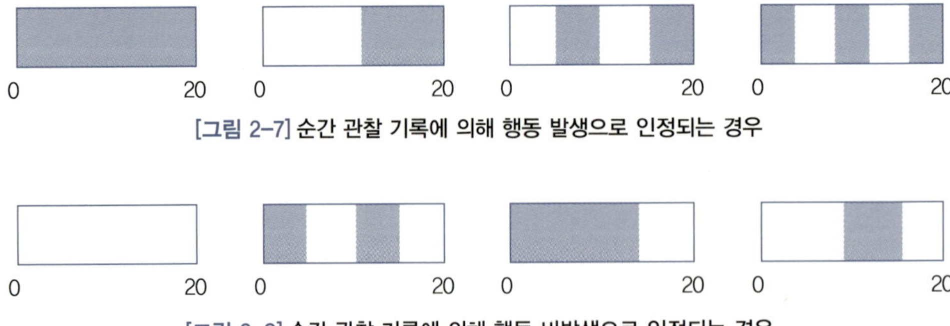

[그림 2-7] 순간 관찰 기록에 의해 행동 발생으로 인정되는 경우

[그림 2-8] 순간 관찰 기록에 의해 행동 비발생으로 인정되는 경우

절차는 네 단계로 진행된다. 첫째, 목표 행동을 조작적 정의로 명확히 규정한다. 둘째, 세션 길이와 행동 특성을 고려해 구간 길이를 결정한다. 행동 지속이 비교적 길면 1분 구간, 매우 짧거나 빈번하면 15~30초 구간으로 설정해 표집 수를 늘린다. 셋째, 타이머가 울려 구간이 끝날 때마다 바로 학습자를 확인해 행동이 보이면 '발생(+)', 보이지 않으면 '비발생(−)'으로 표기한다. 넷째, 세션 종료 후 '+' 구간 수를 전체 구간 수로 나누어 순간 관찰 발생 비율을 산출한다.

순간 관찰 기록법의 장점은 관찰 시점 외에는 기록자가 자유롭게 노트를 정리하거나 다른 학습자를 살필 수 있어 관찰 부담이 크게 줄어든다는 점이다. 반면, 표집 오차가 비교적 크고, 행동 발생이 드물수록 더 많은 구간이 필요해 자료 수집 기간이 길어질 수 있다. 이러한 한계를 완화하기 위해서는 목표 행동의 평균 지속시간보다 짧은 구간을 설정하고, 충분한 표집 수를 확보하며, 필요하다면 빈도와 지속시간 자료를 병행해 편향을 교정하는 전략을 고려해야 한다(Johnston, 2010).

5) 기록법의 선택

행동 측정법은 행동의 특성 및 연구 환경 등에 의해 적절히 선택되어야 한다. 적합하지 않은 방법으로 측정했을 경우, 중재의 효과를 제대로 드러내지 못할 수도 있어 기록법의 선택은 신중해야 한다. 빈도, 지속시간, 지연시간 기록은 연속 관찰에 적합하며, 행동을 하나하나 구분해 실제 값(횟수 혹은 시간)을 얻을 수 있다. 반면, 전 구간 기록, 부분 간격 기록과 순간 관찰 기록은 간헐 관찰 방식으로 구간 설정에 따라 행동을 과소 또는 과대 추정할 가능성이 있지만 관찰 데이터를 줄여 준다. 연구자는 목표 행동이 짧거나 긴지, 자주 발생하는지 그렇지 않은지 등의 형태적 특성과 관찰 인력 등의 현장 여건을 종합적으로 고려해 가장 적합한 기록법을 선택해야 한다. 〈표 2-2〉는 대표적 행동 기록법의 정의, 주요 적용, 장점, 단점을 간략하게 정리한 것이다.

〈표 2-2〉 기록법의 정의, 주요 적용, 장점, 단점

기록법	정의	주요 적용	장점	단점
빈도기록	• 목표 행동이 발생한 횟수를 전부 계수하여 빈도(횟수)·비율(분당, 시간당 등)로 제시	• 행동이 짧고 명확히 구분되며, 발생 빈도가 분석 핵심인 경우(예: 손들기, 문제행동 발생 횟수)	• 절차가 단순하고 행동 변화를 즉시 파악 가능 • 다양한 속도로 비교적 정확함	• 행동이 길게 지속되면 개별 사건을 구분하기 어려움 • 고빈도 행동은 기록 부담이 있음
지속시간 기록	• 행동 시작~종료 시점을 실시간으로 측정해 총 지속시간·평균 지속시간 산출	• 행동의 길이가 중요 변수인 경우(예: 자리 이탈, 학습 참여 시간)	• 행동 지속시간 변화를 세밀하게 포착	• 동시에 다수 행동 기록 어려움 • 측정기기 준비 필요
지연시간 기록	• 자극 제시와 반응 개시 사이 지연(초·분)을 측정	• 반응 개시 속도가 핵심인 과제(예: 지시 후 과제 시작)	• 반응 적시성 향상 효과 파악에 유용 • 빈도 영향 없이 속도만 추적	• 반응 구분 기준이 불명확하면 오차 커짐 • 고빈도 행동에서는 적용 제한
전 구간 기록	• 미리 분할한 구간 동안 행동이 내내 지속되면 '발생(+)', 그렇지 않으면 '비발생(−)'으로 기록	• 오래 지속되는 행동을 측정하는 연구(예: 완전 집중 시간 확보 목표)	• 행동 지속률 추세 파악	• 실제 발생보다 과소 추정 경향 • 짧은 행동이 발생하는 경우 부적합
부분 간격 기록	• 구간 중 한 번이라도 행동이 발생하면 '발생(+)'으로 기록	• 짧고 빈번한 행동을 과대 추정해도 무방한 상황(예: 문제행동 모니터링)	• 관찰 자원 절약 • 고빈도 행동 변화를 빠르게 감지	• 실제 빈도·지속을 과대 추정 • 구간 길이 설정 민감
순간 관찰 기록	• 구간 끝 특정 시점에 행동이 보이면 '발생(+)'으로 기록	• 관찰자가 수업 진행 등 간헐 관찰이 필요한 환경	• 장시간 자료 수집에 효율적 • 관찰자 피로 최소화	• 행동이 짧으면 과소 추정, 길면 과대 추정 가능 • 구간·시점에 따라 정확도가 달라질 수 있음

Ⅳ 행동 관찰 및 측정 신뢰도

행동 측정 단위와 기록 방법을 선택해 데이터를 수집하였다면, 이제 그 자료가 얼마나 믿을 만한가를 검증해야 한다. 행동 관찰에서 **측정 신뢰도**(reliability)는 두 명 이상의 관찰자가 동일한 행동을 독립적으로 기록했을 때 결과가 일관되게 일치하는 정도를 뜻

한다. 신뢰도가 높다는 것은 관찰자, 상황, 시간이 달라져도 동일한 측정 결과를 산출한다는 의미이며, 즉, 행동이 정확히 측정되었다는 근거가 된다. 신뢰도가 확보되지 않으면 연구자는 중재 효과를 잘못 해석하거나 교육적 의사결정을 오류로 이끌 위험이 커진다. 만약 관찰자 간 일치도가 50%에 불과한 자료로는 행동 변화가 통계적으로 유의하더라도 실질적 타당성을 주장하기 어렵고, 불안정한 데이터를 근거로 대상자 행동을 판단하게 된다. 따라서 응용행동분석에서 신뢰도 검증은 단지 절차적 검토 항목이 아니라, 자료의 과학적 · 실무적 가치를 좌우하는 핵심 질적 지표라고 보아야 할 것이다.

신뢰도를 산출하여 보고하는 방법은 사용한 기록 체계에 따라 달라진다. 사건 기록 자료에서는 관찰자마다 집계한 빈도를 비교하여 합치율을 구하고, 간격 기록 자료에서는 미리 나눈 관찰 구간마다 '발생/비발생' 표기를 대조해 일치 비율을 계산한다. 지속시간 기록의 경우에는 각 관찰자가 표시한 행동의 시작과 종료 시점을 비교해 총 지속시간 또는 평균 반응시간의 일치도를 평가한다. 이처럼 신뢰도 산정 절차를 기록 방법에 맞추어 체계적으로 적용해야만, 앞에서 설계한 측정 단위와 기록 체계가 '제대로 작동했는지'를 검증할 수 있다.

1. 사건 기록의 신뢰도 측정

사건 기록 자료의 신뢰도는 **총 횟수 관찰자 일치도**(total count IOA)로, 두 명 이상의 관찰자가 동일 세션을 독립적으로 기록했을 때, 계수된 사건 수가 어느 정도 일치하는지를 백분율로 표현한 값이다. 계산 절차는 단순하다. 각 관찰자의 총계 가운데 작은 수를 큰 수로 나눈 뒤 100을 곱하면 된다.

$$\text{일치도} = \frac{\text{작은 수}}{\text{큰 수}} \times 100$$

예를 들어, 한 세션 동안 관찰자 A가 47회를, 관찰자 B가 50회를 기록했다면 일치도는 (47÷50) × 100 = 94%가 된다. 이 수치는 세션 차원에서 두 관찰자의 측정값이 얼마나 근접했는가를 보여 주며, 값이 100%에 가까울수록 조작적 정의, 관찰 절차, 관찰자 훈련이 일관되게 적용되었다는 근거가 된다.

다만 세션 전체 합계만 비교하기 때문에 특정 시간대나 구간에서 기록 편차가 커도 드러나지 않는다는 한계를 지닌다. 두 관찰자가 세션 초반에는 비슷한 값을 기록했지만 후반부에는 큰 차이를 보였다 하더라도, 합계가 우연히 근접하면 90% 이상으로 나타날 수 있다. 따라서 이 지표가 "행동 발생의 94%에 대해 두 관찰자가 동의했다."는 뜻이라기보다는, "세션 전체에서 두 관찰자의 총계가 94%만큼 비슷했다."는 의미에 불과하다는 점을 해석 시 염두에 두어야 한다.

2. 간격 기록의 신뢰도 측정

간격 기록 자료의 신뢰도 평가는, 두 명 이상의 관찰자가 동일 세션을 독립적으로 관찰하여 기록했을 때 각 구간에 표시된 '발생(+)'과 '비발생(−)' 표시가 어느 정도 일치하는지를 정량적으로 검증하며 이루어진다. **구간 대 구간 신뢰도**(interval-by-interval, point-by-point reliability)가 흔히 사용되는데, 이는 두 기록이 동일하게 표기된 구간을 모두 합한 뒤, 이를 전체 구간 수로 나누고 100을 곱해 백분율로 표시한다. 계산식은 다음과 같다.

$$\text{구간 대 구간 일치도(\%)} = \frac{\text{일치 구간 수}}{\text{전체 구간 수}} \times 100$$

〈표 2-3〉 관찰자 간 행동 발생에 대한 일치도 결과

구간	1	2	3	4	5	6	7	8	9	10
관찰자 A	+	−	+	−	−	+	−	+	−	−
관찰자 B	+	−	−	−	−	+	−	+	+	−
일치 정도	일치	일치	불일치	일치	일치	일치	일치	일치	불일치	일치

〈표 2-3〉의 일치도 결과를 바탕으로 구간 대 구간 신뢰도를 구하면, 전체 구간 10개 중 일치 구간 8개로 80%의 신뢰도를 보여 준다.

구간 대 구간 일치도는 전체 발생 횟수에 대한 신뢰도를 계산하는 것보다 정확하며, 각 관찰 구간에 대해 일치 정도를 파악할 수 있는 장점이 있지만, 특정 행동이 거의 항상 발생(또는 거의 발생하지 않음)할 때 우연 일치가 과대 평가될 수 있다. 즉, 전혀 일어나지 않은 구간까지 일치 구간으로 포함하면 실제로 행동이 발생한 부분에 대한 신뢰도보다 값이 부풀려질 수 있다. 예를 들어, 연속 30개 구간 가운데 28개가 '발생(+), 발생(+)'으로 일치했다면 IOA는 93%로 매우 높게 나타나지만, 실제로는 행동이 장기간 지속되어 관찰자가 '+'를 연달아 찍었을 뿐 정의가 서로 달랐을 가능성도 배제되지 않는다. 즉, 표시가 동일하다는 이유만으로 행동 정의와 판단 기준까지 일치했다고 단정하기 어렵다.

이와 같은 우연 일치 편향을 줄이기 위해 행동 발생 신뢰도와 비발생 신뢰도를 별도로 산출해 보고할 수 있다. 행동 발생의 경우 "양쪽 중 하나라도 발생으로 표기한 구간"을 모두 모아 분모로 삼고, 이들 구간 중 두 관찰자가 모두 '발생'이라고 기록한 구간을 분자로 삼아 비율을 구한다. 행동 비발생의 경우는 "하나라도 '비발생(−)'으로 표기된 구간"을 분모로 삼고, 양쪽이 모두 '비발생(−)'으로 기록한 구간을 분자로 하여 계산한다. 수식으로 나타내면 다음과 같다.

$$\text{행동 발생 신뢰도(\%)} = \frac{\text{행동 발생에 대한 동의 구간 수}}{\text{행동발생에 대한 동의 구간 수} + \text{행동발생에 대한 비동의 구간 수}} \times 100$$

$$\text{행동 비발생 신뢰도(\%)} = \frac{\text{행동 비발생에 대한 동의 구간 수}}{\text{행동비발생에 대한 동의 구간 수} + \text{행동비발생에 대한 비동의 구간 수}} \times 100$$

행동 발생 신뢰도와 비발생 신뢰도의 선택에 있어서 주로 행동 발생이 75% 이하로 낮은 경우에는 행동 발생 신뢰도를 산출하고, 75% 이상으로 높은 경우에는 비발생 신뢰도를 산출하도록 권고되고 있다(Tawney & Gast, 1984). 〈표 2–3〉 예시의 경우를 보면, 행동 발생률이 75% 이하로 낮아 행동 발생 신뢰도를 구하면, 한쪽이라도 '+'가 찍힌 구간은 5개이고(행동 발생에 대한 동의 구간 수 + 행동 발생에 대한 비동의 구간 수), 그 가운데 양쪽이 모두 '+'인 구간은 3개로(행동 발생에 대한 동의 구간 수), (3 ÷ 5) × 100 = 60%다. 구간 대 구간 일치도는 80%로 수용할 정도의 수준을 보여 주었지만, 행동 발생 신뢰도는 60%로 수용하기 어려울 정도의 신뢰도가 산출되었다. 이처럼 구간 대 구간 일치도의 과대 평가된 우연 일치도를 보완하며, 좀 더 정확한 관찰자간 일치도를 제시하기 위해 행동 발생이나 비발생에 관한 일치도 정보를 함께 제시하는 것이 바람직하다.

3. 지속시간 · 반응시간 기록의 신뢰도 측정

지속시간 · 반응시간 자료에서 관찰자 간 일치도를 구할 때 가장 흔히 쓰이는 지표는

총 지속시간 관찰자 일치도(total duration IOA)와 **평균 발생당 지속시간 관찰자 일치도**(mean duration-per-occurrence IOA) 2가지다. 두 일치도 모두 "관찰자 A와 B가 같은 세션에서 기록한 지속시간 값이 얼마나 비슷한가?"를 서술하지만 계산 초점과 해석 범위가 다르다.

총 지속시간 관찰자 일치도는 세션 전체에서 두 관찰자가 각각 합산한 지속시간을 비교한다. 계산 방식은 두 관찰자의 지속시간 누적 합 가운데 작은 값을 큰 값으로 나눈 뒤 100을 곱하면 백분율이 된다. 예를 들어, 20분 세션 동안 관찰자 A는 문제행동 지속시간을 모두 합해 430초로, 관찰자 B는 455초로 기록했다면, 총 지속시간 일치도는 (430÷455)×100=94.5%가 된다. 값이 100%에 가까울수록 '세션 단위'에서 지속시간을 거의 동일하게 측정했다는 근거가 확보된다. 그러나 총 지속시간 일치도는 개별 에피소드마다 기록 편차가 상쇄되어 합계가 우연히 비슷해지는 한계를 갖는다. 실제로는 A가 첫 번째 에피소드를 과소 측정하고 두 번째를 과대 측정했을 수도 있지만, 양쪽 편차가 서로 보정돼 합계만 비슷하게 맞춰졌을 가능성이 있다.

이 한계를 보완하기 위해 평균 발생당 지속시간 관찰자 일치도를 함께 제시할 수 있다. 계산 절차는, 먼저 세션에서 발생한 각 행동 에피소드의 지속시간을 쌍으로 대응시킨 뒤, 에피소드마다 작은 값을 큰 값으로 나눠 일치율을 구하고, 그 일치율들을 평균 내는 방식이다. 한 학습자의 자리 이탈 행동을 예로 들어 보자. 세션 동안 행동이 세 번 발생했고, 관찰자 A는 각각 90초 · 60초 · 40초, 관찰자 B는 85초 · 70초 · 35초로 측정했다고 가정한다(〈표 2-4〉 참조).

〈표 2-4〉 **관찰자 간 행동 지속시간에 관한 행동발생 일치도**

행동	1	2	3
관찰자 A	90초	60초	40초
관찰자 B	85초	70초	35초
행동발생 일치도	94.4%	85.7%	87.5%

첫 번째 행동발생 일치율은 (85÷90)×100=94.4%, 두 번째는 (60÷70)×100=85.7%, 세 번째는 (35÷40)×100=87.5%가 된다. 이 세 값을 평균하여 평균 발생당 지속시간 관찰자 일치도를 구하면 약 89%로 계산된다. 이 일치도는 각 행동 에피소드에서 두 관찰자의 측정 시간이 얼마나 가까웠는지를 보여 주므로, 개별 지속시간이 중재 판단에

중요한 연구 설계에서는 필수로 보고된다.

두 일치도를 함께 제시하면 지속시간 자료의 신뢰도를 다면적으로 해석할 수 있다. 총 지속시간 일치도가 94%로 높더라도 평균 발생당 지속시간 일치도가 70%에 머무른다면, 특정 에피소드마다 오차가 컸음을 시사하므로 조작적 정의를 세분화하거나 타이머 사용 훈련을 강화해야 한다. 반대로 두 지표가 모두 90% 이상이면 관찰 및 기록이 안정적으로 적용됐다는 강력한 증거가 된다.

이러한 방법은 지연시간 자료에도 동일하게 적용된다. 자극 제시-반응 개시 지연을 여러 기회에서 측정했다면, 각 지연 값을 쌍으로 비교해 평균 발생당 지연시간 일치도를 구하고, 세션 전체 지연 합계를 비교해 총 지연시간 일치도를 제시하는 식이다.

지속시간 · 반응시간 기록의 신뢰도를 확보하려면 세션 수준 합계와 에피소드 수준 평균을 모두 점검하는 것이 필요하다. 두 일치도를 함께 사용하면 관찰 오류가 전체 합계에 묻혀 사라지는 현상을 예방하고, 개별 행동 변화와 세션 총 지속시간을 모두 신뢰할 수 있는 자료로 판단할 수 있다.

요약

응용행동분석에서 행동 측정은 중재의 효과를 과학적으로 입증하고, 그 결과를 실천에 반영하기 위한 핵심 절차다. 중재 전후의 행동 변화를 명확히 확인하고, 증거에 기반한 의사결정을 가능하게 하기 위해서는 체계적이고 객관적인 행동 측정이 필수적이다. 이는 단순한 관찰이나 주관적 인상에 의존하는 것이 아니라, 행동을 수량화하여 정확한 정보를 제공하고, 중재 목표 설정과 평가, 그리고 이해관계자 간의 소통에도 중요한 역할을 한다.

측정은 목표 행동을 선정하고 조작적으로 정의하는 것에서 시작한다. 목표 행동은 관찰 가능하고 사회적 · 기능적 중요성을 지닌 것이어야 하며, 언제 어디서 어떤 형태로 발생하는지를 누구나 동일하게 판단할 수 있도록 정의되어야 한다. 조작적 정의는 객관성, 명료성, 완전성을 갖추어야 하며, 행동을 기능 중심으로 정의할지, 외형 중심으로 정의할지를 결정하게 된다.

행동의 변화는 다양한 측정 단위를 통해 정량화할 수 있다. 행동이 몇 번 일어났는지를 보는 빈도, 시간당 발생률을 확인하는 비율, 행동이 얼마나 오래 지속되는지를 측정하는 지속시간, 지시와 반응 사이의 시간을 측정하는 지연시간, 행동의 세기를 수치화한 강도, 전체 기회 중 정반응 비율을 나타내는 백분율, 그리고 행동이 남긴 결과물을 통해 간접적으로 파악하는 영구 산물 측정 등이 있다. 이러한 단위는 행동의 특성과 중재 목표에 따라 적절히 선택되며, 잘못된 단위 선택은 중재 효과를 왜곡시킬 수 있으므로 신중한 고려가 필요하다.

측정 단위가 결정되면, 실제로 행동을 기록하는 방법을 선택해야 한다. 사건 기록은 행동이 나타날 때마다 횟수를 기록하는 방식으로 시작과 종료가 명확한 행동에 적합하다. 지속시간 기록은 행동이 얼마나 오래 유지되는지를 실시간으로 측정하며, 과제 집중이나 문제행동의 지속 등 시간 자체가 의미 있는 행동에서 활용된다. 지연시간 기록은 지시 후 반응까지 걸린 시간을 측정하여 반응 개시 속도를 분석할 수 있게 한다. 간격 기록법은 전체 회기를 일정 구간으로 나누어 행동 발생 여부를 측정하는 방식으로 전 구간, 부분 간격, 순간 관찰의 세 가지 유형이 있다.

이처럼 수집된 행동 자료는 신뢰도를 확보해야만 의미 있는 해석이 가능하다. 이를 위해 관찰자 간 일치도를 산출하여 같은 회기에서 두 명 이상의 관찰자가 얼마나 유사한 데이터를 기록했는지를 확인해야 한다. 신뢰도 검증 방법은 기록 유형에 따라 달라지며, 사건 기록에서는 총계 비교, 간격 기록에서는 구간별 일치율 비교, 지속시간이나 지연시간 기록에서는 개별 사건마다의 평균 일치율과 전체 합계를 기준으로 판단하게 된다.

단일대상연구

• 개요

단일대상연구는 한 사람 또는 소수의 대상에게 중재를 적용하고, 그 효과를 반복 측정과 시각적 분석을 통해 입증하는 연구 방법으로 특수교육과 응용행동분석 분야에서 중요하게 활용되고 있다. 이 장에서는 단일대상연구의 등장 배경과 주요 특징을 소개하며, 대표 설계 방법인 반전 설계, 중다기초선 설계, 교대중재설계, 준거변동설계의 개념과 구성 방법, 적용 예시를 제시한다. 이어서, 단일대상연구의 핵심 분석 도구인 그래프의 구조와 구성 요소 등을 설명하고, 수준, 경향, 변동성, 즉각적 변화, 자료 중첩, 유지 및 일반화와 같은 시각적 분석 요소를 통해 중재 효과를 해석하는 방법을 소개한다.

APPLIED BEHAVIOR ANALYSIS

• 핵심 용어

- 경향(trend)
- 교대중재 설계(alternating-treatments design)
- 기능적 관계(functional relation)
- 준거변동 설계(changing-criterion design)
- 기초선(base line)
- 누적그래프(cumulative graph)
- 단계 변경선(phase change line)
- 단순선 그래프(simple line graph)
- 막대그래프(bar graph)
- 반전 설계(reversal design)
- 변동성(variability)
- 소반전(mini-reversal)
- 수준(level)
- 시각적 분석(visual analysis)
- 자료 중첩(data overlap)
- 전이 효과(carry-over effect)
- 중다기초선 설계(multiple-baseline design)
- 효과의 즉시성(immediacy of effect)

I 단일대상연구 개요

1. 단일대상연구의 개념 및 역사적 전개

단일대상연구(single-subject research)는 한 사람 혹은 집단을 반복 측정하여 중재 전과 후의 변화를 체계적으로 검증하는 연구 방법이다. 집단 간 평균 차이를 추리통계로 분석하는 전통적 집단 연구와 달리, 단일대상연구는 개인차가 크거나 대상자가 소수인 상황에서 실험 환경을 정밀하게 통제하여 독립변인과 종속변인 간의 기능적 관계를 밝히는 데 적합하다.

단일대상연구는 종종 최근에 등장한 연구방법으로 인식되기도 하지만 그 기원은 19세기 실험심리학의 태동기까지 거슬러 올라간다. Ebbinghaus는 자기 자신을 대상으로 기억곡선을 제시하며 반복 측정의 과학적 가치를 입증하였다. 1950~1960년대에 이르러 단일대상연구의 논리와 절차가 본격적으로 정립되기 시작했다. Sidman(1960)은 『Tactics of Scientific Research』에서 조건 통제와 반전설계(ABAB)의 논리를 제시하며 단일대상연구를 과학적 방법론으로 정립하였다. 이어서 Bear 등(1968)은 사회적으로 중요한 행동을 대상으로 중다기초선(multiple-baseline)과 교대중재(alternating-treatments) 등 다양한 설계를 소개하며 응용행동분석 영역에서 단일대상연구의 활용 폭을 넓혔다.

1970~1980년대에는 특수교육, 언어치료 등 실천 분야가 급속히 확장되면서 Barlow와 Hersen(1984), Kazdin 등(1982)이 연구 설계, 중재 충실도, 자료 분석 기법을 체계적으로 정리하였다. 특히 행동 발생 빈도가 낮거나 집단 연구가 어려운 특수 집단을 대상으로도 신뢰성 높은 근거를 제공할 수 있다는 점이 강조되었다. 또한 관찰자 간 일치도(InterObserver Agreement: IOA)와 시각적 분석 기준이 도입되어 연구의 신뢰도와 타당도가 한층 강화되었다. 1990년대 이후 메타분석과 시계열 분석 같은 통계 기법이 접목되면서 단일대상연구의 과학적 타당성은 더욱 공고해지고 있다(Kazdin, 2017).

2. 단일대상연구의 특성

한 사람, 한 집단의 수행을 반복적으로 측정하여 중재와 행동 사이의 기능적 관계를 실험적으로 입증하는 단일대상연구는 다른 연구 방법과 구분되는 다음과 같은 특성들을 가지고 있다(Barlow et al., 2009; Ledford & Gast, 2018).

1) 소수 참여자 대상 연구

단일대상연구는 본질적으로 '한 명 혹은 몇 명의 참여자에 대한 반복적이고 정밀한 관찰'에 초점을 두는 소수 참여자 대상 연구다. 전통적 집단실험이 다수로 구성된 집단 수준의 효과를 파악하는 것과 달리, 개별 사례가 시간에 따라 어떻게 변화하는지를 세밀하게 추적하고 분석하려는 목적에서 출발한다(Ledford & Gast, 2018).

소수 참여자 연구 설계를 통해 임상 및 교육 현장에서 실제로 접할 수 있는 희귀 사례나 특수한 교육적 요구를 지닌 학습자를 효과적으로 연구할 수 있다. 예를 들어, 특정 장애 유형의 학생이 전국적으로 많지 않더라도, 단일대상연구는 그 한 명이 보이는 행동 변화를 체계적으로 기록해 중재 효과를 검증하고, 실질적 교육적 의사결정에 반영할 수 있다. 또한 소수 참여자 연구는 각 참여자의 기초선과 중재 단계, 추적 관찰 단계를 연속적으로 비교하기 때문에 집단 평균이 밝히기 어려운 개별 반응 패턴을 드러내 준다.

다만, 표본이 작기 때문에 연구 결과를 넓은 인구집단으로 곧바로 일반화하기는 어렵다. 연구자는 대신 복수의 대상과 환경에 걸쳐 동일 패턴이 재현되는지를 살펴보고, 일화 자료나 사회적 타당도 평가 등을 병행해 적용 가능성을 뒷받침해야 한다(Ledford & Gast, 2018).

2) 반복측정과 기초선 논리

단일대상연구의 가장 두드러진 특징은 동일한 종속변인을 짧은 간격으로 반복 측정한다는 점이다(Kazdin, 2017). 사전, 사후 검사를 한두 차례 실시하는 집단연구와 달리, 단일대상연구는 기초선부터 중재 단계, 그리고 필요에 따라 반전, 유지, 일반화 단계까지 연속적으로 자료를 수집해 변화의 양상을 파악한다.

기초선은 중재가 도입되기 전 행동이 '어떻게' '얼마나' '어떤 방향'으로 변동하는지를 보여 주는 구간이다. 관찰된 변화를 중재 효과로 해석하려면, 기초선 자료가 안정성(stability)과 예측 가능성(prediction)을 충족해야 한다(Kazdin, 2017). 일반적으로 3~5회 이상의 연속된 관측치가 뚜렷한 방향성 없이 좁은 범위에서 변동하거나, 일정한 상승 혹은 하락 추세가 명확할 때 '안정적 기초선'으로 간주한다. 반대로, 초기 기초선에서 경향이나 변동이 과도하게 크면 관찰 기간을 연장하거나 측정 단위를 조정해 안정성을 확보해야 한다. 안정적 기초선은 중재 효과 해석의 전제 조건이다. 반복 측정을 통해 확보된 안정적 기초선 위에서만 중재 단계의 변화를 신뢰성 있게 비교해서 판단할 수 있다.

3) 자기 비교에 의한 내적 타당도 확보

단일대상연구는 동일한 개인을 시간의 흐름 속에서 반복 측정하여 그 개인이 스스로 통제 조건과 실험 조건을 모두 제공하도록 설계된다(Barlow et al., 2009). 집단연구에서는 '통제 집단'과 '실험 집단'이 물리적으로 분리되지만, 단일대상연구에서는 한 참여자가 기초선(A 단계)과 중재(B 단계)를 순차적으로 경험함으로써 두 조건을 모두 포함한다. 연구자는, 먼저 중재가 전혀 적용되지 않은 기초선에서 행동의 자연스러운 변동 폭과 추세를 충분히 관찰하고 기록한다. 이 기초선 데이터가 안정되면, 동일 참여자에게 중재를 도입하여 그 이후의 변화를 측정한다. 이로써 '통제'와 '실험' 조건이 시간적 순서에 따라 동일한 개인 안에서 순차적으로 구현되며, 논리적 대비가 자연스럽게 형성된다.

행동은 하루, 심지어 한 회기 내에서도 크게 달라질 수 있기 때문에 반복 측정을 통해 내적 변동을 포괄하며 중재 후 변화가 우연인지 아닌지를 정량적으로 판별할 수 있게 한다. 특히 기초선이 안정된 뒤 중재를 적용하기 때문에 관찰된 변화가 중재 효과에 기인한다는 해석에 신뢰를 부여한다. 즉, 단일대상연구는 별도의 외적 통제 집단 없이도 자기 비교 설계를 통해 내적 타당도를 확보하며, 행동 변화와 중재 간의 기능적 관계를 드러낼 수 있다.

4) 시각적 분석

단일대상연구는 전통적 집단연구와 달리 통계적 유의성 검정에 의존하지 않고, 반복 측정을 통해 수집된 데이터를 그래프로 제시한 뒤 연구자가 직접 자료를 판독하는 **시각적 분석**(visual analysis)을 핵심 평가 절차로 사용한다. 이 방법은 한 개인의 행동 변화를 직접적이고 직관적으로 드러내며, 행동의 기능적 관계를 즉각적으로 확인할 수 있다는 장점 때문에 응용행동분석에서 표준적 관행으로 자리 잡았다(Kazdin, 2017).

시각적 분석은 단순한 시각적 관찰이 아니다. 연구자는 수준(level), 변화 경향(trend), 변동성(variability), 효과의 즉시성(immediacy of effect), 조건 간 중첩(overlap) 등 여러 가지 준거를 체계적으로 검토한다(Cooper et al., 2020). 예를 들어, 기초선과 중재 단계 사이에 평균의 차이가 크고, 경향이 뚜렷하게 상반되며, 자료점들이 거의 중첩되지 않을수록 중재효과가 강력하다고 해석할 수 있다.

시각적 분석은 작은 표본 크기와 높은 반복 측정 빈도를 전제하므로 행동 변화의 임상적 중요성을 빠르게 판단하고 즉각적으로 프로그램을 수정할 수 있다는 강점이 있다. 그러나 판정이 연구자 주관에 좌우될 수 있고, 작은 변화나 장기 추세를 간과할 위험이 꾸준히 지적되어 왔다(Ottenbacher, 1990). 이에 따라 최근에는 시각적 분석을 보완하는 비모수 통계량과 시계열 통계가 함께 보고되는 경향이 증가하고 있으나 시각적 분석 자체는 타 연구 설계와 구별되는 단일대상연구의 특징이다(Ledford & Gast, 2018).

Ⅱ 단일대상연구 설계 방법

단일대상연구에서는 연구 목적과 중재 적용 맥락에 따라 다양한 설계 유형이 활용된다. 이러한 설계들은 중재와 행동 간의 기능적 관계를 실험적으로 입증하기 위한 고유한 논리 구조를 지니며, 반복 측정과 기초선 논리를 공통 기반으로 한다. 이 중 가장 널리 사용되는 주요 설계로는 반전 설계, 중다기초선 설계, 교대중재 설계, 준거변동 설계가 있다.

1. 반전 설계

반전 설계(reversal design)는 단일대상연구에서 가장 전형적이면서도 기본이 되는 실험 설계로 다른 설계의 논리적 토대를 제공해 주고 있다(Kazdin, 2017; Cooper et al., 2020). '반전'이란 일정 단계에서 중재를 의도적으로 철회하여 기초선으로 되돌리는 절차를 가리키며, 이를 통해 중재가 제거될 때 목표 행동이 어떤 양상을 보이는지 확인한다. 가장 단순한 형태는 기초선(A)과 중재(B)만으로 구성된 AB설계이지만, 단 한 번의 비교만으로는 기능적 관계를 확정하기 어렵다. 이에 따라 실제 연구에서는 '기초선-중재-기초선-중재'의 네 단계를 배치한 ABAB설계가 좀 더 일반적이다. 연구자는, 먼저 기초선에서 행동의 자연스러운 변동 폭과 추세를 반복 측정하고, 충분히 안정되었다고 판단되면 동일 대상에게 중재를 도입한다. 이후 중재를 철회해 기초선 조건을 복원하고, 다시 중재를 도입하여 행동 변화가 중재의 도입과 제거에 따라 일관되게 변화하는지를 두 차례 이상 반복적으로 평가한다(Kazdin, 2017). 반전 설계는 연구 목적과 상황에 따라 ABAC, BAB, ABABAB 등 여러 변형을 통해 실험 통제를 입증할 수 있으며, [그림 3-1], [그림 3-2], [그림 3-3]은 다양한 반전 설계 그래프의 예시다.

기초선과 중재의 반복 논리는 통계적 유의성 검정 없이도 강력한 내적 타당도를 확보하는 핵심 장치가 된다. 만일 중재가 투입될 때마다 목표 행동이 체계적으로 향상되고 중재를 철회할 때마다 원래 수준으로 되돌아간다면, 중재와 행동 변화 사이의 기능적 관계가 논리적으로 지지되었다고 해석할 수 있다. 아울러 반전 절차를 활용하면 중

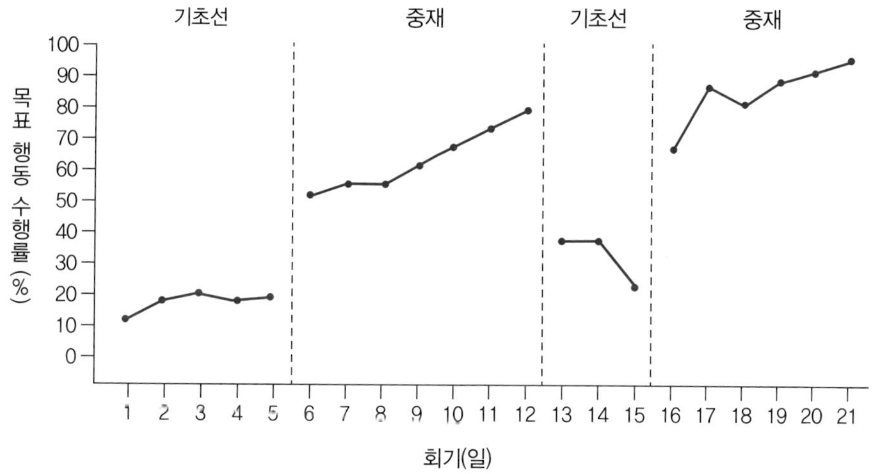

[그림 3-1] ABAB 반전 설계 그래프의 예

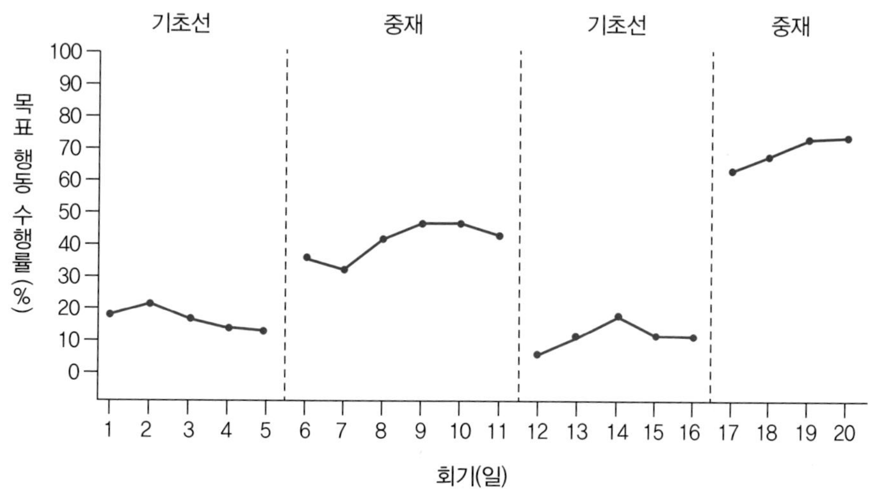

[그림 3-2] ABAC 반전 설계 그래프의 예

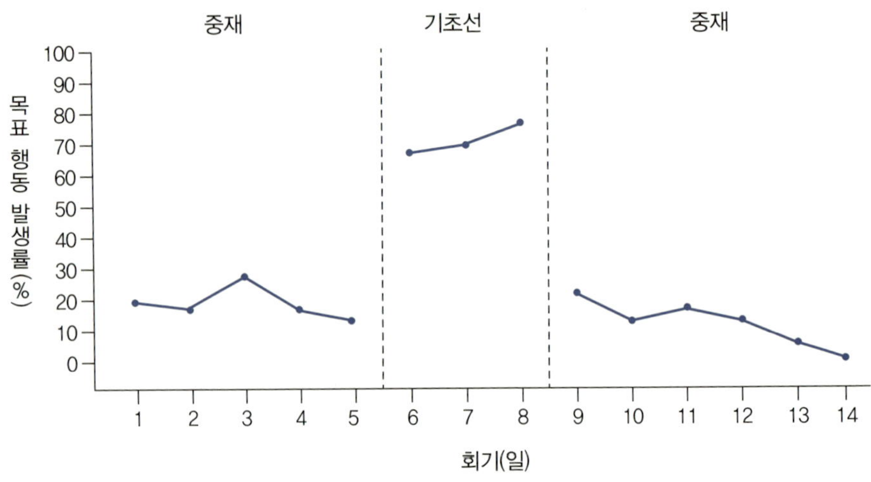

[그림 3-3] BAB 반전 설계 그래프의 예

재 제거 이후에도 효과가 유지되는지, 혹은 반동 효과가 나타나는지를 직접 관찰할 수 있어 행동의 가역성뿐만 아니라 유지, 일반화 가능성까지 탐색할 수 있는 장점이 있다(Ledford & Gast, 2018). 그래프 작성과 해석이 비교적 직관적이라는 실천적 이점 덕분에 교육 현장에서 중재 의사결정을 신속히 내릴 수 있다는 점도 장점이다.

하지만 반전 설계를 사용할 때는 몇 가지 중요하게 고려해야 할 사항이 있다. 첫째, 윤리적 문제가 대표적이다. 이미 효과가 확인된 중재를 고의로 제거하면 참여자에게 잠재적 해를 끼치거나 이익을 박탈할 우려가 있다. 예를 들어, 자해 행동을 현저히 감소시킨 프로그램을 철회하여 다시 기초선으로 되돌리면, 대상 아동이 이전 수준의 자해를 다시 해서 신체적 위험이 커질 수 있다. 이러한 중재 철회는 참여자에게 잠재적 해를 초래할 수 있어 윤리적 문제가 발생한다. 둘째, 연구 설계가 성립하려면 목표 행동이 가역적이어야 한다. 언어 습득이나 새로운 기술 학습처럼 일단 달성되면 쉽게 소거되지 않는 비가역적 변화를 대상으로 할 경우, 중재를 철회해도 행동이 원래 수준으로 회귀하지 않아 기능적 관계를 명확히 입증하기 어렵다. 셋째, 중재 단계 사이에 발달적 성숙이나 환경 변화 등 외재 변인을 완전히 통제하기 힘들다. 기초선 단계와 중재 단계 사이에 담임교사가 교체되거나, 교실 환경이 새 학기로 바뀌는 경우를 생각해 보면, 이러한 환경 변화만으로도 학생의 과제 수행률이 달라질 수 있다. 이때 관찰된 변화가 중재 효과인지 외재 변인 때문인지 구분하기가 어려워진다. 마지막으로, 중재를 반복해서 철회하고 재도입하는 과정에서 참여자의 순응도 하락이나 현장 관리 부담이 커질 수 있다. 예를 들어, 교사가 수업 중 보완대체의사소통 기기를 사용하도록 중재하다가, 철회 단계에서는 기기를 치우고 구두지시만 사용한 뒤, 재도입 단계에서 기기를 다시 설정해서 사용해야 한다면, 교사와 학생 모두 반복되는 절차에 피로감이 생길 수 있고, 실제 수업에도 부담이 가중된다(Ottenbacher, 1990).

반전 설계는 단일대상연구에서 가장 기본적인 실험 설계 방법으로 손꼽히지만, 행동 특성과 윤리적 수용 가능성을 충족할 때에만 적절히 활용될 수 있다. 연구자는 연구 목적, 대상 행동의 가역성, 현장 여건, 윤리적 문제 등을 종합적으로 검토한 뒤 반전 설계를 선택하거나, 필요에 따라 중다기초선 설계나 준거변동 설계처럼 중재 철회를 요구하지 않는 다른 변형 설계를 선택해야 한다.

2. 중다기초선 설계

중다기초선 설계(multiple-baseline design)는 반전 설계처럼 중재를 반복적으로 철회하지 않고도 기능적 관계를 검증할 수 있도록 고안된 단일대상연구의 주요 설계 방법이다(Cooper et al., 2020). 이 설계에서는 두 개 이상의 '기초선-중재' 쌍을 서로 독립된 조건으로 배열하고, 각 조건마다 기초선 기간을 계단식으로 설정한 뒤, 순차적으로 중재를 도입한다(Ledford & Gast, 2018). 즉, 모든 조건에 대해 기초선 자료를 수집하면서 첫 번째 조건에 중재를 먼저 적용하고, 그 효과가 안정되면 두 번째 조건에 중재를 도입하는 방식이다. 이처럼 시간이 흐름에 따라 조건별로 순차적으로 중재가 적용되기 때문에, 특정 조건에서만 중재 도입 후 즉각적이고 일관된 변화가 나타난다면, 해당 변화는 중재의 결과일 가능성이 높다고 해석할 수 있다. 중다기초선 설계는 크게 3가지 유형으로 구분된다(Cooper et al., 2020).

- 행동 간 중다기초선 설계: 한 개인의 2가지 이상 목표 행동을 각각 독립적으로 설정하여 행동 간의 기능적 관계를 평가하는 데 사용된다.
- 상황 간 중다기초선 설계: 동일한 행동을 여러 교실, 과목, 교사, 시간대 등 서로 다른 환경에 배치하여 행동 변화가 분리된 상황에서도 일관되게 나타나는지를 관찰한다.
- 대상자 간 중다기초선 설계: 둘 이상의 참여자에게 동일한 중재를 적용하되 각 참여자에게 독립적인 기초선을 설정하여 중재 효과를 검증하는 방식이다.

중다기초선 설계가 작동하려면 몇 가지 기본 가정이 필요하다. 첫째, 행동, 상황, 대상자 등 조건 간의 독립성이다. 아직 중재를 받지 않은 조건은 중재가 시행 중인 다른 조건의 변화에 영향을 받아서는 안 된다. 다시 말해, 중재가 다른 조건으로 미리 일반화되거나 간접 효과를 일으키면 기초선 안정성이 훼손되고 실험통제력이 약화된다. 둘째, 모든 조건이 동일한 외재 변인에 노출되어야 한다. 이는 외재 변인이 모든 조건에 동시에 영향을 미친다는 가정에 따라, 만약 외부 요인이 행동 변화를 유발했다면 중재를 받지 않은 조건에서도 동시 변화가 발생했을 것이라는 논리적 통제 근거를 제공한다. 셋째, 측정의 동등성이 필요하다. 조작적 정의, 관측 도구, 측정 간격, 관찰자 등에 차이가 있으면 조건 간 비교 자체가 무의미해진다. 넷째, 중재 도입 시점은 각 조건의 기초선 안정성에 따라 독립적으로 결정되어야 한다. 미리 고정된 일정에 따라 전환하면 연구자의 편의가 개입되어 실험 논리가 약화될 수 있다(Kazdin, 2017).

중다기초선 설계는 임상 현장에서 널리 활용되며, 다음과 같은 장점이 있다. 우선, 윤리적이다. 반전 설계처럼 이미 효과가 나타난 중재를 일부러 철회할 필요가 없으므로 위험 행동이나 돌이킬 수 없는 학습 과제에 안전하게 적용할 수 있다. 또한 가역성 가정을 필요로 하지 않아서 읽기 기술이나 사회적 상호작용 능력처럼 일단 획득되면 자연히 유지될 것으로 기대되는 비가역적 변화 측정에도 적합하다. 나아가, 여러 학생이나 여러 환경에 동시에 개입해야 하는 현장에서 기초선을 그대로 수업 활동 속에 포함시킬 수 있어 연구와 현장 연계가 자연스럽다. 예를 들어, 한 학급의 문제행동이 심각한 세 학생에게 동일 프로그램을 적용하려 할 때, 교사는 첫 번째 학생에게 중재를 시작해 즉시 효과를 확인하고, 그 사이 다른 학생들은 기초선을 유지하다가 순차적으로 같은 중재를 받아 학습 경험을 놓치지 않게 된다(Ledford & Gast, 2018).

그러나 제한점도 있다. 가장 흔한 문제는 '일반화'로, 어느 한 행동에 도입된 중재가 의도치 않게 다른 행동에도 영향을 미칠 경우다. 예를 들어, 동일한 담임 교사가 세 학생을 모두 지도하는 경우, 첫 번째 학생에게 제공된 강화가 나머지 학생에게도 영향을 미쳐 기초선이 흔들릴 수 있다. 이를 방지하기 위해서는 물리적 환경을 분리하거나 강화의 종류와 시점을 구분하는 등의 사전 설계 조치가 필요하다. 또 마지막 행동은 중재 도입까지 긴 기초선을 유지해야 한다. 심각한 자해나 공격 행동처럼 즉각적 개입이 필요한 상황에서는 윤리적 부담이 커진다. 행동의 구성에도 제약이 따른다. 모든 조건이 동일한 측정 절차를 공유해야 하고, 잠재적으로 중재에 비슷하게 반응할 수 있다는 가설적 동질성을 만족해야 한다(Ledford & Gast, 2018). [그림 3-4], [그림 3-5], [그림

3–6]은 행동 간, 상황 간, 대상자 간 중다기초선 그래프의 예시다.

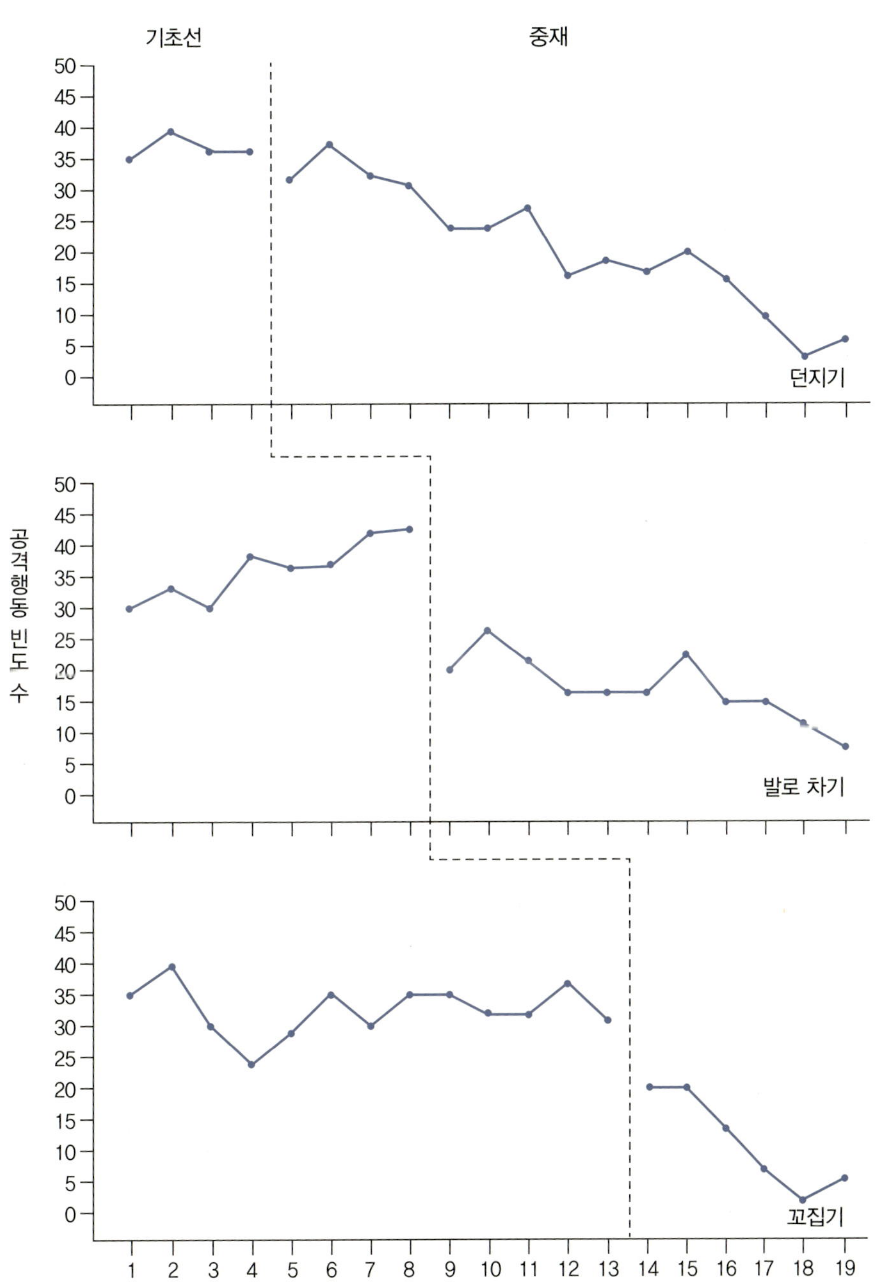

[그림 3-4] 행동 간 중다기초선 설계 그래프의 예시

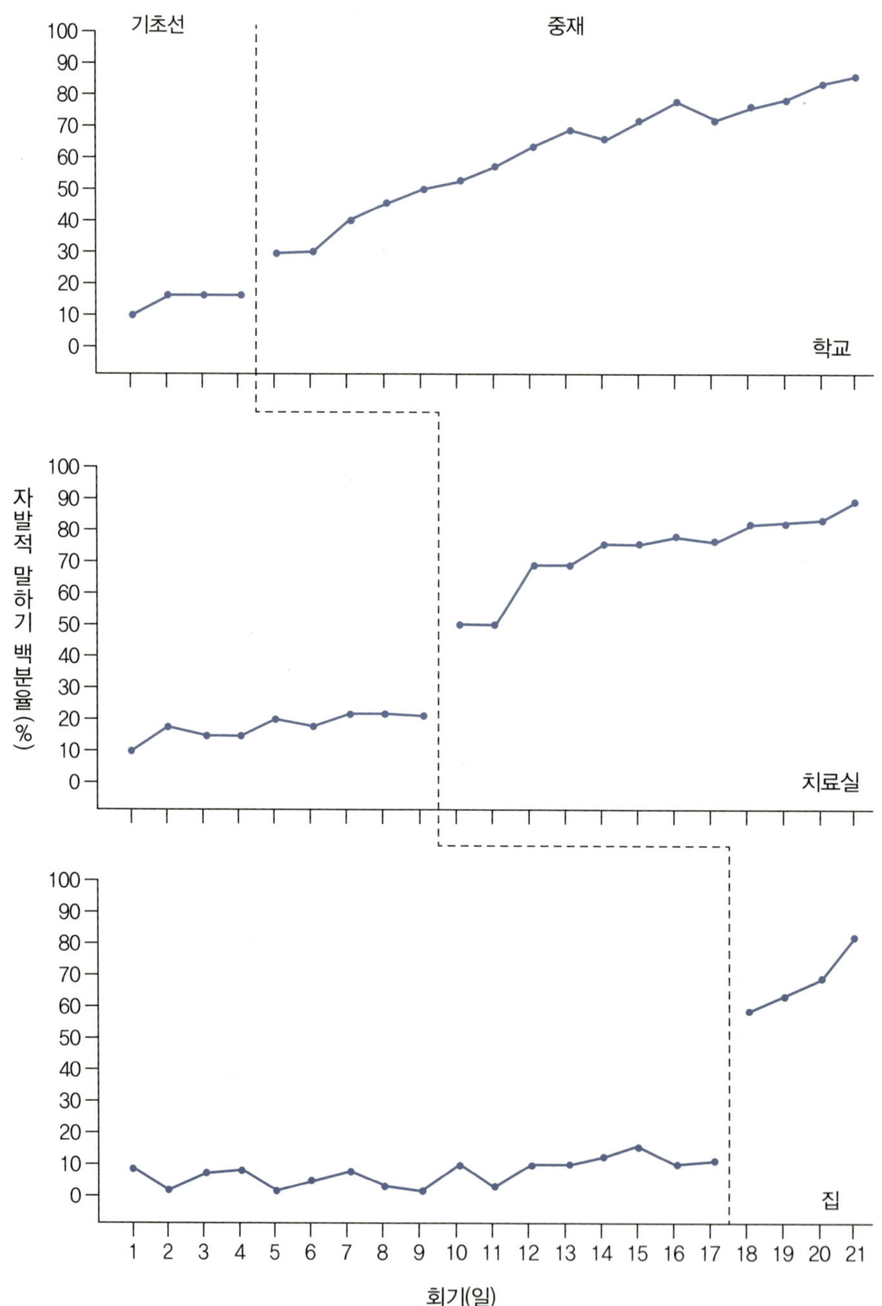

[그림 3-5] 상황 간 중다기초선 설계 그래프의 예시

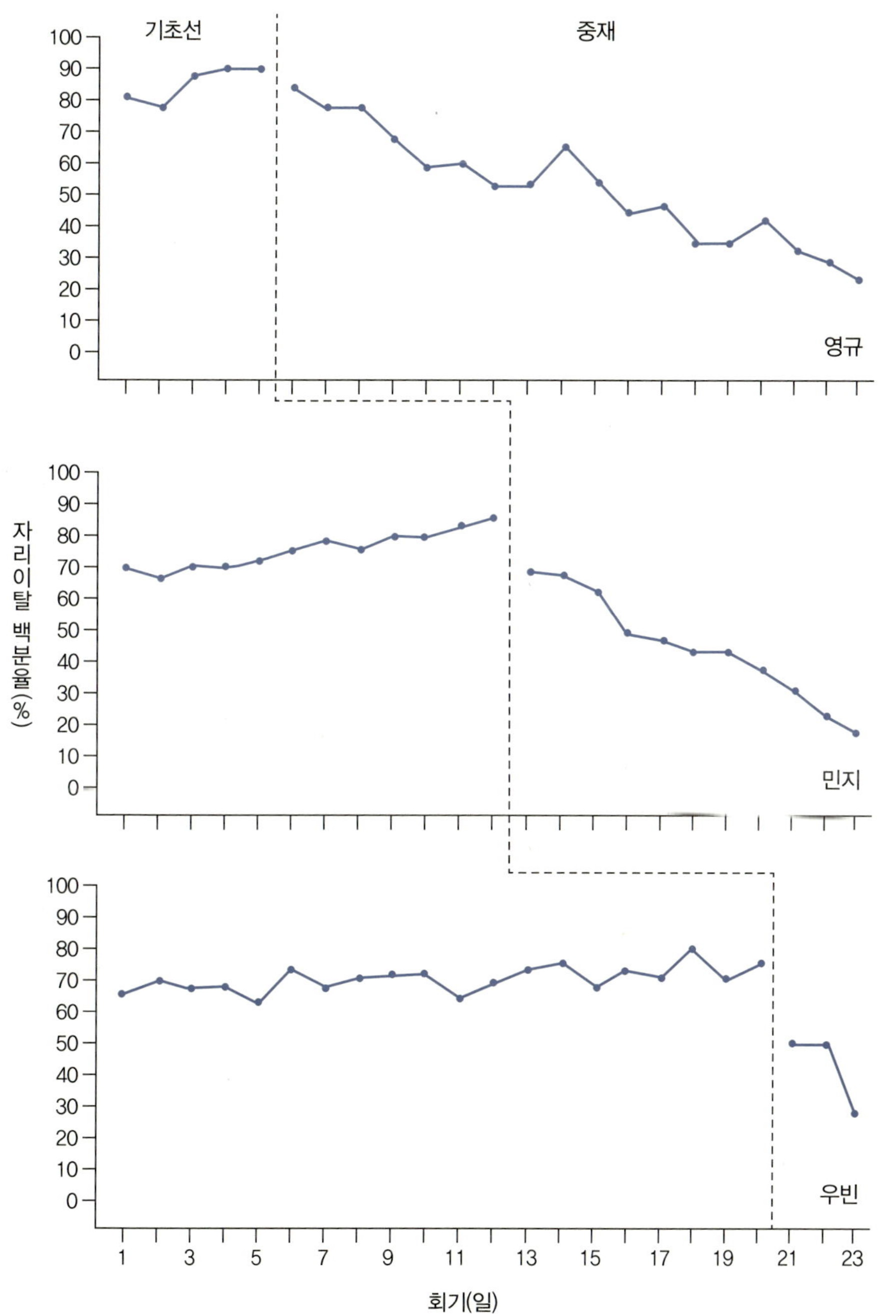

[그림 3-6] 대상자 간 중다기초선 설계 그래프의 예시

중다기초선 설계의 변형으로 중다간헐 기초선 설계가 있다. 이는 기초선 자료를 모든 조건에서 연속적으로 수집하지 않고 간헐적으로만 측정하는 방법이다(Cooper et al.,

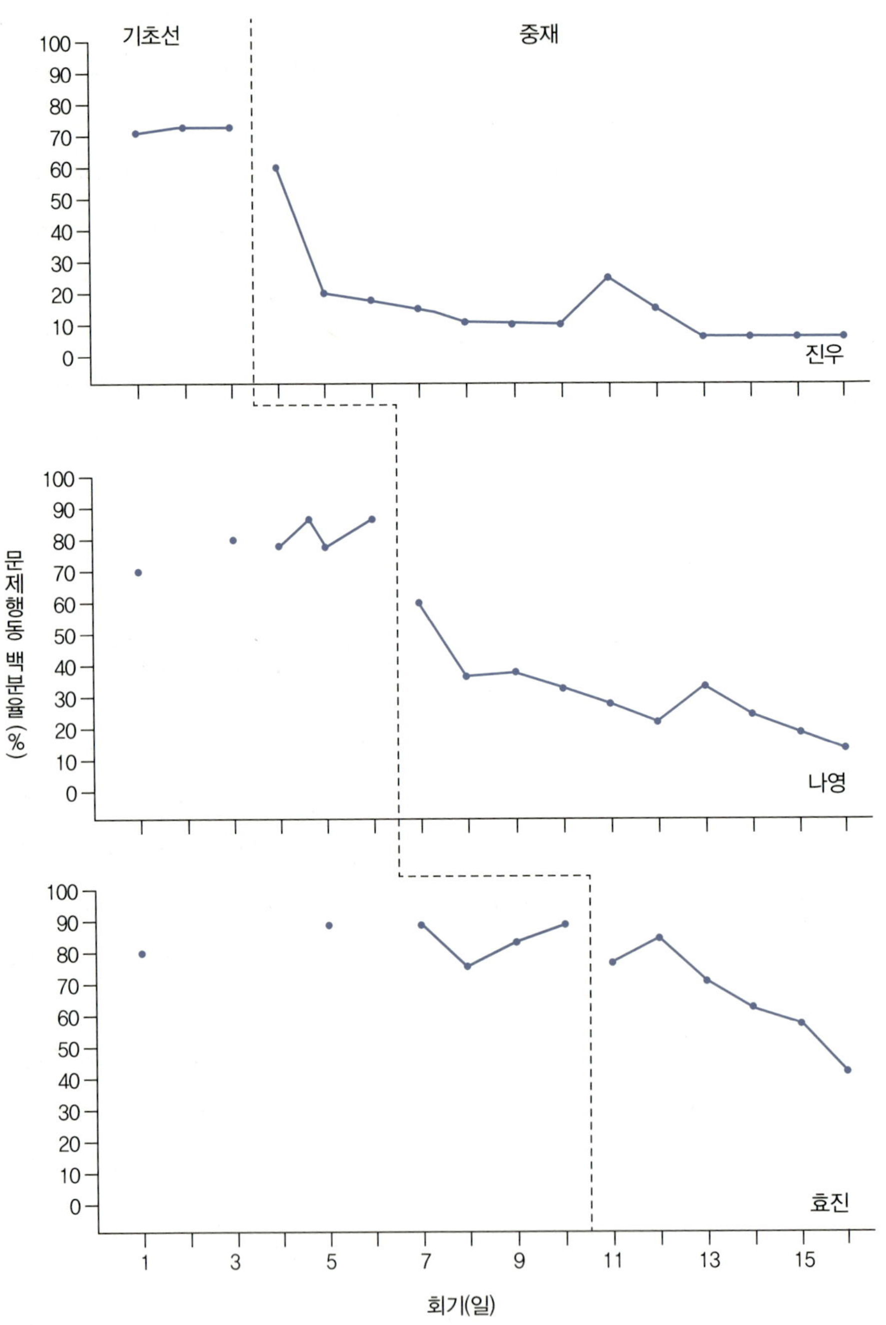

[그림 3-7] 대상자 간 중다간헐 기초선 설계 그래프의 예시

2020). 각 조건은 처음에 몇 차례 짧은 기초선 평가를 거친 뒤 데이터를 수집하지 않은 상태로 두고, 연구자가 예정한 시점마다 '프로브(probe)' 세션을 실시해 현행 수준을 확인한다. 그러다 첫 번째 조건이 안정되면 중재를 도입하고, 나머지 조건은 계속 간헐적 조사만 진행하다가 차례로 중재를 적용한다. 이 설계는 행동을 관찰하기 어렵거나 비용이 큰 경우, 기초선 측정 자체가 학습이나 행동 습득을 촉진할 우려가 있을 때, 긴 기초선 유지가 윤리적으로 부담될 때 유용하다. 기본 논리는 중다기초선 설계와 동일하지만, 기초선 자료가 연속적이지 않으므로 시각적 분석에서 변화 직전과 직후의 데이터를 주의 깊게 해석해야 하며, 조사 간격이 너무 길 경우 외재 변인에 대한 통제가 약화될 수 있다. [그림 3-7]은 중다간헐 기초선 설계 그래프의 예시다.

3. 교대중재 설계

교대중재 설계(alternating-treatments design)는 단일대상연구에서 2가지 이상 중재의 상대적 효과를 비교하기 위해 고안된 실험 설계다(Cooper et al., 2020). 이 설계에서는 한 명의 참여자에게 서로 다른 중재를 짧은 시간 간격으로 번갈아 적용하여 각 중재가 목표 행동에 미치는 영향을 동시적으로 평가할 수 있다.

설계의 첫 단계는 각 중재를 명확하게 구별할 수 있도록 식별 단서(discriminative stimuli)를 설정하는 것이다(Ledford & Gast, 2018). 예를 들어, 과제의 색깔을 달리하거나, 교사가 중재마다 서로 다른 언어적 지시를 사용하는 방식이 일반적으로 활용된다. 대부분의 경우 안정된 기초선 확보가 필수적이지는 않지만, 목표 행동의 자연 수준을 확인하거나 효과의 상대적 크기를 비교하기 위해 몇 회기의 기초선 자료를 수집하기도 한다(Kazdin, 2017).

본격적인 교대 단계에 들어가면 연구자는 하루 또는 한 회기 내에서 'A-B-A-B'의 구조처럼 두 중재를 전환하거나 무작위(randomized) 또는 균형화된(counterbalanced) 순서로 중재 조건을 배열한다. 이렇게 중재 간 전환을 반복함으로써 시간 경과에 따른 외재 변인의 영향을 각 조건에 고르게 분산시키고, 단기간 내에도 중재 간 효과 차이를 비교할 수 있다는 장점이 있다(Cooper et al., 2020).

교대중재 설계의 가장 큰 특징은 비교적 짧은 관찰 기간에도 두 중재 효과성을 비교할 수 있다는 점이다. 반전 설계처럼 안정된 기초선과 반복적 철회 과정을 거치지 않아도 되므로 심각한 문제행동처럼 즉각적인 의사결정이 필요한 상황이나 시간이 제한된 상황에서 유용하다. 또한 동일한 맥락에서 번갈아 적용되기 때문에 경험이나 성숙 등 외재 변수의 영향을 통제할 수 있다.

하지만 설계를 성공적으로 사용하려면 다음과 같은 한계를 고려해야 한다. 무엇보다 **중재 간 전이 효과**(carry-over effect)를 예방해야 한다. 한 회기에서 나타난 중재 효과가 다음 회기까지 잔존하게 되면 중재 간 효과를 명확하게 비교하기 어려워진다(Kazdin, 2017). 이를 방지하기 위해서는 중재 조건 사이에 명확한 식별 단서 제공, 충분한 시간 간격 확보, 전이 효과를 분산시킬 수 있는 활동 삽입 등이 필요하다(Ledford & Gast, 2018). 또한 참여자가 중재 조건을 명확하게 구별할 수 없는 경우, 중재 효과가 상호 간섭되거나 반대로 어느 조건에도 반응하지 않는 현상이 나타날 수 있다. 따라서 설계 도입 전 참여자의 조건 구별 능력을 사전 확인하는 것이 중요하다. 목표 행동의 특성도 고려해야 한다. 예를 들어, 읽기 속도, 수학 문제 해결력처럼 점진적인 학습이 필요한 기술의 경우, 단기간의 교차만으로는 유의미한 변화를 관찰하기 어려워 설계의 적절성이 떨어질 수 있다(Cooper et al., 2020). 마지막으로, 연구자나 교사는 매 회기마다 중재 절차와 기록 체계를 번갈아 적용해야 하므로 준비와 실행에 있어 현장 부담이 크다는 한계도 존재한다.

[그림 3-8]은 교대중재 그래프의 예시다. 그림에서 볼 수 있듯이, 교대중재 설계에서는 그래프의 마지막 구간에서 가장 효과적인 중재만을 단독으로 반복 제시하는 절차를 포함한다. 이는 교차 단계에서 큰 효과를 보인 조건을 이어서 적용해 효과가 안정적으로 유지되는지 확인하고 효과적인 중재로 연구를 종결하기 위함이다.

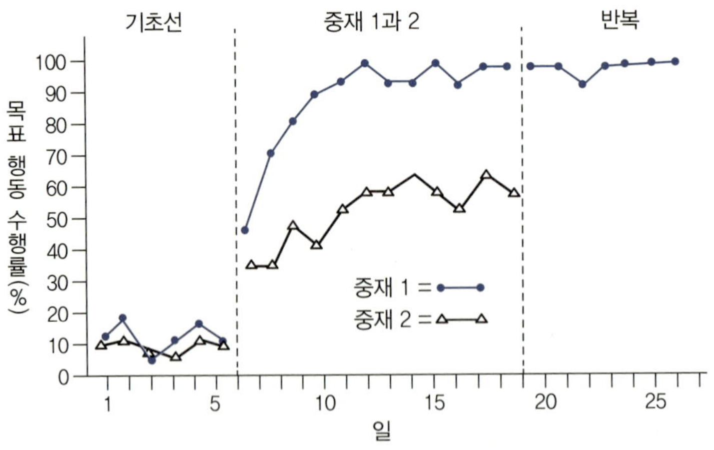

[그림 3-8] 교대중재 설계 그래프의 예시

4. 준거변동 설계

준거변동 설계(changing-criterion design)는 목표 행동에 대해 점진적으로 상향 또는 하향 조정되는 수행 기준을 연속적인 중재 단계에 걸쳐 제시함으로써 행동 변화가 중재에 따라 체계적으로 일어나는지를 검증하는 단일대상 연구 방법이다(Cooper et al., 2020). 먼저, 기초선 수준을 파악한 뒤, 현실적으로 달성 가능하면서도 도전적인 첫 번째 준거를 설정한다. 이후 참여자가 해당 기준을 일정 회기 동안 연속해서 충족하면 다음 단계로 전환하여 준거를 한 단계 상향 또는 하향 조정한다. 이렇게 '준거-안정-변화'의 순환을 여러 차례 반복하여 준거가 변동할 때마다 행동이 같은 방향으로 점진적으로 혹은 계단식으로 변화한다면 기능적 관계가 있다고 해석한다.

준거변동 설계를 실제 연구나 임상 현장에 적용할 때는 다음과 같은 지침을 따르면 기능적 관계를 보다 신뢰성 있게 입증할 수 있다(Kazdin, 2017).

첫째, 기초선 확보와 준거 설정의 연계성이 중요하다. 기초선 자료는 일반적으로 최소 3회기 이상 수집하며, 가능한 경우 안정된 추세가 확인될 만큼 충분히 확보한다. 첫 번째 준거는 기초선 평균에서 약간 벗어나면서도 참여자에게 도전이 될 수 있는 수준으로 설정해야 한다. 준거 변화폭은 기초선의 자연 변동 범위보다 다소 커야 하며, 동시에 지나치게 커서 수행이 정체되지 않도록 조절되어야 한다.

둘째, 준거 변화폭과 단계 수는 사전에 계획하되 필요에 따라 자료에 기반하여 유연하게 조정한다. 일반적으로 준거 변화폭은 기초선 변동 폭의 1.5~2배, 또는 이전 단계 평균의 ±10~20% 정도가 적절하다고 권장된다(Ledford & Gast, 2018). 준거 간 간격이 지나치게 작으면 자연 변동과 구별되기 어려워 기능적 관계 해석이 모호해지고, 반대로 간격이 너무 크면 참여자가 준거를 달성하지 못해 자료가 정체될 수 있다. 최소 3단계, 가능하면 5단계 이상의 준거 변화가 이루어지면 반복성이 높아져 내적 타당도를 확보하기 유리하다

셋째, 각 단계는 충분히 안정될 때까지 유지해야 한다. 일반적으로 연속 3회기 이상 준거를 충족하거나 뚜렷한 안정 추세가 관찰될 때 다음 준거로 상향 또는 하향한다. 각 단계의 지속기간은 고정된 회기 수보다는 자료의 안정성에 기반하여 탄력적으로 결정하는 것이 바람직하다.

넷째, 경우에 따라 간헐적 '소반전(mini-reversal)' 구간을 추가할 수 있다. 준거를 한 단계 낮추었다가 다시 올려 보는 간단한 소반전 절차를 넣으면, 준거 변화에 따른 행동

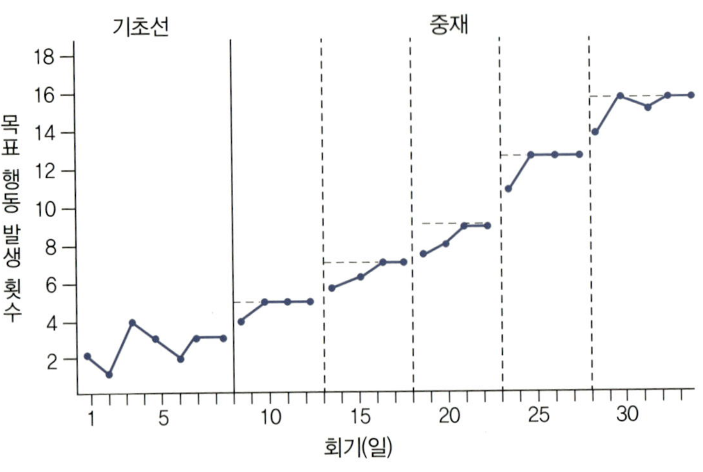

[그림 3-9] 준거변동 설계 그래프 예시

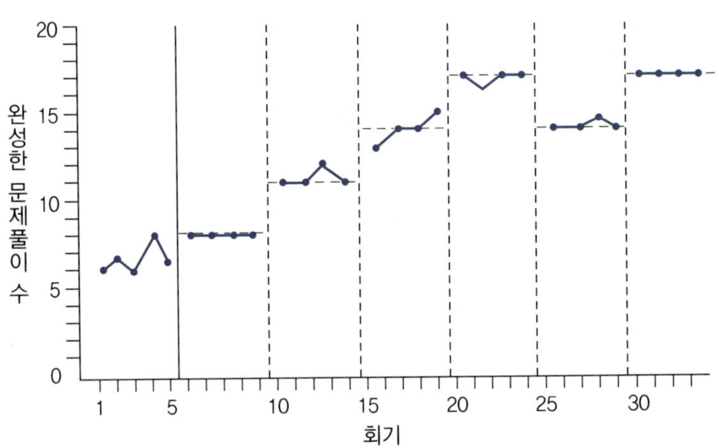

[그림 3-10] 소반전이 있는 준거변동 설계 그래프 예시

변화를 한 번 더 확인할 수 있어 기능적 관계 입증력이 높아진다. 다만 윤리적 부담이 없는 반전이 가능한 목표 행동일 때 가능하다.

마지막으로, 그래프 작성 시 기준선과 행동 수준을 명확히 구분한다. 단계별 준거 설정의 기준선을 계단형으로 표시하고, 행동 자료점은 선으로 연결하여 준거가 변할 때마다 행동 수준이 뒤따라 상승 또는 하강하는지를 시각적으로 제시하면 기능적 관계를 직관적으로 확인할 수 있다. [그림 3-9]와 [그림 3-10]은 준거변동 설계의 예시 그래프다.

준거변동 설계는 다음과 같은 장점을 가지고 있다. 첫째, 중재 철회 없이 실험 통제를 확보할 수 있어 이미 습득된 행동을 다시 낮출 필요가 없고 윤리적 부담이 적다. 둘째, 행동의 미세 조정이 가능하다. 준거 간 간격을 작게 설정하면 세밀한 변화를 추적할 수 있어 발화 길이나 운동 정확도처럼 점진적 숙련이 필요한 기술에 적합하다. 셋째, 학습 동기를 유지하기 쉽다. 준거가 달성 가능한 수준으로 점진적으로 상향되면 반복된 성공 경험이 강화제로 작용하여 참여자의 지속적인 동기 유지를 돕는다. 넷째, 자료 해석이 직관적이다. 그래프에서 기준선이 계단형으로 변동하고, 행동 수준이 그 계단을 따라 움직이는지를 시각적으로 확인하면 기능적 관계가 뚜렷이 드러난다. 하지만 목표 행동이 준거 설정값에 민감하게 반응할 수 있는 범위에 있어야 하고, 준거 간 간격과 단계 수를 적절히 설계하지 못하면 해석이 모호해지는 단점이 있다. 준거 변화폭이 너무 작으면 자연 변동과 구별되지 않고, 반대로 너무 크면 수행이 중간에서 정체돼 관계 입증이 불가능해질 수 있다(Ledford & Gast, 2018).

Ⅲ 그래프 작성 및 시각적 분석

1. 그래프 작성

1) 그래프 작성의 목적

단일대상연구에서 그래프는 측정된 행동 데이터를 시각적으로 제시하는 핵심 분석 도구로 단순한 결과 요약을 넘어 분석, 해석, 의사소통 기능을 수행한다(Kazdin, 2017). 회기마다 수집된 데이터를 통해 행동 수준의 변화, 변동성, 조건 간 중첩 비율 등을 분석함으로써 중재와 행동 간의 기능적 관계를 시각적으로 판단할 수 있다. 또한 자료가 시간의 흐름에 따라 누적되어 제시되므로 단계별 수행 기준의 달성 여부나 다음 중재 단계로의 전환 시점을 판단할 수 있다. 이는 중재가 불필요하게 지연되거나 과도하게 유지되는 것을 방지하는 데 기여한다(Ledford & Gast, 2018).

그래프는 연구의 자료 수집 및 분석 절차의 투명성을 높이며, 개별 자료점이 제시되기 때문에 관찰자 간 신뢰도, 중재 충실도 등을 검토하는 데에도 유용하다. 무엇보다 중재 이후의 행동 변화를 직관적으로 확인할 수 있어, 교사, 부모, 치료사 등 다양한 이해관계자 간의 정보 공유를 용이하게 하며, 임상적 및 교육적 의사결정의 근거를 제공하는 데 중요한 역할을 한다(Cooper et al., 2020).

2) 그래프의 종류

단일대상연구에서는 연구 목적과 자료 특성에 맞추어 가장 적합한 그래프 형식을 선택한다(Kazdin, 2017). 대표적으로 사용되는 형식은 단순선 그래프, 막대그래프, 누적그래프다.

단순선 그래프(simple line graph)는 회기별로 측정된 각 자료점을 선으로 연결해 시간 경과에 따른 수행 변화를 직관적으로 보여 주며, 단일대상연구에서 가장 널리 활용된다(Barlow et al., 2009). 눈으로 즉각 확인할 수 있는 수준의 변동, 경향, 변동 폭의 크기는 단순선 그래프를 통해 가장 명확히 드러나므로 연구자는 이러한 특성을 토대로 단계별 전환 시점과 중재 효과의 즉각성 및 안정성을 판단한다(Gast & Spriggs, 2014). [그림 3-11]은 난순선 그래프의 적용 예시다.

막대그래프(bar graph)는 각 실험 단계의 평균 수행 수준을 막대 형태로 제시한 다음에 조건 간 비교를 용이하게 한다. 중재 전후의 효과 크기를 간결하게 요약할 때 유용하며, 조건 간 평균 수행 수준을 강조하거나 중재 효과를 시각적으로 비교할 때 적합하다. 하지만 연속적 변동 정보를 제공하지 못하므로 회기별 세부 변화가 평균값에 묻힐 수 있다는 한계가 있다(Gast & Spriggs, 2014). 예를 들어, [그림 3-12]에서 알 수 있듯이, 단순선 그래프에서는 변화가 있지만 평균이 동일하다면 막대그래프에서는 그 차이가 드러나지 않는다. 따라서 시간 흐름에 따른 행동의 추세를 세밀하게 평가할 때는 단순선 그래프 사용이 좀 더 바람직하다(Kratochwill & Levin, 2010).

누적그래프(cumulative graph)는 회기가 진행됨에 따라 누적된 수행 값을 표시하는 방

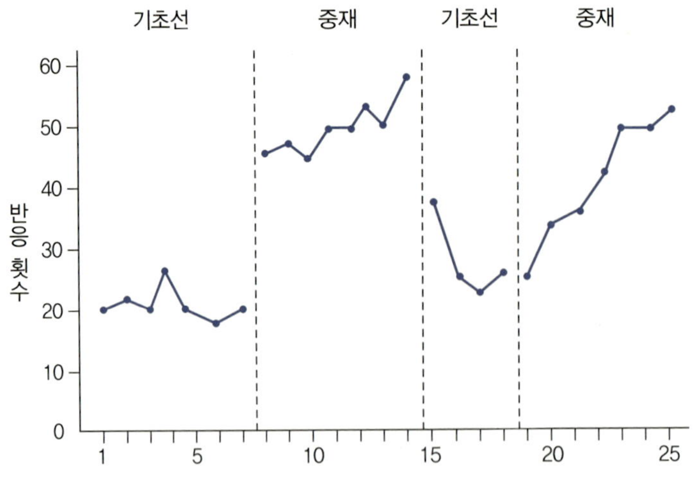

[그림 3-11] 단순선 그래프를 이용한 ABAB 설계 그래프 예시

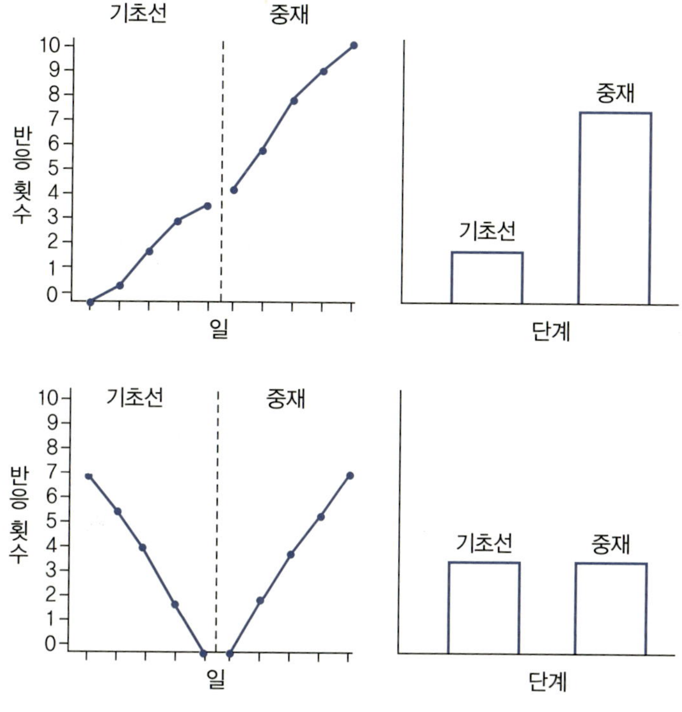

[그림 3-12] 단순선 그래프와 막대그래프 비교 예시

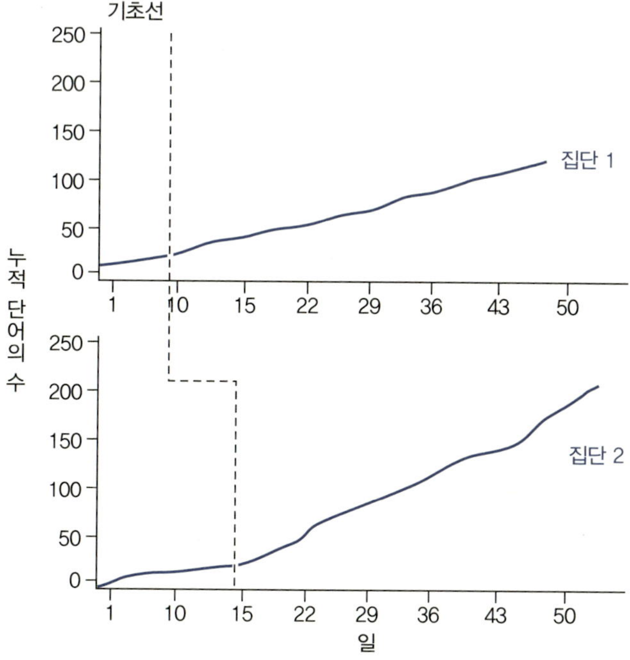

[그림 3-13] 누적그래프를 이용한 중다기조선 설계 그래프 예시

식으로 사용 빈도는 상대적으로 낮으나 목표 행동의 총량이 중요한 경우에 특히 유용하다(Cooper et al., 2020). 예를 들어, 단어 습득 연구에서 최종 습득 단어 수를 확인하는 경우에는 누적그래프가 유용하게 사용될 수 있다. 누적그래프는 시간이 지남에 따라 중재 효과가 어떻게 축적되는지를 보여 주므로 점진적 성장 곡선을 평가할 때 효과적이다. 또한 세션마다 학습된 항목의 총합을 확인할 수 있어 중재 종료 시점에 도달한 절대적 수행 수준을 파악하기 쉽다. 그러나 초기와 후기 회기 간 변동성을 구분하기 어렵다는 점에서 추세 변화를 세밀하게 분석하려면 단순선 그래프와 병행해 해석하는 것이 좋다(Barlow et al., 2009). [그림 3-13]은 누적 그래프의 예시다.

3) 그래프의 구성 요소

단일대상연구의 그래프 구성 요소는 행동 변화의 시각적 분석을 위한 핵심 기초 자료로 간주된다(Gast & Ledford, 2018). 그래프는 시간 흐름을 표시하는 가로좌표(x축)와 행동 측정값을 나타내는 세로좌표(y축)를 중심으로 자료점(data point), 자료 표시선(data path), 단계 변경선(phase change line), 조건 명칭(condition label), 제목(title) 등으로 구성된다.

가로좌표는 연구 목적에 따라 회기 번호를 표시한 회기형 또는 자료 수집 날짜를 표시한 달력형으로 설정되며, 전자는 회기에 따른 변화를 파악할 때 후자는 실제 생활 일정과 중재 기간을 연계해 해석할 때 유용하다. 세로좌표는 빈도, 지속시간, 비율 등 행동 측정 단위를 동일간격으로 표시해서 변화를 드러내며, 행동 특성에 맞춰 단위 간격을 조정해야 변화의 정도를 과장하거나 축소하지 않고 전달할 수 있다. 개별 회기 혹은 날짜에서 수집된 값은 자료점으로 표시되고, 이 점들을 직선으로 연결한 자료 표시선은 행동 변화의 추세를 한눈에 보여 준다. 조건 변경선은 서로 다른 조건 사이를 구분하는 기준선으로 조건 간 변화를 명확히 구분하도록 자료 표시선을 단절하여 제시한다. 동일한 중재 조건 안에서 절차가 세부적으로 수정될 때는 점선 등의 가는 변경선을 사용해 불필요한 시각적 단절을 최소화한다. 제목은 연구 주제와 목표 행동을 간결하게 제시하며, 각 실험 단계 명칭과 범례는 절차적 특성을 정확히 기술해 그래프만으로도 실험 구조와 흐름을 이해할 수 있도록 한다. [그림 3-14]는 단순선 그래프의 구성 요소를 보여 주고 있다.

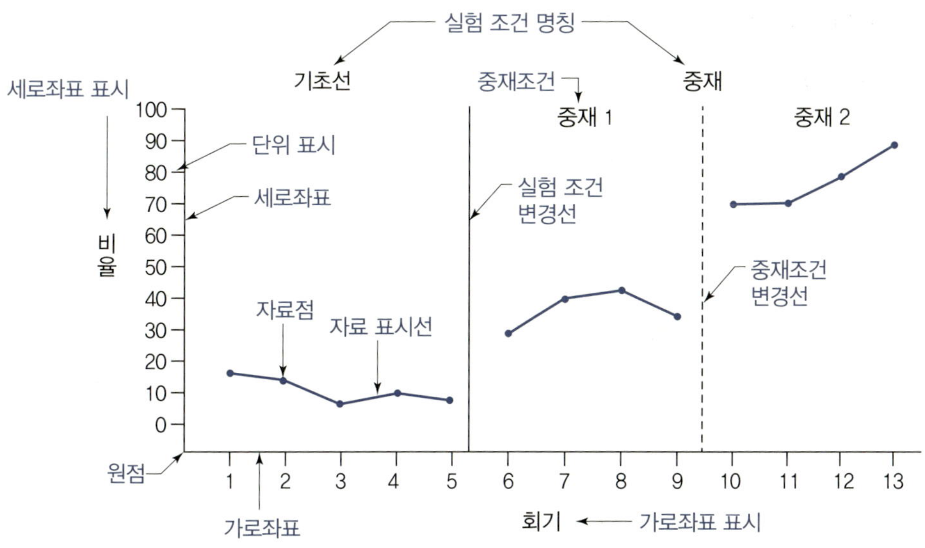

[그림 3-14] 단순선 그래프의 구성 요소

4) 그래프 제작

단일대상연구에서 행동 측정 이후 수집된 자료를 나타내기 위해, 그래프의 구성 요소를 체계적으로 제시할 필요가 있다. 일반적으로 그래프는 다음의 순서로 제작된다(Kazdin, 2017).

첫째, 축을 설정해야 한다. 그래프를 작성하기 위해서는 먼저 가로좌표와 세로좌표를 명확히 설정하는 것이 중요하다.

- 가로좌표: 시간의 흐름에 따라 자료를 배열하되, 회기별로 측정한 자료인지, 날짜에 따라 기록한 자료인지를 확인한 후 이에 따라 축을 구성해야 한다.
- 세로좌표: 측정 단위에 따라 적절히 설정되어야 하는데, 측정된 행동이 빈도일 경우에는 0을 기준으로 일정한 간격으로 숫자를 표시하고, 비율일 경우에는 0%에서 100%까지 등간 간격으로 설정한다. 측정 단위가 시간일 경우에는 초(sec), 분(min), 시간(hour) 중 적합한 단위를 선택하여 일관성 있게 표시한다.
- 시각적 분석의 정확성을 위해 가로좌표와 세로좌표 모두 등간 간격으로 설정해야 하며, 과도한 축소나 확대는 해석에 왜곡을 줄 수 있으므로 측정값의 범위와 특성을 고려하여 적절한 간격을 유지해야 한다.

둘째, 단계 변경선을 삽입한다.

- 각 실험 단계를 '기초선' '중재' '중재 철회' 등으로 명확히 구분하여 단계 간 변경선을 실선으로 삽입한다. 가로좌표 눈금 사이에 수직으로 삽입하며, 동일한 단계 내의 변화는 점선으로 구분하여 나타낸다.

셋째, 축 제목과 실험 단계를 명명한다.

- 가로좌표: '날짜'나 '회기' 등 수집된 자료가 무엇인지 축 제목을 아래에 명시한다.
- 세로좌표: '행동 발생 빈도' '문제행동 지속시간' '정확도' 등 측정된 종속변인을 구체적으로 명명한다.
- 단계: '기초선' '중재' 등의 실험 단계를 명명하며, 필요에 따라 독립변인의 이름을 함께 제시할 수도 있다.

넷째, 자료점을 삽입한다.

- 각 회기에서의 측정값에 해당하는 점을 기호(예: ○, ●, ▲, △, □, ■ 등)로 표시하며, 실험 단계별로 구분하여 기호를 다르게 사용할 수 있다.
- 동일한 실험 단계 내에서는 자료점들을 실선 또는 점선으로 연결하되, 연속되지 않는 회기나 실험조건이 변경되는 구간에서는 자료점을 연결하지 않아야 한다.

마지막으로, 필요에 따라 조건 내 경향선(trend line)이나 평균선(mean line)을 함께 표시하여, 중재 효과나 변화를 보다 쉽게 해석할 수 있도록 한다.

그래프는 자료 측정 후 직접 손으로 그리기도 하고, 엑셀과 같은 프로그램을 사용하여 자료를 입력한 후 그래프를 그리기도 한다.

엑셀을 사용한 그래프 작성 방법은 다음과 같다.

- 데이터 구성: 가로좌표와 세로좌표에 해당하는 셀을 만든 후, [그림 3-15]와 같은 형식으로 데이터를 구성한다.
- 선 그래프 작성: [그림 3-16]과 같이 빈도 열을 선택한 뒤, 상단 메뉴에서 [삽입] > [차트] > [선형 그래프] 또는 [꺾은선형 그래프]를 선택하여 그래프를 생성한다.
- 실험조건 변경선 삽입: 그래프 위에서 [도형] > [선]을 선택하여 조건 변경 시점에 수직선을 삽입한다.

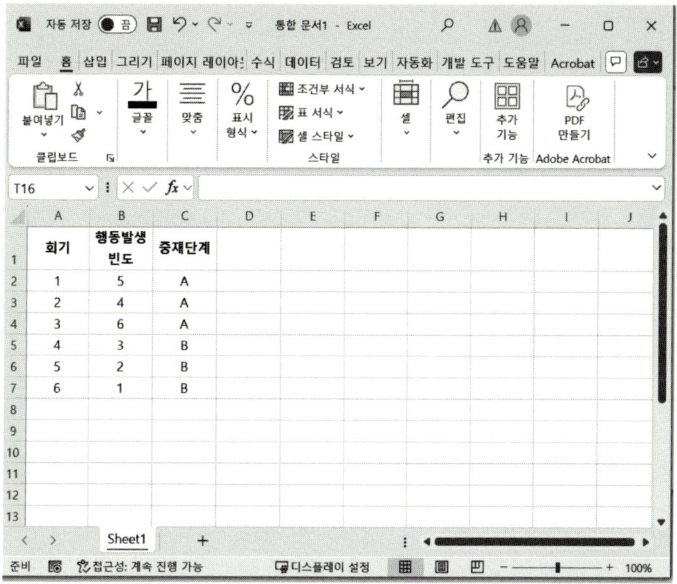

[그림 3-15] 엑셀을 이용한 데이터 구성

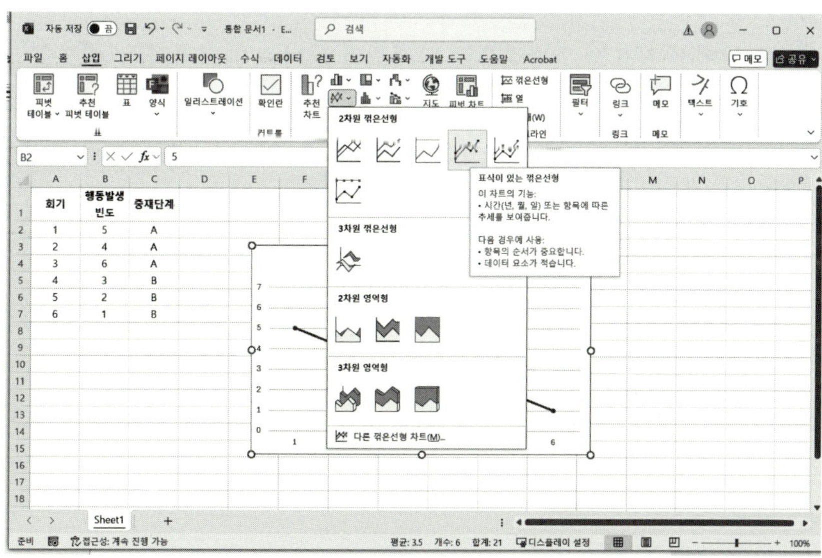

[그림 3-16] 엑셀을 이용한 선 그래프 작성

- 축 제목, 그래프 제목, 범례 추가: [그림 3-17]과 같이 그래프 제목, 세로축 제목, 가로축 제목을 추가한다. 세로축에는 종속변인 명칭, 가로축에는 시간의 흐름, 그래프 제목에는 연구 제목 또는 그래프의 목적을 명시한다.

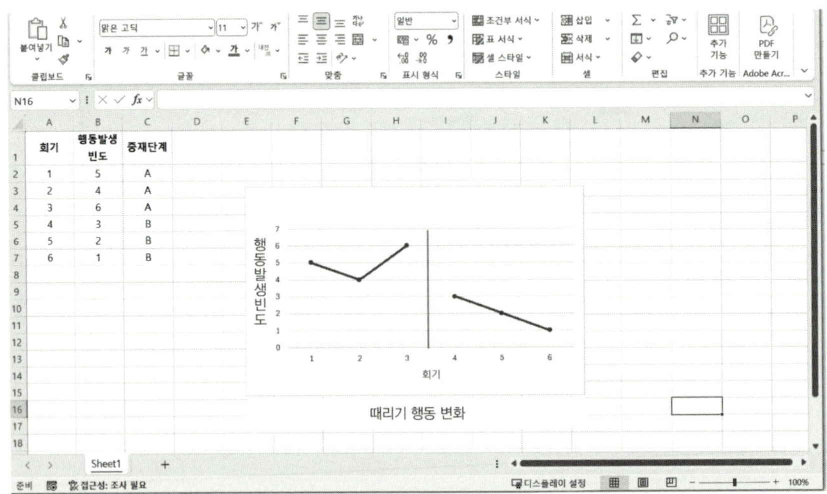

[그림 3-17] 실험조건 변경선, 축 제목, 그래프 제목 입력

2. 시각적 분석

단일대상연구에서 자료는 일반적으로 그래프의 형태로 제시되며, 그래프를 통해 연구자는 행동 변화의 경향을 직관적으로 해석할 수 있다. 이러한 분석 과정을 **시각적 분석**(visual analysis)이라 하며, 이는 단일대상연구에서 중재 효과 및 기능적 관계를 판단하는 핵심적인 절차다(Cooper et al., 2020; Kazdin, 2017). 시각적 분석은 통계적 유의성과는 구분되는 개념으로 연구자가 그래프를 통해 직접 행동의 변화를 평가하고, 중재와 행동 간의 기능적 관계를 추론하는 데 사용된다.

시각적 분석은 단순히 그래프를 바라보는 것이 아니라 특정한 분석 기준에 따라 체계적으로 판단하는 것을 의미한다. 주요 분석 요소에는 수준, 경향, 변동성, 효과의 즉시성, 자료 중첩, 중재 효과의 일반화와 유지 포함된다(Fisher et al., 2003).

1) 수준

수준(level)은 각 실험 단계 내에 나타난 행동의 평균적인 수행 정도를 의미한다. 즉, 기초선이나 중재와 같은 특정 조건 안에서 관찰된 자료점들의 전반적인 수행 정도를 파악하는 지표로, 행동의 빈도, 지속시간, 정확도 등 측정된 값들의 평균 혹은 중앙값을 산출하여 해당 단계의 전형적인 수행 수준을 파악할 수 있다(Cooper et al., 2020). [그림 3-18]과 같이, 각 단계의 수행 수준은 일반적으로 평균선을 삽입하거나 자료점

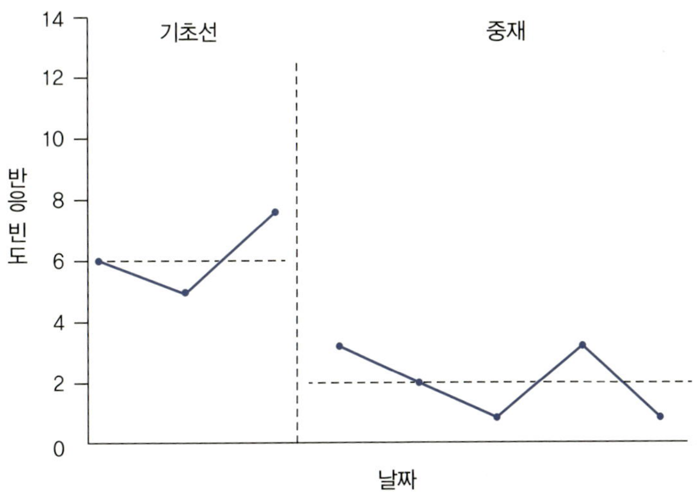

[그림 3-18] 수행 수준의 변화 그래프 예시

의 최댓값과 최솟값을 표시한 범위선을 통해 시각적으로 제시된다. 이러한 수준 비교는 조건 간 변화 여부를 빠르게 파악하는 데 도움을 주며, 중재 효과에 대한 초기 판단 기준이 된다.

예를 들어, 기초선에서는 행동 발생 빈도가 평균 6회였으나 중재 조건에서 평균 2회로 감소한 경우, 두 조건 간 수준 차이가 뚜렷하게 나타난다. 이처럼 수준 간의 변화는 중재가 행동에 미친 영향을 시각적으로 확인할 수 있는 기본적인 분석 요소이며, 기능적 관계의 가능성을 추론하는 데 중요한 단서를 제공한다(Fisher et al., 2003).

2) 경향

경향(trend)은 시간의 흐름에 따라 행동이 변화하는 방향과 속도를 나타내는 요소로 전반적인 행동 변화를 분석할 수 있도록 한다. 경향 분석을 통해 연구자는 측정된 자료값이 회기를 거치면서 점차 증가하고 있는지, 감소하고 있는지, 혹은 일정한 수준을 유지하고 있는지를 확인할 수 있다(Cooper et al., 2020).

단일대상연구에서 수집된 행동 자료는 일반적으로 일정하지 않고 변동을 동반하기 때문에, 이러한 변동 속에서 전반적인 변화 방향을 파악하기 위해 경향선을 추가하기도 한다. 연구자는 각 실험 단계 내에서 자료점들의 분포와 흐름을 시각적으로 판단하거나, 선형 추세선을 삽입하여 경향을 보다 체계적으로 분석한다. 경향선은 반분법(split-middle method)과 같은 시각적 기법을 쓰거나, 엑셀 등 통계 프로그램에서 회귀선을 자동으로 생성해 삽입할 수도 있다(Fisher et al., 2003).

반분법은 그래프의 가로축을 기준으로 자료점을 처음 절반과 나중 절반으로 나눈 뒤, 각 절반의 중앙에 해당하는 '균형점'을 찾고 그 두 점을 직선으로 연결하여 경향선을 추정하는 절차다. 각 단계를 정리하면 다음과 같다.

① 전체 자료점을 시간 순서대로 배열한 뒤 정확히 두 부분으로 나눈다. 자료점 수가 홀수면 중앙점은 양쪽 절반에 모두 포함한다.

② 각 절반에서 가로축 중앙값과 세로축 중앙값이 만나는 위치에 짧은 십자 표시를 한다.

③ 두 십자 표시의 교점을 직선으로 연결하고 양쪽 끝까지 연장하여 경향선을 완성한다[그림 3–19].

④ 경향선 위와 아래에 위치한 자료점의 수가 동일한지 확인하고, 다르다면 자료점 수가 같아지도록 경향선을 평행 이동하여 다시 그린다[그림 3–19].

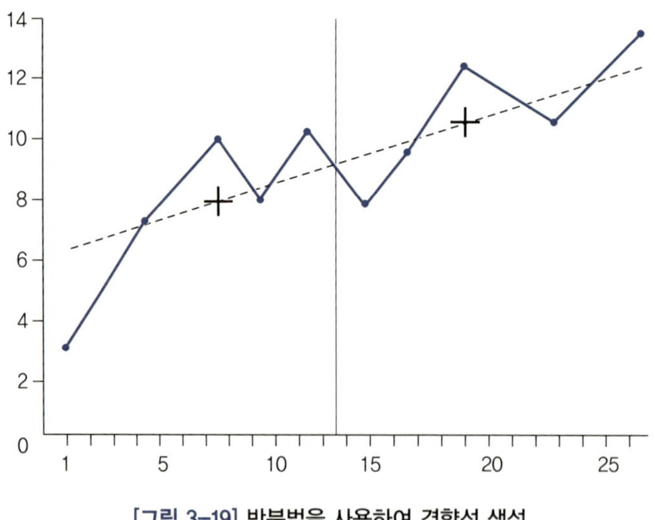

[그림 3–19] 반분법을 사용하여 경향선 생성

엑셀 프로그램을 활용하여 단계별 경향선을 생성하는 방법은 다음과 같다.

① 단계별 구간 선택을 한다. [그림 3–20]과 같이, 그래프에서 기초선 혹은 중재 등 각 단계에 해당하는 구간을 마우스로 클릭해 해당 계열만 활성화한다.

② [그림 3-21]과 같이, 활성화된 자료점 위에서 마우스 오른쪽 클릭 후 '추세선 추가'를 선택한다.

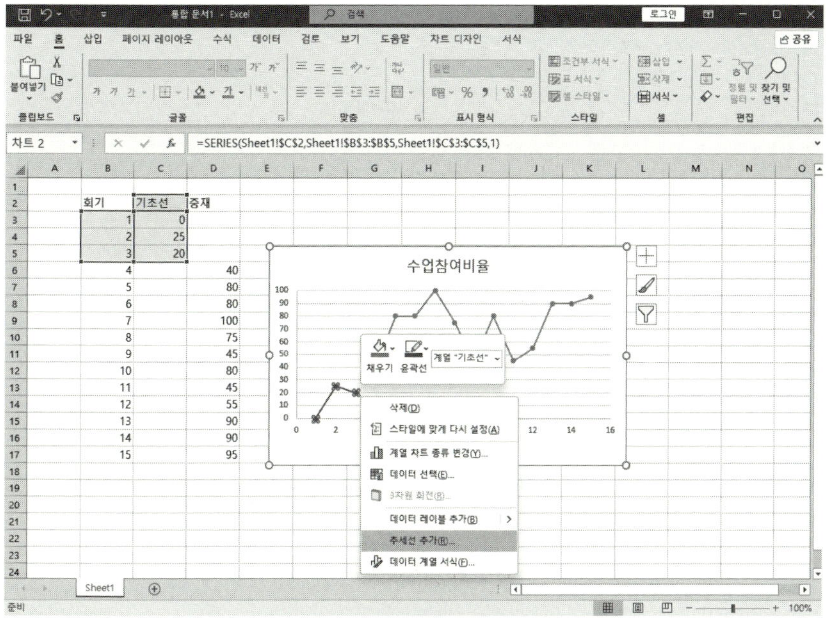

[그림 3-20] 경향선 그리기 위한 단계별 구간 선택

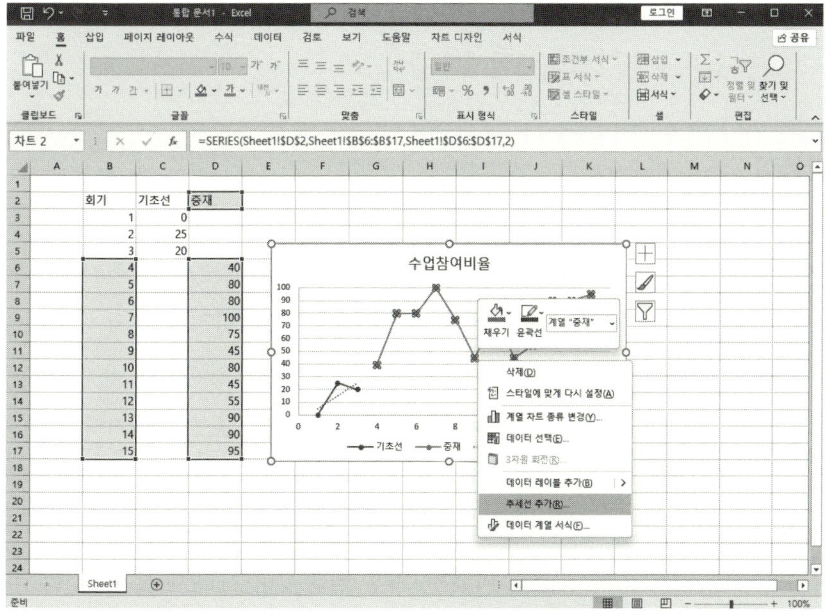

[그림 3-21] 엑셀에서 '추세선 추가'

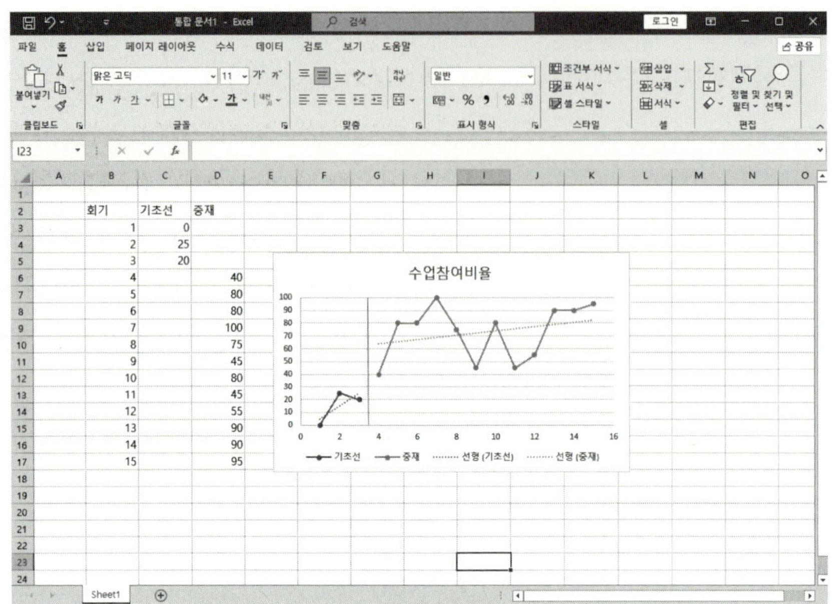

[그림 3-22] 실험 단계별 추세선 추가

③ 다른 실험 단계도 같은 절차로 추세선을 추가한다([그림 3-22] 참조).

이러한 경향 분석은 특정 조건에서 행동이 자연스럽게 증가하거나 감소하는 패턴인지, 혹은 중재의 도입과 함께 변화가 나타났는지를 해석하는 데 유용하며, 다른 시각적 분석 요소들과 함께 종합적으로 해석해야 한다.

3) 변동성

변동성(variability)은 하나의 실험 단계 내에서 측정된 행동 자료가 어느 정도로 일관되게 나타나는지를 의미하는 요소로 행동의 안정성과 예측 가능성을 평가하는 데 핵심적인 기준이 된다. 변동성이 낮은 경우 자료점들은 비교적 일정한 범위 내에서 안정적으로 분포하며, 이는 해당 단계에서의 행동 수준이 비교적 일관되게 유지되고 있음을 시사한다. 반면, 변동성이 높은 경우 자료점들이 큰 폭으로 오르내리거나 불규칙한 양상을 보이며, 이는 해당 단계 내에서 행동이 일정하지 않게 변화하고 있음을 의미한다(Cooper et al., 2020). 예를 들어, [그림 3-23]과 같이, 기초선 조건에서 행동 빈도가 회기마다 5회, 9회, 4회, 10회 등으로 변하는 경우 변동성이 크다고 볼 수 있다. 반대로, 모든 회기에서 6회 내외로 유지된다면 변동성이 낮다고 평가된다.

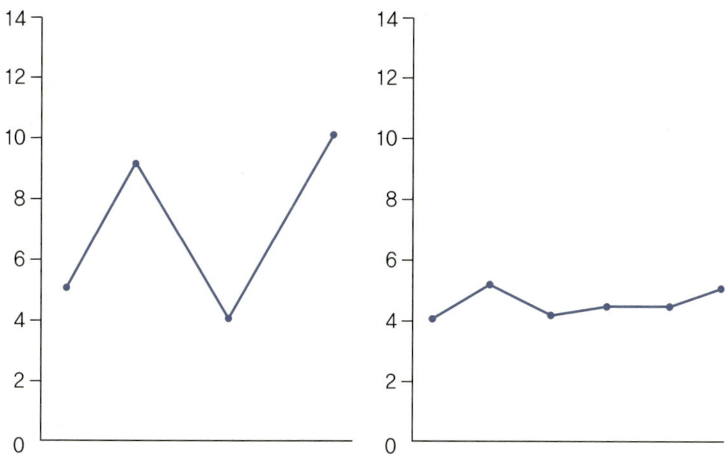

[그림 3-23] 변동성이 큰 경우와 적은 경우

변동성은 중재 효과 해석에 중요한 영향을 미친다. 변동성이 지나치게 높을 경우 조건 간의 변화가 실제로 중재에 기인한 것인지, 혹은 자연스러운 변동의 일부인지 판단하기 어려워져 기능적 관계를 명확하게 해석하는 데 제한이 생긴다. 따라서 시각적 분석에서는 각 조건 내 자료의 변동 정도를 면밀히 살펴보는 것이 필요하다. 특히 기초선에서 높은 변동성이 나타날 경우 보다 긴 기간 동안 자료를 수집하거나 반복 측정을 통해 자료의 안정성을 확보할 필요가 있다. 또한 중재 조건에서 변동성이 감소하고 수행 수준이 점차 안정되는 양상이 나타난다면, 이는 중재 효과의 신뢰도를 높여 주는 긍정적인 지표로 간주될 수 있다(Fisher et al., 2003).

4) 효과의 즉시성

효과의 즉시성(immediacy of effect)이란 중재가 도입되자마자 행동에 변화가 나타났는지를 평가하는 요소로 중재의 효과가 얼마나 신속하게 발현되는지를 판단하는 기준이 된다. 일반적으로 기초선과 중재 조건의 경계에 위치한 마지막 자료점과 중재 조건에서의 첫 번째 자료점을 비교함으로써 즉각적인 변화 여부를 확인할 수 있다. [그림 3-24]를 보면 기초선과 중재 단계에서 자료점의 변화가 크게 나타나며, 이러한 경우 즉각적인 변화가 크다고 할 수 있다.

즉시성이 높다는 것은 중재가 도입된 직후 행동에 명확한 변화가 나타났음을 의미하며, 이는 기능적 관계의 존재 가능성을 강하게 뒷받침하는 시각적 단서가 된다. 그러나 모든 중재가 즉각적인 효과를 나타내는 것은 아니며, 일부 연구에서는 중재 이후 일정

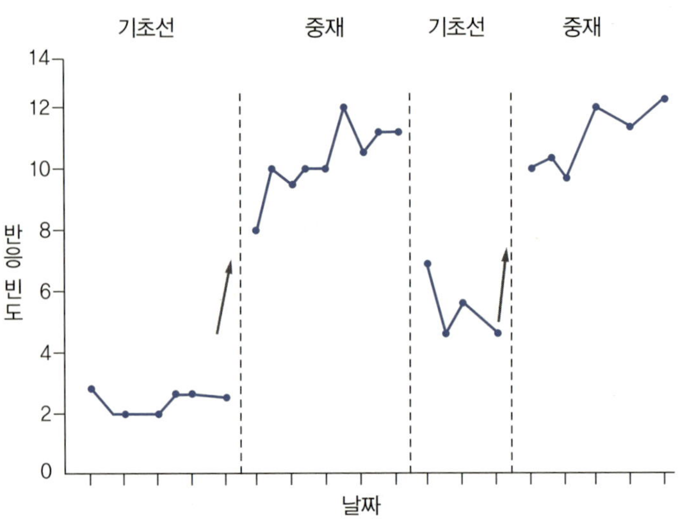

[그림 3-24] 즉시성 변화 그래프 예시

시간이 경과한 후 점진적이고 안정적인 변화 경향이 나타나는 경우도 보고된다. 따라서 즉각적 변화만을 근거로 기능적 관계를 단정해서는 안 되며, 수준, 경향, 변동성 등 다른 시각적 분석 요소들과 함께 종합적으로 해석하는 것이 바람직하다(Cooper et al., 2020).

5) 자료 중첩

자료 중첩(data overlap)은 중재 조건에서의 자료점이 기초선 조건에서 나타난 수행 수준의 범위와 어느 정도 겹치는지를 의미한다. 즉, 중재 이후의 행동 측정값이 중재 이전의 값들과 비교해 얼마나 분명하게 달라졌는지를 시각적으로 판단할 수 있는 요소이다.

중재 조건에서의 자료점들이 대부분 기초선의 범위를 벗어나 있다면 중첩이 적은 것이며, 이는 중재가 행동에 명확한 변화를 유도했다는 시각적 증거로 간주된다. 반대로 중재 조건의 자료점들이 기초선에서의 최고치 혹은 최저치와 크게 겹치는 경우, 중재가 행동에 유의미한 영향을 주었다고 보기 어려워 기능적 관계의 해석이 어려워진다(Cooper et al., 2020).

자료 중첩의 정도는 단순히 눈으로 비교할 수도 있지만, 이를 수치화하여 보다 명확하게 제시할 수 있는 지표로 비중첩자료비율(Percentage of Non-overlapping Data: PND)

이 있다. 이 지표는 단일대상연구의 중재 효과를 요약하고 비교하는 데 널리 사용되며, 다음과 같은 공식으로 구해진다(Scruggs & Mastropieri, 1998).

$$\text{PND} = \frac{\text{중재 조건에서 기초선 범위를 벗어난 자료점의 수}}{\text{중재 조건의 전체 자료점 수}} \times 100$$

PND는 계산이 간단하고 직관적이라는 장점이 있으나, 극단치(outlier)에 민감하고 기초선의 경향을 반영하지 못한다는 한계를 가진다. 이러한 한계를 보완하기 위해 *Tau-U*라는 새로운 통계적 지표를 사용할 수 있다(Parkeret al., 2011). *Tau-U*는 비모수 통계인 Kendall의 순위상관계수(Kendall's Tau)를 기반으로, 기초선과 중재 단계의 모든 자료쌍(pairwise comparisons)을 비교하여 중재로 인한 상향적 변화를 수량화한다. 즉, 중재 단계의 자료가 기초선보다 높으면 +1, 낮으면 −1, 동일하면 0으로 부호화한 뒤, 전체 쌍의 비율을 계산하여 행동 변화의 방향성과 강도를 추정한다. 이를 통해 *Tau-U*는 단순한 중첩 비율만 제시하는 PND보다 자료 중첩의 정도를 보다 정교하게 측정할 수 있다.

특히 *Tau-U*는 기초선의 경향을 보정(correction for baseline trend)할 수 있는 기능을 지닌다. 기초선에서 이미 상승 또는 하락 경향이 뚜렷한 경우, 중재 효과를 과대 또는 과소평가할 수 있는데, *Tau-U*는 기초선 내의 순위 비교를 통해 이러한 경향을 제거한 후 순수한 중재 효과를 추정한다. 따라서 *Tau-U*는 자료 중첩을 기반으로 하면서도 경향을 고려할 수 있어, 단일대상연구에서 중재 효과를 통계적으로 검증하는 데 높은 신뢰성을 제공한다.

Tau-U 결과의 해석은 값의 크기와 방향을 기준으로 이루어진다. *Tau-U* 값은 −1에서 +1 사이에 분포하며, 양(+)의 값은 중재 후 목표 행동이 증가했음을, 음(−)의 값은 감소했음을 의미한다. 일반적으로 *Tau-U* 값이 0.20 이하일 경우 매우 작은 효과, 0.20~0.60은 중간 정도의 효과, 0.60 이상은 큰 효과로 해석하며(Parker et al., 2011), 0.90 이상일 때는 중재가 거의 완전한 비중첩을 보였다고 판단할 수 있다. 또한 통계적 유의성을 검증하기 위해 p 값을 함께 산출하기도 한다. 현재 *Tau-U*는 PND 등과 함께 단일대상연구의 대표적인 효과크기(effect size) 지표로 활용되고 있으며, 시각적 분석과 병행하여 제시할 경우 중재 효과의 객관성과 타당성을 강화할 수 있다.

6) 중재효과의 일반화와 유지

단일대상연구에서 시각적 분석은 중재 조건 내에서의 행동 변화뿐만 아니라 중재 종료 이후에도 그 효과가 새로운 과제나 환경으로 일반화(generalization)되는지 그리고 유지(maintenance)되는지까지 고려함으로써 중재의 실제적 타당성을 평가한다. 이는 중재가 단기적 효과에 그치지 않고 장기적으로도 유효하며, 실제 생활의 다양한 맥락에 적용 가능한지를 판단하는 데 중요한 기준이 된다(Cooper et al., 2020).

일반화는 훈련받은 조건 외의 새로운 과제, 상황, 사람, 장소 등에서도 목표 행동이 유사하게 나타나는지를 평가하는 요소다(Stokes & Baer, 1977). 예를 들어, 교실 수업 상황에서 문제행동 감소 중재를 실시한 경우, 가정에서도 유사한 행동 감소가 나타난다면 일반화가 이루어진 것으로 볼 수 있다. 단일대상연구에서는 일반화 여부를 판단하기 위해 '일반화 프로브(generalization probe)'를 별도로 설정하여 자료를 수집하며, 해당 자료는 그래프상에서 구분된 구간이나 기호를 통해 제시된다.

효과의 유지는 중재가 종료된 이후에도 대상자의 행동 변화가 일정 기간 동안 유지되는지를 평가하는 것이다. 이를 위해 연구자는 일반적으로 '유지 단계(maintenance phase)'를 설정하고, 일정 시간이 경과한 후 동일한 목표 행동을 반복 측정하여 그래프에 제시한다. 예를 들어, 중재 종료 후 1주, 2주 혹은 1개월 뒤에 행동이 여전히 개선된 수준에서 유지된다면 중재는 높은 유지력을 가졌다고 판단할 수 있다. 반대로, 중재가 끝난 직후 행동이 다시 기초선 수준으로 회귀한다면 그 중재는 일시적 효과에 그쳤을 가능성이 있다.

요약

이 장에서는 단일대상연구의 개념과 설계 방법, 자료 제시 및 분석 절차에 대해 종합적으로 살펴보았다. 단일대상연구는 집단 간 평균 비교라는 전통적 실험 논리에 의존하지 않고, 한 사람 혹은 소수의 참여자를 반복 측정하여 시간의 흐름 속에서 행동 변화를 추적한다. '기초선'과 '중재'의 대비라는 핵심 원리에 따라 개별 사례의 내적 타당성을 확보하면서도 현장에서 적용할 수 있는 실천적 타당성까지 동시에 확보할 수 있다는 점이 특징이다. 특히 특수교육, 응용행동분석,

언어재활 등에서 흔히 마주치는 제한된 표본 규모와 개별화 요구를 효과적으로 극복하는 연구 방법으로 자리매김해 왔다.

단일대상연구의 대표 설계는 반전설계, 중다기초선설계, 교대중재설계, 준거변동설계가 있다. 반전설계는 기초선으로의 회귀를 통해 실험 통제를 가장 분명히 보여 주지만 행동이 가역적이어야 하고, 효과적인 중재를 철회한다는 윤리적 부담을 수반한다. 중다기초선설계는 기초선 회귀 없이도 중재 효과를 검증할 수 있어 교육과 임상 장면에서 선호되며, 목표 행동, 대상, 상황을 조합해 현장에서 유연하게 대응할 수 있다. 교대중재설계는 여러 중재의 상대적 효과를 신속히 분석할 수 있으나 잦은 전환이 반응 간 상호간섭을 유발할 위험이 있다. 준거변동설계는 점진적 기준 상향이나 하향을 통해 행동의 변화 과정을 추적할 수 있으며, 소반전 구간을 병행해 기능적 종속성을 더욱 강화할 수 있다. 연구자는 연구 목적, 행동 특성, 윤리적 요건을 종합적으로 고려하여 가장 적합한 설계를 선택해야 한다.

데이터 시각화 측면에서는 그래프는 단일대상연구 해석의 핵심 도구다. 이를 위해 좌표 설정, 실험 단계 변경선 삽입, 자료점 및 자료선 표시, 경향선 작성 등 그래프 작성 절차를 제시하였다. 시각적 분석 준거로서 수준, 경향, 변동성, 자료 중첩, 효과의 즉시성을 체계적으로 검토하면서 소수 사례에서도 독립변인과 종속변인 간의 기능적 관계를 강력하게 추론할 수 있다.

단일대상연구는 작은 표본으로도 기능적 관계를 추론하는 과학적 정확성과 현장 적합성을 결합한 연구 방법이다. 연구자는 설계 방법의 원칙과 장단점, 그래프 작성 지침, 시각적 분석을 근거로 삼아 다양한 교육 환경에서 정확하고 윤리적인 중재 효과를 검증할 수 있을 것이다.

기능행동평가

• 개요

문제행동은 교육 현장에서 가장 빈번하게 직면하는 과제 중 하나이며, 그 양상과 강도는 아동의 발달 수준, 환경적 조건, 의사소통 능력 등에 따라 매우 다양하게 나타난다. 특히 장애 아동의 경우, 언어 표현의 제한이나 환경 조절 능력의 미숙으로 인해 행동을 통해 자신의 욕구를 표현하거나 외부 자극에 반응하는 경우가 많다. 이러한 행동은 표면적으로는 방해나 통제의 대상으로 보일 수 있지만, 그 이면에는 분명한 환경적 원인과 기능이 존재한다.

기능행동평가는 문제행동을 그 자체로 판단하거나 억제하는 데 그치지 않고, 해당 행동이 어떤 목적을 가지고 나타나는지를 분석하고 이해하기 위한 절차다. 이는 행동을 둘러싼 선행사건과 후속결과의 관계를 체계적으로 분석함으로써 문제행동의 기능을 규명하고 중재 전략을 과학적으로 설계하는 데 기초가 된다. 이 장에서는 기능행동평가의 개요를 시작으로 간접평가, 기술적 평가, 실험적 기능분석 등 다양한 평가 방법과 각 절차의 특징 및 장단점을 살펴본다. 아울러 기능에 기반한 중재로 이어지기 위한 평가의 실제 수행에 대해서도 제시한다.

APPLIED BEHAVIOR ANALYSIS

● 핵심 용어

- ABC 기록(antecedent-behavior-consequence recording)
- 간접 기능행동평가(indirect functional behavior assessment)
- 간편 기능분석(brief Functional Analysis: brief FA)
- 계획된 무시(planned ignoring)
- 구체물 요구(access to tangibles)
- 기능 기반 중재(function-based intervention)
- 기능적 의사소통 훈련(Functional Communication Training: FCT)
- 기술적 기능행동평가(descriptive functional behavior assessment)
- 단회기 기능분석(single-session Functional Analysis: single-session FA)
- 도피(escape)
- 사회적 관심(social attention)
- 선행사건(antecedent)
- 소거 폭발(extinction burst)
- 실험적 기능분석(experimental functional analysis)
- 인터뷰 기반 합성 유관분석(Interview-Informed Synthesized Contingency Analysis: IISCA)
- 자기자극(self-stimulation)
- 자동강화(automatic reinforcement)
- 회피(avoidance)
- 후속결과(consequence)

I 기능행동평가 개요

응용행동분석에서 문제행동의 중재는 단순히 행동 자체를 억제하는 것이 아니라 해당 행동이 '왜' 발생했는지를 이해하는 것에서부터 출발한다. 이러한 접근은 행동을 단순한 외현적 반응으로 보지 않고, 그 배후에 존재하는 환경적·기능적 요인을 밝히고자 하는 **기능행동평가**(functional behavior assessment)를 토대로 한다. 즉, 문제행동을 감소시키기 위한 효과적인 중재는 그 행동이 환경 속에서 어떠한 목적을 가지고 수행되는지를 파악하는 데서 출발하며, 이를 통해 보다 지속 가능하고 적절한 대체 행동을 교수할 수 있다.

기능행동평가란 문제행동의 선행사건, 행동, 후속결과 간의 관계를 체계적으로 분석하여 특정 행동이 환경으로부터 어떠한 기능적 결과를 얻고자 할 때 나타나는지를 밝혀내는 과정이다. 이는 행동이 단지 '문제'이기 때문에 수정해야 한다는 관점을 넘어서 행동이 아동에게 특정한 목적이나 효과를 가져다주는 '의미 있는 수단'이라는 점을 인식하게 한다. 예를 들어, 한 아동이 수업 중에 자주 자리에서 일어나는 행동을 보인다면, 이는 단순한 규칙 위반이 아니라 과제를 회피하거나, 주의를 끌거나, 감각적 자극을 추구하는 데 목적이 있을 수 있다. 행동의 기능을 파악하지 않은 상태에서 중재를 시도할 경우, 단기적으로는 억제 효과가 나타날 수 있으나 장기적으로는 행동의 기능이 충족되지 않기 때문에 더 강하거나 새로운 문제행동이 나타날 가능성도 있다(Horner et al., 2002).

기능행동평가에 기반한 연구들은 아동의 문제행동이 대개 특정한 기능에 의해 유지된다는 사실을 지속적으로 보고해 왔다. 대표적인 기능에는 **관심, 도피/회피, 요구, 자기자극**, 신체적 불편감 등이 있다(Iwata et al., 1994). 이와 같은 기능적 분류는 실제 중재 전략을 설계할 때 구체적인 방향성을 제공한다. 그러나 문제행동의 기능은 개인의 발달 수준, 의사소통 능력, 상황 맥락, 문화적 배경에 따라 다양하게 나타날 수 있으며, 동일한 행동이라 하더라도 서로 다른 기능에 의해 발생할 수 있다.

기능행동평가는 정보 수집의 방식에 따라 일반적으로 3가지 유형으로 구분된다(O'Neill et al., 2015). 첫째, **간접 기능행동평가**(indirect functional behavior assessment)로 보호자, 교사, 치료사 등 행동 관찰자들을 대상으로 한 인터뷰나 질문지를 통해 문제행동의 기능에 대한 정보를 수집한다. 이 방식은 상대적으로 시간과 자원이 적게 들고, 행동의 전반적인 맥락을 이해하는 데 유용하지만, 회상에 의존한다는 특성상 보고자의 주관적 판단이나 기억 오류에 따른 편향이 발생할 수 있다.

둘째, **기술적 기능행동평가**(descriptive functional behavior assessment) 또는 직접 관찰이다. 이는 실제 행동이 일어나는 자연스러운 환경에서 선행사건, 행동, 후속결과를 관찰하고 기록하는 방식으로 문제행동이 어떤 상황에서 자주 나타나는지, 그 결과 어떤 반응이 뒤따르는지를 확인할 수 있다. 이러한 평가는 환경적 단서를 파악하는 데 강점을 지니지만, 실험적 통제가 없기 때문에 인과적 관계를 명확히 입증하기 어렵다는 한계가 존재한다.

셋째, **실험적 기능분석**(experimental functional analysis)으로 통제된 환경에서 문제행동의 기능을 가정한 조건들을 조작하여 행동 발생 빈도를 비교함으로써 기능을 검증하는 절차다(Iwata et al., 1994). 예를 들어, 도피 기능을 확인하려면 반복적으로 과제를 제시하고, 문제행동 발생 시 과제를 제거하는 방식으로 실험 조건을 구성한다. 이 방법은 기능을 과학적으로 검증할 수 있는 가장 엄격한 분석 절차로 간주되며, 다양한 연구에서 신뢰성과 타당성을 인정받고 있다. 다만, 시간과 자원이 많이 들고 일부 행동은 윤리적 문제로 실험 유도가 어렵다는 한계가 있다. 이를 보완하기 위해 '간편 기능분석'이나, 실제 환경에 가까운 방식인 '인터뷰 기반 합성 유관분석'이 개발되어 실용성을 높이고 있다(Hanley et al., 2014).

이처럼 기능행동평가는 문제행동에 대한 이해와 중재의 효과성을 결정짓는 핵심 단계이며, 평가의 방식에 따라 중재 설계의 방향과 결과가 달라질 수 있다.

Ⅱ 행동의 발생 및 기능

인간의 행동은 우연히 일어나는 것이 아니라 일정한 원리에 따라 발생하고 유지된다. 행동주의 이론에 따르면, 모든 행동은 특정한 환경 자극과 그에 따른 결과와의 관계 속에서 설명할 수 있다. 즉, 하나의 행동이 일어나기 전에는 그 행동을 유발하는 선행사건(antecedent)이 존재하며, 행동이 일어난 후에는 그에 따른 결과(consequence)가 행동의 미래 발생 가능성에 영향을 준다(Iwata et al., 1994).

행동이 반복해서 나타난다는 것은 2가지 가능성을 시사한다. 첫째, 어떤 특정한 자극이 행동을 유도하는 신호로 작용해 행동이 일어날 수 있다. 둘째, 행동 이후의 결과가 개인에게 유익하거나 만족스러운 경험으로 작용한다면, 그 행동은 강화되어 이후에도 반복될 가능성이 높아진다(Cooper et al., 2020). 예를 들어, 학생이 수업 시간에 손을 들어 질문하고 교사로부터 긍정적인 피드백을 받는다면, 이후에도 질문 행동이 더 자주 나타날 수 있다.

이러한 행동 발생 원리를 이해하는 것은 단지 행동을 설명하는 데 그치지 않고, 문제행동의 기능분석과 효과적인 중재 전략 수립의 기반이 된다. 응용행동분석에서는 [그림 4-1]과 같이 **선행사건-행동-결과**(Antecedent-Behavior-Consequence: A-B-C) 모형을 통해 행동의 원인을 분석하고, 이를 바탕으로 중재를 설계한다.

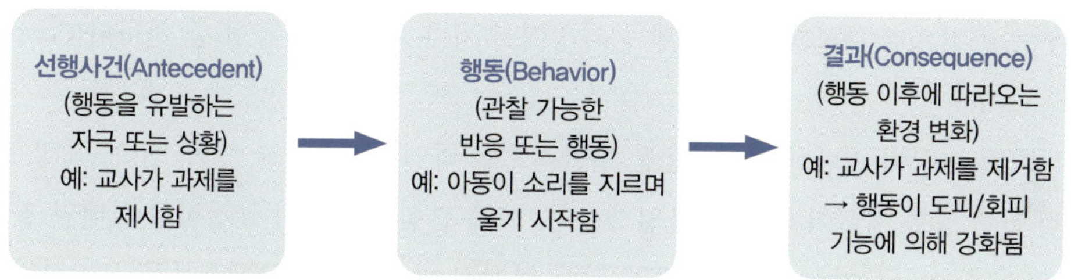

[그림 4-1] A-B-C 모형: 행동의 발상과 유지 과정

행동의 기능이란 특정 행동이 환경을 통해 얻고자 하는 목적이나 결과를 의미한다. 일반적으로 문제행동의 기능은 다음 4가지로 분류된다(Iwata et al., 1994).

- 관심(attention): 타인의 주의나 반응을 얻기 위해 행동함
- 도피/회피(escape/avoidance): 하기 싫은 과제나 자극으로부터 벗어나기 위해 행동함
- 요구(access to tangibles): 원하는 물건이나 활동을 얻기 위해 행동함
- 자기자극(self-stimulation): 감각적 자극을 스스로 얻거나 회피하기 위해 행동함

모든 행동의 기능이 이 4가지 중 하나에만 해당한다고 할 수 없지만, 발달장애 아동이나 특수교육 대상 학생의 문제행동을 파악하고 중재할 때에는 이 기능 범주가 유용한 틀을 제공한다. 기능에 기반한 중재는 난순히 행동을 억제히는 것을 넘어 문제행동을 대체할 수 있는 바람직한 행동을 가르치고, 환경을 조정함으로써 행동 변화를 이끌 수 있다.

1. 관심

인간은 타인과의 상호작용 속에서 발달하는 사회적 존재이며, 이러한 사회적 반응에 대한 욕구는 생애 초기부터 뚜렷하게 나타난다. 영아기부터 성인에 이르기까지 언어 발달, 자기조절, 정서 안정, 사회적 기술 등은 대부분 타인과의 주고받는 상호작용을 통해 형성되고 조절된다(Shonkoff & Phillips, 2000). 응용행동분석에서는 이와 같은 타인의 반응, 즉 사회적 관심(social attention)이 특정 행동을 강화하는 주요 요인으로 작용할 수 있다는 점을 강조한다. 문제행동의 기능 중 사회적 관심을 얻기 위한 행동은 매우 일반적으로 관찰되며, 기능평가 과정에서 자주 확인되는 유형 중 하나다(Cooper et al., 2020).

사회적 관심에 기반한 문제행동은 일반적으로 타인의 말, 시선, 신체 접촉, 표정, 표준적 반응 등을 이끌어 내기 위해 발생한다. 이때 관심은 반드시 긍정적인 형태일 필요는 없으며, 야단치기, 제지, 꾸짖음과 같은 부정적 반응조차도 문제행동을 유지시키는 강화 자극으로 기능할 수 있다. 행동주의적 관점에서 중요한 것은 반응의 정서적 의미가 아니라 그 반응이 행동 이후에 지속적으로 제공되고, 그로 인해 행동이 반복된다는 점이다(Hanley et al., 2003). 따라서 교사나 부모가 문제행동에 반복적으로 주의를 제공하는 상황은 사회적 관심이 강화제로 작용하고 있다는 강력한 신호일 수 있다.

기능 수준이 낮거나 적절한 사회적 참여가 어려운 아동의 경우, 바람직한 행동을 통해 관심을 얻는 경험이 제한적이기 때문에 무작위로 시도한 문제행동이 오히려 강한 사회적 반응, 예컨대 교사의 꾸짖음이나 보호자의 제지와 같은 반응을 유발하게 된다. 이러한 경험이 반복되면 문제행동은 점차 관심 획득의 주요 수단으로 학습되고, 결과적으로 그 빈도와 강도가 증가하면서 대안 행동 없이 자동화된 반응 패턴으로 굳어질 수 있다. 예를 들어, 한 아동이 수업 시간에 교사 주변을 맴돌며 말을 걸었을 때에는 교사가 반응이 없다가 물건을 던졌을 때 "안 돼, 지금 뭐하는 거야!"라고 반응하게 된다면, 이러한 언어적 반응이 아동에게 강화제로 작용할 수 있다. 결국 아동은 적합하게 말을 걸어 교사의 관심을 받으려고 하기보다 물건을 던져서 교사의 관심을 받고자 하며, 장기적으로 문제행동이 유지되고 심지어 확대될 수도 있다.

관심 기능에 기반한 문제행동을 효과적으로 다루기 위해서는 몇 가지 핵심 중재 전략이 필요하다. 첫째, 아동이 문제행동을 보이기 이전, 충분한 관심을 받는 것이 중요하다. 이는 예방적 접근의 일환으로 교사나 보호자가 평소 아동의 긍정적 행동이나 자율적인 시도에 대해 말, 표정, 접촉 등의 사회적 강화를 제공함으로써 문제행동의 발생 가능성을 낮출 수 있다. 둘째, 문제행동 발생 시에는 **계획된 무시**(planned ignoring)를 통해 말, 눈맞춤, 신체 접촉 등 모든 형태의 관심을 차단해야 한다. 이 과정에서 아동이 더 큰 문제행동을 보일 수 있지만, 문제행동의 기능이 관심임이 분명하고 위험하지 않다면 일관되게 **소거**(extinction) 전략을 유지해야 한다. 셋째, 바람직한 행동이나 대체 행동이 나타났을 때는 즉각적이고 풍부한 관심을 제공하여 새로운 행동과 강화의 연결을 형성해야 한다. 이를 위해서는 손들고 말하기, 기다리기, 카드 사용 등 적절한 관심 요청 기술을 직접 가르치는 **기능적 의사소통 훈련**(Functional Communication Training: FCT)이 필요하다.

이러한 중재가 성공적으로 이루어지기 위해서는 교사와 보호자의 일관된 반응과 기능 중심의 행동 이해가 필수적이다. 문제행동을 단순히 '나쁜 행동'으로 간주하는 것이 아니라 사회적 기능을 수행하기 위한 수단으로 해석하고, 그 기능을 보다 바람직한 방법으로 충족시킬 수 있도록 돕는 것이 응용행동분석의 핵심이다. 결국 관심 기능에 기반한 문제행동의 효과적인 중재는 충분한 관심 제공, 무시 전략과 차별강화, FCT 등의 체계적 실행을 통해 실현될 수 있다.

2. 도피/회피

도피 또는 회피 기능은 아동이 자신에게 요구되는 활동이나 자극을 중단하거나 피하고자 할 때 나타나는 행동 유형이다(Cooper et al., 2020). 이는 일상적인 상황에서도 빈번히 관찰되는 기능으로 과제 수행, 요구 따르기, 낯선 환경 참여 등에서 회피하고 싶을 때 문제행동이 발생할 수 있다.

예를 들어, 아동이 수학 과제를 받았을 때 '너무 어렵다'거나 '재미없다'고 느끼는 경우, 학습지를 찢거나 바닥에 뒹구는 행동을 통해 해당 상황에서 벗어나려 할 수 있다. 실제로 이 행동이 교사의 중재를 유도하고 과제를 하지 않아도 되는 결과로 이어졌다면, 아동은 이러한 문제행동을 유효한 도피 전략으로 학습하게 된다. 반복된 학습을 통해 도피 행동은 강화되고, 유사한 상황에서 재현될 가능성이 높아진다(Horner et al., 2002).

도피/회피 기능에 기반한 문제행동은 다음과 같은 특징을 보인다. 첫째, 요구 과제의 난이도, 양, 지속시간 등이 아동의 능력 수준을 초과할 경우, 과제를 피하기 위한 행동이 쉽게 나타난다. 둘째, 아동이 해당 상황에서 벗어나는 경험을 축적하면서 문제행동은 더욱 빈번하고 강도 높게 발생할 수 있다. 셋째, 적절한 의사표현 기술이 부족한 경우, 비언어적이고 공격적인 형태로 회피의사를 표현하게 된다(Iwata et al., 1994).

이러한 문제행동을 효과적으로 중재하기 위해서는 다음과 같은 전략이 필요하다.

첫째, 과제의 난이도와 양을 아동의 수준에 맞게 조정해야 한다. 이는 단순히 과제를 쉽게 만들어 주는 것을 의미하지 않는다. 오히려 과제 수행의 성공 경험을 제공하여 회피 행동 없이도 활동에 접근할 수 있다는 자기효능감을 형성하는 것이 핵심이다. 과제를 적은 양부터 시작하여 점차적으로 늘려 가되 성취 경험이 누적되도록 구성하는 것이 바람직하다(Cipani & Schock, 2011).

둘째, 아동이 상황에서 벗어나고지 할 때 사용할 수 있는 적절한 의사소통 기술을 가르치는 것이 중요하다. "어려워요." "쉬고 싶어요." "이건 너무 많아요."와 같은 표현을 사용할 수 있도록 지도하고, 이러한 표현이 문제행동보다 더 효과적인 도피 수단이라는 점을 체험하게 해야 한다. 이와 같은 접근은 FCT을 통해 도피 기능을 대체할 수 있는 바람직한 기술 습득을 목표로 한다(Tiger et al., 2008).

셋째, 문제행동이 발생했을 경우, 해당 행동으로는 도피가 불가능하다는 경험을 반복적으로 제공해야 한다. 예를 들어, 아동이 과제 중 문제행동을 보인다고 해서 과제를 즉시 제거하거나 줄이는 반응을 보이면 행동은 강화될 수 있다. 대신 과제는 끝까지 수행하게 하되, 문제행동에 대해서는 최소한의 반응만을 제공하고, 과제 종료 이후 필요한 후속 조치를 적용한다. 예를 들어, 찢은 학습지를 복구하거나 던진 물건을 정리하게 하여 도피가 아닌 후속 책임의 경험을 제공할 수 있다. 이 과정에서 아동은 문제행동이 원하는 결과인 과제 중단을 유도하지 못한다는 것을 점진적으로 학습하게 된다.

넷째, 교사나 보호자는 도피 기능을 가진 행동을 단순한 고집이나 반항으로 해석하지 않아야 한다. 많은 경우 아동은 반복적인 실패 경험을 통해 도피 행동을 학습해 왔으며, 이는 능력이나 동기의 문제가 아니라 환경 조건과 학습력 간의 불균형에서 비롯된 결과일 수 있다. 따라서 환경과 과제 수준을 조절하고, 바람직한 대체 행동을 체계적으로 가르치는 것이 문제행동의 감소와 기능 향상에 핵심적인 전략이 된다.

3. 요구

문제행동은 환경으로부터 특정한 결과를 얻기 위한 기능적 목적을 갖는다. 그중 하나는 원하는 사물이나 활동 등을 획득하기 위한 행동이다. 언어 발달이 미숙하거나 의사소통 능력이 제한된 아동에게 자주 나타나는 기능으로 자신의 욕구를 직접적이고 바람직한 방식으로 표현하기 어려울 때 문제행동이 대체 수단이 되기도 한다(Cooper et al., 2020). 예를 들어, 표현 언어가 제한된 한 아동이 스마트폰 사용을 그만하라는 보호자의 지시에 저항하여 고함을 지르거나 바닥에 뒹구는 행동을 보였고, 그 결과 보호자가 스마트폰을 다시 건네 주었다면, 아동은 문제행동을 통해 원하는 것을 획득하는 경험을 하게 된다. 이러한 강화 경험이 반복되면, 문제행동은 특정 요구를 달성하는 효과적인 수단으로 학습되고, 이후 유사한 상황에서 더 자주, 더 강한 형태로 나타날 수 있다(Iwata et al., 1994). 특히 의사소통 기술이 미숙하거나 사회적 문제 해결 전략이 부족한 아동의 경우, 원하는 것을 말이나 적절한 몸짓으로 요청하는 대신, 떼쓰기, 공격행동, 자해행동과 같은 문제행동을 사용하여 자신의 요구를 표현하게 된다. 이와 같은 행동이 강화되면, 초기의 단순한 저항이 시간이 지남에 따라 더 심각하고 복잡한 형태로 발전할 수 있다(Horner et al., 2002).

또한 문제행동이 때로는 원하는 것을 얻고, 때로는 얻지 못하는 상황이 반복될 경우 아동은 일관되지 않은 환경적 반응 속에서 행동을 더욱 복잡하게 조절하게 된다. 이때 인지적 이해가 제한된 아동은 상황을 분석하기보다는 자신이 경험한 행동 방식인 문제행동을 반복할 가능성이 크다. 아동 입장에서 문제행동은 환경을 변화시키는 가장 실용적인 방법일 수 있으나 이는 장기적으로 부적절한 사회적 경험과 어려움을 야기할 수 있다.

이러한 문제행동에 대한 효과적인 중재 전략은 다음과 같다.

첫째, 명확한 규칙 설정과 활동 안내가 필요하다. 활동 시작 전, 가능한 범위와 시간, 전이 시점 등을 시각적 스케줄이나 타이머로 명확히 제시하면 아동이 예측 가능한 환경 속에서 행동을 조절할 가능성이 높아진다. 특히 전이 상황에서 문제행동이 자주 발생하는 아동에게는 전이 활동 안내, 다음 활동 예고, 타이머 종료 알림 등을 효과적으로 사용할 수 있다(MacDuff et al,, 1993).

둘째, 문제행동의 기능을 충족시킬 수 있는 적절한 대체 의사소통 행동을 가르쳐야 한다. "더 하고 싶어요." "5분만 더요." "주세요."와 같은 표현을 말, 그림, 몸짓 등 아동의 수준에 맞는 형태로 지도하고, 이러한 바람직한 행동에 대해서는 즉각적이고 충분한 강화를 제공한다. 초기에는 아동이 바람직한 요구 행동을 할 때마다 바로 원하는 것을 제공하며, 점차 시간 간격을 확장하는 방식으로 강화 조건을 조정하며 기다리는 것을 연습하게 하는 것도 중요하다(Tiger et al., 2008).

셋째, 아동에게 문제행동을 통해서는 원하는 것을 얻을 수 없다는 경험을 반복적으로 제공해야 한다. 즉, 소거절차를 통해 문제행동에 대한 강화를 중단한다. 이때 문제행동 직후 즉각적으로 반응하지 않으며, 문제행동 이후에도 원하는 것을 제공하지 않는 것이 핵심이다. 예를 들어, 아동이 과자를 얻기 위해 바닥에 뒹굴었다면, 그 행동 직후에는 절대로 과자를 제공해서는 안 된다. 이러한 절차는 초기에 문제행동의 일시적 증가인 **소거 폭발**(extinction burst)을 동반할 수 있으나 일관된 실행이 이루어진다면 장기적으로 행동의 빈도를 감소시킬 수 있다(Lerman & Iwata, 1996).

요구 기능을 기반으로 한 문제행동은 아동의 입장에서 보면 효율적인 문제 해결 전략일 수 있다. 그러나 이를 사회적으로 적합한 방식으로 전환하기 위한 구조화된 지원과 반복적 경험이 필수적이다. 문제행동에 대한 일관된 소거와 동시에 바람직한 대체행동에 대한 즉각적 강화, 그리고 예측 가능한 환경 제공은 아동이 보다 건설적인 방식으로 자신의 욕구를 표현하고 충족할 수 있도록 돕는다.

4. 자기자극

자기자극 기능에 기반한 문제행동은 외부 환경의 반응이나 자극 없이, 행동 자체가 내적인 감각 자극을 제공하기 때문에 유지되는 경우를 의미한다. 이러한 행동은 흔히 **자동강화**(automatic reinforcement)라고 불리며, 타인의 반응이 없어도 스스로를 강화하기 때문에 지속된다(O'Neill et al., 2015). 예를 들어, 전정 자극을 충족시키기 위해 몸을 흔드는 행동, 시각적 자극을 위해 회전하는 물체를 응시하는 행동, 촉각 자극을 위해 반복적으로 피부를 문지르거나 두드리는 행동 등이 있다. 일부 아동은 특정 청각 자극을 얻기 위해 하수구에 돌을 던져 울림을 반복적으로 들으려 하기도 한다.

때로는 자해행동이 자기자극의 수단으로 작용하는 경우가 있다. 겉보기에 고통스럽고 위험해 보일 수 있으나, 일부 아동에게는 자해가 감각 자극을 제공하거나 정서적 긴장을 조절하는 기능을 할 수 있다. 신경발달장애 아동은 감각 자극에 과민하거나 둔감한 경우가 있으며, 이러한 감각 특성으로 인해 자해가 감각적 결핍을 충족시키거나 과잉 자극을 해소하는 방식으로 유지될 수 있다. 특히 자폐스펙트럼장애 아동은 자해를 통해 긴장을 완화하거나 특정 신체 자극을 유도하기도 하며, 이 경우 문제행동은 단순한 관심 유도나 회피 반응이 아니라 감각 자극을 추구하는 자동강화 기능으로 이해되어야 한다(McDonnell, 2010).

이처럼 자기자극 기능은 외부에서 명확하게 파악하기 어려우며, 일반적인 기능분석만으로는 그 기능을 명료히 규명하기 어렵다는 특성을 갖는다. 따라서 문제행동의 원인을 정확히 이해하고 효과적으로 중재하기 위해서는 장기적인 관찰과 아동의 감각 특성에 대한 정밀한 평가가 필요하다(Kahng et al., 2002). 다음은 자기자극 기능에 기반한 문제행동을 중재하기 위한 몇 가지 핵심 전략이다.

첫째, 풍부한 감각 환경 구성이다. 트램펄린, 그네, 촉감 놀잇감 등 아동이 선호하는 감각 자극을 평상시 활동 속에 자연스럽게 포함시켜 감각적 결핍 상태를 줄이고, 문제행동을 예방한다. 학습 활동 중간에도 이러한 자극을 적절히 제공하여 문제행동 없이도 감각 충족이 가능함을 경험하게 한다.

둘째, 자기자극을 유도하는 문제행동을 대신할 수 있는 적절한 감각적 대체 행동이나 여가 활동 기술을 가르친다. 예를 들어, 손을 반복적으로 흔드는 아동에게는 피젯스피너(fidget spinner)와 같은 손놀림 장난감을 제공함으로써 동일한 감각 자극을 보다 사회적으로 수용 가능한 방식으로 충족하도록 유도할 수 있다. 이러한 대체 자극은 자기자극 행동을 감소시키고, 여가 기술을 확장하는 데 유용한 도구로 활용된다.

셋째, 문제행동이 특정 감각 자극에 의해 강화되는 경우, 해당 자극을 차단하거나 감각적 피드백을 약화시키는 방법을 사용할 수 있다. 예를 들어, 손톱으로 얼굴을 긁는 아동에게는 고무캡을 손끝에 씌워 자극을 전달받지 못하도록 조치할 수 있으며, 점진적으로 보조물의 사용을 줄여 문제행동을 감소시킨다.

넷째, 상반행동 차별강화를 적용할 수 있다. 문제행동과 물리적으로 양립할 수 없는 행동, 예컨대 '양손으로 블록 쌓기' '두 손을 무릎에 얹기' 등을 강화하여 문제행동이 발생할 여지를 줄인다. 상반된 행동을 계획적으로 유도하고 이를 강화함으로써 자기자극 행동의 빈도를 효과적으로 낮출 수 있다.

이와 같이 아동의 문제행동은 그 기능에 따라 관심, 도피/회피, 요구, 자기자극의 4가지로 분류할 수 있다. 이러한 분류는 행동의 기능을 이해하고 중재 전략을 수립하는 데 있어 유용한 틀을 제공한다. 그러나 실제 상황에서 아동의 행동은 단일 기능에만 기반하여 발생하기보다는 여러 기능이 중첩되거나 복합적인 요인과 상호작용하면서 훨씬 더 복잡하게 나타날 수 있다. 예를 들어, 관심이 문제행동의 주요 기능이라고 하더라도, 아동의 신체 건강 상태나 정서적 안정도가 불안정한 경우에는 그 표현 방식이 보다 빈번하거나 격렬해질 수 있다. 또는 언어적 표현이 제한된 아동의 경우, 도피와 요구

기능이 동시에 얽혀 있는 행동이 나타날 수도 있다.

문제행동의 기능은 특정 맥락이나 시간, 아동의 개인적 상태에 따라 달라질 수 있으며, 동일한 행동이라 하더라도 다른 상황에서는 전혀 다른 기능으로 작용할 가능성이 있다. 따라서 아동의 행동을 이해하고 효과적으로 중재하기 위해서는 단순한 기능 분류에 의존하기보다 그 행동이 발생하는 환경적 맥락, 선행사건, 결과 패턴, 그리고 아동의 개인적 특성을 종합적으로 분석하는 기능 중심의 평가가 필요하다. 특히 아동의 인지 발달, 의사소통 수준, 정서 조절 능력, 그리고 이전 학습 경험을 고려하여 문제행동의 원인을 해석하고, 그에 맞는 개별화된 중재 전략을 수립해야 한다.

결국, 문제행동을 단지 '바람직하지 않은 행동'으로 바라보는 관점을 넘어서 해당 행동이 아동이 처한 환경 속에서 기능적으로 적응하고자 하는 표현임을 이해하는 태도가 필요하다. 이를 위해서는 교육자와 보호자가 아동 행동의 기능을 폭넓고 깊이 있게 이해하고, 지속적인 관찰과 과학적 분석을 통해 실질적인 중재 방안을 모색하려는 노력이 요구된다(Cooper et al., 2020; Hanley et al., 2003; O'Neill et al., 2015).

Ⅲ 기능행동평가

문제행동을 효과적으로 줄이고 긍정적 행동을 증진하기 위해서는 해당 행동이 "어떤 환경 혹은 생리적 요인과 기능적으로 연결되어 있는가?"를 밝혀내는 기능행동평가가 선행되어야 한다. 기능행동평가는 행동의 선행사건과 후속결과, 환경적 변수를 체계적으로 조사하여 문제행동의 기능적 가설을 수립하고 이를 토대로 중재 전략을 맞춤 설계하도록 돕는 핵심 절차다. 특히 응용행동분석 연구는 기능행동평가를 거쳐 기능에 적합한 중재를 적용할 때 더 빠르고 안정적인 행동 변화를 이끌어 낸다는 점을 반복해서 입증해 왔다(Gresham et al., 2001).

기능행동평가 절차는 일반적으로 간접 기능행동평가, 기술적 기능행동평가, 실험적 기능분석의 세 범주로 구분되지만 실제 현장에서는 이들 방법을 단계적으로 결합하는 접근이 권장된다. 즉, 시간과 비용 부담이 적은 간접 자료를 통해 행동 기능에 대한 잠정 가설을 수립한 뒤, 자연 환경에서의 직접 관찰 자료로 이를 다듬고, 필요하다면 통제된 실험 절차로 가설을 확인하는 방식이다. 이러한 다중 자료 기반의 평가 체계는 행동 기능 추정의 신뢰도와 중재 적합성을 동시에 높여 주며, 교육 및 임상 현장에서의 실용성과 윤리적 타당성을 뒷받침한다(O'Neill et al., 2015; Umbreit et al., 2007).

최근에는 Hanley 등(2014)의 '인터뷰 기반 합성 유관분석'을 비롯해 온라인 설문 기반 간접 도구, 모바일 앱을 활용한 실시간 관찰 기록 등 현장 적용성을 높이는 다양한 변형 절차가 보고되고 있다. 이는 기능행동평가가 고정된 단일 기법이 아니라 연구의 목적과 자원, 환경 제약에 따라 유연하게 조정될 수 있는 역동적 과정임을 시사한다. 따라서 기능행동평가의 세 범주 각각이 지닌 장단점을 충분히 이해한 뒤, 대상 아동의 상황을 충분히 고려하여 최적의 절차를 설계해야 한다.

1. 간접 기능행동평가

간접 기능행동평가는 문제행동을 보이는 아동을 직접 관찰하거나 실험적으로 조작하지 않고, 아동의 행동을 잘 아는 주변 인물들인 부모, 교사, 보호자 등의 보고를 통해 정보를 수집하는 평가 방법이다. 이 평가는 주로 구조화된 면담, 체크리스트, 설문지 등의 도구를 활용하여 문제행동의 발생 상황, 선행사건, 결과, 그리고 행동의 기능에 대한 정보를 간접적으로 파악하는 데 목적이 있다. 간접 기능행동평가는 시간과 비용 측면에서 효율적이며 초기 평가 단계에서 유용하게 활용될 수 있으나, 응답자의 주관이나 기억에 의존한다는 점에서 신뢰도와 타당성에 제한이 있을 수 있다(Iwata et al., 2013).

1) 행동 기능평가 인터뷰

간접적인 기능행동평가 방법 중 가장 널리 사용되는 도구 중 하나는 구조화된 면담 방식, 즉 행동 기능평가 인터뷰이다. 이 방법은 아동과 밀접한 관계를 맺고 있는 보호자나 교사 등을 대상으로 면담을 실시하여 문제행동의 기능을 추론하는 데 초점을 둔다. 특히 널리 활용되는 도구는 O'Neill 등(1997)이 개발한 기능행동평가 인터뷰지로 국내에서는 영어 원본을 직접 활용하거나 필요에 따라 목적에 맞게 일부 항목을 변형하여 사용하기도 한다. 최근에는 교육부 및 시·도교육청에서 발간한 행동중재 관련 자료에도 기능행동평가 인터뷰 서식이 포함되어 현장 적용이 점차 확대되고 있다.

이러한 인터뷰는 문제행동의 발생 양상과 그 맥락에 대한 포괄적인 정보를 수집하는 데 효과적인 도구로 평가된다. 주요 문항에는 문제행동의 형태, 빈도, 강도, 발생 시간 및 장소가 포함되며, 행동에 선행하거나 결과로 이어지는 사건들, 아동이 사용하는 의

기능적 행동평가 면담

학생명: 생년월일:

성별: 면담자: 날짜:

1. 주요 문제 행동은 무엇입니까? (언제, 얼마나 자주, 얼마나 오랫동안, 얼마나 피해를 주는지 자세히 기록해 주시기 바랍니다.)

2. 학생의 긍정적인 행동에는 어떤 것이 있습니까? (언제, 얼마나 자주, 얼마나 오랫동안, 어떻게 나타나는지 자세히 기록해 주시기 바랍니다.)

3. 문제행동이 발생할 가능성이 높은 상황은 무엇입니까? (문제행동에 따라 기록해 주시기 바랍니다.)

4. 학생의 행동에 영향을 미칠 만한 의료적/신체적 문제가 있습니까? (예: 알레르기, 두통, 축농증, 발작, 위장질환 등.)

5. 학생의 행동에 영향을 미칠 만한 수면문제나 식사문제가 있습니까?

6. 학생이 잘하는 활동이나 문제행동이 나타나지 않는 상황이나 시간대는 언제입니까?

7. 학생이 문제행동을 통해 얻거나 피할 수 있는 것은 무엇입니까? (문제행동에 따라 기록해 주시기 바랍니다.)

8. 학생이 할 수 있는 행동 중 문제행동을 대체할 수 있는 긍정적 대체행동에는 무엇이 있습니까? (문제행동에 따라 기록해 주시기 바랍니다.)

9. 학생이 주로 다른 사람과 어떻게 의사소통합니까?

10. 학생이 어느 정도의 요구와 지시에 따를 수 있는지 예를 들어 주세요.

11. 학생이 좋아하는 것과 강화물이 될 수 있는 것은 무엇입니까?

매우 좋아하는 음식: 장난감, 게임 또는 물건:

가정에서의 활동: 바깥에서의 활동:

[그림 4-2] 행동기능평가 서식 예시

출처: 부산광역시교육청(2014), pp. 282-283.

사소통 수단, 신체적 · 정서적 상태, 약물 복용 여부, 일과 구조 등 행동에 영향을 미칠 수 있는 다양한 요인들이 반영되어 있다. 특히 동일한 행동이 반복적으로 발생하는 환경적 조건이나 그에 따른 주변 반응을 탐색하는 항목을 통해 행동의 기능을 체계적으로 추정할 수 있도록 구성되어 있다. 일부 문항은 개방형 질문으로 되어 있어 보호자나 교사가 서술적으로 응답하게 되며, 이를 통한 질적 정보는 행동의 의미와 기능을 해석하는 데 중요한 단서를 제공한다. 평가자는 수집된 응답을 분석하여 중재 전략 수립에 필요한 근거 자료로 활용할 수 있다.

일반적으로 이 평가 도구는 약 1시간 내외의 시간이 소요되어 직접 관찰 방식에 비해 비교적 간편하게 실시할 수 있으며 시간적 부담도 적은 편이다. 그러나 면담자의 전문성과 경험에 따라 수집되는 정보의 질과 해석의 정확성에 차이가 발생할 수 있다. 특히 표준화된 채점 기준이 마련되어 있지 않기 때문에 평가 결과의 해석 과정에서 훈련된 전문가의 임상적 판단이 필수적이며, 이로 인해 일정 수준의 주관성이 개입될 수 있다는 제한점이 존재한다(Iwata et al., 2013). 그럼에도 불구하고 행동에 영향을 미치는 다양한 맥락적 요인을 포괄적으로 파악할 수 있다는 점에서 기능행동평가의 초기 단계에서 실용적이고 유용한 도구로 활용될 수 있다.

2) 설문지

설문지는 기능행동평가에서 가장 간편하게 활용할 수 있는 도구 중 하나로 보호자나 교사 등 아동을 가까이에서 관찰해 온 인물이 아동의 문제행동에 대해 응답하는 방식으로 이루어진다. 설문 문항은 일반적으로 문제행동이 특정 기능, 예컨대 주의나 관심 획득, 과제 회피 또는 도피, 물리적 요구 충족, 자기자극 등과 관련하여 발생하는지를 묻는 내용으로 구성된다. 각 문항은 리커트 척도를 활용해 행동 발생의 빈도나 정도를 평가하도록 설계되어 있으며, 응답 결과는 기능 영역별 점수를 합산한 뒤, 가장 높은 점수를 받은 기능을 해당 문제행동의 주된 원인으로 해석하는 방식을 따른다.

기능행동평가에 널리 사용되는 대표적인 설문지로는 **행동기능 설문지**(Questions About Behavioral Function: QABF)와 **동기 사정 척도**(Motivation Assessment Scale: MAS) 등이 있다. 이들 도구는 국내에서도 번역되어 활용되고 있으며, 신뢰도와 타당도 측면에서도 비교적 안정적으로 검증된 바 있다(Paclawskyj et al., 2001). 인터넷상에서는 임상 현장에서 참고 목적으로 활용할 수 있는 PDF 형태의 자료들이 다수 공유되고 있으나, 이들 도구는 모두 저작권이 있는 평가 도구이므로 정식 사용을 위해서는 라이선스 구

행동기능 설문지(The Question about Behavioral Function: QABF)

학생명:	날짜:
평가자:	주요 문제행동:

제시되는 각 상황에 학생이 문제행동을 보이는 빈도에 해당하는 점수를 기록한다.

X 해당 없음	0 전혀 아님	1 가끔씩 발생	2 종종 발생	3 자주 발생

	1. 관심을 끌기 위해 행동을 보인다.
	2. 일하는 상황이나 학습상황에서 벗어나기 위해 행동을 보인다.
	3. '자기 자극'의 형태로 행동을 보인다.
	4. 아픔을 느낄 때 행동을 보인다.
	5. 좋아하는 장난감, 음식, 음료수와 같이 어떤 물건을 가지기 위해서 행동을 보인다.
	6. 꾸중을 듣기를 즐겨하기 때문에 행동을 보인다.

[그림 4-3] QABF 예시

입이 필요하다.

QABF는 1995년 개발된 이후 2000년을 전후하여 신뢰도와 타당도가 검증되었으며, 총 25문항으로 구성되어 있다. 평가 영역은 관심, 회피/도피, 자기자극, 요구, 신체적 불편의 5가지 기능이며, 각 문항은 4점 리커트 척도(0=전혀 아님 ~ 3=자주 발생)를 통해 응답하게 되어 있다(Paclawskyj et al., 2001). MAS는 2002년에 개정판인 MAS-II가 출간되었으며, 감각, 도피, 관심, 획득 등 5가지 기능을 포함한 51문항으로 구성된다. 문항 수가 증가함에 따라 임상 현장에서의 응답 소요 시간이 다소 늘어날 수 있지만, 보다 세분화된 기능평가가 가능하다는 점에서 정밀도 측면의 장점을 지닌다(Haim, 2002). [그림 4-3]과 [그림 4-4]는 QABF와 MAS 설문지의 일부 문항 예시를 보여준다.

최근에는 국내 아동과 가족의 특성을 반영한 기능행동평가 설문이 개발되어 현장에서 활용되고 있다. 정경미 등(2017)이 개발한 '행동원인규명척도(Functional Assessment for Challenging/Problem Behaviors: FAPB)'는 문제행동을 보이는 아동의 보호자를 대상

동기 사정 척도(Motivation Assessment Scale: MAS)

이름: ○○○ 응답자: 특수교사 날짜: 2017. 03. 01.

행동 묘사(구체적으로): ○○주세요, ○○할래요, ○○이가 몇 월에(또는 몇 월 며칠에) ○○할래요, ○○ 안 할래요. 제시되는 각 상황에 학생이 문제행동을 보이는 빈도에 해당하는 점수를 기록한다.

지침: 동기 사정 척도는 아동이 문제행동을 많이 보일 것 같은 상황을 확인하기 위한 질문지다. 이 정보는 적절한 대체 행동을 선정하기 위한 결정에 도움이 될 수 있다. 먼저, 문제행동이 무엇인지 확인하여 구체적으로 작성한다. 예를 들어, '공격적'이라는 표현 대신 '다른 사람을 때리는 행동'으로 묘사하는 것이 더 좋다. 측정하기 위한 구체적인 행동을 결정한 후 각 질문을 주의 깊게 읽고 관찰한 행동을 가장 잘 묘사하는 번호에 ○표를 하면 된다.

질문	① 전혀 발생하지 않음	② 거의 발생하지 않음	③ 드물게 발생함	④ 보통임	⑤ 일반적으로 발생함	⑥ 거의 항상 발생함	⑦ 늘 발생함
1. 오랜 시간 혼자 있을 때 행동이 지속적으로 발생합니까?							
2. 어려운 과제 수행 요구를 따라야 할 행동이 발생합니까?							
3. 방이나 공간 내 다른 사람에게 이야기하기 위한 반응으로 행동이 발생합니까?							
4. 가질 수 없는 장난감이나 음식을 얻기 위한 반응으로 행동이 발생합니까?							
5. 아동이 혼자 있을 때, 행동이 반복적으로, 같은 방식으로 오랜 시간 발생합니까?(예: 한 시간 넘게 몸 앞 뒤로 흔들기)							
6. 어떤 요구를 할 때 행동이 발생합니까?							

[그림 4-4] MAS 예시

으로 문제행동의 기능을 간접적으로 평가할 수 있도록 고안된 도구다. 이 척도는 관심, 회피, 자기자극, 신체적 상태, 요구, 강박의 6가지 기능 영역으로 구성되며, 각 기능당

4문항씩 총 24문항으로 이루어져 있다. 응답자는 각 문항에 대해 4점 척도로 평가하며, 각 기능별 점수를 합산하여 상대적으로 가장 높은 점수를 얻은 기능을 해당 문제행동의 주된 원인으로 해석하게 된다. 또한 하나의 문제행동이 여러 기능을 가질 수 있다는 점을 고려해 개별 문제행동마다 별도로 응답하도록 설계되었으며, 다양한 응답자의 의견을 종합하여 해석할 수 있는 구조를 갖추고 있다.

이와 같은 설문 방식은 시간과 비용 면에서 효율적이며, 면담이나 직접 관찰에 비해 접근성이 높아 가정이나 교육 현장에서 손쉽게 활용할 수 있다는 장점이 있다. 특히 최근에는 모바일 애플리케이션을 통해 설문에 응답하고, 결과를 자동으로 시각화하는 기능이 도입되면서 실용성이 한층 향상되고 있다. 그러나 이러한 방식은 응답자의 주관적 판단에 의존한다는 특성상 편향된 응답 가능성을 완전히 배제할 수 없으며, 행동이 실제로 발생하는 맥락과 기능을 온전히 반영하지 못할 위험도 존재한다. 따라서 설문 결과는 단독으로 해석하기보다는 관찰, 면담, 실험적 기능분석 등 다양한 평가 자료와 함께 통합적으로 분석하는 것이 바람직하다.

2. 기술적 기능행동평가

기술적 기능행동평가는 문제행동의 기능을 분석하기 위해 아동의 실제 행동을 직접 관찰하는 방법이다. 이는 간접 기능행동평가와 달리 아동의 행동이 발생하는 맥락을 실시간으로 기록함으로써, 행동 발생 전의 환경적 조건, 행동 자체, 행동 이후의 결과 간의 연관성을 분석하는 데 중점을 둔다(O'Neill et al., 2015).

기술적 기능행동평가에서 가장 널리 활용되는 절차는 **ABC 기록**(Antecedent-Behavior-Consequence recording)이다. 이 방법은 문제행동 발생 전후의 사건을 일화적으로 기술하여 반복되는 행동 양상과 그 기능을 추론하는 데 유용하다. ABC 기록은 자유롭게 서술하는 방식으로도 수행될 수 있으나 일반적으로는 선행사건, 행동, 결과의 항목이 명확히 구분된 구조화된 양식을 사용하는 것이 평가의 일관성과 신뢰도를 높이는 데 효과적이다(Cooper et al., 2020). [그림 4-5]는 ABC 관찰 기록지 예시를 보여 주고 있다.

ABC 기록을 효과적으로 활용하기 위해서는 관찰과 기록 과정 전반에 걸쳐 몇 가지 중요한 요소를 충분히 고려해야 한다. 먼저, 관찰을 시작하기 전에 관찰 대상자, 관찰이 이루어지는 날짜와 장소, 그리고 초점이 되는 문제행동을 명확히 기재하는 것이 필

ABC 관찰 기록

학생명:	날짜:
장소:	관찰자:
문제행동:	

- 문제행동은 한 기록지에 한 두 가지 정도 기록하도록 합니다.
- 행동이 발생하기 전의 배경사건과 선행사건과 후속결과를 구체적으로 기록하세요.

	날짜: 시간:	날짜: 시간:	날짜: 시간:
상황이나 환경/배경사건			
선행사건			
행동			
후속결과(행동 이후)			
기타 내용 및 의견			

[그림 4-5] ABC 관찰 기록지 예시

요하다. 하나의 문제행동은 여러 차례 반복될 수 있으므로 각 발생 사례마다 독립된 행 혹은 열에 선행사건, 행동, 후속결과를 구체적으로 기록해야 한다. 이를 위해 관찰자는 문제행동에 대한 명확한 정의와 함께 각 항목에 어떤 내용을 포함시켜야 하는지에 대해 사전에 충분히 이해하고 연습해 두는 것이 중요하다.

특히 시간이 경과한 후 기억에 의존해 작성된 기록은 정보의 왜곡 가능성을 높일 수 있기에, 문제행동이 발생한 직후 가능한 한 신속하게 기록을 작성하는 것이 중요하다. 또한 후속결과를 기록할 때에는 문제행동 이후 주변인의 반응과 그 반응에 이어 나타난 아동의 행동을 구분하여 구체적으로 기술해야 한다. 예를 들어, 아동이 교실에서 소리를 지르는 행동을 보인 직후 교사가 조용히 하라고 주의를 주었고, 이에 대해 아동이 웃거나 더 크게 소리를 지르는 행동을 반복하였다면, 이 경우 교사의 반응과 아동의 반응을 분리하여 기록해야 한다. 이러한 기록을 통해 특정 후속결과가 문제행동의 빈도를 증가시키는 강화 요인으로 작용했는지를 분석할 수 있다(Horner et al., 2002).

ABC 기록은 특별한 장비나 비용 없이 수행할 수 있으며, 가정이나 학교 등 자연스러운 환경에서도 쉽게 적용 가능하다는 점에서 실용적인 장점이 크다. 그러나 기록의 정확성과 유용성을 극대화하기 위해서는 관찰자에게 기본적인 훈련을 제공하고, 일정 기간 동안 반복적인 관찰을 통해 충분한 데이터를 확보하는 것이 바람직하다. 문제행동의 발생 빈도가 높은 경우에는 2~3일간의 집중 관찰만으로도 분석이 가능하지만, 행동이 드물게 나타나는 경우에는 보다 장기적인 자료 수집이 요구된다.

기술적 기능행동평가는 실험적 절차를 수반하지 않으면서도 실제 환경에서 아동의 행동과 환경 간의 기능적 관계를 구체적으로 파악할 수 있는 유용한 방법이다. 이러한 분석을 통해 중재의 방향성을 설정하고, 효과적인 행동지원 전략 계획을 위한 정보를 얻을 수 있다

3. 실험적 기능분석

실험적 기능분석은 문제행동이 발생하는 환경적 조건을 인위적으로 조작하고, 그 결과로 나타나는 행동 반응을 체계적으로 관찰하여 문제행동의 기능을 과학적으로 규명하는 평가 절차다(Iwata et al., 1994). 이는 면담이나 설문지에 의존하는 간접적인 방법과는 달리, 실제 행동 발생 상황을 통제된 조건하에서 재현함으로써 문제행동의 발생 및 유지 요인을 실증적으로 파악할 수 있도록 한다. 특히 기능분석은 중재 전략을 설계하기 위한 **기능-기반 접근**(function-based approach)의 핵심 도구로 활용되며, 응용행동분석의 핵심 평가 방법으로 간주된다.

기능분석은 보통 4가지 조건으로 진행되며, 하나의 통제 조건(control condition)과 특

정 강화 요인을 모사하도록 설계된 3가지 실험 조건(experimental conditions)으로 구성된다. 통제조건은 보통 '놀이 조건'이라 불리며, 선호하는 활동이 지속적으로 제공되고, 사회적 관심이 주어지며, 과제 요구는 없는 상태다. 이 조건에서는 문제행동을 유발할 외부 유인이 존재하지 않기 때문에 일반적으로 문제행동이 발생하지 않거나 매우 낮은 빈도로 나타난다. 이 조건은 문제행동의 기준 수준을 확인하고, 다른 조건과의 비교를 위한 기준선 역할을 한다.

3가지 실험조건은 각각 사회적 관심, 과제 회피, 감각 자극의 기능을 평가하기 위한 것으로 '관심 조건' '도피 조건' '고립 조건'으로 구분된다.

- 관심 조건에서는 평가자가 처음에는 관심을 제공하지 않다가 문제행동이 발생하면 즉각적으로 말하기, 시선, 접촉 등과 같은 관심을 제공한다.
- 도피 조건에서는 반복적 과제 제시가 이루어지며, 문제행동이 발생하면 과제를 제거함으로써 회피 기회를 제공한다.
- 고립 조건에서는 외부 자극을 최소화하고 어떤 후속결과도 제공하지 않으며, 문제행동이 내적인 감각 자극에 의해 자동적으로 강화되는지를 평가한다.

이러한 조건 구성은 아동이나 문제행동의 특성에 따라 유연하게 조정될 수 있으며, 필요한 경우 기능 가설에 맞춘 조건을 추가적으로 설계하기도 한다.

기능분석은 일반적으로 자극을 통제할 수 있는 구조화된 공간에서 실시된다. 평가 환경은 아동이 안전하게 활동할 수 있도록 사전 정비되며, 문제행동으로 인한 신체적 위험이 있는 경우에는 환경적 보호장치나 물리적 완충장치가 사용되기도 한다. 분석 절차에는 아동에게 조건에 따른 선행 자극과 후속결과를 제공하는 실행자와 행동을 관찰하고 기록하는 관찰자가 함께 참여한다. 각 실험조건은 보통 10분 내외의 회기로 구성되며, 신뢰도 높은 분석을 위해 각 조건은 3~5회 반복하는 것이 일반적이다(Iwata et al., 1994).

기능분석의 핵심은 조건별 문제행동의 발생 빈도를 수집하고 이를 비교 분석하는 데 있다. 일반적으로 분당 문제행동의 발생 빈도를 기록하고, 각 조건의 측정값을 그래프로 시각화한다. [그림 4-6]에서 볼 수 있듯이, 통제 조건에서는 문제행동의 유관이 존재하지 않기 때문에 문제행동 발생이 낮게 나타나며, 특정 실험 조건에서 문제행동 발생이 집중될 경우, 해당 조건이 문제행동을 유지하는 기능을 가지고 있다고 해석할 수

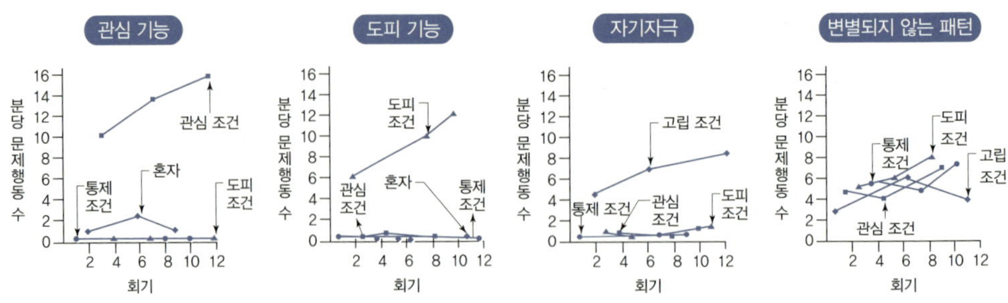

[그림 4-6] 행동 기능에 따른 데이터 패턴

있다. 관심 조건에서 높은 발생률이 나타나면 문제행동이 사회적 관심을 얻기 위한 것일 가능성이 높고, 도피 조건에서 증가하면 과제 도피 기능을 시사하며, 고립 조건에서 빈도가 높으면 자기자극과 같은 자동강화가 문제행동을 유지하는 주요 원인일 수 있다. 문제행동이 여러 조건에서 동시에 나타나는 경우, 복합적인 기능이 개입되어 있을 가능성을 고려해야 한다.

기능분석은 본래 정규 실험 환경에서 반복적으로 수행되지만, 시간이나 인력 등의 현실적 제약으로 인해 간편 **기능분석**(brief FA)이나 **단회기 기능분석**(single-session FA) 형식으로도 실시된다. 이 경우, 각 조건은 1~2회기 정도만 시행되며 평가 시간이 축소된다. 이러한 방법들은 연구적으로 그 유용성이 검토되었으며, 제한된 자원 속에서도 실용적인 대안을 제공할 수 있다(Northup et al., 1991). 또한 기능분석은 교실, 가정, 병원 등 실제 환경에서도 실시될 수 있다. 실제 환경에서의 기능분석은 조건 간 구분이 명확하지 않을 수 있으므로 각 조건의 실행 시간은 더 길어지고 관찰 방식에도 융통성이 요구된다. 예를 들어, 분당 빈도 기록이 어려운 경우 시간 표집(time sampling)이나 행동 평정척도 등을 활용하여 간접적으로 자료를 수집할 수 있다. 현장 상황에 따른 절차 조정은 전문가의 판단과 협의가 필요하다.

최근에는 **인터뷰 기반 합성 유관분석**(Interview-Informed Synthesized Contingency Analysis: IISCA)과 같은 보다 현실 친화적인 접근이 개발되었다(Hanley et al., 2014). IISCA는 사전 면담을 통해 도출된 문제행동 유발 요인을 복합적으로 묶어 하나의 실험 조건으로 구성한다. 예를 들어, 아동이 관심과 도피를 동시에 요구하는 상황에서 문제행동이 발생하는 경우, 두 기능을 함께 조작하여 평가하는 것이다. 이 방법은 전통적인 조건별 분석에서 포착하기 어려운 복합 기능 문제행동의 평가에 효과적일 수 있으며, 최근 연구들에 의해 점차 그 타당성이 입증되고 있다(Ferguson et al., 2020).

실험적 기능분석의 가장 큰 장점은 문제행동을 유지하는 환경적 요인을 직접 확인할 수 있다는 데 있다. 이는 기능에 근거한 중재 전략 수립에 결정적인 기초 자료를 제공하며, 행동중재의 과학적 정당성을 확보하는 데 기여한다. 또한 반복 측정을 통해 신뢰도 있는 데이터 확보가 가능하고, 실험적 통제를 통해 인과적 해석이 가능한 점에서도 연구적 가치가 크다.

반면, 평가 도중 일시적으로 문제행동이 강화되어 발생률이 증가할 수 있으며, 평가 절차를 위해 상당한 시간과 인력이 요구된다. 또한 인위적인 실험 조건이 실제 생활 환경의 복잡성을 충분히 반영하지 못할 수 있고, 자해나 공격행동과 같이 심각한 행동에 대해서는 안전 확보가 어려울 수 있다. 이러한 특성으로 인해 기능분석은 주로 숙련된 전문가에 의해 수행되며, 일반적인 교육 및 치료 현장에서는 시간, 인력, 자원 등의 제약으로 인해 간접평가 또는 보다 간소화된 대체 절차가 우선적으로 활용되는 경우가 많다.

4. 기능행동평가 수행

기능행동평가는 문제행동의 기능을 체계적으로 규명하고, 그에 따른 효과적인 중재를 개발하기 위한 일련의 절차로 일반적으로 정보 수집, 정보 해석 및 가설 수립, 가설 검증을 위한 평가 실행, 기능에 기반한 중재 전략 개발의 네 단계로 구성된다.

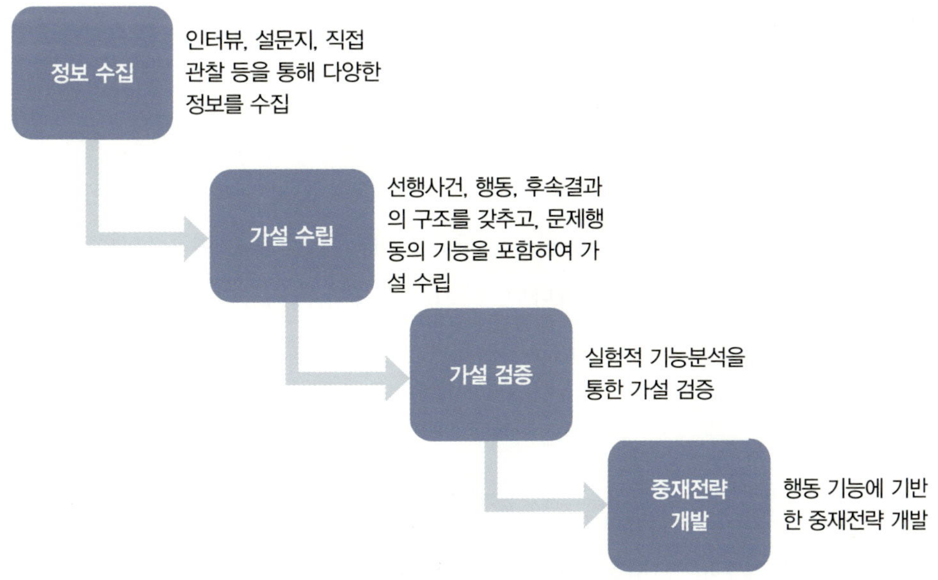

[그림 4-7] 기능행동평가 절차 단계

1) 정보 수집

기능행동평가의 출발점은 문제행동을 둘러싼 다양한 정보를 포괄적으로 수집하는 것이다. 이를 위해 문제행동을 가장 가까이에서 관찰하는 교사, 부모, 보호자 등을 대상으로 기능행동평가 인터뷰를 실시하는 것이 효과적이다. 인터뷰를 통해 문제행동의 명확한 정의뿐만 아니라 문제행동을 유발하거나 유지시키는 잠재적 선행사건 및 후속결과에 대한 정보를 수집할 수 있다. 또한 아동의 의사소통 능력, 인지 수준, 신체적 건강 상태 등 중재 설계에 필요한 기초 정보도 함께 확인할 수 있다.

설문지도 유용한 수단이 될 수 있다. QABF 또는 MAS와 같은 구조화된 도구를 통해 주변인이 지각하는 문제행동의 기능적 특성을 파악할 수 있으며, 이는 초기 가설 수립의 단서를 제공한다.

간접적인 방법 외에도 문제행동이 자주 발생하는 시간대나 상황을 중심으로 직접 관찰을 실시하는 것이 중요하다. ABC 기록과 같은 방법을 활용하여 실제 상황에서의 '선행사건—행동—후속결과'를 구조적으로 기록함으로써 간접 정보의 신뢰도를 보완하고, 간과되었던 환경적 요인을 파악할 수 있다. 이러한 자료는 정보의 객관성과 타당성을 높이는 데 기여한다.

2) 가설 수립

간접 기능행동평가와 직접 관찰을 통해 수집된 자료는 통합 분석되어 문제행동의 기능에 대한 가설을 도출하는 데 사용된다. 이때 가설은 선행사건, 행동, 후속결과의 구조를 갖추도록 서술되며, 중재의 목표가 되는 기능적 관계를 명확하게 기술하는 것이 중요하다. 가설은 행동의 기능에 따라 사회적 관심, 과제 회피, 감각 자극, 요구 충족 등으로 범주화될 수 있다. 예를 들어, 도출된 가설이 "○○○은 수학 문제 풀이 과제가 주어지면, 과제를 회피하기 위해 문제지를 구기고 바닥에 던진다. 이후 교사는 과제를 치우고 진정할 시간을 준다."라고 한다면, 이 가설에 포함된 기능과 선행사건, 행동, 후속결과는 다음과 같다고 볼 수 있다.

행동 기능에 대한 가설		과제 회피
선행사건	문제행동	후속결과
수학 문제 풀이 과제가 주어지면,	문제지를 구기고 바닥에 던진다.	교사는 과제를 치우고, 아동에게 진정할 시간을 준다.

이와 같은 가설 진술은 이후 평가 단계에서 실험적으로 검증될 수 있으며, 궁극적으로 기능에 근거한 중재 전략을 설계하는 데 핵심 자료가 된다.

3) 가설 검증

가설 수립 이후에는 문제행동의 기능에 대한 진술이 실제로 타당한지를 확인하기 위한 검증 절차가 필요하다. 이를 위해 실험적 절차를 통해 환경 조건을 조작하고, 아동의 행동 반응을 체계적으로 관찰하고 분석하는 과정을 거친다. 이때 실험은 통제조건을 포함하여 구성되어야 하며, 통제조건은 비교 기준으로서 필수적이다.

통제조건은 일반적으로 아동이 선호하는 놀잇감이나 감각 자극이 지속적으로 제공되고, 요구 상황은 없으며, 사회적 관심도 지속적으로 주어지는 환경으로 구성된다. 이 조건은 문제행동을 유발할 수 있는 유관이 배제된 상태이므로 문제행동이 가장 낮은 빈도로 발생하는 것이 일반적이다.

통제조건과 함께 가설에서 제시된 기능을 검증하기 위한 실험조건이 추가된다. 예를 들어, 도피가 문제행동의 기능으로 가정된 경우에는 '도피 조건'을 구성한다. 이 조건에서는 과제 요구가 반복적으로 주어지며, 문제행동이 발생하면 과제를 제거함으로써 도피할 수 있는 결과가 제공된다. 이를 통해 문제행동이 해당 기능에 의해 유지되는지를 확인할 수 있다.

실험은 통제조건과 하나의 유관 조건만으로 구성될 수도 있으나, 이 경우 관심과 같은 다른 기능적 가능성을 동시에 배제하기 어렵다. 따라서 문제행동이 복합적 기능을 가질 가능성이 있는 경우에는 여러 실험조건을 포함하거나 복합 유관을 고려한 설계를 활용하는 것이 바람직하다. 제한된 조건만으로 분석할 경우, 특정 기능에 대한 판단은 가능하지만 문제행동의 전체적 기능을 포괄적으로 이해하기는 어려울 수 있다.

4) 중재 개발

기능이 확인되면, 그 정보를 바탕으로 행동의 기능을 약화시키고 대체 행동을 강화하는 중재 전략을 수립해야 한다. 이를 **기능 기반 중재**(function-based intervention)라고 하며, 문제행동을 단순히 제거하는 것이 아닌, 해당 행동이 수행하던 기능을 보다 적절한 방식으로 충족시켜 주는 데 초점을 둔다.

기능 기반 중재는 일반적으로 다음 3가지 요소로 구성된다.

- 선행사건 조정: 문제행동을 유발하는 환경적 자극을 미리 제거하거나 조정하여 행동의 발생 가능성을 낮춘다. 예를 들어, 과제 회피 기능이 확인된 경우, 과제 난이도를 조절하거나, 예고 신호를 활용하여 지시 상황에 대한 예측 가능성을 높인다.
- 대체행동 교수: 아동이 동일한 기능을 더 적절한 방식으로 달성할 수 있도록 새로운 기술을 직접 가르친다. 예를 들어, 사회적 관심을 얻기 위해 문제행동을 보이는 아동에게는 적절한 표현 언어나 의사소통 수단을 교수한다.
- 후속결과 조정: 문제행동에 대한 강화 요인을 제거하고, 대체행동에는 강화가 제공되도록 결과를 체계적으로 조작한다. 예를 들어, 문제행동에는 반응하지 않거나 계획된 무시를 적용하고, 적절한 요청에는 관심이나 휴식을 제공한다.

중재 전략은 행동의 기능뿐만 아니라 아동의 발달 수준, 의사소통 능력, 환경적 지원 체계 등을 고려하여 개별화되어야 하며, 필요시 보상 시스템, 시각 지원, 자기조절 전략 등의 추가 요소를 포함할 수 있다. 또한 중재의 효과성은 지속적인 모니터링과 평가를 통해 점검되어야 하며, 환경 일반화와 유지 가능성도 고려되어야 한다.

요약

기능행동평가는 문제행동을 단순히 억제하거나 제거하는 데 그치지 않고, 해당 행동이 왜 발생하는지를 이해하는 데서 출발한다. 아동의 문제행동은 종종 단순히 규칙을 어기는 행위로 인식되지만 실제로는 특정한 목적이나 기능을 지닌 적응적 반응일 수 있다. 따라서 문제행동을 변화시키기 위해서는 그 기능을 먼저 파악해야 하며, 이를 바탕으로 보다 효과적이고 지속 가능한 중재를 설계할 수 있다.

행동주의 이론에 따르면, 모든 행동은 특정한 선행사건과 후속결과에 의해 영향을 받으며 반복된다. 행동 이전에 제공되는 자극이 반응을 유발하고, 행동 이후에 제공되는 결과가 강화제로 작용하면 해당 행동은 미래에 다시 발생할 가능성이 높아진다. 이처럼 행동은 환경과의 상호작용 속에서 유지되며, 문제행동 또한 그 환경적 맥락 속에서 기능을 수행한다는 점에서 기능행동평가의 필요성이 강조된다.

문제행동의 기능은 일반적으로 사회적 관심 획득, 과제 회피 또는 도피, 물건이나 활동 요구, 감각 자극 추구 등 4가지로 구분된다. 그러나 문제행동의 기능은 개인의 발달 수준, 의사소통 능력, 상황 맥락, 문화적 배경에 따라 다양하게 나타날 수 있으며, 동일한 행동이라 하더라도 서로 다른 기능에 의해 발생할 수 있다.

기능행동평가는 정보 수집 방식에 따라 3가지 유형으로 구분된다. 첫째, 간접 기능행동평가는 교사나 부모 등 주변인과의 인터뷰나 설문을 통해 문제행동의 기능에 대한 정보를 수집하는 방법으로 시간 효율성이 높지만 응답자의 주관에 의존한다는 한계가 있다. 둘째, 기술적 기능행동평가는 실제 환경에서 아동의 행동을 관찰하며 선행사건, 행동, 후속결과를 구조화하여 기록하는 방식으로 자연스러운 맥락에서 자료를 수집할 수 있지만 인과관계를 명확히 밝히기에는 제한이 있다. 셋째, 실험적 기능분석은 통제된 환경에서 가설된 기능에 따라 조건을 조작하고 문제행동의 발생 빈도를 비교함으로써 기능을 과학적으로 검증하는 절차다. 이 방식은 인과성을 명확히 입증할 수 있다는 점에서 가장 정밀한 방법으로 간주되지만 시간과 인력, 공간이 많이 소요되며, 일부 문제행동은 실험적으로 유도하는 것이 윤리적으로 어렵다는 한계가 있다. 이에 따라 최근에는 간편 기능분석이나 인터뷰 기반 합성 유관분석 등 보다 실용적인 절차가 개발되어 활용되고 있다.

기능행동평가는 일반적으로 네 단계의 절차로 이루어진다. 첫째, 다양한 간접 및 직접 기능행동평가를 통해 문제행동과 관련된 정보를 폭넓게 수집한다. 둘째, 수집된 자료를 분석하여 행동의 선행사건, 행동, 후속결과를 구조화하고, 그 기능에 대한 가설을 수립한다. 셋째, 실험적 절차를 통해 가설을 검증하고, 마지막으로 확인된 기능 정보를 바탕으로 기능 기반 중재를 설계한다. 이때 선행사건을 조정하거나 대체 행동을 교수하고, 후속결과를 체계적으로 조작하는 전략이 포함된다.

기능행동평가는 문제행동을 단순히 바람직하지 않은 행동이나 규칙 위반으로 해석하지 않고, 아동이 환경에 적응하고자 하는 기능적 표현으로 이해하려는 접근이다. 이를 통해 교육자와 보호자는 아동의 행동을 보다 깊이 있게 해석하고, 개별화된 지원을 제공함으로써 지속 가능한 변화를 이끌어 낼 수 있다.

제5장

행동 증가 절차

● 개요

강화는 특정 행동이 일어난 직후, 선호 자극을 제공하거나 불쾌한 자극을 제거함으로써 그 행동의 발생 가능성을 높이는 절차다. 이는 학습자의 긍정적인 행동을 형성하고 안정적으로 유지하는 데 효과적인 전략으로 교육, 상담, 치료 등 다양한 장면에서 실천적으로 활용된다. 강화는 자극이 제공되느냐, 제거되느냐에 따라 2가지로 구분된다. 정적 강화는 행동 직후 선호 자극을 더해 행동을 증가시키고, 부적 강화는 행동 뒤에 혐오 자극이 사라지도록 하여 행동을 증가시킨다. 강화 효과를 높이기 위해서는 강화제의 적절한 선택, 즉각성 · 구체성 · 다양성 · 문화 적합성 같은 적용 원칙을 함께 고려해야 한다. 이 장에서는 바람직한 행동을 증가시키기 위한 핵심 원리인 강화 절차의 개념과 적용 방식을 체계적으로 살펴보고, 무조건 강화제와 조건 강화제의 유형, 고정 · 변동 간격 및 비율에 따른 강화 스케줄을 구체적으로 소개한다. 그리고 정적 · 부적 강화 절차가 실제 현장에서 어떻게 설계되고 적용되는지를 사례를 통해 설명한다.

• 핵심 용어

- 간헐 강화 스케줄(intermittent reinforcement schedule)
- 강화 스케줄(schedule of reinforcement)
- 강화(reinforcement)
- 강화제(reinforcer)
- 고정 간격(Fixed Interval: FI)
- 고정 비율(Fixed Ratio: FR)
- 도피 행동(escape behavior)
- 무조건강화제(unconditioned reinforcer)
- 변동 간격(Variable Interval: VI)
- 변동 비율(Variable Ratio: VR)
- 부적 강화(negative reinforcement)
- 연속 강화 스케줄(continuous reinforcement schedule)
- 정적 강화(positive reinforcement)
- 조건화된 강화제(conditioned reinforcer)
- 프리맥 원리(Premack principle)
- 회피 행동(avoidance behavior)

I 강화

1. 강화의 개념

어떤 행동을 했더니 기분 좋은 일이 뒤따라왔고 그래서 같은 행동을 또 하게 된 경험이 있을 것이다. 또는 어떤 행동 뒤에 원치 않던 일이 사라졌을 때 앞으로도 이렇게 해야겠다고 느낀 적도 있을 것이다. 이처럼 특정 행동 뒤에 어떤 결과가 따라오고, 그 결과로 인해 행동이 미래에 일어날 가능성이 증가하는 현상을 **강화**(reinforcement)라고 한다. 예를 들어, 한 아이가 아침에 스스로 책가방을 챙기고 등교 준비를 마치자 엄마는 "잘했어!"라고 말하며 아이가 좋아하는 스티커를 건넸다. 이후 이 아이는 등교 준비를 더 적극적으로 하게 되었다. 또 교실에서 학생이 손을 들고 정확히 대답하자 교사가 즉시 "맞아, 아주 잘했어."라고 칭찬한 뒤 학생이 좋아하는 활동을 할 수 있는 자유시간을 5분 더 주었다. 그 학생은 다음 수업에서 더 자주 손을 들게 되었다.

이처럼 어떤 행동이 일어난 뒤에 긍정적인 결과가 뒤따르고, 그 결과로 인해 그 행동이 더 자주 반복되는 현상이 바로 강화의 원리다. 반대로 어떤 행동 이후에 불편했던 상황이 사라졌을 때 우리가 그 행동을 더 자주 하게 되는 경우도 있다. 예를 들어, 한 청소년이 통금시간을 지켜 귀가한 뒤 주말에 방 청소를 면제받는 경험을 했다면, 그는 다음에도 통금 시간을 지키려 할 것이다. 행동 뒤에 원하지 않던 일이 사라지면서 행동이 더 자주 일어나게 된 것이다.

이러한 강화는 심리학자들이 만든 인위적인 기술이 아니다. 강화는 인간과 동물이 살아가는 모든 일상 속에서 자연스럽게 일어나는 보편적인 현상이다. 행동주의 연구자들은 이런 현상을 관찰하고, 그 속에 숨어 있는 규칙을 과학적으로 정리했을 뿐이다(Catania, 1998; Herrstein, 1961). 강화는 다음과 같은 3가지 조건이 모두 충족될 때 성립한다.

- 특정 행동이 발생한 직후,
- 그 행동에 즉시 어떤 결과가 뒤따르며,
- 그 결과로 인해 앞으로 그 행동이 다시 일어날 가능성이 높아진다.

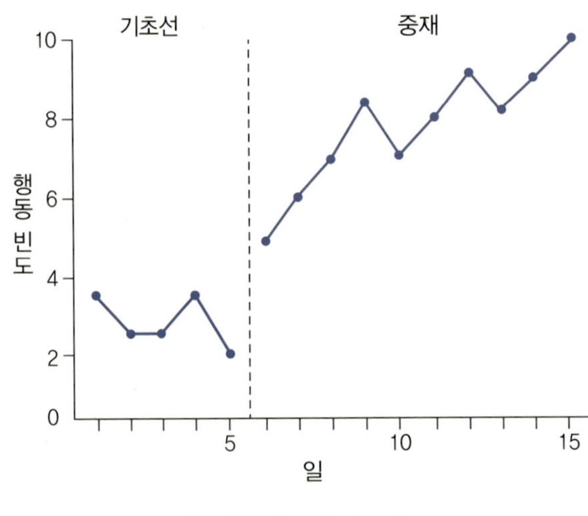

[그림 5-1] 강화의 효과

[그림 5-1]의 그래프는 강화가 바람직한 행동의 발생 빈도를 어떻게 변화시키는지를 보여 주는 가상의 예시다. 특정 행동에 대한 강화의 적용 전후 변화를 보면, 기초선 기간에는 행동의 발생 빈도가 비교적 낮고 일정하게 유지되었으나, 강화 이후 행동 빈도가 뚜렷하게 증가하고 높은 수준에서 안정되고 있음을 알 수 있다. 이는 적절한 강화가 바람직한 행동을 증가시키는 데 효과적임을 시각적으로 보여 주는 예다(Herrnstein, 1961).

2. 강화제의 유형

강화가 효과를 발휘하려면 행동 직후에 제공되는 자극, 즉 **강화제**(reinforcer)가 적절하게 선택되어야 한다. 강화제는 행동의 발생 가능성을 높이는 자극으로 학습자의 반응 이후에 제공될 때 그 행동이 반복되도록 유도한다. 강화제는 문헌에 따라 강화자 또는 강화인이라고도 하며, 세 용어 모두 동일한 개념을 가리킨다.

강화제는 크게 강화의 기원에 따라 무조건 강화제와 조건화된 강화제로 나뉘며, 조건화된 강화제는 형태적 특성에 따라 사회적, 활동, 물질, 일반화된 조건 강화제로 분류할 수 있다.

무조건 강화제(unconditioned reinforcer)는 1차 강화제라고도 하며, 학습이나 경험 없이도 본능적으로 선호되는 자극으로, 생물학적 욕구 충족과 관련이 깊다. 음식, 물, 수면, 적절한 온도, 통증 제거 등은 대표적인 무조건 강화제다. 이러한 자극은 일반적으

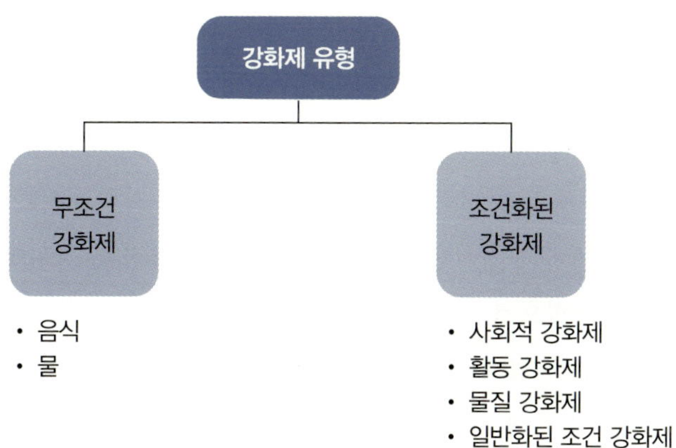

[그림 5-2] 강화제의 유형

로 강력한 효과를 가지지만, 포만(satiation) 현상이 빠르게 나타날 수 있다. 예를 들어, 이미 배가 부른 아이에게 좋아하는 간식을 주어도 더 이상 강화 효과가 발생하지 않을 수 있다. 따라서 무조건 강화제는 반복 사용보다는 단기적이거나 즉각적인 조절이 필요한 상황에서 제한적으로 사용하고, 점차 조건화된 강화제로 전환해 나가는 것이 바람직하다.

조건화된 강화제(conditioned reinforcer)는 2차 강화제라고도 하며, 원래는 중립적인 자극이었으나 무조건 강화제 또는 다른 강화제와 반복적으로 짝지어지면서 강화의 기능을 갖게 된 자극이다. 예를 들어, 스티커는 본래 먹거나 마시는 것처럼 생존과 관련된 자극은 아니지만 '스티커 5장을 모으면 간식과 교환하기'라는 규칙이 형성되면 스티커 자체가 강화제로 기능하게 된다. 조건화된 강화제는 활용 범위가 넓고 포만에 덜 민감하며, 장기적인 행동 유지에 효과적이다. 조건화된 강화제는 형태에 따라 다음과 같이 구분할 수 있다.

- 사회적 강화제: 칭찬, 미소, 고개 끄덕임, 하이파이브 등 가장 흔하게 사용되며, 즉각적이고 비용이 들지 않는 장점이 있다.
- 활동 강화제: 자유 놀이, 게임 시간, 그림 그리기 등과 같은 활동을 활용해, **프리맥 원리**(Premack principle)에 따라 덜 선호하는 활동 뒤에 더 선호하는 활동을 배치하면 효과를 높일 수 있다.
- 물질 강화제: 스티커, 문구류, 장난감 등 학습자가 물리적으로 소유할 수 있는 자극이다. 단점은 비용과 의존 가능성이 생길 수 있다는 점이다.

- 일반화된 조건 강화제: 다양한 강화물과 교환가능한 자극으로, 토큰, 점수, 행운 카드 등이 있다. 포만의 가능성이 낮고 다양한 상황에서 활용이 가능하다.

강화제는 자극 자체가 아니라 결과적으로 행동이 증가하는지를 기준으로 판단해야 한다. 강화제로 사용되는 자극은 학습자가 실제로 선호하는 것이어야 하며, 목표 행동이 발생한 직후 즉각적으로 제공되어야 한다. 그래야 행동과 결과 간의 연결(인과성)이 분명히 형성되고, 강화 효과가 극대화된다. 또한 동일한 자극이라 하더라도 학습자의 상태나 맥락, 반복 경험에 따라 강화의 기능을 잃을 수 있으므로, 정기적인 강화제 평가와 자극의 다양화가 필요하다.

3. 강화제 제시에 따른 강화의 유형

[그림 5-3]에 제시한 플로우차트는 특정 행동의 발생 가능성을 높이기 위한 강화의 두 가지 방식, 즉 정적 강화와 부적 강화를 보여 준다. 이때 '정적(positive)'과 '부적(negative)'이라는 용어는 자극이 좋고 나쁨을 뜻하는 가치 판단이 아니라, 자극이 물리적으로 더해졌는지(+) 또는 빠졌는지(−)를 나타낸다.

정적 강화라고 해서 반드시 즐겁거나 기분 좋은 자극일 필요는 없으며, 부적 강화가 항상 소극적이거나 수동적인 것도 아니다. 이 두 절차 모두 궁극적으로 행동의 빈도,

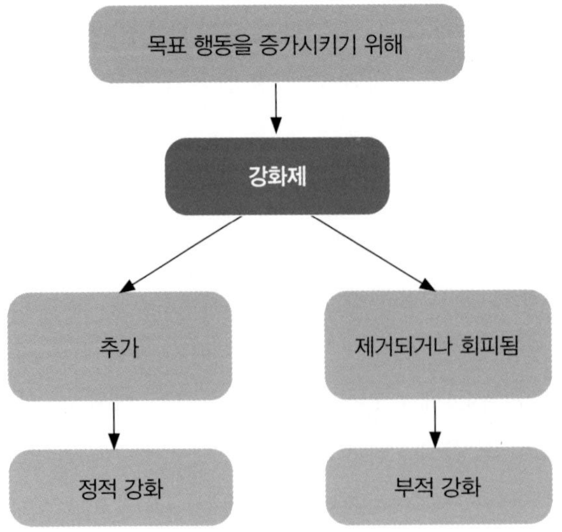

[그림 5-3] 강화제 제시에 따른 강화의 유형

강도, 지속시간을 증가시키는 데 목적이 있다.

4. 정적 강화

1) 정적 강화의 개념 및 원리

정적 강화(positive reinforcement)는 특정 행동이 일어난 직후, 학습자가 선호하는 자극을 제공함으로써 그 행동의 발생 가능성을 높이는 절차다(Skinner, 1969). 즉, 바람직한 행동 이후 자극이 더해지는 방식으로 행동을 증가시키는 원리다.

여기서 행동이 증가한다는 것은 단순히 횟수가 많아지는 것뿐만 아니라 지속시간, 강도, 반응의 형태가 긍정적인 방향으로 변화하는 것도 포함한다. 예를 들어, 민지는 독서 과제를 마친 뒤 교사로부터 좋아하는 캐릭터 스티커를 받았다. 민지는 이 스티커를 모으는 데 큰 흥미가 있었기 때문에 이후 과제 수행에 더욱 적극적으로 참여하게 되었다. 또 다른 예로, 준철이는 수업 중 교사의 질문에 정확히 대답한 뒤, '점심시간에 급식실로 먼저 이동하기' 기회를 받았다. 이후 준철이는 다음 수업에서도 더 자주 손을 들고 질문에 답하게 되었다.

정적 강화가 학습자 행동 변화를 어떻게 이끌어 내는지를 입증하는 연구는 폭넓게 이루어져 왔다. Higgins 등(2001)은 초등학교 학급에서 학생이 과제를 완료할 때마다 토큰을 지급하고, 일정 수의 토큰을 모으면 자유시간이나 학생이 선호하는 활동으로 교환할 수 있도록 하였다. 그 결과, 학생들의 과제 수행률은 50% 미만에서 80~100%까지 크게 향상되었다. 또한 지적장애 학생을 대상으로 한 연구에서는 사회적 칭찬 영상을 강화제로 사용했을 때, 학생들의 과제 집중 지속시간, 과제 완성도, 과제 참여 유지에 긍정적인 영향을 미치는 것으로 보고되었다(Tarasiuk & Weiss, 2021; Taylor et al., 2017).

이처럼 정적 강화는 학습자의 동기를 자극하고, 특정 행동을 빠르고 안정적으로 형성하는 데 효과적인 전략이다. 정적 강화를 요약하면 다음과 같다.

- 특정 행동이 발생한 직후,
- 그 행동에 즉시 선호 자극이 제시되고,
- 그 결과로 인해 앞으로 그 행동이 다시 일어날 가능성이 높아진다.

중요한 점은 어떤 자극을 주었다고 해서 자동으로 강화가 이루어지는 것이 아니라, 그 자극 뒤에 실제로 행동이 증가했는지 여부로 강화를 판단해야 한다는 사실이다. 예를 들어, 학생이 질문에 답한 직후 교사가 칭찬했는데, 이후 그 학생이 더 이상 질문에 답하지 않는다면, 그 칭찬은 정적 강화로 기능하지 못한 것이다. 오히려 학생에게는 당황스럽거나 부담스러운 자극으로 작용했을 가능성도 있다.

2) 정적 강화 적용 시 고려 사항

정적 강화를 효과적으로 설계하려면 교사, 보호자, 치료사 모두가 몇 가지 핵심 원칙을 반드시 고려해야 한다. 대표적으로 즉각성, 구체성, 다양성, 문화 적합성의 4가지가 있으며, 이를 중심으로 강화 전략을 설계할 때 정적 강화는 단순한 보상을 넘어 행동 변화의 지속적인 도구가 될 수 있다(Miltenberger, 2007).

(1) 즉각성

강화는 행동 직후 즉시 제공될 때 효과적이다. 학습자는 강화 자극이 행동과 연결되어 있다고 인식할 때, 동일한 행동을 반복할 동기를 갖는다. 예를 들어, 받아쓰기 만점을 받은 직후 교사가 "띄어쓰기도 완벽했어!"라고 칭찬하면서 스티커를 주면, 학습자는 그 행동을 긍정적으로 학습하게 된다. 반면, 보상이 한참 뒤에 제공되면 의도한 행동이 아니라 다른 행동이 강화될 수 있다.

(2) 구체성

칭찬이나 피드백은 구체적일수록 효과적이다. 단순히 "잘했어."보다는 "문단 첫 문장을 주제문으로 잘 잡았기 때문에 글이 명확해졌어."처럼 행동의 어떤 부분이 바람직했는지를 짚어 주어야 학습자는 다음 행동의 방향을 명확히 이해할 수 있다. 문제행동에 대한 지도에서도 단순한 지시보다는 "손을 들고 질문해 주세요."처럼 대체 행동을 함께 제시하는 것이 바람직하다.

(3) 다양성

아무리 효과적인 강화제라도 다양성이 부족하면 학습자는 금세 싫증을 느끼고 강화 효과도 약해진다. 이를 포만이라고 하며, 이를 예방하려면 강화제를 다양하게 준비해 번갈아 사용하는 전략이 필요하다. 예를 들어, 독서 과제를 완료한 학생에게는 도서관 쿠폰을, 수학 과제를 마친 학생에게는 요리 실습 기회를, 협력 과제 성공 시에는 특별 좌석 기회를 주는 식으로 행동군별로 보상을 다르게 배치할 수 있다. 비용 부담이 크지 않은 하이파이브, 표정 등의 사회적 강화제도 효과적으로 활용할 수 있다.

(4) 문화 적합성

강화 자극은 학습자의 연령, 문화, 사회적 맥락에 적합해야 효과가 있다. 예를 들어, 초등학교 저학년에게는 손등 스탬프가 재미있는 보상일 수 있지만, 중학생에게는 오히려 유치하다고 느껴질 수 있다. 또한 공개적인 칭찬을 부담스러워하는 문화권에서는 개별 면담이나 가정 통신문을 통해 피드백을 전달하는 편이 좋다. 학습자에게 맞지 않는 강화는 오히려 행동을 위축시킬 수 있으므로 선호도 조사를 통해 개인에게 적절한 강화제를 확인하는 과정이 필요하다.

정리하면, 즉각성은 기억 회로를, 구체성은 행동 방향을, 다양성은 기대감을, 문화 적합성은 심리적 안정감을 제공한다. 이 4가지 원칙이 균형 있게 설계될 때, 강화는 단순한 보상이 아니라 학습자의 내적 동기를 자극하고, 행동을 장기적으로 유지하게 만드는 핵심 전략이 된다.

3) 정적 강화 실행 전략과 평가

정적 강화의 효과를 높이기 위해서는 실천 전략과 정기적인 평가가 병행되어야 한다.

(1) 칭찬 빈도 관리

교사, 보호자, 치료사는 하루 목표 칭찬 횟수를 정해 자기 점검을 실시하는 것이 바람직하다. Sutherland 등(2000)은 교사가 긍정 피드백과 부정 피드백의 비율을 4 : 1 이상 유지했을 때, 수업 방해 행동이 32% 감소했다고 보고하였다. 이러한 목표를 시각화하려면 책상 위에 칭찬 체크리스트를 두고, 긍정 피드백을 제공할 때마다 표시하는 방식이 유용하다.

(2) 강화의 점진적 약화 및 재설계

강화는 고정된 체계가 아니라 행동의 변화 수준에 따라 조정되어야 한다. 학습자가 기대한 수준에 도달하면 보상의 크기나 빈도를 점차 줄이고 새로운 기술 습득 목표에 맞춰 강화 전략을 재설계해야 한다. 예를 들어, 쓰기 과제를 처음 완수했을 때는 스티커 2장을 주었다면, 이후 10회 연속 성공 후에는 스티커 1장과 구두 칭찬만으로 행동이 유지되는지를 관찰한다.

(3) 선호도 조사와 강화제 관리

강화제가 여전히 효과적인지를 확인하기 위해서는 정기적인 선호도 조사가 필요하다. 질문지, 면담, 선택 반응 기록 등 다양한 방법을 활용하여 새로운 선호 강화제가 생기지는 않았는지 확인한다. 일반적으로는 3개월 단위(분기별) 조사가 권장된다.

4) 정적 강화의 실제 적용 사례

(1) 과제 참여 행동 증진을 위한 정적 강화 중재

① 배경 정보

- 중재자: 초등 특수교사 이○○
- 대상 아동: 10세, 경도 지적장애 진단
- 문제 상황: 수업 시간에 과제 수행을 자주 중단하고 자리에서 일어나 배회하거나 교사의 지시를 무시하며, 과제 참여 시간이 평균 4분 이내로 짧음. 긍정적인 주의 유도에는 일시적 반응만 보이고, 금세 다시 주의가 흐트러지는 모습이 반복됨

② 중재 목표

- 아동이 과제 시작 후 자리에 앉아 집중하여 활동을 지속하는 시간을 10분 이상으로 증가시킴
- 아동이 교사의 지시에 따라 과제를 끝까지 완료하는 행동을 하루 평균 3회 이상 나타내도록 함

③ 강화 절차 적용: 정적 강화

- 절차 설정
  - 강화 조건: 과제를 시작한 후 5분 동안 자리를 이탈하지 않고 과제에 집중한 경우
  - 강화 방식: 토큰 경제(token economy) 시스템 활용
  - 강화 내용: 토큰 1개 제공, 토큰 3개 누적 시 선호 활동(스티커 만들기, 퍼즐 놀이 등) 선택 기회 제공

- 중재 실행
  - 과제 시작 시 "지금부터 5분 동안 잘 앉아서 하면 토큰을 줄게."라고 예고함
  - 아동이 기준 행동을 달성하면 즉시 토큰 1개를 제공하고, 행동을 구체적으로 칭찬함

  예: "자리에 앉아서 끝까지 문제를 풀다니, 정말 대단해!"
  - 토큰이 3개 모이면, 아동은 사전에 선택한 활동 중 하나를 할 수 있는 기회를 얻음
  - 교사는 활동 종료 후에도 긍정적 피드백과 함께 다음 목표를 안내함
- 타임 프레이밍 및 점진적 강화
  - 초기에는 5분 유지 → 2주차부터 8분 → 3주차에는 10분 이상으로 기준을 상향 조정
  - 보상의 밀도는 점차 낮추되 사회적 칭찬은 일관되게 제공함
  - 스티커, 칭찬, 선택권 등 다양한 강화제를 상황에 따라 유연하게 조합함

④ 중재 결과

- 1주차: 과제 집중 시간 평균 5.3분, 토큰 획득 12회
- 2주차: 집중 시간 평균 8.1분, 활동 완성률 증가, 토큰 획득 23회
- 3주차: 집중 시간 10분 이상 유지, 하루 3회 이상 과제 완성

이 아동은 과제 참여 행동에 대해 긍정적 기대감과 주도성을 보이기 시작하였다. 4주차부터는 토큰 수를 줄이고, 사회적 강화와 자발적 자기관리 전략 중심으로 전환하였다.

5. 부적 강화

1) 부적 강화의 개념 및 원리

부적 강화(negative reinforcement)는 특정 행동이 일어난 직후, 불쾌하거나 불편한 자극을 제거하거나 줄임으로써 그 행동의 발생 가능성을 높이는 절차다(Alberto & Troutman, 2014; Cooper et al., 2020). 여기서 '부적'이라는 표현 때문에 '벌(punishment)'과 혼동하기 쉽지만, 부적 강화는 벌과 달리 행동을 증가시키는 강화의 한 형태라는 점에서 명확히 구분된다. 예를 들어, 하영이는 형광등이 깜빡일 때마다 불편함을 느낀다.

교사가 "수학 활동지를 모두 풀면 자료실에 가서 공부해도 된다."라고 하자, 하영이는 형광등이 깜빡이는 교실을 벗어나기 위해 서둘러 과제를 완료하고 자료실로 이동했다. 이후에도 하영이는 형광등이 깜빡이는 교실을 피하려고 과제를 서둘러 끝내려고 할 가능성이 높다. 여기서 깜빡이는 형광등이라는 혐오 자극이 제거되었고, 그 결과로 행동(과제 완료)이 증가했기 때문에 이 상황은 부적 강화의 전형적인 예에 해당한다. 또 다른 예로, 재용이는 화재 대피 훈련 사이렌 소리를 피해 귀를 막고 교실 밖으로 빠르게 이동했다. 복도에 나오자 사이렌 소리가 훨씬 작아졌다. 이후 유사한 상황에서 재용이는 같은 행동을 반복할 가능성이 높다. 이 경우 행동(이동) 뒤에 불쾌한 자극(시끄러운 소리)이 사라졌고 행동이 증가했다는 점에서 부적 강화가 작동한 것이다. 부적 강화를 요약하면 다음과 같다.

- 특정 행동이 발생한 직후,
- 그 행동에 즉시 불쾌한 자극이 제거되거나 회피하게 되고,
- 그 결과로 인해 앞으로 그 행동이 다시 일어날 가능성이 높아진다.

중요한 점은 어떤 자극을 제거하거나 회피하게 했다고 해서 자동으로 강화가 이루어지는 것이 아니라는 점이다. 그 자극 뒤에 해당 행동이 실제로 증가했는지 여부에 따라, 부적 강화로 기능했는지 판단할 수 있다. 만약 어떤 상황을 회피할 기회를 제공했음에도 그 행동이 증가하지 않았다면, 그 조치는 부적 강화가 아니라 단지 회피의 기회를 준 것에 불과하며, 기능적으로는 강화로 작용하지 않은 셈이다.

2) 회피 행동과 도피 행동

부적 강화는 '행동 발생 후 혐오 자극이 사라지거나, 발생하지 않는다.'라는 결과적 연결이 핵심 메커니즘이다. 이때 학습자는 '싫은 것을 줄이려면 어떻게 행동해야 하는

〈표 5-1〉 도피 행동과 회피 행동의 차이

구분	도피 행동	회피 행동
자극의 상태	이미 불쾌한 자극이 시작됨	불쾌한 자극이 아직 시작되지 않음
반응의 목적	불쾌함을 끝내기 위해 행동	불쾌함을 예방하기 위해 행동
심리적 반응	안도감 중심	해방감, 자기 효능감 중심

가?'를 학습한다. 두 방식 모두 혐오 자극을 줄이기 위한 것이지만, 자극이 이미 주어졌는지(도피 행동), 자극이 아직 나타나지 않았는지(회피 행동)에 따라 구분된다.

(1) 도피 행동

도피 행동(escape behavior)은 이미 시작된 혐오 자극을 끝내기 위해 나타나는 반응이다. 도피 행동의 절차는 별다른 예고 없이 불쾌한 자극이 갑자기 주어지고, 그 자극을 멈추기 위해 반응이 나타난다. 예를 들어, 지훈이는 체육 수업에서 달리기 시간이 되면 다리가 아프다며 벤치에 앉고는 했다. 교사가 이를 안타깝게 여겨 달리기 대신 친구들의 달리기 기록을 정리하게 하자, 이후 지훈이는 달리기를 피하기 위해 반복해서 아픔을 호소하게 되었다. 또 다른 예로, 유진이는 채소 반찬을 싫어한다. 어느 날 유진이가 채소 반찬을 한 입 먹고는 "체한 것 같다."고 하자, 엄마는 걱정된 나머지 채소 반찬을 치워 주었다. 이후 유진이는 채소 반찬이 나올 때마다 같은 말을 반복하게 되었다. 이 경우 혐오자극이 시작된 뒤 제거되었으므로 도피 행동이 강화된 것이다. 이처럼 이미 시작된 혐오 자극을 종료시키는 경험은 같은 반응이 다시 나타나도록 강화될 수 있다.

(2) 회피 행동

회피 행동(avoidance behavior)은 아직 시작되지 않은 혐오 자극을 미리 차단하기 위해 나타나는 반응이다. 회피 행동의 절차는 경고 자극이 먼저 주어지고, 학습자는 그 신호를 단서로 행동을 조정한다. 예를 들어, 교수가 "과제를 기한 내에 제출하지 않으면 보고서를 추가로 내야 한다."고 예고하자, 혜진이는 주말 시간을 잃는 것을 피하기 위해 마감기한 하루 전까지 보고서를 제출하였다. 이로 인해 불쾌한 상황이 실제로 발생하지 않았기 때문에 이 행동은 강화되고, 이후에도 계속 유지될 가능성이 높아진다. 비슷한 예로, 헬스장 회원이 예약 시간을 어길 경우 벌금이 부과된다는 규정을 들은 뒤, 매번 수업 시작 5분 전에 도착하는 습관을 들였다고 하자. 벌금이라는 불쾌한 결과를 미리 피하려는 행동이 반복되면서, 시간 엄수라는 회피 행동이 강화되었다.

Piazza 등(1996)은 학생이 과제가 주어질 때마다 불평하거나 도피 행동을 보이면, 해당 학생을 책상 옆 진정 공간으로 3분간 이동시키는 절차를 분석하였다. 그 결과, 학생은 진정 공간으로 이동함으로써 과제에서 벗어날 수 있었고, 문제행동의 빈도는 즉각적으로 증가하였다. 이는 과제가 학생에게 혐오 자극으로 작용한다는 점을 실험적으로 입증한 것이다. 이후 연구진은 도피 기회를 점차 사회적 칭찬으로 대체하였다. 그러자 도피 행동은 80% 이상 감소하였다. 이 사례는 부적 강화가 단기간에 행동을 빠르게 변화시킬 수 있지만, 대체행동 기술 교수를 병행하지 않으면 혐오자극 회피 자체가 학습 목표가 될 위험이 있다는 점을 시사한다.

3) 부적 강화 적용 시 고려 사항

부적 강화는 강력한 동기 유발 효과가 있지만, 설계와 적용 과정에서 몇 가지 주의할 점이 있다(Miltenberger, 2007).

(1) 주의의 전이

부적 강화는 학습자가 과제 내용보다 혐오 자극 회피 자체에 주의를 집중하게 만들 수 있다. 예를 들어, '기한 내 보고서를 제출하면 추가 과제를 면한다.'라는 조건은 초기에 제출의 비율을 높일 수 있지만, 점차 학습의 질보다 빠른 제출이 우선시되며 본래의 학습 목표는 흐려질 수 있다. 비슷하게, 회사가 실적 미달자에게 교육 세미나 참석을 의무화하면, 일부 직원은 단기 실적을 올리기 위해 고객 응대의 질을 덜 중요하게 생각할 가능성이 있다.

(2) 윤리적 · 문화적 고려

부적 강화는 불쾌한 자극이 있어야 작동하므로 자극의 강도와 방식이 부적절하면 학습자의 정서적 부담을 초래할 수 있다. 예를 들어, '문제를 풀지 못하면 쉬는 시간을 줄인다.'라는 조건은 학습자에게 과제 자체를 스트레스로 인식하게 만들 수 있다. 직장에서 서서 근무하게 하는 조치도 단기적인 성과에는 효과적일 수 있지만 신체의 피로와 조직 갈등을 유발할 가능성이 있다.

(3) 정적 강화와의 균형

가능하다면 부적 강화보다는 정적 강화를 우선 적용하는 것이 바람직하다. 예를 들어, '보고서를 기한 내 제출하면 방송국 견학의 기회를 준다.'라는 조건은 긍정적 동기를 유발하면서도 학습 목표를 유지할 수 있다. 부득이하게 부적 강화를 사용해야 할 경우에는 혐오 자극의 강도를 최소화하고, 회피 성공 시에는 사회적 칭찬이나 소규모 보상을 병행하며, 프로그램 전후로 기능 평가와 정서 점검을 통해 학습자의 반응을 모니터링해야 한다(Cooper et al., 2020; Lerman & Iwata, 1996).

4) 부적 강화의 실제 적용 사례

(1) 읽기 과제 회피 행동에 대한 부적 강화 절차

① 배경 정보

- 중재자: 초등 특수교사 박○○
- 대상 아동: 11세, 자폐스펙트럼장애 진단
- 문제 상황: 국어 시간에 긴 문단 읽기 과제가 주어지면 "하기 싫어요." "너무 어려워요."라고 말하며, 고개를 숙이거나 교재를 밀어내는 행동을 반복함. 교사의 반복 지시에도 반응하지 않으며, 과제 참여 시간이 평균 2분 이내로 매우 짧음

② 중재 목표

- 아동이 국어 시간에 부적절한 회피 반응 없이 읽기 과제에 참여하는 행동을 10분 이상 유지한다.
- 아동이 부정적 표현 없이 "쉬운 거 먼저 하고 싶어요."라고 요청하는 대체 의사소통 행동을 자발적으로 사용할 수 있도록 한다.

③ 부적 강화 절차 적용

- 절차 설정
  - 혐오 자극: 난이도가 높은 긴 문단 읽기 과제
  - 제거 조건: 아동이 적절한 의사 표현(카드나 말)을 사용하면, 쉬운 문장 읽기 자료로 과제를 교체하거나 읽기 순서를 뒤로 미룸
  - 아동이 기준 행동을 하지 않고 회피 행동(교재 밀어내기, 엎드리기 등)을 보이면 과제는 그대로 유지됨
- 중재 실행
  - 수업 시작 전, "어려우면 '쉬운 거 먼저요.'라고 말해도 돼."라고 안내함
  - 아동이 기준 표현을 사용하면, 교사는 "좋아. 그럼, 이 문장부터 해 볼까?"라고 말하며 과제를 조정함
  - 회피 행동이 나타났을 경우, 과제는 바꾸지 않고 일반적인 지시만 제공함
  - 적절한 표현 뒤에 과제가 바뀐 경험이 반복되며, 아동은 점차 회피 행동을 줄이고 기능적 표현을 사용함

• 강화 전략 병행
  - 부적 강화와 함께 사회적 칭찬("잘 표현했어." "지금처럼 말하면 돼.")을 즉시 제공
  - 읽기 참여 시간 10분 이상 유지 시 활동 선택권(그림 그리기, 짧은 놀이 등) 제공
  - 과제 중간에 교사의 긍정적 피드백을 수시로 제공하여 정적 강화 요소도 병행함

④ 중재 결과

• 1주차: 회피 행동 평균 5회, 적절한 표현 시도 1회 이하
• 2주차: 회피 행동 3회 이하로 감소, 카드 표현 사용 증가
• 3주차: 문제행동 1회 이하, 대체 의사소통 표현 사용 평균 3회
• 4주차: 읽기 과제 참여 시간 평균 10분 이상 유지, 별도의 카드 없이도 자발적 언어 표현으로 과제 조정 요청

어려운 과제를 회피하려는 행동에 대해 부적 강화 절차(자극 제거)를 활용하여 기능적 행동으로 전환하였다. 동시에 사회적 칭찬과 선택권을 병행함으로써 정적 강화 요소를 함께 사용했고, 결과적으로 문제행동이 감소하고 학습 참여도가 향상되었다.

Ⅱ 강화 스케줄

1. 강화 스케줄의 기본 개념

강화를 언제, 얼마나 자주 줄 것인가는 행동 변화의 속도뿐만 아니라 유지 · 일반화까지 좌우한다. **강화 스케줄**(schedule of reinforcement)은 표적 행동이 일어날 때 강화가 얼마나 자주, 어떤 기준으로 제공될지를 정하는 절차다(Cooper et al., 2020). 같은 강화제를 사용하더라도 강화 시점과 빈도에 따라 학습 속도, 행동의 유지력, 소거 저항성, 즉 강화가 중단되었을 때 행동이 얼마나 오래 지속되는가가 크게 달라진다. 따라서 강화 스케줄은 효과적인 행동중재 설계의 핵심 요소다. 강화 스케줄은 크게 다음 2가지로 나뉜다.

• **연속 강화 스케줄**(continuous reinforcement schedule): 표적 행동이 발생할 때마다 매번 강화가 제공된다. 새로운 행동을 처음 가르칠 때 적합하며, '행동 → 결과'의

연결을 빠르게 형성하는 데 효과적이다. 예를 들어, 초등학교 1학년에게 구구단 3단을 처음 가르칠 때, 정답을 말할 때마다 스티커를 주는 방식이다.

- **간헐 강화 스케줄**(intermittent reinforcement schedule): 일부 반응에만 강화가 주어진다. 이미 학습된 행동의 유지 및 일반화를 돕고, 강화가 중단되더라도 행동이 쉽게 사라지지 않도록 한다. 예를 들어, 4주 뒤 정답률이 90% 이상 확보되면, 이후에는 일부 정답에만 스티커를 주는 방식이다.

연속 강화를 오래 유지하면 포만이나 강화제에 대한 의존이 생길 수 있으므로 행동이 안정되면 점차 간헐 강화로 전환하는 강화 간격의 점진적 증가가 필요하다.

간헐 강화 스케줄은 다음과 같이 비율(ratio) 스케줄과 간격(interval) 스케줄로 나뉘고, 각각 고정(fixed) 스케줄과 변동(variable) 스케줄을 가진다.

〈표 5-2〉 간헐 강화 스케줄의 분류

구분	기준	세부 유형
비율 스케줄	반응 횟수	고정 비율(FR), 변동 비율(VR)
간격 스케줄	시간 경과	고정 간격(FI), 변동 간격(VI)

1) 고정 비율 간헐 강화 스케줄

고정 비율(Fixed Ratio: FR) 간헐 강화 스케줄은 정해진 횟수의 반응이 있을 때마다 강화가 제공된다. 예를 들어, 교사가 학생에게 수학 연산 문제를 풀게 하고, 30문제를 정확히 풀 때마다 스티커를 한 장 지급하는 FR 30 스케줄을 적용했다고 하자. 학생은 스티커를 받기 위해 연속적으로 문제를 풀며 높은 반응률을 보인다. 그리고 보상을 받은 직후에는 잠시 멈추었다가 다시 문제를 풀기 시작한다. 이처럼 고정된 횟수(30회)마다 강화가 주어지고, 강화 직후에는 일시적 반응 멈춤이 나타나는 반응 패턴은 FR 스케줄

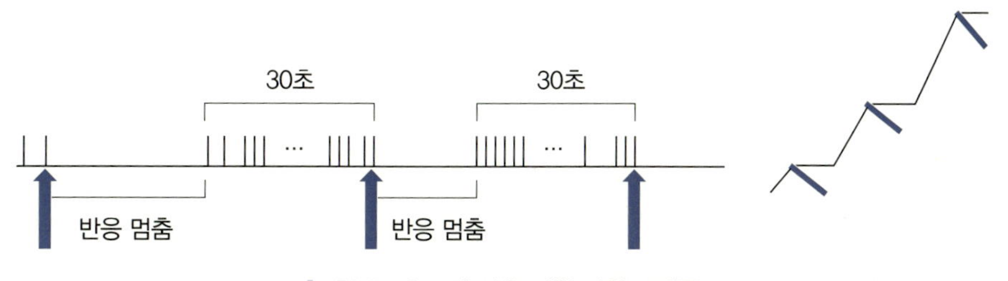

[그림 5-4] 고정 비율 간헐 강화 스케줄

의 전형적인 특징이다. 그러나 FR값이 너무 크면 과제를 포기하거나 반응 속도가 낮아질 수 있다(Ferster & Skinner, 1957). 따라서 FR 간헐 강화 스케줄은 명확한 목표가 있는 과제를 빠르게 완료시키는 데 효과적이나, 과도한 반응 요구는 오히려 역효과를 낳을 수 있다.

2) 변동 비율 간헐 강화 스케줄

변동 비율(Variable Ratio: VR) 간헐 강화 스케줄은 보상 기준은 평균 반응 수로 정하되 실제 강화 시점은 매번 다르게 배치된다. 카지노의 슬롯머신을 떠올리면 이해가 쉽다. 예를 들어, 교사가 학생에게 수학 문제를 풀도록 한 후, 몇 번째 문제에 정답을 맞히면 칭찬을 받을지 미리 알려 주지 않고, 불규칙한 정답 반응 수(예: 12번째 반응, 48번째 반응 등)마다 칭찬을 한다면, 이는 변동 비율 간헐 강화 스케줄에 해당한다. 학생은 언제 칭찬이 주어질지 예측할 수 없기 때문에 거의 모든 문제에 집중하고 반응하게 되며, 이러한 스케줄은 높은 반응률과 함께 소거 저항에도 강한 것으로 알려져 있다(소거저항에 관한 자세한 개념은 다음 장에서 설명함; Ferster & Skinner, 1957). [그림 5-5]에서도 볼 수 있듯이, 12번째 반응, 48번째 반응에서 강화가 주어지고, 그 사이의 반응 빈도는 매우 높게 유지되며, 강화 직후에도 반응이 지속적으로 이어지는 특성이 있다.

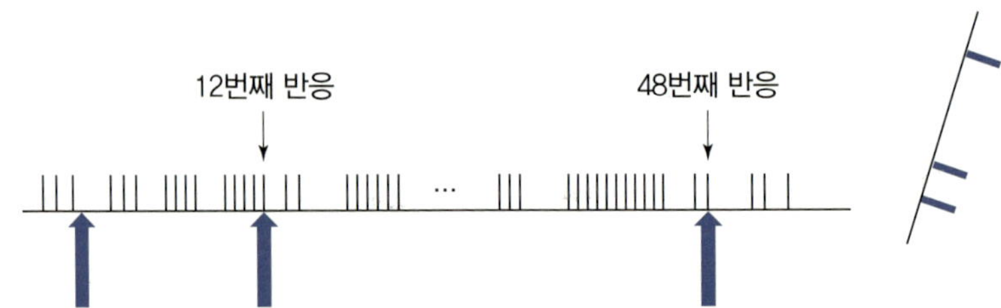

[그림 5-5] 변동 비율 간헐 강화 스케줄

3) 고정 간격 간헐 강화 스케줄

고정 간격(fixed interval: FI) 간헐 강화 스케줄은 정해진 시간 간격이 지난 후 처음 나타난 반응에만 강화가 주어진다. 가장 잘 알려진 특성은 가리비(scallop) 모양 누적 반응 곡선이다. 시간이 흐르기 시작하면 반응률이 낮다가 간격 말기에 급격히 증가하고, 강화 후에는 반응이 줄어드는 패턴이 반복된다(Ferster & Skinner, 1957). 예를 들어, 교사가 학생에게 30초 간격으로 푼 문제의 점검 기회를 주고, 각 간격이 끝난 후 맨 처음 과제를 완료한 학생에게 칭찬해 주는 FI 30초 스케줄을 적용한다고 하자. 학생은 처음에는 과제를 느리게 수행하지만 시간이 흐르면서 점검 시점이 가까워질 때쯤 반응을 집중시킨다. 그리고 칭찬을 받은 직후에는 다시 반응이 줄어들며, 이 패턴은 반복된다. 이처럼 정해진 시간 간격이 지나야 강화가 가능하고, 그에 따라 반응률이 점진적으로 증가했다가 급감하는 전형적인 가리비 모양 반응 곡선이 나타난다. FI 간헐 강화 스케줄은 특정 시점 전후로 반응을 집중시키는 데 효과적이나, 간격 초반의 낮은 반응률과 간헐적 몰입이라는 불균형한 반응 패턴이 함께 관찰될 수 있다.

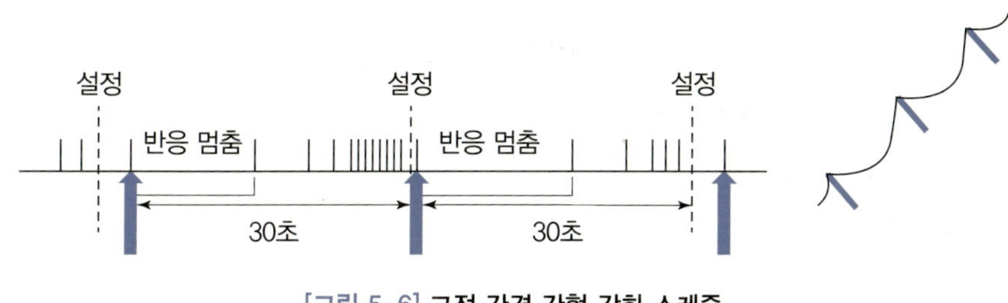

[그림 5-6] 고정 간격 간헐 강화 스케줄

4) 변동 간격 간헐 강화 스케줄

변동 간격(Variable Interval: VI) 간헐 강화 스케줄은 평균 시간 간격만 정하고, 실제 강화 간격은 매번 달라진다. 예를 들어, 교사가 학생의 착석 행동을 강화하고자 할 때, VI 30초 스케줄을 적용해 평균 30초 간격으로 앉아 있는 학생을 칭찬한다고 하자. 교사는 타이머를 보면서 어떤 때는 41초, 어떤 때는 15초가 지난 시점에 학생이 조용히 앉아 있으면 칭찬하거나 스티커를 제공한다. 학생은 정확히 언제 강화가 주어질지 예측할 수 없기 때문에, 수업 시간 전반에 걸쳐 안정적으로 바른 자세를 유지하려는 경향을 보이게 된다. 이처럼 강화 간격은 매번 달라지지만 평균 간격은 일정한 VI 간헐 강화 스케줄은 반응의 안정적 유지에 효과적이며 소거 상황에도 가장 잘 견디는 강화 스케줄로 알려져 있다.

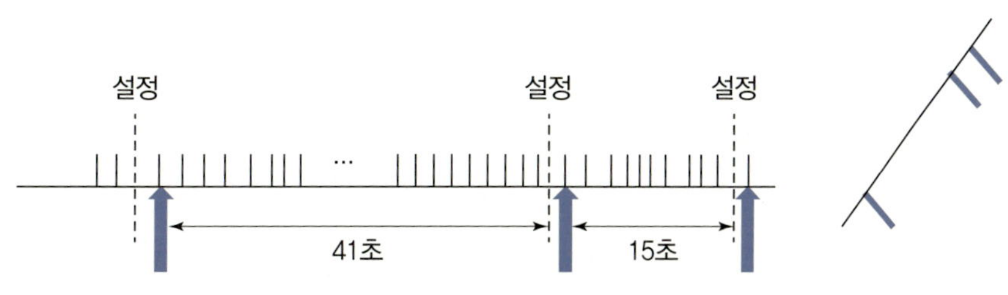

[그림 5-7] 변동 간격 간헐 강화 스케줄

〈표 5-3〉 강화 스케줄의 선택과 적용

행동 유형	추천 스케줄	이유
새로운 행동 형성 초기	연속 강화 또는 소규모 FR	빠른 학습 유도
정착된 행동 유지	VR 또는 VI	높은 소거 저항성과 지속성
특정 시간 전후 반응 유도	FI	목표 시점에 집중 유도
일정한 집중 행동 유지	VI	예측 불가능한 강화가 지속성 유도

강화 스케줄은 행동의 특성과 교육 상황에 따라 적절히 선택되어야 한다. 새로운 행동을 빠르게 형성할 때는 연속 강화나 FR 1~3 수준의 소규모 고정비율 스케줄이 효과적이며, 이후 행동이 안정되면 변동비율(VR) 스케줄로 전환해 지속성과 소거 저항성을 높이는 것이 바람직하다. FR은 명확한 목표 달성과 빠른 반응 증가에 강점을 보이며, VR은 높은 반응률과 행동의 장기 유지를 유도한다. 특정 시점에 반응을 집중시키고 싶을 때는 고정간격(FI) 스케줄이 유용하지만, 보상 직후 반응이 잠시 멈추는 휴지 구간 관리가 필요하다. 반면, VI 스케줄은 예측 불가능한 보상을 통해 고른 반응률과 뛰어난 소거 저항성을 이끌어 낸다. 실제 수업이나 치료 현장에서는 'FI로 초기 루틴을 잡고 → VI로 전환하여 지속성 확보' 또는 '소규모 FR로 시작 → VR로 전환' 같은 혼합 전략이 널리 권장된다. 비율 스케줄은 문제 해결 시도처럼 횟수 기반 행동에 간격 스케줄은 과제 집중이나 자리 착석처럼 시간 기반 행동에 더 적합하며, FI와 VI는 집단 수업처럼 개별 기록이 어려운 환경에서도 실용성이 높다.

2. 강화 스케줄의 실제 적용 사례

(1) 수업 참여 행동 유지를 위한 간헐 강화 스케줄 적용

① 배경 정보

- 중재자: 초등 특수교사 윤○○
- 대상 아동: 10세, 경도 지적장애 진단
- 문제 상황: 수업 중 손을 들고 질문하거나 대답하는 행동이 기초 단계에서는 자주 관찰되었으나, 스티커 보상(연속 강화)이 줄어들자 행동 빈도가 급격히 감소함. 초기 학습은 성공적이었으나, 시간이 지나면서 강화제의 효과가 약해지는 포만 현상이 발생함

② 중재 목표

- 아동이 수업 중 손을 들고 발표하는 행동을 지속적이고 자발적으로 유지할 수 있도록 한다.
- 연속 강화 없이도 아동이 일관되게 학습 참여 행동을 유지하도록 한다.

③ 강화 스케줄 적용: 연속 강화 → 변동비율 강화 스케줄(VR 3)

- 초기 전략
  - 손을 들어 질문에 응답하면 즉시 스티커 1장 제공(연속 강화)
  - 1회 반응당 1회 보상이 이루어져 '행동–결과'의 연합을 빠르게 형성
- 간헐 강화로 전환
  - 2주차부터 강화 스케줄을 점진적으로 조정하여 VR 3 스케줄(평균 3회 반응마다 1회 보상)로 변경
  - 보상 시점은 학생이 예측하지 못하도록 변동
    예: 2번째 발표 후 보상 → 그다음에는 4번째 발표 후 보상 등
  - 보상 간격이 달라짐에 따라 내적 동기 자극 유도
- 보상 유형 다양화
  - 스티커 외에도 칭찬, 하이파이브, 참여 점수 기록 등 사회적 강화제와 교사의 자연스러운 긍정 피드백 병행
  - 강화제를 예측할 수 없도록 조건 강화제와 활동 강화제를 혼합 사용

④ 중재 결과

- 1주차(연속 강화): 발표 행동 평균 4회, 스티커 4장
- 2주차(연속 강화 → FR 2): 발표 행동 유지, 포만 반응 일부 관찰
- 3주차(VR 3): 발표 행동 평균 5회, 스티커 지급 횟수는 줄었으나 행동 빈도는 유지 또는 증가
- 4주차(VR 3 지속): 발표 행동 평균 6회, 보상 예측이 어려워졌음에도 자발적 참여 증가

아동은 보상 외에도 "이야기해 보고 싶어요."와 "내가 먼저 해도 돼요?"와 같은 내적 동기 표현을 자주 보이기 시작하였다.

요약

강화는 특정 행동의 발생 빈도, 지속시간, 강도, 형태 등을 증가시키거나 유지하기 위해 행동 이후에 즐거운 자극을 더해 주거나(+) 불쾌한 자극을 덜어 주는(−) 과정을 의미한다. 이는 인위적인 기법이 아닌 일상에서 자연스럽게 발생하는 현상이며, 행동주의 연구자들은 이를 관찰하고 체계화했다.

강화제는 그 근원에 따라 무조건 강화제와 조건 강화제로 나뉜다. 무조건 강화제는 학습 없이도 생물학적으로 가치가 큰 자극, 예컨대 시원한 물, 따뜻한 담요 등으로 즉각적이고 강력한 조절이 필요할 때 제한적으로 사용된다. 반면, 조건 강화제는 원래는 무가치하지만, 무조건 강화제와 짝짓기를 통해 의미를 얻는 자극이다(예: 스티커, 토큰, 칭찬). 조건 강화제는 다시 사회적(미소, 칭찬), 활동(선호하는 활동 기회), 물질(소장 가치 있는 물건), 일반화된(토큰, 점수, 현금) 강화제로 분류될 수 있다. 특히 낮은 선호도의 과제 뒤에 선호도가 높은 활동을 배치하여 행동을 끌어 올리는 프리맥 원리는 활동 강화제의 효과적인 활용법이다.

정적 강화는 표적 행동이 일어난 직후 학습자가 선호하는 자극을 제시하여 그 행동의 빈도, 강도, 지속시간을 높이거나 형태를 개선하는 절차다. 핵심은 행동 직후에 즐거운 '무엇'을 더해 주는 것에 있다.

부적 강화는 표적 행동 직후에 혐오 자극을 제거하거나 앞으로 닥칠 혐오 자극을 회피하게 하여 행동을 증가시키는 절차다. 흔히 벌과 혼동되지만, 벌이 행동을 감소시키는 것과 달리 부적 강화는 바람직한 행동의 발생 가능성을 높이는 강화 방식이다.

부적 강화는 크게 도피 행동과 회피 행동이라는 2가지 메커니즘으로 작동한다. 도피 행동은 이미 눈앞에 닥친 불쾌 자극을 끝내기 위해 나타나는 반응이다. 이미 존재하는 혐오 자극에서 벗어나기 위한 행동이다. 반면, 회피 행동은 아직 등장하지 않은 혐오 자극을 사전에 차단하려는 반응이다. 도피 행동은 강한 안도감을, 회피 행동은 해방감과 자기 효능감을 느끼게 하며, 둘 다 혐오 자극이 줄거나 사라지면서 행동 빈도가 높아지는 결과로 이어진다.

강화 스케줄은 표적 행동이 나타날 때 얼마나 자주, 언제, 어떤 기준으로 강화가 제공될지를 규정하는 절차다. 같은 강화제라도 제시 빈도와 시점이 달라지면 학습 속도, 행동 유지력, 소멸 저항성이 크게 달라지므로 행동 지원 계획에서 매우 중요하다. 스케줄은 크게 연속 강화 스케줄과 간헐 강화 스케줄로 나뉜다. 연속 강화 스케줄은 표적 행동이 나타날 때마다 매번 보상이 주어지는 형태이고, 간헐 강화 스케줄은 이미 형성된 행동을 안정시키고 유지하는 데 사용되며, 크게 비율 스케줄과 간격 스케줄로 나뉜다. 비율 스케줄은 행동 횟수를 기준으로 보상이 제공되며, 고정 비율(FR) 스케줄과 변동 비율(VR) 스케줄로 나뉜다. 고정 비율 스케줄은 미리 정해 둔 정확한 반응 횟수가 충족될 때마다 강화가 제공되며, 변동 비율 스케줄은 정해진 평균 반응 횟수를 중심으로 보상 요건이 매번 달라진다. 간격 스케줄은 행동 횟수와 무관하게 시간 경과를 기준으로 보상이 제공되며, 고정 간격(FI) 스케줄과 변동 간격(VI) 스케줄로 나뉜다. 고정 간격 스케줄은 정해 둔 시간 간격이 지난 뒤 처음 나타난 반응에만 강화가 주어지며, 변동 간격 스케줄은 평균 간격만 정해 두고 실제 강화 간격이 불규칙하게 바뀐다.

제6장

행동 감소 절차

• 개요

행동 감소 절차는 바람직하지 않은 행동의 빈도나 강도를 줄이고, 학습자가 보다 적절한 행동을 선택할 수 있도록 돕는 중재 전략으로 응용행동분석에서 중요한 실천 도구로 활용된다. 벌은 행동 직후 혐오 자극을 제시하거나 선호 자극을 제거하여 행동 발생 가능성을 낮추는 절차이며, 소거는 문제행동을 유지하던 강화를 중단함으로써 행동을 약화시키는 절차다. 차별강화는 문제행동에는 반응하지 않고 바람직한 대체 행동만을 선택적으로 강화하는 전략으로 기능적 행동 전환을 유도하는 데 효과적이다. 비유관 강화는 행동과 무관하게 정기적으로 강화 자극을 제공하여 문제행동의 동기를 사전에 약화시키는 예방적 접근이며, 기능적 의사소통 훈련은 동일한 기능을 보다 사회적으로 수용 가능한 방식으로 표현하도록 유도하는 통합적 중재 절차다. 이 장에서는 이러한 절차들의 이론적 기초와 구체적 적용 방식을 살펴보고, 실제 사례를 통해 행동 감소 전략의 통합적 활용 방안을 제시한다.

● 핵심 용어

- 간격 저비율 차별강화(interval DRL)
- 간격 타행동 차별강화(Interval DRO)
- 과잉교정(overcorrection)
- 기능적 의사소통 훈련(Functional Communication Training: FCT)
- 꾸짖기(reprimand)
- 대체행동 차별강화(Differential Reinforcement of Alternative Behavior: DRA)
- 무조건 벌제(unconditioned punisher)
- 반응 간 간격 저비율 차별강화(spaced-responding DRL)
- 반응 차단(response blocking)
- 반응개입과 재지시(response interruption and redirection)
- 반응대가(response cost)
- 배제 타임아웃(exclusionary time-out)
- 벌(punishment)
- 벌제(punisher)
- 복원적 과잉교정(restitutional overcorrection)
- 부적 벌(negative punishment)
- 비배제 타임아웃(non-exclusionary time-out)
- 비유관 강화(Non-Contingent Reinforcement: NCR)
- 상반행동 차별강화(Differential Reinforcement of Incompatible Behavior: DRI)
- 소거(extinction)
- 소거 저항(resistance to extinction)
- 소거 폭발(extinction burst)
- 순간 타행동 차별강화(Momentary DRO)
- 유관 운동(contingent exercise)
- 자발적 회복(spontaneous recovery)
- 저비율 차별강화(Differential Reinforcement of Low Rates: DRL)
- 전체회기 저비율 차별강화(full-session DRL)
- 정적 벌(positive punishment)
- 정적연습 과잉교정(positive practice overcorrection)
- 조건화된 벌제(conditioned punisher)
- 차별강화(differential reinforcement)
- 타임아웃(time-out)
- 타행동 차별강화(Differential Reinforcement of Other Behavior: DRO)

I 벌

1. 벌의 개념 및 원리

벌(punishment)은 어떤 바람직하지 않은 행동 뒤에 따라오는 결과가 미래에 그 행동이 다시 나타날 가능성을 실제로 낮출 때 성립하는 과학적 개념으로, 강화의 반대 개념이다. 쉽게 말해, 어떤 행동을 하자마자 학습자가 불쾌하게 여기는 자극(혐오자극)을 제시하거나 반대로 좋아하는 자극(선호자극)을 빼앗음으로써 다음번에는 그 행동을 덜 하게 만드는 과정이다(Skinner, 1969). 예를 들어, 강아지가 신발을 물어뜯은 직후 야단을 맞아 다시는 신발을 물어뜯지 않거나, 한 청소년이 약속을 어겨 스마트폰 사용 시간에 제한을 둔 다음부터 약속을 잘 지키게 되었다면, 바로 그 꾸중이나 시간제한이 벌로 작용한 것이다. 핵심은 느낌이 아니라 결과다. 꾸중이 있었어도 행동이 줄어들지 않았다면 과학적으로 벌이라고 부르지 않는다. 따라서 벌은 단지 거칠거나 불쾌한 경험을 뜻하는 감정적 표현이 아니라, 실제로 행동 감소라는 효과가 확인될 때만 성립하는 기능적 용어다. 이 내용을 정리하면 다음과 같다.

- 특정 행동이 발생한 직후,
- 그 행동에 즉시 어떤 결과가 뒤따르고,
- 그 결과로 인해 앞으로 그 행동이 다시 일어날 가능성이 낮아진다.

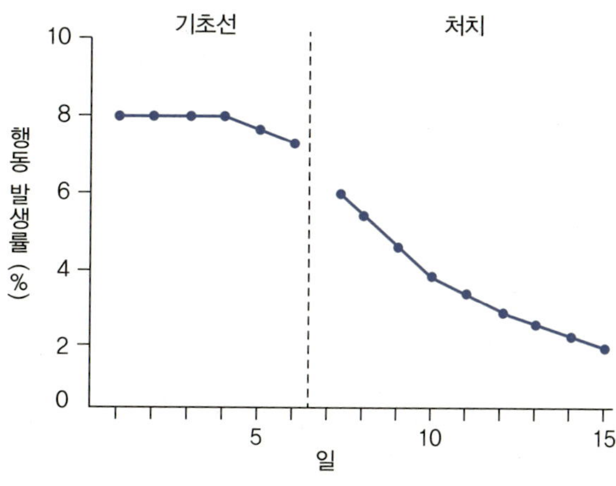

[그림 6-1] 벌의 효과

[그림 6-1]의 그래프는 벌이 바람직하지 않은 행동에 대한 행동의 발생 빈도를 어떻게 변화시키는지를 보여 주는 가상의 예시다. 특정 행동에 대한 벌의 적용 전후 변화를 보면, 기초선 기간에는 행동의 발생 빈도가 비교적 높고 일정하게 유지되었으나, 벌 이후 행동 빈도가 뚜렷하게 감소하고 낮은 수준에서 안정되고 있음을 알 수 있다. 이는 적절한 벌이 바람직하지 않은 행동을 감소시키는 데 효과적임을 시각적으로 보여 주는 예다.

2. 벌제의 유형

행동을 약화시키기 위해 사용하는 자극, 즉 **벌제**(punisher)는 문제행동 직후 제시되어 해당 행동의 발생 가능성을 실질적으로 낮추는 기능을 한다. 벌제는 그 기원과 학습 방식에 따라 무조건 벌제와 조건화된 벌제로 구분되며, 조건화된 벌제는 형태에 따라 다시 다양한 하위 유형으로 나눌 수 있다.

무조건 벌제(unconditioned punisher)는 학습 경험 없이도 생리적 또는 감각적으로 본능적으로 불쾌하거나 위험하게 느껴지는 자극으로, 종(種)의 생존과 직결된 반응을 유발한다. 대표적인 예로는 뜨거운 물체에 닿아 느끼는 통증, 갑작스럽게 들리는 날카로운 소리, 강한 전기 충격, 불쾌한 냄새나 맛 등이 있다. 이러한 자극은 강력하고 즉각적인 반응을 유발하지만, 윤리적 문제가 발생할 수 있어 교육적 맥락에서는 직접적으로 사용되지 않으며, 벌제의 기초 개념을 이해하는 데 참고되는 개념으로 제한적으로 다루어진다.

반면, **조건화된 벌제**(conditioned punisher)는 원래는 중립이던 자극이 무조건 벌제나 이미 조건화된 다른 벌제와 반복적으로 연합되면서 벌의 기능을 갖게 된 자극이다. 이들은 학습자의 경험이나 문화적 맥락에 따라 벌제로 작용하기 때문에, 활용도가 높고 비교적 온건한 방식으로 중재에 활용될 수 있다. 예를 들어, 처음에는 의미 없던 "안 돼!"라는 말이 아이가 문제행동을 나타낼 때마다 꾸중과 함께 제시되면, 나중에는 그 말만으로도 행동이 멈추게 되는 경우가 이에 해당한다. 부모나 교사의 찌푸린 표정이나 특정 징계 공간 등도 개인의 학습 경험에 따라 조건화된 벌제로 기능할 수 있으며, 효과를 유지하려면 주기적으로 무조건 벌제와 다시 연합시켜야 한다. 조건화된 벌제는 자극의 형태에 따라 다음과 같이 분류할 수 있다(Cooper et al., 2020).

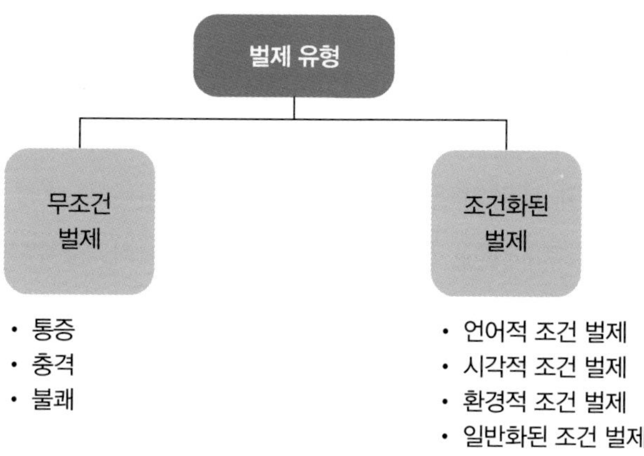

[그림 6-2] 벌제의 유형

- 언어적 조건 벌제: "안 돼!" "그만!"과 같은 단호한 말로, 꾸중, 지적, 경고 등은 짧고 반복적으로 제공될 때 효과적이다. 학습자의 과거 경험에 따라 의미가 다르게 해석될 수 있어 일관성과 적절한 맥락 제시가 중요하다.
- 시각적 조건 벌제: 찌푸린 표정, 고개 젓기와 같은 비언어적 메시지로, 타인의 시선에 민감한 학습자에게는 강력한 억제 효과가 있지만, 불안 반응을 유발할 수 있다.
- 환경적 조건 벌제: 벌점 부여, 타임아웃 의자, 자석 박탈 등으로 주어진 상황이나 위치 자체가 벌제로 작용한다. 물리적 강제성보다 심리적 의미 부여가 관건이다.
- 일반화된 조건 벌제: 다양한 불이익과 연계된 자극으로, 시간 차감, 벌점 누적 등 다양한 상황에 적용할 수 있고, 학습자에게 예측 가능한 규칙으로 작용한다.

벌제는 자극 자체가 아니라 결과적으로 행동이 감소하는지를 기준으로 판단해야 한다. 조건화된 벌제는 시간이 지나면서 약화될 수 있으므로, 무조건 벌제 또는 다른 조건 벌제와의 정기적인 연합을 통해 그 기능을 유지할 필요가 있다. 또한 정서적 부작용, 회피 반응, 관계 손상 등의 위험을 최소화하기 위해서는 벌제의 사용을 제한적이고 계획적으로 설계해야 하며, 대체행동 기술 교수와 병행하여 적용하는 것이 바람직하다.

3. 벌제 제시에 따른 벌의 유형

[그림 6-3]에 제시한 플로우차트는 특정 행동의 발생 가능성을 낮추기 위한 벌의 2가지 방식, 즉 정적 벌과 부적 벌을 보여 준다. 이때 '정적(positive)'과 '부적(negative)'이라는 용어는 자극이 좋고 나쁨을 뜻하는 가치 판단이 아니라, 자극이 물리적으로 더해졌는지(+) 또는 빠졌는지(−)를 나타낸다. 정적 벌이라고 해서 반드시 가혹하거나 나쁜 자극일 필요는 없으며, 부적 벌이 항상 온순하거나 수동적인 것도 아니다. 이 두 절차 모두 궁극적으로 행동의 빈도, 강도, 지속시간을 감소시키는 데 목적이 있다.

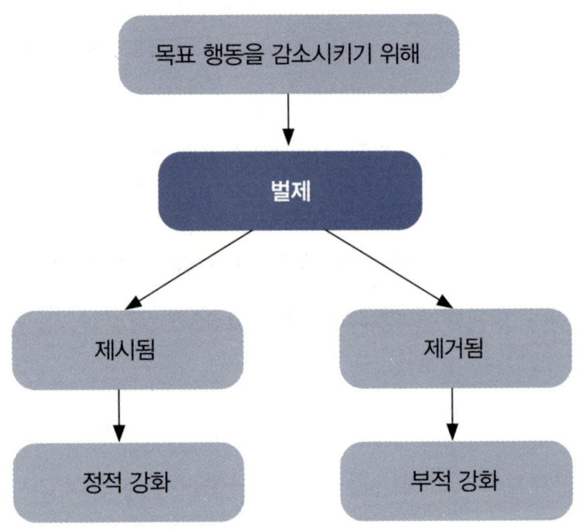

[그림 6-3] 벌제 제시에 따른 벌의 유형

4. 부적 벌

부적 벌(negative punishment)은 문제행동이 발생한 직후 학습자가 선호하는 자극을 즉시 제거(−)하여 미래에 해당 행동의 발생 가능성을 낮추는 절차다(Alberto & Troutman, 2014; Cooper et al., 2020; Mayer et al., 2012; Pfiffner & O'Leary, 1987). 예를 들어, 수업 중 스마트폰을 몰래 보던 학생의 스마트폰을 30분간 압수했더니 이후에 스마트폰을 몰래 보는 행동이 감소했다면, 이 절차는 부적 벌로 기능한 것이다. 이처럼 부적 벌은 문제행동이 발생했을 때, 그 직후에 즉시 선호 자극을 제거함으로써 행동 감소를 유도하는 전략이다. 부적 벌을 요약하면 다음과 같다.

- 특정 행동이 발생한 직후,
- 그 행동에 즉시 선호 자극이 제거되고,
- 그 결과로 인해 앞으로 그 행동이 다시 일어날 가능성이 낮아진다.

중요한 점은 어떤 자극을 제거하거나 회피하게 했다고 해서 그것이 자동으로 벌이 되는 것은 아니다. 그 자극 뒤에 해당 행동이 실제로 감소했는지 여부에 따라, 부적 벌로 기능했는지 판단할 수 있다. 예를 들어, 어떤 것을 사용하지 못하게 하거나 잠시 특정 환경에서 분리하는 조치를 적용했더라도 문제행동이 계속해서 줄어들지 않고 유지된다면, 그 조치는 부적 벌이 아닌 효과 없는 제한 조치에 불과하다.

부적 벌의 대표적인 절차로는 타임아웃과 반응대가가 있다. 이 두 절차 모두 문제행동 직후 선호 자극이나 활동에 대한 접근을 제한하거나 박탈하여 행동을 감소시킨다.

1) 타임아웃

타임아웃(time-out)은 문제행동이 일어나자마자 학습자를 강화가 풍부한 환경(time-in)에서 일정 시간 떼어 놓아 강화 접근을 차단하는 기법이다. 예를 들어, 태블릿 게임을 하다 친구를 밀친 아동의 기기를 압수하지 않고, 3분간 '타임아웃 의자'에 앉히면 아이는 '친구를 밀면 좋아하는 활동에서 제외된다.'라는 규칙을 학습하게 된다.

타임아웃은 2가지 형태로 나뉜다. **비배제 타임아웃**(non-exclusionary time-out)은 학습자를 같은 공간에 그대로 두되 강화 자극만 치우거나 표시해서 접근을 막는 방식이다. 예를 들어, 가정에서는 아이를 거실에 그대로 둔 채 장난감을 잠시 치워 두거나 손목에 '타임아웃 밴드'를 채워 게임 사용만 제한해 주는 식으로 자극성이 낮아 '최소 제한 대안 원칙(least restrictive alternative principle)'에 잘 맞는다. 반면, **배제 타임아웃**(exclusionary time-out)은 학습자를 칸막이 뒤나 별도의 공간으로 이동시켜 강화에 대한 접근을 완전히 차단하는 방식이다. 효과는 빠르지만 인권 및 학습권 침해의 우려가 있으므로 시행 전에는 학교의 학생생활지도 규정 또는 보호자 고지 및 동의 절차를 완료해야 하며, 시행 시에는 2~5분 이내의 최소 시간으로 실시하고, 시청각 모니터링 장치와 두 명 이상의 교직원이 함께 있으면서 학생의 신체적·정서적 안전을 지속적으로 확인해야 한다. 시행 후에는 기록지 작성과 사후 점검을 통해 절차의 적절성을 검토해야 한다.

타임아웃이 벌로서 제대로 기능하려면 평소 수업(time-in)이 학생에게 충분히 매력적이어야 한다. 만약 교실 활동이 지루하다면, 타임아웃은 싫은 상황에서 벗어나는 탈출의 기회(부적 강화)가 되어 오히려 문제행동을 증가시킬 수 있다. 일반적으로 권장되는 지속시간은 보통 '연령 + 1분' 정도, 길어도 10분을 넘기지 않는다. 시작과 종료는 짧고 명확한 문장으로 알리고, 타이머나 알람 같은 객관적 신호를 사용해 예측 가능성을 높여야 한다. 종료 기준은 단순 시간 경과만이 아니라 '마지막 30초 동안 조용히 앉아 있기'처럼 타임아웃 자리에서 요구되는 적절한 행동을 미리 시범 보이고 연습시켜 두는 것이 좋다.

이처럼 타임아웃은 절차 자체는 단순하지만 강화 조건과 시간 설정, 학생의 신체 및 정서적 안전과 인권을 세심히 고려할 때 교육적으로도 윤리적으로도 효과적인 부적 벌이 될 수 있다.

2) 반응대가

반응대가(response cost)는 문제행동이 발생했을 때 아동이 이미 획득한 강화물을 일정량 차감하여 행동의 빈도를 줄이는 절차다(Kazdin, 1972). 이는 마치 우리가 교통법규 위반 시 벌금을 내는 것과 같은 원리인데, 월급의 일부를 잃는 경험을 통해 과속 행동을 줄이게 되는 것과 유사하다. 교육 현장에서는 토큰 경제(token economy)와 함께 반응대가를 자주 사용한다. 예를 들어, 학생이 과제를 제시간에 마치면 스티커를 주고, 수업을 방해하면 스티커 1장을 회수하는 방식이다. 연구에 따르면, 이러한 강화와 벌을 짝짓는 구조가 단순히 강화물 회수만 단독으로 적용할 때보다 문제행동 감소에 훨씬 더 효과적이라고 알려져 있다(Walker, 1983).

반응대가를 설계할 때는 3가지 지침이 중요하다.

첫째, 강화의 기회가 회수보다 충분히 많아야 한다. 학생이 '어차피 다 빼앗길 텐데 노력해 봐야 소용없다.'라고 포기하지 않도록, 바람직한 행동에 대한 충분한 보상을 제공하는 것이 필수적이다. 대개 보상-회수 비율이 4 : 1 이상이면 이러한 반응을 예방할 수 있다(Gable et al., 2009).

둘째, 회수량을 문제행동의 심각도에 비례하도록 미리 정해 두어야 한다. 예를 들어, 수업 중 한 차례 큰 소리로 말하는 방해행동에는 토큰 1개, 욕설을 동반한 방해행동에는 토큰 2개를 회수하는 식으로 명확한 기준을 제시한다.

셋째, 회수 과정은 짧고 차분해야 한다. 길게 말하거나 감정적으로 반응하는 것은 피해야 하는데, 오히려 문제행동이 '교사의 관심'이라는 사회적 강화가 되어 문제행동을 유지시킬 수 있기 때문이다.

반응대가의 장점은 즉각적인 피드백과 규칙의 시각적 명료성에 있다. 또래도 '바람직한 행동 → 토큰 증가, 문제행동 → 토큰 감소'라는 원칙을 쉽게 이해한다. 그러나 토큰이 0개가 되면 학생은 더 이상 만회할 기회가 없다고 느껴 학습 동기가 급격히 떨어질 수 있다. 이를 막기 위해 보너스 토큰 즉 추가 획득 기회를 마련하거나 회수된 토큰 중 일부를 과제 완수 시 다시 돌려주는 제도를 도입해 아직 기회가 있음을 시각적으로 보여 주면 효과적이다.

5. 정적 벌

정적 벌(positive punishment)은 문제행동이 발생한 직후 학습자가 불쾌하거나 혐오스러운 자극을 즉시 제시(+)하여 미래에 해당 행동의 발생 가능성을 낮추는 절차다. 예를 들어, 교실에서 의자의 등받이 부분에 등을 반복하여 세게 부딪히는 학생에게 교사가 즉시 "위험해!"라고 짧고 단호하게 경고하자, 이후 그 행동의 빈도가 감소했다면, 그 경고는 정적 벌로 기능한 것이다. 이처럼 정적 벌은 문제행동에 즉시 혐오자극을 제시하여 행동 감소를 유도하는 전략이다. 정적 벌을 요약하면 다음과 같다.

- 특정 행동이 발생한 직후,
- 그 행동에 즉시 혐오자극이 제시되고,
- 그 결과로 인해 앞으로 그 행동이 다시 일어날 가능성이 낮아진다.

중요한 점은 어떤 자극을 주었다고 해서 자동으로 벌이 되는 것이 아니라, 그 자극 뒤에 실제로 행동이 감소했는지 여부에 따라 정적 벌로 기능했는지를 판단해야 한다는 것이다. 예를 들어, 여러 차례 공개적으로 꾸중했는데도 불구하고 학생의 문제행동이 계속된다면, 그 꾸중은 정적 벌로 기능하지 않고, 오히려 교사의 관심을 얻는 정적 강화가 기능했을 가능성이 있다.

문제행동 중재에서 일반적으로는 기능 분석을 통해 문제행동의 원인을 파악하고, 그에 따라 적절한 대체 행동을 가르치며 강화 중심의 전략을 우선적으로 적용한다. 그러나 이러한 중재가 충분히 시행되었음에도 행동이 개선되지 않는 경우, 정적 벌은 '마지막 단계'에서 제한적으로 고려되는 중재 절차다. 대표적인 정적 벌 절차로는 꾸짖기,

반응차단, 반응개입과 재지시, 유관 운동, 과잉교정이 있다.

1) 꾸짖기

꾸짖기(reprimand)는 문제행동 직후 언어 자극을 제시해 그 행동을 약화시키는 정적 벌 절차다. 효과적인 꾸짖기를 위해서는 두 가지 요소가 필수적이다. 먼저, 문제행동을 구체적으로 지적하고, 이어서 바람직한 대체 행동을 짧고 명확하게 안내한다. 예를 들어, 한 학생이 줄 서기 차례를 무시하고 끼어들었을 때, 교사는 감정을 억제한 채 차분하지만 단호한 목소리로 "줄 앞에 끼어드는 건 순서를 어기는 행동이야. 맨 뒤로 가서 다시 서렴."이라고 말한다. 이때 학생의 인격을 공격하거나 모욕적인 표현을 쓰면 반발심을 키워 오히려 행동이 악화될 수 있으므로 반드시 피해야 한다.

연구에 따르면, 짧고 일관된 꾸짖기는 자리 이탈, 옆 친구 방해 등 경미한 교실 내 문제행동을 빠르게 줄이는 데 효과적이다(Kerr & Nelson, 2016; O'Leary & O'Leary, 1977; Walker & Buckley, 1972). 그러나 꾸짖음이 정적 벌로 기능하려면 실제로 행동의 빈도나 강도가 감소해야 한다. 만약 행동이 줄지 않거나 오히려 유지된다면, 그 꾸짖음은 벌이 아니라 교사의 관심을 얻는 정적 강화로 기능했을 가능성이 크다. 따라서 꾸짖기를 사용할 때는 행동 변화를 꾸준히 모니터링하고, 필요하다면 차별강화나 대체 행동 교수 같은 비처벌적 중재를 함께 적용해 지속적인 개선을 도모해야 한다.

2) 반응차단

반응차단(response blocking)은 문제행동이 막 시작되려는 순간 치료자가 물리적으로 개입하여 행동이 실제로 일어나지 못하도록 완전히 차단하는 절차다. 이 중재는 자해행동이나 타해행동처럼 즉각적인 신체적 위험이 있는 행동에 주로 사용되며, 행동 발생 자체를 원천적으로 막아 감각적 또는 사회적 강화가 일어나지 않도록 하여 장기적으로 문제행동의 빈도를 줄이는 것을 목표로 한다. 연구에 따르면, 반응차단은 만성적 손 빨기, 눈 찌르기 등과 같은 행동을 빠르게 줄이는 데 효과적이다(Lalli et al., 1996; Reid et al., 1993). 예를 들어, 준구는 흥분하면 자신의 머리를 벽에 찧는 자해행동을 보인다. 준구가 머리를 벽에 부딪히려는 움직임을 보이자마다 교사는 즉시 준구의 머리와 벽 사이에 손바닥을 대어 머리가 벽에 부딪히는 것을 물리적으로 막는다. 이렇게 행동 발생 전에 물리적으로 차단함으로써 준구는 벽에 머리를 찧는 행동을 해도 원하는 감각적 자극이나 주변의 관심을 얻을 수 없다는 것을 학습하게 되고, 결국 자해행동의 빈도는 감소하게 된다. 반응 차단 사용 시에는 아동과 교사 모두의 물리적 안전을 최우선으로 하고, 문제행동의 기능을 분석하여 대체행동을 함께 가르치며, 아동의 감정적 및 심리적 영향을 최소화하는 것이 중요하다.

3) 반응개입과 재지시

반응개입과 재지시(Response Interruption and ReDirection: RIRD)는 문제행동이 막 시작되거나 이미 진행 중인 순간에 치료자가 즉각적으로 개입하여 행동을 멈추게 한 뒤, 곧바로 아동이 쉽게 따를 수 있는 "손뼉 쳐요." "하이파이브!"와 같은 고빈도 행동을 몇 차례 연속적으로 지시하고 성공할 때마다 칭찬이나 토큰 같은 강화를 제공한 뒤 원래 목표 과제나 더 적절한 대체행동으로 유도하는 절차다. 이 전략은 단순히 문제행동을 차단하는 것을 넘어, 아동이 동일한 목적을 사회적으로 수용 가능한 방식으로 달성하도록 가르치는 데 중점을 둔다. 예를 들어, 대희가 흥분해 손을 흔드는 상동행동을 보이면 치료자는 "대희야, 손 그만!"이라고 언어적 신호로 행동을 차단하고, 즉시 "집중의 박수, 짝짝짝!" "하이파이브!" 등 대희가 늘 성공하는 간단한 지시를 연속적으로 제시한다. 대희가 각 지시에 따를 때마다 즉시 칭찬을 제공해 행동의 관성(behavioral momentum)을 높인 뒤, "자, 이제 퍼즐 맞춰 볼까?"처럼 기능적인 과제로 재지시한다. 이러한 과정을 반복하면 대희는 문제행동을 중단하고 퍼즐 맞추기 같은 대체행동이 더 큰 보상을 가져온다는 사실을 학습하게 되며, 장기적으로 상동행동의 빈도가 감소하게 된다.

4) 유관 운동

유관 운동(contingent exercise)은 문제행동 직후 신체 활동을 시키는 정적 벌의 한 형태다. 이때 지시되는 신체 활동은 문제행동과 직접적인 관련이 없어야 한다는 것이 특징이다. 예를 들어, 복도에서 큰 소리로 노래를 부르며 돌아다닌 학생에게 계단을 10회 오르내리게 하는 방식이 여기에 해당한다.

이 절차는 특정 상황에서 문제행동을 효과적으로 감소시킬 수 있지만, 적용 전 3가지 사항을 반드시 점검해야 한다.

첫째, 행동의 기능 분석이다. 일부 학생에게는 신체 활동 자체가 교사나 또래에게 주목받는 또 다른 강화가 될 수 있으므로 실제로 벌로 기능할지 미리 확인해야 한다.

둘째, 건강 및 신체 조건이다. 운동 능력이나 의학적 제약이 있는 학습자에게는 신체 활동이 부적절하거나 위험할 수 있다.

셋째, 인식 문제다. 유관 운동이 교육적 목적보다는 체벌로 받아들여질 경우 학생과 교사의 관계가 악화될 수 있다.

따라서 유관 운동을 사용하려면 학생의 특성과 행동 기능을 면밀히 분석하고, 의도하지 않은 강화 효과나 부작용이 없도록 절차를 신중히 설계해야 한다.

5) 과잉교정

과잉교정(overcorrection)은 문제행동 직후 그 행동으로 초래된 부정적 결과를 바로잡고 동시에 올바른 행동을 반복 연습시켜 책임감을 기르는 정적 벌 절차다. 과잉교정에는 2가지 방식이 있다.

복원적 과잉교정(restitutional overcorrection)은 문제행동으로 훼손된 환경을 단순히 원래대로 돌려놓는 수준을 넘어 본래보다 더 나은 상태로 회복하도록 요구하는 것이다. 예를 들어, 복도 벽에 스티커를 무단으로 붙인 학생에게 스티커만 떼게 하는 데서 그치지 않고, 주변 벽면 전체를 점검해 다른 얼룩이나 테이프 자국까지 깨끗이 지우게 하는 방식이다.

정적연습 과잉교정(positive practice overcorrection)은 문제행동과 관련된 적절한 행동을 반복 연습하게 해 올바른 반응을 몸에 익히도록 하는 것이다. 예를 들어, 체육 시간에 부주의하게 공을 던져 창문을 깨뜨린 학생에게 정확한 패스 자세를 15회 연속 반복시키는 방식이다.

과잉교정은 잘못을 바로잡게 하면서 바람직한 행동을 체계적으로 학습시킬 수 있다는 장점이 있지만, 절차가 길고 학생이 반복 수행을 거부할 위험이 있다. 또한 과도한 피로와 스트레스를 유발하거나 교육적이기보다 징벌적으로 받아들여질 소지도 있으며, 특히 학급 전체 상황에서는 실행이 어려울 수 있다. 따라서 적용 전에 행동의 기능, 장소와 시간, 학습자의 신체 및 정서적 상태를 면밀히 검토해 교육적 효과와 실현 가능성을 충분히 따져 봐야 한다.

6. 벌과 강화의 비교

벌과 강화는 행동을 변화시키는 핵심 원리다. 이 둘은 행동 뒤에 오는 결과가 앞으로 그 행동을 어떻게 바꿔 놓는지에 따라 구별된다. 먼저, 결과가 행동을 증가시키면 '강화', 감소시키면 '벌'이다. 또 후속 자극이 행동 직후 제시(+)됐는지, 제거(−)됐는지에 따라 '정적'과 '부적'으로 나뉜다. 이 두 축을 조합하면 다음의 4가지 절차가 성립한다.

〈표 6-1〉 강화와 벌의 비교

결과	자극 제시(+)	자극 제거(–)
행동 증가	정적 강화	부적 강화
행동 감소	정적 벌	부적 벌

예를 들어, 아이가 방을 정리한 직후 칭찬을 받고 이후에 방 정리를 더 자주 한다면, 행동 뒤에 즐거운 자극이 제시되어 행동이 증가했으므로 정적 강화다. 반대로 학생이 수업 중 소음을 내자 교사가 즉시 주의를 주었고 그 뒤로 소음을 내는 행동이 줄었다면, 불쾌한 자극이 제시되어 행동이 감소했으므로 정적 벌에 해당한다.

자극이 제거되는 경우도 마찬가지로 두 갈래로 나뉜다. 두통이 있을 때 약을 먹어 통증이 사라지고, 이후 두통이 생길 때마다 약을 더 자주 찾게 된다면, 불편한 자극(통증)이 제거되어 약을 찾는 행동이 증가한 것이므로 '부적 강화'다. 반대로 학생이 규칙을 어겨 쉬는 시간을 빼앗긴 뒤 규칙 위반이 줄어들면, 선호 자극(쉬는 시간)이 제거되어 규칙 위반 행동이 감소했으므로 '부적 벌'에 해당한다.

결국 강화와 벌을 가르는 1차 기준은 행동이 미래에 늘었는지 줄었는지이고, 정적과 부적을 갈라놓는 2차 기준은 행동 뒤에 자극을 추가했는지 제거했는지다. 이 2가지 축을 머릿속에 놓고 보면 4가지 절차, 즉 정적 강화, 부적 강화, 정적 벌, 부적 벌을 명확히 구별할 수 있다.

7. 벌에 대한 오해

일상생활에서 '벌을 준다.'라고 하면 대개 아이를 혼내거나 꾸짖고, 때로는 체벌과 같은 신체적인 고통을 가하는 행위를 떠올린다. 그러다 보니 '벌'이라는 개념 자체가 부정적이거나 비인도적 절차로 오해받는 경우가 많다. 그러나 응용행동분석에서 말하는 벌은 문제행동 직후에 특정 후속사건을 배치하여 그 행동이 재발할 가능성을 낮추는 기술적 절차일 뿐, 감정적 응징이 아니다. 그래서 '교사가 학생을 벌한다.'보다는 '교사가 타임아웃을 사용해 학생의 파괴적 행동을 벌했다.'처럼 주어를 사람에게 두는 것이 아니라 행동에 두는 표현이 개념적으로 정확하다.

예를 들어, 교사가 학생의 소란스러운 행동을 멈추게 하기 위해 강화물을 잠시 이용할 수 없도록 하는 조치를 취했는데도 학생의 소란스러운 행동이 전혀 줄어들지 않았다면, 교사는 '벌을 주었다.'라고 생각했을지라도 응용행동분석의 관점에서는 그 조치가 벌로 기능하지 않은 것이며 효과 없는 제재에 불과하다. 벌의 핵심은 '어떤 행동에 대한 조치가 불쾌했는가?'라는 주관적인 느낌이 아니라, '문제행동의 발생 빈도가 실제로 감소했는가?'라는 객관적인 결과에 있다. 이러한 기능적 관점은 벌을 윤리적이고 효과적으로 적용하기 위한 필수적인 토대가 된다. 벌은 강력한 행동 변화의 도구인 만큼 오용을 방지하고 효과를 극대화하려면 정확한 이해와 신중한 적용이 요구된다.

8. 벌 적용 시 고려 사항

벌 절차를 설계할 때 가장 먼저 기억할 점은 '학생을 통제하는 것'이 아니라 '행동을 변화시키는 것'이라는 사실이다. 즉, 중재의 초점은 언제나 행동 자체에 맞춰져야 하며, 그 과정에서 학습자의 자존감과 학습권, 신체의 안전은 반드시 보호되어야 한다. 이를 보장하려면 다음의 5가지 지침을 점검하는 것이 필요하다.

〈표 6-2〉 벌 절차 설계 및 운영을 위한 지침

지침	핵심 의미
최소 제한 대안 원칙 적용	덜 강제적인 중재를 충분히 시도하고, 객관적 데이터에 근거해 효과가 없다고 확인될 때 부적 벌·정적 벌을 순차적으로 도입
사전 동의 및 정보 제공	시행 전 학습자 본인 또는 보호자에게 목적, 방법, 중단 기준, 잠재적 부작용을 설명하고 서면 동의를 얻음
안전과 존엄	학습자의 신체적·정서적 안전과 권리 보호가 최우선
전문화된 실행 및 감독	모든 벌 절차는 서면 프로토콜로 명시하고, 사전 훈련 및 지속적 모니터링을 통해 절차의 일관성과 윤리성을 확보
효과성 책임	중재 전·중·후의 자료를 기록해 행동 변화 곡선을 확인하고, 효과가 없으면 절차를 수정하거나 중단

벌은 절차적이며 윤리적 기준을 모두 충족할 때에만 최후의 대안이 될 수 있다. 최소한의 강제성을 가지는 중재부터 단계적으로 시도하고, 충분한 사전 동의와 전문적 감독 아래 객관적 데이터를 근거로 효과를 검증할 때 비로소 벌 절차는 '문제행동을 계속

하면 원하는 것을 잃는다.'라는 명확하고 교육적인 피드백을 제공하며, 학습자의 긍정적 행동 발달을 지원하는 기능적 도구가 된다.

9. 벌의 실제 적용 사례

(1) 수업 방해 행동에 대한 타임아웃 중재

① 배경 정보

- 중재자: 초등 특수교사 김○○
- 대상 아동: 9세, 지적장애를 동반한 자폐스펙트럼장애 진단
- 문제 상황: 수업 시간에 반복적으로 친구의 물건을 만지거나 장난을 치며, 주변 친구들의 학습을 방해함. 교사의 언어적 주의에도 반응하지 않고 행동을 지속함

② 중재 목표

- 아동이 수업 중 타인의 물건을 허락 없이 만지는 행동을 평균 3회 이하로 줄인다.
- 아동이 자기 자리에 앉아 과제에 집중하는 수업 참여 행동을 10분 이상 지속할 수 있도록 한다.

③ 벌 절차 적용: 타임아웃

- 절차 설정
  - 타임아웃 방식: 비배제 타임아웃
  - 아동은 자리에 앉아 있으나, 일정 시간 동안 교사와의 상호작용, 학습 활동, 강화 기회에서 제외됨
  - 타임아웃 시간은 1분×아동 연령=9분 이내로 설정함(최대 5분 적용)
- 중재 실행
  - 수업 중 친구의 물건을 세 차례 이상 만지면, 교사는 차분한 목소리로 "자리에서 조용히 앉아 있어요. 지금은 활동에 참여하지 않아요."라고 말하며 타임아웃을 시작함
  - 타임아웃 중 아동은 자리에 앉아 있지만 교사와의 시선 교환이나 언어적 상호작용은 제공하지 않음
  - 타임아웃 후 "이제 다시 시작해 볼까?"라는 말과 함께 수업 활동에 복귀시킴
- 강화 전략 병행
  - 수업 중 타인의 물건에 손대지 않고 자기 활동에 집중할 경우, 토큰 1개를 제공함

- 토큰 5개가 모이면 좋아하는 활동 선택권(그림 그리기, 책 읽기 등)을 제공함
- 벌과 강화 절차를 병행하여 긍정적 행동을 동시에 촉진함

④ 훈련 결과

- 1주차: 수업 중 문제행동 빈도 평균 6회, 타임아웃 2회
- 2주차: 문제행동 평균 3회로 감소, 타임아웃 1회 이하
- 3주차: 문제행동 1회 이하로 안정됨

수업 집중 행동 증가와 타인의 물건에 손대는 행동은 거의 사라졌다. 아동은 타임아웃 상황을 회피하려는 동기를 보이며, 스스로 통제하려는 시도가 관찰되었다. 교사는 4주차부터 타임아웃을 적용하지 않고, 긍정적 행동 강화 중심의 전략으로 전환하였다.

Ⅱ 소거

1. 소거의 개념 및 원리

소거(extinction)는 문제행동을 지탱하던 강화 요인을 완전히 차단하여 행동과 결과의 연결 고리를 끊는 비처벌적 감소 절차다(Cooper et al., 2020). 다시 말해, 해당 행동이 일어나더라도 더 이상 보상이 따르지 않게 함으로써 행동이 자연스럽게 약화되도록 유도하는 것이다. 학술적으로 소거는 '강화 차단을 통해 행동을 줄이는 경우'에만 사용되며, 단순히 어떤 방법으로든 행동을 없앤다는 넓은 의미로 사용하지 않는다.

소거는 정적 강화, 부적 강화, 자동적 강화로 유지되는 행동 모두에 적용할 수 있다. 정적 강화로 유지되던 행동이라면 행동 뒤에 주어지던 선호 자극을 제공하지 않고, 부적 강화로 유지되던 행동이라면 행동 뒤에 제거되던 혐오 자극을 계속 제시하여 더 이상 회피가 일어나지 않도록 한다. 예를 들어, 아동이 숙제 대신 스마트폰을 들고 떼를 쓰자, 부모가 스마트폰을 빼앗아 숙제를 마칠 때까지 돌려주지 않았다고 하자. 만약 이 떼쓰기 행동이 '스마트폰 사용'이라는 정적 강화에 의해 유지되어 왔다면, 스마트폰을 주지 않는 순간 행동은 약화되기 시작한다. 감각적 자극에 의한 자동적 강화로 유지되는 행동에도 소거를 적용할 수 있다. 예를 들어, 책상 모서리에 손목을 반복적으로 부딪혀 특정 감각 자극을 얻는 경우, 손목 보호대를 착용해 행동에서 오는 감각적 만족을

차단하여 해당 행동을 줄일 수 있다. 결국 소거는 행동 자체를 직접 억제하는 것이 아니라, 행동에 뒤따르는 결과를 없애 문제행동이 스스로 사라지도록 만드는 원리에 기반한다. 이 내용을 정리하면 다음과 같다.

- 이전에 강화되어 온 행동이
- 더 이상 동일한 강화를 받지 못하게 되면,
- 시간이 지나면서 그 행동의 빈도가 점차 감소하여 사라진다.

Piazza 등(2003)은 음식 거부를 보이는 아동을 대상으로 소거 절차의 효과를 검증하였다. 연구에서 아동은 식사 중 부적절한 행동을 통해 음식을 회피하는 경험을 반복해 왔으며, 이러한 행동은 도피라는 결과로 강화되어 유지되고 있었다. 도피 소거(escape extinction) 절차가 시작되자 아동이 부적절한 행동을 나타내더라도 음식은 치워지지 않았고, 결과적으로 도피 행동은 더 이상 효과를 가지지 않게 되었다. [그림 6-4]는 연구의 일부를 수정한 그래프로 아동의 분당 부적절한 행동의 빈도를 나타내고 있다. 기초선에서는 높은 수준으로 유지되던 부적절한 행동이 도피 소거 절차를 시작한 후 급격하게 감소하는 양상을 보이는 것을 확인할 수 있다.

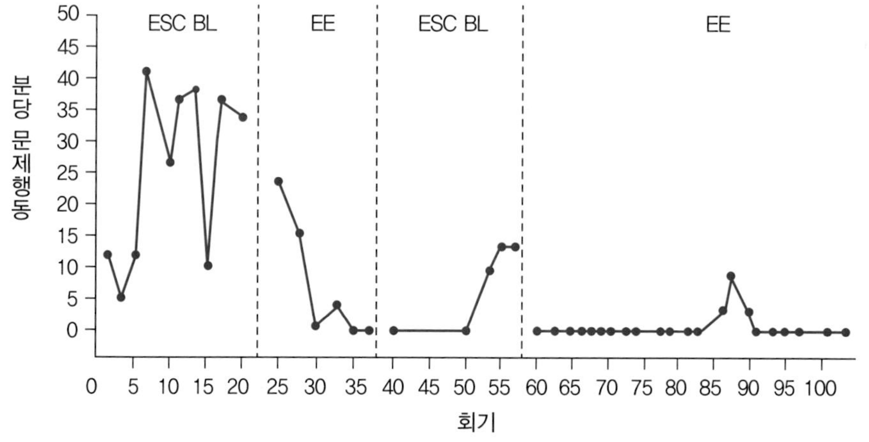

[그림 6-4] 아동의 부적절한 행동 빈도: 기초선 조건(ESC BL)과 도피 소거(EE) 조건 비교

발췌 후 일부 수정: Piazza, C. C., Patel, M. R., Gulotta, C. S., Sevin, B. M., & Layer, S. A. (2003).

2. 소거 폭발과 자발적 회복

소거를 시작했다고 해서 문제행동이 곧바로 사라지는 것은 아니다. 오히려 처음 며칠 또는 몇 회기 동안은 행동의 빈도나 강도가 한층 더 치솟을 수 있다. 학습자는 '예전처럼 보상이 곧 돌아오겠지.' 하고 기대하며 더 격렬하게 반응해 보이는데, 이러한 일시적 폭증을 **소거 폭발**(extinction burst)이라고 부른다(Lerman et al., 1999; Richman et al., 1999). 소거 폭발은 소거 초기에 행동문제의 발생 강도 및 빈도가 급증하는 현상으로, 저녁마다 부모에게 스마트폰을 달라며 소리를 질러 원하는 것을 얻곤 했던 아동에게 소거 절차를 적용하면, 초기에는 평소보다 더 크게 소리 지르거나 방문을 세게 쾅쾅 닫는 행동이 나타날 수 있다.

따라서 소거 계획을 세울 때는 '상황이 잠시 악화될 수 있다'는 사실을 미리 예상하고, 교사, 보호자, 치료사 등 모든 중재자가 끝까지 일관성을 유지할 준비가 되어 있는지 확인한 뒤 소거를 시작한다. 소거 폭발이 있을 때도 소거 절차를 계속하는 것은 중요하다. 만약 중재자가 이 시점에 소거를 중단한다면, 다시 말해 소거 폭발 단계에서 단 한 번이라도 강화가 제공된다면, 학습자는 '버티면 보상을 받는다.' '더 강하게 요구하면 결국 원하는 것을 얻는다.'라는 것을 학습하게 되어, 이후 문제행동이 오히려 심화될 수 있다. 특히 자해행동, 타해행동, 또는 수업이 마비될 정도의 방해행동처럼 즉

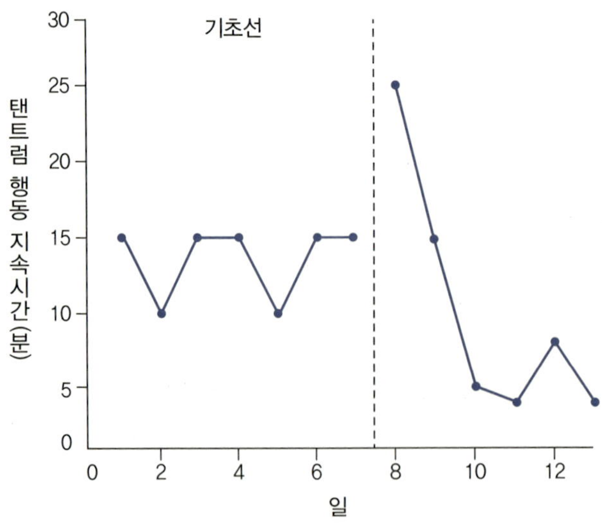

[그림 6-5] 소거 폭발이 나타난 그래프

각적인 위험이 큰 행동이라면, 소거만으로 대처하기보다는 더 안전한 절차를 검토하는 것이 바람직하다(Zirpoli, 2017).

[그림 6-5]는 기초선과 소거 조건에서의 아동의 탠트럼 행동 지속시간에 관한 가상의 데이터를 나타낸 그래프다. 기초선에 비해 중재 후에 지속시간이 증가한 것으로 보아 소거 절차가 시작된 첫날 소거 폭발이 일어난 것을 알 수 있다. 하지만 점차 감소하여 탠트럼 행동은 전혀 발생하지 않게 된다.

소거 폭발은 실패의 신호가 아니다. 오히려 강화 요인이 제대로 차단되고 있음을 보여 주는 지표다. 그러므로 소거폭발이 나타났다고 해서 곧바로 소거를 중단하거나 다른 전략으로 바꿔서는 안 된다. 대신 차별강화를 병행하여 바람직한 대체 행동이 즉시 보상받는 성공 경험을 얻도록 만들어야 한다. 예를 들어, 스마트폰 대신 '30분 독서 후 차분하게 요청하기'와 같은 대안 행동에 토큰을 지급하면 문제행동이 약화되는 동안 새로운 행동이 빠르게 자리 잡는다.

소거를 꾸준히 적용하여 문제행동이 거의 사라졌더라도 어느 날 예고 없이 그 행동이 다시 나타날 수 있다. 소거된 줄 알았던 행동이 다시 나타나는 것이다. 이러한 현상을 **자발적 회복**(spontaneous recovery)이라고 하며, 이는 소거 절차의 정상적인 일부다(Cooper et al., 2020). 예를 들어, 교실에서 교사의 관심을 얻기 위해 소리를 지르던 학생이 소거와 차별강화 절차를 통해 한 달 동안 그 행동을 전혀 보이지 않다가 어느 날 아침 갑자기 다시 소리지르는 행동을 보였다고 하자. 이때 교사가 그 행동에 관심 반응을 보이면, 학생은 간헐적으로나마 보상을 받은 셈이 되어 해당 행동은 다시 강화되고 지속될 수 있다. 반면, 동일한 소거 절차를 일관되게 유지하면 일시적 반등은 곧 사라지고 행동은 다시 낮은 수준으로 안정된다. 따라서 모든 교직원과 보호자는 이러한 과정을 미리 이해하고 일관된 대응을 준비해 두어야 한다.

3. 소거 저항에 영향을 주는 요인

소거 단계에서도 어떤 행동은 금세 사라지지만 어떤 행동은 오랫동안 끈질기게 나타나는 경우가 있다. 이렇게 소거가 적용되는 동안에도 표적 행동이 지속되는 정도를 **소거 저항**(resistance to extinction)이라고 한다(Lerman & Iwata, 1996). [그림 6-6]은 소거 저항을 나타내는 그래프다. 13일째 되는 날 아동의 탠트럼 행동에 못이겨 부모가 아동의 요구를 들어 주었다면 이는 소거 원칙에 위배되는 일시적인 강화로 아동은 탠트럼

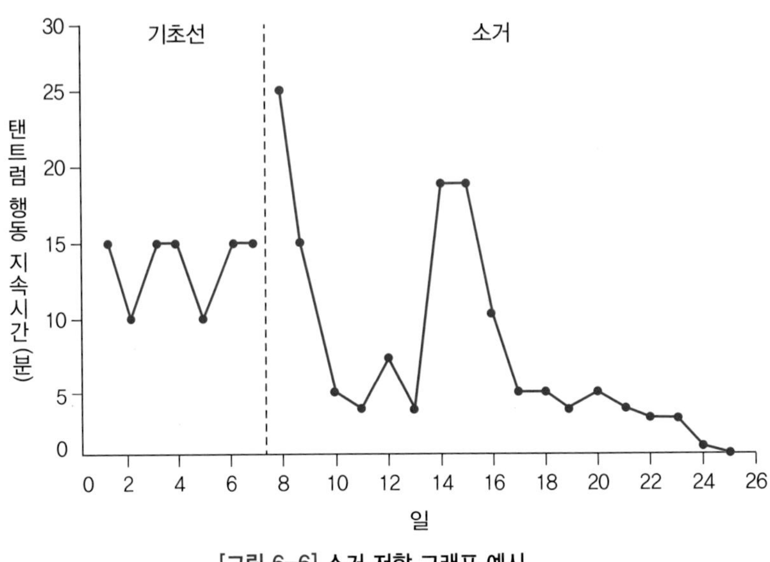

[그림 6-6] 소거 저항 그래프 예시

행동이 여전히 효과가 있을 수 있다는 기대를 갖게 된다. 아동은 '이전에는 통했는데 왜 지금은 안 통하지? 더 강하게 해 봐야겠다!'라는 무의식적인 시도를 한 것이며, 이러한 결과는 14~15일의 그래프에 발현되고 있다. 이처럼 소거 절차 중에 일시적으로라도 강화를 하게 되면, 소거 저항을 더욱 강화시키고 중재 기간은 늘어나게 된다. 따라서 소거 중재 시에는 예측되는 소거 저항에 대비하고 일관된 원칙을 유지하는 것이 중요하다.

소거 저항이 낮으면 행동은 빠르게 줄어들지만 소거 저항이 높으면 감소 속도가 더디다. 소거 절차를 설계할 때는 다음의 4가지 변인이 소거 저항의 크기에 큰 영향을 미친다는 점을 기억해야 한다.

1) 기존 강화 스케줄

연속 강화로 형성된 행동은 소거가 시작되면 보상이 완전이 사라졌다는 사실을 학습자가 바로 알아채므로 비교적 빨리 감소한다. 반대로 간헐 강화로 유지된 행동은 원래도 '가끔만 보상'을 받아 왔기 때문에, 소거 상황에서도 '이번엔 안 나왔지만 다음엔 나올지 몰라.'라며 오랫동안 시도하는 경향이 있다. 예를 들어, 매 과제마다 칭찬받던 학생은 칭찬이 끊기면 금세 반응을 줄이지만, 주 1회 칭찬을 듣던 학생은 여러 번의 무반응을 겪고도 계속 과제를 시도한다. 이는 간헐 강화가 불규칙적인 보상 패턴에 대한 내성을 길러, 행동이 쉽게 소거되지 않도록 만들기 때문이다.

2) 강화의 크기와 강도

같은 강화 스케줄이라도 한 번 보상받을 때 얻는 강화물의 크기나 강도가 클수록 행동은 더 끈질기게 유지된다. 이는 강력한 강화물에 대한 기대와 동기가 더 크기 때문이다. 예를 들어, 어떤 행동이 나타날 때마다 현금 5만 원을 보상으로 받아 왔다면, 같은 행동이 점심 쿠폰으로만 보상받았던 경우보다 소거가 시작된 뒤에도 그 행동이 훨씬 더 오래 지속될 가능성이 높다. 이는 학습자가 큰 보상을 잃지 않으려는 동기가 강하기 때문에 더 많은 시도를 하게 되고, 그 결과 소거 과정이 길어지기 때문이다.

3) 행동-강화의 지속기간

문제행동과 강화가 오랫동안 짝지어져 있을수록 행동의 뿌리가 깊어져 소거에 더 잘 저항한다. 장기간에 걸쳐 형성된 행동-강화의 연결고리는 학습자의 뇌에 더 깊이 각인되어 변화에 대한 저항력이 커진다. 예를 들어, 지난 2년 동안 농담할 때마다 친구들의 웃음과 박수를 받아 온 행동은 2개월 동안 간식으로 강화된 행동보다 소거 후에도 훨씬 오래 남는다. 이는 행동이 오랜 시간 학습자의 일상적인 레퍼토리로 자리 잡아 '자동화'된 결과다.

4) 과거 소거 경험

같은 행동이 이전에 소거를 통해 약화된 경험이 있으면 학습자는 '해 봐야 소용없다'는 기억이 있어 소거 저항이 작다. 이는 학습된 무력감의 원리로 설명할 수 있다. 반대로 소거를 시도하다가 중도에 강화가 섞여 들어간 전력이 있다면 간헐 강화의 효과가 덧붙여져 소거 저항이 더 커질 수 있다. 이런 경우 학습자는 '조금만 더 버티면 보상을 받을 수 있다'는 기대를 가지게 되어 소거 저항이 커진다. 이는 간헐 강화 효과가 작용한 결과다.

4. 소거의 단계별 실행 절차

소거를 효과적으로 실행하려면 단순히 강화를 끊는다는 결심만으로는 부족하다. 연구에 따르면, 성공적인 소거는 '계획-실행-점검'이라는 3구간을 차례로 밟아야 한다 (Hagopian et al., 2005; Sullivan & Bogin, 2010).

먼저, 계획 단계다. 팀은 **기능행동평가**(FBA)를 통해 문제행동이 얻고 있던 정확한 보

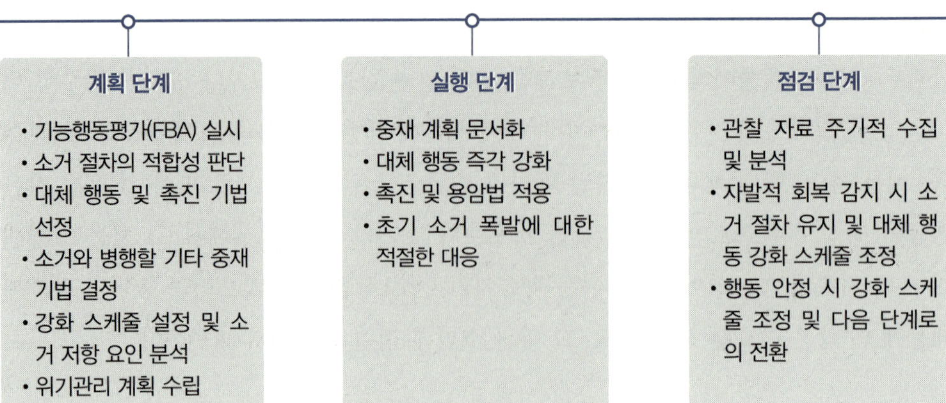

[그림 6-7] 소거의 단계별 내용

상을 찾아내고 이어 그 보상을 현실적으로 차단할 수 있는지 따져 소거가 적절한지 결정한다. 동시에 기존 행동이 충족하던 기능을 대신할 대체 행동을 고르고, 이를 어떻게 가르칠지(예: 음성 힌트, 시각 카드, 동료 모델링 등) 촉진 방식을 선정한다. 그리고 소거만으로 충분할지 차별강화나 선행사건 조정과 같은 근거 기반 기법을 병행할지를 가려낸다. 또한 강화스케줄, 과거 소거 경험, 행동 지속시간처럼 저항에 영향을 주는 변인도 미리 파악해 둔다. 문제행동이 일시적으로 폭발하거나 위험을 유발할 경우를 대비해 위기관리 계획을 세우고 보호자, 담임교사, 보조인력 등 관련인 모두에게 일관된 대응을 훈련하게 한다.

다음으로, 실행 단계다. 이 단계에서는 아동 개인의 중재 계획을 간단히 문서화해 누구나 바로 확인할 수 있게 하고, '보상이 절대 돌아오지 않는다'는 원칙을 흔들림 없이 지키는 것이 중요하다. 대체 행동이 나타나면 즉각적으로 칭찬이나 토큰 등으로 강화하고, 시간이 지남에 따라 촉진을 서서히 줄여 자립성을 높인다. 소거 폭발이 예상되는 초기 며칠 동안은 보호자와 교사가 긴밀하게 의사소통하며 안전을 확보하고 인내심을 유지할 수 있도록 한 번 더 확인한다.

마지막으로, 점검 단계다. 이 단계에서는 관찰 자료를 주기적으로 수집하고 그래프로 분석해 변화 추세를 확인한다. 자발적 회복이 나타나면 동일한 소거 절차를 유지하되, 경미한 수준에서 대체 행동에 대한 강화 비율을 일시적으로 높여 준다. 행동이 다시 안정되면 강화 스케줄을 점차 희박하게 조정하거나 필요에 따라 다음 단계의 중재로 전환한다.

5. 소거와 벌의 비교

소거와 부적 벌은 모두 문제행동을 감소시키는 목적을 갖지만 작동 원리와 실제 적용 절차에서 차이를 보인다.

먼저, 소거는 새로운 자극을 제시하거나 기존 자극을 제거하는 것이 아니라 문제행동을 유지시켜 왔던 기존의 강화를 더 이상 제공하지 않음으로써 행동-결과 간의 연결고리를 끊는 절차이다. 예를 들어, 아이가 과자를 사 달라고 울 때마다 부모가 늘 간식을 줘서 울음이 강화되었다면, 이후에 아이가 같은 요구로 울더라도 아무런 반응도 하지 않고 쇼핑을 계속하는 것이 소거다. 이 경우에는 아이에게서 어떠한 물건을 빼앗거나 새로운 벌을 주지 않았지만, 더 이상 '울음 → 간식'이라는 강화가 성립하지 않으므로 문제행동인 울음이 점차 줄어들게 된다.

반면, 부적 벌은 문제행동이 발생한 직후 학습자가 가치 있게 여기는 자극을 빼앗아 해당 행동을 약화시키는 절차이다. 즉, 행동 이후에 선호하는 자극이 제거됨으로써 벌이라는 새로운 후속사건이 발생하게 된다. 예를 들어, 교실에서 욕설을 한 학생에게서 이미 받은 스티커 2장을 회수한다면, 스티커 상실이 욕설 행동에 대한 부적 벌로 작용한다. 타임아웃이나 반응대가와 같은 선호 자극 감소 절차가 부적 벌에 포함된다.

이 두 절차는 부작용과 반응 양상에서도 차이를 보인다. 소거 과정에서는 행동이 일시적으로 더 심해지는 소거 폭발이 나타나거나, 시간이 지난 뒤 한동안 사라졌던 행동이 간헐적으로 다시 나타나는 자발적 회복 현상이 발생할 수 있다. 반면, 부적 벌의 경우에는 강화 차단과 동시에 추가적인 손실이 적용되므로 소거에서처럼 명확한 형태의 폭발 현상이 관찰되지 않는 경향이 있다.

정리하면, 소거는 기존에 주어지던 강화를 단순히 '더 이상 제공하지 않는' 절차인 반면, 부적 벌은 문제행동 후 선호 자극을 제거하는 '추가적인 후속 사건'이 도입되는 절차다. 따라서 문제행동에 대한 중재 전략을 설계할 때는 단순히 행동을 억제하기 보다 해당 행동을 유지시키는 강화 요인이 무엇인지를 먼저 파악하고, 학습자의 특성을 고려하여 소거와 벌 중 어느 방법이 가장 효과적이고 바람직한 행동 학습을 유도할 수 있을지 심도 있게 판단해야 한다.

6. 소거 적용 시 고려 사항

소거는 행동 감소에 매우 효과적인 전략이지만 철저한 계획과 일관성 있는 실행이 필수적이다. 소거를 시작하기에 앞서 다음의 5가지 질문에 모두 '예'라고 답할 수 있어야 한다. 이 중 하나라도 '아니요'라면 차별강화나 선행 자극 통제 절차를 우선적으로 고려해야 한다(Miltenberger, 2018).

첫째, 기능행동평가(FBA)를 통해 문제행동이 얻고 있던 정확한 보상(예: 사회적 관심, 요구 회피, 감각 자극 등)을 파악하고 있어야 한다. 강화 요인이 불확실하거나 다중 기능이 얽혀 있는 경우, 섣부른 소거 적용은 오히려 상황을 악화시킬 수 있기 때문이다.

둘째, 확인된 강화 요인을 현실적으로 차단할 수 있는지를 검토해야 한다. 이론적으로는 강화 제거가 가능하더라도, 실제 상황에서는 그렇지 않을 수 있다. 예를 들어, 문제행동의 보상이 교사의 무의식적인 반응이거나 교실 내 또래들의 웃음이라면, 이를 완전히 제거하기란 매우 어렵다. 소거는 100% 강화 차단이 전제될 때에만 효과가 있으므로 차단이 불가능하거나 일관성이 유지되지 않을 것 같다면 다른 전략을 먼저 고려하는 편이 낫다.

셋째, 소거 절차가 학습자와 주변 사람들에게 신체적 · 정서적 위협을 유발할 가능성도 반드시 고려해야 한다. 문제행동이 자해행동, 타해행동, 기물 파손 등을 수반하는 경우, 소거에 따른 단기적 행동 격화는 안전을 심각하게 위협할 수 있다. 이런 상황에서는 먼저 위기관리 계획을 수립하고, 물리적 안전 확보가 가능한 조건이 마련될 때에만 소거 적용을 검토해야 한다.

넷째, 소거 과정에서 행동이 일시적으로 격려해지는 소거 폭발 현상을 견딜 준비가 되어 있는지를 파악해야 한다. 소거 폭발에 놀라 단 한 번이라도 강화가 다시 주어지면, 학습자는 '더 강하게 요구하면 결국 통한다'는 교훈을 얻어 이후에는 이전보다 더 강하게 버틸 수 있기 때문이다.

마지막으로, 소거는 단기간에 끝나는 절차가 아니다. 일정 기간 동안 일관되게 대응할 수 있는 자원이 준비되어 있는지도 중요하다. 보호자, 교사, 보조 인력 등 소거에 관여하는 모든 사람이 같은 원칙을 공유하고, 이를 지속적으로 실천할 수 있어야 한다. 특히 처음 며칠은 대응이 쉽지 않기 때문에, 중재 참여자들 간의 협력과 신뢰, 계획 공유가 반드시 있어야 한다.

소거는 단독 전략이 아니라는 점을 유의해야 한다. 단독으로 사용하기보다는 문제행동의 기능을 대신할 대체 행동에 대한 차별강화를 반드시 병행해야 한다. 학습자에게 문제행동 대신 무엇을 하면 원하는 결과를 얻을 수 있는지 분명히 알려 주지 않으면, 좌절이 커지고 다른 부적절한 행동으로 전이될 위험이 높다. 소거와 차별강화가 동시에 적용되는 동안에는 매일 관찰 자료를 기록하고 그래프로 변화 추세를 확인해야 한다. 자발적 회복이 나타나더라도 동일한 소거 절차를 유지하되 경미한 대체 강화의 비율을 높여 주는 것이 좋다.

이처럼 소거는 단순히 강화를 끊는 것이 아니라, 사전에 체계적인 점검과 준비가 이루어져야만 안전하고 효과적으로 실행될 수 있다. 이러한 기준을 바탕으로 소거 적용 여부를 판단하고, 필요시 다른 중재 전략으로의 전환을 유연하게 검토할 수 있어야 한다.

7. 소거의 실제 적용 사례

(1) 수업 중 '주의 끌기 행동'에 대한 소거 절차 적용

① 배경 정보

- 중재자: 초등 특수교사 박○○
- 대상 아동: 8세, 자폐스펙트럼장애 진단
- 문제 상황: 수업 중 반복적으로 소리를 내거나 교사 책상에 다가와 질문하지 않고 말을 걸며 교사의 주의를 끌려는 행동을 보임. 이러한 행동이 발생할 때마다 교사는 "조용히 하자." "기다리세요." 등의 반응을 해 왔음

② 중재 목표

- 아동이 수업 중 질문 없이 교사에게 다가가 말을 거는 행동을 하루 평균 2회 이하로 감소시킨다.
- 아동이 수업 중 질문하고 싶을 때, 손을 들어 교사의 주의를 적절히 요청하는 행동을 1일 5회 이상 유지할 수 있도록 한다.

③ 소거 절차 적용

- 절차 설정
  - 문제행동 기능: 사회적 관심(교사의 말, 시선 등)
  - 소거 전략: 관심을 제거함으로써 주의 끌기 행동을 약화
  - 사전 준비: 교사는 아동이 문제행동을 보일 때 반응(시선, 언어, 표정 등)을 일절 제공하지 않음

- 교사는 대신 적절한 행동(예: 손을 들기, 기다리기 등)에 즉시 관심과 칭찬을 제공함

• 중재 실행
  - 수업 중 아동이 질문 없이 교사 책상에 다가와 말을 걸면 교사는 시선과 반응 없이 계속 수업을 진행함
  - 아동이 문제행동을 반복하더라도 반응을 제공하지 않고, 대체 행동이 나타날 때만 관심을 제공한다(예: 아동이 손을 들어 발언 기회를 요청하면 즉시 반응하며 "지금처럼 손을 들면 선생님이 대답해 줄 수 있어요."라고 칭찬함).

• 초기 대응 전략
  - 소거 폭발에 대비해 교사와 보조교사 모두 같은 소거 반응을 유지하도록 협의함
  - 첫 주는 아동의 문제행동 빈도가 일시적으로 증가했으나, 모든 교직원이 일관되게 소거 절차를 유지함

④ 병행 전략

• 대체행동 차별강화 병행: 손들기, 질문하기 등 적절한 행동에 즉각적인 사회적 관심을 제공함
• 시각 단서 제공: "생각났을 땐 손을 들어요."라는 시각 카드를 책상 위에 부착해 둠

⑤ 중재 결과

• 1주차: 문제행동 빈도 평균 8회/일 → 소거 폭발로 일시 증가
• 2주차: 평균 5회/일로 감소, 손들기 행동 증가
• 4주차: 문제행동 1–2회 이하로 안정화, 교사와의 상호작용 대부분이 적절한 형태로 이루어짐

교사는 '초기에는 계획적으로 무시하는 것이 어렵게 느껴졌지만, 지금은 아동이 스스로 기다리는 모습이 놀랍다.'라고 평가하였다.

Ⅲ 차별강화

1. 차별강화의 기본 원리

차별강화(differential reinforcement)는 강화의 원리를 활용하되 문제행동을 줄이고 바

람직한 행동을 늘리는 데 목적을 둔 중재 전략이다. 이는 단순히 처벌을 통해 문제행동을 억제하는 방식과는 다르다. 차별강화는 원하지 않는 행동에는 강화를 제공하지 않거나 철회하고, 목표하는 행동에는 강화를 제공하는 방식으로 이루어진다. 쉽게 말해, "이 행동은 안 돼, 하지만 저렇게 하면 보상해 줄게!"라고 알려 주는 것이다. 여기서 '차별'이라는 말은 사회적 차별이 아니라 서로 다른 행동에 서로 다른 반응을 제공하는 절차를 뜻한다. 즉, 어떤 행동에는 강화를 주고, 어떤 행동에는 강화하지 않는 방식으로 행동을 구분하여 다르게 다룬다는 의미다. 예를 들어, 수업 시간에 자주 소리를 지르는 학생이 있다고 가정하자. 전통적인 처벌 중심 접근은 학생이 소리를 지를 때마다 꾸짖거나 벌을 주는 방식일 것이다. 하지만 차별강화는 학생이 조용히 앉아 있을 때는 즉시 관심을 주고 칭찬하지만 소리를 지를 때는 강화를 제공하지 않는다. 이렇게 하면 점차 조용히 있는 행동이 강화되고, 문제행동은 자연스럽게 줄어든다.

차별강화는 다음과 같은 원리를 따른다.

첫째, 문제행동이 일정 기준 이하로 나타나거나 아예 발생하지 않을 때 강화한다. 예를 들어, "5분 동안 소리 지르지 않으면 칭찬해 줄게."와 같은 방식이다.

둘째, 문제행동과 동일한 기능을 수행하지만 사회적으로 더 적절한 대체 행동이 나타났을 때 강화한다. 예를 들어, "물건을 빼앗는 대신 '빌려줘.'라고 말하면 빌려줄게." 와 같은 방식이다.

정적 강화나 부적 강화가 바람직한 행동 자체를 증가시키는 데 초점을 둔다면, 차별강화는 문제행동의 빈도나 강도를 줄이거나, 그 자리에 바람직한 행동을 자리 잡게 하는 데 초점을 둔다. 이때 중요한 것은 행동의 기능을 정확히 파악하는 것이다. 예를 들어, 학습자가 관심을 얻기 위해 소리를 지른다면, 조용히 있을 때 관심을 주는 것이 효과적이고, 과제를 회피하려고 소리를 지른다면, 조용히 앉아 있을 때 짧은 휴식을 제공하는 방식이 도움이 될 수 있다. 이러한 전략은 처벌이나 혐오 자극 없이도 문제행동을 감소시킬 수 있다는 장점을 갖는다. 따라서 학습자의 존엄성과 권리를 존중하는 긍정적 행동지원 방식으로, '최소 제한 대안 원리'에 부합하는 중재라고 할 수 있다. 즉, 학습자에게 가장 온화하고 덜 침습적인 방식으로 행동을 가르치는 접근이다.

차별강화의 핵심은 "무엇을 하지 말라."가 아니라 "무엇을 하라."를 가르치는 데 있다. 이는 학습자에게 명확한 방향을 제시하고, 긍정적인 행동을 통해 성공 경험과 자기효능감을 키울 수 있게 해 준다. 또한 처벌에 비해 부작용이 적고, 학습자와의 관계를 해치지 않는다는 점에서도 중요한 장점을 지닌다.

2. 차별강화 유형

차별강화에는 크게 4가지 대표적인 유형이 있으며, 문제행동의 기능과 상황에 따라 가장 적절한 방식을 선택해 적용할 수 있다.

1) 대체행동 차별강화

차별강화는 문제행동의 특성과 중재 목표에 따라 여러 유형으로 나뉘는데, 그중 가장 널리 사용되는 방식이 **대체행동 차별강화**(Differential Reinforcement of Alternative behavior: DRA)다. 대체행동 차별강화는 문제행동과 동일한 기능을 수행하지만 사회적으로 더 적절한 형태를 가진 행동을 새롭게 가르치고, 그 행동에만 강화를 제공함으로써 문제행동을 자연스럽게 줄이는 전략이다. 즉, 문제행동을 직접 처벌하기보다는 더 바람직한 대안을 마련해 주는 것이다. 이 전략은 특히 학습자가 적절한 의사 표현이나 행동 기술을 아직 갖추지 못했을 때 매우 유용하게 적용될 수 있으며, 이러한 원리는 이후에 다룰 기능적 의사소통 훈련(Functional Communication Training: FCT)에서도 핵심적으로 활용된다.

예를 들어, 유치원생 민수가 친구에게 장난감을 빼앗기면 바닥에 드러눕고 소리를 지르는 행동을 보인다고 가정하자. 기능행동평가 결과, 이 행동은 '장난감을 다시 얻기' 위한 목적을 가지고 있었다. 교사는 민수가 같은 기능을 수행할 수 있도록 '손을 들어 교사에게 "장난감 돌려주세요."라고 말하기'를 대체행동으로 정했다. 이후 민수가 이 새로운 행동을 보일 때마다 교사는 장난감을 돌려주고, "아주 잘 말했어! 정말 잘했어!"라고 칭찬했다. 반대로, 소리를 지르거나 드러눕는 행동에는 반응하지 않았다. 점차 민수는 소리를 지르기보다는 말로 요청하는 방식으로 장난감을 돌려받는데 성공하게 되었다.

또 다른 예로, 철수는 수업 중 교사의 관심을 얻기 위해 책상을 두드리거나 큰 소리로 혼잣말을 하곤 한다고 가정하자. 교사는 철수가 손을 들고 질문하거나 수업과 관련된 이야기를 조용히 할 때 즉시 반응하고 칭찬하며 관심을 보였다. 반면, 책상을 두드리거나 큰 소리로 말할 때는 의도적으로 무반응으로 일관했다. 결과적으로, 철수는 보다 사회적으로 적절한 방식으로 관심을 얻을 수 있다는 것을 학습하게 되었다.

대체행동 차별강화를 효과적으로 적용하기 위해서는 어떤 대체행동을 선택할 것인지가 중요하다.

첫째, 기능적 동등성이다. 즉, 대체행동은 반드시 문제행동과 같은 목적을 달성할 수 있어야 한다. 장난감을 되찾고 싶은 아동에게 단순히 참으라고만 하는 것은 실질적인 대안이 되지 못한다. 대신 말로 요청하면 장난감을 돌려받을 수 있는 경험을 제공해야 한다.

둘째, 수행 가능성이다. 대체행동은 학습자의 현재 능력 수준에서 실현 가능해야 하며, 처음부터 완벽하게 수행하지 않더라도 작은 시도부터 강화하여 점차 완성도를 높이는 방식으로 접근해야 한다.

셋째, 의사소통의 명확성이다. 제삼자가 보더라도 행동의 의미가 분명하게 전달되어야 하며, 그래야 주변 사람들이 적절하게 반응해 줄 수 있다.

마지막으로, 사회적 수용성도 중요하다. 가족, 교사, 또래가 불편함 없이 받아들일 수 있는 형태여야 장기적으로 유지가 가능하다. 아무리 기능적으로 적절하더라도 사회적으로 용납되기 어려운 행동이라면 중재가 지속되기 어렵다.

이러한 4가지 기준은 이후에 다룰 기능적 의사소통 훈련(FCT)과 같은 중재에서도 중요한 기반이 된다(Alberto & Troutman, 2014; Durand et al., 1993; Horner & Day, 1991). 대체행동 차별강화는 문제행동의 기능을 유지하면서도 보다 수용 가능한 방식으로 행동을 전환시키는 데 효과적인 전략이며, 무엇보다 기능행동평가의 정확성이 그 성공을 좌우하는 핵심 요소라고 할 수 있다.

2) 타행동 차별강화

타행동 차별강화(Differential Reinforcement of Other behavior: DRO)는 일정한 시간 동안 특정한 문제행동이 발생하지 않은 것을 기준으로 강화를 제공하는 전략이다. 이때 강화의 기준은 '무엇을 했는가?'가 아니라 '무엇을 하지 않았는가?'에 초점이 맞춰진다. 즉, 문제행동이 나타나지 않은 빈 시간, 다시 말해 그 외의 모든 행동을 강화하는 방식이다.

예를 들어, 한 학생이 수업 중 계속해서 의자를 뒤로 젖혀 부딪히는 소리를 내는 행동을 반복한다고 가정하자. 교사는 40분 수업을 5분 단위로 나누고, 5분마다 의자 젖히기 행동이 한 번도 나타나지 않으면 토큰을 지급하였다. 반대로 그 간격 안에 한 번이라도 문제행동이 발생하면 강화는 제공되지 않고, 다음 간격으로 넘어갔다. 일정 비율 이상 성공이 누적되면 간격을 점차 6분, 8분, 10분으로 늘려 갔고, 자발적인 자제력 강화를 유도하였다. 또 다른 예로, 초등학생 영희는 스트레스를 받을 때 머리를 벽에 부덮히는 자해 행동을 보인다고 가정하자. 교사는 1분마다 영희를 관찰하고, 1분간 자해 행동이 없었을 경우 영희가 좋아하는 짧은 애니메이션을 20초 동안 보여 주었다. 만약 자해 행동이 발생하면 애니메이션을 제공하지 않았고, 새로운 1분 간격을 다시 시작하였다. 이후 영희가 5분 연속으로 자해 행동 없이 성공하면 추가로 스티커를 보상으로 제공하였다.

타행동 차별강화는 운영 방식에 따라 크게 2가지로 나뉜다.

- **간격 타행동 차별강화**(interval DRO): 정해진 시간 전체에서 문제행동이 전혀 없어야 강화가 주어지는 방식. 예: 5분 간격 동안 한 번도 문제행동이 없어야 강화
- **순간 타행동 차별강화**(momentary DRO): 설정된 시간 간격이 끝나는 정확한 시점에만 문제행동이 없으면 강화가 주어지는 방식(간격 전체에 대해 문제행동이 있었는지는 고려하지 않음) 예: 10분 간격 DRO를 설정했다면, 그 시점에만 문제행동이 없으면 강화를 제공

이러한 간격들은 다시 고정 간격(Fixed Interval: FI)과 변동 간격(Variable Interval: VI)으로 세분화된다. 고정 간격은 5분, 10분 등 일정한 시간마다 강화가 주어지는 반면, 변동 간격은 40초, 70초, 90초 등 불규칙한 간격으로 강화 시점을 조절한다. 변동 간격은 학습자가 정확한 시점을 예측하기 어려워 비교적 안정적인 억제 효과를 기대할 수 있으나 중재자가 매번 간격을 다르게 조정해야 한다는 점에서 다소 번거로울 수 있다.

타행동 차별강화의 가장 큰 장점은 처벌 없이 문제행동을 감소시킬 수 있다는 점이다. 그러나 동시에 명확한 대체행동을 가르치지 않는다는 단점도 존재한다. 타행동 차별강화는 특정 시간 동안 문제행동이 일어나지 않았다는 사실에만 초점을 맞추므로 학습자가 어떤 행동을 해야 하는지에 대한 정보는 주지 않는다. 따라서 문제행동이 줄어드는 대신 다른 방해행동이 새롭게 나타날 가능성도 있다.

이러한 한계를 보완하기 위해서는 몇 가지 실천 전략이 필요하다. 우선 초기에는 간격을 짧게 설정하여 학습자가 강화에 자주 접근할 수 있도록 해야 한다. 이렇게 하면 성공 경험을 반복하며 문제행동이 줄어드는 효과가 강화된다. 또한 타행동 차별강화는 대체행동 차별강화(DRA)나 학습자의 행동에 영향을 줄 수 있는 환경이나 자극을 사전에 조정하는 전략과 병행하는 것이 바람직하다. 예를 들어, 문제행동이 일어나지 않는 동안 적절한 대체행동이나 긍정적인 행동을 함께 강화하거나, 학습자가 편안함을 느낄

수 있도록 환경을 조정하는 것이다. 즉, 문제행동을 하지 않는 동안 학습자가 무엇을 해야 하는지 명확하게 알려 주고, 그 행동에 대해 강화하는 접근이 병행되어야 타행동 차별강화의 효과를 극대화할 수 있다.

3) 상반행동 차별강화

상반행동 차별강화(Differential Reinforcement of Incompatible behavior: DRI)는 문제행동과 물리적으로 동시에 일어날 수 없는 행동, 즉 상반행동을 찾아 그 행동을 집중적으로 강화함으로써 문제행동을 자연스럽게 줄이는 전략이다. 이는 2개의 물체가 같은 공간을 동시에 차지할 수 없듯이 2가지 행동이 동시에 일어날 수 없다는 '물리적 비양립성(physical incompatibility)'의 원리를 활용한 것이다.

예를 들어, 복도에서 자주 뛰어다니는 초등학생이 있다고 가정하자. 교사는 이 학생에게 '두 손을 주머니에 넣고 바른 자세로 천천히 걷기'를 상반행동으로 정했다. 달리기와 손을 주머니에 넣고 천천히 걷는 행동은 동시에 일어날 수 없기 때문이다. 이후 학생이 복도에서 천천히 걷는 모습을 보일 때마다 교사는 "지금처럼 천천히 걸으면 안전하지! 정말 잘했어!"라고 말하며 발걸음 기록표에 스티커를 붙여 주었다. 시간이 지나면서 천천히 걷는 행동이 강화되면, 자연스럽게 뛰어다니는 행동은 줄어들게 되었다.

또 다른 예로, 중학생 준우는 지루하거나 불안할 때마다 손톱을 물어뜯는 행동을 보인다. 손톱을 물어뜯는 동안에는 다른 손동작을 하기가 어려우므로 상반행동으로는 '손을 깍지 끼기'로 정했다. 교사는 준우가 손톱을 물어뜯으려 할 때 "준우야, 손을 깍지 껴 볼까?"라고 자연스럽게 제안하고, 준우가 손을 깍지 낀 채로 있는 모습을 보이면 "손깍지를 아주 잘하네!"라고 칭찬하며 스티커를 주었다. 이렇게 상반 행동이 반복적으로 강화되면서 손톱 물어뜯는 행동은 점차 사라지게 되었다.

상반행동 차별강화를 설계할 때 가장 먼저 확인해야 할 점은 선택한 상반행동이 학습자의 현재 행동 레퍼토리 안에 실제로 존재하는지 여부다. 만약 해당 행동이 없거나 미숙한 경우에는 먼저 시범 보이기(모델링), 손을 잡아 주는 신체적 촉구, 그림이나 사진을 활용한 시각 자료 등을 활용해 행동을 가르쳐야 한다. 초기에는 바람직한 행동이 나타날 때마다 즉시 강화를 제공하는 연속 강화 스케줄을 적용하고, 행동이 안정되면 점차 간헐 강화로 전환하여 일반화와 유지까지 고려하는 것이 바람직하다.

한편, 실제 장면에서는 어떤 행동이 상반행동인지 판단이 어려운 경우도 있다. 예를 들어, '소리 지르기'와 '자리에서 조용히 앉아 있기'는 동시에 일어날 수 있을 수도 있지만, '소리 지르기'와 '입을 다물고 있기'는 명확히 비양립적이다. 만약 문제행동에 대해 이렇게 명확하게 대응되는 상반행동을 찾기 어렵거나 상황에 따라 두 행동이 동시에 일어날 가능성이 있다면, 상반행동 차별강화보다는 동일한 기능을 수행하는 다른 행동을 강화하는 대체행동 차별강화(DRA)가 더 적절할 수 있다.

상반행동 차별강화는 물리적으로 동시에 일어날 수 없는 행동 쌍을 활용한다는 점에서 적용 조건이 분명하고, 목표 행동을 명확히 제시할 수 있다는 장점이 있다. 그러나 학습자의 능력이나 환경 조건에 따라 상반 행동의 선정이 까다로울 수 있으므로, 중재 설계 시 기능행동평가와 직접 관찰을 바탕으로 신중히 결정해야 한다.

4) 저비율 차별강화

저비율 차별강화(Differential Reinforcement of Low rates: DRL)는 특정 행동 자체를 없애기보다는 과도한 빈도를 점진적으로 줄여 사회적으로 수용 가능한 수준에 머물도록 조절하는 전략이다. 저비율 차별강화의 핵심 목표는 행동을 제거하는 것이 아니라 허용 가능한 수준으로 조절하는 것에 있다. 즉, 행동의 질은 유지하면서 양을 통제하는 접근이라고 할 수 있다.

예를 들어, 한 고등학생이 영어 수업시간에 유머스러운 말로 친구들을 웃게 한다고 가정하자. 이 행동은 수업 분위기를 환기시키는 긍정적인 측면도 있지만 50분 동안 평균 10회나 농담을 하게 되면 수업 흐름을 방해하는 부작용이 생길 수 있다. 교사는 먼저 이 문제행동을 '영어 교과서 읽기 시간에 큰 소리로 농담을 해 교실의 친구들을 웃게 하는 행동'으로 조작적으로 정의한 뒤, 3일 동안 기초선을 측정해 평균 빈도가 10회임을 확인하였다. 처음에는 '8회 이하'라는 기준을 설정하고, 학생이 수업 한 차시 동안 농담을 기준 이하로 유지할 경우 급식시간에 줄서기 우선권을 제공하는 방식으로 강화하였다. 일정 기준을 연속으로 달성하면 목표치를 '6회 이하' '4회 이하'와 같이 점진적으로 낮춰 나갔고, 최종적으로는 '2회 이하'까지 도달하도록 설계하였다. 이때 감소 속도가 너무 빠르거나 느릴 경우, 목표치 조정의 폭을 유연하게 조절하여 학습자의 성공 경험을 유지하도록 돕는 것이 중요하다.

또 다른 예로, 초등학생 민지는 수업시간에 지나치게 자주 손을 들고 질문을 한다. 질문하는 행동 자체는 긍정적이지만, 10분당 평균 7회처럼 너무 빈번하면 수업 진행에 방해가 된다. 이 경우 교사는 저비율 차별강화를 활용해 목표를 '10분당 질문 3회 이하'로 설정하고, 민지가 기준을 지키면 칭찬과 함께 스티커 보상을 제공하였다. 일정 수의 스티커가 모이면 민지가 원하는 책을 읽을 수 있는 자유 시간을 주었고, 점차 기준을 2회, 1회 등으로 낮춰 나갔다.

저비율 차별강화는 운영 방식에 따라 3가지로 나뉜다.

- 전체회기 저비율 차별강화(full-session DRL): 전체 수업시간(예: 45분) 동안 문제행동의 총 횟수가 기준치 이하일 때 강화가 제공된다. 비교적 단순하게 적용할 수 있지만 학생이 언제 보상을 받게 되는지 예측하기 어려워 초기 동기 유발이 약할 수 있다는 단점이 있다.
- 반응 간 간격 저비율 차별강화(spaced-responding DRL): 동일한 행동 간에 최소한의 시간 간격을 두도록 설정하는 방식이다. 예를 들어, 농담을 한 후 5분이 지나야 다음 농담이 가능하며, 이 규칙을 지키면 즉시 강화가 주어진다. 이 방식은 행동 간 간격을 조절하는 데 효과적이며, 지나치게 잦은 빈도의 행동을 자연스럽게 분산시키는 데 적합하다.
- 간격 저비율 차별강화(interval DRL): 전체 회기를 일정 시간 단위(예: 5분)로 나누고, 각 구간마다 문제행동이 허용 기준 이하일 때 보상을 주는 방식이다. 학생은 '조금만 더 참으면 강화가 있다.'는 점을 인식하게 되고, 교사는 보다 세밀하게 피드백을 제공할 수 있다.

저비율 차별강화를 적용하기 위해서는 몇 가지 실천적 요소를 고려해야 한다.

첫째, 첫 목표치는 기초선보다 조금만 낮게 설정하여 학습자가 초기부터 성공 경험을 누릴 수 있도록 해야 한다. 기준을 너무 급격하게 낮추면 학습자가 쉽게 포기하거나 반발할 수 있다.

둘째, 목표를 달성했을 때는 즉각적이고 의미 있는 강화를 제공해야 한다.

셋째, 기준은 지나치게 빠르게 조정하지 말고 점진적으로 낮추어야 한다. 이렇게 하면 실수를 줄이고 반발 없이 행동을 조절할 수 있다.

마지막으로, 행동의 질적 변화도 함께 고려해야 한다. 단순히 횟수만 줄이는 데 그치지 않고, 보다 적절하고 기능적인 행동으로 전환될 수 있도록 돕는 것이 바람직하다.

저비율 차별강화는 행동을 억제하지 않고 조율하고 정제하는 중재 전략이라는 점에서 교육적 유연성이 크다. 적절하게 설계하고 실행한다면 학습자의 강점을 유지하면서도 학습 환경을 안정적으로 관리할 수 있는 효과적인 절차가 될 수 있다.

〈표 6-3〉 차별강화의 유형별 비교

차별강화 유형	정의	적용 상황	강화 조건
대체행동 차별강화 (DRA)	문제행동과 동일한 기능을 수행하는, 사회적으로 더 적절한 행동을 가르치고 강화하는 전략	문제행동의 기능이 명확하고, 대체할 행동이 가능한 경우	대체행동이 나타났을 때만 강화
타행동 차별강화 (DRO)	문제행동이 없는 시간 간격을 기준으로 강화함으로써 문제행동을 억제하는 전략	문제행동을 즉시 줄일 필요가 있을 때, 구체적 대안행동이 없어도 가능할 때	설정된 시간 간격 동안 문제행동이 전혀 없을 때 강화
상반행동 차별강화 (DRI)	문제행동과 물리적으로 양립할 수 없는 행동을 선택해 그것을 강화함으로써 문제행동을 감소시키는 전략	상반 행동이 분명하고 실현 가능한 경우	상반행동이 발생한 경우에만 강화
저비율 차별강화 (DRL)	과도하게 자주 나타나는 행동의 빈도를 점진적으로 줄이기 위해 기준 이하의 발생만을 강화하는 전략	행동을 완전히 없앨 필요는 없지만, 빈도 조절이 필요한 경우	기준 횟수 이하로 행동이 나타날 때 강화

이 4가지 차별강화 절차는 각각 뚜렷한 강점과 한계를 지니고 있으며, 문제행동의 기능, 상황, 환경적 조건에 따라 적절히 선택되어야 한다.

대체행동 차별강화(DRA)는 문제행동을 보다 적절한 행동으로 전환할 수 있다는 점에서 가장 강력한 접근 중 하나지만 문제행동의 기능이 정확히 분석되지 않은 상태에서 대체행동을 설정할 경우 효과가 떨어질 수 있다. 타행동 차별강화(DRO)는 문제행동이 발생하지 않은 공백 자체에 강화가 주어지기 때문에 새로운 행동 기술을 습득시키는 데는 한계가 존재한다. 상반행동 차별강화(DRI)는 문제행동과 물리적으로 양립할 수 없는 행동이 분명히 정의되는 경우에는 매우 효과적이지만 상반행동을 명확히 구분하기 어렵거나 실제로 동시에 발생 가능성이 있는 행동일 경우 적용이 까다롭다. 저비율 차별강화(DRL)는 행동을 억제하지 않고 지나친 빈도만 조정하는 데 효과적이지만 구체적인 대안행동을 가르치지는 못한다는 한계가 있다.

따라서 단순히 4가지 중 한 개를 선택하는 것이 아니라 문제행동이 어떤 강화 기능을 갖고 있는지, 그리고 그 행동이 일어나는 물리적·사회적 맥락은 어떠한지를 면밀히 분석한 뒤, 이 4가지 전략을 상황에 맞게 변형하거나 조합하여 가장 적절하고 지속 가능한 행동 변화를 설계하는 것이다.

3. 차별강화 적용 시 고려 사항

차별강화 절차를 성공적으로 설계하고 적용하려면 몇 가지 핵심 원칙을 반드시 점검해야 한다. 이러한 요소들은 중재의 단기적 효과뿐만 아니라, 장기적 유지와 일반화를 위해서도 중요하다.

1) 기능행동평가에 기반한 절차 선택

문제행동을 정확히 이해하고 기능에 맞는 절차를 선택하는 것이 차별강화의 출발점이다. 기능행동평가(FBA)를 통해 문제행동이 어떤 보상을 얻고 있는지를 명확히 파악한 뒤, 그 기능에 맞는 차별강화를 선택해야 한다. 기능을 고려하지 않고 절차를 선택하면 중재 효과가 떨어지거나 새로운 문제행동이 나타날 수 있다. 예를 들어, 교사의 관심을 끌기 위해 큰 소리로 노래하는 아동에게 타행동 차별강화(DRO)를 적용하면 일시적으로 행동은 줄어들 수 있으나 관심을 얻으려는 욕구는 해결되지 않아 다른 문제행동으로 이어질 수 있다. 이 경우 손들고 발표하기와 같은 대체행동에 관심을 주는 대체행동 차별강화(DRA)가 더 적절하다.

2) 강화 계획의 구체화

적절한 차별강화 절차를 선택했다면, 다음은 어떤 행동에 언제, 어떤 강화로 반응할 것인지 강화 계획을 수립하는 단계다. 강화제의 종류, 강화 시점(행동 직후 1~3초 이내), 강화 스케줄, 목표 기준의 변화 등을 문서화해 두는 것이 중요하다. 예를 들어, 하루 10회 자리를 이탈하는 아동에게 저비율 차별강화(DRL)을 적용할 경우, 첫 주는 7회 이하, 둘째 주는 5회 이하처럼 단계적으로 목표를 낮추고, 기준 달성 시 선호하는 활동 기회를 강화물로 제공한다.

3) 일관성의 확보

차별강화에서 가장 중요한 원칙 중 하나는 일관성이다. 보상 기준이 사람마다 다르면 학습자는 혼란을 느끼고 행동의 차이를 배우기 어렵다. 중재에 참여하는 교사, 보호자, 보조 인력이 동일한 기준과 정의를 공유해야 하며, 문제행동이 발생했을 때 실수로 강화하지 않도록 철저히 관리해야 한다. 예를 들어, '때리기' 행동에 대한 정의가 관련 주체마다 다르면 타행동 차별강화(DRO) 절차는 효과를 잃을 수 있다.

4) 대체 행동 지도의 필요성

타행동 차별강화(DRO)와 같이 문제행동의 부재에만 초점을 맞춘 절차라도 문제행동이 줄어든 자리에 어떤 행동을 할 수 있는지를 알려 주지 않으면 새로운 방해 행동이 나타날 수 있다. 예를 들어, '손톱 물어뜯기'를 줄였더라도 그 시간이 비어 있으면 '머리카락 꼬기'처럼 다른 문제행동이 나타날 수 있다. 그러므로 스트레스 볼 쥐기, 메모하기, 도움 요청하기, 짧은 휴식 요청 등 상황에 맞는 대체기술을 함께 지도해야 한다.

5) 자료 기반 지속적 점검

차별강화가 효과를 발휘하려면, 자료에 근거한 점검이 반드시 병행되어야 한다. 문제행동이 감소하고 대체행동이 증가하는지 매 회기 확인하고, 기준을 달성하면 강화의 빈도를 줄이는 등 유지 전략으로 전환한다. 변화가 없을 경우에는 기능의 재평가, 강화제 변경 등을 검토해야 한다. 예를 들어, 스티커에 흥미가 없어진 아동에게 자유놀이 시간을 강화제로 변경한 후 행동이 개선된 사례가 있다.

6) 단계적 적용 전략

차별강화를 적용할 때는 '처음부터 완벽하게'보다 '조금씩 성공할 수 있도록' 설계하는 단계적 접근이 효과적이다. 예를 들어, 하루 20번 문제행동을 보이는 아동에게 처음부터 5회 이하를 요구하면 실패 확률이 높다. 반면, 15회, 10회, 5회처럼 단계를 나누면 성공 경험을 통해 동기를 유지할 수 있다.

요약하자면, 기능행동평가, 명확한 계획 수립, 일관된 실행, 대체행동 지도, 자료 기반 점검, 단계적 목표 설정이라는 6가지 원칙이 잘 작동할 때, 차별강화는 처벌 없이도 안정적이고 지속적인 행동 변화를 이끌어 낼 수 있다.

4. 차별강화의 실제 적용 사례

(1) 수업 중 관심 끌기 행동에 대한 대체행동 차별강화

① 배경 정보

- 중재자: 초등 특수교사 정○○
- 대상 아동: 8세, 자폐스펙트럼장애 진단

- 문제 상황: 수업 중 교사의 주의를 끌기 위해 큰 소리로 혼잣말을 하거나 책상을 두드리는 행동을 반복함. 이전까지 교사는 이러한 행동에 "조용히 하자."라거나 "지금은 수업 시간이야."라고 반응함으로써 주의를 제공했으며, 그 결과 행동이 지속되고 강화된 것으로 판단됨

② 중재 목표

- 아동이 수업 중 교사의 주의를 끌기 위해 큰 소리로 말하거나 책상을 두드리는 행동을 1일 평균 3회 이하로 감소시킨다.
- 아동이 교사의 주의가 필요할 때, 손을 들고 기다리는 대체 행동을 1일 평균 5회 이상 사용하도록 지도한다.

③ 대체행동 차별강화 절차 적용

- 절차 설정
  - 문제행동 기능: 사회적 관심
  - 대체 행동: 손들기, 조용히 기다리기, 질문 시 "선생님."이라고 말하기
  - 중재 전략: 문제행동에는 반응하지 않고, 대체 행동이 발생했을 때만 사회적 관심(칭찬, 응답 등)을 제공함
- 중재 실행
  - 아동이 큰 소리로 말하거나 책상을 두드리면 교사는 시선, 언어적 반응, 제지 없이 무반응으로 일관함
  - 아동이 손을 들거나 조용히 기다리는 행동이 나타나면 즉시 반응하여 "지금처럼 손을 드니 금방 도와줄 수 있었네! 정말 잘했어."라고 말하며 칭찬과 함께 질문에 응답함
  - 토큰 강화제 병행: 손들기 행동이 나타날 때마다 토큰을 1개 지급하고, 5개를 모으면 자유 선택 활동(책 읽기, 퍼즐 맞추기 등) 기회를 제공함
- 오류 수정 및 반복 기회 제공
  - 아동이 문제행동과 대체행동을 함께 보이는 경우(예: 큰 소리로 말하면서 손들기), 교사는 "조용히 손을 들면 도와줄 수 있어요."라고 교정적 피드백을 제공한 후 다음 기회를 기다림
  - 점진적으로 언어적 피드백과 토큰의 빈도를 줄이며 자연적 강화로 전환함

④ 중재 결과

- 1주차: 문제행동 평균 [illegible]회/일, 대체행동 평균 2회/일

- 2주차: 문제행동 평균 4회/일, 대체행동 평균 4회/일
- 4주차: 문제행동 평균 1회/일 이하로 감소, 대체행동 평균 8회/일로 안정화됨

교사는 "이전에는 계속 말을 끊어서 힘들었는데, 요즘엔 조용히 기다리는 모습이 자주 보여서 수업 흐름이 좋아졌다."고 평가했다. 학급 친구들도 "○○가 요즘 잘 기다려요."라고 긍정적인 반응을 보였다.

Ⅳ 비유관 강화

1. 비유관 강화의 정의 및 원리

비유관 강화(Non-Contingent Reinforcement: NCR)는 이름이 의미하듯이 학습자의 특정 행동 여부와 상관없이(non-contingent) 강화 자극을 정기적으로 또는 무작위적으로 제공하는 행동 중재 기법이다. 중재자는 미리 정해 둔 시간표에 맞춰, 학습자가 아무런 특정 행동을 하지 않아도 칭찬, 짧은 대화, 소량의 간식, 좋아하는 장난감 등과 같은 학습자가 선호하는 자극을 조건 없이 선제적으로 제공한다.

비유관 강화의 핵심 목표는 크게 2가지다.

첫째, 문제행동을 유발하는 배경 상태, 즉 특정 자극에 대한 욕구가 강해진 상태를 미리 해소하여 '그 행동을 굳이 할 이유'를 줄이는 것이다. 응용행동분석학에서는 이를 '동기 조작'이라 부르며, 특정 강화제의 가치를 일시적으로 높이거나 낮추어서 행동의 발생 가능성에 영향을 주는 선행조건을 의미한다. 강화제에 대한 욕구가 커지기 전에 미리 제공하여 문제행동의 동기 자체를 약화시키는 전략인 것이다. 많은 문제행동은 특정 강화제를 얻기 위한 일종의 '지름길' 역할을 한다. 예를 들어, 초등학생 미소는 친구들의 웃음을 얻기 위해 수업시간마다 의자를 삐걱거리며 장난을 친다. 이때 친구들의 웃음은 미소에게 강력한 사회적 강화제이며, 사회적 관심에 대한 욕구가 클수록 의자를 흔드는 행동의 빈도도 증가한다. 비유관 강화에서는 이러한 결핍 상태를 사전에 해소함으로써 문제행동의 필요성을 줄인다. 만약 교사가 2분마다(또는 평균 90초 간격으로) 미소를 살짝 불러 "오늘 미소가 해 준 이야기가 정말 재미있었어." "미소가 오늘 기

분이 아주 좋아 보이는데?"와 같은 짧은 칭찬과 대화를 건넨다면, 미소는 친구들의 웃음을 끌어내지 않아도 이미 충분한 관심을 받고 있다고 느끼게 될 것이다. 이렇게 사회적 관심이라는 강화제를 조건 없이 선제적으로 제공하면, 그에 대한 포만이 생기고 결과적으로 문제행동의 동기가 자연스럽게 약화된다.

둘째, 강화가 특정 행동의 결과로만 주어지는 것이 아니라는 점을 학습자에게 반복적으로 경험시키는 것이다. 즉, 보상이 예측 불가능한 시점에 주어지도록 하여, 특정 행동을 해야 보상을 받을 수 있다는 기존의 고정된 기대를 약화시켜 문제행동이 더 이상 효과적인 수단이 아니라는 점을 자연스럽게 경험하게 한다. 예를 들어, 타이머를 60초 고정 시간 간격으로 설정하고, 벨이 울릴 때마다 학습자에게 짧은 코믹 영상을 보여주었다. 처음에는 문제행동(예: 발로 차기) 직전에 우연히 벨이 울려 영상이 재생되는 일이 있을 수도 있지만, 몇 차례 더 이 과정을 반복하면 학습자는 "굳이 발로 차지 않아도 영상이 나오네?" "행동과 상관없이 보상이 주어지는구나."라는 인식을 가지게 되고, 특정 행동을 통해 보상을 얻으려는 기대를 점차 버리게 된다.

이처럼 비유관 강화는 문제행동이 발생하기 전에 긍정적인 자극을 사전에 제공함으로써 행동의 동기를 약화시키는 접근 방식이다. 이는 문제행동 발생 이후에 강화나 소거 절차를 적용하는 차별강화와 뚜렷이 구분되는 지점이다. 즉, 차별강화가 특정 행동에 대한 반응 중심 중재라면, 비유관 강화는 행동이 나타나기 전에 강화제를 선제적으로 제공하는 예방적 중재로 기능한다.

결론적으로, 비유관 강화는 문제행동이라는 '불씨'를 만들지 않기 위해 애초에 '나무에 미리 물을 적셔 두는 방식'이다. 강화제의 결핍 상태를 사전에 해소하고, 행동과 보상의 직접적 연결을 흐리게 만드는 이 전략은 잘 설계된 시간 간격 또는 변동 간격의 비우연적 강화 스케줄, 필요에 따라 간단한 대체행동 훈련을 병행함으로써, 강한 처벌이나 복잡한 차별강화 절차 없이도 문제행동을 효과적으로 감소시킬 수 있는 비교적 부드럽고 강력한 중재 방법이다.

2. 비유관 강화 실행 전략

비유관 강화는 구조상 단순해 보일 수 있지만 실제로는 계획적이고 체계적인 실행 전략이 뒷받침되어야 효과를 발휘한다. 특히 몇 가지 핵심 요소를 간과할 경우, 오히려 문제행동을 강화하거나 행동의 기능을 혼동시키는 결과를 초래할 수 있다. 예를 들어,

〈표 6-4〉 비유관 강화 실행 전략

전략	내용	유의사항
기능행동평가	문제행동을 유지하는 실제 강화제를 정확히 찾아 제공	기능행동평가를 통해 '진짜 보상' 파악
강화 간격 설계	평균 문제행동 간격의 절반 이하로 시작	예: 문제행동이 2분 간격으로 발생한다면 강화는 60~100초 간격이 적절
변동 스케줄 사용	우연히 문제행동 직후 강화되는 일 방지	고정 간격보다 변동 간격이 우수, 필요 시 간격 재설정 절차 병행
강화제 다양화 및 조정	동일 자극 반복은 포만 유발	기능이 같은 여러 강화제 교차 사용 필요
대체기술 지도	비유관 강화와 함께 적절한 대체행동을 병행 지도	손들기, 요청하기 등 대체행동 차별강화 절차 병행 권장
데이터 모니터링	강화 간격 확장은 데이터에 따라 결정	최소 3~5일간 안정 확인 후 조정, 문제행동 증가 시 간격 축소

문제행동 직후 강화가 우연히 제공되면 학습자는 그 행동이 보상을 유도했다고 오해할 수 있다. 이러한 오류를 방지하고 비유관 강화를 효과적으로 설계 · 실행하기 위해서는 다음의 6가지 실행 전략을 반드시 고려해야 한다.

첫째, 기능행동평가를 통해 '진짜 보상'을 찾아야 한다. 비유관 강화는 문제행동을 유지하는 실제 강화제를 정확히 찾아내어 제공할 때만 효과가 있다. 기능행동평가 없이 임의의 강화제를 사용하면 시간과 노력을 낭비할 수 있다. 예를 들어, 친구의 웃음을 얻기 위해 책상을 두드리는 학생에게 간식이나 휴식을 주어 봤자 행동은 감소하지 않는다. 반면, 교사의 짧은 칭찬이나 관심이 강화제라면 그것을 정기적으로 제공하는 것이 훨씬 효과적이다.

둘째, 초기 간격은 기초선보다 짧고 촘촘하게 설정한다. 초기에는 학습자의 욕구가 상승하기 전에 강화가 제공되도록 해야 하며, 대개 교육 현장에서는 평균 문제행동 간격의 절반 또는 10~20% 줄인 값으로 시작하는 경우가 많다. 예를 들어, 2분마다 문제행동이 나타난다면 첫 간격은 60~100초가 적절하다. 이후 문제행동이 줄어들면 간격을 서서히 늘려야 한다.

셋째, 변동 시간 스케줄로 우연 강화를 예방한다. 고정 간격 스케줄로 강화가 주어질 경우, 우연히 문제행동 직후 강화가 제공되는 일이 생길 수 있으므로, 이를 방지하기 위해 변동 시간 스케줄을 사용한다. 일부 전문가들은 문제행동 발생 시 다음 강화를

8~9분 지연시키는 리셋 절차를 사용하기도 한다.

넷째, 강화제를 조정하여 포만을 방지한다. 강화제가 반복되거나 과도하게 제공되면 포만이 발생하여 효과가 떨어진다. 또 환경 내 다른 자극과의 경쟁에서도 밀릴 수 있다. 이를 방지하려면 동일한 기능을 가진 다양한 강화제를 교차 사용해야 한다.

다섯째, 비유관 강화만으로 끝내지 말고 바람직한 행동도 가르친다. 비유관 강화는 문제행동을 줄이는 데 효과적이지만 대체기술을 직접 가르치지는 않는다. 따라서 문제행동이 줄고 간격이 늘어났다면, 그 사이에 손들기, 요청하기 등 적절한 행동을 대체행동 차별강화를 통해 강화해 행동의 전환을 도모해야 한다.

여섯째, 데이터 기반으로 간격 조정 여부를 결정한다. 간격을 늘릴지 말지는 타이머가 아니라 데이터가 말해 준다. 간격 확장 후에도 문제행동이 안정적으로 유지되는지 최소 3~5일은 관찰해야 하며, 빈도가 다시 오르면 간격을 줄여야 한다. 이러한 유연한 조정은 비유관 강화의 효과를 안정적으로 유지하는 핵심이다.

정리하자면, 비유관 강화는 전술한 여섯 톱니바퀴가 맞물려 돌아갈 때 비로소 교육적 힘을 발휘한다. 이러한 절차를 간과하면 비유관 강화는 문제행동을 오히려 강화하는 독이 든 사과가 될 수 있다는 점을 잊지 말아야 한다.

3. 비유관 강화의 통합적 중재 전략

비유관 강화는 단독으로 사용되기보다는 다른 행동 중재 기법과 함께 통합적으로 활용될 때 더욱 강력한 효과를 발휘한다. 각 기법의 특성을 이해하고 적절히 조합하는 것이 성공적인 중재의 핵심이다.

우선, 차별강화 기법과의 비교를 살펴보면 다음과 같다. 대체행동 차별강화(DRA)는 바람직한 행동이 나타났을 때만 강화를 제공하는 반면, 비유관 강화는 행동과 무관하게 강화를 제공한다. 타행동 차별강화(DRO)는 문제행동이 없을 때만 강화하지만, 비유관 강화는 문제행동의 유무와 상관없이 강화한다. 비유관 강화는 초기 단계에서 문제행동의 동기를 빠르게 약화시키는 데 유용하므로, 이후 대체행동 차별강화나 타행동 차별강화로 전환하여 구체적인 행동형성을 도모하는 것이 효과적이다. 예를 들어, 자폐스펙트럼 장애인 지훈이가 과제를 회피하기 위해 자해행동을 보인다면, 먼저 비유관 강화로 2분마다 짧은 휴식을 제공하여 자해행동의 동기를 약화시킨다. 자해행동이 현저히 줄어들면, 이후에는 대체행동 차별강화를 통해 "쉬고 싶어요."라는 적절한 의사소통 행동을 했을 때만 휴식을 제공하는 방식으로 전환한다.

또한 소거와의 조합도 고려할 수 있다. 비유관 강화만으로는 완전히 제거되지 않는 문제행동에 대해, 해당 행동이 나타났을 때 강화를 차단하는 소거를 병행할 수 있다. 다만 이 경우 소거 초기에 나타나는 소거 폭발을 고려하여 비유관 강화의 간격을 일시적으로 더 짧게 조정해야 할 수도 있다.

마지막으로, 선행사건 조정(antecedent manipulation)과의 통합도 매우 효과적이다. 문제행동을 유발하는 선행 사건을 미리 제거하거나 변경하면서 동시에 비유관 강화를 적용하면 시너지 효과를 얻을 수 있다. 예를 들어, 시끄러운 환경에서 귀를 막는 문제행동을 보이는 학습자에게는 환경 소음을 줄이면서 동시에 감각적 진정 자극을 비유관 강화로 제공하는 것을 생각해 볼 수 있다.

4. 비유관 강화의 한계와 주의점

비유관 강화는 효과적인 예방적 중재 전략이지만, 적용 시 몇 가지 주의할 점과 한계가 존재한다.

첫째, 즉각적인 중재가 요구되는 위험 행동에는 적합하지 않다. 자해행동이나 타해행동처럼 즉시 중단되어야 하는 심각한 문제행동의 경우, 비유관 강화의 점진적인 효과를 기다릴 수 없으므로 보다 신속하고 직접적인 중재가 우선되어야 한다.

둘째, 강화제에 대한 의존성이 높아질 수 있다. 비유관 강화를 갑자기 중단할 경우 문제행동이 다시 나타날 위험이 크므로 점진적 간격 조정과 함께 자연스러운 환경으로의 일반화를 위한 체계적인 용암 과정이 필수적이다.

셋째, 상당한 시간과 자원이 요구되는 중재이다. 특히 중재 초기에는 매우 짧은 간격으로 강화제를 제공해야 하므로 중재자의 지속적인 관찰과 실행이 필요하다.

넷째, 모든 유형의 문제행동에 효과적인 것은 아니다. 특히 감각 자극에 의해 유지되는 행동은 외부에서 제공하는 강화제로는 충분한 중재 효과를 거두기 어려울 수 있다.

5. 비유관 강화의 실제 적용 사례

(1) 수업 중 주의 끌기 행동에 대한 비유관 강화

① 배경 정보

- 중재자: 초등 특수교사 김○○
- 대상 아동: 9세, 자폐스펙트럼장애 진단
- 문제 상황: 아동은 수업 중 교사의 주의를 끌기 위해 반복적으로 교사를 부르거나 자리에서 일어나 교사에게 다가오는 행동을 보임. 교사가 "기다리자." "지금은 이야기할 시간이 아니야." 등의 반응을 보이면 일시적으로 행동이 줄지만, 곧 다시 반복되는 양상을 보임

② 중재 목표

- 아동이 수업 중 교사의 주의를 끌기 위해 이름을 부르거나 자리에서 다가오는 문제행동을 1일 평균 3회 이하로 감소시킨다.
- 교사의 예측 가능한 정기적 관심 제공을 통해 문제행동의 동기를 사전에 약화시킨다.

③ 비유관 강화 절차 적용

- 절차 설정
  - 문제행동 기능: 사회적 관심
  - 강화 자극: 아동이 선호하는 짧은 대화, 칭찬, 교사의 시선과 미소
  - 스케줄 설계: 기초선 기간 동안 문제행동 발생 평균 간격이 약 4분임을 확인 → 초기 비유관 강화의 간격을 2분 간격 고정시간(FT 2분)으로 설정
  - 중재 전략: 행동 발생 여부와 관계없이 2분마다 교사가 아동에게 자발적으로 관심을 제공함
- 중재 실행
  - 타이머를 사용하여 2분 간격으로 교사가 아동에게 먼저 다가가 "문제 잘 풀고 있네." "선생님이 보고 있었어."와 같이 자연스러운 사회적 관심을 제공함
  - 문제행동이 발생해도 반응하지 않고, 설정된 시간에만 강화를 제공함
  - 아동이 문제행동 직전에 강화가 주어질 경우, 3~5초 지연 후 강화하여 우연 강화를 방지함
  - 1주차 종료 시점부터 간격을 3분, 4분으로 점진적으로 늘려 나감

④ 강화 전략의 조정

- 동일 자극 반복에 의한 포만을 방지하기 위해 칭찬 유형과 말투, 관심의 표현방식을 회기마다 다양화함
- 학기 중반 이후에는 강화를 수업 관련 활동(예: 정답 맞추기 후 칭찬)과 연결해 자

연 강화로 전환함

⑤ 중재 결과

- 1주차: 문제행동 평균 8회/일 → 4회/일로 감소
- 2주차: 2회/일, 교사의 자발적 관심에 반응하며 문제행동 거의 없음
- 4주차: 문제행동 1회/일 이하로 유지, 손들기 등 적절한 행동으로 교사와의 상호작용을 시도함

교사는 "이전에는 매시간 끼어들듯 말을 걸었는데, 요즘엔 교사가 먼저 관심을 주니 아동도 더 차분해진 것 같다."라고 평가했다.

V 기능적 의사소통 훈련

1. 행동의 기능과 형태

우리의 모든 행동에는 이유가 있다. 배가 고프면 밥을 먹고 졸리면 잠을 잔다. 이처럼 행동은 어떤 목적이나 기능을 수행한다. 응용행동분석학에서는 이러한 행동의 기능을 매우 중요하게 여긴다. 똑같은 행동처럼 보여도 그 기능이 다를 수 있고, 반대로 다른 행동처럼 보여도 그 기능은 같을 수 있기 때문이다.

예를 들어, 아이가 특정 장난감을 향해 손을 뻗는 행동을 생각해 보자. 이 행동의 형태(topography)는 '손을 뻗는 것'이다. 만약 아이가 손을 뻗어 장난감을 잡는다면, 이 행동의 기능은 '물건 획득'일 것이다. 그런데 만약 장난감이 너무 멀리 있어서 아이가 손을 뻗은 후 엄마를 쳐다본다면, 이때 손을 뻗는 행동의 기능은 '도움 요청', 즉 사회적 관심을 통한 물건 획득일 수 있다. 이처럼 형태는 같지만 기능이 다를 수 있다.

반대로 아이가 물건을 얻기 위해 보이는 행동은 '소리 지르기' '손가락으로 가리키기' 또는 '말로 요청하기' 등 다양할 수 있다. 이 행동들의 형태는 모두 다르지만 궁극적으로 원하는 것은 '물건 획득'으로 기능은 같다. 기능적 의사소통 훈련은 바로 이 지점에 주목한다.

2. 기능적 의사소통 훈련의 정의와 행동의 기능

기능적 의사소통 훈련(Functional Communication Training: FCT)은 특정 문제행동이 수행하는 기능, 예컨대 사회적 주목, 회피, 물건 획득, 감각 자극 등을 대신할 수 있는 적절한 의사소통 방법을 가르치는 중재 기법이다(Carr & Durand, 1985; Durand & Merges, 2001).

기능적 의사소통 훈련의 핵심 전제는 '모든 행동은 의사소통이다.'라는 생각이다. 즉, 누군가가 문제행동을 보인다면, 이는 그들이 자신의 욕구나 필요를 적절한 방식으로 표현하는 방법을 알지 못하거나, 과거에 문제행동을 통해 자신의 욕구가 충족되는 경험을 했기 때문일 수 있다. 마치 아기가 배가 고프거나 기저귀가 젖었을 때 울음으로 표현하는 것처럼 말이다. 아기는 아직 말을 할 수 없기 때문에 울음이라는 행동을 통해 부모에게 자신의 상태를 알린다. 만약 아기가 울지 않고도 "배고파요."라고 말할 수 있다면, 울음이라는 행동 대신 언어적 의사소통을 선택할 것이다. 기능적 의사소통 훈련은 이러한 관점에서 문제행동을 단순히 억압하거나 처벌하는 대신, 그 문제행동이 충족시키던 기능을 동일하게 만족시켜 줄 수 있는 사회적으로 더 적절하고 수용 가능한 의사소통 방식을 가르치는 데 초점을 맞추면서 동시에 기존의 문제행동은 강화하지 않도록 설계된다(Durand & Merges, 2001).

어떤 학생이 교사의 관심을 끌기 위해 수업 시간에 계속해서 소리를 지르는 문제행동을 보인다고 가정해 보자. 이 학생의 소리 지르기 행동의 기능은 '사회적 관심' 획득이다. 기능적 의사소통 훈련에서는 이 학생에게 소리 지르는 대신, "선생님, 여기 봐주세요."라고 말하거나 손을 드는 것과 같은 적절한 의사소통 방법을 가르친다. 그리고 학생이 손을 들거나 말로 요청했을 때, 교사는 즉시 관심을 제공함으로써 적절한 의사소통이 문제행동과 동일한 기능을 갖는다는 것을 학습하게 한다. 이 과정에서 중요한 것은 학생이 소리를 지를 때는 관심을 주지 않음으로써 문제행동이 더 이상 기능적으로 의미가 없도록 만드는 것이다.

3. 기능적 의사소통 훈련의 의의

기능적 의사소통 훈련이 갖는 가장 큰 의의는 포괄성과 지속성이다.

포괄성은 기능적 의사소통 훈련이 문제행동을 단순히 억누르거나 처벌하지 않도록 학생의 안전과 학습권을 즉시 확보할 수 있다는 것을 의미한다. 기존의 많은 중재 방법들이 문제행동을 줄이는 데 초점을 맞추었다면, 기능적 의사소통 훈련은 문제행동의 기능에 주목하고 그 기능을 대체할 바람직한 행동을 가르치는 데 초점을 맞춘다. 예를 들어, 쉬는 시간 후 교실에 들어가지 않으려는 학생의 '회피' 기능을 파악하여 학생에게 "조금 더 놀고 싶어요."라고 말하는 방법을 가르치고 상황에 따라 허용함으로써 사회적으로 수용 가능한 표현 방법을 배우게 한다. 동시에 버티는 행동에는 강화를 주지 않아 문제행동을 통해 원하는 것을 얻을 수 없음을 학습시킨다.

지속성은 새로 가르친 의사소통 표현이 자연적인 강화의 흐름 속에서도 쉽게 유지될 수 있다는 것을 의미한다. 기능적 의사소통 훈련은 문제행동을 줄이는 동시에 적절한 의사소통 기술을 채워 넣어 친구의 긍정적인 반응이나 교사의 칭찬 같은 자연적인 강화에 의해 행동이 지속되도록 돕는다. 예를 들어, 다른 사람의 물건을 뺏는 행동을 보이는 아동에게 "빌려주세요."라고 말하는 방법을 가르치고, 다른 사람에게 물건을 빌리는 경험을 한다면, 아동은 이 경험을 통해 앞으로도 "빌려주세요."라고 말하는 것이 더 효과적이라는 것을 배우게 된다.

4. 기능적 의사소통 훈련 절차의 구성 요소

기능적 의사소통 훈련은 체계적인 절차를 따른다. 각 단계는 문제행동을 줄이고 적절한 의사소통 능력을 키우는 데 필수적인 역할을 수행한다(Durand & Merges, 2001; Horner & Day, 1991). 기능적 의사소통 훈련은 마치 의사가 환자를 진료하고 치료 계획을 세우는 과정과 유사하다. 환자의 증상을 정확히 진단하고, 적절한 약을 처방하며, 약 복용법을 알려 주고, 최종적으로는 환자 스스로 건강을 유지할 수 있도록 돕는 것과 같은 이치다.

1) 기능행동평가

기능적 의사소통 훈련은 가장 먼저 기능행동평가(FBA)로 시작한다. 이 단계의 목표는 "이 문제행동이 왜 발생하는가?", 즉 문제행동이 어떤 기능(목적)을 수행하고 있는지를 파악하는 것이다. 행동은 결코 우연히 발생하지 않으며, 반드시 특정 목적을 가지고 일어난다.

기능행동평가는 관찰, 면담, 간단한 실험을 통해 이루어지고, 가장 널리 사용되는 방법은 ABC 분석이다. 행동 직전의 선행사건, 문제행동 그 자체, 행동 직후 어떤 결과가 뒤따랐는지를 기록하는 과정을 통해 행동이 얻고자 하는 주된 기능을 객관적으로 확인할 수 있다(Sugai et al., 2005). 예를 들어, 수업 중 어려운 과제가 시작되자 소희가 책을 집어 던지는 행동을 반복한다고 가정해 보자. 교사가 행동 전후 상황을 기록한 결과, 과제가 시작될 때마다 소희는 책을 던졌고, 이후에는 일시적으로 과제를 하지 않아도 되었다. 이러한 ABC 분석 결과는 소희의 행동이 '과제 회피'라는 기능을 수행하고 있었음을 보여 준다. 이처럼 기능행동평가는 중재 방향을 설정하는 데 있어 필수적인 첫 단계이며, 이러한 기능행동평가는 중재의 방향을 설정하는 데 있어 가장 중요한 첫걸음이다(제4장 '기능행동평가' 참조).

2) 대체 의사소통 반응 선정

문제행동의 기능이 파악되면, 다음 단계는 그 기능을 대신할 의사소통 반응을 선택하는 것이다. 즉, 문제행동을 통해 얻었던 결과를 사회적으로 수용 가능한 방식으로 표현하도록 가르칠 준비를 하는 단계이다. 이때 선택되는 의사소통 반응은 다음의 3가지 기준을 충족해야 한다(Horner & Day, 1991).

첫째, 기능의 동일성이다. 새로 가르칠 표현은 문제행동과 동일한 기능을 반드시 충족해야 한다. 예를 들어, 과제를 피하려고 책을 던지던 아동에게는, "쉬운 문제부터 하고 싶어요."라고 표현하게 해야 회피 욕구를 해소할 수 있다.

둘째, 수행의 용이성이다. 새로운 표현은 문제행동보다 더 쉽고 효율적이어야 한다. 복잡한 말보다 그림카드나 짧은 말이 초기에는 적합할 수 있다.

셋째, 표현의 명료성이다. 교사나 주변인이 즉시 의미를 파악할 수 있을 정도로 명확해야 한다. 모호한 표현은 효과적인 강화를 어렵게 한다. 앞서 소희의 사례를 다시 살펴보자. 소희가 책을 던지는 이유가 과제를 회피하려는 것이라면, 그림 카드를 드는 행동은 교사가 쉽게 이해할 수 있고, 실제로 과제를 조절할 수 있게 해 주기 때문에 적절한 대체 반응이 된다. 같은 방식으로 '물건 요구' 기능이 있는 문제행동의 경우 "○○ 주세요."라고 말하거나 손을 드는 것이 바람직한 대안이 될 수 있다.

3) 교수 전략 설계 및 초기 강화

대체 의사소통 반응이 정해지면, 학습자가 새로운 표현을 빠르게 익히고 사용할 수 있도록 교수 전략을 설계해야 한다.

초기에는 연속 강화 스케줄을 사용한다. 즉, 학습자가 의사소통 표현을 보일 때마다 즉각적으로 원하는 결과를 제공하여 그 행동이 효과적이라는 점을 분명히 인식하게 돕는다. 예를 들어, 소희가 '쉬운 문제를 풀고 싶어요' 그림카드를 들면, 교사는 곧바로 과제 난이도를 조정하거나 짧은 휴식을 제공해야 한다. 동시에 기존의 문제행동에는 더 이상 동일한 보상이 주어지지 않도록 철저히 차단한다. 예를 들어, 책을 던진다고 해서 과제가 중단되지 않는다는 경험을 반복함으로써 문제행동의 효과를 없앤다. 필요할 경우에는 짧은 타임아웃 같은 벌 절차를 병행해 문제행동의 기능적 의미를 약화시킬 수도 있다(Tiger et al., 2008). 이처럼 적절한 반응에는 즉각적인 강화, 부적절한 반응에는 효과 차단이라는 원칙을 일관되게 유지하면 학습자는 점차 바람직한 의사소통 반응을 더 선호하게 된다.

의사소통 반응이 안정되면, 다음 단계는 강화 계획을 조절하여 학습자가 강화에 과도하게 의존하지 않고 자연스러운 환경에서도 적절한 의사소통을 지속적으로 사용하도록 돕는 것이다. 이때 사용하는 전략이 간헐 강화 스케줄이다. 초기에는 매번 보상을 주지만, 이후에는 변동 비율(VR) 또는 변동 간격(VI)으로 점차 간격을 늘려 보상의 예측 가능성을 낮춘다. 이렇게 하면 학습자는 꾸준한 의사소통 행동을 유지하게 된다.

또한 상황에 따라 잠시 기다리는 기술(예: 타이머를 보고 10초 동안 '기다리기')을 가르치기도 한다(Hagopian et al., 2011). 예를 들어, 타이머를 보며 10초간 기다리는 연습을 통해, 아이는 자신의 요구가 즉시 충족되지 않아도 좌절하지 않고 반응을 유지하는 능력을 기르게 된다. 이러한 절차는 지나친 강화 의존을 줄이고, 자연스러운 지연 상황에서도 적절한 의사소통이 유지되도록 돕는다.

〈표 6-5〉 **기능적 의사소통 훈련 단계**

단계	목적	내용
기능행동평가	문제행동의 기능 파악	ABC 기록, 면담, 관찰, 기능 분석 등
대체 의사소통 반응 선정	문제행동을 대체할 표현 선정	기능의 동일성, 수행의 용이성, 표현의 명료성을 충족하는 표현으로 선정
교수 전략 및 초기 강화	대체 행동을 빠르게 습득	연속 강화, 즉각적 피드백, 문제행동 강화 중단
반응 효과 차별화	적절한 표현을 일상 상황에서도 안정적으로 사용	간헐 강화, 기다리기 기술 훈련
일반화와 유지	다양한 사람·상황에서도 사용 지속	가정 및 지역사회에서 연습, 자연 강화로 전환

4) 일반화와 유지

기능적 의사소통 훈련의 마지막 단계는 새로운 의사소통 반응이 다양한 상황과 사람에게 적용되고 장기적으로 유지되도록 하는 것이다. 이를 위해 학교 외에도 가정, 또래 집단, 지역사회 등에서 동일한 표현을 연습하도록 한다. 문제행동이 최소 2주 이상 80% 이하로 유지되는 등 안정적인 감소를 보인다면, 보상 체계를 서서히 자연적인 형태로 전환한다. 즉, 간식이나 장난감 같은 인위적인 강화제 대신 사회적 칭찬이나 실제 결과 예를 들어, 요청한 것을 얻는 경험을 강화로 활용한다. 이러한 전환은 새로운 의사소통 행동이 치료실이나 교실 밖에서도 유지되게 하며, 스스로 사용할 수 있는 실질적 생활 기술로 자리 잡게 한다.

5. 기능적 의사소통 훈련 적용 시 고려 사항

기능적 의사소통 훈련이 단기적 효과를 넘어 장기적으로 성공하기 위해서는 체계적이고 지속적인 관리가 필요하다. 이는 건강한 생활 습관을 유지하는 것과 같이 꾸준한 노력과 섬세한 접근이 요구된다.

1) 강화제 선호도

학습자의 선호도는 지속적으로 변화하므로 강화제(보상)의 효과성을 유지하기 위해서는 정기적인 갱신이 필수적이다. 아이들이 한때 열광하던 스티커나 태블릿 게임도 어느 날 갑자기 시시해질 수 있듯이 학습자에게 더 이상 흥미롭지 않은 강화제를 계속 사용한다면, 새로운 의사소통 반응을 사용할 동기 자체가 사라져 버린다. 따라서 적어도 주 1회는 간단하게라도 선호도 조사를 실시하여 현재 가장 받고 싶은 보상이 무엇인지 확인하고, 그에 맞춰 보상 목록을 교체해야 한다. 2장의 그림 카드 중 더 끌리는 것을 고르게 하거나, 여러 가지 활동 중 하고 싶은 것을 선택하게 하는 등 다양한 방법을 활용할 수 있다. 학습자의 변화하는 선호를 적극적으로 반영해야만 새로운 의사소통 행동을 지속적으로 유도할 수 있다.

2) 효율성 원칙

새로 가르친 의사소통 기술은 기존 문제행동보다 노력 대비 보상의 비율이 현저히 좋아야 한다. 즉, 적은 노력으로 더 큰 보상을 얻도록 학습 환경을 설계해야 한다. 예를 들어, 과거에는 10분간 소리를 질러야 겨우 교사의 관심을 얻었던 학생이 기능적 의사소통 훈련을 통해 "선생님."이라고 부르거나 그림 카드를 들었을 때, 교사가 바로 반응하여 도움을 준다면 학생은 금방 깨달을 것이다. 소리를 지르는 비효율적인 방식보다 그림 카드를 드는 쉽고 빠른 방식으로 원하는 보상을 얻을 수 있다는 것을 말이다. 이렇게 되면 기존의 문제행동은 스스로 경쟁력을 잃고 자연스럽게 사라진다. 학습자가 새로운 의사소통 반응이 가장 합리적이고 효과적인 방법임을 직접 경험하게 해야 한다. 새로운 의사소통 시도에는 즉각적이고 일관된 반응을 보이되 최소한의 노력으로 최대한의 효과를 얻도록 중재 환경을 구성하는 것이 핵심이다.

3) 설정 변인 조정

설정 변인 조정 또한 매우 중요하다. 설정 변인은 문제행동 발생 가능성을 높이거나 낮추는 환경적 요인이다. 수업 난이도가 지나치게 높거나, 교실이 너무 시끄럽거나, 특정 감각 자극이 과도하게 제공되는 경우, 학습자가 문제행동을 할 가능성에 영향을 미치게 되고 이로 인해 문제행동이 발생할 기회가 급증할 수 있다. Kelley 등(2002)은 과제 난이도와 소음 수준을 동시에 낮췄을 때 기능적 의사소통 훈련의 효과가 배가된다고 보고한 바 있다. 이는 새로운 의사소통 반응을 가르치는 것만큼이나 문제행동을 유발하던 환경 요인들을 미리 완화하는 일이 중요하다는 것을 보여 준다. 학습자가 문제행동을 할 필요성을 느끼지 않도록 환경을 조정하는 것도 중요한 중재 전략이다. 어려운 과제는 세분화하여 쉽게 접근하도록 하거나, 감각적으로 예민한 학생에게는 조용하고 안정적인 환경을 제공하는 노력이 필요하다.

4) 안전장치 마련

안전장치를 미리 마련하는 것은 기능적 의사소통 훈련 성공의 필수 조건이다. 기능적 의사소통 훈련 초기에는 문제행동이 일시적으로 더 심해지는 소거 폭발 현상이 나타날 수 있다. 이때 자해나 공격 행동 등 학습자 본인이나 주변인의 신체적 위험이 예상될 수 있다. 이러한 상황에 대비하여 보호구를 준비하거나 성인 두 명이 함께 중재에 참여하도록 이중 인력을 배치하는 등의 안전 조치를 미리 계획하고 실행해야 한다. 또한 위기 상황에 대한 대응 절차를 사전에 수립하고, 위험 요소를 미리 제거하여 안전한 중재 환경을 조성해야 한다. 안전이 확보되어야 중재를 일관성 있게 지속할 수 있으며, 이는 기능적 의사소통 훈련의 성공에 필수적인 요소다.

5) 윤리적 합의

모든 기능적 의사소통 훈련은 윤리적 합의가 전제되어야 한다. 이는 단순히 법적인 절차를 넘어서 중재에 참여하는 모든 이들의 협력적인 분위기를 만들고 중재의 수용성을 높이는 핵심적인 단계다. 따라서 보호자에게 기능적 의사소통 훈련의 목표, 구체적인 방법, 사용될 자료, 진행 계획 등을 이해하기 쉬운 언어로 충분히 설명해야 한다. 가능한 경우, 학생 본인에게도 적절한 방식으로 중재에 대해 설명하고 동의를 구하는 것이 좋다. 모든 내용을 투명하게 공유하고 서면 동의를 받는 것은 필수적이다. Bailey와 Burch(2017)가 제시한 행동분석 윤리 기준에 따라 모든 절차를 투명하고 윤리적으로 진행해야 한다. 이러한 과정을 통해 보호자와 학습자 모두 중재에 대한 신뢰를 갖게 되고, 이는 중재의 효과를 극대화하는 중요한 기반이 된다. 또한 중재 진행 과정에서도 정기적인 피드백과 상담을 통해 지속적인 소통을 유지하는 것이 중요하다.

6. 기능적 의사소통 훈련의 실제 적용 사례

(1) 과제 회피 행동에 대한 기능적 의사소통 훈련

① 배경 정보

- 중재자: 특수학급 교사 이○○
- 대상 아동: 10세, 경도 지적장애를 동반한 자폐스펙트럼장애 진단
- 문제 상황: 아동은 학습 과제(특히 쓰기 과제)를 제시하면 얼굴을 가리거나 바닥에 엎드리는 행동을 보이며 회피하려는 반응을 반복함. 강하게 제지하거나 다그치면 소리를 지르거나 자해 행동(손바닥 때리기)로 이어지기도 함

② 중재 목표

- 아동이 과제를 회피하기 위해 엎드리기, 얼굴 가리기, 자해 행동을 보이는 빈도를 하루 2회 이하로 감소시킨다.
- 아동이 학습내용이 어려울 때 '쉬고 싶어요.' 문장 카드 또는 그림 카드를 활용해 휴식을 요청하는 의사소통 행동을 하루 5회 이상 자발적으로 사용할 수 있도록 지도한다.

③ 기능적 의사소통 훈련 적용

- 절차 설정
  - 문제행동 기능: 과제 회피

- 대체 의사소통 반응: '쉬고 싶어요.' '도와주세요.'라는 문장 카드 또는 그림 기호 사용함
- 초기에는 그림 카드 선택 → 점진적으로 음성 언어로 전환하는 계획 수립함
- 중재 전략: 문제행동에는 반응하지 않고, 의사소통 행동이 나타났을 때만 휴식 제공함

• 중재 실행
  - 교사는 과제를 제시한 뒤 아동의 표정을 관찰하며 초기 회피 징후(눈 감기, 엎드리기)를 감지함
  - 문제가 발생하기 전에 "어려울 때는 어떻게 말하면 쉴 수 있을까?"라며 카드 사용을 유도함
  - 아동이 '쉬고 싶어요.' 카드 또는 문장을 사용하면 즉시 3분간 휴식 제공, 이후 과제를 다시 시작함
  - 반면, 엎드리기, 자해행동 등 문제행동이 나타날 경우에는 과제를 제거하지 않고, 행동이 멈춘 후 다시 카드 사용을 유도함

• 점진적 언어화 및 자연적 강화로 전환
  - 2주차부터는 아동이 카드를 손으로 가리키는 행동 대신 '카드를 건네기 → 말로 표현하기' 순으로 의사소통 수준을 높임
  - 점차 "쉬고 싶어요."를 말한 후 교사의 반응시간이 길어져도 휴식이 주어진다는 예측 가능성 확보를 통해 안정감을 제공함

④ 중재 결과

• 1주차: 문제행동 평균 6회/일 → 기능적 의사소통 훈련 후 휴식 요청 3회/일, 문제행동 4회/일
• 2주차: 휴식 요청 6회/일, 문제행동 1-2회/일로 감소
• 4주차: 아동은 대부분 말로 "쉬고 싶어요."를 표현하며, 문제행동은 1회 이하로 유지됨

교사는 "처음에는 과제만 봐도 울상이었는데, 요즘엔 먼저 말로 표현하고 스스로 조절하는 모습이 정말 대견하다."라고 평가하였다.

요약

벌은 바람직하지 않은 행동 뒤에 이어지는 사건이 실제로 그 행동의 미래 발생 가능성을 낮출 때만 성립하는 과학적 개념이다. 정적 벌은 문제행동 직후 불쾌 또는 혐오 자극을 제시(+)해 행동을 감소시키는데, 대표적으로 질책, 과잉교정, 유관 운동이 있으며, 체벌처럼 신체적 고통을 가하는 방식은 절대 허용되지 않는다. 반면, 부적 벌은 문제행동 직후 학습자가 선호하는 자극을 제거(−)해 행동을 감소시킨다. 부적 벌의 전형적인 방법인 타임아웃은 문제행동이 발생하면 학생을 강화물이 있는 환경에서 일정 시간 분리하는 절차로, 비배제 타임아웃과 배제 타임아웃이 있으며, 효과를 내려면 평소 '타임-인' 환경이 충분히 매력적이어야 효과가 있다. 또 다른 부적 벌 절차인 반응대가는 문제행동이 발생할 때마다 이미 획득한 강화물을 일정량 회수하는 방식으로, 회수량은 문제행동의 심각도에 비례해야 하고, 정적 강화의 기회가 회수보다 많아야 하며, 짧고 단호하게 이루어져야 한다. 벌은 반응 직후 새로운 자극의 제시나 제거나 수반된다는 점에서 단순히 강화를 끊는 소거와 구별되며, 차별강화나 소거와 같은 덜 강제적인 방법이 효과가 없을 때 최후의 수단으로 신중하게 사용되어야 한다.

소거는 문제행동을 유지하던 강화를 완전히 제거하여 행동-결과의 고리를 끊는 비처벌적 절차다. 이 기법은 정적, 부적, 자동적 강화로 유지되는 거의 모든 행동에 적용할 수 있다. 소거의 핵심은 일관성에 있다. 처음에는 행동의 빈도나 강도가 일시적으로 증가하는 '소거 폭발', 나중에는 사라졌던 행동이 다시 나타나는 '자발적 회복'이 나타날 수 있지만, 이는 소거가 제대로 작동한다는 신호이므로 절차를 유지하는 것이 중요하다. 소거 저항은 기존 강화 스케줄, 강화의 크기, 강화의 지속기간, 과거 소거 경험 등에 영향을 받는다. 소거는 단독으로 사용하기보다는 차별강화나 대체 기술 교수와 병행할 때 부작용을 줄이고 효과를 높일 수 있다. 적용 전에는 문제행동의 강화 요인을 명확히 파악하고, 강화 차단의 가능성과 안전성을 확인하며, 소거 폭발에 대비하고, 모든 관계자가 절차를 일관되게 실행할 준비가 되었는지 반드시 점검해야 한다.

차별강화는 문제행동에는 강화하지 않고, 그 행동이 특정 기준 이하로 줄어들 때, 전혀 나타나지 않을 때, 바람직한 대체행동이 나타날 때만 강화를 제공하여 문제행동을 감소시키는 비처벌적 전략이다. 대표적으로 대체행동 차별강화(DRA), 타행동 차별강화(DRO), 상반행동 차별강화(DRI), 저비율 차별강화(DRL)

가 있다. 대체행동 차별강화는 문제행동과 같은 기능을 가지지만 사회적으로 더 적절한 행동에만 강화를 제공하여 문제행동을 대체하는 기법이다. 대체행동은 문제행동과 동일한 기능을 가져야 하고, 쉽고 분명하며, 높은 사회적 수용성을 충족해야 한다. 그리고 무엇보다 문제행동보다 더 효율적이어야 한다. 타행동 차별강화는 정해진 일정 시간 동안 문제행동이 전혀 발생하지 않은 경우에 강화를 제공하는 기법이다. '무엇을 하지 않았는가'에 초점을 두며, 간격 DRO와 순간 DRO로 구분되고, 간격 DRO는 고정간격과 변동간격으로 나뉜다. DRO는 문제행동만 없으면 어떤 행동을 하든 허용되기 때문에 구체적인 대체행동을 가르치지 못한다는 한계가 있다. 따라서 DRA 등과 병행하는 것이 효과적이다. 상반행동 차별강화는 문제행동과 물리적으로 동시에 일어날 수 없는 행동을 강화하여 문제행동을 자연스럽게 감소시키는 기법이다. DRI를 적용하려면 상반행동이 이미 학습자의 레퍼토리에 있어야 하며, 초기에는 연속 강화 스케줄로 빠르게 자리 잡게 한 뒤 점차 간헐 강화 스케줄로 전환하는 것이 바람직하다. 저비율 차별강화는 행동 자체는 허용하지만 지나치게 자주 나타나 문제가 될 때, 그 빈도를 '적정 수준'으로 서서히 낮추는 기법이다. 행동을 완전히 없애는 것이 아니라 줄이는 것을 목표로 하며, 전체 회기 DRL, 반응시간 DRL, 간격 DRL의 3가지 방법이 있다. DRL 적용 시에는 초기 기준치를 기초선보다 약간 낮게 설정하여 성공 경험을 제공하고, 점진적으로 목표를 낮춰 나가는 것이 효과적이다.

비유관 강화는 문제행동과 무관하게 강화를 고정시간 또는 변동시간 간격으로 미리 제공하여 문제행동의 필요성, 즉 동기를 떨어뜨리는 전략이다. 특히 변동시간 간격은 강화가 우연히 문제행동 직후에 제공되는 상황을 최소화해 더 효과적이다. 특정 문제행동의 기능을 정확히 파악했다면, 그 기능에 해당하는 강화제를 문제행동과 무관하게 미리 제공함으로써 문제행동을 효과적으로 감소시킬 수 있다.

기능적 의사소통 훈련은 특정 문제행동이 수행하는 '기능'을 대신할 수 있는 적절한 의사소통 방법을 가르치는 중재 기법이다. '행동은 의사소통'이라는 전제 아래, 말·그림 카드·몸짓 등 적절한 의사 표현 수단을 가르치고 강화하여 문제행동을 대체한다. 먼저 기능행동평가를 통해 문제행동의 기능을 확인한 뒤, 문제행동보다 쉽고 분명하며 사회적으로 수용 가능한 대체 의사소통 반응을 선정하는데, 이 의사소통 반응은 문제행동과 동일한 기능을 가져야 한다. 초기에는 연속 강화 스케줄로 새로운 표현을 빠르게 확립하고, 점차 간헐 강화 스케줄로 전환하여 일상생활 환경에서도 유지와 일반화가 이루어지도록 한다.

제7장

선행 자극 통제 절차

• 개요

자극 통제란 학습자가 특정 변별 자극(S^D)이 있을 때 더 높은 빈도로 반응을 보이는 현상으로 이는 차별 강화의 반복을 통해 형성된다. 자극 통제를 효과적으로 유도하기 위해서는 언어 지시, 신체 안내, 모델링 등을 활용하는 반응 촉구와 자극의 색상이나 위치를 조정하는 자극 촉구 같은 보조 전략이 함께 활용되며, 이후에는 촉구 용암 절차를 통해 점차 자연스러운 반응으로 전환된다. 또 다른 핵심 요소인 동기 조작은 강화제의 가치와 관련 행동의 유발 가능성을 일시적으로 변화시키며, 특정 변별 자극과 결합되어 행동 발생의 조건을 정교화한다. 자극 통제가 성공적으로 형성되면 학습된 행동이 다양한 사람, 장소, 도구, 시간대에서도 유지 · 확장될 수 있도록 일반화 전략이 설계되어야 한다. 이 장에서는 이러한 선행 자극 통제 절차의 이론적 기초와 실제 현장 적용 사례를 중심으로 반응 유도, 유지, 전이를 위한 효과적인 실천 전략을 제시한다.

• 핵심 용어

- 3요인 유관(three-term contingency)
- 과잉선택성(overselectivity)
- 과잉일반화(overgeneralization)
- 동기 설정 조작(Establishing Operation: EO)
- 동기 조작(Motivating Operation: MO)
- 동기 해지 조작(Abolishing Operation: AO)
- 무오류 학습(errorless learning)
- 무조건 동기 조작(Unconditioned Motivating Operation: UMO)
- 반응 유지(response maintenance)
- 반응 일반화(response generalization)
- 반응 촉구(response prompt)
- 변별 자극(discriminative stimulus)
- 변별(discrimination)
- 소거 자극(S-delta)
- 시간 지연(time delay)
- 일반화(generalization)
- 자극 내 촉구(within-stimulus)
- 자극 등가(stimulus equivalence)
- 자극 외 촉구(extra-stimulus)
- 자극 일반화(stimulus generalization)
- 자극 촉구(stimulus prompt)
- 자극 통제(stimulus control)
- 점진적 안내(graduated guidance)
- 조건 변별(conditional discrimination)
- 조건화된 동기 조작(Conditioned Motivating Operation: CMO)
- 조건화된 동기 조작의 대리(Surrogate Conditioned Motivating Operation: CMO-S)
- 조건화된 동기 조작의 반사(Reflexive Conditioned Motivating Operation: CMO-R)
- 조건화된 동기 조작의 전이(Transitive Conditioned Motivating Operation: CMO-T)
- 촉구 용암(prompt fading)
- 최대-최소(most-to-least) 촉구
- 최소-최대(least-to-most) 촉구

I 자극 통제

1. 자극 통제의 개념과 3요인 유관

자극 통제(stimulus control)는 학습자가 변별 자극(discriminative Stimulus: S^D)이 있을 때 특정 행동을 더 높은 빈도로 나타내는 현상을 의미한다. Cooper 등(2020)은 이를 행동이 S^D 존재하에서는 더 자주 나타나고, 소거 자극(S-delta, S^Δ) 존재하에서는 그렇지 않은 상태라고 정의한다. 이때 '선행 자극(S^D 또는 S^Δ)—행동(반응, R)—후속 결과(강화제 또는 벌)'로 이어지는 세 요소가 결합된 구조를 **3요인 유관**(three-term contingency)이라고 한다. 이는 작동 행동이 환경 속에서 어떻게 형성되고 유지되는지를 설명하는 핵심 개념이다.

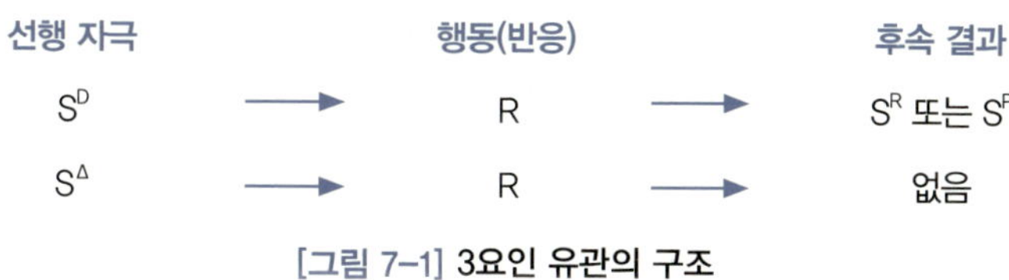

[그림 7-1] 3요인 유관의 구조

1) 작동 행동과 자극 통제

작동 행동(operant behavior)은 행동 이전과 이후의 환경 자극에 의해 영향을 받는다(Skinner, 1938). 유기체는 반복 경험을 통해 '이 자극이 있을 때 행동하면 특정 결과가 따라온다.'는 관계를 학습하게 된다. 이때, 특정 행동이 강화될 가능성이 높다는 신호가 되는 자극을 변별 자극(S^D)이라 한다. 반대로, 특정 행동이 강화되지 않을 것임을 예고하는 자극은 소거 자극(S^Δ)이라 한다. 예를 들어, 한 카페에 'OPEN' 간판(S^D)이 걸려 있을 때 손님이 문을 열면 안으로 들어갈 수 있다. 하지만 'CLOSED' 간판(S^Δ)이 걸려 있을 때는 같은 행동을 해도 문은 열리지 않는다. 반복된 경험을 통해 손님은 'OPEN'이라는 자극이 있을 때만 문을 열려고 하는 행동을 보이게 되며, 이때 카페 출입 행동은 해당 S^D의 자극 통제하에 있다고 해석할 수 있다.

이처럼 자극 통제는 'S^D → 행동(R) → 결과(S^R 또는 S^P)'의 구조로 작동하며, S^D는 행동이 강화될 가능성을 알려 주는 신호로 작용한다. 강화는 이러한 자극과 반응의 연합을 더욱 강하게 만든다.

2) 자극 변별 훈련

자극 변별 훈련(discrimination training)은 특정 자극(S^D)이 존재할 때의 반응은 강화하고, 그렇지 않은 자극($S^Δ$)하에서의 반응은 강화하지 않는 훈련 절차다(Cooper et al., 2020). S^D가 특정 행동에 대한 통제력을 갖기 위해서는 이러한 차별 강화가 반드시 필요하다.

〈표 7-1〉 자극 변별 훈련의 예

단계	예시	핵심
S^D · $S^Δ$	초록 카드는 '과제 시작 신호' 빨강 카드는 '휴식 시간'	S^D · $S^Δ$는 물리적·기능적 차이가 분명해야 함
시범 제시	교사가 카드를 번갈아 제시하며 직접 반응 시범	모델링을 통해 초기 오류를 최소화함
차별강화	초록 카드 + 착석 = 칭찬 빨강 카드 + 기립 = 무응답	강화와 무강화는 즉각적이어야 효과적임
오류 수정	$S^Δ$에서 일어나면 "지금은 휴식 시간이 아니야." 라고 안내	오류 자체가 강화되지 않도록 주의해야 함
자료 기록	세션마다 S^D · $S^Δ$ 조건별 정확률을 그래프로 기록	데이터 기반으로 세션당 S^D 비율·강화 계획을 조정함

예를 들어, 교사가 수업 시간에 초록색 카드를 들어 올리면 착석 · 집중 행동에 대해 즉시 칭찬이나 토큰을 제공하고, 빨간색 카드가 보일 때는 같은 행동이 발생해도 피드백을 제공하지 않는다고 하자. 학습자는 반복 경험을 통해 '초록 카드가 보일 때 앉아야 보상이 온다'는 연합을 형성하게 된다. 즉, 카드의 색이라는 S^D가 행동을 유도하는 자극 통제 상태가 형성된다. 이처럼 S^D가 있을 때만 행동 빈도가 높아지고, $S^Δ$에서는 반응이 감소한다면 자극 변별 훈련이 성공적으로 이루어진 것이라 볼 수 있다.

3) 변별과 일반화

자극 통제가 잘 형성되기 위해서는 변별과 일반화가 균형을 이루어야 한다. **변별**(discrimination)은 여러 자극 중에서 특정 자극에만 반응하는 것이다. 예를 들어, 운전자는 빨간 신호등에는 멈추고, 초록 신호등에는 출발하는 변별 반응을 보인다. **일반화**(generalization)는 특정 S^D에 대한 반응이 그와 유사한 다른 자극 상황에도 확장되는 현상이다. 예를 들어, 초보 운전자는 크기, 위치, 모양의 다양한 형태의 빨간 신호등을 보고도 모두 정지 행동을 보일 수 있다. 아동의 언어 발달에서도 이런 현상을 볼 수 있다. 처음에는 자신의 아버지에게만 '아빠.'라고 말하지만, 이후 다른 남성 어른에게도 '아빠.'라고 부르기도 한다. 이는 유사한 자극에 동일한 반응을 보이는 일반화의 한 형태이다. 시간이 지나면서 아동은 점차 구체적인 구분을 배우며 자신에게만 해당하는 사람에게 '아빠.', 그 외의 사람에게는 '아저씨.'라고 부르게 된다. 이처럼 변별과 일반화는 서로를 보완하며, 행동의 정교함과 유연성을 함께 높여 준다.

2. 조건 변별과 자극 등가

조건 변별(conditional discrimination)은 하나의 변별 자극(S^D)만으로는 부족하고, 또 다른 조건 자극이 함께 제시될 때만 특정 반응이 강화되는 상황을 말한다. 이는 복잡한 환경 속에서 상황에 맞는 반응을 조절하는 능력을 반영한다. 예를 들어, "빨간 컵에 물을 따라 주세요."라는 지시가 있을 때만 빨간 컵을 선택했을 때 칭찬을 받는다면, 단순히 '빨간 컵'이라는 자극만으로는 올바른 반응이 유도되지 않는다. "물 따라 주세요."라는 말(조건 자극)이 함께 있어야 '빨간 컵을 드는 행동(S^D)'이 강화되는 조건이 성립된다. 이처럼 조건 변별은 분석 단위가 '조건 자극 → S^D → 반응(R) → 강화(S^R)'로 확장된 4요인 유관을 이룬다.

이러한 복합적 통제를 가장 체계적으로 다루는 절차가 샘플-매칭(match-to-sample)이다. 먼저, 가운데 제시되는 '샘플' 자극을 관찰한 뒤, 좌우에 나타난 비교 자극 중 샘플과 같은(혹은 지정된 관계에 있는) 것을 고르면 강화가 주어진다. 초기 학습에서는 정

〈표 7-2〉 자극 등가 성립 기준

기준	정의	예시	
반사성	자극 A가 자극 A로 연결됨 (A → A)	그림 '자동차' → 그림 '자동차' 선택	
대칭성	A → B 학습 후, B → A 관계가 나타남	음성 "자동차"→ 그림 선택 훈련 후 그림 → 음성 "자동차" 반응 출현	자동차
전이성	A → B, B → C 학습 후 A → C 가 나타남	음성 → 그림, 그림 → 철자 학습 후 음성 → 철자 반응 출현	자동차 자동차

답 카드에 손짓·시선 유도 같은 촉구를 제공해 오류를 최소화하고, 점차 무작위 자극 배열과 촉구 감소를 통해 학습자의 자발적 조건 변별 능력을 길러 준다.

조건 변별이 충분히 축적되면 자극 등가가 출현할 수 있다. **자극 등가**(stimulus equivalence)는 조건 변별 훈련이 축적되면서 나타나는 현상으로 물리적으로 다른 자극들, 예를 들어 음성, 그림, 철자 등이 직접 훈련 없이도 동일한 의미 단위로 작동하는 것을 말한다. Sidman(1971)은 〈표 7-2〉의 세 관계를 충족할 때 자극 등가가 성립한다고 제시하였다.

〈표 7-2〉는 세 관계가 충족될 때 '음성-그림-철자'가 동등 집합으로 기능함을 보여 준다. 예를 들어, 학습자가 그림을 보고 "자동차."라 말하고, "자동차."라는 음성을 듣고 그림을 고르는 훈련만 했는데도, 나중에는 음성을 듣고 철자를 찾거나 철자를 보고 그림을 고르는 파생 반응이 스스로 나타난다면 세 자극 사이에 등가 관계가 형성된 것이다.

이러한 파생 반응은 직접 가르치지 않은 독해, 쓰기, 듣기 행동을 촉진하므로 언어 중재, 보완대체의사소통(AAC) 기기 사용, 수학 기호 학습 등에서 유용하다.

3. 자극 통제 형성에 영향을 주는 요인

자극 통제가 안정적으로 형성되기 위해서는 단순히 S^D와 반응을 반복한다고 해서 되는 것이 아니다. 학습자가 자극을 뚜렷하게 인식하고, 주의 깊게 관찰하고, 반응 결과와의 관계를 명확히 학습할 수 있도록 다양한 환경적 요인을 고려해야 한다.

1) 자극의 과잉선택성

자극의 과잉선택성(overselectivity)은 학습자가 자극의 핵심 속성이 아닌 부차적인 요소에만 주목하는 현상이다. 예를 들어, '개'라는 단어를 가르칠 때 여러 종류의 개 그림을 제시했음에도 특정 그림(카드의 테두리나 글씨체)에만 반응하고 다른 그림이나 실제 개에는 반응하지 않는 경우가 이에 해당한다. 이를 예방하려면 자극의 배열과 위치, 모양을 시도마다 무작위로 바꾸고, 다양한 예시를 통해 공통된 핵심 속성에 주목하도록 유도해야 한다.

2) 자극의 현저성

자극의 현저성(salience)은 S^D가 배경에서 얼마나 돋보이느냐를 가른다. 자극이 두드러지지 못할 경우 학습자는 S^D를 제대로 인식하지 못해 반응이 나타나지 않을 수 있다. 이럴 때는 시각적 제스처나 소리로 자극을 강조하고, 교사가 물리적으로 가까이 다가가거나 환경의 소음을 줄이는 등의 방식으로 S^D의 감지 가능성을 높여야 한다.

3) 가림 현상과 뒤덮기

이미 학습된 S^D의 기능을 가림 현상 또는 뒤덮기가 가로막는 경우가 있다. **가림 현상**(masking)은 학습자가 S^D를 알고 있음에도 방해 자극 때문에 반응하지 못하는 현상이고, **뒤덮기**(overshadowing)는 여러 자극이 동시에 제시될 때 더 강렬한 자극이 약한 자극의 학습을 방해하는 현상이다. 이러한 경우에는 초기 학습에서 하나의 핵심 자극만 제시하거나, 물리적 환경을 재배치하여 방해 자극을 최소화하는 것이 필요하다.

4) 위치 편향

위치 편향(position bias)은 학습자가 자극의 의미보다는 특정 위치에 놓인 자극을 선택하려는 경향이다. 이를 막기 위해 자극의 위치를 시도마다 무작위로 바꾸고, 같은 자극이 동일 위치에 반복되지 않도록 배열하는 것이 효과적이다.

5) 차등 관찰 반응

차등 관찰 반응(Differential Observing Responses: DORs)도 중요한 전략이다. 이는 학습자가 자극의 속성을 실제로 관찰하고 구별하도록 유도하는 절차로, 예컨대 모든 그림을 차례로 손으로 짚고 이름을 말하게 한 뒤 선택하도록 요구하는 방식이다. 이런 반응을 유도함으로써 학습자는 자극을 더 주의 깊게 탐색하고, 과잉선택성 문제도 완화할 수 있다.

6) 사전 주의 기술

사전 주의 기술(preattending skills)이 부족한 경우에도 자극 통제가 제대로 형성되지 않는다. 자료 바라보기, 교사를 향해 앉아 있기, 지시에 귀 기울이기 같은 기본적인 주의 행동이 갖춰져야 S^D가 제 기능을 할 수 있다. 따라서 자극 통제를 시도하기 전 이러한 기본 행동들을 먼저 훈련하는 것이 필요하다.

7) 강화의 일관성

강화의 일관성은 자극 통제를 형성하는 핵심 조건이다. S^D 조건에서 나타난 목표 반응은 매번 빠짐없이 즉각적으로 강화되어야 한다. 강화가 불규칙하게 제공되거나 지연되면 학습자는 S^D와 반응, 결과 간의 연결성을 명확히 학습하지 못해 자극 통제가 약화될 수 있다.

이처럼 자극 통제를 안정적으로 형성하려면, S^D의 물리적 특성과 자극 배열, 환경 자극 간섭, 학습자의 주의 상태, 강화 방식 등 다양한 요인을 종합적으로 고려하고 세심하게 조정해야 한다.

4. 자극 통제의 실제 적용 사례

(1) 수업 참여 행동을 위한 자극 통제 훈련

① 배경 정보

- 중재자: 중학교 특수교사 이○○
- 대상 학생: 13세, 경도 지적장애
- 문제 상황: 수업 중 집중력이 자주 흐트러지고, 주변 친구들과 불필요한 대화를 자주 시도함. 교사의 지시를 듣지 못하거나 지각적으로 놓치는 경우가 많았음

② 중재 목표

- 학생이 수업 시간에 교사의 지시에 즉각 반응하고, 과제에 집중하는 행동을 증가시킨다.
- 교실 내 시각 단서를 통해 수업 참여 행동을 유도하고 자극 통제를 형성한다.

③ 자극 통제 훈련 전략

- S^D 설정 및 제시
  - 수업 중 과제 시작을 알릴 때 초록색 카드를 보이며 "이제 문제를 풀기 시작합니다."라고 말함
  - 초록색 카드는 '과제 시작'의 변별 자극(S^D)으로 사용됨
  - 카드가 제시되었을 때 과제에 바로 집중하면 강화를 제공함
- 차별 강화 적용
  - 초록색 카드가 제시된 상태에서 과제에 집중하거나 손을 들어 질문하면 즉시

칭찬과 토큰을 제공함
- 카드가 제시되지 않은 상황(즉, 일반 대화 시간 등)에서는 동일한 행동에 대해 강화하지 않음
- 시간이 지날수록 초록 카드가 제시된 조건에서만 과제에 집중하려는 행동이 증가함

• 자극 통제 성립 여부 판단
  - 카드가 없는 상태에서는 손들기, 질문, 집중 행동이 거의 나타나지 않음
  - 초록 카드가 제시될 때만 행동이 뚜렷하게 나타나므로 S^D에 대한 자극 통제가 형성된 것으로 판단함

④ 결과

• 2주간의 훈련 후, S^D 제시(초록 카드) 이후 평균 반응 시간이 5초 이내로 짧아졌고, 교사의 지시 반응률은 65%에서 90%로 향상됨
• 학생은 수업 시작 때 초록 카드가 제시되면 책을 펴고 문제 풀이에 집중하는 습관을 형성함
• 이후에는 초록 카드 없이도 과제 지시 음성만으로도 반응을 유도할 수 있게 되어 자극 통제를 점차 일반화함

교사는 "이제는 초록 카드를 꺼내기만 해도 스스로 자세를 고치고 집중하려는 모습을 보여, 학습한 전략이 실제 수업 상황에서 잘 자리 잡았음을 느낀다."라고 평가하였다.

Ⅱ 동기 조작

1. 동기 조작의 이론적 배경

어떤 날은 아이가 장난감을 보고 달려들고, 또 어떤 날은 무심히 지나치는 경우가 있다. 이처럼 같은 자극(S^D)이 있어도 행동이 일어나는 정도가 달라지는 이유는 바로 동기 조작 때문이다. **동기 조작**(Motivating Operation: MO)을 유인력이라고도 한다. 동기 조작은 강화제나 벌의 효과, 그리고 그 자극과 관련된 행동의 발생 가능성에 일시적으로 영

향을 미치는 선행 사건이다(Cooper et al., 2020). 즉 무엇이 얼마나 가치 있게 느껴지고, 그 가치를 얻기 위한 행동이 얼마나 유도되는지에 영향을 준다.

Michael(1982, 1993)은 자극 통제에 영향을 주는 새로운 환경적 변인으로 동기 설정 조작의 개념을 제안하였다. **동기 설정 조작**(Establishing Operation: EO)은 특정 강화제의 가치를 일시적으로 증가시키고, 그 강화제를 얻기 위한 행동의 발생 가능성을 높이는 환경적 사건이다. 예를 들어, 목마름은 물의 가치를 높이고, 물을 찾는 행동의 빈도를 증가시킨다. 이후 Laraway 등(2003)은 동기 설정 조작의 반대 개념인 동기 해지 조작을 더해 개념을 확장하였다. **동기 해지 조작**(Abolishing Operation: AO)은 강화제의 가치를 일시적으로 감소시키고, 그 강화제를 얻기 위한 행동의 발생 가능성을 낮추는 환경적 사건이다. 즉, 동기 조작은 2가지 주요 효과를 동시에 가진다(Cooper et al., 2020).

- 가치 변화 효과(value-altering effect): 강화제 또는 벌의 효력을 높이거나 낮추는 효과
- 행동 변화 효과(behavior-altering effect): 그 자극을 얻기 위한 행동의 발생 가능성을 일시적으로 변화시키는 효과

즉, 강화제가 존재하더라도 학습자의 현재 상태가 그것을 '원하지 않는' 상태라면 행동은 유도되지 않는다. 반대로, 사소한 자극이더라도 특정 동기 상태에서는 매우 강력한 행동 유발 요인이 될 수 있다. 예를 들어, 평소에는 잘 마시지 않던 물이 격한 운동 직후에는 강력한 강화제로 작동하고, 물을 충분히 마신 직후에는 더 이상 아무런 효과를 가지지 않는다. 같은 물병이라는 변별 자극이 존재해도, 배경 상황이 다르면 행동의 빈도도 달라진다.

2. 동기 조작의 유형

1) 무조건 동기 조작

무조건 동기 조작(Unconditioned Motivating Operation: UMO)은 생리적 결핍이나 포만처럼 학습 없이도 선천적으로 작용하는 경우다. 배고픔, 목마름, 수면 부족, 통증 회피 등이 이에 해당한다. 예를 들어, 한 학습자가 6시간 동안 식사를 하지 않아 배고픔을 느끼는 상태에서 과자 봉지 그림(S^D)을 보자 즉시 "먹고 싶어요."라고 말하는 행동을 보

였다면, 이때 배고픔은 음식의 강화 가치를 높인 동기 설정 조작으로 작용한 것이다. 반대로, 식사를 막 마친 직후라면 같은 그림이 보여도 요청 행동은 나타나지 않으며, 이때의 포만 상태는 동기 해지 조작으로 작용한다고 할 수 있다.

2) 조건화된 동기 조작

조건화된 동기 조작(Conditioned Motivating Operation: CMO)은 과거 학습 이력을 통해 자극이 강화나 벌의 가치와 연합되었을 때 형성된다. Cooper 등(2020)은 이를 다시 3가지로 구분한다.

〈표 7-3〉 무조건 · 조건화된 동기 조작

구분	정의	예시	행동 영향
무조건 동기 조작 (UMO)	태어날 때부터 자연스럽게 가지고 있는 동기 조작	오랜 시간 밥을 먹지 않아 배고픔을 느낌	음식을 찾거나 먹으려는 행동이 늘어남
조건화된 동기 조작의 대리 (CMO-S)	다른 무조건 동기 조작과 함께 여러 번 경험해서 비슷한 효과를 가지게 된 동기 조작	아플 때마다 한약 냄새가 나는 방에서 쉼 → 나중에는 냄새만 맡아도 '쉬고 싶은 욕구'가 강해짐	한약 냄새가 나면 자꾸 앉거나 눕는 행동이 증가함
조건화된 동기 조작의 반사 (CMO-R)	불쾌한 상황을 피하려는 행동을 유발하는 동기 조작	시험을 망친 뒤 교사를 보면 혼날까 봐 걱정됨	교사를 보면 도망가거나 숨으려는 행동이 늘어남
조건화된 동기 조작의 전이 (CMO-T)	어떤 것을 얻기 위해 다른 것이 필요해지는 동기 조작	장난감 상자를 열려면 열쇠가 필요함 → 상자를 보고 나서 열쇠의 가치가 높아짐	열쇠를 찾으려고 하거나, "열쇠 어디 있어요?"라고 묻는 행동이 늘어남

출처: Cooper 등 (2020), '16장 동기 조작의 내용'을 참고해 저자가 작성함.

① 조건화된 동기 조작의 대리

조건화된 동기 조작의 대리(Surrogate Conditioned Motivating Operation: CMO-S)는 원래는 중립적인 자극이지만, 무조건 동기 조작과 자주 함께 나타났던 경험 덕분에 스스로 동기 기능을 얻게 된 경우다. 예를 들어, 치과에 가 본 경험이 있는 아이가 치과 간판만 봐도 울음을 터뜨린다면, 그 간판은 이전의 불쾌 자극(치료 통증)과 결합된 조건화된 동기 조작의 대리가 된다.

② 조건화된 동기 조작의 반사

조건화된 동기 조작의 반사(Reflexive Conditioned Motivating Operation: CMO-R)는 과거

의 불쾌한 상황과 연합된 자극이 다시 나타났을 때, 그 상황을 회피하거나 도피하려는 행동을 유발한다. 예를 들어, 특정 교사의 목소리가 과거 훈계와 연결되어 있었다면, 그 목소리를 들은 학생이 자리를 피하거나 반항하는 행동을 보일 수 있다. 이 목소리는 변별 자극이 아니라 회피행동을 유도하는 조건화된 동기 조작의 반사로 작용한다.

③ 조건화된 동기 조작의 전이

조건화된 동기 조작의 전이(Transitive Conditioned Motivating Operation: CMO-T)는 어떤 강화제를 얻기 위해 중간 매개 자극이 필요해질 때, 그 매개 자극의 가치가 일시적으로 상승하는 현상을 말한다. 예를 들어, 컵라면을 먹으려면 젓가락이 필요한 상황에서, 컵라면을 본 순간 "젓가락 주세요."라고 말하는 행동이 늘어났다면 컵라면은 젓가락의 가치를 높이는 조건화된 동기 조작의 전이가 된다.

동기 조작은 그 자체를 직접 관찰하기는 어렵다. 대신 학습자의 행동 변화나 강화제에 대한 반응을 바탕으로 간접적으로 파악한다. 교사는 다음의 질문을 통해 동기 조작의 작용 여부를 유추할 수 있다.

- 지금 이 학습자는 어떤 자극에 동기가 높아져 있는가?
- 지금 관찰되는 행동은 어떤 결핍이나 포만 상태에서 유도된 것인가?
- 동일한 환경 자극인데도 반응 빈도가 평소와 다른가?

3. 동기 조작 기반 중재 설계 시 고려 사항

동기 조작은 중재 설계에서도 유용하게 활용된다. 예를 들어, 요청 행동을 유도하고 싶을 때는 특정 강화제를 미리 노출하지 않도록 하여 결핍 상태(EO)를 조성하면 효과적이다. 반대로 문제행동이 강화제의 과잉 탐닉에서 비롯된 것이라면, 포만 상태(AO)를 유도하여 행동의 유인을 줄이는 전략도 가능하다(Lindberg et al., 2003). 또한 조건화된 동기 조작의 반사(CMO-R)에 해당하는 상황에서는 해당 자극이 등장했을 때 도피가 아닌 요청이나 대체 기술로 문제 상황을 해결하도록 기능적 의사소통 훈련을 병행할 수 있다. 조건화된 동기 조작의 전이(CMO-T)를 활용하면 목표 자극을 통해 중간 자극에 대한 언어적 요청을 이끌어 내는 언어 확장 훈련도 가능하다.

한편, 동기 조작과 변별 자극(S^D)은 혼동되기 쉬운 개념이지만 명확히 구분해야 한다. 변별 자극(S^D)은 행동이 '가능한' 상황을 예고하는 신호이며, 동기 조작은 행동이 '필요한' 상태를 만드는 조작이다. 변별 자극(S^D)은 강화의 '기회'를 의미하고, 동기 조작은 강화의 '가치'를 조절한다. 따라서 효과적인 행동 중재를 위해서는 행동을 유도하는 변별 자극(S^D) 뿐만 아니라 그 행동의 동기를 형성하는 동기 조작 조건까지 함께 고려해야 한다.

정리하면, 동기 조작은 단순히 자극이 있는가 없는가를 넘어, 학습자가 지금 왜 그 행동을 하려는지를 이해하고 설명하는 데 필수적인 개념이다. 동기 조작에 대한 정확한 이해와 설계는 학습자의 내적 동기를 이끌어 내고, 중재 전략의 효과를 극대화하는 데 중요한 역할을 한다.

4. 동기 조작의 실제 적용 사례

(1) 사례 제목: 요청 행동 촉진을 위한 강화 결핍 조성

① 배경 정보

- 중재자: 초등 특수교사 박○○
- 대상 아동: 7세, 자폐스펙트럼장애 진단
- 사용 중재: 보완대체의사소통(AAC) 그림카드 요청 시스템
- 문제 상황: 퍼즐, 블록 등 좋아하는 장난감이 눈앞에 있어도 요청 행동 없이 울거나 손으로 뻗는 비효율적 반응을 보임

② 목표 행동

- 아동이 원하는 물건을 요청 그림카드로 표현하는 빈도를 하루 5회 이상으로 증가시킨다.

③ 동기 조작 전략(동기 조작 기반 중재)

- 결핍 상태 유도(EO)
  - 퍼즐이나 블록 등 선호 물건을 아동의 눈에 보이지 않는 장소에 보관
  - 자유 놀이 시간 시작 15분 전부터 해당 물건 사용을 제한하여 결핍 상태 형성
- 변별 자극과의 구분
  - 물건을 손에 들고 보여 주는 것은 S^D 역할을 하되 실제 요청 행동(그림 교환)이 있어야만 제공

- 단순히 손을 뻗거나 울기 등의 문제행동에는 응하지 않음(소거 절차 병행)
- 강화 제공
  - 아동이 적절한 요청 그림카드를 교사에게 건넬 경우 즉시 해당 물건 제공
  - 요청 행동이 발생할 때마다 사회적 칭찬("요청 잘했어!")도 함께 제공
- 중재 결과 및 유지 전략
  - 1주차: 요청 행동 평균 1회
  - 2주차: 3회 이상 증가
  - 3주차: 자발적 요청 5회 이상으로 증가하며, 문제행동 빈도는 절반 이하로 감소
  - 이후 조건 강화제(토큰 시스템) 병행하여 요청 행동의 빈도 유지

교사는 "이전에는 울거나 손만 뻗던 아이가 이제는 스스로 그림카드를 가져와 원하는 것을 표현하는 모습을 보면, 요청 행동이 생활속에서 자연스럽게 자리 잡아 가고 있음을 느낀다."라고 평가하였다.

III 촉구와 용암

1. 촉구의 개념과 유형

교사가 변별 자극(S^D)을 제시하더라도 학습자가 즉시 올바른 반응을 보이지 않는 경우가 많다. 이때 학습자가 정확한 반응을 할 수 있도록 보조적으로 덧붙이는 자극을 촉구(prompt)라고 한다. 촉구는 학습자가 정반응을 빠르게 경험하고 강화받을 수 있게 하여 학습 속도를 높이고 오류를 줄이는 데 핵심적인 교수 전략이다.

촉구는 작용 대상에 따라 반응 촉구와 자극 촉구로 구분된다. **반응 촉구**(response prompt)는 학습자의 행동을 직접 유도하는 언어 · 신체 · 모델링 · 촉각 자극을 말한다. 반대로 **자극 촉구**(stimulus prompt)는 변별 자극 자체를 조정하거나 부수 자극을 더해 목표 자극을 더 두드러지게 만드는 방식을 말한다. 자극 촉구는 다시 자극 내 촉구와 자극 외 촉구로 나뉜다.

〈표 7-4〉 **반응 촉구와 자극 촉구의 예시**

구분	하위 유형	예시	
반응 촉구	• 언어적 지시 • 모델링(시범) • 신체적 안내 • 촉각적 안내	• "이 글자 소리 내 보자." • 교사가 먼저 정확한 반응을 보여 준다. • 손을 잡고 움직이게 도와준다. • 특정 부위를 두드려 주의를 유도한다.	
자극 촉구	• 자극 내 촉구 • 자극 외 촉구	• S^D 자체의 색이나 크기를 강조한다. 예: '어머니' 글자를 더 진하게 표시 • S^D 옆에 그림이나 표시를 덧붙인다. 예: 숫자 밑에 해당하는 만큼 그림 제시	할머니 **어머니** 1 3 ● ●●●

자극 촉구 중 **자극 내 촉구**(within-stimulus)는 변별 자극(S^D)의 물리적 속성(크기 · 색 · 질감)을 강조한다. 예를 들어, 'ㅁ'과 'ㅂ'을 구별하도록 지도할 때 두 글자의 차이점만 붉게 표시한 뒤 세션이 거듭될수록 점차 색을 옅게 하여 결국 동일 색상으로 만든다. 이 방식은 자폐스펙트럼장애 학생이 특정 특성에 주의를 고정하도록 돕는 데 효과적이다(Schreibman, 1975). 반면, **자극 외 촉구**(extra-stimulus)는 가외자극 촉구라고도 하며, 변별 자극(S^D) 근처에 손가락으로 가리키기, 정답 카드를 앞으로 당겨 놓기처럼 외부 표식을 추가한다.

정리하면, 반응 촉구는 학습자의 행동 자체에 직접 개입하고, 자극 촉구는 변별 자극(S^D)을 더 쉽게 구별하도록 환경을 조정하는 방식이다. 학습 초기에는 강한 촉구로 정반응을 유도하고, 이후에는 촉구를 점차 줄여 학습자가 자연스러운 변별 자극(S^D)만으로 독립적으로 반응할 수 있도록 전이하는 것이 중요하다.

2. 촉구 용암 전략

촉구 용암(prompt fading)은 학습자가 목표 행동을 쉽게 성공할 수 있도록 초기에는 언어, 신체 안내 등의 반응 촉구나 색상 강조, 위치 조정 등의 자극 촉구를 제공하고, 이후 반응이 안정되면 촉구의 강도와 형태를 점차 줄여 자연스러운 변별 자극(S^D)만으로 행동이 일어나도록 만드는 절차다. 일반적으로 학습자의 정반응 성공률이 80~90% 이상에 도달하면, 촉구를 점진적으로 약화시켜 독립 반응으로 전환할 수 있다. 대표적인 촉구 용암 전략은 다음과 같다.

- **최소-최대(least-to-most) 촉구**: 가장 덜 침습적인 촉구(예: 언어적 지시)로 시작하여 학습자가 반응하지 않거나 오반응을 보이면 점진적으로 더 침습적인 촉구(예: 제스처, 모델링, 신체적 안내의 순)로 도움의 수위를 높여 가는 방식이다(Fisher et al., 2007). 이 방법은 학습자가 최소한의 도움으로도 반응할 수 있도록 자율성을 최대한 존중한다.
- **최대-최소(most-to-least) 촉구**: 가장 침습적인 촉구(예: 전면적 신체적 촉진)로 첫 성공을 확보한 뒤, 반응이 안정되면 모델링, 제스처, 언어적 지시 등 덜 침습적인 촉구로 단계적으로 희석해 가는 방식이다(Luyben et al., 1986). 이 방법은 초기 단계에서 오류 발생을 거의 차단하여 무오류 학습을 선호할 때 적합하며, 학습자가 성공 경험을 충분히 쌓을 수 있게 한다.
- **점진적 안내**(graduated guidance): 신체적 안내의 접촉 부위나 힘을 세션마다 미세하게 조정하여 학습자가 스스로 동작을 완성하도록 돕는 전략이다(Azrin & Foxx, 1972). 예를 들어, 손을 잡고 글씨 쓰는 것을 지도할 때 처음에는 손 전체를 잡지만 점차 손가락만 잡고, 나중에는 손목, 팔꿈치 등으로 접촉 부위를 줄여 나가는 방식이다.
- **시간 지연**(time delay): 변별 자극(S^D)을 제시한 후 촉구를 제공하는 시간을 점진적으로 늘려 학습자가 변별 자극(S^D)에 독립적으로 반응할 기회를 강화하는 전략이다(Touchette, 1971).

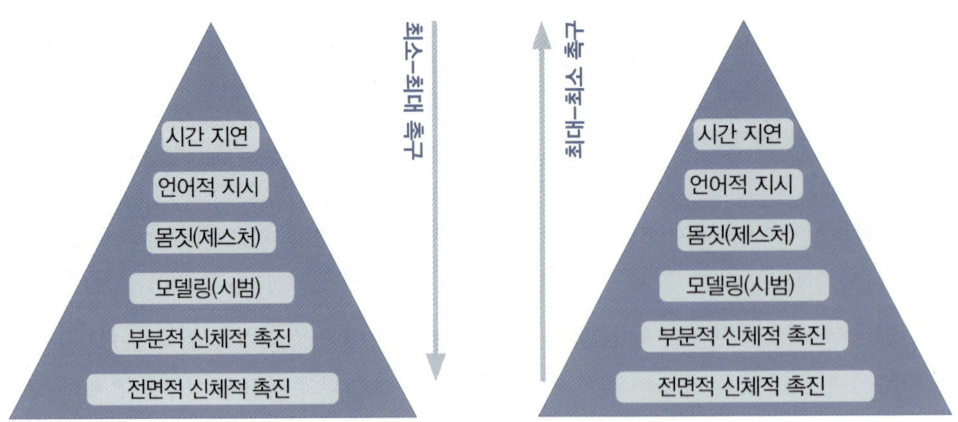

[그림 7-2] 최소-최대 촉구와 최대-최소 촉구의 비교

3. 촉구 용암 절차 적용 시 유의 사항

효과적인 촉구 전략을 적용할 때는 다양한 유의 사항을 체계적으로 관리해야 하며, 이를 통해 학습자의 독립성과 정확성을 극대화할 수 있다(Ledford et al., 2008; Mueller et al., 2007).

1) 촉구 의존 예방

촉구 의존(prompt dependency)을 예방해야 한다. 촉구는 학습 초기 단계에서 정반응을 유도하는 데 중요한 역할을 하지만 지나치게 오래 사용되면 학습자가 촉구 없이는 반응하지 못하는 상태에 이를 수 있다. 이를 방지하려면 동일한 촉구 조건에서 정반응 성공률이 90% 이상으로 3회 이상 반복되면, 즉시 상위 단계인 더 덜 침습적인 촉구로 전환해야 한다. 촉구 수준은 학습자의 현재 능력과 과제 특성을 반영해 계획적이고 유연하게 조정되어야 하며, 과도한 반복은 피해야 한다.

2) 선행 주의 기술 확보

선행 주의 기술(preattending skills)을 확보해야 한다. 학습자가 응시, 지시 듣기, 자료 바라보기 등 기본적인 주의 행동을 갖추지 못한 상태에서는 어떤 유형의 촉구도 효과를 발휘하기 어렵다. 따라서 본격적인 교수에 앞서 '주의 행동 훈련'을 선행적으로 실시하여, 학습자가 지시에 반응하고 과제에 집중할 수 있도록 준비시켜야 한다.

3) 강화의 일관성 유지

강화의 일관성을 유지해야 한다. 변별 자극(S^D) 조건에서 정반응이 일어났을 때는 반드시 즉각적이고 예외 없이 강화가 제공되어야 하며, 반대로 오반응이나 소거 자극(S^Δ) 조건에서는 강화가 제공되지 않아야 한다. 만약 강화의 제공 시점이나 빈도가 불규칙하거나 지연된다면, 변별 자극(S^D)과 반응 사이의 연합이 약화되어 학습 속도가 저하될 수 있다. 따라서 촉구 전략과 더불어 강화 절차 역시 철저히 관리되어야 한다(Ledford et al., 2008).

4) 감각 및 문화적 특성

감각 및 문화적 특성을 고려하여 촉구 방식을 설계해야 한다. 모든 학습자가 동일한 방식의 촉구에 동일하게 반응하는 것은 아니다. 예를 들어, 신체적 접촉에 민감하거나 불편함을 느끼는 학습자에게는 언어적 또는 시각적 촉구 중심으로 접근해야 한다. 또한 특정 언어 표현이나 제스처가 문화적으로 거부감을 줄 수 있으므로 학습자의 문화적 배경과 감각 민감성, 개인적 선호를 사전에 파악하고 이에 따라 전략을 조정해야 한다.

5) 무오류 학습

무오류 학습(errorless learning) 절차를 체계적으로 설계하고 실행해야 한다. 무오류 학습은 학습자가 실수를 거의 하지 않도록 설계된 교수 체계로, 최대-최소 촉구, 촉구 용암, 시간 지연 절차 등이 대표적인 방식이다. 초기에는 강한 촉구를 통해 정반응을 유도하고, 이후 점차 촉구의 강도와 빈도를 줄여 나가면서도 실수를 최소화하는 방식으로 진행된다. 이러한 절차는 학습자의 자신감을 높이고, 습득한 기술의 유지 및 일반화에도 긍정적인 영향을 준다. 특히 자폐스펙트럼장애 아동에 대한 교수에서 무오류 학습이 매우 효과적이라는 연구 결과들이 다수 존재한다(Mueller et al., 2007).

촉구 용암 절차는 교사의 '보조 바퀴' 역할을 한다. 처음에는 학습자가 넘어지지 않도록 단단히 지지하지만, 주행이 안정되면 바퀴를 떼어 내 스스로 균형을 잡도록 해야 한다. 이를 위해 교사는 학습자의 특성에 맞는 촉구를 선택하고, 데이터에 근거해 촉구 강도를 조절하며, 강화 체계를 자연 강화물로 연결해 유지 · 일반화를 견인해야 한다. 적절히 설계된 촉구 체계는 단순 과제 수행 능력에서 나아가 능동적 문제 해결과 사회 참여로 이어지는 발판이 된다.

4. 촉구 용암의 실제 적용 사례

(1) 사례 제목: "화장실 가고 싶어요." 의사 표현 지도

① 배경 정보

- 중재자: 유아특수교사 김○○
- 대상 아동: 5세, 지적장애
- 문제 상황: 아동이 화장실이 급해도 울거나 제자리에 앉아 있는 등 비언어적 행동만 보이며, 배변 실수가 잦았음
- 중재 목표: 화장실에 가고 싶을 때, '화장실 가고 싶어요.' 그림카드를 자발적으

로 사용하는 행동을 지도

② 1단계: 촉구 제공

- 아동이 화장실이 급한 듯한 다리 꼬기, 표정 찡그리기 등의 언어적 신호를 보일 때, 교사는 아동의 손을 부드럽게 잡아 그림카드를 교사에게 건네도록 신체적 완전 촉구를 제공
- 카드 사용 직후에는 즉시 화장실로 안내하고, "잘했어! 화장실 가고 싶을 때는 이렇게 말하는 거야."라고 사회적 강화 제공

③ 2단계: 촉구 용암

- 아동이 80% 이상의 성공률로 신체적 촉구에 반응하면 신체적 촉구에서 제스처 촉구(카드를 가리킴)로 단계적으로 약화
- 이후 아동이 스스로 카드를 잡도록 유도하고, 언어적 힌트("화장실?")만 제공
- 결국 아동이 자발적으로 카드를 선택하여 교사에게 전달까지 독립적으로 수행

④ 3단계: 일반화 및 유지

- 가정에서도 동일한 그림카드를 사용하도록 부모에게 교육
  교실, 복도, 야외놀이 공간 등 다양한 장소에서 동일한 반응이 유지되는지 점검

⑤ 중재 결과

- 1주차: 신체적 촉구에 안정적으로 반응하며 그림카드 사용 성공률이 60% 이상으로 증가함
- 2주차: 신체적 촉구를 완전히 제거하고 제스처 및 최소한의 언어적 촉구만으로도 카드 사용이 가능해짐
- 3주차: 90% 이상의 상황에서 아동이 자발적으로 그림카드를 선택하여 전달, 촉구 없이도 화장실 요청 행동을 독립적으로 수행함
- 일반화: 가정, 야외 놀이 공간 등 다양한 환경에서 동일한 요청 행동이 안정적으로 유지됨

교사는 "예전에는 표현하지 못해 답답해하던 아이가 이제는 스스로 카드를 찾아 건네며 필요를 말하는 모습을 보면, 의사소통의 자신감이 하루가 다르게 자라고 있음을 느낀다."라고 평가하였다.

IV 일반화

모든 교수의 최종 목적은 학습자가 학습한 행동을 교실 밖 실제 생활 환경에서도 자발적으로 수행하고, 일정 기간 그 행동을 안정적으로 유지하는 것이다. 다시 말해, 행동이 교실 안에서만 일어나고 다른 환경에서는 나타나지 않는다면, 그 교수는 성공적이었다고 보기 어렵다. Cooper 등(2020)은 이러한 개념을 일반화와 반응 유지로 구분하여 설명한다.

1. 일반화의 개념

일반화(generalization)는 한 환경이나 조건에서 학습한 행동이 다른 환경 · 사람 · 자극으로 확산되는 것을 의미한다. Mayer 등(2012)은 일반화 능력이 없다면 유기체는 살아

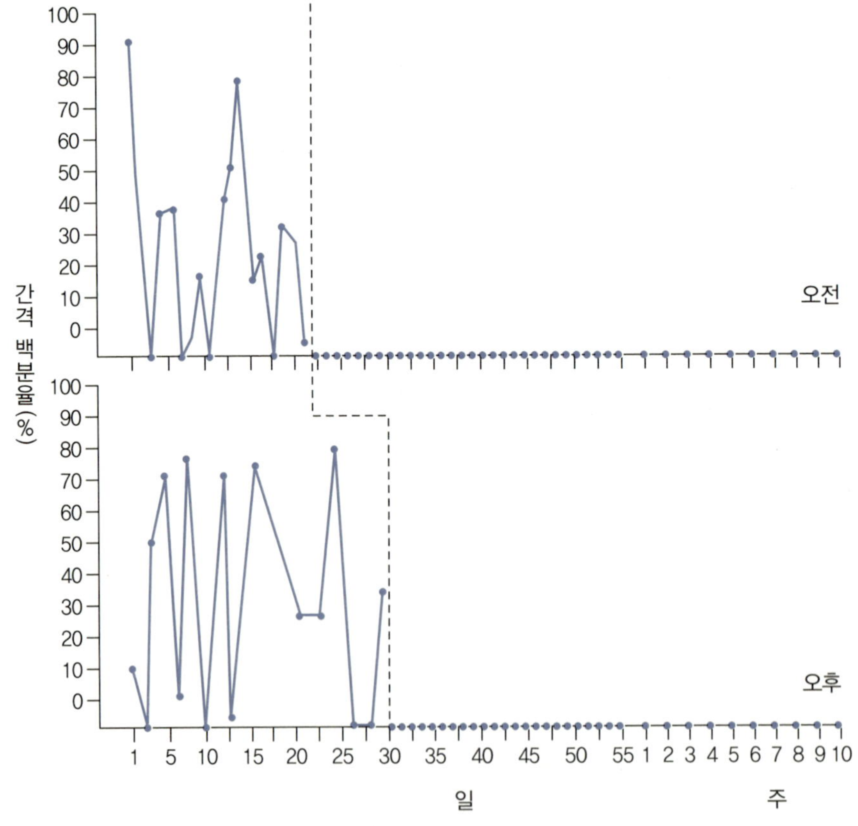

[그림 7-3] 일반화 그래프 예시

남기 어렵다고 강조하였다. 만약 모든 상황에서 매번 새롭게 학습해야 한다면 삶은 비효율적이고 비현실적일 것이다. 따라서 일반화는 단지 '학습의 부가 효과'가 아니라 학습 그 자체의 완성 조건이자 실생활 적응을 위한 필수적인 요소라 할 수 있다.

[그림 7-3]의 그래프는 일반화를 나타낸 가상의 데이터를 활용한 예시다. 이 그래프는 한 학생의 문제행동에 대해 특정 중재가 다른 교실 환경에서도 효과를 발휘하는지를 살펴본 것이다. 기초선 구간에서는 오전과 오후 모두에서 높은 비율의 문제행동이 관찰되었으나, 중재가 오전 수업에 도입된 이후 문제행동이 급격히 감소하였으며, 이후 오후 수업 시간에서도 유사한 감소 추세가 나타났다. 이 그래프는 특정 중재가 한 환경(오전 수업)에서 적용되었음에도 불구하고 다른 환경(오후 수업)에서도 긍정적인 행동 변화가 나타난다는 점에서 일반화의 가능성을 잘 보여 주는 예시다.

기능적 기준에 따른 일반화의 유형은 다음과 같다(〈표 7-5〉 참조).

〈표 7-5〉 일반화의 유형

구분	정의	예시
자극 일반화	유사한 자극에도 같은 행동이 나타남	교실 표지판 학습 → 실제 도로 표지판 앞에서 멈춤
반응 일반화	같은 기능의 다양한 행동이 출현함	"도와주세요." 학습 → "이것 좀 같이 해 주세요."로도 요청

1) 자극 일반화

자극 일반화(stimulus generalization)는 변별 자극(S^D)이 변화되거나 유사한 자극으로 대체되어도 동일한 반응이 나타나는 현상이다. 이는 자극 통제가 적절하게 형성된 결과로 학습자가 다양한 환경 변화에도 불구하고 핵심적인 자극의 의미를 파악하고 유연하게 반응할 수 있는 능력을 의미한다. 예를 들어, 교실에서 '멈춤' 표지판을 보고 멈추는 행동을 학습한 학생이 운동장에 설치된 다른 디자인의 '멈춤' 표지판이나 횡단보도의 '정지' 신호등 앞에서도 같은 반응을 보인다면 자극 일반화가 이루어진 것이다.

2) 반응 일반화

반응 일반화(response generalization)는 하나의 행동을 강화했을 때, 형태는 다르지만 동일한 기능을 수행하는 다른 행동이 함께 출현하거나 증가하는 현상을 말한다. 예를 들어, "도와주세요."라고 요청하는 행동을 훈련받은 학생이 나중에는 "이것 좀 봐주세요." "손 좀 빌려주세요." 혹은 손짓으로 도움을 요청하는 등 다양한 방식으로도 도움을 구하게 된다면 이는 반응 일반화다. 이 모든 행동은 '도움 요청'이라는 같은 목적을 달성하며, 형태는 달라도 기능적으로 동등한 반응군 내에서 출현한 것이다. 반응 일반화는 학습자가 특정 상황에서 하나의 방식의 반응에만 고착되지 않고, 문제 해결을 위해 다양한 대체 행동을 유연하게 활용할 수 있도록 돕는 중요한 개념이다.

3) 과잉 일반화

과잉 일반화(overgeneralization)는 자극 일반화나 반응 일반화에서 나타날 수 있는 부적절한 반응 확장의 한 형태로, 그 안에는 자극 일반화 오류와 반응 일반화 오류가 포함될 수 있다. 이는 학습된 반응이 핵심 속성을 벗어난 자극이나 행동으로 과도하게 확장되어 부적절한 결과를 초래하는 것을 의미한다.

자극 일반화의 오류는 본래 반응해야 할 자극과는 기능적으로 다른 자극에 동일한 반응을 보이는 경우를 말한다. 예를 들어, 한 아동이 엘리베이터에서 만난 유치원생에게도 어른에게 하듯 "안녕하세요."라고 인사한다면, 이는 '어른'이라는 원래 자극과 유사하지만 사회적 역할이 다른 자극(유치원생)에 동일하게 반응한 것으로, 자극 일반화의 오류에 해당한다. 또 다른 예로, 자폐스펙트럼장애 아동이 노란색 버스는 모두 자신의 통학버스라고 인식하여 어린이집 버스를 타려고 하는 행동도, 기능적으로 다른 자극(버스)이 구분되지 않은 경우로 자극 일반화의 오류다. 자극 일반화는 학습된 반응을 다양한 환경에 적용하는 유익한 기제이지만, 비본질적 속성에 반응이 전이되면 오류가 발생할 수 있다. 따라서 일반화 훈련 과정에서는 자극의 핵심 속성을 명확히 가르치고, 적절한 자극 변별 훈련과 피드백을 함께 제공해야 한다.

반응 일반화의 오류는 동일한 자극에 대해 기능적으로 적절하지 않거나 사회적으로 부적절한 다른 반응을 보이는 경우를 말한다. 예를 들어, 자폐스펙트럼장애 아동이 "도와주세요."라는 표현을 학습한 뒤, 모든 요청 상황(예: 장난감 달라고 하기, 화장실 가기 등)에서 전부 "도와주세요."라고 말하는 경우는, 상황에 따른 표현 구분이 이루어지지 않은 채 하나의 반응만 과잉 사용된 오류로 볼 수 있다. 또 다른 예로, 한 아동이 친구에게 "도와줘."라고 요청하는 행동을 훈련받은 뒤, 이후에는 교사나 낯선 어른에게도 "이것 좀 해 줘!"라고 말하는 경우는, 기능은 유사하더라도 상대나 상황에 맞지 않은 표현 방식으로 인해 부적절한 반응으로 작용한 사례다. 이처럼 반응 일반화의 오류는 맥락이나 대상, 표현 방식의 적절성까지 고려한 반응 훈련이 부족할 때 발생할 수 있으며, 훈련 과정에서는 상황에 맞는 다양한 표현을 구분하여 가르치는 전략이 필요하다.

한편, 실제 교육 현장에서는 일반화를 적용되는 맥락에 따라 구분하는 방식도 널리 사용된다. 예를 들어, 학생이 교실에서 배운 기술을 집이나 다른 환경에도 사용할 수 있는 경우는 '상황(setting) 일반화'라고 하고, 특정 교사에게 배운 기술이 다른 교사나 또래와의 상호작용에서도 나타나는 경우는 '대상(subject) 일반화'라고 한다. 또한 특정 문제 유형 해결 기술이 새로운 과제나 상황에도 적용되는 경우는 '행동(behavior) 일반화'라고 구분하여 평가하기도 한다.

이러한 분류는 기능적 기준에 따른 자극 일반화나 반응 일반화와 상반되는 것이 아니라, 중재 효과가 실제 생활 전반에 얼마나 폭넓게 확산되는지를 평가할 때 보완적으로 활용되는 시각이다. 실천적 분류는 교육이나 치료 현장에서 중재의 일반화 가능성과 사회적 타당성을 판단하는 데 유용한 기준으로 널리 활용된다.

2. 반응 유지의 개념

반응 유지(response maintenance)는 중재나 직접적인 수업이 종료된 이후에도 학습자가 해당 행동을 시간이 지난 뒤에도 지속적으로 수행하는지를 의미한다. 즉, 교수 장면에서 형성된 기술이나 능력이 이후에도 자발적이고 안정적으로 유지되는지를 살펴보는 개념이다. 예를 들어, 한 아동이 "감사합니다."라는 인사를 일정한 훈련을 통해 배우고, 몇 주 후 훈련이 종료된 뒤에도 자발적으로 인사를 한다면 이는 반응 유지가 성공적으로 일어난 것이다. Cooper 등(2020)은 읽기, 수학, 자조 기술, 의사소통 기술 등 삶의 질과 직결되는 행동은 반드시 유지되어야 하며, 그 가능성은 교수 설계 단계부터 계획되어야 한다고 강조하였다.

반응 유지는 행동의 시간적 지속성을 강조하는 개념인 반면, 일반화는 학습한 행동이 다른 환경 · 상황 · 사람으로 확산되는 것을 의미한다. 행동이 장기간 유지되더라도 적용 범위가 한정된다면 실생활 적응에는 한계가 있다. 따라서 효과적인 교수 · 중재를 위해서는 반응 유지뿐만 아니라 일반화를 촉진하는 전략도 함께 계획해야 한다.

3. 일반화 촉진을 위한 절차

일반화는 저절로 일어나는 경우도 있지만 대부분은 계획적 · 체계적 교수 절차 없이는 발생하지 않는다. 특히 특수교육이나 초기 중재에서는 일반화 프로그래밍이 핵심이다. Stokes와 Baer(1977)는 일반화를 촉진하기 위한 9가지 전략을 제시하였으며, 여기서는 그중 주요 전략을 몇 가지만 소개한다.

- 훈련하고 희망하기: 교수 환경에서 학습한 행동이 별도의 일반화 전략 없이도 다른 환경으로 확장되기를 기대하는 접근임. 중도장애 학생의 경우 일반화가 자연스럽게 일어나지 않을 가능성이 있으므로 추가 전략이 필요함
- 순차적 수정: 특정 환경에서는 일반화가 되었으나 다른 환경에서는 나타나지 않을 때, 그 환경에도 동일한 중재를 점진적으로 적용하여 일반화를 확장하는 전략임
- 자연 강화 유관으로의 전이: 인위적 강화 대신 실제 생활 맥락에서 자연스럽게 발생하는 강화가 행동을 유지하도록 유도하는 전략임. 예를 들어, 친구와 함께 놀이하는 상황 자체가 행동의 자연적 강화가 되도록 하는 방식임
- 일반 사례 훈련: 교수 과정에서 다양한 자극 · 상황 · 사례를 포함하여 목표 행동이 여러 환경·여러 사람에게서 일관되게 나타나도록 하는 전략임
- 느슨한 훈련: 자극과 반응의 세부 조건을 다양하게 제시하여 특정 방식에만 고정되지 않고 유연하게 일반화되도록 돕는 전략임. 예를 들어, 다양한 표현을 모두 정반응으로 인정하는 방식이 포함됨

4. 학습 유지 및 전이 지원 전략

1) 간헐 강화

행동이 항상 동일한 자극이나 결과에만 의존하면, 그 자극이 사라졌을 때 행동도 쉽게 소거될 수 있다. 이를 방지하기 위해 의도적으로 강화 제공을 불규칙하게 설정하는 간헐 강화 전략이 효과적이다(Lindberg et al., 2003). Kazdin과 Polster(1973)는 간헐 강화가 연속 강화보다 소거에 더 강하며, 일반화 상황에서도 행동의 유지 가능성이 높다고 강조했다. 예를 들어, 초등학생이 '질문할 때 손들기' 행동을 배우는 과정에서 처음에는 손을 들기만 해도 교사의 즉각적인 칭찬을 받았지만(연속 강화), 이후에는 세 번째 손들기에서만 칭찬을 받거나 전혀 칭찬이 주어지지 않는 경우(간헐 강화)에는 강화 유무와 관계없이 행동이 꾸준히 유지되는 경향이 나타난다. 이는 실제 학교나 사회생활과 유사한 환경을 제공함으로써, 반응 유지 능력을 기르는 데 중요한 전략이다

(Worsdell et al., 2000).

2) 공통 자극 삽입

훈련 환경과 일반화 환경 간의 연결을 강화하기 위해 두 환경에 시각 자료, 표현 언어, 인물, 도구 등의 공통적인 자극을 의도적으로 삽입하는 전략이다. Walker와 Buckley(1968)는 공통 자극만으로도 행동의 전이가 촉진될 수 있다고 보고하였다. 예를 들어, 특수학급에서 감정 표현 카드를 활용해 '화나다' '기쁘다' 등의 감정 명명을 가르친 경우, 일반 학급 교실에도 동일한 감정 카드를 게시하거나 일반교사가 특수교사와 동일한 언어 표현(예: "기분을 말해 볼까?")을 사용하면, 학생은 훈련받지 않은 환경에서도 자연스럽게 감정 표현 행동을 일반화할 수 있게 된다.

3) 언어 매개 전략

학습자가 자신의 행동과 그 결과를 언어로 설명하고 예측할 수 있으면, 행동은 더 넓은 환경에서 일반화될 가능성이 높아진다. 이를 자기 교수(self-instruction)라고 하며, 행동의 내재적 조절 능력을 높여 준다. 예를 들어, 순서를 지켜 말하기를 배우는 학생이 "지금은 내 차례야." "친구 말이 끝나면 말하는 거야."라고 스스로 말하도록 하면, 그 언어 표현이 곧 자기 행동을 유도하고 유지하는 자극이 되어 다양한 상황에서도 반응을 끌어낼 수 있다.

4) 반응 다양성 훈련

새로운 조건에서도 유사한 행동이 나타나도록 유도하는 접근으로 반응의 다양성과 맥락 적응력 향상을 목표로 한다. Goetz와 Baer(1973)는 유치원 아동에게 블록 쌓기 과제를 주고, 이전과 다른 구조물만 강화하는 lag 스케줄을 활용해 창의적인 반응을 유도하였다. lag 스케줄은 바로 직전 반응과 다른 반응일 때만 강화하는 전략이다. 예를 들어, 감사 표현을 가르칠 때 "고마워." "감사합니다." "정말 고마워." 등 다양한 표현을 사용할 때만 강화를 제공하면, 아동은 반복된 표현보다 새로운 표현을 시도하려는 경향을 보인다. 교사는 다양한 표현 모델을 제시하고 "다르게 말해 볼까?" "이번엔 새롭게 해 보자"와 같은 언어 자극을 사용하여 아동이 표현의 폭을 넓히도록 유도할 수 있다.
이러한 전략들은 학습자가 환경에 유연하게 적응하고, 행동을 장기적으로 유지하고 확장하는 데 중요한 역할을 한다.

5. 일반화의 실제 적용 사례

(1) 사례 제목: 앉아서 기다리기 행동의 환경 일반화

① 배경 정보

- 중재자: 특수학교 유치부 교사 박○○
- 대상 아동: 6세, 자폐스펙트럼장애 진단
- 문제 상황: 아동은 대기 상황에서 자리에 오래 앉아 있지 못하고, 자주 일어나 돌아다니거나 큰 소리를 냄

② 중재 목표

- 다양한 상황에서 차례 기다리기 행동(의자에 앉아 조용히 기다리기)을 3분 이상 지속할 수 있도록 한다.

③ 중재 1단계: 훈련 환경에서 기술 습득

- 교실에서 놀이 순서 기다리기 상황을 설정하고, 타이머를 활용해 앉아 있는 시간을 점진적으로 늘림
- 앉아서 기다리기를 성공했을 때는 즉시 놀이 기회와 사회적 칭찬 제공
- 시각적 스케줄과 타이머 활용으로 예측 가능성 부여

④ 중재 2단계: 다양한 사람과 도구 일반화

- 처음에는 교사가 지도했으나 이후에는 지원인력, 치료사, 또래 친구와의 놀이 상황으로 확대
- 타이머 대신 모래시계, 음성 알림 시계 앱 등 다른 형태의 시각 · 청각 도구 사용

⑤ 중재 3단계: 다양한 장소로 일반화 확장

- 복도, 급식실, 버스 대기 공간 등 학교 내 다른 장소에서도 같은 '기다리기' 행동을 요구
- 각 환경에 맞는 소리 크기, 시각 자료 등을 조정하여 자극 특성을 고려함
- 보호자와 협력하여 가정(식사 준비 기다리기), 치과 대기실 등 일상생활에서도 적용

⑥ 중재 결과

- 2주차: 교실 내에서 3분 대기 행동 성공률이 80% 이상으로 향상됨
- 3주차: 지원인력 및 또래와의 놀이 상황에서도 동일한 행동이 안정적으로 나타남
- 4주차: 복도, 식당, 버스 대기 공간 등 교실 외 환경에서도 3분 이상 앉아 기다리

기 행동을 90% 이상 성공함

• 가정 · 치과 대기실 등 지역사회 환경에서도 동일한 절차를 적용했을 때, 행동이 안정적으로 유지됨

교사는 "예전에는 금방 자리에서 일어나곤 하던 아이가 이제는 다양한 장소에서도 스스로 앉아 차례를 기다리는 모습을 보이며, 일상생활 전반에서의 변화가 확실히 느껴진다."라고 평가하였다.

요약

자극 통제는 특정 선행 자극(변별 자극, S^D)이 있을 때 행동이 자주 나타나고, 소거 자극(S^Δ)에서는 거의 나타나지 않는 현상을 의미한다. 이는 행동이 단순히 결과(강화)만으로 형성되는 것이 아니라, 그 결과가 나타날 가능성을 알려 주는 선행사건(자극)이 함께 작용함을 뜻한다. Cooper 등(2020)은 자극 통제를 변별 자극(S^D)이 있을 때 행동이 증가하고 소거 자극(S^Δ)이 있을 때 감소하는 상태로 정의하고, 이때 '선행 자극–행동–결과'가 하나로 묶여 3요인 유관을 이룬다고 하였다.

자극 통제는 변별 자극(S^D)에서는 반응을 강화하고, 소거 자극(S^Δ)에서는 강화하지 않는 차별강화에 의해 형성된다. 또한 사람들은 경험을 통해 그림, 글자, 소리처럼 서로 다른 모양의 자극을 가르치면, 나중에는 그중 하나만 보고도 나머지를 떠올릴 수 있게 된다. 이것을 자극 등가성이라 부르며, 결국 다양한 형태의 단서가 같은 의미를 가진 하나의 그룹으로 묶여서 기능하게 된다.

자극 통제 형성 과정에서 학습자가 글씨체나 카드 테두리 등 중요하지 않은 부분에 반응하는 자극 과잉 선택성이 생기기도 한다. 이를 줄이려면 자극의 배열 또는 위치를 바꾸고, 동일 개념을 여러 예시로 제시하고, 모든 그림을 손가락으로 짚고 이름을 말하게 한 뒤 원하는 그림을 선택하게 하는 등 중요한 특징에 주의를 모으는 훈련이 필요하다. 변별 자극(S^D)이 잘 드러나도록 자극을 뚜렷하게 하고, 방해 자극은 환경을 재배치해 치우거나 덜 눈에 띄게 한다. 무엇보다

학습자가 자료를 바라보고 지시에 귀 기울이는 주의 행동이 먼저 확보되어야 하며, 변별 자극(S^D) 조건에서의 올바른 반응이 빠짐없이 강화되어야 자극 통제가 안정된다.

동기 조작(MO)은 변별 자극(S^D)의 존재만으로 설명되지 않는 '왜 지금 그 행동이 필요해졌는가?'를 밝혀 주는 선행 변인이다. 동기 조작은 강화제의 가치를 일시적으로 높이거나(동기 설정 조작, EO), 낮춰(동기 해지 조작, AO) 행동 빈도를 변화시킨다. 학습 경험이 필요 없는 무조건 동기 조작(UMO)과 과거 학습을 통해 가치가 연합된 조건화된 동기 조작(CMO)으로 구분된다. 예를 들어, 운동 후 물의 가치는 높아지지만 이미 배가 부르면 음식의 가치는 낮아진다. 교사는 학습자의 결핍이나 포만 상태를 관찰해 동기 조작을 평가하고, 중재에 반영해야 한다.

촉구는 변별 자극(S^D)만으로 반응이 어려울 때 추가하는 보조 자극이다. 언어 지시, 모델링, 신체적 안내 등 행동 자체를 유도하는 '반응 촉구'와 변별 자극(S^D)의 색 · 크기 · 위치 조정 등 정답 단서를 강조하는 '자극 촉구'가 있다. 자극 촉구는 변별 자극(S^D)을 직접 변형하는 자극 내 촉구와 자극 외 촉구로 나뉜다. 촉구 후에는 용암을 통해 점진적으로 보조 자극을 줄여 자연스러운 자극 통제로 전환해야 한다. 촉구를 줄이는 대표적 방법에는 최소-최대 촉구, 최대-최소 촉구, 점진적 안내, 시간 지연 등이 있다. 이런 절차는 무오류 학습을 지향하며, 학습자가 독립적으로 과제를 수행하도록 돕는다.

일반화란 교실에서 학습한 행동이 시간이 지나도 사라지지 않고, 장소 · 사람 · 상황이 달라져도 자연스럽게 나타나는 현상이다. 응용행동분석에서는 이를 전이(자극 일반화, 반응 일반화)와 유지(반응 유지)로 나눈다. 자극 일반화는 변별 자극(S^D)의 색 · 모양 같은 물리적 특성이 조금 달라져도 같은 반응이 일어나는 능력이고, 반응 일반화는 동일한 기능을 지닌 새로운 행동이 저절로 추가되는 현상이다. 반응 유지는 중재나 직접적인 수업이 종료된 이후에도 학습자가 해당 행동을 시간이 지난 뒤에도 지속적으로 수행하는지를 의미한다. 일반화를 촉진하려면 간헐 강화, 공통 자극 삽입, 언어 매개 전략, 반응의 다양성 강화 등 다양한 전략을 교수 초기에 설계 · 적용해야 한다.

제8장

새로운 행동 지도 절차

개요

응용행동분석에서 새로운 행동을 교수하기 위한 대표적인 지도 절차로는 모방, 모델링, 관찰학습과 행동연쇄, 행동형성, 행동기술훈련이 있다. 이 절차들은 학습자의 현재 수행 수준과 목표 행동 간 격차를 체계적으로 줄이고, 복잡한 기능적 행동을 단계별로 지도할 수 있는 실천 도구로서 다양한 교육 및 치료 현장에서 폭넓게 활용된다. 모방은 타인의 행동을 관찰한 직후 유사한 반응을 보이는 기초 기술이며, 모델링은 시범을 통해 행동 습득을 유도하는 전략이다. 관찰학습은 모델의 행동과 결과를 간접적으로 학습하는 방식으로 사회성 및 자기관리 훈련에 효과적이다. 행동연쇄는 복잡한 행동을 단계적으로 지도하는 절차로 과제분석과 연쇄 절차를 통해 적용된다. 행동형성은 차별강화를 기반으로 목표 행동에 점진적으로 접근하게 하는 전략이며, 행동기술훈련은 설명, 시범, 연습, 피드백의 4단계로 구성된 실천 중심 교수법이다. 이 장에서는 이들 지도 절차의 개념과 이론적 기초, 구체적인 교수 절차 및 실제 적용 사례를 통합적으로 설명한다.

핵심 용어

- 개별시도훈련(Discrete Trial Training: DTT)
- 과제분석(task analysis)
- 관찰학습(observational learning)
- 또래 모델링(peer modeling)
- 모델링(modeling)
- 모방(imitation)
- 무오류 학습(errorless learning)
- 반사적 모방(reflexive imitation)
- 복합 운동 모방(compound motor imitation)
- 비디오 모델링(video modeling)
- 사회학습이론(social learning theory)
- 상징적 모델링(symbolic modeling)
- 시간적 근접성(temporal proximity)
- 시연(rehearsal)
- 신체적 촉구(physical prompting)
- 언어적 모방(vocal imitation)
- 에뮬레이션(emulation)
- 자기 모델링(self-modeling)
- 전진행동연쇄(forward fhaining)
- 전체과제행동연쇄(total task chaining)
- 점진적 접근(successive approximation)
- 촉구 용암(prompt fading)
- 파지(retention)
- 행동기술훈련(behavioral skills training)
- 행동연쇄(behavior chain)
- 행동형성(behavior shaping)
- 후진행동연쇄(backward fhaining)

I 모방, 모델링, 관찰학습

1. 모방

1) 모방 행동의 정의

모방(imitation)은 타인의 행동을 관찰한 후 동일하거나 유사한 행동을 즉각적으로 수행하는 것으로 정의된다. 응용행동분석에서는 모방이 새로운 행동을 학습하는 데 핵심적인 역할을 하며, 특히 언어 습득, 사회적 상호작용, 자기관리 및 일상생활 기술 학습을 촉구하는 데 중심이 되는 교수 방법으로 간주된다(Cooper et al., 2020).

Baer 등(1967)은 모방 행동을 정의하기 위해 4가지 기준을 제시하였다. 첫째, 모델 행동의 존재가 필요하다. 이는 모방 행동이 타인의 실제 행동 또는 영상이나 그림과 같은 상징적 표현을 통해 유발된다는 것을 의미한다. 둘째, 형식적 유사성(formal similarity)이 요구된다. 모방된 행동은 모델 행동과 물리적 형태에서 유사해야 하며, 시각이나 청각 같은 동일한 감각 방식을 통해 이루어져야 한다. 셋째, 시간적 근접성(temporal proximity)이 확보되어야 한다. 모방 행동은 모델 행동 직후에 나타나야 하며, 일정 시간 경과 후의 반응은 일반적으로 모방으로 간주되지 않는다. 넷째, 모델이 주요 통제자극(primary controlling stimulus)이어야 한다. 이는 모방 행동이 과거의 강화 이력보다는 모델 그 자체에 의해 통제되어야 함을 뜻한다.

이러한 기준을 충족할 때, 단순한 동작 유사성이 아닌 '진정한 모방'으로 간주된다. 예를 들어, 아동이 교사의 손동작을 즉각적으로 따라 했을 경우, 해당 행동은 모방이다. 반면, 같은 행동을 몇 시간 뒤 특정 자극에 의해 반복한 경우, 이는 모방이 아닌 변별된 작동행동일 가능성이 크다.

모방은 학습자가 습득한 행동을 여러 맥락에 적용할 수 있는 **일반화된 모방** 능력의 토대를 형성하며, 이를 통해 새로운 행동을 빠르게 습득하고 다양한 상황에 적용할 수 있도록 한다. 일반화된 모방은 훈련되지 않았고 강화되지 않은 모델 행동도 자발적으로 모방하는 능력을 말한다. 이는 사회성 발달, 언어 확장, 자율적인 기술 학습으로 이어질 수 있다.

흥미롭게도, 일부 자폐스펙트럼장애 아동은 모방의 표면적 결과는 수행하더라도 그 구체적 방법은 제대로 따라하지 못하는 경우가 많다. 이처럼 결과만 재현하고 구체적 동작이 다를 경우를 **에뮬레이션**(emulation)이라 하며, 진정한 모방과는 구별된다.

모방 행동은 훈련을 통해 습득 가능하다. Baer 등(1967)의 연구에서는 모방 능력이 부족한 아동에게 체계적 훈련을 실시하여 새로운 모방 행동을 유도한 뒤, 훈련받지 않은 모델에 대해서도 자발적으로 모방하도록 만드는 데 성공했다. 이 절차는 강화, 신체적 유도, 과제 분석 및 반복 연습으로 구성되며, 응용행동분석의 핵심 전략 중 하나로 자리 잡았다.

2) 모방의 발달 단계

모방은 인간의 학습과 발달에서 중요한 역할을 하며, 특히 발달장애 아동을 대상으로 한 응용행동분석 중재에서 핵심적인 교수 요소로 다루어진다. 모방은 단순한 행동 재현에서 시작해 점차 복잡한 사회적 행동과 언어적 반응으로 확장되며, 그 발달은 일련의 단계적 과정을 따른다(Cooper et al., 2020).

첫 번째 단계는 반사적 모방(reflexive imitation)이다. 이는 생후 수개월 내에 자연스럽게 나타나는 행동으로, 예컨대 아기가 성인이 혀를 내밀거나 입을 벌리는 행동을 그대로 모방하는 것은 의도적인 학습이 아니라 신경학적으로 자동화된 반응으로 여겨진다. 이 단계는 초기 사회적 유대 형성에 중요한 역할을 한다.

두 번째 단계는 단순 운동 모방(simple motor imitation)이다. 손 들기, 박수치기, 고개 끄덕이기처럼 단일 동작을 따라하는 단계로 생후 6개월 이후부터 본격적으로 나타난다. 이 시점부터는 응용행동분석의 핵심 전략 중 하나인 개별시도훈련(Discrete Trial Training: DTT)을 통해 체계적인 훈련이 가능하다. 특히 신체적 촉구(physical prompting)를 사용해 초기 모방 반응을 유도하고, 점차 촉구 용암(prompt fading)을 통해 자발적 반응을 이끌어 낸다.

세 번째 단계는 복합 운동 모방(compound motor imitation)이다. 이 시기에는 두 개 이상의 동작을 연속적으로 수행하는 모방이 가능해진다. 예를 들어, 몸을 돌리고 앉기, 물건을 던지고 박수치기 같은 행동들이 여기에 포함된다. 이 단계에서는 행동연쇄를 활용한 교수 전략이 사용되며, 보다 정교한 촉구와 강화 체계가 적용된다.

네 번째 단계는 언어적 모방(vocal imitation)은 말소리나 단어를 따라하는 것으로, 1세 후반에서 3세 무렵에 두드러진다. 이 시기의 아동은 '엄마' '우유' 같은 단어를 들은 후 이를 그대로 따라 말하려는 경향을 보이며, 이는 언어 발달의 기초를 이룬다. 응용행동동분석에서는 이 시기의 언어 모방을 에코익(Echoic) 훈련을 통해 체계화한다.

다섯 번째 단계는 사회적 · 상징적 모방(social/symbolic imitation)으로, 역할 놀이, 감정 표현, 타인의 행동을 상황에 맞게 모방하는 능력이 발달한다. 예를 들어, 인형에게 밥을 먹이는 흉내를 내거나 부모의 말투를 따라하는 행동은 단순 모방을 넘어서 상황 이해와 사회적 기능을 내포한다. 이 시기의 모방은 상상력, 감정 이해, 사회성 확장과 관련이 있다.

마지막 단계는 일반화된 모방(generalized imitation)이다. 이는 훈련받지 않은 행동이나 새로운 환경에서도 자발적으로 모델 행동을 모방할 수 있는 능력을 말한다. 예를 들어, 처음 보는 사람이 컵을 들고 마시는 동작을 보고 자연스럽게 따라 하는 것이다. 이는 단순히 따라 하는 기술을 넘어 '어떻게 따라 하는지를 배우는' 고차원적 학습 전략이자 응용행동동분석의 주요 목표 중 하나다.

이처럼 모방은 반사적 수준에서 시작해 운동적 · 언어적 · 사회적 모방을 거쳐 일반화된 모방으로 확장되는 발달 경로를 따른다. 각 단계마다 적절한 촉구 방식과 강화 전략이 병행되어야 하며, 학습자의 현재 수준에 맞는 교수 접근이 필요하다.

〈표 8-1〉 모방의 발달 단계

단계	발달 시기	핵심 특징	예시	적용 전략
반사적 모방	출생 직후 ~ 수개월	무의식적·자동적 반응, 초기 사회적 유대 형성	혀 내밀기, 입 벌리기	사전 발생
단순 운동 모방	생후 6개월 ~ 2세	단일 동작을 즉각적으로 따라 함	손 들기, 박수 치기	개별시도훈련, 신체적 촉구, 촉구 용암
복합 운동 모방	2세 ~ 3세	2가지 이상 동작 연쇄를 모방함	몸 돌리며 앉기, 공 던지고 박수 치기	행동연쇄, 점진적 촉구 감소
언어적 모방	1세 후반 ~ 3세	소리나 단어를 따라 말함	"엄마."를 듣고 따라 함	에코익 훈련, 언어 촉구
사회적·상징적 모방	3세 ~ 5세	역할, 감정, 사회적 행동을 맥락 속에서 따라 함	인형에게 밥 주기, 엄마 흉내	역할 놀이, 사회적 상호작용 강화
일반화된 모방	훈련 후 시점	훈련받지 않은 행동도 자발적으로 모방함	새로운 행동을 처음 보고 자연스럽게 모방	모델 다양화, 탐색적 모방 시도

3) 모방 훈련 절차

모방 훈련(imitation training)은 모방 행동이 부족하거나 전혀 없는 학습자에게 새로운 행동을 효과적으로 습득하도록 돕는 체계적이고 단계적인 절차다. 이 절차는 사회화, 언어, 자기관리 등의 다양한 기술 발달을 촉구하며, 특히 자폐스펙트럼장애 아동을 비롯한 발달장애 아동의 중재에 있어 필수적인 교수 전략으로 자리 잡고 있다(Cooper et al., 2020).

모방 훈련은 일반적으로 다음과 같은 단계로 구성된다(Striefel, 1974).

(1) 모방 훈련의 전제 조건 평가

모방 훈련을 시작하기 전, 학습자가 다음과 같은 기초 기술을 갖추고 있는지 평가하고 필요시 선행 학습을 통해 보완한다.

- 주의 집중: 자리에 앉아 있기, 이름 불렸을 때 교사 쳐다보기
- 시각적 추적: 교사의 손동작이나 시범을 눈으로 따라가기
- 문제행동 억제: 과도한 손 흔들기, 공격성 등 방해 행동 감소

(2) 훈련 모델 선정

초기 훈련에는 일반적으로 25개 내외의 간단한 동작을 모델로 사용한다.

- 대근육 움직임: 손 들기, 고개 끄덕이기, 두드리기
- 소근육 움직임: 손가락 접기, 손가락으로 사물 가리키기
- 도구 조작: 공 잡기, 컵 들기, 물건 옮기기

(3) 사전검사

훈련 전, 학습자가 이미 모방할 수 있는 행동이 있는지 확인한다.

- 학습자의 이름을 부른 뒤 "이렇게 해 봐."라고 지시한다.
- 시범을 보여 준 후 학습자의 반응을 관찰
- 즉각적인 유사 반응에는 칭찬 및 강화 제공
- 정확한 반응, 근사 반응, 무반응 등을 기록

(4) 훈련 모델 순서 배열

사전검사 결과를 토대로 다음 순서로 훈련 모델을 배열한다.

- 일부 정확히 수행한 모델
- 근접 반응을 보인 모델
- 전혀 반응하지 않은 모델

이는 쉬운 과제에서 어려운 과제로 점진적 난이도 조절을 가능하게 한다.

(5) 모방 훈련 실시

모든 훈련은 다음과 같은 요소로 이루어지며, 특정 모델에 대해 5회 연속 정확한 반응을 보이면 다음 모델로 진행한다.

- 교사 지시: "이렇게 해 봐." 또는 학습자의 이름과 행동 시범
- 모델 제시: 실제 행동 또는 영상, 그림과 같은 상징적 모델
- 학습자 반응 관찰: 학습자 행동의 정확성을 평가하여 다음 모델 결정
- 필요 시 촉구: 신체 촉구 제공, 이후 점진적 감소
- 강화 제공: 즉각적인 정답 반응에 대해 강화(예: 칭찬, 음식물)

(6) 사후검사 및 일반화 검증

- 사후검사: 이전에 학습한 모델에 대해 반응이 유지되는지 검토
- 일반화 모델 탐색: 훈련하지 않은 새로운 모델에 대한 자발적 모방을 평가
- 일반화된 모방 형성 여부 확인

(7) 훈련 종료 기준

다음과 같은 조건을 충족하면 모방 훈련을 종료할 수 있다.

- 3회 연속 세션에서 5개 연속 새로운 모델을 정확히 모방
- 양치하기, 손 씻기와 같은 복잡한 행동연쇄를 자발적으로 모방
- 훈련되지 않은 환경 및 모델에서도 모방이 나타난다.

효과적인 모방 훈련을 위해 다음과 같은 체계적 접근이 요구된다.

첫째, 짧고 빈번한 세션이 학습 효율을 높이는 데 유리하다. 구체적으로는 하루 2~3회, 각 세션을 10~15분 내외로 구성하는 것이 바람직하다. 이는 학습자의 집중력을 유지하면서 반복 학습의 효과를 극대화할 수 있는 방식이다.

둘째, 초기에는 촉구를 사용할 수 있으나 훈련이 진행됨에 따라 촉구의 빈도와 강도를 줄이고 자발적 반응을 유도하는 방향으로 전환해야 한다. 이는 목표 행동의 일반화와 자율적 수행을 촉구하는 데 필수적이다.

셋째, 강화제는 처음에 간식이나 장난감 같은 1차적 강화제를 사용하되, 점차 사회

적 칭찬이나 관심 같은 2차적 강화제로 전환하여 내적 동기를 이끌어 내는 것이 바람직하다.

마지막으로, 학습 진행이 정체되거나 실패 경험이 반복되는 경우에는 한 단계 쉬운 과제로 되돌아가 성공 경험을 제공해야 한다. 이러한 전략은 학습자의 자신감을 회복시키고 학습 지속성을 높이는 데 기여할 수 있다.

2. 모델링

1) 모델링의 개념

모델링(modeling)은 관찰자가 타인의 행동을 보고 그 행동을 따라 수행하게 되는 학습 과정이다. 이는 특정 행동이 어떻게 수행되는지를 명확히 보여 주는 모델, 즉 시범 제공자의 행동을 관찰함으로써 학습이 촉구되는 절차로 응용행동분석에서는 모방 훈련, 기술 습득, 사회성 교육 등 다양한 중재에 활용된다(Cooper et al., 2020).

모델링은 행동이 직접적인 지시나 강화 없이도 관찰만으로 습득될 수 있다는 점에서 전통적인 작동적 조건형성과는 구별된다. Bandura(1977)는 모델링을 사회학습이론의 핵심 개념으로 제시하며, 인간은 타인의 행동뿐만 아니라 그 결과까지도 관찰함으로써 새로운 행동을 학습한다고 설명하였다. 즉, 모델이 강화되거나 처벌되는 모습을 본 학습자는 그 결과를 고려하여 자신의 행동을 조절할 수 있다.

응용행동분석에서 모델링은 다음 4가지 핵심 기준을 갖는 모방과 밀접하게 연관되어 있다. 첫째, 학습자의 행동은 모델이 제시한 행동에 의해 유도되어야 하며, 둘째, 학습자의 반응은 모델과 형식적으로 유사해야 한다. 셋째, 모델 행동 직후 짧은 시간 내에 모방 반응이 발생해야 하며, 마지막으로, 학습자의 반응은 모델 행동 자체에 의해 기능적으로 통제되어야 한다(Baer et al., 1967).

모델링은 계획된 모델(planned model)과 비계획된 모델(unplanned model)로 구분된다. 계획된 모델은 교사, 치료사, 영상 자료 등 사전에 준비된 시범이며, 비계획적 모델은 또래 친구, 부모, 사회적 환경에서 자연스럽게 관찰되는 행동이다(Cooper et al., 2020). 예를 들어, 교사가 손 씻기 과정을 영상 자료로 보여 주는 것은 계획된 모델링의 한 예이며, 또래 아동이 줄을 서는 모습을 보고 이를 따라 하는 것은 비계획적 모델링의 한 예다.

모델링이 효과적으로 작동하기 위해서는 다음과 같은 조건이 필요하다(Bandura,

1969).

- 모델과 학습자의 유사성: 나이, 성별, 배경 등이 비슷한 경우 모델의 효과가 높음
- 모델의 명망(prestige): 사회적 지위가 높은 인물이 모델일 경우 모방률이 증가함
- 모델에 대한 강화 관찰: 모델이 강화받는 모습을 관찰할 경우, 관찰자도 해당 행동을 더 자주 따라함
- 강조된 행동 특징: 모델이 특정 행동을 명확히 과장되게 제시할수록 모방이 쉬움
- 설명과 모델 병행: 설명이나 지시와 함께 모델이 제시되면 학습 효과가 더욱 향상됨

실제로 **비디오 모델링**(video modeling)은 자폐스펙트럼장애 아동의 일상생활 기술이나 사회적 기술 향상에 효과적인 전략으로 입증되었다(Bellini & Akullian, 2007). 학습자는 영상 속 인물이 행동을 수행하는 장면을 반복적으로 시청함으로써 직접적 중재 없이도 행동을 익힐 수 있다.

모델링은 관찰과 모방을 통해 새로운 행동을 습득하게 하는 효율적인 행동 중재 전략이다. 이는 특히 언어 이전 아동, 자폐스펙트럼장애 아동, 모방 결핍이 있는 학습자에게 유용한 중재 방법으로 활용되며, 모방 행동의 촉구와 일반화에도 긍정적인 영향을 미친다.

2) 모델링의 유형

모델링은 특정 행동을 시범으로 보여 주는 방식에 따라 여러 유형으로 나뉜다. 각 유형은 교수 환경, 학습자의 발달 특성, 행동 중재의 목표에 따라 전략적으로 선택된다. 대표적인 모델링 유형은 다음과 같다.

첫째, **실제 모델링**(live modeling)은 교사, 치료사, 또래 친구, 부모 등이 학습자 앞에서 직접 행동을 수행함으로써 학습자가 이를 관찰하고 따라 하도록 유도하는 방식이다. 예를 들어, 교사가 책상에 앉아 숙제를 하는 모습을 눈앞에서 시범 보이면, 학습자는 이를 모방해 행동을 익힐 수 있다. 이 방식은 대면 상호작용이 이루어지기 때문에 즉각적인 피드백과 촉구가 가능하다는 장점이 있다. Cooper 등(2020)은 실제 모델링은 즉각적인 강화와 수정이 가능한 대면 교육 상황에서 특히 효과적이라고 설명하였다.

둘째, **상징적 모델링**(symbolic modeling)은 행동을 직접 눈앞에서 보여 주는 대신 영상

이나 사진, 그림, 만화 등 시각적 자료를 통해 모델 행동을 제시하는 방식이다. 이 유형의 대표적인 형태는 비디오 모델링(video modeling)으로 자폐스펙트럼장애 아동의 사회적 기술이나 일상생활 기술 습득에 효과적인 방법으로 알려져 있다. 예를 들어, 자폐스펙트럼장애 아동이 손 씻기 과정을 담은 비디오를 시청하고 이를 모방함으로써 자조능력을 향상시킬 수 있다. Bellini와 Akullian(2007)은 영상이나 그림을 활용한 상징적 모델링은 자폐스펙트럼장애 아동에게 효과적인 교수 방법으로 입증되었다고 강조하였다.

셋째, **자기 모델링**(self-modeling)은 학습자가 자신이 성공적으로 수행한 행동을 담은 영상을 시청하고 그 행동을 재현하는 방식이다. 일반적으로 학습자의 긍정적인 행동 장면만을 편집하여 반복적으로 보여 줌으로써 학습자 스스로 자신의 능력을 인식하고 이를 유지하도록 유도한다. 예를 들어, 아동이 올바르게 말한 장면만을 편집한 영상을 반복 시청하게 하면 말하기 행동이 보다 안정적으로 형성되는 효과를 기대할 수 있다. Buggey(2009)는 자기 모델링은 단순히 모방을 촉구하는 데 그치지 않고, 자기 인식과 자신감을 향상시키는 효과도 있다고 평가하였다.

넷째, **참가 모델링**(participant modeling)은 모델이 먼저 행동을 시범 보인 뒤, 학습자가 그 모델과 함께 행동을 수행하면서 점차 독립적으로 행동할 수 있도록 촉구하는 방식이다. 이 절차는 일반적으로 '시범-함께 수행-독립 수행'의 3단계로 구성되며, 사회적 회피나 불안이 동반되는 상황에서 특히 유용하다. 예를 들어, 아동이 치료사와 함께 낯선 사람에게 인사하는 연습을 하며 점차 독립적으로 행동하게 되는 것이 그 예다. Bandura(1977)는 참가 모델링은 관찰과 실제 수행 사이의 차이를 효과적으로 메워 주는 전략이라고 설명했다.

마지막으로, **또래 모델링**(peer modeling)은 학습자가 자신과 연령이나 발달 수준이 비슷한 또래의 행동을 관찰하고 이를 모방하는 방식이다. 유치원 아동이 친구가 손들고 질문하는 모습을 보고 자연스럽게 따라 하는 경우가 대표적이다. 모델과 학습자의 유사성이 클수록 신뢰감이 높고 모방 가능성이 증가한다는 점에서 또래 모델링은 사회적 기술 훈련이나 자연주의 교수 환경에서 자주 사용된다. Bandura(1969)는 사회적 유사성이 높은 또래는 모방 가능성을 크게 높이는 효과적인 모델이 될 수 있다고 강조했다.

〈표 8-2〉 모델링 유형별 장단점 및 적용 전략

유형	장점	단점	적용 전략
실제 모델링	- 즉각적 피드백 가능 - 상호작용 기반 교수에 유용 - 유연한 반응 조절 가능	- 모델의 일관성 유지가 어려움 - 시간과 장소 제약이 있음	- 교사·치료사가 반복 시범 제공 - 모범 행동에 즉각 강화 제공 - 촉구와 촉구 용암 사용
상징적 모델링	- 반복 시청 가능 - 자극 과잉 민감 아동에게 적합 - 정확한 모델 유지 용이	- 사회적 상호작용 부족 - 초기 흥미 유도가 필요	- 행동 구성 요소를 명확하게 촬영 - 시청 직후 모방 과제 제시 - 영상 후 강화 계획 포함
자기 모델링	- 자기효능감 강화 - 긍정 행동 유지에 효과 - 자기조절 행동 촉구	- 영상 편집이 필요 - 초기 협력이 어려운 경우가 있음	- 긍정 행동만 편집해 영상 제작 - 반복 시청 계획 수립 - 자기점검 체크리스트 병행 사용
참가 모델링	- 불안 상황에 효과적 - 점진적 노출로 독립 수행 유도 가능	- 많은 시간과 인력이 필요 - 구조화된 단계 설정이 필요	- 시범, 공동 수행, 독립 수행 단계로 진행 - 각 단계별 점진적 촉구 및 강화 제공
또래 모델링	- 모델과 학습자 간 거리감이 적음 - 사회적 기술 학습에 효과	- 또래 모델의 질 통제 어려움 - 모델 행동이 일관되지 않을 수 있음	- 안정적인 긍정 행동을 보이는 또래 선정 - 공동 활동 중 자연스럽게 관찰 기회 제공 - 사회적 강화 병행

3) 모델링의 교수 절차

모델링을 효과적으로 활용하기 위해서는 단순히 행동을 보여 주는 것을 넘어 적절한 모델 선정, 주의 집중, 반응 유도, 강화 및 일반화까지 포함한 체계적인 절차가 필요하다(Bandura, 1977; Cooper et al., 2020). 다음은 모델링의 구체적인 교수 절차의 예다.

- 1단계: 목표 행동 정의
  - 학습자에게 가르치고자 하는 행동을 명확하고 관찰 가능하게 정의한다.
  - 행동은 가능한 한 작은 단위로 나누고, 구체적 기준을 설정한다.
    예: 손 씻기의 경우, 물 틀기 → 비누 바르기 → 헹구기 → 닦기
- 2단계: 모델 선정
  - 학습자와 유사한 또래, 교사, 치료사, 비디오·애니메이션 모델 등을 선택한다.
  - 모델은 행동을 정확하고 또렷하게 보여 줄 수 있어야 하며, 학습자에게 모방 동기

를 유발할 수 있는 인물이 이상적이다.

예: 자폐스펙트럼장애 아동의 경우, 실제 또래가 등장하는 비디오 모델이 효과적

- 3단계: 시범 제공
  - 모델이 목표 행동을 천천히 강조된 형태로 오류 없이 시연한다.
  - 학습자의 주의를 끌기 위해 "이렇게 해 볼까?" 등 언어적 촉구를 함께 제공할 수 있다.
  - 영상 모델의 경우, 불필요한 자극은 제거하고 핵심 동작에 초점을 맞춘다.
- 4단계: 주의 집중 및 관찰 유도
  - 학습자에게 "지금 어떻게 하는지 잘 봐."와 같은 문장으로 주의를 유도한다.
  - 필요할 때 관찰 체크리스트나 시각 자료를 함께 활용해 핵심 행동 요소를 인식하게 한다.
- 5단계: 반응 유도 및 촉구 제공
  - 모델 시범 직후 학습자에게 동일한 행동을 해 보도록 요청한다.
  - 초기에는 신체적 또는 언어적 촉구를 제공하며, 점차 촉구 용암을 통해 자발성을 강화한다.

    예: "이제 너도 손 씻어 볼까?" → 필요할 때 손잡이를 함께 잡아 주는 신체 촉구 제공
- 6단계: 강화 제공
  - 학습자가 모델 행동을 성공적으로 따라 했을 때는 즉시 강화한다.
  - 강화는 사회적 칭찬, 활동, 물리적 보상 등으로 구성되며, 학습자의 선호에 따라 조정한다.

    예: "우와! 네가 선생님처럼 잘 따라 했네!"
- 7단계: 반복 및 변별 훈련
  - 다양한 맥락에서 모델링을 반복 적용하여 행동의 안정성을 높인다.
  - 유사한 행동 간의 변별을 돕기 위해 모델이 잘못된 예시를 보여 주고 이를 구분하게 할 수도 있다.
- 8단계: 일반화 및 유지 점검
  - 모델이 바뀌거나 환경이 바뀌어도 행동이 유지되는지 평가한다.
  - 다른 또래, 다른 영상과 같은 새로운 모델을 제시하거나, 환경을 교실에서 놀이터로 확장하여 일반화한다.
  - 일정 기간 후 강화 없이도 행동이 유지되는지 점검한다.

• 모델링의 교수 절차 예시: 손 씻기 행동

단계	적용 내용
목표 행동 정의	물 틀기 → 비누 바르기 → 문지르기 → 헹구기 → 닦기
모델 선정	또래 아동이 손 씻는 장면이 담긴 비디오 활용
시범 제공	비디오 15초 시청, 각 행동 세부 묘사 강조
주의 유도	"이 친구가 어떻게 손 씻는지 잘 보자."
반응 유도	"자, 이제 해 보자."와 같은 언어적 촉구, 점진적 촉구 용암
강화 제공	행동 성공 시 스티커 제공, 칭찬
반복 훈련	하루 2회 손 씻기, 다양한 시간대에 실시
일반화 점검	화장실, 급식 시간 전 등 다양한 맥락에서 행동 관찰

3. 관찰학습

1) 관찰학습의 개념

관찰학습(observational learning)은 학습자가 직접적인 강화나 수행 없이 타인의 행동과 그 결과를 관찰함으로써 새로운 행동을 습득하는 학습 과정이다. Bandura는 **사회학습이론**(social learning theory)을 통해 관찰학습의 중요성을 강조하였으며, 이는 행동주의와 인지주의를 연결하는 이론으로 평가받는다(Bandura, 1977, 1986).

관찰학습은 단순한 모방과는 다르다. 모방은 모델 행동을 따라 하는 즉각적 반응에 초점을 두지만, 관찰학습은 행동의 성과, 맥락, 결과까지 포함한 학습을 의미한다. 다시 말해, 학습자는 단지 행동을 보고 따라 하는 것이 아니라, 그 행동이 강화되는지, 처벌받는지, 어떤 상황에서 어떤 결과를 가져오는지를 판단하고 간접적으로 학습하게 된다(Bandura, 1969).

Bandura(1977)는 관찰학습이 효과적으로 이루어지기 위해 4가지 심리적 과정이 필요하다고 보았다.

첫째는 주의(attention) 단계로, 학습자가 모델의 행동에 집중해야 학습이 시작될 수 있다. 이때 주의 집중은 모델이 얼마나 매력적이고 명확하며, 행동이 학습자에게 얼마나 중요한지에 따라 영향을 받는다.

둘째는 파지(retention) 단계로, 관찰한 행동을 기억하는 과정이다. 학습자는 모델의 행동을 시각적 이미지나 언어적 표현으로 부호화하여 나중에 재현할 수 있도록 기억에 저장한다.

셋째는 재생(reproduction) 단계로, 이는 기억 속 행동을 실제로 수행할 수 있는 신체적 능력이나 언어적 표현력이 필요하다는 의미다. 아무리 잘 기억하고 있어도 실행 능력이 부족하면 학습된 행동은 나타나기 어렵다.

마지막은 동기(motivation) 단계로, 학습자가 행동을 실제로 수행할 의욕을 가져야 학습이 완성된다. 이 의욕은 모델이 행동을 통해 어떤 결과(예: 강화 또는 벌)를 받는지를 관찰하거나 학습자의 과거 강화 경험에 의해 좌우된다.

응용행동분석에서는 관찰학습이 직접적 모방을 넘어 간접적인 기술 습득의 수단으로 활용된다. 예를 들어, 개별시도훈련(Discrete Trial Training: DTT) 중 다른 아동이 강화받는 모습을 반복적으로 본 아동이, 자신이 직접 훈련을 받지 않았음에도 동일한 반응을 나타내는 경우가 이에 해당한다(Taylor & DeQuinzio, 2012). 관찰학습은 특히 자폐스펙트럼장애 아동을 비롯한 발달장애 아동에게 훈련 가능한 기술로 여겨지며, 모델링, 비디오 시범, 또래 상호작용을 활용한 다양한 중재 방법에서 핵심 요소로 작동한다.

2) 관찰학습의 교수 절차

관찰학습은 직접적인 실행 없이 타인의 행동을 보고 배운다는 점에서 효율적인 교수 방법이다. 그러나 단순히 모델을 제시하는 것만으로는 충분하지 않다. 학습자가 실제로 행동을 습득하고 일반화할 수 있도록 하기 위해서는 다음과 같은 절차를 따르는 것이 효과적이다(Bandura, 1977; Cooper et al., 2020).

- 1단계: 목표 행동 및 상황 설정
  - 학습자에게 가르치고자 하는 구체적 행동을 선정한다.
  - 행동은 관찰 가능한 단위로 분해되어야 하며, 이를 보여 줄 수 있는 역할극, 실제 환경 등과 같은 적절한 상황을 함께 구성한다.

    예: 줄 서기, 질문에 손 들고 대답하기, 감정 표현하기 등
- 2단계: 모델 선정 및 시범 제공
  - 학습자와 연령, 성별, 능력 수준이 유사한 또래, 교사, 영상 등과 같은 모델을 선

택한다.

- 모델은 목표 행동을 명확하게 시연해야 하며, 가능하면 성공적인 결과를 함께 보여 주는 것이 효과적이다.

  예: 또래 아동이 줄을 서자 교사가 칭찬하는 장면을 보여 주기

• 3단계: 관찰 유도 및 주의집중 확보

- 학습자가 모델의 행동에 집중할 수 있도록 환경을 정리하고 주의를 유도한다.
- 필요시 관찰 전 간단한 설명을 제공하거나, 관찰 포인트를 명확히 제시한다.

  예: "친구가 어떻게 행동하는지 잘 봐 볼까?" "지금 어떤 말을 하는지 들어 보자."

• 4단계: 파지 강화

- 관찰한 행동이 학습자의 기억에 남을 수 있도록 질문, 그림, 시각자료, 구두 요약 등을 통해 정보를 정리해 준다.

  예: "친구는 어떻게 줄을 섰지?" "그다음에 뭐 했어?"

• 5단계: 행동 재현 유도

- 학습자에게 같은 행동을 직접 수행해 보도록 기회를 제공한다.
- 초기에는 언어적 또는 신체적 촉구를 사용할 수 있으며, 점차 줄여 간다.

  예: 친구에게 먼저 "안녕!" 인사하기, 자리에 앉을 때 손 들기 등

• 6단계: 강화 제공

- 학습자가 모델을 따라 행동을 성공적으로 재현했을 경우, 즉각적인 강화를 제공한다.
- 강화는 칭찬, 점수, 선호 활동 등으로 제공되며, 행동의 반복을 유도한다.

  예: "좋았어! 네가 먼저 인사했네!"

• 7단계: 일반화 및 유지 점검

- 훈련된 행동이 다른 모델, 다른 환경, 다양한 과제 상황에서도 유지되는지 점검한다.
- 모델을 바꾸거나 실제 생활 속에서 관찰 기회를 제공함으로써 일반화를 촉구한다.
- 이후에도 간헐적으로 행동을 관찰하고 유지 여부를 평가한다.

• 관찰학습의 교수 절차 예시: 사회적 인사

단계	적용 내용
목표 행동 정의	친구에게 "안녕."이라고 말하고 손 흔들기
모델 제시	또래 아동이 교사에게 인사하고 강화받는 비디오 시청
주의 유도	"지금 이 친구가 어떻게 인사하는지 잘 보자."
파지 촉구	비디오 시청 후 아동에게 "무슨 말을 했지?", "어떻게 손을 흔들었어?" 질문
행동 재현	학습자가 교사에게 직접 "안녕!" 말하고 손 흔들기
강화 제공	"정말 잘했어!", 좋아하는 스티커 제공
일반화 점검	학급 친구, 복도에서 만난 선생님 등에게도 자발적 인사가 나타나는지 확인

〈표 8-3〉은 모방, 모델링, 관찰학습의 주요 특징을 비교한 것이다.

〈표 8-3〉 모방, 모델링, 관찰학습의 비교

구분	모방	모델링	관찰학습
정의	모델 행동을 보고 유사한 행동을 즉각적으로 따라 하는 반응	특정 행동을 학습자가 관찰할 수 있도록 시범을 제공하는 교수 절차	타인의 행동과 그 결과를 관찰하여 학습하는 과정
시범의 주체	주로 또래나 성인, 우연히 보게 된 대상	교사, 치료사, 영상 자료 등 의도적으로 모델로 지정된 주체	교사, 부모, 또래, 미디어 등 다양한 모델을 포괄
학습 방식	관찰 후 즉각적 재현	직접 시범 제공, 관찰 유도, 학습자 수행	간접 학습
필수 요소	모델 행동, 형식적 유사성, 시간적 근접성, 자극 통제	명확한 시범, 주의 유도, 강화 조건	주의, 파지, 재생, 동기
강화의 역할	학습자 행동의 직접적 강화 필요	학습자 본인의 강화, 모델의 강화 모두 포함	모델이 받는 간접 강화가 학습에 영향
학습 결과	모델과 동일한 행동의 재현	목표 행동 습득 및 정교화	모델과 동일하거나 유사한 행동의 출현, 일반화된 학습 가능
일반화·유지	짧은 기간 내 반복에 집중, 일반화·유지는 낮음	반복적 모델링과 반복 시청 계획 설정으로 유지 강화, 환경 전환 시 일반화 촉진	다양한 상황에서 관찰, 추상화된 규칙 학습 후 일반화·유지 가능

Ⅱ 행동연쇄

1. 행동연쇄의 개념

행동연쇄(behavior chain)는 복잡한 행동을 보다 작은 단계로 나누어 이를 순차적으로 가르치는 교수 방법이다. 각 행동 단계는 선행 자극(Discriminative Stimulus: S^D)과 반응(Response: R), 그리고 그 반응의 결과(Reinforcement: R^+)로 구성되며, 이 세 요소는 일련의 흐름 속에서 상호 연결된다. 즉, 하나의 행동 결과가 다음 행동의 선행 자극이 되는 방식으로 전체 행동이 조직된다(Miltenberger, 2012).

이러한 원리는 **3요인 유관**(three-term contingency) 구조에 기반한다. 이는 응용행동분석의 핵심 원리로 자극과 반응, 그리고 강화의 관계를 체계적으로 이해하고 적용하는 데 쓰인다(Cooper et al., 2020). 행동연쇄에서는 이 원리를 활용해 학습자가 복잡한 기능적 행동을 단계별로 습득할 수 있도록 돕는다. 예를 들어, '세탁기 사용'이라는 과제를 행동연쇄로 가르칠 때, '세제를 들고 있는 상태'가 선행 자극이고, '세제를 투입하는 행동'이 반응이며, 그 결과로 세탁기가 작동하게 된다. 이 결과는 다음 단계, 즉 세탁기 버튼 누르기의 선행 자극이 되어 행동이 자연스럽게 이어진다. 이처럼 행동연쇄는 일련의 '자극–반응–강화' 과정을 순차적으로 연결하여 전체 행동 목표를 성취할 수 있도록 한다.

행동연쇄는 특히 자폐스펙트럼장애 아동을 비롯한 발달장애 아동에게 효과적인 전략으로 평가된다. 행동의 흐름을 구조화하고 반복 학습을 가능하게 함으로써 일상생활에서의 독립적인 기술 습득을 촉구한다(Seaver & Bourret, 2014).

2. 행동연쇄와 과제분석

1) 과제분석의 정의

과제분석(task analysis)은 복잡한 행동을 보다 작은 단위의 행동으로 세분화하고, 각 단계에서 요구되는 조건과 반응을 명확하게 규정하는 절차다(Miltenberger, 2012). 이는 행동연쇄 교수법의 기초가 되며, 학습자가 순차적으로 행동을 익힐 수 있도록 체계적인 지침을 제공한다. 과제분석은 각 단계를 선행 자극(S^D), 행동(R), 결과(R^+)로 구성된

3요인 유관의 틀로 분석한다. 즉, 특정 자극에 따라 행동이 유도되고, 그 결과로 적절한 강화가 주어진다.

과제분석을 설계할 때는 학습자의 현재 수행 능력을 고려해 각 단계의 수와 난이도를 조절할 수 있다. 중요한 것은 단순히 행동 목록을 나열하는 것이 아니라, 행동들 사이의 연결성과 이를 둘러싼 환경적 조건까지 포함하여 전체 행동연쇄를 논리적이고 구조적으로 구성하는 데 있다.

2) 과제분석의 실제 사례

- 양치질 행동

목표 행동: 스스로 양치질을 수행한다.

단계	선행 자극(S^D)	반응(R)	결과(R^+)
1단계	욕실에 있음	칫솔을 집는다.	칫솔이 손에 있음
2단계	칫솔이 손에 있음	치약을 짠다.	칫솔에 치약 묻음
3단계	치약 묻은 칫솔을 봄	이를 닦는다.	입안이 깨끗해짐
4단계	칫솔을 내려놓음	입을 헹군다.	개운함 느낌
5단계	양치 완료 후	칫솔을 정리한다.	욕실 정돈 상태 유지

- 세탁기 사용

목표 행동: 스스로 세탁기를 작동시킨다.

단계	선행 자극(S^D)	반응(R)	결과(R^+)
1단계	빨래 바구니 있음	세탁기 문을 연다.	세탁기 내부 접근 가능
2단계	세탁기 문 열림	빨래를 세탁기에 넣는다.	세탁기 내부에 빨래 존재
3단계	세제 보임	세제를 세제 투입구에 넣는다.	세제가 투입됨
4단계	세탁기 문 열림	세탁기 문을 닫는다.	문이 잠기고 세탁 준비 완료
5단계	전원 버튼 보임	전원 버튼을 누른다.	세탁기 전원 켜짐
6단계	세탁기 전원 켜짐	원하는 세탁 모드를 선택한다.	해당 세탁 모드 작동 준비 완료
7단계	시작 버튼 보임	시작 버튼을 누른다.	세탁기 작동 시작

이러한 구조화된 과제분석은 행동의 흐름을 시각적으로 명확히 하고, 교사나 치료사가 단계별로 일관된 교수 전략을 적용할 수 있도록 해 준다. 또한 학습자는 점차 행동 전체를 독립적으로 수행할 수 있게 되며, 실제 환경에서의 일반화도 촉구된다.

3. 행동연쇄의 교수 절차

행동연쇄의 교수 절차는 복합적인 일련의 행동을 체계적으로 가르치기 위해 고안된 전략이다. 이 절차들은 학습자의 현재 능력 수준, 과제의 난이도, 행동의 순서적 특성 등을 고려하여 선택되어야 하며, 교수의 효율성과 학습 효과를 극대화하는 데 목적이 있다. 특히 자폐스펙트럼장애를 비롯한 발달장애 아동에게 효과적인 중재 도구로서 널리 활용되고 있다(Cooper et al., 2020). 행동연쇄에는 전진행동연쇄, 후진행동연쇄, 전체과제행동연쇄가 있으며, 이들 각 방법은 고유의 장단점을 가지고 있어 다양한 교수 상황에 맞춰 유연하게 적용할 수 있다.

1) 전진행동연쇄

전진행동연쇄(forward chaining)는 행동연쇄의 초기 단계부터 시작하여 순차적으로 다음 단계를 하나씩 추가하여 가르치는 교수 절차다. 학습자는 연쇄의 첫 번째 단계부터 독립적으로 수행하도록 지도받으며, 이후 단계는 교사의 도움을 받는다. 학습자가 해당 단계를 성공적으로 수행하면 다음 단계로 진행하며, 이를 반복하여 전체 행동을 구성해 나간다. 예를 들어, 샌드위치 만들기 행동을 전진 연쇄법으로 가르칠 경우, '빵을 꺼내는 행동'부터 독립적으로 수행하게 하며, 이후 '재료 올리기' '빵 덮기' '반으로 자르기' 등의 행동을 점차적으로 추가하여 가르친다.

전진행동연쇄는 첫 단계부터 즉각적인 성공 경험을 제공하며, 칭찬이나 보상과 같은 긍정적 강화를 통해 학습 초기부터 높은 동기 부여를 가능하게 한다(Cooper et al., 2020). 이러한 초기 성공은 학습 의욕을 고양하고, 이후 단계로 나아갈 때 저항을 줄이는 효과가 있다.

학습자는 각 단계를 성공적으로 수행하면서 반복적으로 성취감을 쌓아 가며 자신감을 키우고, 점차 자율성을 확보하게 된다. 또한 이 절차는 과제의 논리적 순서에 따라 단계를 체계적으로 익히도록 설계되어 있어, 행동의 자연스러운 흐름을 이해하고 숙달하는 데 도움을 준다. 결과적으로, 학습자는 과제의 전체 구조를 명확히 파악하게 되며, 이를 토대로 일상생활 등 다양한 상황에서 학습된 행동을 효과적으로 일반화할 수 있다.

2) 후진행동연쇄

후진행동연쇄(backward chaining)는 전체 행동 중 마지막 단계부터 역순으로 가르치는 교수 절차다. 처음에는 교사가 모든 단계를 시범 보이고, 마지막 단계만 학습자가 독립적으로 수행한다. 이후에는 마지막 두 단계를 학습자가 수행하고, 점차 앞 단계로 확장해 나간다. 이런 방식으로 진행되면 학습자는 매 단계마다 목표행동에 도달하므로 자연스럽게 강화를 받는 동시에 과제 완성으로 인한 성취감을 맞볼 수 있다(Miltenberger, 2012). 예를 들어, 선물 포장 기술을 가르칠 때, 처음에는 교사가 포장지 재단, 선물 감싸기, 테이핑 등의 모든 단계를 시연하고, 마지막 '리본 묶기' 단계만 학습자에게 맡긴다. 학습자는 최종 단계를 직접 수행하며 즉각적인 완성감을 느끼고, 이를 통해 높은 수준의 강화 효과를 경험하게 된다.

후진행동연쇄는 행동 전체를 처음부터 독립적으로 수행하기 어려운 학습자, 특히 인지적 · 운동적 부담이 큰 과제를 처음 배우는 학습자에게 적합하다. 매 회기마다 학습자가 과제의 최종 단계를 직접 수행함으로써 완성 경험을 반복 제공하고, 이로 인한 성취감과 만족감이 자연적 강화로 작용하여 동기를 증진시킨다. 또한 교사의 도움 없이도 '완성된 행동'을 경험하는 기회를 제공함으로써, 행동의 유지와 일반화에도 긍정적인 영향을 미칠 수 있다(Seaver & Bourret, 2014).

3) 전체과제행동연쇄

전체과제행동연쇄(total task chaining)는 행동연쇄의 모든 단계를 한꺼번에 지도하는 방법이다. 학습자는 전체 과제를 처음부터 끝까지 수행하게 되며, 필요한 단계에서 교사의 도움이나 촉구를 받게 된다. 이 방식은 학습자가 행동 전체의 맥락과 흐름을 이해하며 각 단계를 통합적으로 학습하도록 돕는다. 예를 들어, 간단한 조립 작업 과제를 지도할 때, 학습자에게 부품 꺼내기, 구성 요소 분류, 나사 조임, 덮개 장착, 완성품 안정성 확인과 같은 모든 단계를 하나씩 떼어 내지 않고 전체 과정을 처음부터 끝까지 수행하도록 안내한다. 학습자가 특정 단계(예: 나사 조임)를 어려워할 경우에는 그 부분에 한해 직접적인 도움이나 점진적 촉구를 제공하고, 나머지 단계는 가능한 한 독립적으로 수행하도록 유도한다.

전체과제행동연쇄는 학습자가 이미 일부 단계를 수행할 수 있거나, 각 단계를 구분하지 않고 행동 전체의 구조를 이해하는 것이 중요한 과제에서 적합하다. 또한 학습자의 독립성을 조기에 촉구할 수 있으며, 행동의 일반화 및 실제 적용 상황에서도 긍정적인 효과를 기대할 수 있다(Cooper et al., 2020).

이와 같이 행동연쇄의 교수 절차는 학습자의 능력과 교수 목표에 따라 적절히 선택되어야 한다. 각 절차는 고유한 장점과 제한점을 가지고 있으므로 교수자는 학습자의 수행 수준, 과제의 복잡성, 기대되는 결과 등을 고려하여 가장 적합한 방법을 적용해야 한다. 교수 초기에 정확한 절차를 선택하는 것은 행동의 습득 속도뿐만 아니라 장기적인 유지 및 일반화에도 영향을 미친다.

4. 행동연쇄의 실제 적용 사례

(1) 이 닦기 지도

① 대상 아동

- 이름: 민준(가명)
- 연령: 6세
- 진단: 자폐스펙트럼장애
- 행동 특성: 언어 이해는 가능하나 지시 따르기가 어려우며, 일상생활 기술에서 반복적 지원이 필요함

② 교수 목표

- 민준이가 이 닦기를 독립적으로 수행할 수 있도록 한다.
- 1단계: 과제분석

이 닦기를 다음과 같이 10단계로 과제분석한다.

- 욕실로 이동하기
- 칫솔 집기
- 치약 짜기
- 칫솔에 치약 묻히기
- 입에 칫솔 넣기
- 이를 닦기(앞/뒤/위/아래 최소 10초 이상)
- 입 헹굴 컵에 물 채우기

- 입 헹구기
- 칫솔 헹구기
- 칫솔 제자리에 놓기

• 2단계: 교수 절차 설정

- 교수 전략: 후진행동연쇄 적용
- 이유: 민준이는 중간 단계를 수행하는 데 어려움을 보였으나 과제가 완료되면 높은 만족을 느끼므로 매 단계마다 과제 완성 후 자연적 강화제를 경험하도록 구성한다.
- 교수 예시(1회기)
  * 1~9단계: 교사가 전체 단계를 수행한다.
  * 10단계(칫솔 제자리에 놓기): 민준이에게 촉구 후 직접 수행하도록 유도한다.
- 수행 성공 시: "민준아, 정말 잘했어! 다음에도 꼭 이렇게 해 보자!"라고 말하며 토큰 1개를 제공한다.
- 점진적 진행
  * 회기가 진행될수록 교사가 수행하는 단계를 줄이고 민준이 수행하는 단계를 늘려 전체 행동을 독립적으로 수행하도록 지도한다.

• 3단계: 강화제 설계 및 적용

- 초기: 인위적 강화제 사용(스티커 보상, 칭찬, 토큰이 일정 수 모이면 장난감 교환)
- 중기: 자연적 강화제 전환 시작(양치 후 상쾌함, 가족의 긍정적 반응 등 강조)
- 후기: 강화제 점진적 소거, 자연적 강화 유지, 자발적 행동 지속 유도

• 4단계: 일반화 및 유지 전략

- 다양한 시간대(아침/점심/저녁)와 환경(가정, 유치원 등)에서 동일한 행동연쇄를 적용한다.
- 가족에게도 과제분석과 교수법을 공유해 일관된 지도가 가능하게 한다.
- 일정 기간 후 관찰을 통해 유지 여부를 점검한다. 이때 재지도가 필요하면 계획을 조정한다.

• 결과 및 효과

- 3주 차부터 민준이는 1~10단계 중 7단계까지를 거의 독립적으로 수행한다.
- 5주 차에는 전체 행동을 촉구 없이 수행하며, 양치 후 스스로 칫솔을 치우는 모습을 보인다.

- 가족은 민준이가 아침마다 스스로 양치하려는 모습을 보여 고무적이라는 반응을 보인다.

Ⅲ 행동형성

1. 행동형성의 개념

행동형성(behavior shaping)은 목표로 하는 복잡하거나 새로운 행동을 한 번에 가르치기 어려운 경우, 학습자가 그 행동에 점진적으로 접근할 수 있도록 돕는 체계적인 교수 절차다. 이 절차는 학습자가 자발적으로 목표 행동을 나타내기 어려운 상황에서 효과적이며, 특히 초기 단계에서 목표 행동과 학습자의 현재 행동 간 간극이 클 때 유용하다(Miltenberger, 2012; Skinner, 1953).

행동형성은 **점진적 접근**(successive approximations)을 기반으로 하며, 목표 행동에 점차 가까워지는 반응만을 **차별강화**하는 방식으로 이루어진다. 즉, 목표에 근접한 행동만을 선택적으로 강화하고, 그렇지 않은 반응은 무시하거나 강화하지 않음으로써 학습자는 점차 목표 행동으로 나아가게 된다(Cooper et al., 2020). 예를 들어, 언어 발달이 늦은 아동에게 '물'이라는 단어를 가르치기 위해 처음에는 'ㅁ' 소리만 내도 강화하고, 이후 '무' 같은 음절, 마지막으로 '물'이라는 정확한 단어 발화를 할 때만 강화하는 식으로 기준을 상향 조정해 나간다. 이처럼 행동형성은 세밀한 반응 구분과 체계적인 강화 조절이 핵심이다.

행동형성은 언어 발달, 운동 기술, 자조 기술, 사회적 상호작용 등 다양한 영역에서 활용 가능하며, 특히 자폐스펙트럼장애, 학습장애, 지적장애를 가진 학습자에게 적합하다. 또한 반복적인 성공 경험을 제공하여 학습자의 자신감과 동기를 증진시키며, 무오류 학습(errorless learning)의 형태로 구성될 수 있다는 점에서도 유익하다.

2. 점진적 접근법과 차별강화

점진적 접근법은 행동형성의 중심 원리로 학습자가 현재 수행할 수 있는 수준에서 시작하여 목표 행동까지 도달하도록 중간 단계들을 설정하고, 각 단계에서 적절한 강화를 제공한다. 이는 학습자의 부담을 줄이고 점진적인 발전을 촉구하며, 행동의 유연성을 높이는 방식이다. 예를 들어, 자폐스펙트럼장애 아동에게 손을 흔들며 인사하는 행동을 가르칠 때, 1단계에서는 손을 들기만 해도 강화를 제공하고, 2단계에서는 손을 좌우로 움직이는 행동에 대해 강화하며, 3단계에서는 타인을 향해 손을 흔드는 완전한 인사 행동을 보일 때만 강화를 제공한다. 이처럼 강화 기준을 점차 높여 가며 단계별로 조정하는 것이 점진적 접근법의 핵심 원리다.

이 과정에서 또 다른 핵심 원리는 차별강화다. 이는 목표 행동에 점점 가까워지는 반응만을 강화하고, 이전 수준의 반응은 더 이상 강화하지 않는 방식이다. 이렇게 함으로써 학습자는 점차 더 정교하고 복잡한 행동을 습득하게 된다(Cooper et al., 2020).

행동형성에서 강화 기준을 조정하는 시점은 중요하다. 기준을 너무 빨리 높이면 학습자가 포기하거나 좌절할 수 있고, 반대로 너무 늦게 높이면 행동이 현재 수준에 고착될 수 있다. 따라서 교사는 반응을 면밀히 관찰하고, 적절한 시점에 기준을 상향 조정해야 하며, 각 학습자의 특성과 반응 양상을 기반으로 개별화된 강화 전략을 설계해야 한다.

3. 행동형성의 교수 절차

행동형성은 목표로 하는 복잡하거나 새로운 행동을 한 번에 가르치기 어려운 경우, 학습자가 해당 행동에 점진적으로 접근하도록 유도하는 교수절차다. 이 절차는 차별강화를 핵심 원리로 하며, 학습자가 목표 행동에 가까운 반응을 보일 때는 강화하고, 그렇지 않은 반응은 무시하거나 강화하지 않음으로써 점차적으로 목표 행동을 이끌어 낸다(Miltenberger, 2012; Skinner, 1953).

다음은 효과적인 행동형성을 위해 고려해야 할 사항이다(Cooper et al., 2020).

첫째, 강화제는 학습자의 선호도, 상황, 문화적 배경 등을 고려해 적절히 선택해야 한다. 학습자에게 의미 있고 동기 유발이 되는 강화제일수록 행동형성의 효과가 크다.

둘째, 강화는 행동 직후 즉시 제공되어야 한다. 강화의 즉시성이 확보되어야 학습자가 어떤 행동이 강화된 것인지 명확히 인식할 수 있다.

셋째, 강화 기준은 유연하게 조정해야 한다. 기준을 지나치게 빨리 높이면 학습자가 좌절할 수 있고, 반대로 너무 늦게 높이면 행동이 현재 수준에서 정체될 수 있으므로 세심한 주의가 필요하다.

넷째, 강화 제공과 기준 조정은 일관된 절차에 따라 적용되어야 한다. 일관성이 없으면 학습자는 혼란을 느끼고 학습 효율이 떨어질 수 있다.

행동형성은 다음과 같은 체계적인 단계로 구성된다(Cooper et al., 2020; Miltenberger, 2012).

- 목표 행동의 정의
  - 목표로 하는 행동을 관찰 가능하고 측정 가능한 용어로 명확히 기술한다.
    예: 아동이 요청 시 "물 주세요."라고 말한다.
- 초기 행동의 확인
  - 학습자가 현재 수행 가능한 행동 중 목표 행동에 가장 가까운 수준을 파악한다.
    예: 'ㅁ' 음성 산출 → '무' → '물' 순으로 점진적 접근
- 중간 단계의 설정
  - 초기 행동과 목표 행동 사이에 논리적이고 달성 가능한 중간 단계를 구체화한다. 각 단계는 이전 단계보다 목표에 한 걸음 더 가까워야 한다.
- 강화 계획 수립
  - 각 단계에서 사용할 강화제의 종류와 강화 조건을 정한다. 강화제는 학습자에게 의미 있고 선호도가 높은 것이어야 한다.
- 차별강화의 적용
  - 현재 목표 단계의 행동만을 강화하고, 이전 단계의 행동에는 더 이상 강화를 제공하지 않는다.
  - 즉각적 강화가 중요하며, 행동 직후에 강화가 주어져야 학습자가 행동과 결과를 연계할 수 있다.
- 기준의 상향 조정
  - 학습자가 특정 단계에서 행동을 일정 기준 이상으로 안정적으로 수행할 때, 다음 단계로 기준을 상향 조정한다. 이때 기준 변화의 타이밍은 학습자의 반응 수준에 따라 유연하게 조절되어야 한다.

4. 행동형성의 실제 적용 사례

(1) 언어발달지연 아동에게 '사과' 발화 가르치기

① 대상 아동

- 이름: 지후(가명)
- 연령: 4세
- 진단: 언어발달지연, 자폐스펙트럼장애
- 행동 특성: 모방 능력은 있으나, 자발적인 발화가 거의 없음

② 교수 목표

- 지후가 자발적으로 '사과'라는 단어를 말할 수 있도록 한다.

③ 현재 행동 수준 확인

- 지후는 '사' 또는 '까' 등의 불분명한 소리를 우발적으로 낼 수 있다.
- 모방 요구에 반응하여 입 모양 흉내는 내지만 명확한 음성 산출은 부족하다.

④ 중간 단계 설정(점진적 접근)

- 행동형성 절차를 활용하여 다음과 같은 단계로 목표를 분석한다.

단계	목표 반응	강화 조건
1단계	입을 벌리는 모양 흉내	입모양 모방 시 즉시 강화
2단계	'ㅅ' 소리 발성	'사'의 첫 자음 유사 음소 발성 시 강화
3단계	'사'라고 말함	정확한 첫 음절 발성 시 강화
4단계	'사까'와 유사한 음절 발성	모음/자음이 거의 정확하게 조합될 때 강화
5단계	'사과' 발음 완성	목표 단어를 정확하게 발화할 때만 강화 제공

⑤ 강화제 계획 및 사용

- 초기: 인위적 강화제(과일 그림 스티커, 사과 조각, 좋아하는 장난감)
- 중기: 언어 요청과 연계된 자연적 강화제(예: '사과'라고 말하면 실제 사과 한 조각 제공)
- 후기: 자연적 강화만 사용하여 발화의 자발성과 일반화 유도

⑥ 교수 전략 요약

- 매 회기 시작 전: 기준점 점검 및 현재 가능한 반응 수준을 확인한다.
- 각 단계: 목표 반응이 나타날 때 즉각적이고 일관된 강화를 제공한다.
- 기준 상향 조정 시점: 한 단계에서 성공률이 80% 이상일 때 기준을 상향 조정한다.
- 촉구 사용: 최소한의 언어적 또는 신체적 촉구 사용 후 점진적으로 소거한다.

⑦ 결과 및 효과

- 1주 차: 'ㅅ' 소리와 입모양 모방 안정화
- 2~3주 차: '사', '사까' 발성 증가
- 4주 차: '사과' 자발적 발화 성공률 70% 이상
- 5주 차: 강화 없이도 자발적으로 '사과' 요청 가능

보호자는 지후가 스스로 말을 하게 된 경험에 대해 매우 만족했으며, 이후에도 유사한 방식으로 다른 단어(예: '물' '엄마') 학습을 지속하고 있다.

Ⅳ 행동기술훈련

1. 행동기술훈련의 개념

행동기술훈련(behavioral skills training)은 사회적, 기능적, 안전한 행동을 효과적으로 가르치기 위해 개발된 구조화된 교수 절차다. 이 접근법은 단순히 행동을 설명하거나 지시하는 데 그치지 않고 학습자가 행동을 직접 관찰하고 모방하며, 시연하고, 피드백을 받는 일련의 과정을 통해 기술을 실제로 습득할 수 있도록 설계되어 있다(Cooper et al., 2020).

행동기술훈련은 특히 자폐스펙트럼장애, 지적장애, 행동 문제를 가진 학습자에게 효과적이며, 기능적 행동 기술이 부족한 일반 아동과 성인에게도 폭넓게 활용될 수 있다. 이 절차는 직업 훈련, 사회성 기술 교육, 안전 행동 훈련, 자조 기술 지도 등 다양한 실제 상황에서 필요한 행동을 가르치는 데 핵심적인 중재 전략으로 사용되고 있다

(Miltenberger, 2012).

무엇보다 행동기술훈련은 행동주의 원리를 실제 교육 현장에 반영한 증거 기반 중재(evidence-based intervention)로 단순한 지식 전달이 아니라 행동의 실제 변화와 일반화를 목표로 한다. 따라서 학습자가 연습한 행동을 일상생활의 다양한 맥락에서도 효과적으로 수행할 수 있도록 돕는 데 중점을 둔다.

행동기술훈련은 4가지 절차를 통해 목표 기술을 가르친다. 각 단계는 서로 유기적으로 연결되어 있으며, 반복 적용을 전제로 한다(Sarokoff & Sturmey, 2004).

첫째, 교수(instruction) 단계에서는 학습자에게 목표 행동이 무엇인지, 어떤 상황에서 어떻게 수행되어야 하는지를 명확하고 구체적으로 전달한다.

둘째, 모델링(modeling) 단계에서는 교사나 또래가 해당 행동을 실제로 보여 주며, 학습자가 행동의 정확한 형태를 관찰할 수 있도록 한다.

셋째, 시연(rehearsal) 단계에서는 학습자가 앞 단계에서 들은 교수 내용과 모델링을 바탕으로 직접 행동을 수행해 본다.

마지막으로, 피드백(feedback) 단계에서는 학습자의 수행에 대해 즉각적이고 구체적인 피드백을 제공하여 올바른 행동을 강화하고 필요한 부분을 수정할 수 있도록 돕는다.

이러한 4단계는 상황에 따라 반복적으로 활용되며, 유연한 순환 구조 속에서 학습자의 행동 수행 능력을 지속적으로 향상시키는 데 기여한다(Cooper et al., 2020).

행동기술훈련은 관찰학습과 행동 모델링에 그 이론적 기초를 두고 있다. 관찰학습이란 개인이 타인의 행동을 주의 깊게 관찰한 뒤 이를 기억하고 재현하며, 수행 동기를 느낄 때 비로소 새로운 행동이 완성되는 과정을 말하며, 이 개념은 Bandura(1977)의 사회학습이론으로 체계화되었다. 이러한 관찰학습의 메커니즘은 행동기술훈련의 모델링과 시연 단계에 그대로 반영되어, 학습자가 새로운 행동을 효과적으로 습득하고 다양한 상황에 일반화할 수 있도록 돕는다.

2. 행동기술훈련 적용 대상

1) 전문가 및 서비스 제공자

행동기술훈련은 교육, 의료, 기관 등 다양한 현장의 전문가들을 대상으로 폭넓게 적용되어 왔다. 교육 분야에서는 특수교사, 일반교사, 행동분석가 등을 대상으로 교수 기술 실행 능력을 향상시키는 데 활용된다. 의료 분야에서는 언어치료사, 물리치료사 등 전문가가 치료에 필요한 전문 기술을 체계적으로 익히도록 지원한다. 기관에서는 관리자와 슈퍼바이저가 행동기술훈련을 통해 직원 훈련 능력을 강화하고, 조직 전반의 행동 관리 역량을 향상시키는 데 기여한다.

교사의 행동중재 전문성을 향상시키기 위해 기존의 임상 중심 행동기술훈련과 구별되는 학교 중심 행동기술훈련(school-based behavioral skills training) 모델이 개발되었다. 이 모델은 교사의 업무 여건과 학교 환경을 반영하여 회기당 30분 내외, 주 2~3회, 총 8회기(약 1개월)로 운영되도록 설계되었으며, 교수, 모델링, 시연, 피드백의 4단계를 나선형으로 반복 · 심화하여 교사가 실제 교실 상황에서 독립적으로 행동중재를 수행할 수 있도록 구성되었다. 특수학교에서는 특수교사와 자폐스펙트럼장애 학생을, 일반학교에서는 일반교사와 정서 · 행동장애 위험군 학생을 대상으로 실시한 결과, 두 학교 유형 모두에서 교사의 행동중재 수행 정확도와 학생의 수업참여행동이 유의미하게 향상되었다. 이는 행동기술훈련이 교사의 전문성을 높이고 학생의 학습 참여를 촉진하는 현장 맞춤형 훈련 모델임을 입증한 것으로, 향후 교사 연수 및 행동중재 프로그램 개발에 중요한 기초 자료를 제공하였다(강영모, 2025).

의료 및 치료 분야에서는 언어치료사, 물리치료사, 작업치료사와 같은 다양한 전문가들이 행동기술훈련을 통해 치료에 필요한 구체적이고 전문적인 기술을 효과적으로 습득하게 된다. 이러한 훈련은 단순한 기술 전달을 넘어, 실제 임상 장면에서 발생할 수 있는 다양한 상황을 재현하고 반복 연습을 가능하게 하여 전문가가 자신감을 가지고 치료를 제공할 수 있도록 돕는다. 예를 들어, 언어치료사는 행동기술훈련을 활용하여 발화 촉진 기법이나 보완대체의사소통 전략을 익히고, 물리치료사는 올바른 운동 패턴 유도, 자세 교정 및 균형 훈련과 같은 세밀한 치료 절차를 단계적으로 학습할 수 있다(Luitink et al., 2023).

또한 행동기술훈련은 복잡한 치료 프로토콜을 명확하게 구조화하여 제공하고, 고객의 개별적 특성과 필요에 따라 중재를 조정할 수 있는 역량을 강화시킨다. 이를 통해 전문가들은 단순히 치료 절차를 따라 하는 수준을 넘어, 상황에 맞게 기술을 변형·적용할 수 있는 임상적 사고를 발전시킨다. 결과적으로 이러한 과정은 고객에게 보다 정확하고 효과적인 서비스를 제공하는 데 기여하며, 장기적으로는 치료의 질과 고객 만족도를 동시에 향상시키는 효과를 가져온다(Sarokoff & Sturmey, 2004).

관리자와 슈퍼바이저는 행동기술훈련의 또 다른 중요한 적용 대상 집단이다. 이들

구분	내용	
목적	학교 교사의 행동중재 전문성 향상	
훈련 목표	**특수학교** 1. 특수교사의 행동중재에 대한 이해 증진 2. 특수학교 교실에서 수업 중 행동중재의 실천 3. 자폐스펙트럼장애 학생의 수업참여행동 증가	**일반학교** 1. 일반교사의 행동중재에 대한 인식 개선 2. 일반학교 교실에서 수업 중 행동중재의 실천 3. 정서행동장애 위험군 학생의 수업참여행동 증가
훈련 내용	**사전 면담 시** ▷ 목표 행동 설정, 기능평가, 행동중재 계획 수립 **훈련 진행 시** ▷ 행동중재 기술 적용, 학생의 변화 관찰 및 평가	
훈련 방법	교수 → 모델링 → 시연 → 피드백 **나선형 훈련 방식: 매 회기마다 전체 과정을 반복하되, 점차 구체적인 조건이 추가되는 방식**	
훈련 운영	**훈련 시행** • 훈련 집단 크기: 일대일 • 훈련 전달 방법: 실시간 대면 회의 • 훈련 참여 시간: 평균 30분 내외 • 훈련 참여 회기: 18회기(6주×3회기)	**실험 통제** • 참여자: 교사-학생 총 6쌍(특수3+일반3) • 독립변인: 행동기술훈련(교사), 행동중재(학생) • 종속변인: 수행 정확도(교사), 수업참여행동(학생) • 실험 설계: 대상자 간 중다기초선설계
성과 평가	**특수학교** • 특수교사: 행동중재 수행 정확도(%) • 자폐스펙트럼장애 학생: 수업참여행동 발생률(%) • 행동기술훈련 운영 전반: 교사 심층면담을 통한 주제 도출	**일반학교** • 일반교사: 행동중재 수행 정확도(%) • 정서행동장애 위험군 학생: 수업참여행동 발생률(%) • 행동기술훈련 운영 전반: 교사 심층면담을 통한 주제 도출

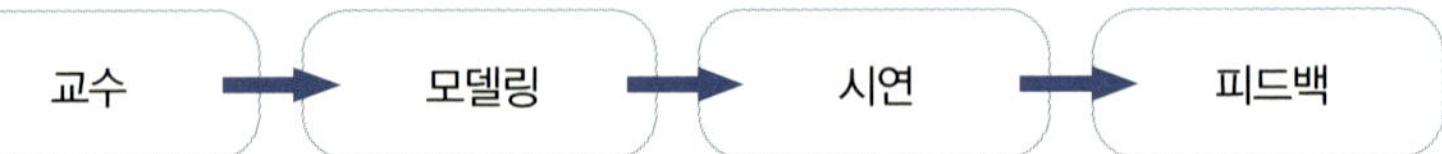

[그림 8-1] 학교 중심 행동기술훈련 모델

출처: 강영모(2025).

이 행동기술훈련을 습득하여 직원 교육과 훈련 과정에 활용하면, 단기적인 기술 습득은 물론 장기적으로 조직 내 훈련의 확산과 지속성이 보장된다. 특히 이러한 과정은 단순히 개별 직원의 기술 향상에 그치지 않고, 조직 전체가 동일한 기준과 절차를 공유하도록 하여 서비스 품질의 일관성을 확보하는 데 기여한다. 이때 활용되는 피라미드 접근법(pyramid approach)은 한 명의 숙련된 관리자가 다수의 직원에게 기술을 전수하는 구조로, 효율성과 확산성을 동시에 달성할 수 있다는 장점을 지닌다. 즉, 한 명의 훈련된 관리자가 여러 현장에서 지도자 역할을 수행함으로써 조직 전반의 역량 강화와 지속 가능한 훈련 문화 조성에 기여할 수 있다. 결과적으로, 관리자와 슈퍼바이저의 행동기술훈련 활용은 단순한 교육 기법을 넘어, 조직의 성장과 발전을 촉진하는 전략적 도구로 기능한다(Parsons et al., 2012; Reid et al., 2003).

전문가 집단을 대상으로 행동기술훈련을 적용할 때는 다음의 특성을 고려해야 한다.

- 기존 지식과 경험의 활용: 이미 축적된 지식과 경험을 토대로 훈련 내용을 연결하여 제시함으로써 학습 효과를 극대화한다.
- 시간 효율성: 바쁜 업무 환경에 맞추어 효율적·집중적 훈련이 필요하며, 훈련 일정과 내용을 최적화해야 한다.
- 실무 적용성: 훈련 내용은 즉시 실무에 활용 가능한 구체적 기술 중심이어야 하며, 이론적 내용보다는 실용적 기술에 중점을 둔다.

2) 부모 및 가족 구성원

발달장애나 자폐스펙트럼장애 아동의 부모는 행동기술훈련을 통해 가정 내에서 아동의 행동을 효과적으로 중재하는 다양한 기술을 학습할 수 있으며, 이러한 과정은 교육 효과의 일반화와 유지에 중요한 역할을 한다. 아동이 대부분의 시간을 보내는 가정은 자연 환경이므로, 부모가 적절한 중재 기술을 습득하고 이를 일상적으로 적용하는 것은 아동의 행동 변화가 지속되고 다양한 상황으로 확산되는 데 핵심적이다. 이와 같이 부모의 참여는 전문적인 치료뿐만 아니라 일상생활 속 학습 기회의 질을 높이는 중요한 요소가 된다(Ferguson et al., 2019; Lerman et al., 2015).

일반 가정의 부모 역시 행동기술훈련을 통해 일반적인 양육 기술, 문제행동 관리, 긍정적 행동 지원, 효과적인 의사소통 기술 등을 체계적으로 습득할 수 있다. 이러한 기술은 부모와 자녀 간의 상호작용을 개선하고, 건강한 가족 관계를 형성하며, 아동의 사회적·정서적 발달과 전반적인 성장에도 긍정적인 영향을 미친다. 결국 행동기술훈련은 특정 장애 아동의 부모뿐만 아니라 일반 가정의 부모에게도 적용될 수 있으며, 가정 환경에서의 실질적이고 지속 가능한 발달 지원을 가능하게 한다(Miles & Wilder, 2009).

부모 및 가족 구성원에게 행동기술훈련을 적용할 때는 다음과 같은 특성을 고려해야 한다.

- 감정적 부담에 대한 배려: 자녀의 문제행동이나 장애와 관련된 정서적 스트레스에 민감하게 접근해야 한다. 부모의 심리적 상태를 고려하여 훈련 과정에서 충분한 지지와 격려를 제공한다.
- 시간적 제약의 고려: 직업 · 가사 · 양육 등으로 시간 여유가 부족하므로, 유연한 훈련 일정과 접근이 필요하다. 온라인 훈련, 가정 방문 훈련, 주말 및 저녁 시간 활용 등 다양한 방식을 고려할 수 있다.
- 개별화된 접근: 가정 상황과 부모의 요구가 다양하므로, 각 가족의 특성에 맞춤화된 훈련이 중요하다. 가족 구성, 사회경제적 배경, 문화적 특성 등을 종합적으로 고려해야 한다.

3) 고객 및 수혜자

행동기술훈련은 사회적 상호작용, 감정 조절, 일상생활 기술 습득 등 다양한 영역에서 고객에게 직접 적용되어 긍정적인 효과를 가져온다. 발달장애 및 자폐스펙트럼장애 아동의 경우, 사회성 기술, 안전 기술, 의사소통 기술과 같은 핵심 영역에서 행동기술훈련이 효과적으로 활용된다. 구조화된 훈련 과정을 통해 아동들은 복잡한 사회적 기술을 단계별로 학습할 수 있으며, 반복적 연습과 체계적인 피드백을 통해 기술이 정착되고 다양한 상황에서 일반화될 수 있다. 이러한 과정은 아동의 일상생활 적응과 사회적 참여를 촉진하는 데 중요한 역할을 한다(Kornack et al., 2020).

지적장애 및 정신건강 문제를 가진 성인의 경우, 직업 기술, 독립생활 기술, 사회성 기술 습득을 위해 행동기술훈련이 폭넓게 활용된다. 대규모 훈련 연구에서도 행동기술훈련의 핵심 구성 요소인 교수, 모델링, 시연, 피드백을 적용했을 때 참가자들의 기술 습득과 유지 효과가 입증되었다. 이를 통해 행동기술훈련은 아동과 성인 모두에게 적용 가능하며, 다양한 기능적 기술과 사회적 역량을 향상시키는 데 있어 신뢰할 수 있는 중재 방법임이 확인된다(Courtemanche et al., 2013).

고객 및 수혜자 집단에 행동기술훈련을 적용할 때는 다음과 같은 특성을 고려해야 한다.

- 인지적 능력에 따른 조정: 개인의 인지 수준에 맞춰 훈련 속도와 난이도를 조절한다. 복잡한 기술은 더 작은 단위로 세분화하여 단계별로 접근하며, 개인의 학습 속도를 존중한다.
- 동기 강화 전략: 학습 동기를 높이기 위해 강화 전략을 병행한다. 고객이 선호하는 강화제를 파악하고, 성공 경험을 통해 자신감을 높일 수 있도록 지원한다.
- 일반화 촉진: 학습한 기술이 실제 생활 전반에 확산되도록 일반화 훈련을 포함한다. 다양한 상황, 사람, 환경에서 기술을 적용할 수 있도록 체계적으로 계획한다.

3. 행동기술훈련의 교수 절차

행동기술훈련은 학습자에게 새로운 기술이나 행동을 효과적으로 가르치기 위해 고안된 증거 기반의 교수 절차다. 이 절차는 응용행동분석 원리를 바탕으로 교수, 모델링, 시연, 피드백의 4단계를 중심으로 구성된다(Miltenberger, 2012). 각 단계는 순차적이며 반복 가능하며, 서로 긴밀하게 연결되어 행동의 정확성, 일반화, 유지를 효과적으로 촉구한다.

1) 교수

교수 단계에서는 학습자에게 가르치고자 하는 행동의 목적, 수행 맥락, 절차 등을 명확하고 구체적으로 설명한다. 이때 단순한 지시가 아닌, 행동이 왜 중요한지에 대한 기능적 맥락까지 전달해야 학습자의 내적 동기를 이끌어 낼 수 있다. 예를 들어, 손 씻기를 가르칠 때는 “손 씻어.”라고 지시하는 대신, “식사 전 손에 있는 세균을 없애기 위해 손을 씻는 것이 중요해요.”와 같은 설명이 필요하다.

이 단계에서는 순서도, 사진, 그림, 체크리스트 등과 같은 시각자료를 병행하면 학습자의 이해도를 높일 수 있으며, 연령과 발달 수준에 따라 언어 난이도를 조절해야 한다. 교수 이후에는 질의응답, 참 · 거짓 질문, 짧은 퀴즈 등을 통해 학습자의 이해 여부를 점검해야 이후 단계의 성공적인 진행이 가능하다.

2) 모델링

모델링 단계에서는 교사, 치료사, 또래 중재자 등이 목표 행동을 정확하고 명확하게 시범 보인다. 행동의 순서, 속도, 언어적 · 비언어적 요소를 모두 포함하여 학습자가 전체 행동을 시각적으로 인식하고 내면화할 수 있도록 한다.

모델링은 실제 환경과 유사한 맥락에서 수행되어야 하며, 가능한 경우 다양한 변형을 포함해 제시하면 일반화를 촉구할 수 있다. 예를 들어, 요청 행동을 가르칠 경우 "도와주세요." "이거 주세요." "저기요." 등 다양한 표현을 보여 주면 유연한 반응이 가능해진다. 또한 잘못된 예시와 바른 예시를 함께 제시하는 대조 모델링은 행동 기준을 보다 명확히 이해시키는 데 효과적이다.

3) 시연

시연 단계는 학습자가 교수와 모델링을 바탕으로 직접 목표 행동을 수행하는 단계다. 이는 행동 습득을 행동 실행으로 전환시키는 핵심 단계로 반복 연습이 강조된다. 이때 오류가 발생해도 이를 학습의 일부로 수용하며, 수정 기회를 즉각 제공하는 것이 중요하다. 시연은 처음에는 구조화된 상황에서 시작되며, 점차 실제 생활 환경으로 확장되어야 한다. 반복 연습을 통해 학습자는 행동의 정확성, 유창성, 상황 적합성을 강화할 수 있다. 예를 들어, 사회적 인사 행동을 가르칠 경우, 처음에는 손을 드는 행동에만 강화를 제공하고, 이후 점차 시선 맞춤과 언어 표현을 포함하는 방식으로 시연의 수준을 높여 간다. 초기에는 촉구와 용암을 병행하여 성공 경험을 누적시키고 점차 독립 수행을 유도한다.

4) 피드백

피드백 단계에서는 시연 직후 학습자의 수행에 대해 즉각적이고 구체적인 피드백을 제공한다. 이 피드백은 긍정적 강화와 함께 교정적 안내를 균형 있게 포함해야 하며, 가능한 한 구체적인 언어로 전달되어야 한다. 예를 들어, "지금 '감사합니다'를 또렷하게 말한 점은 훌륭합니다. 다음에는 말할 때 청중을 조금 더 바라보면 더욱 효과적일 것입니다."와 같이 구체적으로 피드백하는 것이 중요하다. 이처럼 효과적인 피드백은 학습자의 자존감과 자기조절 능력을 동시에 향상시키며, 점차 외부 피드백 없이도 행동을 독립적으로 수행할 수 있는 기반을 형성한다. 또한 훈련 초기에 자주 제공되던 피드백은 시간이 지남에 따라 점차 줄이거나 간접적 피드백으로 전환함으로써 학습자의 자율성과 일반화를 높일 수 있다.

행동기술훈련의 4단계 절차는 순차적으로 진행되면서도 반복적으로 적용된다. 학습자의 수행 수준에 따라 특정 단계를 반복하거나 한 단계 이전으로 되돌릴 수 있으며, 이러한 조정은 학습한 행동의 숙련도와 안정성을 강화하는 데 효과적이다. 선행 연구에 따르면, 행동기술훈련은 짧은 시간 안에 높은 교수 정확도와 학습 유지율을 달성할 수 있는 전략으로 중재자 교육뿐만 아니라 실제 응용행동분석 현장에서도 광범위하게 활용된다(Sarokoff & Sturmey, 2004; Seiverling et al., 2012).

〈표 8-4〉 행동기술훈련의 4가지 핵심 단계

단계	설명 내용	교수 전략 예시	주의점
교수	목표 행동의 목적, 수행 기준, 기대 결과를 구두 또는 시각적 자료로 제시	체크리스트 제공, 간단한 시나리오 설명	학습자의 이해 수준에 맞춘 언어 사용
모델링	교사 또는 모델이 목표 행동을 실제로 시범	직접 시연, 동영상 시청, 또래 모범 활용	정확하고 명확한 시범 제공, 잘못된 예시도 병행하면 효과 증가
시연	학습자가 직접 행동을 수행해 보고 반복적으로 연습	역할극, 다양한 상황에서의 반복 연습	초기에는 단순한 상황에서 시작하고 점진적으로 다양한 상황에서 실시
피드백	수행에 대한 긍정적 강화 및 교정적 피드백 제공	"잘했어요." "다음에는 좀 더 크게 말해 볼까요?"	즉각적이고 구체적인 피드백이 중요, 비언어적 표현도 활용

4. 행동기술훈련의 실제 적용 사례

(1) 교사의 사회적 기술 지도: '손 들고 말하기' 지도

① 배경 정보

- 지도자: 초등 특수교사 이○○(경력 5년)

• 대상 아동: 7세, 자폐스펙트럼장애 진단
• 행동 특성: 학급 활동 중 말할 때 손을 들지 않고 큰 소리로 말하며 친구들과의 상호작용에서 갈등을 자주 경험함

② 훈련 목표

• 아동이 교사 또는 친구와 이야기하고 싶을 때 손을 든 뒤 말하는 행동을 자발적으로 수행할 수 있도록 한다.
• 손을 든 뒤 말하는 행동이 일상적인 수업 활동 내에서 일반화될 수 있도록 한다.

③ 행동기술훈련 절차 적용

• 교수
  - 교사는 아동과 1:1 상황에서 왜 손을 들고 말해야 하는지에 대해 설명한다.
    예: "우리가 동시에 이야기하면 누가 말하는지 알 수 없어요. 손을 들면, 네 차례라는 걸 모두가 알 수 있어요."
  - 그림 자료와 역할 놀이 그림카드를 활용해 언제 손을 들어야 하는지, 무엇을 해야 하는지, 그 이유가 무엇인지를 시각적으로 제시한다.
  - 설명을 이해하고 있는지를 질문을 통해 확인한다.
    예: "이야기하고 싶을 땐 어떻게 해?"라고 질문했을 때, 아동이 "손 들어요."라고 말하면 칭찬한다.
• 모델링
  - 교사가 먼저 시범을 보이고, 수업 중 질문하고 싶은 상황에서 손을 든 뒤 "선생님, 질문 있어요."라고 말한다.
  - 이후, 또래 모델을 활용하여 아동이 상황별 행동을 시각적으로 관찰할 수 있게 한다.
  - 잘못된 예시도 시범으로 보여 주고 둘을 비교해 차이를 강조한다.
• 시연
  - 아동이 상황극 활동 중 손을 들고 말하기를 시도한다.
  - 활동 1: 교사가 그림을 보여 주며 "지금 말하고 싶으면 어떻게 할까?"라고 질문한다.
  - 활동 2: 교사와 아동이 질문하는 상황, 답변하는 상황 등의 역할극을 실시한다.
  - 아동이 손을 드는 데 성공하면 즉각적 강화를 제공한다.

예: "지금 손 들고 이야기한 거 정말 멋졌어!"

- 시나리오를 점점 다양화하여 미술 시간, 자유놀이 시간 등 다른 수업 활동에서도 시연을 유도한다.

• 피드백

- 매 시연 후 즉시 피드백을 제공한다.
  예: "방금 손을 들고 나서 말한 거 아주 정확했어요. 다 들을 수 있었어요."
- 오류가 발생한 경우, 즉시 교정적 피드백을 제공한다.
  예: "이번에는 손을 안 들었네. 다시 한번 해 볼까?"
- 시연을 반복할수록 피드백 빈도와 강도를 줄이고 아동의 독립 수행을 유도한다.

④ 훈련 결과

• 1주차: 손 들고 말하기 반응률 20%(5회 중 1회 성공)
• 2주차: 60%로 증가(6회 중 4회 성공)
• 3주차: 90% 이상 정확도

수업 시간 전체 상황에서도 자발적 손 들기 행동이 관찰되었다. 교사의 중재가 점차 줄어들고, 다른 교사나 친구들과의 상호작용에서도 동일한 행동이 일반화되었다.

요약

모방, 모델링, 관찰학습과 행동연쇄, 행동형성, 행동기술훈련은 학습자의 현재 수행 수준과 목표 행동 간 차이를 효과적으로 줄이고, 복잡하고 기능적인 행동을 단계적으로 가르치기 위한 중재 방법으로 응용행동분석 현장에서 널리 활용된다.

모방은 타인의 행동을 관찰한 직후 그와 유사한 반응을 재현하는 과정으로 새로운 기술 습득을 위한 필수적 기초 반응으로 간주된다. 진정한 모방이 성립하기 위해서는 모델 행동의 명확한 제시, 모방 반응과의 형식적 유사성, 시간적 근접성, 자극 통제력이라는 4가지 요건이 충족되어야 한다. 모방은 반사적 단계에서 출발하여 점차 언어적·사회적 모방으로 발전하며, 일반화된 모방 단계에 도달해야 실생활 맥락에서 적절한 행동 수행이 가능해진다.

모델링은 학습자에게 가르치고자 하는 행동을 명확하게 시범 보임으로써 관찰을 통해 행동을 습득하도록 유도하는 구조화된 중재 방법이다. 직접 모델링, 상징적 모델링 자기 모델링, 참가 모델링, 또래 모델링 등 다양한 형태로 적용 가능하며, 효과적인 모델링을 위해서는 모델의 유사성, 모델에 대한 존경 또는 명망, 모델 행동에 대한 강화가 관찰 가능해야 한다. 모델링은 단순한 시범 제공에 그치지 않고, 반응 유도, 수행 확인, 강화 제공, 일반화 점검의 일련의 단계를 통해 학습자의 반응을 체계적으로 유도해야 한다.

관찰학습은 다른 사람의 행동과 그 결과를 관찰함으로써 간접적으로 행동을 습득하는 학습 형태다. 관찰학습이 효과적으로 이루어지기 위해서는 주의, 파지, 재생, 동기의 4가지 심리적 과정이 필요하다. 이는 특히 사회적 기술, 자기관리 기술, 또래 상호작용 등의 중재에 효과적이며, 비디오 모델링, 자연주의 교수, 구조화된 상황훈련 등과 결합되어 활용된다. 관찰학습은 강화 없이도 학습이 가능하다는 장점이 있어 시간과 자원을 절약하면서도 높은 일반화 가능성을 확보할 수 있다.

행동연쇄는 복잡한 행동을 보다 작은 단위의 연속적인 단계로 분해하여, 순차적으로 지도하는 중재 방법이다. 각 단계는 선행 자극(S^D), 반응(R), 결과(R^+)로 구성되며, 하나의 행동의 결과가 다음 행동의 자극으로 기능하는 방식으로 연결된다. 이러한 구조는 3요인 유관에 근거하며, 학습자가 논리적 순서에 따라 행동을 이해하고 수행하도록 돕는다. 행동연쇄의 효과적인 실행을 위해서는 먼저 과제분석을 통해 행동을 단계별로 세분화해야 하며, 교수 절차로는 전진행동연쇄, 후진행동연쇄, 전체과제행동연쇄 등이 있다. 이 중 어떤 절차를 선택할지는 학습자의 현재 수행 능력, 과제의 복잡성, 동기 수준 등을 고려하여 결정된다.

행동형성은 목표로 하는 행동이 학습자의 현재 수준에서 벗어나 있을 때, 점진적으로 접근 가능한 중간 단계들을 설정하고, 각 단계에서 목표에 점차 가까운 반응만을 선택적으로 강화함으로써 행동을 형성하는 중재 방법이다. 이는 차별강화의 원리를 기반으로 하며, 무오류 학습 전략으로도 활용 가능하다. 목표

행동은 관찰 가능하고 측정 가능한 방식으로 정의되어야 하며, 기준을 너무 빠르게 혹은 느리게 상향 조정하지 않도록 세심한 반응 관찰이 요구된다.

행동기술훈련은 교수, 모델링, 시연, 피드백의 4단계로 구성된 구조화된 중재 방법으로 각 절차는 반복적이고 순환적으로 적용되어 학습자의 행동 수행 정확성, 자율성, 일반화까지 촉진한다. 행동기술훈련은 자폐스펙트럼장애, 지적장애, 행동 문제를 가진 학습자뿐만 아니라 일반 아동 및 성인을 대상으로 널리 활용되며, 직업 기술, 사회적 기술, 자조 행동, 안전 행동 훈련 등 다양한 실제 상황에서의 행동 지도에 효과적이다.

행동 중재 전략

개요

강화 원리에 기반한 대표적인 행동 중재 전략에는 토큰경제, 행동계약, 집단유관이 있다. 이들 전략은 행동주의 이론에 기초하여 개발되었으며, 교육 및 치료 환경에서 학생들의 바람직한 행동을 교수하는 데 효과적으로 적용되고 있다. 토큰경제는 목표행동 발생 시 토큰을 제공하고, 이를 지원 강화제와 교환하는 절차를 통해 행동 습득을 촉진하는 체계다. 행동계약은 목표행동과 보상을 문서화하여 학생의 자기 관리 능력과 동기를 강화하는 전략이며, 집단유관은 집단 전체의 행동 결과를 기준으로 강화제를 제공하여 협력과 책임감을 높이는 데 효과적이다. 이 장에서는 각 전략의 기본 개념과 실행 절차를 소개하고, 실제 적용 시 유의할 점과 실천적 적용 방법을 함께 제시하여 현장에서 활용할 수 있도록 안내한다.

• 핵심 용어

- 교환-생산 일정(exchange-production schedule)
- 독립적 집단유관(independent group contingency)
- 상호의존적 집단유관(interdependent group contingency)
- 수준 체계(level system)
- 수행계약(performance contract)
- 유관계약(contingency contract)
- 작동적 조건화(operant conditioning)
- 조건화된 강화제(conditioned reinforcer)
- 종속적 집단유관(dependent group contingency)
- 지원 강화제(back-up reinforcer)
- 집단유관(group contingency)
- 토큰(token)
- 토큰 생산 일정(token production schedule)
- 토큰 조건화(token conditioning)
- 토큰경제 시스템(token economy system)
- 토큰-교환 일정(token-exchange schedule)
- 행동계약(behavior contract)

I 토큰경제

1. 토큰경제의 정의 및 구성 요소

1) 토큰경제의 정의

토큰경제(token economy) 또는 토큰경제 시스템(token economy system)은 교육환경의 행동지도를 위한 효과적인 전략으로 널리 활용되고 있다. 교사는 학생이 학급 활동에 적극적으로 참여하거나 또는 주어진 과제를 성실히 수행하도록 격려하고 동기를 부여하기 위해 이 시스템을 사용할 수 있다. 토큰경제는 행동주의 이론, 특히 **작동적 조건화**(operant conditioning)에 근거한 행동 중재 체계로서, 목표로 하는 바람직한 행동이 나타났을 때 즉각적인 강화제로서의 토큰(token)을 제공하고 이 토큰을 일정 수량 모아 가치 있는 보상물 즉, 지원 강화제(back-up reinforcer)로 교환할 수 있도록 설계된 중재 시스템이다(Cooper et al., 2020). 토큰경제는 행동관리를 위한 하나의 체계로 눈에 보이는 보상물 또는 토큰 형태의 강화제가 주어지고, 이후 그 토큰을 본래의 가치 있는 강화제로 교환할 수 있는 시스템이다(Kerr & Nelson, 2010). 토큰경제에서 사용되는 토큰은 그 자체로는 의미 없는 상징물이지만, 반복적인 사용을 통해 아동이나 대상자에게 강화의 기능을 지닌 **조건화된 강화제**(conditioned reinforcer)로 학습되며, 이를 통해 바람직한 행동의 빈도나 지속성을 효과적으로 증가시킬 수 있다. 예를 들어, 교실에서 학생이 규칙을 잘 지킬 때마다 별 모양의 스티커를 하나씩 받고, 스티커 10개를 모으면 원하는 활동 시간 10분을 얻는 체계는 토큰경제의 전형적인 예라 할 수 있다.

2) 토큰경제의 구성 요소

토큰경제는 몇 가지 핵심 요소로 구성되며, 이들 요소는 시스템이 효과적으로 작동하기 위해 반드시 포함되어야 한다(Ivy et al., 2017). 토큰경제는 일반적으로 다음과 같은 요소를 포함한다. 목표행동의 설정(setting the target behavior), 토큰 조건화(token conditioning), 지원 강화제 선정(back-up reinforcer selection), 토큰 생산 일정(token production schedule), 교환-생산 일정(exchange-production schedule), 토큰-교환 일정(token-exchange schedule)이다.

〈표 9-1〉 토큰경제 구성 요소 및 정의

구성 요소	정의
목표행동의 설정	토큰을 생산하는 반응군에 대한 정의가 기술되어야 함
토큰 조건화	토큰이 강화제로 기능할 수 있도록, 언어적 설명 제공이나 자극 페어링을 활용한 조건화 절차가 포함되어야 함
지원 강화제 선정	토큰과 교환 가능한 물품 또는 활동을 확인·선정하기 위한 절차가 구체적으로 제시되어야 함
토큰 생산 일정	토큰 제공 여부를 결정하는 강화 일정(예: 고정비율, 변동비율 등)이 명시되어야 함
교환-생산 일정	토큰을 지원 강화제로 교환할 수 있는 시점과 조건이 분명하게 설명되어야 함
토큰-교환 일정	지원 강화제를 획득하기 위해 필요한 토큰 수(토큰 비용)가 구체적으로 명시되어야 함

2. 토큰경제의 적용 절차

토큰경제를 효과적으로 설계하고 운영하기 위해서는 다음에 제시된 몇 가지 핵심 절차를 순차적으로 따라야 한다(Cooper et al., 2020). 첫째, 목표행동과 규칙 설정이다. 둘째, 토큰의 유형 선택이다. 셋째, 지원 강화제 목록 구성이다. 넷째, 교환 비율 설정이다. 다섯째, 토큰 지급 및 교환 시점과 절차 결정이다. 여섯째, 시범 적용을 통한 시스템 점검 및 조정이다.

1) 목표행동과 규칙 설정

토큰경제 적용의 첫 번째 단계는 학생에게 강화하고자 하는 목표행동을 명확하게 설정하는 것이다. 이는 학생이 어떤 행동을 하였을 때 토큰을 받을 수 있는지를 결정짓는 기준이 되며, 전체 시스템의 토대가 되는 핵심 요소라 할 수 있다. 이는 교사가 강화하고자 하는 구체적이고 관찰 가능한 행동을 의미하는데, 예컨대 '정해진 시간 내 과제 완료하기' '친구에게 친절하게 말하기'와 같은 행동이 이에 해당한다. 목표행동은 명확하게 정의되어야 하며, 학생이 이해할 수 있는 수준으로 진술되는 것이 바람직하다. 또한 목표행동을 설정할 때 긍정적이고 기술적인 언어로 진술되어야 한다. 문제행동에 대한 단순한 억제보다는 학생이 실제로 수행할 수 있는 바람직한 대체행동을 구체적으로 진술해야 한다.

Myles 등(1992)은 목표행동을 설정할 때 고려해야 할 4가지 기준에 대해 다음과 같이 제시하였다.

첫째, 행동은 반드시 측정 가능하고 관찰 가능한 것이어야 한다. 이는 강화의 일관성과 신뢰성을 확보하기 위한 전제 조건이다. 추상적이거나 해석이 필요한 진술은 강화의 일관성을 해치며, 교사와 학생 모두에게 혼란을 줄 수 있다.

둘째, 행동의 성공적인 수행에 대한 명확한 기준에 대해 명시해야 한다. 이는 단순히 '참여하기'가 아니라, '5분 안에 과제 시작하기'와 같이 구체적인 수행 기준이 제시되어야 한다는 것을 의미한다.

셋째, 초기에는 학생이 쉽게 행동 기준을 성취할 수 있도록 적은 수의 행동부터 시작해야 한다. 너무 많은 목표행동을 설정하거나 난이도가 높은 행동을 요구할 경우, 학생은 좌절을 경험할 수 있으므로, 초기 경험을 통한 동기 유발이 중요하다.

넷째, 목표행동을 수행하기 위한 선행 기술이 학생에게 있는지를 확인해야 한다. 학생이 아직 수행하지 못하는 행동 또는 학습되지 않은 기술을 목표행동으로 설정할 경우, 토큰경제는 강화체계로서의 기능을 제대로 수행할 수 없다.

2) 토큰의 유형 선택

토큰경제에서 사용되는 토큰은 강화의 매개체로 기능하는 상징적 수단이며, 그 형태는 교육 환경과 대상에 따라 다양하게 설계될 수 있다. 일반적으로 토큰은 단순한 점수(포인트)에서부터 칩이나 스티커 같은 물리적 물품, 나아가 디지털 기반의 가상 포인트 시스템에 이르기까지 폭넓은 형태로 구현된다. 중요한 점은 이러한 토큰이 그 자체로 보상적 가치를 지니기보다는 궁극적으로 보다 가치 있는 2차적 강화제로의 교환이 가능하다는 점에서 강화의 신호로 작용한다는 것이다. 따라서 토큰은 학생에게 강화제로서의 의미가 명확히 전달되어야 하며, 적용 과정에서의 일관성이 유지될 때 효과적인 중재 수단이 될 수 있다. 토큰의 유형을 선택할 때 다음과 같은 사항을 고려해야 한다.

(1) 학생의 연령과 발달 수준

토큰의 유형을 결정할 때는 무엇보다 학생의 연령과 발달 수준을 우선적으로 고려해야 한다. 연령이 낮을수록 구체적이고 시각적으로 눈의 잘 띄는 토큰이 효과적인 경향이 있다. 예를 들어, 유아나 초등학교 저학년 학생에게는 스티커, 색깔 칩, 도장(스탬프) 등 실체가 있고 인식 가능한 형태의 토큰이 적합하다. 이러한 토큰은 학생의 흥미를 자극하며, 즉각적인 강화 경험을 제공하는 데 유리하다. 반면, 초등학교 고학년 이상의 학생이나 청소년의 경우에는 보다 추상적인 형태의 토큰이 선호될 수 있다. 점수, 가상 화폐, 스마트 기기 앱 기반의 포인트 시스템 등은 학생의 자율성과 참여도를 높이는 데 효과적이며, 중재 과정에 능동적으로 참여하게 만드는 장점이 있다. 이처럼 토큰의 형태는 학생의 인지 수준, 흥미, 환경적 조건 등을 종합적으로 고려하여 결정되어야 하며, 그 설계와 운영에 있어 실용성과 지속 가능성이 함께 고려되어야 한다.

(2) 사용의 편의성과 관리 용이성

토큰경제가 실제 교육 현장에서 효과적으로 작동하기 위해서는 무엇보다 토큰의 사용이 간편하고 관리가 용이해야 한다. 교사나 중재자가 수업 중 즉각적으로 토큰을 제공하거나 회수할 수 있어야 하며, 이러한 절차가 교실의 흐름을 방해하지 않고 자연스럽게 이루어져야 한다. 토큰을 지급하는 방식이 지나치게 복잡하거나 시간 소모적인 경우, 실제 수업 상황에서는 중재의 지속 가능성이 현저히 낮아질 수 있다.

예를 들어, 학생의 행동이 발생할 때마다 디지털 기기에 접속해야 하거나 복잡한 기록을 해야 하는 방식은 교사의 업무 부담을 가중시키며, 결국 중재의 실행 빈도를 낮추는 결과로 이어질 수 있다. 반면, 손쉽게 꺼내어 바로 제공할 수 있는 물리적 토큰(예: 스티커, 칩, 도장)이나 미리 인쇄된 토큰 카드 등의 사용은 보다 실용적이고 효율적이다. 또한 학생 스스로 토큰을 관리하도록 유도할 수 있는 구조를 도입하면, 교사의 부담을 줄이는 동시에 학생의 자율성과 책임감을 향상시키는 데 도움이 된다.

토큰의 보관 방식 역시 중재의 성공 여부에 중요한 영향을 미친다. 토큰이 자주 분실되거나 훼손된다면, 학생의 동기 유지는 물론 중재를 적용하는 절차 전체의 신뢰성도 약화될 수 있다. 이를 방지하기 위해서는 토큰을 개인별로 구분된 상자나 지퍼 팩, 파일 등에 안전하게 보관하거나, 시각적으로 공유되는 토큰판, 클립보드, 자석보드 등의 도구를 활용하여 토큰의 수를 눈에 띄게 기록하고 관리하는 것이 효과적이다.

결국, 토큰경제 적용의 성공은 실제 수업 환경에서 얼마나 손쉽게 운영될 수 있는가에 달려 있다. 따라서 교사는 토큰의 사용 방식이 자신의 수업 스타일과 환경에 잘 부합하는지를 사전에 검토하고, 필요시 조정하거나 단순화하여 지속 가능하고 실용적인 운영 체계를 구축하는 것이 중요하다.

(3) 학생의 흥미와 선호도

토큰경제 적용의 성공 여부는 토큰 그 자체의 형태 뿐만 아니라, 학생의 흥미와 선호도를 얼마나 잘 반영하고 있는지에 따라 크게 좌우된다. 토큰이 학생에게 친숙하고 매력적으로 다가갈수록 해당 시스템에 대한 참여도와 동기 역시 자연스럽게 향상된다.

토큰의 외형은 단순한 점수에서부터 다양한 시각적 요소를 포함한 형태까지 자유롭게 설계할 수 있다. 예를 들면, 유아나 초등학교 저학년 학생의 경우에는 동물, 만화 캐릭터, 로봇, 공룡 등 학생이 선호하는 이미지가 담긴 스티커나 도장이 효과적이다. 이러한 토큰은 시각적으로 즐거움을 주며, 강화물에 대한 기대감을 높여 준다. 좋아하는 캐릭터가 반복적으로 등장하는 토큰은 그 자체로 소장 가치가 있어 수집하려는 욕구를 자극하여 강화 효과를 증가시킬 수 있다. 다만, 학생이 토큰과 지원 강화제를 교환할 때 어려움을 보일 수 있으므로 시스템에 대한 충분한 이해를 시켜 줄 필요가 있다.

초등학교 고학년 이상이나 중 · 고등학생의 경우, 토큰에 대해 보다 개인화되고 자율적인 선택권이 주어질 때 동기 수준이 높아지는 경향이 있다. 이때는 포인트 시스템, 전자 쿠폰, 디지털 앱 기반 토큰 등의 형태가 효과적일 수 있으며, 학생이 본인의 스마트폰이나 태블릿에서 직접 포인트를 확인하거나 보상을 선택할 수 있는 시스템은 학생의 참여도를 높일 수 있다. 일부 학교에서는 QR코드, 클래스 앱, 온라인 리더보드 등을 활용해 학생의 점수와 보상 현황을 실시간으로 공유함으로써 참여 학생의 흥미와 자기주도성을 동시에 높이고 있다.

학생의 흥미를 반영한 토큰을 설계하기 위해서는 먼저 사전 선호도에 대한 조사를 실시하는 것이 바람직하다. 설문지, 스티커 투표, 그룹 토의 등을 통해 학생들이 선호하는 캐릭터, 색상, 보상의 유형, 기록 방식 등을 수집할 수 있으며, 이 과정 자체가 학생에게 토큰경제의 참여도를 높여 줄 수 있다.

사례 1. 스티커 차트를 활용한 즉각적 강화

초등학교 1학년 교사 A는 학생이 수업 준비를 마칠 때마다 개인별 스티커 차트에 스티커를 하나씩 붙여 주는 방식을 사용했다. 스티커는 책상 위 펜 꽂이에 미리 준비해 두었기 때문에, 토큰 제공은 학생의 행동 발생 이후 3초 이내에 이루어졌고 수업의 흐름에도 방해가 되지 않았다. 이 경우 토큰은 즉시 제공 가능하고 교실 내에 쉽게 접근할 수 있었다.

사례 2. 지퍼 팩 보관으로 토큰의 분실 예방

특수학급 교사 B는 각 학생 이름이 적힌 지퍼 팩을 준비해 토큰 칩을 개별 보관하도록 했다. 학생은 하루가 끝날 때마다 자신의 지퍼 팩에 있는 토큰 수를 직접 확인하며 동기를 유지했다. 이 경우 토큰에 대한 분실의 위험을 줄이고, 학생 스스로 관리할 수 있는 구조로 적용되었다.

사례 3. 화이트보드 점수 기록으로 간편한 관리

중학교 교사 C는 토큰 대신 화이트보드에 학생 이름을 적은 뒤, 각 학생의 이름 옆에 점수를 기록하는 방식을 택했다. 보드판은 교실 앞에 위치해 있어 학생들이 수시로 자신의 점수를 확인할 수 있었고, 교사는 지우개와 마커만으로 간단히 점수 기록을 관리할 수 있었다. 이 경우 물리적 토큰 없이도 시각적으로 기록을 활용하여 관리를 용이하게 하였다.

사례 4. 디지털 포인트 앱으로 기록 자동화

고등학교 교사 D는 스마트폰 앱을 활용해 학생들에게 토큰을 지급하고, 포인트가 일정 수준에 도달하면 자동으로 보상 알림이 전송되도록 설정했다. 이 경우 교사는 수업 중 별도의 기록 없이 앱만 터치하면 되므로 편의성을 높였으며, 디지털 도구의 활용으로 기록과 보상 관리가 체계적이고 효율적이었다.

(4) 토큰의 내구성과 재사용 가능성

토큰경제를 장기간 효과적으로 운영하기 위해서는 토큰의 내구성과 재사용 가능성을 고려해야 한다. 특히 학기 또는 연 단위로 토큰경제를 지속적으로 활용하고자 할 경우, 매번 새로운 토큰을 제작하거나 구입하는 것은 시간적 · 경제적 부담을 초래할 수 있다. 재사용이 가능한 토큰을 선택하고, 이를 안정적으로 관리할 수 있는 시스템을 구축하는 것을 토큰경제의 효율적인 운영의 핵심 요소라 할 수 있다.

일회용 토큰, 예컨대 스티커, 종이 쿠폰, 포스트잇 등은 제작과 사용이 간편하고 직관적이지만 사용 후 폐기되는 소모성 강화제라는 한계를 지닌다. 특히 많은 학생을 대상으로 장기간 운영할 경우, 소모량이 많아지면서 비용과 시간이 지속적으로 증가할 수 있으며, 분실이나 훼손의 가능성도 높다. 종이 토큰은 학생이 쉽게 위조하거나 복사할 수 있다는 가능성도 있기 때문에 보안성와 통제력 측면에서도 문제가 될 수 있다.

이에 비해 플라스틱 칩, 마그네틱 토큰, 나무 블록, 색깔 버튼, 도장(스탬프) 등은 내구성이 뛰어나고, 보관 및 회수 후 재사용할 수 있다는 장점을 지닌다. 특히 플라스틱 토큰은 습기나 외부 손상에 강하며, 다양한 색상으로 분류하여 목표로 하는 행동별로 적용하여 사용할 수 있다. 마그네틱 토큰은 화이트보드나 금속판 위에 부착하여 시각적으로 공유 가능한 방식으로 활용될 수 있어 집단 강화나 전체 학급 관리에도 적합하다. 이렇게 재사용 가능한 토큰은 개별 학생 토큰 상자나 교사용 토큰함, 토큰 보드 등에 정리 및 보관함으로써 체계적인 관리가 가능하다. 토큰 회수 절차를 자연스럽게 훈련 과정에 통합함으로써 학생이 사용하는 자원에 대해 책임감을 가지고 관리하는 태도를 함께 기를 수 있다.

최근에는 디지털 포인트 시스템이나 앱 기반 강화 프로그램을 통해 물리적 토큰 없이도 토큰경제를 적용하는 방식이 주목받고 있다. 예를 들어, ClassDojo, Class123, PBIS Rewards 등의 플랫폼은 학생에게 가상 포인트를 지급하고, 누적 점수에 따라 보상을 제공하는 구조를 갖추고 있다. 이들 시스템은 기록, 보관, 교환 내역 관리까지 자동화되어 있어 교사의 업무 부담을 현저히 줄이면서도 높은 효율성을 제공한다. 디지털 토큰의 가장 큰 장점은 분실이나 훼손의 위험이 없으며, 학생과 학부모 모두 실시간으로 포인트 현황을 확인할 수 있는 투명성을 제공한다는 점이다. 다만, 스마트기기나 인터넷 환경이 갖추어져 있어야 하며, 일부 학생은 물리적 토큰보다 시각적 실체감이

〈표 9-2〉 **토큰 유형 비교**

토큰 유형	예시	장점	단점	활용 대상	적용 상황
일회용 물리적 토큰	스티커, 도장, 종이 쿠폰	저렴하고 간편함, 시각적 흥미 유도, 즉시 제공 가능	반복 사용 불가, 분실/오염 위험, 비용 누적	유아, 초등 저학년	단기 강화, 초기 시스템 도입 시
반복 사용 물리적 토큰	플라스틱 칩, 색깔 버튼, 나무 블록	내구성 우수, 반복 사용 가능, 행동 유형별 색상 분류 가능	초기 제작/구입 비용, 관리 체계 필요	초·중·고등학년	장기 운영, 행동 유형별 구분 필요 시
마그네틱 토큰, 토큰 보드	마그네틱 토큰, 화이트보드 점수판	시각적 공유 가능, 집단 강화에 유용, 이동 가능	부착 장소 필요, 학생 간 경쟁 유발 가능성	학급 전체 관리	집단 강화 적용 시
디지털 토큰	ClassDojo, Class 123, 포인트 앱, QR코드	자동 기록 및 관리, 분실 위험 없음, 학부모와 공유 가능	기기 및 인터넷 필요, 실체감 부족 가능	중·고등학년	자율성 강조, 학부모 협력 강화 시
학생 맞춤형 토큰	캐릭터 카드, DIY 토큰, 컬러링 토큰	학생 흥미 반영 가능, 자기 주도성 증진, 개별 동기 유도	제작 시간 필요, 개별 관리 어려울 수 있음	모든 연령 대상	개별화된 동기 전략이 필요한 경우

떨어진다는 느낌을 받을 수 있다. 따라서 물리적 토큰과 디지털 시스템을 혼합 방식으로 병행하는 하이브리드 운영 전략도 고려해 볼 수 있다.

〈표 9-3〉 디지털 토큰 도구 목록

도구 이름	주요 기능	장점	활용 대상
ClassDojo	학생별 포인트 지급, 행동 피드백, 학부모 연동	직관적 인터페이스 캐릭터 커스터마이징 실시간 공유	초등~중등, 학부모 참여 중시 환경
Class123(클래스123)	한국어 지원, 포인트/스티커 지급, 학부모 소통, 출결 관리	국내 환경 친화적 교과별 포인트 설정 가능	초등~중등, 학급 전체 관리
PBIS Rewards	긍정적 행동 관리 시스템, 점수 기록, 리워드 스토어 운영	PBIS기반 구조 보상 시스템 연계 용이	중등 이상, 학교 차원의 행동 관리 시스템 운영 시
LiveSchool	실시간 행동 점수 기록, 팀/학급 간 비교, 리포트 기능 제공	경쟁적 요소 사용 가능 시각적 데이터 제공	중등~고등, 팀 기반 또는 비교 강화 상황
PowerSchool	행동기록, 메모, 포인트 저장, 교사 간 연계 가능	다수 교사가 동시에 사용 가능 행동 이력 추적 가능	특수교육, 다중 교사 협업 환경

(5) 시스템의 목표 및 맥락

토큰경제의 설계와 운영은 어떤 맥락에서 사용되는지, 어떤 목표를 달성하고자 하는지에 따라 그 구체적인 형태와 운영 방식이 달라질 수 있다. 이는 단순히 토큰의 외형이나 보상의 종류를 넘어 시스템 전체의 구조와 전략을 결정하는 핵심 기준이 된다.

전 학급을 대상으로 운영되는 토큰경제는 학습 분위기 조성, 수업 참여도 향상, 규칙 준수 등 공동의 행동 기대치를 강화하는 데 효과적이다. 이 경우, 시각적으로 공유 가능한 토큰 보드나 집단 토큰(jar system, 팀별 토큰 보드)을 활용하면 학생 모두가 현재 상태를 인지하고, 함께 목표를 성취하기 위해 협동적 동기 구조를 형성할 수 있다. 특히 집단 전체가 일정 수의 토큰을 모았을 때 공동으로 보상으로 제공하면 사회적 책임감과 소속감을 동시에 강화할 수 있다.

개별 학생의 문제행동 감소, 자기 조절 향상, 사회적 기술 습득 등을 목적으로 하는 개별 중재 상황에서는 보다 정교하고 학생 맞춤형으로 설계된 토큰경제가 필요하다. 이 경우, 다른 학생들과 구분되도록 개별화된 토큰 보드를 사용하거나, 학생만 알고 있는 토큰을 사용함으로써 다른 학생과의 비교의식 없이 긍정적인 행동 강화를 유도할 수 있다.

특정 행동을 단기간 내에 집중적으로 개선하고자 할 때는 즉각적이고 빈도 높은 강화가 가능한 구조가 효과적이다. 하루 수차례 토큰을 지급하고, 매일 또는 이틀에 한 번씩 지원 강화제와 교환하는 방식을 행동과 결과 간 유관을 강화하고, 초기 행동 변화 유도에 효과적이다. 반대로, 학기 전체 또는 장기적 행동 형성을 목표로 할 경우에는, 점진적 강화 비율 조절, 지원 강화제의 다양화, 자연적 강화로의 전이 계획 등이 포함되어야 한다. 예를 들어, 초기에는 1 : 1고정비율(FR1)의 강화 비율로 토큰을 제공하지만, 점차 토큰 지급 기준을 엄격히 하거나, 일정 수준에 도달한 학생은 토큰 없이도 행동을 유지할 수 있도록 전환 계획을 마련한다.

교실 내에서 즉각적인 변화가 필요한 행동, 예컨대 자리이탈, 수업 방해 행동 등을 감소시키거나, 손들고 말하기 등과 같이 적절한 행동을 빠르게 훈련하기 위해서는 행동 발생 직후 즉각적인 토큰 제공과 짧은 간격의 지원 강화제 교환이 핵심이다. 반대로 학생이 점진적으로 **내재적 동기**와 **자기 조절 능력**의 발달이 목표인 경우, 토큰경제는 점차적으로 사회적 강화나 자연적인 후속 결과로 대체되어야 한다. 이 과정에서 학생이 자신의 행동을 평가하고 토큰을 자율적으로 관리하는 경험을 할 수 있도록 구성하면, 장기적인 생활 습관 및 학습 태도 형성에 긍정적인 영향을 줄 수 있다.

3) 지원 강화제 목록 구성

지원 강화제는 토큰경제에서 핵심적으로 작용하는 요소 중 하나다. 학생은 일반적으로 토큰 자체보다 그 토큰을 통해 교환할 수 있는 실질적으로 의미 있는 보상에 더 높은 동기를 느낀다. 따라서 지원 강화제 목록을 어떻게 구성하느냐는 시스템의 성공 여부에 직접적인 영향을 미친다. 강화제는 단순한 보상이 아니라 학생의 참여를 유도하고 행동 변화를 지속시키는 동기 자원으로 작용해야 하므로 다음의 원칙에 따라 체계적으로 설계되어야 한다.

(1) 학생의 선호도 반영

강화제는 학생에게 매력적으로 원하는 것이어야 하며, 교사의 기대나 편의보다는 학생의 내적 동기와 흥미를 우선적으로 고려해야 한다. 이를 위해 사전에 **선호도 평가**(preference assessment)를 실시하는 것이 필수적이다. 학생의 관심은 시간이 지남에 따라 변할 수 있으므로, 정기적으로 선호도를 재평가하고 목록을 갱신하는 것이 중요하다. 선호도 조사는 다음과 같은 방법으로 실시할 수 있다.

- 간단한 설문지 또는 체크리스트
- 다양한 보상 항목이 포함된 강화물 메뉴판을 보여 주고 학생이 직접 선택

학생 이름:	학년:	작성 날짜:
설명: 다음에 나열된 보상(강화제) 중에서 내가 좋아하는 것, 받고 싶다고 생각하는 것에 표시해 보세요. 가장 좋아하는 것에는 ♡ 표시도 해 주세요!		
1. 물질적 보상(물건으로 받는 보상) ( ) 스티커 ( ) 사탕/초콜릿 ( ) 문구류(연필, 지우개 등) ( ) 장난감 또는 미니 피겨 ( ) 포스트잇, 캐릭터 메모지 ( ) 기타:		
2. 활동 보상(무언가를 할 수 있는 보상) ( ) 자유놀이 시간 ( ) 컴퓨터/태블릿 사용 ( ) 게임 10분 ( ) 독서 시간 10분 ( ) 기타:		
3. 사회적 보상(누군가와 함께 하는 보상) ( ) 선생님과 간식 먹기 ( ) 친구랑 함께 놀기 ( ) 하루 학급장 되기 ( ) 우유 당번하기 ( ) 친구들 앞에서 발표하기 ( ) 기타:		
4. 내 마음대로 보상 만들기! 위에 없지만, 내가 진짜 받고 싶은 보상이 있다면 자유롭게 적어 주세요:		
가장 받고 싶은 보상을 3가지만 골라 순서대로 적어 보세요! 1순위: 2순위: 3순위:		

[그림 9-1] 강화제 선호도 조사 예시

- 관찰을 통해 학생이 자주 선택하는 물품 또는 활동 기록
- 친구들과의 대화나 비공식 면담 활용

(2) 지원 강화제 유형의 다양화

지원 강화제는 크게 물질적 강화제와 활동 중심 강화제로 구분할 수 있으며, 이 두 유형을 균형 있게 포함하여 설계한다. 물질적 강화제의 예로는 간식(예: 사탕, 과자), 문구류(예: 펜, 노트), 장난감 등이 있으며, 활동 중심 강화제로는 놀이 시간, 컴퓨터 · 태블릿 사용 시간, 자유 독서 시간, 교사와 특별한 놀이와 같은 것을 포함한다. 물질적 강화제는 단기적 동기유발에 효과적이며, 활동 중심 강화제는 학생의 장기적 참여와 자기 조절을 촉진하는 데 유리하다. 특히 사회적 강화로서 교사와의 긍정적 상호작용을 강화제로 활용하는 것도 효과적이다.

4) 교환 비율 설정

토큰경제의 실질적인 강화 효과는 단순히 토큰을 지급하는 데 그치지 않고, 토큰을 누적하여 보상으로 교환하는 체계적 구조를 통해 실현된다. 학생은 토큰을 통해 보상을 획득할 수 있다는 기대감과 예측 가능성을 바탕으로 바람직한 행동을 반복하게 되며, 이 과정에서 핵심적인 역할을 하는 것이 **교환 비율**이다. 교환 비율은 “몇 개의 토큰으로 어떤 보상을 받을 수 있는가?”에 대한 기준으로, 이 기준이 명확하고 공정하게 설정되어야 학생의 참여도와 동기 수준을 안정적으로 유지할 수 있다. 교환 비율을 설정하는 것은 단순히 보상의 ‘가격’을 매기는 것을 넘어, 학생의 참여 동기, 행동 목표에 대한 자기 계획, 그리고 자기 조절 능력의 발달까지 영향을 미치는 핵심 요소다. 따라서 신중하고 전략적으로 설계되어야 하며, 다음과 같은 요소를 고려하는 것이 중요하다.

첫째, 보상은 획득하기 쉬운 것부터 어려운 것까지 단계별로 다양하게 구성되어야 한다. 이를 통해 모든 학생이 최소한 하나의 보상을 경험하며, 초기 동기를 얻을 수 있고, 동시에 장기적이고 도전적인 목표를 설정할 수 있게 된다. 강화제의 가치를 동일하게 설정하기보다는 다양한 비용(토큰 수)에 따라 계층화된 보상 구조를 설계하는 것이 바람직하다. 예를 들어, 5개 토큰으로는 간단한 간식류나 문구류를, 10개의 토큰으로는 놀이 시간을, 20개 토큰으로는 특별한 활동에 참여하는 기회를 제공한다. 이러한 구조는 학생이 자신의 목표를 계획하고, 토큰을 전략적으로 사용할 수 있도록 자기 조절 능력을 훈련하는 기회를 제공한다. 또한 지원 강화제에 대한 선택권을 부여하는 것 자

토큰 수	지원 강화제 예시	지원 강화제 유형
5개	스티커 1장, 사탕 1개	물질적 강화제
10개	자유놀이 시간 10분, 책 읽기 시간 선택권	활동 강화제
15개	특별 좌석 하루 사용, 담임교사와 함께 간식 먹기	사회적 강화제
20개	역할 맡기(하루 학급장), 우유 당번	활동 · 사회적 강화제

[그림 9-2] 지원 강화제의 계층화

체가 강화의 효과를 높이는 중요한 요인이 될 수 있다.

둘째, 교환 비율은 학생에게 도전 의식을 부여하되, 실현 가능한 수준에서 설정되어야 한다. 교환 기준이 지나치게 높으면 학생이 쉽게 좌절하게 되고 반대로 너무 낮으면 보상의 가치가 약해지므로 적절한 균형이 필요하다. 이를 위해 학생의 연령, 발달 수준, 행동의 난이도 등을 고려하여 비율을 설정해야 하며, 필요에 따라 학생 개별 맞춤 비율을 적용하는 것도 가능하다.

셋째, 교환 비율은 학생이 스스로 목표를 세우고 계획을 수립할 수 있도록 돕는 수단이 되어야 한다. 동일한 토큰 수로 다양한 지원 강화제 중에서 선택할 수 있도록 하면, 학생은 자기 선호를 반영한 목표를 설정하고, 이를 달성하기 위해 계획적으로 행동하게 된다. 이는 자기 결정력과 자기 조절력을 길러 주는 효과적인 학습경험이 된다. 이러한 목표 설정과 보상 선택의 경험은 학생이 즉각적인 보상에만 의존하지 않고, 장기적인 목표 달성과 **지연된 만족**을 학습하는 데 기여한다. 이를 돕기 위해 교사는 교실 내에 시각적으로 지원 강화제 교환표를 게시하거나, 학생에게 목표 설정 카드를 제공하여 구체적인 계획을 세울 수 있도록 도울 수 있다.

넷째, 토큰경제는 궁극적으로 외적 보상 없이도 바람직한 행동이 유지되는 상태를 목표로 하기 때문에 교환 비율은 시간의 흐름에 따라 점진적으로 용암(fading)되어야 한다. 예를 들어, 행동을 처음 학습할 때는 낮은 교환 비율(예: 토큰 5개당 교환)을 적용하다가 행동이 안정되면 점차 교환 비율을 높여 가는 방식(예: FR5에서 FR10으로 변경)으로 전환하는 것이 효과적이다. 이를 통해 학생은 외적 보상이 없이도 행동을 유지할 수 있게 된다.

5) 토큰 지급 및 교환 시점과 절차 결정

토큰경제가 실제 교육 현장에서 원활하게 작동하기 위해서는 어떤 조건에서, 언제,

어떤 방식으로 토큰이 지급되고 교환되는지에 대한 구체적인 운영 계획이 마련되어야 한다. 이 단계는 시스템의 신뢰도, 일관성, 학생의 예측 가능성 및 참여 지속성을 높이는 데 결정적인 역할을 한다.

(1) 토큰 지급 시점 설정하기

토큰을 언제 지급할 것인가는 강화의 타이밍과 관련되어 있으며, 이는 학생의 행동과 강화제 간의 관계 형성에 있어 중요하다. 행동 직후 즉각적으로 토큰을 지급하는 것이 가장 효과적이며, 이는 행동과 그 결과 사이의 유관을 강하게 만들어 준다. 하지만 현실적인 교실 운영 여건을 고려할 때, 상황에 따라 다음과 같은 다양한 지급 시점을 선택할 수 있다.

- 즉시 지급 방식: 학생이 기대한 행동을 수행했을 때, 즉시 토큰을 제공하는 방식이다. 이는 특히 초기 행동 학습 및 단기 목표 강화에 효과적이다.
- 수업 후 종합 평가 방식: 수업이 끝난 후 학생의 행동 전체를 종합적으로 평가하여 토큰을 지급한다. 이는 일과의 흐름을 방해하지 않으면서도 토큰 제공의 일관성을 유지할 수 있는 방법이다.
- 하루 단위 누적 지급 방식: 하루 동안의 전반적인 행동을 평가하여 일정한 시간에 토큰을 지급한다. 이는 자기 평가, 반성, 책임감 형성을 도와주며, 장기 목표 설정에 효과적이다.

토큰 지급 시점은 어떤 방식이든 일관되게 적용되어야 하며, 학생에게 사전에 명확하게 안내되어야 한다. 이를 통해 학생은 자신의 행동에 대한 예측 가능성을 높일 수 있음과 동시에 시스템의 공정성을 확인할 수 있다.

(2) 토큰 교환 방식과 시점 설정하기

토큰경제에서 토큰은 궁극적으로 가치 있는 지원 강화제와 연결되어야 강화물로서의 기능을 한다. 그렇기에 토큰이 지원 강화제와 어떻게 교환되는지도 명확하게 계획되어야 하며, 이 역시 학생의 참여 동기를 좌우하는 요소가 된다.

- 정기적 교환일 지정: 정기적인 교환 일을 지정, 예컨대 매주 특정 요일에 교환시

간을 지정하여 운영할 경우 학생들은 이를 기대하며 토큰을 모으는 과정을 계획할 수 있다. 예측 가능한 구조는 행동 조절에도 긍정적인 영향을 미친다.

- 학생 주도 교환 방식: 일정 조건을 충족할 경우, 학생이 원하는 시점에 스스로 교환을 요청할 수 있도록 한다. 이 방식은 학생의 선택의 자유와 책임감을 증진시킬 수 있다.
- 상황에 따라 교사 재량 운영: 유아, 특수교육 대상 학생, 또는 초기 적응 중인 학생을 대상으로 적용 시, 교사의 재량에 따라 융통성 있게 교환 기회를 제공할 수 있다. 이 경우 교사는 학생의 상황을 고려하여 적절한 시기를 판단한다.

(3) 교환 기준 미달 시 대응 방안 수립하기

토큰경제는 강화를 제공하는 시스템이기도 하지만, 이러한 강화가 제공되지 않을 수도 있다는 점에서 자연스럽게 행동의 경계를 학습하게 하는 도구이기도 하다. 따라서 기준에 도달하지 못했을 때의 처리 방식 또한 교육적이어야 하며, 원칙과 규칙에 기반한 일관된 대응이 중요하다. 학생이 약속된 행동을 충분히 수행하지 못한 경우, 토큰은 지급되지 않는다. 이때는 학생에게 토큰이 지급되지 않는 이유에 대한 명확한 설명이 필요하며, 학생이 토큰을 받기 위해 수행해야 하는 기대되는 행동에 대한 구체적인 피드백을 제공한다. 경우에 따라 동일한 행동을 다시 시도할 수 있는 기회를 마련한다.

6) 시범 적용을 통한 시스템 점검 및 조정

토큰경제를 설계하고 구조를 완성한 이후, 이를 곧바로 전면 시행하기보다는 실제 적용 전 단계로 시범 적용(field test)을 거치는 것이 바람직하다. 시범 적용은 단순히 파일럿 테스트의 기능을 넘어서, 시스템의 안정성과 실행 가능성을 실제 상황에서 점검하고, 운영상의 예상치 못한 변수들을 사전에 파악할 수 있는 중요한 기회가 된다.

(1) 시범 적용의 대상과 기간 정하기

시범 적용은 전체 학생을 대상으로 하기보다는 소수의 학생 집단이나 단기간의 시간 범위에서 시작하는 것이 적절하다. 예를 들어, 한 학급 내 2~3명의 학생을 선정하거나, 일주일에서 2주일 정도의 짧은 기간 동안 적용해 보는 방식이 일반적이다. 이렇게 제한된 규모 내에서 운영하면, 관리에 대한 부담을 줄이면서도 핵심 요소의 적용을 검토해 볼 수 있다.

(2) 실제 적용을 통한 운영 흐름 점검

시범 적용에서는 시스템 설계 단계에서 마련한 다음의 몇 가지 운영 요소들이 실제 교실 상황에서 예상대로 작동하는지를 중점적으로 확인한다. 첫째, 토큰 지급이 실제 상황에서도 일관되고 신속하게 이루어지는가? 둘째, 학생이 지원 강화제에 대한 기준과 절차를 이해하고 스스로 참여하는가? 셋째, 지원 강화제 운영이 학생의 학습 참여의 흐름을 방해하지 않고 원활하게 운영되는가? 넷째, 토큰 기록이나 관리 체계의 실효성이 충분한가? 다섯째, 교사 입장에서의 관리 가능성과 실용성은 적절한가?

(3) 피드백 수렴 및 시스템 조정

시범 적용 후에는 참여 학생과 교사로부터 직접적인 피드백을 수렴하여 개선점을 도출하는 과정이 필요하다. 학생에게는 "토큰을 어떻게 받을 수 있는지 이해하기 쉬웠나요?" "토큰을 받는 게 재미있나요, 도움이 되었나요?" "지원 강화제는 원하는 것이었나요? 다른 아이디어가 있나요?" 등과 같은 질문을 통해 시스템의 보완점에 대해 확인할 수 있다. 교사 역시 운영을 통해 느낀 어려움이나 개선 사항을 정리하여 시스템의 구조적 보완이 필요한 부분, 절차의 단순화가 필요한 지점, 또는 기록 방식의 변경 필요성 등을 반영하여 시스템을 조정한다.

(4) 전면 시행 전 최종 점검

시범 적용을 바탕으로 필요한 수정을 완료한 뒤, 시스템이 충분히 안정화되었고 운영 가능성이 확인되었다면, 이제 전체 학급이나 학교 차원에서의 전면 시행으로 전환할 수 있다. 이때 전면 시행은 단순히 범위를 확장하는 것이 아니라, 시범 적용의 성과와 교훈을 반영하여 더 체계적이고 효율적인 방식으로 적용하는 것이 중요하다. 이를 위해 최종적으로 다음 사항들을 점검해야 한다(〈표 9-4〉 참조).

- 모든 학생이 시스템의 규칙과 절차를 정확히 이해했는가?
- 교사와 보조 인력 간의 역할 분담과 운영의 일관성은 확보되었는가?
- 장기적인 운영을 위한 지원 강화제의 관리, 재정적 준비, 토큰의 사용 방안이 마련되었는가?

〈표 9-4〉 **토큰 경제 시범 적용 체크리스트**

항목	점검 내용	확인 여부 (V)	비고
1	시범 적용 대상(학생 또는 학급)이 명확히 선정되었는가?		
2	시범 적용 기간(시작일/종료일)이 구체적으로 정해졌는가?		
3	참여 학생에게 시스템 구조(토큰 지급 및 교환 방식)가 충분히 설명되었는가?		
4	목표 행동이 구체적이고 관찰 가능한 형태로 기술되었는가?		
5	토큰 지급 기준이 일관성 있게 적용되고 있는가?		
6	토큰 지급 시점이 현실적인 교실 운영 흐름과 잘 맞는가?		
7	교사가 토큰을 제공하는 과정에서 어려움이나 혼란이 없는가?		
8	학생이 토큰을 스스로 추적하거나 기록할 수 있는 구조가 마련되었는가?		
9	지원 강화제 목록과 교환기준(토큰 수)이 명확히 안내되어 있는가?		
10	교환 시점과 절차가 학생에게 예측 가능하게 전달되었는가?		
11	학생의 반응(참여도, 흥미도, 이해도)이 긍정적인가?		
12	교사 또는 보조 인력이 시스템을 운영하면서 느낀 부담이나 어려움은 무엇인가?		
13	토큰과 지원 강화제의 관리(분실 방지, 교환 시 정리 등)가 체계적으로 이루어졌는가?		
14	피드백을 수집할 수 있는 방식(학생 의견지, 관찰 기록지 등)이 마련되었는가?		
15	시범 적용 후 시스템 개선이 필요한 요소가 식별되었는가?		

3. 토큰경제의 적용과 실제

1) 토큰경제 적용 시 고려 사항

토큰경제는 학교 현장에서 문제행동을 감소시키고 바람직한 행동을 강화하는 효과적인 행동중재 전략으로 널리 사용되고 있다. 하지만 Flicheck과 McNeil(2004)은 토큰경제를 사용할 때 고려해야 할 3가지 측면에서 대해 자세히 설명하였다.

첫째, 발달적 고려 사항에 대해 이해해야 한다. 이는 인지적 이해 가능성과 연령 및 개인차에 대해 고려해야 한다는 것을 의미한다. 유아(만 2~5세)는 인지적으로 토큰경제를 이해할 수 있는 능력을 갖추고 있으며, 이 시기의 아동들은 상징적 사고가 가능하며, 간단한 교환 시스템에 대해 이해할 수 있다. 그러나 토큰경제의 절차가 복잡하면 이해하기 어렵다는 점을 인지하고, 단순하고 예측 가능한 구조로 설계해야 한다고 강조하였다.

둘째, 시간 및 실행의 복잡성, 비용과 지원 정도, 그리고 시스템의 유지 및 일반화와 같은 실제적인 사항들에 대해 고려해야 한다. 토큰경제를 적용하기 위해 준비와 운영에 많은 시간과 비용이 소요된다. 이는 교사에게 현실적으로 부담이 될 수 있고, 학급에서는 개별 차원보다 학급 전체에 적용 가능한 시스템을 운영해야 한다는 것을 의미한다. 또한 지원 강화제를 학급 전체에게 제공하는 공동 보상 방식으로 설정함으로써 비용을 절감할 수 있다.

셋째, 내재적 동기의 감소와 자기 존중감 저하 및 또래 간 경쟁 유발, 보상에 대한 의존성 등과 같은 철학적 관점에서 고려해야 한다. 보상이 과도하게 외재적이면 아동은 자기 행동을 외적 요인(보상)으로 인식하게 되어 내적 동기가 줄어들 수 있다. 또한 보상 여부의 공개로 아동 간 비교와 경쟁이 유발될 수 있으며, 보상이 있어야만 행동을 수행하게 되는 의존성을 보일 수도 있다.

2) 토큰경제 적용 사례

토큰경제 적용 시 발생하는 여러 가지 실질적인 문제를 보완하기 위한 방안으로 학급에서는 전체 학급 기반 토큰 시스템, 예컨대 **수준 체계**(level system)를 활용할 수 있다. 이 체계는 아동의 행동을 일정한 기준에 따라 단계적으로 분류하고, 각 단계에 따라 차등적인 보상과 책임을 부여하는 구조화된 행동관리 방법이다. 개별 토큰을 일일이 제공하거나 회수하는 전통적인 방식보다 운영이 간편하고 체계적이며, 특히 유치원이나 초등 저학년처럼 집단생활을 처음 경험하는 학급 환경에서 효과적으로 적용될 수 있다(Filcheck, 2003).

수준 체계는 아동의 행동 수준으로 기준을 설정하고, 각 단계에 해당하는 권한, 보상, 행동기대를 명확히 구분하여 적용하는 방식이다. 아동은 자신이 현재 수준을 인지하고, 보다 높은 수준으로 올라가기 위해 바람직한 행동을 지속하도록 동기화한다. 이 시스템은 일반적인 토큰경제와 달리 개별적인 토큰을 계산하거나 교환할 필요 없이, 교사가 아동의 행동을 종합적으로 평가하여 단계를 조정하는 방식으로 운영된다.

수준 체계를 적용하기 위해서는 다음의 단계를 따라야 한다.

첫째, 적용 목적을 설정하고 환경을 분석한다. 수준 체계를 도입하기 전에 먼저 도입의 필요성과 목적을 명확히 설정해야 한다. 예를 들어, 교실 내 규칙 준수율 향상, 친구 간 긍정적 상호작용 촉진, 문제행동 감소 등을 목표로 설정할 수 있다. 동시에 학급의 연령, 아동 수, 교사의 관리 가능 범위 등을 종합적으로 고려하여 시스템의 규모와 적용 방식을 사전에 계획한다.

둘째, 행동의 수준을 설계한다. 수준 체계의 핵심은 행동 수준의 단계적 구분에 있다. 일반적으로 3~5단계로 구성하며, 각 단계에는 명확한 행동 기준과 보상 체계가 동반되어야 한다. 행동 기준은 객관적으로 측정 가능한 표현으로 정리되며, 가능한 한 시각 자료(표, 차트 등)를 활용해 아동에게 친숙하게 표시되어야 한다.

셋째, 행동 평가의 기준과 시점을 사전에 정해야 한다. 평가 주기는 학급의 일정 및 운영 여건에 따라 하루 1~2회 또는 활동 단위로 설정할 수 있으며, 행동의 변화가 즉각 반영될 수 있도록 빠르고 일관된 피드백이 중요하다.

넷째, 시각적으로 지원할 수 있는 방법을 고안한다. 수준 체계는 시각적 피드백이 핵심 요소다. 각 아동의 현재 수준을 한눈에 확인할 수 있는 수준 차트, 자석 보드, 스티커 판, 명찰 카드 등을 제작하여 교실에 부착한다. 이름이 적힌 카드나 자석을 각 단계 칸에 옮기는 방식으로 운영하면 아동 스스로 자신의 수준을 인식하고 조절할 수 있게 된다.

다섯째, 차등화된 보상을 설정한다. 각 단계에 따른 차등화 된 보상이 시스템의 지속성과 효과성에 큰 영향을 미친다. 보상은 금전적 요소보다는 사회적, 활동적, 책임감 부여 형태가 바람직하다. 예를 들어, 높은 단계의 아동에게는 놀이 순서의 선택권 또는 활동의 리더 역할을 부여하는 등으로 보상을 제공할 수 있다.

여섯째, 수준 체계는 처음부터 완벽하게 작동하기 어렵기 때문에, 단기간의 시범 적용을 통해 문제점을 점검하고 개선하는 절차가 필요하다. 이때 아동, 교사, 보조 인력, 학부모 등 관련 주체들로부터의 피드백을 수렴하여 시스템의 적합성을 검토한다. 이후 수정 및 보완을 거쳐 시스템을 도입한다. 이후에도 정기적인 모니터링을 통해 시스템이 아동의 발달 수준 및 학급 분위기에 맞게 작동하고 있는지 확인 및 조정한다. 또한 용암 절차를 점차적으로 적용하여 아동이 외적 보상이 없이도 긍정적 행동이 유지될 수 있도록 유도한다.

Filcheck 등(2004)은 유치원생의 방해 행동을 줄이기 위해 학급 전체를 대상으로 수준 체계의 효과를 검증하고자 ABACC의 중다중재설계를 사용하여 연구를 진행하였다. 연구에는 17명의 유아, 한 명의 교사와 보조교사가 참여했으며, 교사가 기존에 사용하던 중재 전략과 Parent-Child Interaction Therapy(PCIT)에 교사 코칭을 결합한 전략의 효과를 비교하였다.

수준 체계는 총 7단계로 구성된 차트 형식으로 제시되었는데, 상위 3단계는 점차 밝고 행복해지는 해 얼굴(sunny faces), 중간 단계는 기준선 위치, 하위 3단계는 점차 어두워지고 슬퍼지는 구름 얼굴(cloudy faces)로 시각화하였다. 수업 시작 시 각 아동은 자신만의 상징(예: 공룡, 연 등)을 선택해 차트의 중앙 단계에 배치하였다. 수업 중 아동이 교사의 지시를 따르거나 또래와 물건을 공유하는 등 바람직한 행동을 보이면, 교사는 해당 아동의 상징을 상위 단계로 옮기고 구체적인 칭찬을 제공하였다. 반대로, 경미한 부적절 행동에는 시각적 신호와 언어적 경고를 주었으며, 공격과 같은 심각한 행동이 발생하면 즉시 하위 단계로 이동시켰다. 하루에 약 2~4회 상위 수준에 도달한 아동에게는 강화를 제공했는데, 강화는 아동의 흥미를 반영한 활동 중심으로 설계되었다. 연구 결과, 수준 체계 도입 후 아동의 부적절한 행동 빈도는 유의하게 감소했으며, 특히 PCIT와 교사 코칭을 병행한 조건에서 감소 폭이 더 컸다. 또한 교사의 칭찬 빈도는 증가하고 부정적 피드백은 줄어, 이 중재가 아동의 행동뿐만 아니라 교사의 상호작용 방식에도 긍정적인 영향을 미쳤음을 확인할 수 있었다.

3) 수준 체계 적용 사례

햇살반은 만 5세 유아 20명이 함께 생활하는 통합학급이다. 최근 일부 아동이 활동 중 교사의 지시를 따르지 않거나 친구와의 다툼이 자주 발생하여, 긍정적 행동 유도와 자기 조절 능력 향상을 위해 수준 체계를 도입하였다.

수준	행동 기준	보상 내용
수준 1	지시 따르지 않음, 활동 방해, 다툼 반복	개별 지도 제공
수준 2	대체로 규칙을 지키고, 친구와 협력하기 위해 노력	자유놀이 전 선택권, 칭찬 도장 1개
수준 3	규칙을 잘 지키고 친구에게 도움을 주며, 긍정적으로 활동	놀이 우선권, '도우미 역할'수행, 칭찬 도장 2개

(1) 수준 1~3(3단계 구조)

① 운영 방식

- 하루 2회 평가: 오전 활동과 오후 활동 종료 후 교사가 관찰한 행동을 바탕으로 레벨 결정
- 시각적 표시: 각 아동의 이름이 적힌 자석을 수준 1~3 표에 붙여 시각적으로 즉

시 피드백 제공

• 주간 기록표로 일주일 간의 레벨 유지 현황을 아동의 가정과 공유

② 실제 운영 예

아침 자유 선택 활동 시간, 시은이는 친구가 사용 중이던 블록을 갑자기 빼앗아 수준 1로 하락함. 교사는 시은이에게 감정을 조절하는 방법을 이야기해 주고, "다음에 레벨을 올릴 수 있는 기회가 있으니 한번 노력해 보자."라고 격려함. 같은 날 오후, 시은이는 친구와 함께 차례를 기다리며 그림책을 읽는 모습을 보여 주어 수준 2로 올라감. 수요일까지 수준 3을 유지한 민서는 '금요일 도우미'로 선발되어 점심시간 식기 나눠 주기와 정리 정돈 활동에 참여함.

③ 토큰판 예시

햇살반 규칙 지키기				보상 내용
1. 선생님 말씀 잘 듣기 2. 친구들과 사이좋게 지내기				
수준 3	민서			놀이 우선권, '도우미 역할'수행, 칭찬 도장 2개
수준 2	시은			자유놀이 전 선택권, 칭찬 도장 1개
수준 1				개별 지도 제공

Ⅱ 행동계약

1. 행동계약의 개념 및 정의

행동계약(behavior contract)은 유관계약(contingency contract) 또는 수행계약(performance contract)이라고도 불리며, 이는 특정한 행동 변화를 촉진하기 위해 학습자와 성인(예: 교사, 보호자, 치료사) 간 상호 동의하에 작성되는 공식적인 서면 합의서다(Miltenberger, 2008). 이 문서는 단순히 '잘하자.'라는 약속 수준을 넘어, 행동 목표, 수행

기준, 강화 조건, 평가 방법, 실행 기간, 책임 분담 등을 명확하게 구조화함으로써 행동 변화 과정에 예측 가능성과 일관성을 제공한다. 행동계약은 행동주의적 원리, 특히 작동적 조건화(operant conditioning)와 강화 개념을 토대로 한 행동 중재 체계다. 즉, 특정 목표행동이 발생했을 때 예정된 보상이 제공됨으로써 그 행동의 발생 가능성을 증가시키는 구조다.

행동계약은 아동의 행동만을 일방적으로 규정하는 것이 아니라 계약에 참여하는 모든 당사자의 역할과 책임을 구체적으로 명시한다는 점에서 중요한 의미를 가진다. 예를 들면, 아동이 목표행동을 실천해야 하는 것과 동시에 교사는 정해진 시점에 행동을 평가하고 결과에 대한 피드백을 제공하는 역할을 수행한다. 이러한 상호작용은 아동에게 자신의 행동 결과에 대한 책임감을 부여하고 교사에게도 중재의 일관성을 유지할 책임을 강조하게 된다. 또한 행동계약은 아동이 자신의 행동에 대해 주체적으로 참여할 수 있도록 도와주는 **자기 관리**(self-management)의 훈련 도구로서 사용 가능하다는 점에서 단순한 행동 조절 수단 이상의 교육적 가치를 가진다.

2. 행동계약의 구성 요소

행동계약이 효과적으로 작동하기 위해서는 몇 가지 필수적인 구성 요소들이 체계적으로 포함되어야 한다(Miltenberger, 2008). 이러한 요소들은 단순한 약속 수준을 넘어 계약 당사자 간의 기대와 책임을 명확히 하고, 행동의 변화가 구체적이고 실질적으로 이루어지도록 구조화하는 데 필수적이다.

1) 목표행동의 명확화

행동계약에서 가장 중요한 시작점은 변화시키고자 하는 목표행동을 구체적이고 명확하게 정의하는 것이다. 이는 모호하거나 추상적인 표현을 피하고, 관찰 가능하고 측정 가능한 형태로 기술되어야 하는 것을 의미한다. 예를 들어, '열심히 공부하기'보다는 '수업 시간 동안 자리에 앉아 교사의 지시에 반응하기'처럼 구체적 행동으로 진술 되어야 한다. 이러한 명확한 진술은 아동이 스스로 무엇을 해야 하는지를 분명하게 이해하게 하며, 교사나 보호자가 행동 수행 여부를 객관적으로 판단할 수 있도록 돕는다. 목표행동은 일반적으로 사회적으로 중요한 의미를 가지며, 해당 개인의 삶의 질을 향상시킬 수 있는 행동들을 말한다.

2) 수행 기준 및 측정 방법

목표로 설정된 행동이 실제로 나타났는지를 평가하려면, 명확하고 구체적인 수행 기준을 먼저 설정해야 한다. 예를 들어, '일주일 중 최소 4일 이상 아침 인사하기' 또는 '과제 완료율이 80% 이상일 것'과 같이 빈도나 비율에 기반 한 수치화된 기준이 적절하다. 이와 함께, 해당 기준을 어떤 방식으로 측정할 것인지에 대한 방법도 반드시 함께 정의되어야 한다.

이러한 측정 기준 설정은 계약을 관리하는 사람과 행동 변화의 주체가 되는 당사자 모두가 계약의 내용과 기대 사항을 공통된 이해를 바탕으로 공유하게 만드는 중요한 과정이다. 특히 측정 방식을 구체적으로 명시하는 것은 목표행동이 발생했는지 여부를 객관적이고 일관되게 판단할 수 있도록 도와주며, 이로 인해 적절한 강화 조건이 정확하게 제공될 수 있는 기반을 마련해 준다.

보통 행동계약을 처음 설계할 때, 계약 당사자들은 목표행동의 측정 방법에 대해 서로 합의하는 절차를 밟는다. 이때 사용되는 측정 도구는 신뢰성과 객관성을 유지할 수 있어야 하며, 가능하면 단순하고 반복적으로 적용 가능한 형태여야 한다. 예를 들어, 행동 체크리스트, 교사 또는 보호자의 관찰 일지, 스티커 차트, 간단한 체크박스 기록지 등이 활용될 수 있으며, 이러한 도구들은 측정의 일관성과 실행의 용이성을 동시에 충족시킬 수 있다.

3) 행동 수행 시기 및 장소

행동계약이 효과적으로 작동하기 위해서는 목표행동이 언제, 어디서 수행되어야 하는지를 명확히 설정하는 것이 필수적이다. 행동은 항상 일정한 시간적·공간적 맥락 안에서 발생하므로, 계약서에는 행동이 기대되는 상황과 환경을 구체적으로 기재해야 한다. 예를 들어, '점심 이후 자유놀이 시간 동안 친구와 다투지 않기'처럼 행동이 일어나야 하는 시기와 장소를 명시하면, 아동은 어느 상황에서 자신의 행동을 조절해야 하는지를 분명히 인식할 수 있고, 교사나 보호자는 평가를 보다 일관되게 수행할 수 있다. 이는 계약의 실행력을 높이는 데 중요한 역할을 한다.

이러한 맥락 설정과 함께 고려해야 할 또 하나의 핵심 요소는 행동 발생에 따른 결과 조건을 체계적으로 구성하는 것이다. 즉, 행동계약서에는 아동이 목표행동을 수행했을 때 제공될 강화물 또는 행동이 이행되지 않았을 경우 적용될 결과 조항이 명확하게 포함되어야 한다. 이때 사용할 수 있는 **유관**(contingency)은 정적강화, 부적강화, 정적 벌,

부적 벌이 포함된다. 어떤 형태의 유관을 선택하든 반드시 계약 문서에 구체적이고 명확하게 기술되어야 하며, 아동이 그 내용을 충분히 이해하고 동의할 수 있도록 설명해 주는 과정이 선행되어야 한다. 이러한 사전 설명은 행동계약에 대한 동기 부여와 수용도, 실행의 일관성 확보에 큰 영향을 미친다.

4) 강화 및 결과 조항 설정

행동계약은 목표행동이 수행되었을 때 받을 수 있는 긍정적 결과(강화)를 명시하는 것이 핵심이다. 강화는 아동의 선호에 맞추어 다양하게 구성될 수 있다. 예를 들면, 좋아하는 활동 참여, 간식 선택, 추가 자유놀이 시간 제공 등이 이에 포함될 수 있다. 이와 함께 목표행동이 충분히 수행되지 않았을 경우 어떤 결과가 따르는지에 대해서도 함께 설정해야 한다. 단, 이때의 결과는 처벌적이지 않고 아동의 동기를 유지할 수 있도록 설계되어야 하며, '보상 유예' 또는 '다음 기회 제공'과 같은 방식이 적절할 수 있다.

5) 계약 참여자의 역할 및 책임

행동계약은 단순히 아동만을 대상으로 하는 것이 아니다. 계약에 참여하는 모든 당사자(예: 아동, 교사, 보호자 등)는 각자의 역할과 책임을 명확히 인식하고 있어야 한다. 예를 들어, 교사는 매일 아동의 행동을 관찰하고 기록하며, 정해진 시점에 피드백을 제공할 책임이 있다. 보호자는 계약 이행 결과에 따라 가정 내에서의 보상을 제공하거나 격려를 표현하는 역할을 수행한다. 아동은 자신의 행동에 책임을 지고 계약 내용을 성실히 이행할 의무가 있다. 이처럼 상호 간의 역할이 구체화되면 계약의 실행력이 높아지고, 협력적 분위기 속에서 행동 변화가 촉진된다.

3. 행동계약의 구성과 절차

1) 행동계약의 개발

(1) 목표행동 설정

행동계약을 설계하는 첫 단계는 중재가 필요한 행동을 정확하게 정의하는 것이다. 이때 설정된 행동은 학생의 발달 수준에 부합하면서도 교육적 · 사회적으로 의미 있는 행동이어야 하며, 실질적인 변화를 기대할 수 있는 형태여야 한다. '집중하기' 또는 '예의 바르게 행동하기'와 같이 포괄적이고 추상적인 용어는 피하고, 구체적으로 관찰 가능하고 측정 가능한 언어로 기술해야 한다. 예를 들어, '수업 시간 동안 자리에 앉아 있기' 또는 '교사의 지시에 눈을 맞추고 대답하기'와 같은 방식으로 명료하게 진술해야 한다.

목표행동을 구체화하기 위한 실천적인 방법으로는 먼저 행동계약이 필요하다고 판단되는 학생을 선정한 후, 학생이 수업 참여를 방해하는 행동들을 체계적으로 관찰하고 기록하는 절차가 포함된다. 이 과정에서 교사는 문제행동이 어떤 방식으로 나타나는지, 지속시간은 어느 정도인지, 주로 어떤 시간대나 활동에서 자주 발생하는지(예: 특정 과목 시간, 자유놀이 시간 등), 그리고 어느 공간에서 누구와 함께 있을 때 주로 일어나는지 등을 자세히 파악해야 한다.

그런 다음, 이후 교사는 학생과의 면담을 통해 현재의 행동이 학급의 규범이나 기대와 어떤 점에서 일치하지 않는지를 함께 이야기한다. 특히 학생이 보이는 부적절한 행동이 자신의 학업 수행이나 또래 관계에 어떤 부정적인 영향을 미치는지를 함께 탐색하는 과정이 중요하다. 이는 학생이 자신의 행동과 그 결과 사이의 연결 고리를 인식하도록 도와주며, 이후의 계약 과정에서 더 높은 수용도를 이끌어 낼 수 있다.

다음으로, 이러한 탐색을 기반으로 교사와 학생은 기존의 문제행동을 대체할 수 있는 바람직한 행동에 대해 합의한다. 이때 설정되는 목표행동은 긍정적이고 구체적인 표현으로 정의되어야 하며, 단순히 하지 말아야 할 행동이 아닌 해야 할 행동으로 기술되어야 한다. 더불어, 행동의 출현 여부를 명확히 관찰하고 기록할 수 있는 수준으로 진술되어야 하며, 해당 학생의 개별적인 행동 지원 필요를 반영하는 동시에, 학교나 학급 전체의 행동 기대와도 일관성을 가져야 한다.

마지막으로, 행동계약서에 포함되는 목표행동의 수는 실제 실천 가능성과 지속 가능성을 고려하여 제한적으로 설정하는 것이 효과적이다. 일반적으로는 3가지 이하의 목표를 설정하여 집중적인 관리가 가능하도록 하는 것이 권장된다.

(2) 기준 설정

목표행동이 정해지면, 다음 단계는 해당 행동의 달성 여부를 기준으로 목표를 설정하고 보상 체계를 연계하는 것이다. 이 과정에서 교사와 학생은 행동을 어떻게 기록하고 확인할 것인지에 대한 구체적인 방법을 함께 결정한다. 기록 방식은 계약서 뒷면이나 하단에 부착된 체크리스트, 기록표, 또는 별도의 관찰용지 형태로 구상될 수 있으며, 일반적으로 수업 종료 후에 해당 시간 동안 목표행동이 수행되었는지를 체크하는 방식으로 사용된다.

행동계약의 도입 초기에는 교사와 학생이 동시에 행동을 관찰하고 각각의 데이터를 기록하는 방식이 유용할 수 있다. 이중 기록을 통해 교사는 학생이 자기의 행동을 얼마나 정확히 인식하고 있는지를 비교하고 분석할 수 있다. 또한 특정 시점에 기대된 행동이 수행되지 않았던 이유에 대해 함께 논의하고 더 나은 선택을 위한 전략을 모색할 수 있다. 만약 학생이 자기의 행동을 일관되게 기록하는 데 어려움을 보인다면, 교사의 기록과 일치하는 경우에 대해 보상을 제공하는 방식으로 시작할 수 있다. 이후 학생의 **자기점검**(self-monitoring)을 안정적으로 사용하게 되면, 이러한 보상은 점차 용암하거나 중단한다.

이후 교사와 학생은 일일 기준과 주간 기준의 목표를 설정한다. 일일 기준은 학생이 하루 동안 목표행동 중 몇 가지를 충족해야 보상을 받을 수 있는지를 정하는 기준으로, 예컨대 '3가지 행동 중 2가지를 성공적으로 수행'과 같은 방식이 될 수 있다. 반면, 주간 기준은 일일 기준을 충족시켜야 하는 일수를 정해 정기적 보상과 연결하는 것으로, '5일 중 4일 이상 일일 기준을 달성할 경우 주간 보상 제공'과 같이 구성할 수 있다.

기준 설정 시에는 학생의 의견이 반영되어야 하지만, 동시에 교사는 그 목표가 실제로 달성 가능한 수준인지를 확인해야 한다. 이는 학생이 성공을 경험할 수 있도록 하는 핵심 요소이며, 초기에는 비교적 낮은 기준에서 시작해 점차 난이도를 높여 가는 점진적 접근이 바람직하다.

(3) 보상 계획 수립 및 재교수 기회의 제공

목표행동과 성취기준이 확정된 이후, 교사와 학생은 목표가 달성되었을 때와 그렇지 못했을 때 어떠한 후속 절차가 적용되는지 함께 정해야 한다. 목표가 성공적으로 달성된 경우, 교사는 학생에게 구체적인 칭찬과 행동에 대한 긍정적인 피드백을 제공하며, 사전에 협의된 보상을 제공한다. 이 보상은 특정 활동(예: 컴퓨터 사용, 자유놀이 시간)이나 선호하는 간식 또는 물건일 수도 있고, 학생이 선택할 수 있는 다양한 옵션이 포함된 보상 목록에서 선택할 수 있는 형태로 구성할 수도 있다. 보상 항목을 결정할 때는 학생의 선호를 파악하기 위한 간단한 선호도 조사를 실시하거나, 학생과의 논의를 통해 원하는 보상을 확인하는 것이 좋다.

한편, 목표가 기대 수준에 도달하지 못했을 경우를 대비하여 어떻게 재 교수할 것인지에 대해 계획해야 한다. 이때 적용되는 전략은 벌이 아닌 학습의 기회로서 행동을 다시 지도하는 방식으로 구성되어야 한다. 예를 들어, 기대되는 행동을 다시 설명해 주거나, 학생이 해당 행동을 연습하고 이에 대한 피드백을 받을 수 있는 기회를 제공할 수 있다. 또한 교사가 하루 중 학생에게 행동에 대해 미리 상기시켜 주는 기회를 마련하여 바람직한 행동을 유도할 수 있다. 이러한 후속 절차는 학생이 바람직한 행동을 보다 효과적으로 익히고 실천할 수 있도록 지원하는 학습 과정의 일환으로 사용된다.

(4) 계약서 작성과 확인 및 서명

학생과 교사가 목표행동, 기준 설정, 이에 따른 결과 조항에 대해 충분한 논의를 마친 후, 교사는 이를 바탕으로 행동계약서를 문서화한다. 행동계약서의 초안이 작성되면, 교사는 학생과 다시 만나 내용을 함께 확인하고 상호 이해가 이루어진 후 서명을 진행한다. 만약 해당 계약이 여러 다른 상황이나 장소에서도 적용될 계획일 경우, 다른 교사나 보호자도 이 문서에 서명하여 계약의 일관성과 실행력을 높이는 데 협력할 수 있다. 행동계약서에는 다음과 같은 핵심 항목들이 포함된다(Majeika et al., 2020).

- 구체적으로 설정된 목표행동 목록
- 학생이 수행해야 할 책임과 역할
- 교사의 관리 및 지원 역할
- 필요 시 보호자의 참여 항목
- 일일 기준과 주간 기준의 행동 목표
- 목표 달성 여부에 따른 후속 절차
- 계약 당사자들의 서명

학생 이름	
계약 기간	______년 ______월 ______일 ~ ______년 ______월 ______일
목표행동	1. 수업 시간에 자리 지키기 2. 선생님 말씀에 집중하기 3. 친구와 다정하게 지내기
일일 목표	목표행동 중 2가지 이상 지키면 스티커 1개 받기
주간 목표	일주일 중 4일 이상 일일 목표 달성 시 특별 보상받기
보상 목록(택 1)	□ 만화책 보기(10분) □ 자유놀이 시간 추가(5분) □ 색칠하기 활동 □ 스티커 □ 교사와 하이파이브
목표 미달 시	– 교사와 함께 목표행동 다시 연습하기 – 잘할 수 있는 방법에 대해 이야기 나누기
우리의 약속	학생: 약속을 지키기 위해 노력할게요. 교사: 학생의 잘한 행동에 대해 매일 알려 줄게요. 부모: 집에서도 칭찬해 줄게요.
서명 란	학생: ________________ 교사: ________________ 부모: ________________
서명 날짜	______년 ______월 ______일

[그림 9-3] 행동계약서 예시

- 매일 목표행동을 잘 지켰다면, 다음 칸에 스티커나 도장을 붙여요!
- 1주일 동안 4개 이상 모으면 특별한 보상이 있어요!

월요일	화요일	수요일	목요일	금요일
□	□	□	□	□

[그림 9-4] 스티커판 – 나의 목표 달성 기록

2) 행동계약의 적용 절차

(1) 목표 행동 교수

행동계약을 효과적으로 적용하기 위해서는 학생이 계약서에 명시된 목표 행동을 충분히 이해하고 실제로 수행할 수 있는 준비가 되어 있는지 사전에 확인해야 한다. 만약 목표로 설정된 행동이 학생의 현재 행동 수행 수준보다 높을 경우, 계약의 실행 가능성과 지속성 모두 낮아질 수 있다. 따라서 행동계약에 앞서 목표 행동에 대한 체계적인 교수 과정이 선행되어야 한다. 이를 위해 교사는 학생과 개별로 진행하는 짧은 수업을 계획하여 목표 행동에 대한 명확한 설명과 실제 연습의 기회를 제공한다. 이러한 수업은 다음과 같은 단계로 구성된다.

첫째, 교사는 목표 행동에 대한 정의 및 예시를 제공한다. 가장 먼저 교사는 학생이 수행해야 할 행동을 구체적이고 측정 가능하며 관찰 가능한 형태로 정의하고, 그 행동의 예시와 비예시를 함께 제시한다. 이러한 단계는 학생이 기대되는 행동의 기준을 명확하게 인식하고 혼동 없이 구분할 수 있도록 돕는다.

둘째, 교사는 학생에게 직접 시범을 통해 목표 행동을 보여 주고 설명한다. 교사는 목표 행동이 실제 상황에서 어떻게 수행되어야 하는지 직접 시범을 통해 보여 주고 설명한다. 이를 통해 학생은 구체적으로 기대되는 행동의 수행방식을 이해할 수 있다.

셋째, 교사는 학생에게 목표 행동 수행의 연습 기회 및 피드백을 제공한다. 시범 이후 학생이 목표 행동을 직접 수행해 볼 수 있는 기회를 제공하는데, 이는 역할놀이(role-play) 등을 통해 이뤄질 수 있다. 이 과정에서 교사는 학생에게 즉각적이고 구체적인 피드백을 제공하고, 이를 강화하거나 수정해 준다. 학생이 자발적이고 안정적으로 목표 행동을 수행될 수 있을 때까지 반복적으로 연습한다.

(2) 목표 행동 상기

행동계약이 적용되는 수업시간이나 활동이 시작되기 전, 교사는 학생에게 계약서에 대해 상기시켜 주고, 계약에 합의된 주요 내용을 간단히 언어적으로 상기시키는 절차를 실시한다. 이 과정은 학생이 목표 행동을 성공적으로 수행할 수 있도록 선제적으로 안내하고 준비시키는 전략이다. 이 절차에서의 핵심은 학생이 어떤 행동을 보여야 목표를 달성할 수 있는지에 대해 구체적으로 상기시키는 것에 있다. 예를 들어, “오늘 수업 중 손을 들고 질문해요.” 또는 “수업 중에는 선생님 말씀에 귀 기울여요.”와 같은 문장으로 학생이 해야 할 행동을 명확히 알려 준다. 이후 교사는 계약서의 주요 항목들을 간단히 정리하며 학생에게 공유하는데, 여기에는 학생의 일일 또는 주간 목표, 행동 기록 절차, 목표 달성 시 제공될 강화(보상)의 종류 및 제공 시점 등이 포함된다.

(3) 목표 행동 기록과 피드백 제공

행동계약이 적용되는 수업시간이나 활동이 종료되면, 교사는 학생과 함께 행동기록지에 작성된 내용을 보면서 해당 시간에 발생한 행동을 점검하고 기록한다. 교사는 학생과 행동기록지를 보며 행동에 대해 피드백을 제공하는데, 피드백은 학생의 목표 행동 수행 여부를 중심으로 구성되며, 긍정적인 피드백과 교정적 피드백이 균형 있게 제공된다. 긍정적 피드백은 학생이 목표로 한 행동을 성공적으로 수행했을 때 제공되는 피드백으로, "수업 내내 자리에 잘 앉아 있었어요."와 같이 구체적인 행동을 언급하며 칭찬하는 것이 중요하다. 교정적 피드백은 기대한 행동이 수행되지 않았을 때 제공되며, 단순한 지적이 아닌 학생이 앞으로 어떻게 행동해야 할지 안내하는 방식으로 이루어진다. 예를 들어, "오늘 수업 중에 몇 번 자리에서 일어났는데, 다음에는 손을 들고 허락을 받고 움직여요."와 같이 구체적인 행동 기준과 대체행동을 함께 제시하는 것이 효과적이다. 만약 학생에게 주간목표도 설정되어 있다면, 교사는 현재까지의 누적 진행 상황에 대해서도 안내하여 이제까지의 학생 자신의 행동을 점검하고, 개선 방향을 인식할 수 있는 기회를 제공한다.

(4) 보상 제공 또는 목표 행동의 재교수

교사는 학생이 목표 기준을 달성한 경우 행동계약서에 명시된 보상을 즉시 제공해야 한다. 이때 보상은 목표 달성 직후 제공되어야 하며, 목표가 달성되었을 때만 제공하는 것이 원칙이다. 이는 행동과 결과 간의 유관을 명확히 하며, 바람직한 행동의 발생 가능성을 높이는 데 중요한 역할을 한다. 주간 목표가 설정되었을 경우, 해당 주가 종료될 때 학생의 누적 성취도를 점검한 뒤 주간 보상을 제공한다. 이 역시 약속된 기준이 달성되었을 때에만 제공되어야 하며, 기준이 모호하거나 일관되지 않은 경우 행동계약의 효과성이 저하될 수 있으므로 주의가 필요하다.

반면, 학생이 하루 또는 일주일 동안의 목표를 달성하지 못했을 경우 목표 행동에 대한 재교수를 실시해야 한다. 이를 위해 교사는 학생과 함께 목표 행동을 다시 검토하고, 왜 행동이 기대에 미치지 못했는지에 대해 논의한다. 이후 학생이 목표 행동을 직접 연습해 볼 수 있도록 기회를 제공하고, 그 과정에서 구체적이고 즉각적인 피드백

날짜	수업/활동	목표 행동	수행 여부 (○/△/×)	교사 피드백
		수업 중 자리 지키기		
		손을 들어 질문하기		
		친구에게 바른 말, 고운 말 사용하기		

• 기호 설명

○: 목표 행동을 꾸준히 잘 수행함

△: 부분적으로 수행함(약간의 도움 또는 수정 필요)

×: 목표 행동을 거의 또는 전혀 수행하지 못함

• 학생 자기 평가

① 전혀 못 했어요 ② 조금 노력했어요 ③ 잘했어요 ④ 아주 잘했어요

"내가 오늘 가장 잘한 행동을 무엇인가요?"

___

"내일 더 잘하고 싶은 행동을 무엇인가요?"

___

• 교사 피드백

1. 오늘 자리를 잘 지켜서 수업에 집중하는 모습을 칭찬해요.
2. 질문할 때 손을 드는 것은 조금 더 연습이 필요할 것 같아요. 내일은 더 잘할 수 있을 거예요.

[그림 9-5] **행동기록지**

을 제공한다. 또한 학생의 성공 가능성을 높이기 위해 수업이나 활동 전에 목표행동에 대해 상기시켜 주는 빈도를 늘려 학생이 목표행동을 사전에 인식하고 수행할 수 있도록 돕는다.

(5) 중재의 유지 및 지속적인 적용

행동계약은 학생의 단기적인 행동 변화에만 초점을 두는 것이 아니라, 지속적이고 안정적인 행동 개선을 목표로 한다. 따라서 교사는 학생의 행동에 긍정적인 변화가 일정 기간 동안 일관되게 나타날 때까지 중재를 유지해야 한다. 행동계약 절차의 과정을 충실히 반복하는 것이 중요하며, 이러한 절차를 꾸준히 반복함으로써 학생은 점차 자신의 행동에 대한 책임감을 내면화하고, 외적 보상 없이도 긍정적인 행동을 유지할 수

있게 된다.

4. 행동계약의 적용과 실제

1) 행동계약 적용 시 고려 사항

행동계약은 교실, 가정, 치료실 등 다양한 환경에서 유연하게 적용 가능한 중재 전략으로 실용성이 높다. 특히 이 전략은 학생의 특정 연령대나 발달 단계에 국한되지 않고, 학생의 개인적 특성과 필요에 따라 맞춤형으로 조정할 수 있는 유연성을 지닌다. 또한 행동계약은 준비와 적용에 있어서 시간과 비용 면에서 효율적이라는 점에서 교사가 활용하기에 적합하다. 무엇보다 행동계약은 학생이 계약 및 적용 과정에 직접 참여할 수 있는 구조이기 때문에 단순히 외부의 규칙을 따르게 하는 것을 넘어서 학생의 자기 주도성, 자율성, 그리고 자기 결정을 자연스럽게 함양하는 데 효과적이다(Bowman-Perrott et al., 2015).

이와 같은 장점을 활용하기 위해서는 행동계약을 적용할 때 다음과 같은 사항들을 고려해야 한다.

첫째, 목표행동 설정 시 구체적이고 관찰 가능하며 측정 가능한 형태로 기술되어야 하며, 행동의 시작과 끝에 대한 기준을 제시해야 한다. 이를 통해 교사와 학생 모두 계약 이행 여부를 일관되게 판단할 수 있다.

둘째, 목표행동 설정 시 학생의 현재 능력 수준에 맞는 목표를 설정해야 한다. 설정된 목표는 학생의 현재 행동 기술 수준에 적절한 도전 수준을 제공하되, 이는 너무 쉬운 목표일 경우 행동 개선의 의미 있는 동기를 부여하지 못하고, 반대로 지나치게 어려운 목표는 학생으로 하여금 좌절감을 유발하여 계약의 효과성을 저해할 수 있다. 초기에는 성공 경험을 제공할 수 있는 단기 목표부터 시작하여 점진적으로 수준을 높이는 방식이 효과적이다.

셋째, 학생에게 제공되는 보상은 실제로 동기부여가 되는 항목으로 구성되어야 하고, 학생의 흥미나 선호도에 따라 개별화되어야 한다. 이를 위해 사전 선호도 조사를 실시하거나 학생과의 대화를 통해 보상 항목을 함께 선정하는 과정이 필요하다.

넷째, 행동계약 적용 이후에는 정기적으로 실행의 여부를 점검하고, 학생의 행동 변화에 따라 구체적인 피드백을 제공한다.

다섯째, 행동계약을 효과적으로 적용하기 위해서는, 학생이 계약 과정의 단순한 수동적 참여자가 아닌, 능동적 설계자가 되어야 한다. 목표 설정, 보상 선택, 점검 절차 등에 학생이 참여함으로써 자신의 행동에 대한 책임감과 주인의식을 느낄 수 있으며, 이는 행동의 유지와 일반화에 긍정적인 영향을 미친다.

여섯째, 학생의 행동 변화는 시간에 따라 달라질 수 있으므로, 계약서 내용 역시 행동의 변화에 따라 유연하게 조정 가능해야 한다. 목표가 너무 쉽게 달성되거나, 반대로 달성 불가능한 경우에는 정기적인 검토를 통해 목표 수준, 보상 항목, 평가 방식 등을 수정함으로써 계약의 실효성을 유지할 수 있다.

2) 행동계약 적용 사례

행동계약이 학생의 행동 개선에 긍정적인 효과를 나타낸다는 점은 다수의 연구를 통해 일관되게 입증되고 있다. 다양한 환경과 대상에 적용된 실증적 연구들은 행동계약이 문제행동을 감소시키고, 바람직한 행동의 빈도를 증가시키는 데 유의미한 영향을 미친다는 결과를 보고하고 있다.

Hawkins 등(2011)은 자폐스펙트럼장애 진단을 받은 남학생 4명을 대상으로 행동계약의 효과를 분석하는 사례연구를 수행하였다. 연구 참여자들은 8~13세의 학생으로, 모두 학급 내에서 문제행동을 보이며 중재가 필요한 사례로 선정되었다. 이들 학생은 수업 중 자리에 머무르지 못하거나, 공격적인 언어를 사용하거나, 반복적으로 타인의 머리카락을 만지는 등 주의 산만하고 반사회적인 행동 특성을 나타냈다. 이 연구에서는 학교와 가정이 협력하는 연계 기반 행동계약을 적용하였다. 구체적으로, 각 학생에게 개별적인 목표행동(예: 수업 시간 동안 자리에 앉아 있기, 바람직한 언어 사용하기 등)을 설정하고, 해당 행동을 일정 기준 이상 달성한 경우 학교와 가정 양측에서 보상을 제공하는 이중 강화 체계를 운영하였다. 이와 같은 방식은 행동계약의 실행 맥락을 학교 수업 환경뿐만 아니라 가정생활까지 확장함으로써, 행동의 일반화와 유지를 촉진하는 데 목적이 있었다. 연구 결과, 4명의 학생 모두에서 목표행동의 수행 빈도가 향상되었으며, 반사회적 행동의 빈도는 감소하였다. 이는 행동계약이 자폐스펙트럼장애 아동의 문제행동 감소 및 긍정적 행동 증진을 위한 효과적인 중재 전략임을 보여 주는 사례다.

Bowman-Perrott 등(2015)은 행동계약이 아동·청소년의 행동 및 학업 성과에 미치는 전반적인 효과를 분석하기 위해 단일대상연구에 대한 메타분석을 실시하였다. 이 분석에는 총 18편의 연구가 포함되었으며, 참가자는 5~21세의 학생 58명이었다. 연구 결과에 따르면, 행동계약의 전반적인 효과크기는 *Tau-U* 기준으로 0.57로 보고되었으며, 이는 중간 수준의 효과를 나타내는 수치이다. 특히 행동계약은 부적절한 행동을 감소시키는 데 더 강한 효과를 보였으며, 동시에 적절한 행동의 빈도를 증가시키는 데에도 긍정적인 영향을 미친 것으로 나타났다. 행동 이외에도 과제 완료율이나 정확한 응답률과 같은 학업 관련 행동에서도 유의미한 향상을 보여 주었다. 이러한 긍정적인 효과는 학생의 학년, 성별, 또는 장애 여부와 관계없이 일관되게 관찰되었으며, 이는 행동계약이 다양한 특성을 지닌 학습자들에게 광범위하게 적용 가능하다는 점을 뒷받침한다. 이러한 결과는 행동계약이 학교와 가정이라는 다양한 환경에서 연령대와 능력 수준을 막론하고 유용하게 활용될 수 있는 실천적 개입 도구임을 시사하며, 교육 및 임상 현장에서의 적용 가능성을 더욱 확장시켜 준다.

Ⅲ 집단유관

1. 집단유관의 개념

1) 집단유관의 정의

집단유관(group contingency)은 집단의 구성원들이 미리 정해진 행동 기준을 충족했을 때 보상을 제공받는 절차를 의미한다. 집단유관은 작동적 조건화에 근거한 행동 중재 체계로서 각 개인의 행동이 명확한 기대에 부합할 때 보상이 주어지는 방식으로 작동한다(Hanley & Tiger, 2011). 즉, 행동에 대한 긍정적인 결과가 제공됨으로써 학생은 점차 바람직한 반응을 학습하게 된다. 집단유관은 시작과 종료 시점이 명확하게 제시되며(Cooper et al., 2020), 이러한 구조화된 절차는 학생에게 언제 행동 기대가 적용되는지를 분명히 인식하게 만든다. 이처럼 명확한 선행사건(antecedent event)의 제공은 학생들이 어떤 행동이 강화로 이어지는지를 반복적으로 경험하게 하여 특정 행동과 보상의 유관을 더욱 강화시키는 역할을 한다. 더 나아가, 집단유관 절차가 체계적으로 마련된 중재는 이를 실행하는 교사나 치료사에게도 중재에 대한 긍정적인 인식을 심어 줄 수 있다(Brieschet al., 2015). 결과적으로, 집단유관은 단순히 집단 전체를 대상으로 한 중재를 넘어서 구성원 각각이 기대되는 행동을 수행하고자 하는 동기를 유도하고, 학교나 조직 환경에서 협동적이고 질서 있는 분위기를 조성하는 데 유용한 전략으로 활용되고 있다.

2) 개별유관과 집단유관의 비교

개별유관과 집단유관 모두 학생의 바람직한 행동을 증가시키고 문제행동을 감소시키기 위한 목적으로 사용되지만, 적용 대상과 절차, 효과 측면에서 차이를 보인다. 개별유관은 한 명의 학생이 특정한 목표행동을 수행했을 때, 그 행동의 결과로 강화물을 받게 되는 형태다. 이 접근은 각 개인의 행동 특성, 능력 수준, 동기 요인 등을 고려하여 중재를 설계할 수 있다는 장점이 있다. 예를 들어, 한 학생이 수업 시간에 15분 동안 자리를 이탈하지 않고 앉아 있으면, 수업 종료 후 5분간 좋아하는 게임을 할 수 있도록 허용하는 것이 이에 해당한다. 개별유관은 행동 변화의 책임이 오직 그 개인에게 있으며, 다른 학생들과 행동과는 무관하게 보상이 주어진다.

반면, 집단유관은 두 명 이상의 구성원으로 이루어진 집단을 대상으로 설정된 행동 기준을 바탕으로 강화물을 제공하는 중재 전략이다. 구성원 전체가 같은 규칙을 따르며, 보상 조건은 집단에 따라 공동으로 적용된다. 이 방식은 구성원 간 상호작용과 집단 응집력을 활용하며 행동 변화를 유도한다는 점에서 교육현장에서 자주 활용된다. 집단유관은 특히 여러 명의 학생에게 동일한 기대행동이 요구되는 상황, 집단 규칙 준수율을 향상시키고자 하는 경우, 또는 또래 간 협력과 책임감을 동시에 증진시키고자 할 때 유용하다. 예를 들어, 한 학급에서 수업 시작 후 5분 이내에 모든 학생이 자리에 앉아 준비물을 꺼냈을 경우, 그날 점심시간에 10분간 자유놀이 시간을 학급 전체에 부여하는 것이다.

이처럼 개별유관은 개인 맞춤형 중재가 필요한 경우에 적합하며, 집단유관은 집단 전체의 분위기 개선, 사회적 기술 훈련, 규칙 준수율 향상 등 집단 차원의 행동목표가 있을 때 효과적이다. 또한 집단유관은 다양한 교육적 환경에 적용 가능하다. 유치원에서는 전반적인 활동 참여 행동을 향상시키기 위해, 초등학교에서는 숙제 제출률이나 급식실 내 질서 유지와 같은 일상생활 행동 개선에, 중·고등학교에서는 팀 프로젝트를 위한 협력 태도 강화 등에도 폭넓게 활용된다. 학교 밖에서는 지역사회 청소년 프로그램, 스포츠클럽, 직장 내 팀 단위 프로젝트 등에서도 집단유관은 목표행동의 실현 가능성을 높이는 전략으로 사용된다.

2. 집단유관의 유형

1) 독립적 집단유관

독립적 집단유관(independent group contingency)은 집단 단위로 설정된 목표와 동일한 강화 조건을 각 개인에게 적용하지만, 보상의 실제 제공 여부는 오직 개인의 행동 수행에 따라 결정되는 중재 방식이다(Theodore et al., 2003). 이는 모든 학생에게 동일한 규칙을 부여하되, 각자가 그 규칙을 충족했을 때에만 강화가 제공된다는 점에서 개별화와 집단화가 절충된 형태라고 할 수 있다. 예를 들어, 한 교실에서 모든 학생에게 "과제를 정해진 시간 안에 완료하면 쿠폰을 받을 수 있다."라는 조건이 제시되었을 때, 실제로 과제를 완수한 학생에게만 쿠폰이 제공된다. 이때 보상의 획득은 타인의 행동이나 집단 전체의 수행에 영향을 받지 않기 때문에, 개인의 노력과 행동 책임이 강조되는 구조다. 이러한 독립적 집단유관은 구성원 간 경쟁을 유도하기보다는 각자가 자기 주도적으로 목표행동을 수행하도록 동기를 부여하는 데 효과적이다. 또한 구성원 간의 보상 형평성 문제가 비교적 적으며, 특정 학생의 미달성으로 인해 전체가 보상을 받지 못하는 상황을 방지할 수 있다.

독립적 집단유관 적용 사례

- **배경:** ○○초등학교 2학년 학급에서는 수업 시간 중 학생들의 자리이탈 행동과 불필요한 말하기가 자주 발생하여 교사의 수업 진행에 어려움이 있었다. 특히 학급 전체가 흥분되거나 시끄러워지는 일이 잦았으며, 일부 학생의 방해 행동이 전체 수업 분위기에 영향을 주고 있었다. 교사는 이러한 상황을 개선하기 위해 독립적 집단유관을 적용하기로 결정하였다.

- **중재 절차:** 교사는 먼저 학생들에게 수업 시간 중 지켜야 할 3가지 기본 규칙에 대해 설명하였다.
  - 자리에 앉아 있기
  - 손을 들어 말하기
  - 학습에 필요한 준비물 갖추기

  이후, 각 학생에게 하루 동안 규칙을 잘 지키면 '학급 스티커 판'에 개별 스티커를 붙일 수 있는 기회를 제공했다. 스티커 5개를 모은 학생은 금요일마다 열리는 '선택활동 시간(예: 보드게임, 독서 활동, 만들기 활동 등)'에 10분간 추가 참여할 수 있도록 하였다. 모든 학생에게 동일한 규칙과 동일한 보상 조건이 적용되었지만, 실제 보상의 획득 여부는 각자의 행동 수행에 따라 결정되었다.

- **결과:** 3주간의 개입 결과, 학생들의 자리이탈 빈도가 눈에 띄게 감소하였고, 교사의 지시 이행률과 학습 참여도가 향상되었다. 특히 이전까지 자주 규칙을 위반하던 몇몇 학생들도 자신의 행동이 곧바로 결과로 이어진다는 사실을 인식하면서 점차 자발적인 행동 조절을 보이기 시작했다. 학생들은 서로를 견제하거나 비난하지 않고, 각자의 스티커 수에 집중하여 중재를 긍정적으로 수용하는 모습을 보였다.

2) 종속적 집단유관

종속적 집단유관(dependent group contingency)은 집단 구성원 전체의 강화 여부가 한 명 혹은 소수의 구성원이 특정 행동 기준을 충족하는지 여부에 따라 결정된다. 이 중재에서는 집단 전체가 같은 목표를 공유하지만, 결과는 특정 '대표자'의 행동에 따라 집단 전체가 보상을 받거나 받지 못하는 방식으로 이루어진다. 이 때문에 '영웅 절차(hero procedure)'라고 불리기도 한다(Cooper et al., 2007). 종속적 집단유관의 핵심은 대표 학생의 행동이 집단 전체에 영향을 준다는 점이다. 예를 들어, 한 학급에서 무작위로 선정된 학생이 하루 동안 자리를 이탈하지 않고 수업에 집중했을 경우, 학급 전체가 추가 놀이 시간을 받는 방식이 여기에 해당된다. 이때 보상은 한 사람의 행동에 달려 있으므로, 그 학생은 자연스럽게 책임감을 느끼게 되고, 나머지 학생들은 응원과 지지를 보내는 분위기를 형성하게 된다.

종속적 집단유관의 가장 큰 장점은 집단 전체의 참여와 응집력을 유도하면서도, 특정 학생의 행동 개선을 집중적으로 도모할 수 있다는 점이다. 특히 반복적으로 문제행동을 보이는 학생이나 행동 개선이 절실히 필요한 학생을 대표자로 선정함으로써 중재의 직접적인 혜택을 그 학생에게 집중시킬 수 있다. 이는 행동 변화의 책임감을 높이는 동시에 또래의 지지나 관심을 통해 긍정적인 또래 압력을 형성하게 되는 구조다. 그러나 종속적 집단유관을 적용할 때 다음과 같은 사항을 유의해야 한다. 대표로 선택된 학생이 기대한 행동을 수행하지 못했을 경우, 나머지 학생들의 실망이나 비난이 특정 학생에게 집중될 위험이 있다. 이는 낙인 효과로 이어질 수 있으며, 오히려 행동 개선에 부정적인 영향을 줄 수도 있다. 따라서 대표자 선정 시 학생의 심리적 준비 상태나 집단의 분위기를 충분히 고려해야 하며, 필요시 교사가 사전 협의를 통해 대표자를 자발적으로 선택하도록 유도하는 것이 바람직하다. 종속적 집단유관은 특정 학생의 행동 변화를 유도하면서도 집단 전체의 협력과 책임감을 이끌어 내는 데 효과적인 전략이다. 그러나 중재 구조상 특정 학생에게 과도한 부담이 전가되지 않도록 신중한 계획과 세심한 실행이 요구되는 방식이다.

종속적 집단유관 적용 사례

- **배경:** ○○ 중학교 1학년 학급에서는 수업 중 산만한 분위기와 잦은 교사 개입이 문제가 되고 있었다. 특히 수업 시작 후 집중하지 못하고 친구들과 대화를 이어 가는 학생들이 몇 명 있었고, 이로 인해 학습의 흐름이 자주 끊기는 상황이 반복되었다. 교사는 이들 중 수업에 가장 집중하지 못하는 지훈이를 중재 대상 학생으로 선정하고, 종속적 집단유관을 활용한 행동중재를 계획하였다. 지훈이는 지적장애를 가진 특수교육지원대상자 학생으로 수업 중 교사나 또래의 관심을 끌기 위해 자리에서 일어나거나 교사의 허락 없이 질문을 하는 행동을 지속적으로 보였다.
- **중재 절차:** 교사는 매주 월요일 아침, 학급에 다음과 같은 안내를 제공하였다.

  "이번 주에는 지훈이가 수업 중 집중을 잘 하고, 선생님의 말씀을 잘 들으면, 금요일에 우리 반 전체가 영화 감상 활동에 참여할 수 있어요."

  교사는 지훈이와 개별 면담을 통해 구체적인 기대행동(예: 수업 중 자리에서 움직이지 않기, 친구에게 말을 걸지 않고 발표 시 손들기 등)을 명확히 전달하였고, 지훈이는 '이번 주 반 대표'라는 역할을 부여받았다. 학급 친구들에게도 중재의 취지와 규칙을 설명하고, 서로를 지지하고 응원하는 분위기를 형성하도록 유도하였다.
- **강화 조건:** 지훈이가 일주일 동안 5일 중 최소 4일 이상 설정된 행동 기준을 충족할 경우, 학급 전체가 금요일 마지막 시간에 영화 감상
- **피드백 및 모니터링 방법**
  - 매 수업 후 교사는 지훈이의 행동 수행 여부를 간단히 기록
  - 매일 학급 게시판에 진행 상황을 시각적으로 표시하여 학급 전체가 진행 상황 확인
- **결과:** 중재 시행 2주차부터 지훈이의 교실 내 행동이 눈에 띄게 개선되었으며, 수업 중 손을 들어 질문하거나 발표에 참여하는 긍정적 행동이 증가하였다. 지훈이는 친구들 앞에서 "내가 잘해야 다 같이 영화를 볼 수 있어."라고 말하며 자신의 책임감을 표현했고, 반 친구들 또한 지훈이를 격려하는 반응을 보였다. 금요일 활동을 목표로 하는 공동의 동기 부여가 학급 전체의 수업 태도에도 긍정적인 영향을 주었다.

3) 상호의존적 집단유관

상호의존적 집단유관(interdependent group contingency)은 집단 구성원 전체가 공동의 행동 목표를 함께 달성해야만 강화가 제공되는 중재 방식이다. 이 중재에서는 누구 한 사람의 행동이 아닌, 집단 전체의 행동이 보상 여부를 결정하며, 구성원 모두가 동일한 조건과 결과를 공유한다는 점에서 가장 강력한 형태의 집단 기반 유관이라고 할 수 있다. 이 방식은 모든 학생이 기준을 충족해야 하거나, 전체 평균 혹은 누적 점수가 일정 기준 이상일 때 보상을 제공하는 방식으로 운영된다. 예를 들어, 교사가 학급에 "오늘 하루 동안 모든 학생이 수업 중 교실 규칙을 지킨다면, 내일 특별활동 시간을 갖겠습니다."라고 안내하는 경우가 대표적인 상호의존적 집단유관에 해당한다. 이러한 접근은 학생들 간 상호 책임감, 협력, 공동 목표 달성에 대한 인식을 강화하는 데 효과적이다.

상호의존적 집단유관은 단순히 개인행동을 변화시키는 데 그치지 않고, 집단 전체의 행동 수준을 향상시키는 데 효과적인 방법이다. 특히 이 방식은 교사 입장에서 관리가 상대적으로 용이하며, 모든 학생에게 동일한 조건과 보상이 적용되므로 공정성과 수용도 측면에서도 긍정적 평가를 받는다. 단 하나의 유관 기준만 설정하면 되기 때문에 복잡한 개별 중재보다 간편하게 실행할 수 있으며, 전체 학급의 분위기를 일관되게 조성하는 데도 유리하다. 한편, Christ 등(2006)의 고등학교 교실 연구에서는 상호의존적 집단유관을 활용하여 수업 중 방해 행동을 줄이는 중재를 실시하였다. 교실 내 타이머와 점수판을 활용해 학생들이 일정 시간 간격으로 방해 행동 없이 수업에 집중했을 때 점수를 부여하였고, 일정 점수 이상을 획득하면 자유 시간이 제공되었다. 이 개입은 방해 행동의 감소, 교사의 지적 감소, 수업 몰입 시간의 증가라는 긍정적 효과를 보였다. 비슷한 방식으로, Murphy 등(2007)은 유아반에서 아동들이 활동 중 방해 행동을 보이지 않았을 때 무작위 보상을 제공하는 절차를 적용했고, 이 역시 아동들의 집단행동 향상에 기여하였다.

상호의존적 집단유관은 구성원 간 상호작용의 질을 높이고, 공동체 의식을 촉진하는 데 이상적인 중재 방법으로, 또래 지지와 팀워크가 강조되는 환경에서 특히 유용하다. 이러한 점에서 학급, 캠프, 스포츠 팀, 청소년 공동체 프로그램 등 다양한 장면에서 활용 가능성이 높다. 그러나 상호의존적 집단유관을 적용할 때 다음과 같은 사항을 유의해야 한다. 집단 기준을 달성하지 못할 경우, 학생들이 특정 구성원에게 책임을 돌리거나 비난하는 현상이 발생할 수 있다. 이는 구성원 간 갈등으로 이어질 수 있으며, 일부 학생에게 부정적인 사회적 낙인이 형성될 위험도 있다. 따라서 교사는 비난 대신 협력과 격려를 유도하는 분위기 조성, 기준의 현실적 설정, 부분 강화 전략의 활용 등을 통해 이러한 부작용을 예방해야 한다.

상호의존적 집단유관 적용 사례

- **배경:** ○○ 고등학교 2학년 영어 교사는 매주 과제 제출률이 저조하고, 일부 학생들이 반복적으로 과제를 제출하지 않아 전체 학습 흐름에 영향을 주고 있다는 문제를 인식하였다. 특히 소수의 학생이 과제를 미제출하면 다음 수업에서의 활동이 제한되거나, 그룹 활동이 원활하게 진행되지 않는 상황이 발생하였다. 이를 해결하기 위해 교사는 상호의존적 집단유관 전략을 적용하여 학급 전체의 책임감을 강화하고 협력적 분위기를 조성하고자 하였다.

- **중재 절차:** 교사는 학급 전체에게 다음과 같은 규칙을 안내하였다.

  "이번 주 금요일까지 반 전체 학생이 영어 과제를 모두 제출하면, 다음 주 수업 시간에 퀴즈 대신 영어 관련 보드게임 활동을 할 수 있습니다."

  학생들은 누구 하나 빠짐없이 과제를 제출해야만 보상이 제공된다는 점을 인식하게 되었고, 이는 학급 구성원 간의 협동심을 자극하는 계기가 되었다. 교사는 이를 시각적으로 보여 주기 위해 교실 게시판에 '과제 제출 현황판'을 만들어 매일 업데이트하였고, 아직 제출하지 않은 학생에게는 다른 친구들이 자연스럽게 상기시켜 주는 모습이 나타났다.

- **강화 조건**
  - 학급 전체 학생이 마감일 이전에 과제를 제출한 경우: 보드게임 활동 시간 제공
  - 과제를 제출하지 않은 학생이 1명이라도 있을 경우: 기존의 퀴즈 수업 유지

- **중재 운영의 특징**
  - 교사는 과제 제출 상태를 매일 공개함으로써 진행 상황에 대한 투명성을 확보
  - 학생 간 비난이 발생하지 않도록 '도움을 주자.'는 방식으로 친구를 격려하도록 지도
  - 과제 수행을 도와주는 학습 파트너 제도를 자율적으로 구성하여 또래 협력을 유도

- **결과:** 중재가 시작된 첫 주에는 2명의 학생이 마감일을 하루 넘겨 과제를 제출했으나, 전체적인 제출률은 평소보다 향상되었다. 두 번째 주부터는 학생들 간의 상호 격려와 지원이 더욱 활발해져 마감일 이전에 전원이 과제를 제출하였다. 이후 4주 연속으로 학급 전체 과제 제출률 100%를 달성하였고, 학생들은 공동 목표를 이루는 과정에서 자신들의 역할과 책임을 자발적으로 인식하게 되었다.

〈표 9-5〉 집단유관 유형 비교

유형	독립적 집단유관	종속적 집단유관	상호의존적 집단유관
보상 조건	각 개인이 행동 기준을 충족할 경우, 개별적으로 보상이 주어짐	대표 학생(또는 소수 학생)의 행동 기준 충족 여부에 따라 전체 집단의 보상 여부가 결정됨	집단 전체가 동일한 기준을 모두 충족해야 보상이 주어짐
책임 주체	개인의 행동에 따른 결과가 개인에게만 적용됨	대표 학생 1명(또는 일부 학생)에게 보상의 책임이 집중됨	집단 구성원 전체가 공동의 책임을 가짐
강화 기준	모든 학생에게 동일한 기준이 적용되나, 보상의 획득 여부는 각자의 행동에 따라 달라짐	전체에게 동일한 기준이 적용되며, 보상은 대표자의 행동에 따라 결정됨	전체 학생의 평균 또는 집단 전체의 합산 결과가 기준에 도달해야 보상이 제공됨
장점	공정성 유지가 쉬우며, 학생 개인의 성과에 집중할 수 있음	특정 학생의 행동 개선에 초점을 맞출 수 있고, 또래의 지지를 유도할 수 있음	협동심과 팀워크 증진, 공동 목표 달성을 통해 학급 응집력 향상
유의점	개별 학생의 동기 수준 차이에 따라 효과 편차 발생 가능	대표 학생에게 부담이 과도하게 집중될 경우 낙인 또는 또래 간 갈등 발생 가능	일부 학생의 실패로 전체 보상이 좌절될 수 있으며, 또래 간 갈등 가능성 존재
적합한 상황	다양한 수준의 학생이 혼재한 교실, 공정한 평가와 보상이 필요한 경우	특정 학생의 문제행동 개선이 필요하고, 집단의 지지가 긍정적으로 작용할 수 있는 상황	팀 단위 활동, 공동 목표가 요구되는 프로젝트, 협동학습 상황 등 공동체 의식 형성이 필요한 경우
활용 예시	수업 시간에 조용히 앉아 있으면 개별 칭찬 스티커 제공	대표 학생이 하루 동안 규칙을 지키면 반 전체에게 자유시간 제공	반 전체가 과제를 기한 내에 제출하면 보드게임 시간 제공

3. 집단유관 적용 절차

1) 목표행동 선정 및 교수

집단유관을 효과적으로 설계하기 위해 가장 먼저 수행해야 할 단계는 학생들에게 기대하는 목표행동을 명확히 설정하는 것이다. 이때 목표행동은 모호하거나 부정적인 표현이 아닌 긍정적이고 구체적인 방식으로 기술해야 하며, 학생들이 쉽게 이해하고 실천할 수 있도록 단순하고 명확한 언어로 제시한다. 예를 들어, '예의 바르게 행동하기'와 같이 포괄적인 문구보다는, '손을 들어 말하기' '다른 친구의 차례를 기다리기' 등과 같이 관찰 가능하고 측정 가능한 형태로 행동을 정의하는 것이 중재의 효과를 높일 수 있다. 이러한 행동은 종종 교실 규칙의 형태로 이미 존재할 수도 있지만, 실제 유관의 대상이 되는 목표는 반드시 실제로 학생들에게 기대하는 행동을 반영하고 있어야 한다.

목표행동 설정 이후, 그 행동이 무엇을 의미하는지 학생들에게 가르치고, 시범을 보이며, 연습할 수 있는 기회를 제공한다. 학생들은 단순히 규칙을 암기하는 것만으로는 행동을 습득하기 어렵기 때문에, 집단 연습 활동을 통해 행동을 실천해 볼 수 있는 기회를 제공하는 것이 좋다. 또한 설정된 목표행동은 교실의 눈에 잘 띄는 위치에 게시하고, 교사는 수시로 이를 참조하여 기대행동을 강화하거나 상기시켜 주는 데 활용할 수 있어야 한다. 이는 학생들에게 일관된 기대와 구조를 제공하고, 교실 환경 전체를 긍정적으로 유지하는 데 도움이 된다.

2) 집단 구성 결정

목표행동 설정 후 학생들을 어떻게 그룹으로 조직할 것인지 결정한다. 집단 구성 방식은 중재의 성패의 직접적인 영향을 미치므로 신중하게 계획해야 한다. 그룹 구성은 학생의 특성과 학급의 운영 방식에 따라 탄력적으로 적용하게 되는데, 기본적으로 학급 전체를 하나의 집단으로 설정할 수 있으며, 필요에 따라 소규모 팀으로 나누어 운영할 수도 있다. 각 집단은 공통의 목표행동을 공유하며, 정해진 조건을 충족하면 동일한 보상을 받게 된다. 집단을 구성할 때 보통 자리 배치나 수업 그룹을 기준으로 비슷한 규모의 팀을 구성하는 것이 일반적이다. 만약 문제행동을 자주 보이는 학생들끼리 같은 그룹에 있을 경우 중재 효과가 오히려 저해될 가능성이 있으므로, 한 그룹 안에 다양한 행동 수준의 학생들을 포함하는 것이 좋다.

일부 상황에서는 전체 학급이 아닌 소수의 학생만을 대상으로 중재가 필요한 경우가 있다. 예를 들어, 특수학급이나 소그룹 지도 환경에서는 학생 한 명만으로 구성된 팀을 운영할 수도 있다. 이 경우에도 동일한 절차와 강화 구조를 적용할 수 있으며, 학생은 자신만의 목표를 달성하면 보상을 제공받는다.

3) 점수 획득 조건 설정

집단유관의 실행 과정에서 핵심이 되는 요소 중 하나는 보상을 얻기 위한 행동 수행 기준, 즉 점수 획득 조건의 설정이다. 이는 중재가 학생들에게 얼마나 명확하게 전달되고, 그들이 행동 목표에 달성할 수 있는지에 직접적인 영향을 준다. 학생들이 언제, 어떤 행동을, 어떻게 수행해야 점수를 받을 수 있는지를 구체적으로 안내한다. 예를 들어, '팀원 전원이 10분 동안 조용히 과제를 수행하면 1점 획득' 또는 '대표 학생이 수업 시간 동안 규칙을 모두 지키면 학급 전체가 점수 1점 획득'과 같은 방식으로 행동 조건과 점수 부여 기준을 구체적이고 측정 가능한 문장으로 기술한다. 이때 점수는 행동의 빈도, 지속시간, 정확도, 팀워크 등 다양한 요소를 기준으로 설정할 수 있으며, 점차적으로 도전 수준을 높이는 방식도 효과적이다.

4) 점수 부여 방식 계획 및 제공 주체 결정

점수 획득 조건을 설정한 후, 해당 행동 기준이 충족되었을 때 언제, 어떻게, 그리고 누구에 의해 점수가 부여될 것인지 구체적으로 계획한다. 점수를 부여하는 시점은 실시간으로 또는 수업 종료 후 일괄적으로 할 수도 있다. 실시간으로 점수를 제공하는 것은 행동과 보상의 유관을 강하게 만들 수 있고, 즉각적인 피드백의 효과를 가진다. 반면, 수업 후 일괄적으로 점수를 부여하는 방식은 교사에게는 더 실용적이고 간편할 수 있지만, 학생 입장에서는 동기의 지속성이 떨어질 수 있다. 따라서 학생의 연령, 수업 분위기, 교사의 학급 운영 방식에 따라 점수를 부여하는 시점을 적절히 선택해야 한다. 점수를 제공하는 방식은 크게 2가지로 나뉜다. 하나는 기대되는 행동이 수행되었을 때 점수를 부여하는 강화 기반의 보상 체계이며, 다른 하나는 규칙을 위반했을 때 기존에 부여된 점수를 차감하는 반응 대가 체계다.

이와 더불어, 점수를 누가 부여하고 관리할 것인지, 즉 점수 제공 주체를 결정한다. 일반적으로 교사가 점수 부여와 집계를 담당하는 경우가 많지만, 상황에 따라 다양한 방식으로 운영이 가능하다. 하나의 방법은 자기-점검이다. 이 방식은 학생 또는 그룹이 스스로 자신의 행동을 평가하고, 행동 수행 여부에 따라 스스로 점수를 기록하는 방식이다(Brisch & Chafouleas, 2009). 이 방식은 학생들이 자기 조절력을 갖추고 있으며, 팀원 간 상호 신뢰가 형성되어 있는 경우에 효과적으로 적용될 수 있다. 반대로, 학생들이 아직 중재에 익숙하지 않거나, 행동을 객관적으로 평가하기 어려운 경우에는 교사 주도 점수 부여 방식을 사용한다. 이 경우, 교사는 각 그룹이 행동 기준을 충족했는지를 직접 관찰하고 판단하여 점수를 부여한다. 이는 중재 초기에 안정적인 운영을 돕는 방식으로, 이후 학생들이 중재에 대해 충분히 이해하고 교사와 학생 간, 팀원 간 신뢰가 형성된 후 점진적으로 자기 점검 방식으로 전환하는 것도 고려할 수 있다.

5) 운영 일정 설정

집단유관을 효과적으로 운영하기 위해서는 중재의 지속시간, 점수 부여, 보상 제공 시점이라는 3가지 핵심 요소를 체계적으로 고려해야 한다. 우선, 중재가 적용될 시간의 범위를 설정하는 것이 첫 번째 단계이다. 집단유관은 하루 종일 운영하기보다는 시작과 종료 시점이 명확한 구간에 적용하는 것이 보다 효과적이다. 예를 들어, 특정 교과 시간, 수업 간 전환 활동, 조용한 개별 과제 수행 시간 등 문제행동이 빈번히 발생하는 시기를 선택하는 것이 바람직하다.

다음으로, 점수 부여의 빈도를 결정하는 과정이 필요하다. 수업 흐름 속 자연스러운 전환 시점에 점수를 부여할 수도 있고, 또는 사전에 설정된 일정 시간 간격을 기준으로 제공할 수도 있다. 특히 초기에는 짧은 간격으로 점수를 제공하여 학생들이 보다 자주 긍정적 피드백을 받을 수 있도록 설계하는 것이 효과적이다. 점수 제공 간격은 수업 유형, 학생의 집중도, 수업 활동의 성격 등을 고려하여 탄력적으로 조정할 수 있다. 마지막으로, 학생들에게 보상이 제공되는 시점을 명확하게 설정하는 것이 중요하다. 가능할 경우, 기대행동 발생 후 즉시 보상을 제공하는 것이 효과적이다. 그러나 현실적인 교실 운영 상황에서는 보상을 즉시 제공하는 것이 어려울 수 있다. 이러한 경우 보상에 제공될 시점과 그 이유를 학생들에게 명확히 안내해야 한다. 예를 들어, "오늘 점심시간에 추가 놀이 시간이 제공됩니다." 또는 "내일 첫 수업 시간에 보상을 제공할 예정입니다."와 같이 구체적으로 안내하여 학생들의 기대감을 유지하고 동기를 지속적으로 강화할 수 있도록 한다. 그리고 보상 시 어떤 그룹이 어떤 기준을 달성했는지 명확히 알리는 것 또한 중요하다.

6) 보상 선정

집단유관의 성공적인 실행을 위해서는 학생들의 동기를 유발하고 바람직한 행동을 지속시키는 적절한 보상을 신중하게 선정하는 과정이 필수적이다. 보상은 학생들의 행동 변화를 촉진하는 기능을 하며, 중재의 효과를 좌우하는 중요한 요소로 작용한다. 보상은 일반적으로 활동 기반 보상과 물질적 보상이라는 2가지 형태로 구분된다. 활동 기반 보상에는 자유놀이 시간, 특별 프로젝트 참여, 게임 활동 등 학생들이 흥미를 느끼는 다양한 경험이 포함될 수 있으며, 물질적 보상은 스티커, 학용품, 소형 간식 등 구체적인 물건의 형태로 제공된다.

보상 선정 시 가장 중요한 기준은 학생들의 선호도를 고려하는 것이다. 보상이 학생들의 흥미를 끌지 못하거나 매력적이지 않은 경우, 강화 효과는 약화될 수 있다. 따라서 보상 선정에 앞서 간단한 선호도 조사를 실시하거나, 여러 보상 중에서 학생들이 직접 선택할 수 있도록 하는 방식이 권장된다. 학생이 보상 선택 과정에 주체적으로 참여할수록 기대 행동에 대한 동기부여는 더욱 강화될 수 있다. Ennis(2018)는 집단유관 중재를 설계할 때 보상 구성 방법에 대해 다음과 같이 제안하였다. 첫째, 학급 내 투표를 통해 학생들이 집단 보상을 공동으로 선정하도록 할 수 있다. 둘째, 각 학생에게 개별적으로 보상을 선택할 수 있는 기회를 제공하여, 개인별 차이를 존중하는 방식을 채택할 수 있다. 셋째, 교사가 직접 보상을 선정한 후, 이를 학생들에게 공개하거나 특정 시점까지 비공개로 유지하여 기대감을 조성하는 방법을 사용할 수 있다.

4. 집단유관의 적용과 실제

1) 집단유관 적용 시 고려 사항

집단유관은 학생들의 행동을 긍정적으로 이끌어 내기 위한 효과적인 중재 전략이지만, 이를 성공적으로 운영하기 위해서는 몇 가지 중요한 사항을 고려해야 한다. 체계적이고 일관된 실행이 뒷받침될 때 비로소 집단유관은 기대하는 행동 변화를 효과적으로 촉진할 수 있다.

첫째, 중재를 시작하기 전에 학생들에게 기대 행동을 명확하고 구체적으로 제시하는 과정이 필수적이다. 기대되는 행동은 관찰 가능하고 측정 가능한 형태로 정의되어야 하며, 학생들이 이해할 수 있도록 간결하고 직관적인 언어로 전달해야 한다(Cooper et al., 2020). 아울러, 기대 행동을 단순히 설명하는 것에 그치지 않고, 시범을 보이고 충분한 연습 기회를 제공함으로써 학생들이 중재의 목적과 목표를 정확히 인식하고 행동에 옮길 수 있도록 해야 한다.

둘째, 중재 운영의 일관성을 유지하는 것이 중요하다. 강화 제공, 점수 부여, 규칙 적용 등의 모든 절차는 항상 동일한 기준에 따라 수행되어야 하며, 특별한 예외나 편파적인 처리가 발생하지 않도록 주의해야 한다. 일관성 있는 운영은 학생들에게 신뢰를 심어 주고, 기대하는 행동을 학습하고 유지하는 데 중요한 역할을 한다.

셋째, 초기에는 학생들이 충분히 도달할 수 있는 수준의 목표를 설정하는 것이 필요하다. 지나치게 높은 기준은 학생들의 좌절감을 유발할 수 있으며, 지나치게 낮은 기준은 도전 의식을 약화시킬 수 있다. 따라서 학생들의 현재 행동 수준을 바탕으로 현실적인 목표를 설정하고, 중재가 진행됨에 따라 점진적으로 기준을 상향 조정하는 전략을 적용하는 것이 바람직하다.

넷째, 학생들에게 매력적이고 의미 있는 보상을 제공하는 것 역시 중요한 고려 사항이다. 보상의 종류는 학생들의 선호도, 발달 수준, 학급 문화 등을 반영하여 신중하게 선택해야 하며, 보상 목록은 학생들의 흥미를 지속적으로 유지하기 위해 정기적으로 갱신할 필요가 있다. 보상이 행동 목표와 연결되어 있을 때, 긍정적인 효과를 기대할 수 있다.

다섯째, 집단 내에서 특정 학생에게 부정적 압력이나 과도한 비난이 가해지지 않도록 관리하는 것이 필요하다. 집단유관은 또래 지지를 유도할 수 있는 긍정적 효과를 가지고 있지만, 잘못 운영될 경우 비난과 낙인의 위험성이 존재한다. 이를 방지하기 위해 교사는 중재 초기부터 학생들에게 서로 격려하고 지원하는 문화 조성을 강조하며, 실패를 학습 기회로 받아들이는 태도를 지속적으로 강화해야 한다.

여섯째, 집단의 규모와 구성 방식을 신중하게 고려한다. 집단이 지나치게 크면 개인의 기여도가 희석될 수 있으며, 반대로 너무 소규모일 경우 특정 학생의 행동이 전체 결과에 과도한 영향을 미칠 수 있다. 따라서 균형 잡힌 팀 구성이 필요하며, 다양한 행동 수준을 가진 학생들이 함께 한 집단에 속해질 수 있도록 그룹을 구성한다.

마지막으로, 집단유관은 고정된 중재 절차가 아닌, 학생들의 반응과 환경 변화에 따라 유연하게 조정되어야 하는 중재다. 중재 실행 중 목표행동, 강화 기준, 보상 체계 등이 예상보다 효과적이지 않거나 환경적 요인에 변화가 발생할 경우, 교사는 신속하고 적절하게 중재 계획을 수정하여 중재의 효과성을 지속적으로 유지해야 한다.

2) 집단유관 적용 사례

집단유관은 학교 환경에서 학생들의 긍정적 행동을 강화하고, 학습에 적합한 교실 분위기를 조성하기 위한 효과적인 중재 전략으로 다양한 형태로 활용되고 있다. 이 전략은 학급 전체 차원에서 질서 있는 수업 환경을 유지하거나, 소집단 활동을 통해 학생 간 협력과 상호 지원을 촉진하는 데까지 그 적용 범위가 매우 넓다.

특히 다양한 집단유관 중재 방법 가운데 대표적으로 Good Behavior Game(GBG)이 있다. 이 프로그램은 상호의존적 집단유관 모델을 기반으로 설계되어 있으며, 학생들이 개인 행동뿐만 아니라 집단 전체의 목표 달성에 기여하도록 유도한다(Barrish et al., 1969).

GBG의 실행 방식은 다음과 같다. 교사는 학급을 여러 개의 팀으로 나눈 다음, 수업 시간 동안 학생들이 사전에 정해진 규칙(예: 손들고 말하기, 자리에서 조용히 있기)을 얼마나 잘 준수하는지를 관찰한다. 규칙을 지킨 팀에는 점수가 부여되고, 규칙을 위반하면 감점이 이루어진다. 수업이 종료되었을 때 가장 높은 점수를 획득한 팀에게 보상이 제공된다. 이러한 구조는 학생들에게 공동 목표를 향해 함께 노력해야 한다는 인식을 심어 주며, 자연스럽게 또래 압력을 긍정적인 방향으로 활용하여 기대 행동을 촉진한다. 즉, 학생들은 자신의 행동뿐만 아니라 팀원들의 행동에도 관심을 가지게 되며, 서로 격려하고 규칙 준수를 독려하는 분위기가 형성된다.

Peltier 등(2023)은 2개의 초등학교 저학년 교실 학생들을 대상으로 실험자 주도형, 교사 주도형, 학생 주도형의 3가지 형태의 GBG를 적용하였다. 방해 행동과 또래 상호작용에 대한 GBG의 효과는 반전 설계와 다요소 설계를 결합한 방법으로 평가되었다. 또한 학생들의 조건 선호도를 집단 형태의 동시연쇄 선호도 평가(concurrent-chains preference assessment)를 통해 측정하였다. 연구 결과, 3가지 형태의 GBG 모두 기초선과 비교했을 때 학생들의 방해 행동을 감소시키는 효과를 보였으나, 한 학급에서는 교사 주도형 조건에서 약간 더 높은 수준의 방해 행동이 관찰되었다. 게임 진행 중 또래 간 상호작용은 많지 않았으며, 다만 두 학급 모두 GBG 적용 동안 부정적 상호작용이 소폭 증가하는 경향이 관찰되었다. 또한 학생들은 압도적으로 학생 주도형 GBG를 선호하는 것으로 나타났다.

요약

강화 원리를 기반으로 한 3가지 주요 행동 중재 전략에는 토큰경제, 행동계약, 집단유관이 있다. 이들 전략은 행동주의 이론에 근거하여 고안된 것으로 다양한 교육 및 임상 환경에서 아동·청소년의 바람직한 행동을 유도하고 유지하는 데 효과적으로 활용되고 있다. 토큰경제는 작동적 조건화의 원리에 기초하여 바람직한 행동을 강화하고 유지하기 위해 고안된 체계적 중재 전략이다. 이 시스템은 목표행동이 발생할 때마다 토큰이라는 중립적 자극을 제공하고, 일정 수의 토큰이 모이면 아동이 선호하는 지원 강화제와 교환할 수 있도록 설계되어 있다. 주요 구성 요소에는 목표행동의 명확한 정의, 토큰의 형태와 수집 방식, 강화 일정, 지원 강화제의 종류와 교환 비율이 포함된다. 적용 절차는 행동 선정, 강화제 결정, 토큰 제공 기준 설정, 교환 체계 운영, 실행 후 피드백 제공의 단계로 이루어진다. 효과적인 적용을 위해서는 아동의 발달 수준과 선호도에 맞는 강화물 선택, 일관된 실행, 강화의 점진적 용암 등이 중요하다. 실제로 토큰경제는 자폐스펙트럼장애, ADHD 등 다양한 아동에게 적용되어 과제 수행률 향상, 문제행동 감소 등 긍정적인 행동 변화를 유도한 사례들이 다수 보고되고 있다.

행동계약은 특정한 목표행동을 수행했을 때 제공되는 후속결과를 중재자와 당사자 간에 서면으로 명확히 합의하는 방식의 중재 전략으로 자기 관리와 동기 조절을 촉진하는 데 효과적이다. 계약에는 목표행동, 보상 조건, 이행 확인 방법, 유효 기간, 서명 등이 포함되어야 하며, 계약 과정에 대상자의 적극적인 참여를 유도하는 것이 핵심이다. 적용 절차는 목표행동 및 보상 조건 설정, 계약서 작성 및 서명, 계약 이행 및 피드백 제공, 결과 평가 및 수정으로 구성되며, 지속적 관찰과 검토가 필요하다. 아동의 발달 수준과 현실성을 고려한 계약 내용 설정, 강화의 즉각성과 예측 가능성 확립, 계약 내용의 시각화 등이 성공적인 실행을 위한 핵심 요소다. 다양한 학교 및 가정 환경에서 지각 감소, 자기 통제 향상, 학습 동기 유발 등의 목적으로 활용된 실제 사례들이 있으며, 학생과 보호자의 높은 수용도와 지속 가능성이 보고되고 있다.

집단유관은 개별 학생이 속한 집단의 행동 성과를 기준으로 강화가 제공되는 중재 전략으로, 사회적 상호작용과 협력적 분위기를 유도하는 데 효과적이다. 주요 유형에는 각 학생이 독립적으로 목표를 달성해야 보상을 받는 독립적 집단유관, 한 명 또는 일부 구성원의 성과에 따라 전체가 보상을 받는 종속적 집단유관, 전체 구성원이 함께 목표를 달성해야 강화가 주어지는 상호의존적 집단유관이 있다. 집단유관의 적용은 목표행동의 명확한 정의, 유관 유형 선정, 집단 구성 고려, 강화 조건 설정, 피드백 제공 및 집단 내 협력 증진 전략 수립 등의 절차를 포함한다. 실행 시에는 공정성과 예측 가능성을 확보하고, 비협조적 구성원의 반발을 방지하기 위해 긍정적 또래 압력과 집단 내 격려 문화를 함께 설계하는 것이 중요하다. 실제 학급 운영에서 수업 집중도 향상, 규칙 준수 증진, 과제 참여율 증가 등의 긍정적 변화를 이끈 사례들이 다수 보고되었으며, 사회적 기술 훈련이나 협동학습의 맥락에서도 효과적으로 응용될 수 있다.

제10장

언어행동분석

• 개요

언어행동분석은 언어를 작동적 조건화의 원리에 따라 환경과의 기능적 상호작용 속에서 이해하는 행동주의적 접근으로, Skinner(1957)는 언어를 화자의 조작적 행동으로 정의하고 맨드, 택트, 에코익, 인트라버벌 등 주요 언어행동 유형을 제시하였다. 이 이론은 언어의 형태보다는 기능에 초점을 두며, 자극 조건과 강화 조건에 따라 언어행동을 체계적으로 분류하고 화자와 청자의 역할을 명확히 구분한다. 또한 자극등가이론, 네이밍, 관계 틀 이론과 같은 이론적 기반을 통해 학습된 반응을 넘어 새로운 표현을 산출하는 생성적 언어행동의 원리를 설명한다. 언어행동분석은 VB-MAPP, ABLLS-R 등 표준화된 평가 도구를 활용하여 아동의 언어 기능을 진단하고, 발달 수준과 자극 통제 조건에 따라 개별화된 중재 전략을 수립함으로써 언어 지체 아동의 효과적인 언어 발달을 지원한다. 이 장에서는 Skinner의 언어행동 이론을 중심으로 언어를 기능적으로 분석하는 언어행동분석의 핵심 개념을 살펴보고, 이를 전통 언어이론과 비교하여 그 차별성과 실천적 활용 가능성을 고찰한다.

• 핵심 용어

- 공동통제(joint control)
- 공동통제 사건(joint control event)
- 공통 양방향 네이밍(common bidirectional naming)
- 관계 틀 이론(Relational Frame Theory)
- 관계적 오토클리틱(relational autoclitic)
- 네이밍(naming)
- 대칭성(symmetry)
- 등가군(equivalence class)
- 맨드(mand)
- 맨드-택트 전이 절차(mand-tact transfer procedure)
- 반사성(reflexivity)
- 발산적 복합통제(divergent multiple control)
- 복합자극(compound stimulus)
- 복합통제(multiple control)
- 분석단위(unit of analysis)
- 상위작동행동(higher-order operant)
- 생성적 언어(generative language)
- 설명적 오토클리틱(descriptive autoclitic)
- 수량적 오토클리틱(quantifying autoclitic)
- 수렴적 복합통제(convergent multiple control)
- 수식적 오토클리틱(qualifying autoclitic)
- 양방향 네이밍(bidirectional naming)
- 언어행동(verbal behavior)
- 에코익(echoic)
- 에코익-택트 전이 절차(echoic-tact transfer procedure)
- 오토클리틱(autoclitic)
- 오토클리틱 관계(autoclitic relation)
- 오토클리틱 맨드(autoclitic mand)
- 오토클리틱 택트(autoclitic tact)
- 인접성(contiguity)
- 인트라버벌(intraverbal)
- 인트라버벌 양방향 네이밍(intraverbal bidirectional naming)
- 일대일 대응(point-to-point correspondence)
- 일반화된 조건강화제(generalized conditioned reinforcers)
- 자극 간 등가관계(stimulus equivalence relations)
- 자극등가 이론(stimulus equivalence theory)
- 자극-자극 페어링(Stimulus-Stimulus Pairing: SSP)
- 자극 통제 전이(transfer of stimulus control)
- 자연 언어 패러다임(Natural Language Paradigm: NLP)
- 작동적 조건화(operant conditioning)
- 전이성(transitivity)
- 조작적 오토클리틱(manipulative autoclitic)
- 중다예시교수(Multiple Exemplar Instruction: MEI)
- 청자(listener)
- 택트(tact)
- 텍스추얼(textual)
- 트랜스크립션(transcription)
- 파생된 관계적 반응(derived relational responding)
- 형태적 유사성(formal similarity)
- 혼합 언어 작동행동 훈련(mixed verbal operant training)
- 화자(speaker)

I 언어행동분석의 원리와 적용

1. 언어행동의 원리

언어행동(verbal behavior)은 Skinner(1957)가 제시한 이론으로 언어를 **작동적 조건화**(operant conditioning)의 원리를 통해 설명하려는 행동주의적 접근이다. Skinner는 언어를 독립적인 인지적 능력이나 내면적 정신 과정으로 보지 않고, 개인의 강화 이력과 환경 자극과의 상호작용을 통해 학습된 행동의 하나로 보았다. 그는 언어행동이 말, 몸짓, 글쓰기 등 다양한 표현 형태로 나타날 수 있으며(Sunberg, 2014), 그 기능은 단순한 의미 전달을 넘어서 사회적 결과(social consequence)를 통해 유지된다는 점에 주목하였다.

Skinner의 언어행동 이론은 전통 언어학에서 강조하는 언어 능력(linguistic competence)과 언어수행(linguistic performance)의 이원론적 구분을 넘어서, 언어를 관찰 가능한 행동으로 간주하고, 특정 자극-반응-강화 조건에서 발생하는 기능적 행동으로 해석한다는 점에서 차별성을 가진다. 이 이론에 따르면, 언어행동은 화자(speaker)와 청자(listener) 간의 사회적 상호작용을 기반으로 하며, 언어는 단순한 발화 그 자체로 강화되는 것이 아니라 청자의 반응을 통해 특정한 결과가 수반될 때 기능적으로 강화된다. 이러한 관점은 언어를 화자의 입장에서 기능적으로 분류할 수 있는 분석 틀을 제공한다. 이는 언어를 의미나 문법적 구조로 해석하기보다는 각 언어행동이 어떤 선행 조건에서 발생하고 어떤 후속 결과에 의해 유지되는지를 분석함으로써 언어를 조작 가능한 중재의 대상으로 삼을 수 있도록 한다.

Skinner는 언어의 습득이 작동적 조건화 원리에 의해 이루어진다고 보았다. 이는 아동이 특정 언어 반응을 산출한 이후 그 반응이 강화되는 경험을 통해 해당 반응의 빈도가 증가한다는 것을 의미한다. 예를 들어, 아동이 "우유."라고 말한 뒤 엄마로부터 실제 우유를 받은 경험은 동일한 발화를 반복할 가능성을 높인다. 이러한 과정을 통해 언어는 점진적으로 발달하며, 다양한 상황에서 적절한 언어행동을 사용할 수 있도록 학습된다.

Skinner의 언어행동 이론은 발표 당시 언어학계로부터 상당한 비판을 받았다. 특히 Chomsky(1959)는 언어를 단순한 자극과 반응의 연쇄로 설명하는 것은 인간 언어의 본질을 간과한 것이라고 주장하였다. 그는 인간이 선천적으로 언어 능력을 타고나며, 언어의 창의성과 복잡성은 단순한 강화의 역사만으로는 설명될 수 없다고 지적하였다. 또한 Skinner의 이론은 문법 생성 능력이나 추상적 규칙 학습과 같은 인지적 요소를 설명하는 데 한계가 있다고 평가하였다. 그러나 이후 응용행동분석의 발전과 함께 Skinner의 언어행동분석은 새로운 관점에서 재조명되었고, 특히 자폐스펙트럼장애를 지닌 아동을 위한 언어 중재 프로그램에 효과적으로 활용되기 시작하였다(DeSouza et al., 2017). Skinner는 언어를 형식(form)이 아니라 기능(function)에 따라 분석함으로써 정밀하고 실천적인 언어 평가와 개입 전략을 가능하게 하였다. 이러한 기능적 분석은 언어발달 지연이나 의사소통 장애를 지닌 아동에게 있어 효과적인 중재 설계의 이론적 토대를 제공한다.

2. 화자와 청자

언어행동분석의 핵심은 언어를 독립된 실체로 보지 않고, 환경과의 상호작용 속에서 기능적으로 분석한다는 점에 있다. 이 관점에서 언어는 항상 어떠한 '기능'을 수행하는 행동이며, 그 기능은 주로 사회적 상호작용 속에서 발현된다. Skinner(1957)는 언어를 하나의 일방적 표현으로 보지 않고, 화자와 청자 간의 유기적인 상호작용 구조로 이해하였다. 그는 한 개인이 화자 역할과 청자 역할을 모두 수행할 수 있으며, 많은 언어행동은 이러한 두 역할의 전환과 통합을 통해 이루어진다고 보았다. 언어행동이 성립되기 위해서는 최소한 두 개체의 참여가 필요한데, 말하는 사람(화자)과 반응하는 사람(청자)이다.

화자(speaker)는 언어 반응을 산출하는 사람으로 특정 자극(예: 물체, 질문 등)에 반응하여 음성, 몸짓, 글쓰기 등 다양한 형태로 언어행동을 표현하는 주체다. 화자의 언어행동은 언어 그 자체로 강화되지 않으며, 청자의 반응, 즉 요청한 것을 제공 받거나, 질문에 대한 답을 얻거나 등의 결과에 의해 강화된다.

청자(listener)는 화자의 언어 자극에 반응함으로써 기능적 언어행동을 완성하는 개체다. 청자의 반응은 단순히 화자의 말을 이해하거나 해석하는 것이 아니라, 실제로 물건을 건네 주거나 행동을 수행하는 등의 관찰 가능한 반응을 포함한다. 즉, 청자는 화자의 언어행동을 강화하는 역할을 수행하며, 이러한 역할은 언어행동의 형성과 유지에 핵심적인 영향을 미친다.

3. 언어행동의 분석단위

언어행동을 과학적으로 이해하기 위해서는 언어를 구성하는 '분석단위(unit of analysis)'를 명확히 정의해야 한다. Skinner(1957)는 언어를 독립적인 구조물이나 문법적 체계로 보지 않고, 환경과의 기능적 관계 속에서 발생하고 조절되는 행동으로 설명하였다. 이때 언어행동의 분석단위란 특정한 환경적 자극에 의해 유도되고 그 결과에 의해 유지되는 반응 유형을 말한다.

Skinner는 이러한 언어 반응의 단위를 '언어 작동행동(verbal operant)'이라고 명명하였다. 즉, 언어행동은 하나의 자극에 의해 유도되고, 후속 결과에 의해 영향을 받는 3요인 유관(three-term contingency)의 구조를 갖는다. 이는 비언어적 행동의 통제 원리와 동일하며, 언어행동 또한 동기 조작(MO), 변별 자극(S^D), 강화자극(R^+)과 같은 환경 요인에 의해 형성되고 조절된다. 예를 들어, 아동이 목이 말라 "물 주세요."라고 말했을 때, 이 발화는 단순한 문장이 아니라 다음과 같은 기능적 단위로 분석할 수 있다.

동기 조작(MO): 갈증
변별 자극(S^D): 엄마를 봄
반응: "물 주세요."(맨드)
후속 결과(R^+): 물을 제공받음(강화)

이러한 분석은 언어의 형태보다 기능에 초점을 맞춘 것이다. 다시 말해, 동일한 단어라 하더라도 그 단어가 어떤 자극에 의해 유도되고 어떤 결과를 낳는지에 따라 전혀 다른 언어행동으로 구분된다. Skinner는 이러한 기준을 바탕으로 언어행동을 맨드, 택트, 인트라버벌, 에코익, 텍스추얼, 트랜스크립션 등 여러 유형으로 분류하였으며, 이를 통해 언어발달의 다양한 양상을 세분화하고 평가할 수 있는 기초를 제공하였다.

Ⅱ 언어행동의 주요 유형

1. 맨드

1) 맨드의 정의 및 기능

맨드(mand)는 Skinner(1957)가 제시한 언어행동의 하나로, 개인의 욕구 또는 필요를 기반으로 특정한 자극이나 행동을 요청하는 언어 반응을 의미한다. 이 행동은 화자의 동기 상태에 의해 유발되며, 해당 요청이 충족되었을 때 강화되는 특징을 가진다. 맨드는 다른 언어행동들과는 달리, 특정 자극(강화제)을 직접적으로 언급하며 그 결과로 해당 자극을 얻게 되는 것이 특징이다. 예를 들어, 목이 마른 아동이 "물 주세요."라고 말하면, 이는 '물'이라는 강화제를 요청하는 맨드에 해당하며, 그 결과로 물을 얻을 수 있게 되면 이 행동은 강화되어 향후 유사한 상황에서 반복될 가능성이 높아진다. 맨드는 언어행동 중에서도 인간의 생존과 관련된 의사소통의 가장 기본적인 형태로 간주된다. 이는 언어를 통해 외부 세계에 영향을 미치고, 원하는 것을 얻기 위한 수단으로 기능한다는 것을 의미한다(Sunberg & Michael, 2001). 또한 맨드는 다른 언어 유형의 발달에 선행되는 경우가 많아 언어 중재 초기 단계에서 가장 우선으로 가르쳐야 할 행동으로 평가된다.

2) 동기 조작과 맨드의 관계

맨드는 **동기 조작**(Motivating Operation: MO)의 영향을 크게 받는다. MO는 자극이나 사건의 강화 가치를 일시적으로 변화시키는 환경적 조건으로, 특정 반응의 발생 가능성을 증가시키거나 감소시키는 기능을 한다(Michael, 1993). 맨드는 바로 이러한 MO에 의해 발생하는 유일한 언어행동 유형으로, MO 없이는 맨드가 유도되기 어렵다. 예를 들어, 아동이 배가 고픈 상태에서는 음식의 강화 가치가 증가하고, 이는 "밥 주세요."라는 맨드를 유발할 가능성을 높인다. 반대로, 이미 배가 부른 상태에서는 같은 맨드가 유도되지 않을 수 있다. 이처럼 MO는 맨드의 선행 조건으로 작용하며, 이는 택트(tact)나 인트라버벌(intraverbal)과 같은 다른 언어행동이 **변별 자극**(S^D)에 의해 유발된다는 점과 명확히 구분된다. 따라서 맨드를 효과적으로 교수하기 위해서는 학습자의 동기 상태를 조절하거나 파악하는 것이 선행되어야 한다는 것을 고려해야 한다.

3) 맨드의 발달 과정

맨드는 생후 초기부터 출현하는 가장 원초적인 언어행동으로, 대개 비언어적 표현(예: 울음, 손짓, 시선 유도)으로 시작된다. 시간이 지남에 따라 이러한 비언어적 맨드는 음성 언어, 수화, 그림, 기호 등의 상징적 표현으로 발전하며, 언어가 발달함에 따라 보다 정교한 문장 형태로 확장된다. 일반적으로 맨드는 일상적인 사회적 상호작용과 환경 자극을 통해 자연스럽게 습득되는데, 발달이 진행됨에 따라 맨드의 복잡성도 함께 증가한다. 초기에는 단순한 단어("과자.")를 사용하다가, 이후에는 간단한 문장("과자 주세요.")으로 확장되고, 궁극적으로는 정중하고 복잡한 문장("엄마, 과자 하나 먹어도 될까요?")으로 발전한다. 이러한 발달적 진전은 단지 언어표현의 풍부함을 의미하는 것이 아니라, 상황에 맞는 적절한 표현과 사회적 규범을 함께 익히는 과정이기도 하다.

4) 맨드 훈련 전략

맨드는 언어발달 초기 단계에 가르쳐야 할 핵심 기술로, 다른 언어행동(택트, 에코익, 인트라버벌 등)의 학습 기반이 된다. 학습자의 맨드를 통해 자신이 환경에 영향을 줄 수 있다는 것을 경험하며, 이러한 경험은 자발적 언어의 출현과 사회적 상호작용의 동기 강화로 이어진다. 맨드를 훈련하기 위한 전략은 다음과 같다(LaFrance & Miguel, 2014).

첫째, 동기를 유발할 수 있는 환경을 조성한다. 맨드의 발생은 학습자가 특정 자극에 대해 접근하려는 동기가 충분히 높을 때 가장 자연스럽게 발생한다. 이를 위해 환경을 전략적으로 조정하여 학습자가 특정 자극이나 활동에 대해 결핍 상태를 경험하도록 유도하는 것이 효과적이다. 예를 들어, 평소에 학습자가 선호하는 장난감을 투명 상자 안에 넣고 잠가 두거나, 선호하는 간식을 도움 없이는 열 수 없는 지퍼 팩에 넣어 두는 방식으로 MO를 생성할 수 있다. 이러한 상황은 학습자에게 자연스럽게 그 자극에 대한 맨드를 시도할 기회를 제공한다.

둘째, 체계적으로 촉구를 제공하고 이를 점진적으로 용암한다. 맨드의 초기 단계에서 행동을 발생시키기 위해서는 적절한 수준의 촉구가 필요하다. 촉구에는 언어적 촉구, 모델링, 신체적 촉구, 시각적 촉구 등이 있는데, 중재가 진행됨에 따라 학습자가 독립적으로 맨드를 할 수 있도록 촉구를 체계적으로 용암해야 한다. 이를 통해 자발적인 맨드의 발생 가능성을 높이고, 촉구에 대한 의존도를 줄일 수 있다.

셋째, 즉각적이고 일관된 강화를 제공한다. 맨드의 기능은 필요로 하는 자극을 획득하는 것이므로, 강화 제공은 반드시 요구한 자극과 일치하는 것을 즉각적으로 제공해야 한다. 예를 들어, 학습자가 "주스."라고 말한 직후에 주스를 제공하는 방식으로 강화의 일관성과 예측 가능성을 높이는 것이 중요하다. 이 과정에서 강화를 지연하여 제공하거나 요구한 것과 다른 자극을 제공하는 것은 맨드의 기능성을 약화시킬 수 있으므로, 강화 절차는 정확하고 신속하게 실행되어야 한다.

넷째, 다양한 환경과 맥락에서 일반화 훈련을 실시한다. 맨드는 하나의 상황에 국한되지 않고, 다양한 사람, 장소, 활동의 맥락에서 발생할 수 있어야 그 기능적 가치가 증대된다. 이를 위해 다양한 환경(예: 가정, 학교, 치료실)에서 다양한 교수자(예: 부모, 교사)를 활용하여 다양한 자극에 대한 맨드 훈련을 일상적인 활동 내 자연스럽게 실시해야 한다.

[그림 10-1] 맨드 훈련 절차

2. 택트

1) 택트의 정의 및 기능

택트(tact)는 환경 내 감각적으로 인식 가능한 자극(예: 사물, 사건, 상태 등)에 반응하여 해당 자극을 언어적으로 표현하는 언어행동으로 정의된다(Skinner, 1957). 이때 화자는 특정 자극(예: 사람, 사물, 사건, 속성 등)에 대해 이름을 말하거나 묘사하는 반응을 보이며, 이 행동은 직접적인 요구나 명령의 기능 없이 일반적으로 사회적 강화(예: 칭찬, 관심, 인정 등)에 의해 유지된다. 이는 즉각적인 물리적 보상의 제공이 아니라, 청자로부터의 긍정적 반응이나 관심과 같은 **일반화된 조건강화제**(generalized conditioned reinforcers)를 통해 강화된다는 점에서 기능적으로 맨드와 구별된다. 예를 들어, 한 아동이 공원을 걷다가 강아지를 보고, "강아지다!"라고 말했을 때, 이는 해당 시각적 자극에 대해 자발적으로 명명한 것으로 택트에 해당된다. 이러한 택트는 환경 자극과 언어행동 간의 **자극 통제**(stimulus control)가 형성되어 있다는 것을 의미하며, 이는 아동이 주변 세계에 대해 언어적으로 의미를 부여하고, 그 의미를 타인과 공유할 수 있는 기초 능력으로 작용한다.

2) 택트와 변별 자극의 관계

택트는 감각적으로 인식 가능한 환경 자극에 의해 유발되며, 이때 자극은 언어행동을 유도하는 **변별 자극**(discriminative Stimulus: S^D)의 역할을 한다. S^D는 특정 반응이 발생할 때 강화가 뒤따를 것이라는 신호로 기능하며, 이는 택트 행동에서 중요한 작동 원리 중 하나다(Skinner, 1957). 예를 들면, 아동이 공을 보고 "공."이라고 말했을 때, 그 반응은 시각적 자극(공)에 의해 유도된 것이며, 엄마가 "맞았어, 공이야!"라고 반응함으로써 일반화된 조건강화제(예: 사회적 칭찬)를 제공하게 된다. 이러한 강화는 택트의 반응 빈도를 증가시키는 역할을 한다. 이처럼 택트는 자극에 대한 변별 능력, 즉 정확한 자극 통제의 형성에 영향을 받게 되는데, 아동이 다양한 자극을 명확히 구별하지 못하거나, 특정 자극에 대한 택트가 일관되지 않을 경우, 택트는 부정확하거나 상황에 적절하지 않게 나타날 수 있다. 따라서 택트 훈련은 단순히 어휘를 가르치는 것 이상으로 자극과 반응 간의 분명한 기능적 관계를 형성하는 과정이라고 볼 수 있다(Sunberg & Partington, 1998).

3) 택트의 발달 과정

Skinner(1957)에 따르면, 초기 언어는 주로 강화제의 직접 획득과 관련된 맨드로 시작되며, 이후 아동이 외부 세계를 관찰하고 그에 대한 명명 또는 묘사를 수행하면서 택트가 나타난다. 이러한 발달은 언어의 기능적 사용을 확장하는 과정으로 볼 수 있다.

택트는 일반적으로 다음과 같은 단계적 발달 과정을 따른다(Sunberg & Partington, 1998; Skinner, 1957).

먼저, 에코익(echoic)에서 전이되는 단계다. 이 단계에서 아동은 부모나 교사가 모델링하는 단어를 반복적으로 따라 하며, 이를 통해 특정 자극에 대한 언어 반응이 형성된다. 이 단계에서 자발적인 택트보다는 모방적 반응의 빈도가 더 높다. 다음으로, 자극-반응 유관 형성 단계다. 동일한 자극에 반복적으로 노출되면서, 아동은 자극과 언어 반응 간의 일관된 유관을 형성한다. 이로 인해 자발적인 택트가 서서히 증가하게 되는데, 이후 자극-반응 간 유관이 형성되면 일반화 단계를 거치게 된다. 이 단계에서는 특정 자극에 대한 택트가 다양한 장소, 사람, 활동 상황에서도 일관되게 발생하고, 이는 자극의 일반화(stimulus generalization)의 결과로 언어 사용의 유용성과 실용성이 향상된다. 마지막으로, 택트가 단어 수준에서 출발하여 점차 문장 수준의 묘사로 발전하게 되는데, 이 단계에서는 더 다양한 감각자극(소리, 냄새, 온도 등)에 대한 반응도 형성된다. 이러한 발달 과정은 단순한 언어기술의 획득을 넘어, 개념 형성, 범주화, 추론과 같은 고차적 인지 기능의 기반을 제공한다.

4) 택트 훈련 전략

택트는 학습자가 외부 환경을 언어적으로 해석하고 표현하는 중요한 기능적 언어기술로 이를 효과적으로 훈련하기 위해서는 학습자의 현재 언어 수준, 자극 통제의 전도, 사회적 강화의 방식 등 복합적인 요소들을 고려해야 한다(LaFrance & Miguel, 2014; Sunberg & Partington, 1998). 택트를 훈련하기 위한 전략은 다음과 같다.

첫째, 자극 통제의 수립이다. 택트는 S^D에 의해 유발되므로, 자극-반응 간 유관을 수립하는 것이 필수적이다. 이를 위해 교사는 다양한 자극을 제시하고, 아동이 제시된 자극을 명확히 인식하고 이와 일치하는 언어 반응을 보일 수 있도록 한다. 반복적으로 일관된 반응을 유도함으로써 자극 통제를 강화할 수 있다.

둘째, 초기 택트 훈련에서는 아동이 실제 일상에서 자주 접하고 관심을 가지고 있는 자극을 중심으로 목표를 설정한다. LeBlanc 등(2009)은 택트 훈련 초기에는 실제 사물(3차원 자극)을 중심으로 시작하여, 이후에 사진이나 그림과 같은 2차원 자극으로 확장할 것을 제안하였다.

셋째, 에코익-택트 전이 절차(echoic-tact transfer procedure)를 통한 택트 훈련이다(Sunberg & Partington, 1998). 이 훈련은 아동이 이미 습득한 에코익을 활용하여 새로운 택트를 가르치기 위한 교수 전략으로, 자극 통제 전이(transfer of stimulus control)의 원리에 기반한다. 즉, 초기에 아동의 언어 반응은 언어의 모방으로 시작되지만, 점차 시각적 자극(사물, 그림 등)의 통제하에 발생하도록 유도된다. 예를 들어, 아동에게 사과 그림을 보여 주고, 교사가 "사과."라고 말한다. 아동이 교사의 말소리를 따라 "사과."라고 말하면, 에코익 반응에 대해 사회적 강화(예: "잘했어!")를 제공한다. 이후 교사는 모델링 없이 사과 그림만 제시하게 되는데, 이때 아동이 그림을 보고 스스로 "사과."라고 말하면 아동의 택트에 대해 즉각적 강화를 제공한다.

넷째, 맨드-택트 전이 절차(mand-tact transfer procedure)를 통한 택트 훈련이다. 택트를 훈련할 때 맨드를 기반으로 한 전이 전략을 사용할 수 있는데, 아동이 이미 자발적으로 사용하는 맨드를 활용하여 택트를 유도하는 방법이다(Barbera, 2007). 이 절차에서는 먼저 아동이 선호하는 자극에 대해 맨드하게 한 뒤, 실제 자극이 아닌 일반화된 조건강화제(예: 사회적 강화)를 제공한다. 반복 훈련을 통해 아동은 점차 자극 자체를 보

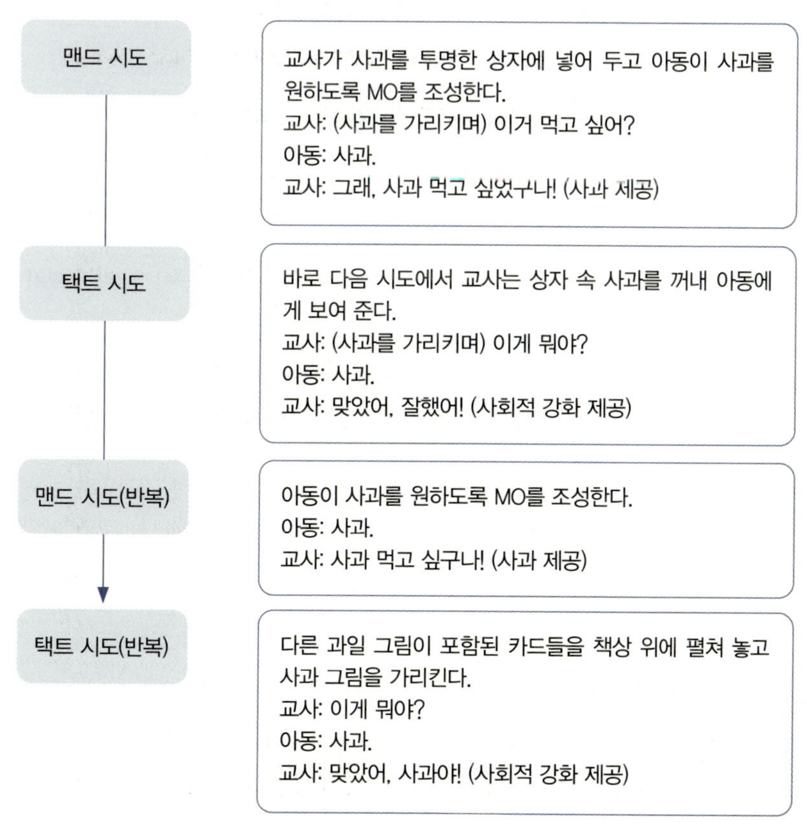

[그림 10-2] 혼합 언어 작동행동 훈련 절차

고 자발적으로 택트하기 시작하게 되며, 이때 해당 반응은 MO가 아닌 S^D에 의해 통제되도록 전환된다. 중요한 점은 이 절차에서 자극 자체를 강화제로 제공하지 않는데, 이는 택트가 아닌 추가적인 맨드가 학습될 수 있기 때문이다. 따라서 택트가 요구 상황이 아닌, 자극의 존재 자체에 의해 일관되게 발생하도록 유도해야 한다.

다섯째, 혼합 언어 작동행동 훈련(mixed verbal operant training)이다. 이 방법은 하나의 언어 반응 형태(예: '사과')를 가지고 맨드와 택트를 같은 세션 내에서 교차적으로 제시하는 전략이다. 즉, 동일한 단어를 서로 다른 언어 기능 상황에서 번갈아 사용함으로써 기능 간 전이를 촉진하고 언어 반응의 유연성을 높이는 것을 목적으로 한다(Barbera, 2007). 이는 중다예시교수(Multiple Exemplar Instruction: MEI) 절차와 유사하며(Carr & Miguel, 2013), 다양한 맥락에서 일관된 언어 반응 형성을 통해 행동의 일반화를 촉진하는 데 기여할 수 있다(Fiorile & Greer, 2007).

3. 에코익

1) 에코익의 개념 및 중요성

에코익(echoic)은 화자의 말소리를 청자가 동일하거나 유사한 음성 반응으로 따라 말하는 언어행동을 의미한다(Skinner, 1957). 이 행동은 자극-반응 간의 **형태적 유사성**(formal similarity)뿐만 아니라, 자극-반응 간의 **일대일 대응**(point-to-point correspondence)을 특징으로 한다. 예를 들어, 교사가 "가방."이라고 말했을 때, 아동이 곧바로 "가방."이라고 반복하는 반응이 이에 해당된다. 에코익은 언어 습득의 가장 기초적인 형태로, 아동이 말소리의 구조와 리듬, 음운적 구성에 익숙해지도록 하는 데 핵심적인 역할을 한다(Sungberg & Partington, 1998). 특히 말소리를 처음 학습하는 아동이나 자폐스펙트럼장애 등 언어발달에 지연을 보이는 아동에게 있어서 성인의 언어를 모방하는 능력은 기능적인 언어 반응 전체를 확장하는 역할을 하며, 다양한 언어행동으로의 확장을 위한 기반이 된다(Horne & Lowe, 1996).

2) 에코익과 언어행동의 확장

에코익은 단순한 말소리의 반복으로 그치는 기계적 모방 이상의 의미를 가진다. 이는 Skinner(1957)가 제시한 언어행동 유형 중 가장 기초적인 형태로 분류되지만, 기능적으로는 다양한 언어행동으로 확장될 수 있는 핵심적인 출발점으로 간주된다. 에코익이 안정적으로 형성되면, 아동은 이를 기반으로 하여 택트, 맨드, 그리고 인트라버벌 등 보다 복잡한 언어기능으로 자연스럽게 발달해 나갈 수 있다.

정상적으로 발달하는 아동은 일상생활에서 부모나 또래가 사용하는 언어를 반복적으로 접하며, 이러한 언어를 청각적으로 모방하고 점차 자발적인 언어표현으로 전환시켜 나간다(Horne & Lowe, 1996). 예를 들어, 성인이 사과를 가리키며 "사과."라고 말하는 장면을 반복해서 경험한 아동은 처음에는 이를 단순히 따라 하다가 시간이 지나면서는 모델링 없이도 스스로 사과를 보고 "사과."라고 말하는 택트를 보이게 된다. 이 과정은 에코익이 외부 모델 자극으로부터 시작하여, 점차 환경 자극의 직접적인 통제하에 이루어지는 자발적 반응으로 전이된 대표적인 예라 할 수 있다.

행동주의적 관점에서는 이러한 변화 과정을 **자극 통제 전이**(transfer of stimulus control)로 설명할 수 있다. 에코익 훈련을 통해 아동은 특정 언어 자극에 대한 모방 경험을 축적하게 되고, 이는 자극과 반응 간의 기능적 유관을 형성하는 데 중요한 역할을 한다. 특히 에코익이 충분히 발달한 아동은 새로운 언어표현을 학습할 때 복잡한 음소 조합을 점진적으로 행동형성(shaping)하는 과정을 거치지 않고도 전체 단어나 문장을 빠르게 모방할 수 있다. 이러한 특성은 언어 교수의 효율성을 높이는 데 유리하며, 중재자의 언어적 모델링을 기반으로 신속한 반응 유도를 가능하게 한다.

3) 에코익 훈련 전략

에코익이 자연스럽게 나타나지 않는 아동에게는 전통적인 교수 절차만으로는 언어행동이 잘 유도되지 않을 수 있다. 이 경우, 초기 음성 반응을 촉구하기 위한 대안적 접근으로 **자극-자극 페어링**(Stimulus-Stimulus Pairing: SSP)과 **자연 언어 패러다임**(Natural Language Paradigm: NLP)이 제안된다. 두 절차는 언어행동의 직접적인 촉구보다는 아동의 동기를 유도하고 언어적 반응 환경을 구성하여 음성 반응의 초기 출현을 촉진하는 데 초점을 둔 접근법이라는 공통점을 가진다. 특히 SSP는 음성 산출 자체의 출현 가능성을 높이는 데 목적이 있으며, NLP는 기능적 언어행동을 자연스럽게 모델링하고 강화하는 절차다.

첫째, SSP는 아동이 특정 음성을 듣는 경험을 선호 자극의 제공과 짝지어 반복적으로 경험하게 하는 방식이다. 이 절차에서는 중재자가 목표 음소 또는 단어(예: '고' '공')를 반복적으로 발화하고, 아동이 그 소리를 모방하든 하지 않던 상관없이 선호 자극을 제공한다. 이러한 절차를 반복하면, 인접성(contiguity)에 의해 해당 소리는 점차 조건화된 강화제(conditioned reinforcer)로 작용하게 되고, 아동은 그 소리를 스스로 더 자주 발화하게 되는 경향을 보일 수 있다(Miguel et al., 2002). SSP는 음성 산출의 시작점을 제공하는 기능으로 간주될 수 있으며, 이후 에코익 훈련으로의 확장을 유도할 수 있는 기반이 될 수 있다. 다만, SSP는 강화제가 반복적으로 제공되기 때문에 강화에 대한 포만(satiation)이나 의사소통의 기능적인 목적 없이 음성을 산출하거나 의미 없는 반응이 강화될 수 있다는 가능성에 대해 유의해야 한다.

둘째, NLP는 구조화된 상황보다는 아동 주도적인 자연스러운 놀이 환경 속에서 음성 모방을 유도하는 전략이다(Charlop-Christy et al., 1999). 중재자는 다양한 장난감과 활동을 제공하고, 아동이 선택한 물건에 대해 적절한 놀이 동작과 관련된 언어 모델링(예: 자동차를 굴리며 "부릉부릉")을 함께 제시한다. 아동이 이를 따라 말하려는 시도를 보일 경우, 즉각적으로 해당 장난감에 대한 접근을 허용하거나 사회적 강화를 제공한다. 이러한 과정은 상호작용 중 반복되며 아동은 점차 놀이와 관련된 자극에 의해 자발적 언어 발생의 경험을 쌓게 된다. NLP은 아동 주도적 상호작용과 자발적 언어산출을 기반으로 진행되지만, 아동의 선택 행동이나 참여 동기가 낮을 경우 언어 모델링의 효과가 제한될 수 있다는 단점이 있다. 따라서 중재자는 선호도 평가(preference assessment)를 정기적으로 실시하여 아동의 현재 관심사와 동기 수준을 파악하고, 아동이 언어적 반응을 자발적으로 시도할 수 있도록 **동기 유발적 환경**(motivating environment)을 전략적으로 구성해야 한다. 이러한 환경 조성은 아동이 놀이와 상호작용에 적극적으로 참여하도록 도우며, NLP 절차의 핵심 요소로 작용한다.

〈표 10-1〉 SSP와 NLP의 교수적 특징 비교

항목	SSP	NLP
목표	음성 산출 유도	기능적 언어행동 강화
강화 조건	반응의 유무와 관계없이 강화	반응이 발생한 경우에만 강화
자극 제시 방식	언어자극 + 강화제 반복 제시	놀이 상황에서 언어 모델링
환경	비교적 구조화된 환경	비구조화된 자연스러운 환경
적용 대상	음성 산출이 매우 낮은 아동	음성 모방 시도가 가능한 아동
강점	음성 행동의 초기 출현 유도	에코익·맨드 훈련 시 적용 가능
제한점	일반화의 어려움, 반응통제의 부족	모델링에 대한 의존도가 높고 체계적인 계획 수립이 필요

4. 인트라버벌

1) 인트라버벌의 정의 및 특징

인트라버벌(intraverbal)은 타인의 언어적 자극에 대한 반응이 기계적인 반복 없이 형태상 전혀 다른 언어로 산출되는 행동을 의미한다(Skinner, 1957). 반응은 자극과 형태적 유사성(formal similarity)이나 자극-반응 간 일대일 대응(point-to-point correspondence)을 가지지 않으며, 새로운 언어생성의 기능적 결과로 나타난다. 이러한 언어행동은 질문에 대한 응답(예: "네 이름이 뭐야?" → "○○이에요."), 언어 연상(예: '천국' → '행복'), 범주(예: "가구 종류는?" → "식탁, 침대."), 번역(예: 'voiture' → '자동차') 등 다양한 형태로 나타날 수 있으며, 상대방의 말에 적절하고 유의미한 반응을 산출하는 능력을 반영한다. 이처럼 인트라버벌은 단순한 자극-반응 체계를 넘어 기억, 개념 지식, 문맥 이해, 사회적 규범 등 복합적 인지 과정을 통해 작동하는 고차적 언어 기능으로 간주 된다. 이 기능은 대화 기술, 학업 수행, 문제 해결, 사회적 상호작용 등 다양한 영역에서 중심적인 역할을 하게 된다(Sungberg & Partington, 1998).

2) 인트라버벌과 사회적 의사소통

인트라버벌은 외부 언어 자극에 반응하되 단순히 들은 말을 반복하지 않고 의미 있는 언어정보를 생성해 내는 기능적 언어행동으로 정의되며, 이는 의사소통 능력의 정교함과 사회적 상호작용의 질을 결정짓는 핵심 구성 요소로 평가된다. 일상 대화에서 질문을 주고받거나, 이야기의 흐름에 맞게 반응하거나, 상황에 맞는 농담이나 설명을 제공하는 능력은 모두 인트라버벌에 의해 조절된다. 이러한 반응은 단순한 정보 교환을 넘어 상호작용을 지속시키고, 정서적 공감과 사회적 규범을 표현하며, 인간관계의 유대를 형성하는 데 중요한 기능을 수행한다. 따라서 인트라버벌은 의사소통 능력의 복잡성과 사회적 상호작용의 질을 결정짓는 핵심 요소로 간주된다.

정상 발달을 보이는 아동의 경우, 인트라버벌 반응은 반복적 언어 경험과 언어 환경 노출을 통해 점진적으로 확장된다. 초기에는 "3, 2, 1!" "준비, 시작!" "바퀴가 달린 것은?"과 같은 문맥에 자주 등장하는 관습적 어구에 반응하면서 간단한 언어 반응을 산출한다. 이 시기에는 보통 자동화된 문구 완성이나 구절 반복이 인트라버벌 반응의 형태로 나타난다. 이후 발달이 진행되면, 아동은 질문에 응답하고, 개념을 설명하고, 유추하거나 이야기의 흐름을 이어 가는 등 점점 복잡한 언어적 과제를 수행하게 된다. 이와 같은 발달은 기초 언어 기능인 맨드, 택트, 에코익이 먼저 확립되어 있을 때 보다 안정적으로 이루어질 수 있다(Barbera, 2007; Miguel et al., 2005).

반면, 인트라버벌이 결핍되었을 경우, 아동은 질문에 적절히 반응하지 못하거나, 문맥과 맞지 않는 응답을 하거나, 대화 흐름을 유지하지 못해 상호작용이 단절되는 상황을 초래할 수 있다. 특히 자폐스펙트럼장애 아동은 언어 자극과 기능적 반응 간의 연결고리를 형성하는 데 어려움을 겪는 경향이 있으며, 이로 인해 인트라버벌은 자연 발생적으로 출현하지 않고, 명시적이고 구조화된 훈련이 필요하다. 따라서 이러한 아동에게는 일상 언어 반응의 자연스러운 일반화를 기대하기보다는 단계적으로 체계화된 교수 절차를 통해 인트라버벌을 직접적으로 지도하는 접근이 필수적이다.

3) 인트라버벌 훈련 전략

인트라버벌 훈련은 단순히 질문을 던지는 것만으로는 반응이 유도되지 않기 때문에 다음과 같은 체계적인 전략이 필요하다(LaFrance & Miguel, 2014).

첫째, 인트라버벌을 훈련할 때는 보통 에코익(청각적), 텍스트(문자적), 택트(시각적) 촉구가 활용된다. 초기 연구에서는 시각 자극(visual stimuli)이 청각 자극(auditory stimuli)에 비해 효과적이라는 결과가 있었지만(Finkel & Wiliams, 2001), 이후 일부 연구에서는 반대의 결과가 보고되었다(Ingvarsson & Le, 2011). 이와 같은 연구 간 차이는 개별 학습자의 이전 학습 경험 및 자극 통제가 어떻게 설립되었는지에 따라 달라질 수 있다. 예를 들어, 최근 사용 빈도가 높은 촉구 유형은 아동에게 보다 빠른 학습 결과를 유도할 수 있으며(Coon & Miguel, 2013), 이는 소위 '시각 학습자(visual learner)' 혹은 '청각 학습자(auditory learner)'라는 분류가 고정된 특성이 아닌 학습 환경과 강화 조건에 따라 형성되는 반응 패턴임을 시사한다. 따라서 중재자는 아동의 학습 이력을 충분히 파악한 뒤 가장 효율적인 촉구 전략을 선택해야 한다. 만일 이러한 정보가 불충분할 경우 아동에게 적합한 촉구 유형을 확인하기 위해 프로브(probe)를 실시하거나, 특정 자극에 대한 강화 이력을 새롭게 형성하는 교수 전략을 체계적으로 적용할 필요가 있다.

둘째, 인트라버벌은 언어적 자극에 의해 유도되지만, 실제 상호작용에서는 단일 자극에 의해 통제되는 경우보다 둘 이상의 언어 또는 환경적 요소가 동시에 작용하는 경우가 일반적이다(Skinner, 1957). 이러한 언어 반응은 **복합통제**(multiple control)의 결과로 발생하며, 이후 Michael 등(2011)은 복합통제를 수렴적 복합통제(convergent multiple control)와 발산적 복합통제(divergent multiple control)라는 두 유형으로 분류하였다.

수렴적 복합통제는 두 개 이상의 선행 자극이 결합되어 하나의 특정한 반응을 유도하는 경우를 의미한다. 예를 들어, "빨간색 과일을 말해 봐."라는 자극은 '빨간색'과 '과일'이라는 2가지 언어 단서가 동시에 작용하여 '사과'라는 반응을 유도하게 된다. 이때 어느 하나의 요소만으로는 정확한 반응이 산출되지 않으며, 두 자극이 동시에 존재하에 반응이 정확히 통제되는 조건 변별적 상황이 형성된다. 발산적 복합통제는 하나의 선행 자극이 복수의 관련 반응을 유도하는 경우로, 예를 들어 "몇 가지 과일 이름을 말해 볼래?"라는 자극에 대해 '바나나, 사과, 포도'와 같이 여러 개의 관련 반응을 산출하도록 유도한다.

복합통제를 훈련하기 위해서는 중재자는 훈련 초기부터 복합자극(compound stimulus)에 반응하도록 체계적으로 지도할 필요가 있다. 이는 학습자가 복합자극에서 특정 자극에만 주목하고 나머지 핵심 요소를 간과하는 오류 반응을 방지하기 위함이다. 특히 수렴적 복합통제를 목표로 훈련할 경우, 두 개 이상의 언어 단서가 결합된 조건에서만 반응이 유도되는지에 대한 여부를 평가하고 강화해야 한다. 예를 들어, "빨간색 과일을 말해 줘." '빨간색 채소' '초록색 과일' '초록색 채소'와 같이 중복되는 단어 요소를 교차적으로 사용하는 질문을 제시함으로써, 학습자가 두 자극의 결합에 적절하게 반응하는지 확인할 수 있다(LaFrance & Miguel, 2014).

5. 텍스추얼과 트랜스크립션

1) 텍스추얼과 트랜스크립션의 정의 및 특징

언어행동은 음성 언어에 국한되지 않으며, 읽기와 쓰기 또한 언어행동의 한 형태로 간주된다. Skinner(1957)는 이러한 읽기와 쓰기 행동 역시 특정 자극에 의해 조절되고, 반응 결과에 의해 영향을 받는 기능적 단위로 분석할 수 있음을 제시하였다. 그중 텍스추얼과 트랜스크립션은 비음성적 언어행동 유형으로 분류되며, 시각적 또는 촉각적 자극과 관련된 언어 반응을 포함한다.

텍스추얼(textual)은 시각적으로 제시된 글자나 기호 등 문자적 자극에 의해 유도된 발화 반응을 의미한다. 예를 들어, 아동이 종이에 쓰여 있는 '사과'라는 글자를 보고 그것을 소리 내어 읽는다면, 이때의 말하기는 텍스추얼 반응이다. 이처럼 텍스추얼은 시각 자극(글자)이 음성 반응의 형태로 이루어지며, 자극과 반응 간에는 자극-반응 간의 일대일 대응이 없다. 즉, 말소리와 글자는 동일하지 않지만 기능적으로 연결되어 있다는 점에서 이 반응은 언어행동으로 분류된다. Skinner는 텍스추얼 반응이 점자(braille)와 같이 촉각적 자극에 의해서도 발생할 수 있다고 보았으며, 이러한 반응들은 문해력 형성의 기초를 이룬다고 보았다. 읽기는 단순한 인지 과정이 아니라, 시각적 기호가 특정 발화 반응을 유도하도록 학습된 언어행동이다. 따라서 텍스추얼 반응의 습득은 언어의 시각적 표현과 청각적 표현 사이의 기능적 연결을 형성하는 핵심 과정으로 간주된다.

트랜스크립션(transcription)은 텍스추얼의 반대 방향에 해당하는 반응 유형으로 청각적 언어 자극(혹은 말소리)이 시각적 반응(쓰기)으로 전환되는 행위를 말한다. 예를 들어, 아동이 교사의 말소리를 듣고 이를 받아 적는 활동은 트랜스크립션에 해당한다. 이는 '말소리 자극 → 문자 반응'으로 구성되며, 역시 자극과 반응 사이에 자극-반응 간의 일대일 대응은 존재하지 않는다. Skinner는 쓰기 역시 언어행동으로 포함된다고 주장하였으며, 음성 언어의 시각적 표현을 생성하는 행위가 일상생활과 학습, 그리고 독립된 사회생활에 있어 중요한 기술임을 강조하였다. 트랜스크립션은 단순한 기술적 능력을 넘어서 언어 자극에 대한 정확한 변환 능력과 기능적 반응 연결망의 확장이라는 점에서 중요한 언어행동이다.

2) 텍스추얼과 트랜스크립션의 교수적 활용

읽기와 쓰기는 단순한 문자 해독이나 필기 기술이 아닌 다른 언어행동의 습득을 촉진하는 유용한 교수 수단으로 기능할 수 있다. 특히 텍스추얼과 트랜스크립션은 단독 언어반응 형태를 넘어 복잡한 언어 기능 간 전이를 유도하는 도구로 교육 현장에서 활용될 수 있다.

읽기 행동으로 분류되는 텍스추얼은 다른 유형의 언어행동을 발달시키는 데 있어 효과적인 촉진 전략으로 활용될 수 있다. Krantz와 McClannahan(1998)의 연구에 따르면, 자폐스펙트럼장애 아동에게 텍스추얼 스크립트(textual scripts)를 제공함으로써 언어적 상호작용의 빈도와 자발성이 증가하는 경향이 관찰되었다. 초기에는 학습자들이 제시된 문장을 그대로 읽는 방식으로 반응하였으나, 점차 반복적 노출과 연습을 통해 스크립트에 의존하지 않은 자발적 발화가 자연스럽게 발생하였다. 이러한 결과는 텍스추얼이 단순한 기계적 읽기에 그치지 않고, 독립적 언어산출로의 전이를 유도하는 기반이 될 수 있음을 시사한다.

트랜스크립션은 언어적 표현을 시각적으로 구성하는 과정이며, 언어기술의 일반화와 전이에 기여할 수 있는 강력한 도구로 여겨진다. Greer 등(2005)은 트랜스크립션이 기존에 습득된 언어반응을 유지하거나 다른 언어 반응의 출현을 유도하는 데 사용될 수 있다고 주장하였다. Eby 등(2010)은 자폐스펙트럼장애 아동을 대상으로 쓰기와 소리 내어 철자를 말하는 행동(인트라버벌) 간의 전이 효과를 조사하였다. 이들은 MEI를 활용하여 다양한 단어 세트를 사용해 쓰기와 철자 말하기 기술을 직접 교수하였으며, 그 결과, 학습되지 않았던 문항에서도 해당 반응이 일반화되어 나타나는 전이 효과를 확인하였다. 이 연구는 트랜스크립션이 단순한 필기 기술을 넘어 언어반응 간의 상호작용과 확장을 가능하게 하는 중요한 교수 전략임을 보여 준다.

6. 오토클리틱

1) 오토클리틱의 개념과 기능

오토클리틱(autoclitic)은 화자의 1차적 언어행동(예: 맨드, 택트, 에코익, 인트라버벌, 텍스추얼, 트렌스크립션)에 덧붙여 청자의 해석을 조정하고, 언어행동의 기능적 정밀성을 높이는 2차적 언어행동이다(Skinner, 1957). 즉, 오토클리틱은 화자의 언어가 청자에게 어떻게 받아들여질지를 염두에 두고 발화의 해석 가능성을 높이기 위해 부가적으로 생성되는 언어행동이다. 예를 들어, 맨드는 일반적으로 MO의 통제하에 발생하며, 그 결과로 특정 자극(강화제)을 얻게 된다. 이때 화자가 "정말 물 마시고 싶어요."라고 말한다면, "물 마시고 싶어요."는 맨드이고, '정말'은 맨드의 강도를 조정하고 청자 반응의 가능성을 높이는 오토클리틱 요소로 작용한다. 또 다른 예로는, "그는 아마도 올 거야."라는 발화에서 '아마도'는 주된 진술("그는 올 거야.")의 신뢰도를 조정하는 오토클리틱으로 청자가 그 정보를 어떻게 해석해야 할지를 안내한다.

Skinner는 오토클리틱 관계(autoclitic relation)를 이해하기 위해서는 2가지 수준의 **3요인 유관**(three-term contingency)을 분석해야 한다고 보았다(Skinner, 1957). 첫째, 1차적 언어행동에 대한 기능적 분석이다. 둘째, 이러한 1차적 언어행동에 추가된 오토클리틱의 통제 변인(controlling variables)을 분석하는 것이다. 오토클리틱은 1차적 언어행동의 통제 조건을 기반으로 발생하며, 그 자체로 또 다른 기능적 관계를 구성한다. 예를 들어, 한 아동이 고양이와 유사한 동물을 보고 "고양이 같아."라고 말하는 경우, 이는 단순한 택트가 아니라, 그 동물이 실제 고양이는 아니며 이와 유사하다는 점을 강조하는 오토클리틱 택트(autoclitic tact)다. 즉, 비언어적 자극(동물의 외형)이 기존에 학습된 택트(고양이)와는 완전히 일치하지 않음을 설명하려는 부가적 언어행동이 포함되어 있다.

2) 오토클리틱의 주요 유형

Skinner(1957)는 오토클리틱을 그 기능적 특성에 따라 다음과 같이 5가지 주요 유형으로 분류하였다. 이러한 분류는 오토클리틱이 단순히 언어를 꾸며 주는 요소가 아닌, 의미 구성과 전달 방식에 실질적으로 기여하는 기능적 언어행동임을 보여 준다.

첫째, 설명적 오토클리틱(descriptive autoclitic)은 화자의 언어행동이 어떤 조건에서 발생했는지를 청자에게 명시적으로 전달함으로써 청자가 그 언어를 더 효과적으로 해석하고 반응할 수 있도록 돕는 기능을 수행한다. 즉, 주어진 발화에 대한 통제 변인을 언어적으로 부가 설명함으로써 청자의 해석 가능성과 반응의 정확도를 높이는 것이다. Skinner는 이 중 하나의 유형으로 해당 발화가 어떤 언어행동 유형에 해당하는지를 청자에게 알려 주는 방식을 제시하였다. 예를 들어, 어떤 사람이 TV를 보며, "듣자 하니 내일 기온이 30도까지 오른대."라고 말하는 경우, '듣자 하니'는 이어지는 문장이 에코익 임을 암시하는 설명적 오토클리틱이다. 이러한 표현은 단순히 진술 내용을 전달하는 데 그치지 않고, 그 정보의 출처나 통제 조건에 대한 단서를 제공함으로써 청자가 해당 정보를 신뢰할지 또는 어느 정도 반응할지를 판단할 수 있게 한다.

둘째, 수식적 오토클리틱(qualifying autoclitic)은 기본적으로 택트의 의미나 방향성을 조정하며, 청자의 반응 강도나 방향을 변화시키는 기능적 언어행동이다(Skinner, 1957). 수식적 오토클리틱은 발화 그 자체의 성격을 변형하거나, 그 해석의 강도를 조절하는 데 목적이 있으며, 해당 반응이 비언어적 자극과의 연관성이 약하거나 부분적으로만 일치할 때 주로 나타난다. 예를 들어, 아동이 생김새는 비슷하지만 정확히 같은 동물이 아닌 대상(예: 강아지)을 보고 "늑대 같아."라고 말할 경우, '같아'는 택트인 '늑대'에 대한 수식적 오토클리틱으로 기능한다.

셋째, 수량적 오토클리틱(quantifying autoclitic)은 청자의 반응 범위를 조절하거나 제한하기 위해 1차 언어행동과 자극 간의 관계를 명확히 하는 역할을 수행한다. 수량적 오토클리틱은 주로 명사 앞에 위치하는 한정사(determiner) 형태로 나타나며, 청자에게 해당 언어행동이 어떤 범주 또는 수량의 대상을 지칭하는지 암시한다. 예를 들어, "그 고양이는 어제 우리가 봤던 고양이야."라는 발화에서 '그'는 이미 화자와 청자가 공유한 특정 고양이를 지칭함으로써 대상을 특정하게 만들고, 이는 청자의 반응을 좁은 범위로 유도하는 역할을 한다.

넷째, 조작적 오토클리틱(manipulative autoclitic)은 청자가 특정 방식으로 행동하도록 유도하거나 요청하는 기능을 가지며, 해당 발화에 대해 화자가 어떤 반응을 기대하고 있다는 점에서 MO가 중요한 조절 변인으로 작용한다. 즉, 화자의 발화는 청자의 특정 행동을 유발할 수 있을 때 강화가 일어나는 구조를 갖는다. 예를 들어, 누군가가 "이제 말해도 될까요?" 또는 "도와주실 수 있을까요?"라고 말할 때, 이 발화는 화자가 원하는 반응(예: 말할 수 있는 허락, 도움 제공)을 청자로부터 유도해 내기 위한 목적을 지닌다. 이 경우 발화 자체는 단순한 정보 전달이 아닌, 청자의 행동을 조작하려는 의도를 담은 언어행동이다. 조작적 오토클리틱은 종종 공손 표현, 요청, 암묵적 지시 등의 형태로 나타나며, 사회적 상호작용에서 간접적이지만 강력한 영향력을 가지고 있는 언어행동으로 기능한다. 따라서 조작적 오토클리틱은 화용적(pragmatic) 언어 기능과 밀접하게 관련되어 있다.

다섯째, 관계적 오토클리틱(relational autoclitic)은 두 개 이상의 언어 요소 간의 관계를 청자에게 명확하게 전달함으로써 청자가 문장의 구조적 의미를 정확하게 해석하도록 돕는다. 관계적 오토클리틱은 일반적으로 문법적 관계(주어-동사 일치, 소유 표현, 전치사구 등)를 형성하는 데 기여하며, 단독으로는 기능적 의미를 지니지 않고 반드시 1차적 언어행동에 종속적으로 나타난다. 예를 들어, "선생님의 책상 위에 연필이 있다."에서 '-의' '위에'는 각각 소유 관계와 공간적 위치 관계를 나타내는 오토클리틱으로 정보 간의 관계를 명확히 전달한다.

〈표 10-2〉 Skinner의 오토클리틱 분류

유형	기능적 설명	예시
설명적	행동이 발생한 조건을 설명하며 청자로부터의 벌 제공 가능성을 줄임	"당신께 이 소식을 전하게 되어 유감입니다."
수식적	1차 언어행동을 확장하거나 부정하거나 강조하도록 조절하는 MO에 의해 통제됨	"그건 재미있지 않았어."
수량적	청자가 정보를 더 정확히 해석하도록 1차 언어행동의 의미를 강조하거나 수량화함	"저는 서류 전부가 필요합니다."
조작적	청자가 1차 언어행동에 특정 방식으로 반응하도록 유도하며, 화용적 지시의 성격을 지님	"그 말은 가볍게 들어 줘."
관계적	1차 언어행동 간의 관계를 조정하도록 청자에게 명시적으로 지시하며, 문법적 구조를 포함하는 경우도 있음	'엄마의 목소리'(소유 관계 표현 등)

출처: Skinner, B. F. (1957).

이후, Peterson(1978)은 오토클리틱을 보다 기능적인 관점에서 언어행동의 통제 변인에 주목하여 2가지 범주, 즉 오토클리틱 택트와 오토클리틱 맨드로 재구성할 것을 제안하였다. 이 분류는 각각의 오토클리틱이 어떤 종류의 선행 자극(S^D)에 의해 유발되는지를 기준으로 한다. 먼저, 오토클리틱 택트(autoclitic tact)는 S^D에 의해 통제되는 언어행동으로, 화자가 비언어적 자극이나 이미 존재하는 반응과의 관계를 기술하거나 명시할 때 발생한다. 예를 들어, 누군가가 흐릿한 인물을 보고 "그건 아마도 동생일 거야."라고 말할 경우, '아마도'는 해당 자극의 명확성이 낮을 때 사용하는 표현으로 불확실성의 수준을 나타내는 오토클리틱 택트에 해당된다. 오토클리틱 맨드(autoclitic mand)는 MO에 의해 유발되며, 화자가 특정 반응을 청자에게 직접적으로 유도하거나 조작하려는 의도를 담은 표현이다. 예를 들어, "제발 도와주세요."라는 문장에서 '제발'은 화자의 긴급한 요청 의도를 강화하며, 청자의 반응 가능성을 높이기 위한 언어적 조정 장치로 작동한다. Peterson의 분류는 Skinner의 오토클리틱 분류가 다소 개념적으로 중첩되는 측면이 있다는 점에서 출발하였으며, 기능적 자극 통제 변인(S^D 또는 MO)을 중심으로 보다 명확하고 실용적인 분석 체계를 제공한다는 점에서 유의미하다.

Ⅲ 생성적 언어행동

1. 생성적 언어행동의 개념

인간은 언어를 통해 과거에 직접 듣거나 말한 경험이 없는 새로운 문장을 자발적으로 생성하고 이해하는 능력을 지니고 있다. 이러한 능력은 인간 언어의 본질적인 특징으로 평가되며, 학자들에 의해 다양한 용어로 설명되어 왔다. 예를 들어, 생성적 언어(generative language), 언어 생산성(linguistic productivity), 생성 문법(generative grammar) 또는 재결합 일반화(recombinative generalization) 등의 개념이 이에 해당한다(Goldstein, 1984; Hockett, 1960; Lutzker & Sherman, 1974; Stewart et al., 2013). 이러한 생성적 언어행동은 단순히 과거에 학습한 자극이나 반응을 반복하는 것이 아니라, 직접 훈련되지 않은 새로운 언어 반응을 창조적으로 산출하는 현상을 의미한다. 예를 들어, 특정 문장을 학습하지 않았음에도 불구하고 아동이 유사한 구조의 새로운 문장을 말할 수 있다면, 이는 이전에 학습한 언어 요소 간의 관계를 조합하거나 확장하는 능력에 기반한다고 해석할 수 있다(Lutzker & Sherman, 1974). 이처럼 생성된 문장은 모델링이나 직접 훈련의 결과가 아님에도 불구하고, 기존 언어반응과 기능적으로 연계된 새로운 표현으로 간주된다. 또한 생성적 언어는 **자극일반화**(stimulus generalization)나 **반응일반화**(response generalization)와는 구분되어야 하는데, 이는 새롭게 생성된 문장은 기존에 학습한 문장들과 물리적으로 유사하지 않은 경우가 많으며, 단순한 유사성만으로는 이러한 반응을 설명할 수 없기 때문이다(Stewart et al., 2013). 따라서 생성적 언어행동은 언어적 요소 간의 관계 이해 및 조합 능력이 반영된 고차적 언어 기술로 이해되어야 한다.

2. 자극등가이론

1) 자극등가의 개념과 원리

자극등가이론(stimulus equivalence theory)은 인간이 언어를 통해 상징적인 자극들 간의 관계를 학습하고, 이를 일반화하여 새로운 자극 간 관계를 구성해내는 과정을 설명하는 이론으로 Sidman(1971)에 의해 처음 제안되었다. 이 이론은 언어학습이나 추상적 개념 형성과 같이 단순한 자극-반응 연합만으로는 설명할 수 없는 복잡한 인지적 행동을 기능적 행동분석의 관점에서 설명하려는 시도다.

자극등가란 두 자극 간에 식섭적인 훈련이 이루어지지 않았음에도 불구하고, 학습자가 해당 자극들을 상호 교환 가능한 것처럼 처리하거나 동일한 개념 범주로 인식하는 현상을 의미한다. 예를 들어, '사과'라는 단어와 사과 그림이 짝지어져 훈련되었고, 동일한 그림이 실제 사과와도 연결되었다면, 학습자는 직접 훈련되지 않았더라도 '사과'라는 단어만 보고도 실제 사과를 인식하게 되는 현상을 보일 수 있다. 이처럼 자극들 간의 등가적 반응은 훈련되지 않은 새로운 생성된 관계(emergent relation)의 출현을 의미하며, 이는 생성적 언어행동과 인지 확장의 주요 메커니즘으로 간주된다(Sidman, 1994; Sidman & Tailby, 1982).

자극이 등가 관계에 속하기 위해서는 다음 3가지 논리적 속성이 충족되어야 한다(Sidman & Tailby, 1982).

첫째, **반사성**(reflexivity)이다. 특정 자극은 자기 자신과 일치하는 반응을 유도해야 한다. 즉, A라는 자극이 주어졌을 때, A를 선택하는 반응이 관찰되어야 한다(A = A).

둘째, **대칭성**(symmetry)이다. 두 자극 A와 B가 연결되었다면, 그 반대의 관계도 동일하게 성립되어야 한다. 즉, 'A = B' 관계가 학습되었다면, B가 주어졌을 때 A를 선택하는 반응(B = A)도 나타나야 한다.

셋째, **전이성**(transitivity)이다. 자극 A와 B, B와 C 사이에 관계가 형성되어 있다면, A와 C 사이에도 자연스럽게 관계가 형성되어야 한다. 즉, 'A = B이고 B = C'일 경우, 'A = C'가 성립되어야 한다.

이 3가지 속성이 모두 관찰될 경우, 해당 자극들은 등가군(equivalence class)을 형성한다고 볼 수 있으며, 이는 상징적 기능(symbolic function)을 지닌 학습이 이루어졌음을 의미한다(Sidman, 1994, 2000).

2) 4항 분석단위와 자극등가 형성의 기반

Sidman(1994, 2000)은 강화유관(reinforcement contingency)이 학습자에게 2가지 주요한 결과를 산출한다고 제안하였다. 하나는 특정 반응이 강화제와 기능적으로 연결되는 분석단위(analytic units)이고, 다른 하나는 자극 간 등가관계(stimulus equivalence relations)다. 분석단위는 행동의 기능적 분석을 위한 기본 단위로, 가장 단순한 형태는 2항 분석단위(response-reinforcer)다. 이는 특정 반응이 특정 강화제에 의해 반복적으로 유지되는 관계를 뜻한다. 여기에 S^D가 개입되면, 강화는 특정 자극의 존재하에서만 발생하므로, 이는 3항 분석단위(S^D-R-R^+)로 확장된다. 이러한 구조는 대부분의 변별훈련(discrimination training)에서 사용되는 일반적인 틀이다. 더 나아가, 학습 상황에 조건자극(Conditional Stimulus: CS)이 추가되면, 학습자는 어떤 S^D를 활성화할지를 조건자극에 따라 결정하게 되며, 이는 4항 분석단위(CS-S^D-R-R^+)로 구성된다(Sidman, 2000). 여기서 조건자극은 단순한 맥락적 배경이 아닌 특정 반응이 어떤 자극하에서 강화될지를 결정하는 선택적 S^D로 작용한다(Cumming & Berryman, 1965).

4항 분석단위 예시

색깔과 모양이 결합된 자극조건에서의 학습

- **상황:** 한 아동에게 2가지 조건자극을 번갈아 제시한다.
  - 조건자극 1(CS1): "색깔로 선택해."
  - 조건자극 2(CS2): "모양으로 선택해."
- **동시에 제시되는 두 개의 자극:**
  - 자극 A: 빨간색 동그라미

- 자극 B: 파란색 세모

• **절차:**
- CS1("색깔로 선택해.")이 주어지고, SD는 '색깔'이 기준이 되며, 아동에게 "빨간색을 선택해."라고 하였을 때, 아동이 '빨간색 동그라미'를 선택하면 강화 제공
- CS2("모양으로 선택해.")가 주어지고, SD는 '모양'이 기준이 되며, 아동에게 "세모를 선택해."라고 하였을 때, 아동이 '파란색 세모'를 선택하면 강화 제공

이러한 4항 분석단위는 **조건 변별**(conditional discrimination) 절차를 통해 실현된다. 이 절차에서는 두 개 이상의 샘플 자극(sample stimulus)이 단독으로 제시되며, 각각에 따라 두 개 이상의 비교 자극(comparison stimuli) 중 적절한 것을 선택했을 때만 강화를 제공한다. 선택된 비교 자극이 샘플 자극에 따라 조건적으로 결정되므로, 학습자는 다양한 자극 간의 관계를 구별하고 반응할 수 있는 조건적 자극 통제(conditional stimulus control)를 형성하게 된다. Sidman은 이와 같은 4항 구조가 단순히 조건반사 수준의 행

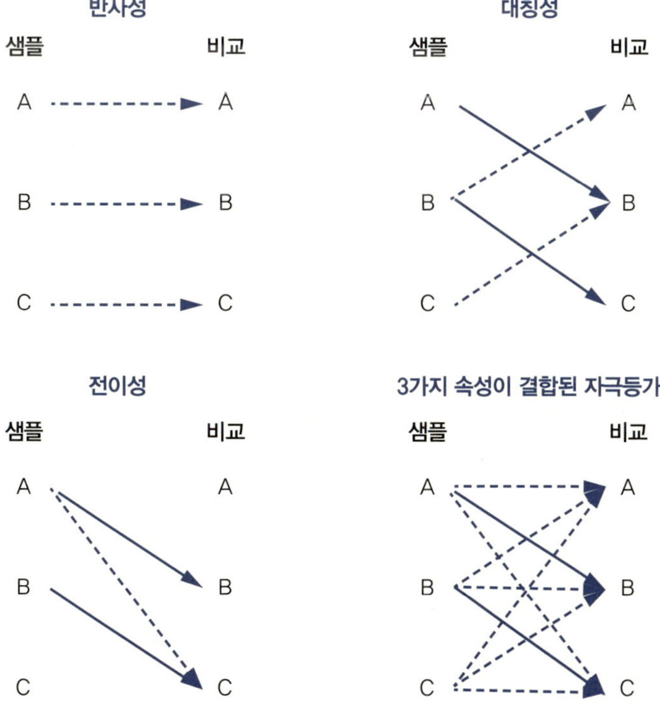

[그림 10-3] 4항 분석단위 도식

출처: Sidman & Tailby (1982).

동 통제를 넘어, 자극 간의 등가 관계(equivalence relation)를 형성할 수 있는 기능적 기반이 된다고 강조하였다. 즉, 학습자는 단지 자극에 반응하는 것을 넘어서, 학습된 자극 간의 대응 관계를 통해 새로운 자극 조합이나 문맥에서도 유연하게 반응할 수 있게 되며, 이는 언어적 유연성과 추론적 사고의 기초를 이룬다(Sidman, 2000).

[그림 10-3]의 4개 도식은 Sidman과 Tailby(1982)가 제안한 자극등가 이론의 핵심 속성들을 시각적으로 제시한 것이다. 각각의 도식은 조건적 관계의 형태를 나타내며, 반사성(좌측 상단), 대칭성(우측 상단), 전이성(좌측 하단), 그리고 이 3가지 속성이 결합된 자극등가(우측 하단)를 나타낸다.

3. 네이밍

1) 네이밍의 개념과 원리

네이밍(naming)은 단순히 사물을 지칭하거나 명명하는 활동을 넘어 개인 내부에서 화자 행동과 청자 행동이 기능적으로 결합된 상위 언어 체계로 정의된다(Horne & Lowe, 1996). 다시 말해, 하나의 자극이 특정 언어 반응(예: "사과")을 유도할 뿐만 아니라, 그 말소리에 따라 적절하게 반응(예: 사과를 가리키거나 선택)하는 일련의 행동이 통합적으로 이루어지는 경우를 지칭한다. 이러한 구조는 화자 행동이 청자의 반응을 유도하고, 동시에 청자 행동이 다시 화자 반응을 매개하는 양방향적 상호작용을 포함한다.

Horne과 Lowe(1996)는 네이밍을 상위작동행동(higher-order operant)으로 개념화하였으며, 이는 화자 또는 청자 행동이 각각 별도로 강화되지 않았더라도 반복된 언어적 상호작용을 통해 기능적으로 결합 될 수 있음을 의미한다. 초기 발달 단계에서 아동은 주변인의 음성, 시각 자극, 행동적 모델링에 노출되며, 이 과정을 통해 에코익, 청자 반응, 택트의 요소들이 분화되고 통합되기 시작한다. 예를 들어, 아이가 장난감 자동차를 보고 "자동차."라고 말한 후, 같은 말소리를 다른 사람에게서 들었을 때 해당 사물에 주목하거나 찾는다면, 이는 하나의 자극이 화자와 청자 행동을 동시에 유도할 수 있는 양방향 네이밍 능력이 형성되었음을 의미한다.

이러한 반응은 단순한 택트나 에코익과는 구별된다. 택트는 비언어적 자극에 대한 말하기 반응이며, 에코익은 언어 자극에 대한 음성적 반복이다. 반면, 네이밍은 화자와 청자 행동 간의 상호기능적 연계가 특징이며, 자극에 대한 보다 일반화되고 유연한 언어 반응을 가능하게 한다(Horne & Lowe, 1996; Miguel & Petursdottir, 2009).

특히 아동이 특정 자극에 대해 화자 반응만 학습했음에도 청자 반응을 자발적으로 수행하거나, 청자 반응을 학습했을 뿐임에도 화자 반응이 유도되는 경우, 이는 네이밍이 일반화된 언어 기능으로 작동하고 있음을 의미한다. 이러한 특성 때문에 네이밍은 생후 약 18개월경 나타나는 언어폭발(language explosion) 현상을 설명하는 핵심 메커니즘으로 간주된다(Benedict, 1979).

2) 네이밍과 공동통제의 관계

Horne과 Lowe(1996)가 제안한 네이밍 형성 조건은 공동통제(joint control)를 유도하는 조건과 동일하다(Lowenkron, 1996a). 즉, 아동이 어떤 자극에 대해 청자 반응, 에코익, 택트를 모두 학습한 후, 해당 자극에 대한 지시(예: "컵 가져와.")를 받으면, 아동은 단순히 컵을 찾는 데 그치지 않고, 부모가 말한 '컵'이라는 단어를 반복하거나 속으로 되뇌는 반응까지 나타낼 수 있다.

아이가 컵을 찾았을 때, 실제 컵이라는 자극은 이전에 학습한 택트 '컵'을 유도하고, 동시에 아이는 '컵'이라는 단어를 반복(에코익)하고 있다면, 이 반응은 택트와 에코익의 공동통제에 의해 산출된 것이다. 이때 부모가 컵 선택을 강화하게 되면, '컵'이라는 말소리에 의해 유도된 에코익 반응과 컵이라는 비언어적 자극이 동시에 반응을 통제하는 구조가 더욱 강화된다. 이러한 경험이 반복되면, 아동의 선택 반응은 외부 언어 자극만이 아니라, 에코익과 택트가 일치할 때 나타나는 공동통제 사건(joint control event)에 의해 조절되기 시작한다(Lowenkron, 1997).

이 개념은 **샘플매칭**(Matching-To-Sample: MTS) 과제에서도 잘 드러난다. 예를 들어, 아동이 샘플 자극을 보고 "칫솔."이라고 말한 후, 비교 자극들 중에서 동일한 음운 구조를 에코익으로 되뇌는 동안, 동일한 이름을 떠올리게 하는 비교 자극(예: '칫솔'을 유도하는 사진)이 선택된다. 즉, 두 자극이 동일한 반응 형태를 유도하는 상황은 이후의 반응을 유도하는 변별 가능한 사건으로 작용하게 된다(Lowenkron, 1998).

Miguel 등(2008)은 네이밍이 자극 범주화 과제에서 어떤 역할을 하는지 검증한 연구를 통해, 일부 유아 참가자들이 정확한 분류를 하지 못했던 이유가 비교 자극에 대한 택트 반응의 부족 때문일 수 있다고 지적하였다. 즉, 샘플 자극만이 아니라 비교 자극에 대해서도 택트 반응이 이루어졌을 때에만 공동통제가 가능하며, 그에 따라 정확한 범주화가 가능해졌다는 것이다.

3) 양방향 네이밍

최근 Miguel(2016)은 이 개념을 보다 명확히 하기 위해 **양방향 네이밍**(bidirectional naming, BiN)이라는 용어를 제시하였다. 이는 단일 자극이 화자 행동과 청자 행동을 동시에 유도하는 관계를 가리키며, 기존의 네이밍 개념을 기능적으로 분명히 하여 일반적 명명하기(labeling)와 구분하는 데 유용한 개념적 도구가 된다. 이 개념은 특정 자극이 화자 반응과 청자 반응을 동시에 유도할 수 있을 때, 즉 자극에 대해 말하고 그 말소리에 반응하는 양방향 구조가 형성될 때 사용된다. Horne과 Lowe가 제안한 원래의 기술적 개념을 유지하면서도 일반적 사용과 구분하기 위한 구체적인 표현이 되는 것이다.

이러한 관점에서 양방향 네이밍은 공통 양방향 네이밍(Common BiN: C-BiN)과 인트라버벌 양방향 네이밍(Intraverbal BiN: I-BiN)으로 세분화할 수 있다. C-BiN은 택트와 청자 반응이 동일한 자극에 대해 동시에 나타나는 경우에 해당한다. 예를 들어, 아동이 사과를 보고 "사과."라고 말할 수 있고, 다른 사람이 "사과."라고 말했을 때 실제 사과를 가리킬 수 있다면, 이 아동은 화자와 청자 반응을 공통된 자극에 대해 양방향적으로 실행할 수 있는 것이다. 이러한 구조에서는 자극 간의 기능적 등가 관계(예: 명칭과 실물, 음성 등)가 형성되어, 같은 의미를 지닌 자극들로 일반화된 반응이 나타난다. I-BiN은 언어적 자극 간의 관계가 인트라버벌 연합을 통해 형성될 때 나타난다. 예를 들어, '빵-우유'와 같이 부모의 말에서 반복적으로 함께 등장하는 단어들이 아동의 언어 경험에 축적되면, 아동은 '빵'이라는 단어를 들었을 때 '우유' 등 관련 단어들을 떠올리거나 말할 수 있게 된다.

4. 관계 틀 이론

1) 관계 틀 이론의 개념

자극 등가의 설명을 위한 또 하나의 대안적 접근인 **관계 틀 이론**(Relational Frame Theory: RFT)은 인간 언어와 인지의 복잡성을 설명하기 위해 제안된 이론적 틀이다. Hayes(1991)는 자극 등가는 단순한 일반화 반응이 아닌, 인간이 언어학습 과정에서 습득한 연관 반응(relational responding)의 한 형태라고 주장하였다. 즉, 자극 등가는 선천적 능력이 아닌 조기 언어학습 과정에서 후천적으로 형성된 일반화된 작동 행동(generalized operant behavior)이라는 것이다. 그는 아동이 언어를 배우는 과정에서 단순히 사물의 이름을 익히는 것뿐만 아니라 사물 간의 다양한 관계, 예컨대 대조

(opposition), 차이(difference), 비교(comparison) 등에 따라 반응하도록 학습된다고 보았다. 이러한 연관 반응이 반복적이고 일반화된 작동행동으로 정착되면, 새로운 자극 간의 관계도 별도의 훈련 없이 추론적으로 도출될 수 있게 된다. 이처럼 자극 간의 관계 설정 자체가 하나의 작동행동 범주로 일반화될 수 있으며, 이 범주를 관계 틀(relational frame)이라 명명하였다. 다시 말해, 인간은 언어학습 과정에서 다양한 형태의 관계 틀에 따라 반응하도록 사회적으로 조건화되며, 그 결과로 복잡한 언어 및 사고 능력이 발달한다는 것이다.

RFT는 기존의 자극 등가 이론이 주로 등가성(equivalence)에만 초점을 두었던 것과는 달리, 비교, 대조, 위계 구조, 시공간적 관계 등 훨씬 다양한 관계적 구조를 설명할 수 있는 확장된 이론적 기반을 제공한다. 이러한 연관 반응은 단순한 자극 간의 연합이 아니라, 맥락에 따라 자극 간의 의미와 기능이 변화하는 유연한 반응 체계를 통해 인간 언어의 생산성과 상징성을 설명할 수 있게 한다.

2) 관계 틀 이론의 3가지 속성

RFT의 관점에서 파생된 관계적 반응(derived relational responding)은 다양한 형태로 나타날 수 있으며, 단순한 등가관계를 넘어 대조, 비교, 계층, 차이 등의 다양한 관계 틀로 구성될 수 있다. 이러한 관계 유형들은 표면적으로 상이해 보이지만, 모두 공통적으로 3가지 핵심적 속성을 충족한다.

첫째, 상호수반(mutual entailment)이다. 상호수반은 한 자극과 다른 자극 사이의 관계가 양방향적으로 내포됨을 의미한다. 예를 들어, 'A가 B보다 크다'는 관계를 학습하면, 별도의 훈련 없이도 'B는 A보다 작다'는 관계를 유추할 수 있다.

둘째, 조합수반(combinatorial entailment)이다. 조합수반은 두 개 이상의 관계가 결합되면 새로운 관계를 생성하는 특성이다. 예를 들어, A가 B보다 크고, B가 C보다 크다면, 학습자는 'A가 C보다 크다'는 관계를 새롭게 도출할 수 있다.

셋째, 자극 기능의 변형(transformation of stimulus function)이다. 기능의 변형은 관계 틀 내의 하나의 자극에 부여된 기능이 동일한 관계 내의 다른 자극으로 전이되거나 변형되어 작동하는 현상을 의미한다. Lang(1985)의 공포 망 모델(fear network model)에서는 생각(thought), 감정(emotion), 생리적 반응(physiological sensation), 명시적 행동(overt behavior) 등 다양한 자극들이 포함되며, 이러한 자극들은 모두 RFT의 분석 대상이 된다. 또한 자극들 사이에는 인과관계(causal relationship), 동일성 혹은 유사성

(coordination or equivalence), 위계적 포함 관계(hierarchy) 등이 명시적 혹은 암묵적으로 형성되어 있다. 예를 들어, '두려움'이라는 감정이나 '나는 무서워.'라는 생각은 '도망가기'라는 행동의 원인이 될 수 있으며, '뱀'은 '위험' '예측 불가능성'과 유사한 자극으로 간주될 수 있다. 이러한 자극들은 서로 관계를 맺으면서 기능을 공유하게 되는데, 이를 RFT에서는 자극 기능의 변형이라고 부른다. 예를 들어, 숲속에 있다는 사실만으로도 뱀과 연관된 두려움, 심박 수 증가, 회피행동 같은 반응이 유도될 수 있다. 이는 숲이라는 자극이 뱀과 연결되어 있고, 그로 인해 뱀이 갖는 기능 일부가 숲에도 전이되었기 때문이다.

Ⅳ 언어행동분석의 적용

1. 언어행동 평가 방법

효과적인 언어 중재를 계획하고 실행하기 위해서는 아동의 현재 언어 능력과 관련 행동의 특성을 명확하게 파악하는 것이 선행되어야 한다. 이러한 정보를 얻기 위해서는 단편적인 언어산출 능력만을 측정하는 전통적 언어검사 방식에서 벗어나, 아동의 언어행동을 기능적 관점에서 체계적으로 분석하고 평가할 수 있는 도구의 사용이 필요하다. Skinner(1957)가 제시한 언어행동의 범주 즉, 맨드, 택트, 에코익, 인트라버벌 등의 기능적 유형은 언어행동을 평가하는 핵심 기준으로 활용되며, 실제 교육 및 중재 계획 수립에 있어 실천적인 분석 틀을 제공한다. 이러한 언어 및 발달 평가의 목적을 달성하기 위해 다양한 평가 도구들이 개발되어 활용되고 있는데, 그중 VB-MAPP과 ABLLS-R에 대해 소개하고자 한다.

1) VB-MAPP

VB-MAPP(Verbal Behavior Milestones Assessment and Placement Program)은 아동의 언어 수준을 평가하고 기능적 결함을 파악하여 이에 기반한 개별화교육계획을 수립할 수 있도록 설계된 다차원적 평가 도구다(Sundberg, 2008). VB-MAPP은 Skinner(1957)가 제시한 주요 언어행동 유형에 기반하여 아동의 언어발달을 분석하며, 특히 자폐스펙트럼장애 및 발달지연 아동을 대상으로 활용된다.

VB-MAPP은 총 5가지 주요 구성 요소로 이루어져 있으며, 그중 핵심이 되는 마일스톤 평가(Milestones Assessment)는 생후 48개월까지의 아동이 도달하는 전형적 발달단계를 기준으로 3단계의 발달 수준으로 구분되어 있다. 레벨 1(0~18개월 수준)에서는 초기 언어행동기술을 중심으로 평가가 이루어지며, 구체적으로는 맨드, 택트, 청자 반응, 사회적 상호작용, 시지각, 샘플매칭, 독립 놀이, 운동 모방, 에코익, 자발화 등 다양한 하위 기술이 포함된다. 레벨 2(18~20개월 수준)는 이전 수준에서 다룬 기술들의 확장적 평가와 더불어, 기능 · 특징 · 범주에 따른 청자 반응, 인트라버벌, 집단 상황에서의 반응, 언어적 규칙성 및 문법적 기술 등이 추가적으로 평가 된다. 레벨 3(30~48개월 수준)에서는 초기 학문 기술(pre-academic skills)에 대한 평가가 포함되어, 읽기, 수학, 쓰기와 같은 기초 학습능력을 평가할 수 있다.

2) ABLLS-R

ABLLS-R(Assessment of Basic Language and Learning Skills-Revised)은 Skinner(1957)의 『Verbal Behavior』에서 제시된 언어행동이론을 기반으로 개발된 평가 도구로 아동의 언어 및 학습 기술을 기능적으로 분석하고, 개별화교육계획 수립에 필요한 구체적인 정보를 제공하기 위해 고안되었다. 이 도구는 1998년 Sundberg와 Partington에 의해 처음 개발되었으며, 이후 Partington(2010)에 의해 개정되어 현재는 평가 도구, 교육과정 가이드, 기술 추적 시스템의 역할을 통합적으로 수행한다.

ABLLS-R은 특히 자폐스펙트럼장애 아동이나 발달지연을 보이는 아동의 언어행동 수준과 일상생활 기능을 세밀하게 평가할 수 있도록 설계되었다. 이 도구는 준거 참조 평가(criterion-referenced aseessment)의 형식을 따르며, 학습자가 현재 보유하고 있는 기술 레퍼토리를 문항별로 분석하고, 해당 기술의 습득 여부와 발달 경로를 추적할 수 있도록 지원한다. 특히 부모, 교사, 행동분석가 등이 언어지연 아동의 중재 목표를 구체화하는 데 있어 실용적인 자료로 활용될 수 있다(Partington, 2010b).

이 도구는 평가 항목을 알파벳 순서에 따라 구성하고 있으며, 각 알파벳은 특정한 기술 영역을 나타낸다. ABLLS-R은 25개의 기술영역에 걸쳐 총 544개 문항으로 구성되어 있으며, 각 기술 항목에 대한 아동의 수행 수준을 관찰하고 기록할 수 있도록 상세한 평가 항목과 기준을 제공한다.

첫째, 기본 학습자 기술(The basic learner skills) 영역은 알파벳 A에서 P에 해당하는 항목으로 15개 범주와 383개의 항목으로 전체 평가의 70%를 차지하며, 대부분의 중재 목표가 이 영역에서 설정된다. 둘째, 학업기술(academic skills) 영역은 알파벳 Q에서 T에 해당하는 항목으로 구성되어 있으며, 이는 아동의 초기 학습 기술이 충분히 발달된 이후에 고려되는 영역이다. 일반적으로 언어 및 학습 지연이 있는 아동의 경우, 학업기술보다는 기능적 언어행동이나 일상생활 기술의 발달이 우선시되기 때문에 이 영역은 보조적 목표로 설정된다. 그러나 대부분의 기본 학습자 기술영역에서 일정 수준 이상의 수행을 보이는 아동이라면, 학습 기술 항목에서도 1~2개 정도의 목표를 선정하여 교수계획에 포함시키는 것이 적절하다. 셋째, 자조 기술(self-help skills) 영역은 알파벳 U에서 X에 해당하는 항목으로 아동이 일상생활 속에서 독립적으로 기능하기 위해 필요한 기본적인 자기관리 능력을 평가하고 중재할 수 있도록 구성되어 있다. 이 영역에는 옷 입기, 식사, 세면, 배변 훈련과 같은 일생생활기술이 포함되어 있으며, 이는 가정과 학교, 지역사회에서 독립적인 삶을 영위하는 데 핵심적인 요소로 간주된다. 마지막으로, 소근육 · 대근육 기술(fine and gross motor skills) 영역은 아동이 일상생활을 독립적으로 수행하고, 또래와의 사회적 상호작용에 참여할 수 있는 기초적인 신체 능력을 평가하고 지도하는 데 중점을 둔다. 대근육 운동 기술은 신체의 큰 근육을 활용한 활동으로 걷기, 달리기, 점프, 공 던지기 및 받기 등의 활동을 포함한다. 소근육 운동 기술은 손가락과 손의 정교한 조작을 요구하는 활동으로 쓰기, 그리기, 단추 채우기, 블록 쌓기 등과 같은 세밀한 동작이 포함된다. 운동 기술의 발달은 단지 신체 기능 향상에 국한되지 않고, 또래와의 활동 참여, 집단 놀이, 학교 수업참여 등 다양한 사회적 맥락에서의 적응력을 높이는 데도 핵심적인 역할을 한다. 특히 대근육 기술을 활용한 협동적 활동은 또래와의 상호작용 기회를 자연스럽게 제공하고, 사회성 기술과 결합된 통합적 중재를 가능하게 한다.

2. 언어행동 평가 시 고려 사항

언어행동 평가는 단순히 아동의 언어 능력을 수치적으로 진단하는 데 그치지 않는다. 핵심적인 목적은 아동이 실제 환경 속에서 언어를 어떤 방식으로 사용하며, 그 언어행동이 어떤 기능을 수행하는지를 기능적으로 분석하는 데 있다. 이러한 분석을 통해 아동의 현재 수준에 적합하고 효과적인 중재 목표와 전략을 수립할 수 있으며, 이를 위해 평가를 진행할 때는 다음과 같은 요소들을 충분히 고려해야 한다.

1) 평가 환경의 설정

언어행동은 주변 환경의 특성에 따라 다르게 나타날 수 있으므로 평가가 이루어지는 장소와 맥락은 매우 중요한 요소다. 예를 들어, 아동의 자발적 언어 반응을 자연스럽게 유도하기 위해서는 가정, 어린이집, 놀이 공간 등 일상적 환경에서의 평가가 유리할 수 있다. 반대로, 일정한 조건에서 특정 언어 기술을 일관되게 측정하고자 한다면 구조화된 환경이 더 적절할 것이다. 이러한 환경은 측정의 표준화를 가능하게 하고 결과의 비교 타당성을 높여 준다.

더불어, 평가자는 평가 과정 전반에서 아동의 심리적 안정과 정서적 편안함을 최우선적으로 고려해야 한다. 불필요한 긴장이나 스트레스를 유발하는 자극은 피해야 하며, 윤리적 배려가 동반되어야 한다. 이는 평가 결과의 신뢰성과 타당성을 높이는 데도 중요한 역할을 한다.

또한 평가 결과의 신뢰도와 타당도를 확보하기 위해서는 동일 항목에 대한 반복 평가 또는 여러 평가자 간의 일치도를 비교하는 방법이 활용될 수 있으며, 아동의 언어행동이 다양한 상황에서도 일관되게 나타나는지를 확인하는 것도 중요하다.

2) 평가 도구의 선택 기준

아동의 언어 능력을 정확하게 파악하기 위해서는 연령, 인지 및 언어 발달 수준, 진단적 특성(예: 장애 여부), 그리고 사회적 기능 등을 종합적으로 고려하여 적절한 평가 도구를 선택해야 한다. 하나의 평가 도구만으로는 아동의 전반적인 언어 능력을 충분히 반영하기 어렵기 때문에, 여러 도구를 병행하거나 상호 보완적으로 활용하는 것이 권장된다.

예를 들어, VB-MAPP과 ABLLS-R은 기능적 언어행동의 평가에 유용하며, 영·유아 언어발달 검사(Sequenced Language Scale for Infants: SELSI)나 취학 전 아동의 수용언어 및 표현언어 발달척도(Preschool Receptive-Expressive Language Scale: PRES)와 같은 표준화된 언어검사는 언어형식(문법, 어휘, 음운 등)에 대한 정량적 측정에 효과적이다. 따라서 다양한 평가 도구의 특성과 목적을 고려하여 아동에게 가장 적합한 조합을 구성하는 것이 필요하다.

3) 평가 결과 해석과 활용

언어행동 평가 결과는 단지 점수화된 수치 이상의 의미를 가지며, 해석 시에는 평가 도구의 특성과 한계를 충분히 이해하고 고려해야 한다. 기능 중심의 도구(예: VB-MAPP, ABLLS-R)는 환경적 맥락에서의 언어 사용 기능을 잘 드러내지만, 언어의 형식적 구조(문법, 음운 등)에 대해서는 상대적으로 덜 민감할 수 있다. 반면, 표준화된 언어검사는 언어의 형식과 구조적 요소를 잘 측정하지만, 실제 상황에서의 의사소통 능력이나 사회적 맥락에서의 언어 사용은 제대로 반영하지 못할 수 있다.

또한 아동의 언어행동은 문화적 배경, 가정환경, 개별적 특성 등에 따라 다양하게 나타날 수 있기 때문에 평가 결과를 보편적 기준에 따라 일률적으로 해석하기보다는 아동의 개인적 특성과 맥락을 고려한 유연한 해석이 필요하다.

따라서 다중 평가 접근법의 활용은 특히 중요하다. 직접 관찰, 교사 및 보호자 보고, 구조화된 검사와 자연적 평가 등 다양한 평가 정보를 종합하는 방식은 아동의 언어 능력을 입체적으로 이해하는 데 도움이 되며, 개별화된 중재 계획 수립을 가능하게 한다.

4) 언어행동 평가의 한계와 향후 발전 방향

현재 사용되고 있는 언어행동 평가 도구들은 임상과 교육 현장에서 실용적이고 유용하지만, 여전히 몇 가지 중요한 한계가 존재한다. 대표적으로, 아동이 실제 생활에서 언어를 얼마나 자연스럽게 일반화하여 사용하는지, 혹은 사회적·정서적 맥락에서 언어가 어떻게 작동하는지를 충분히 포착하지 못하는 경우가 많다. 또한 평가 결과가 실제 중재 실행과 얼마나 밀접하게 연결되는가에 대한 고민도 필요하다.

향후에는 보다 통합적이고 역동적인 평가 체계의 개발이 요구된다. 단편적 기능 평가에서 벗어나 언어와 정서, 사회적 상호작용을 포괄하는 복합적 평가 틀을 개발해야 하며, 디지털 기술 기반 평가 방식(예: 영상 분석, 음성 인식 기술, 디지털 언어 샘플 분석 등)의 활용 가능성도 모색할 수 있다. 또한 이러한 평가 시스템의 발전은 평가와 중재 간의 연계를 강화하여 개별 아동의 필요에 맞춘 맞춤형 언어 중재 및 행동 지원으로 이어질 수 있으며, 궁극적으로 이는 아동의 의사소통 능력과 삶의 질 향상에 긍정적인 기여를 할 수 있다.

요약

언어행동분석은 언어를 환경과의 상호작용 속에서 나타나는 기능적 행동으로 간주하며, 전통적 언어 이론과 달리 자극과 결과의 관계를 중심으로 분석한다. 언어는 화자가 청자에게 영향을 주기 위한 행동으로 정의되며, 언어의 형태보다는 기능에 초점을 두어 분석 단위를 설정한다. 이 과정에서 화자와 청자의 역할이 명확히 구분되고, 언어는 말하기뿐만 아니라 다양한 반응 양식으로 나타난다. 언어행동은 1차적 언어행동(예: 맨드, 택트, 에코익 등)과 2차적 언어행동(예: 오토클리틱)으로 구분된다. 전자는 환경 자극에 직접 반응하는 기능을 갖고 있으며, 후자는 언어 간 관계나 사고를 반영하는 보다 복합적인 반응이다. 각각은 고유한 자극 조건과 강화 조건을 가지며, 기능에 따른 목표 설정이 가능하다.

생성적 언어행동은 학습자가 직접 훈련받지 않은 새로운 언어 반응을 산출할 수 있는 능력을 의미하며, 이는 기존에 습득한 언어 요소들 간의 새로운 관계 형성을 통해 일반화와 확장을 가능하게 한다. 이러한 생성적 언어반응의 기반으로는 자극들 간의 반사성, 대칭성, 전이성을 통해 등가 관계를 형성하는 자극등가 이론이 있으며, 이는 언어 학습에서의 일반화와 분류 훈련 등에 효과적으로 적용된다. 또한 네이밍은 동일한 자극에 대해 수용과 표현 반응이 연합되어 발생하는 능력으로, 특히 양방향 네이밍은 수용 훈련만으로도 표현 반응이 나타나는 생성적 언어습득의 핵심 메커니즘으로 작용한다. 관계 틀 이론은 이러한 언어적 생성성을 설명하는 또 다른 틀로서, 자극들 간의 다양한 관계를 맥락에 따라 유연하게 구성하는 능력을 바탕으로, 인간의 고차원적인 언어와 인지 과정을 행동주의적으로 해석할 수 있는 이론적 토대를 제공한다.

언어행동분석은 아동의 언어 기능을 평가하고, 그에 기반하여 중재 계획을 수립하는 데 활용된다. VB-MAPP, ABLLS-R 등의 도구가 사용되며, 아동의 발달 수준과 자극 통제 조건을 고려한 개별화된 교수 전략이 중요하다. 이러한 평가와 적용은 언어 지체 아동에게 효과적인 중재 설계를 가능하게 한다.

제11장

조직행동관리

• 개요

조직행동관리는 응용행동분석의 원리를 조직 환경에 적용하여 인간 행동을 과학적으로 이해하고 변화시키려는 실천적 접근으로 행동을 환경 변수에 따라 조작 가능하게 분석하여 조직 내 협력, 성과, 규범 준수 등을 효과적으로 향상시키는 데 중점을 둔다. 조직문화는 구성원 간 공유된 신념과 행동 양식의 집합으로 반복된 강화 경험을 통해 형성되며, 행동분석적 관점에서는 바람직한 문화 형성을 위해 환경 조건을 조정하고 새로운 행동을 강화하는 전략이 요구된다. 성과관리는 조직 목표 달성을 위해 구성원의 행동을 체계적으로 분석하고 강화 이론에 기반한 피드백, 보상, 목표 설정 등의 절차를 통해 원하는 행동을 증가시키는 전략이며, 즉각적이고 일관된 강화 제공은 행동 변화의 지속성을 높인다. 이러한 성과관리 체계는 목표 설정, 행동기준 수립, 관찰 및 피드백 제공, 보상과 평가에 이르는 일련의 과정을 통해 조직의 성과를 향상시키고, 개인 맞춤형 보상은 동기 유발과 조직 목표의 정렬에 핵심적 역할을 한다. 이 장에서는 응용행동분석의 원리를 조직 현장에 적용하여 구성원의 행동을 과학적으로 이해하고 체계적으로 변화시키기 위한 전략을 다루며, 조직의 성과와 문화를 개선하기 위한 행동분석적 접근의 이론과 실천을 종합적으로 제시함으로써 조직 내 지속 가능한 행동 변화와 시스템 개선의 방향성을 제시한다.

• 핵심 용어

- ABC분석(ABC analysis)
- 가치 강화에 의한 행동(augmenting)
- 간접작용 유관(indirect-acting contingency)
- 경쟁가치모형(competing values framework)
- 금전적 보상(financial rewards)
- 기본적 가정(basic assumptions)
- 모의 상황-직접 환경-전이 유관(analog-to-direct contingency)
- 보상 프로그램(incentive program)
- 비금전적 보상(nonfinancial rewards)
- 사회적 규칙 따르기(pliance)
- 사회적 인정(social recognition)
- 성과 피드백(performance feedback)
- 성과개선계획(performance improvement plan)
- 성과관리(performance management)
- 성과분석(performance analysis)
- 인공물(artifacts)
- 자기 생성(self feedback)
- 조직문화(organization culture)
- 조직행동관리(organizational behavior management)
- 직접작용 유관(direct-acting contingency)
- 표방하는 가치(espoused values)
- 프로세스 매핑(process mapping)
- 핀포인트(pinpoint)
- 현실 규칙 따르기(tracking)

I 조직행동관리의 이해

1. 조직행동관리의 개념

조직행동관리(Organizational Behavior Management: OBM)는 응용행동분석의 한 하위 분야로 행동과학의 원리를 조직의 실제 운영에 적용하여 구성원의 행동을 개선하고 조직의 효율성을 향상시키는 데 초점을 맞춘다. OBM은 행동이 환경적 자극, 즉 선행사건과 후속결과에 의해 조절된다는 작동적 조건화에 기반하며, 인간의 조직 내 행동을 측정 가능한 단위로 정의하고 이를 체계적으로 분석하는 방식을 취한다.

OBM은 산업 및 조직심리학(industrial-organizational psychology)과 유사한 관심사를 공유한다는 점에서 관련성이 있으나, 적용 방식과 이론적 기반에서는 분명한 차이를 보인다. 산업 및 조직심리학이 다양한 심리학 이론을 바탕으로 인사, 조직문화, 리더십 등을 다루는 반면, OBM은 단일한 행동 이론에 근거하여 조직 내 행동을 변화시키기 위한 환경적 변인을 식별하고 조작하는 데 초점을 둔다(Bucklin et al., 2000). 이처럼 OBM은 실증적 접근을 기반으로 하여 실제 업무 환경에서의 성과 향상과 조직의 효율성 증진을 추구한다.

OBM의 태동은 1950~1960년대 행동심리학의 실험 연구들이 조직 및 관리자 행동에 응용 가능하다는 인식에서 비롯되었다(Aldis, 1961). 당시 행동주의적 원리를 교육설계에 적용했던 B. F. Skinner의 영향을 OBM의 이론적 기초를 제공하였으며, 이러한 흐름은 점차 조직 내 행동 개선을 위한 구체적 전략으로 발전하였다. 1977년, 『**Journal of Organizational Behavior Management**(JOBM)』이 창간되면서 '조직행동관리'라는 명칭이 정립되었고, OBM은 독립된 응용분야로 자리 잡기 시작했다. 특히 OBM이라는 명칭을 공식화한 JOBM은 현재까지도 이 분야의 대표 학술지로서 기능하고 있다(Hantula, 2006).

최근의 OBM은 단순한 개인행동에 대한 개입을 넘어서 조직 전체의 시스템 분석과 변화 관리를 아우르는 폭넓은 틀로 발전하고 있다. 성과관리(performance management), 행동시스템분석(behavioral systems analysis), 행동기반 안전(behavior-based safety), 소비자행동분석(consumer behavior analysis), 건강과 웰빙(health and well-being), 성과 보상(pay for performance), 리더십과 문화(leadership and culture) 등

에 이르기까지 다양한 영역에 적용되며, 특히 기술 발전과 결합된 데이터 기반 중재 설계가 가능해지면서 그 활용 가능성은 더욱 확장되고 있다,

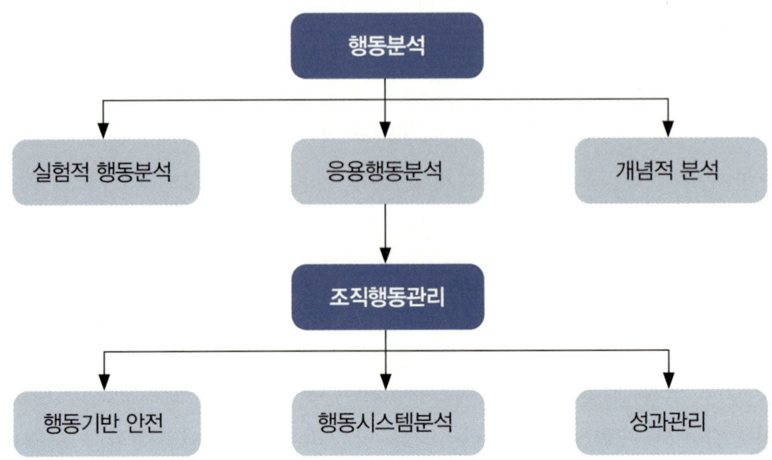

[그림 11-1] 행동분석과 OBM, 하위 영역 간의 관계

〈표 11-1〉 OBM의 주요 적용 영역

적용 영역	핵심 개념	주요 개입 전략 또는 방법
성과관리	행동 원리를 적용하여 개인 또는 집단의 업무 수행을 분석하고 개선하는 방법	목표 설정, 피드백 제공, 작업 보조 도구 활용, 토큰경제 시스템, 복권 방식의 강화 전략
행동시스템분석	조직을 하나의 체계로 보고 구성 요소 간의 상호작용을 분석함으로써 시스템 수준의 개선을 추구	시스템 다이어그램 작성, 핵심 변인 분석 및 조직 전체 성과 평가
행동기반 안전	작업 환경 내 위험 요소를 분석하고 안전 행동을 강화하여 사고를 예방	안전에 대한 의사소통, 피드백 및 강화 절차, 위험 요소 제거
소비자행동분석	소비자의 구매 행동에 영향을 미치는 상황적 요인 분석	광고, 사회적 후속결과, 가격, 지연 강화 전략
건강과 웰빙	직원의 신체·정신 건강과 삶의 질을 높이는 요인을 조직 내에서 확인하고 개입	스트레스 요인 완화, 웰빙 증진 프로그램 도입
성과 보상	보상의 조건, 시기, 금액 등을 설계하여 성과를 유도하고 공정한 보상을 실현	보상 제공, 성과 측정 기준 개발
훈련과 발전	필요한 업무 기술 또는 지식 향상을 위한 교육적 개입	직무 분석 기반 교육 프로그램 설계
리더십과 문화	리더십 행동과 조직문화가 조직 및 사회에 미치는 영향 분석	행동시스템 및 조직문화 분석을 통한 리더십 교육과 조직문화 개선 전략 개발

출처: https://www.obmnetwork.com/page/WhatisOBM

2. 조직 내 인간 행동과 환경의 관계

Skinner는 『**과학과 인간행동**(Science and Human Behavior)』(1953)에서 임금, 임금체계, 업무 질에 따른 차별 강화, 비경제적 요인 등의 요소들이 인간의 작업 행동을 어떻게 조절하는지 분석하며, 인간행동의 실용적 응용 가능성을 제시하였다. 1950~1960년대 행동주의 이론에 기반한 교육 개혁 운동은 하버드, 컬럼비아, 미시간 대학 등 주요 대학에서 활동하던 대학원생들에 의해 본격화되었으며, "데이터가 기준이 되어야 한다(Let the data be the guide)."라는 구호는 실험 기반의 행동분석이 교육과 조직 영역에 적용되어야 한다는 신념을 상징했다. 이들은 프로그램 학습(programmed learning) 기법을 통해 행동의 선행조건과 후속결과를 정교하게 조작하고, 피드백, 점진적 용암 등의 절차를 통합하여 학습 성과를 체계적으로 개선하고자 했다. 이는 결국 조직에서도 학습과 행동 변화에 있어 이러한 절차적 원리가 적용될 수 있다는 통찰로 이어졌다.

이러한 흐름은 고등교육을 넘어서 기업과 공공기관의 직원 훈련, 업무 성과 향상, 조직문화 개선으로 확장되었다. 대표적인 사례로 Lincoln Electric의 성과급 기반 임금 체계를 들 수 있다. 이 회사는 단순한 시급제가 아닌 생산성과 품질에 따른 보상을 통해 근로자 개인의 행동을 강화하고, 이를 통해 조직 전체의 생산성과 협업 문화를 동시에 향상시켰다. 특히 Lincoln Electric의 사례는 금전적 보상만이 유일한 동기 유발 수단이 아님을 보여 주었는데, 이 기업은 협동 행동에도 별도의 보상을 제공하는 등 사회적 강화 요소도 고려하였다. 이로 인해 임금은 상승하면서도 제품 가격은 낮아졌으며, 이는 생산성 향상과 비용 절감이라는 이중 효과를 창출하였다. 실제로 Lincoln Electric은 세금 회피 목적이라는 미국 국세청(IRS)의 소송에 휘말린 바 있었으나, 성과급 제도가 산업 평균보다 약 3배의 보수를 제공하는 동시에 3배의 생산성을 이끌어 냈다는 점을 입증하며 승소하였다.

OBM은 이러한 실천적 사례들을 이론적으로 통합하며 발전해 왔다. 행동주의적 접근은 인지나 성격 특성에 의존하기보다는 측정 가능하고 조작 가능한 변수에 주목한다. 즉, OBM은 조직 내에서 관찰 가능한 행동을 중심으로 그 행동을 유지하거나 변화시키는 환경적 조건을 식별하고 조작함으로써 보다 예측 가능하고 체계적인 성과 향상을 도모한다. Sidman(1960)의 시계열 설계(time-series design)나 Skinner가 강조한 자극-반응-강화 간의 3요인 유관은 OBM의 실험 설계와 중재 효과 검증을 가능하게 하는 기반이 되었다.

이처럼 조직 내 인간 행동은 단순한 개인의 의지나 태도에 의해 결정되는 것이 아니라 반복 가능한 환경적 구조와 강화 체계 안에서 설명된다. OBM은 이러한 원리에 근거하여 조직 구성원의 행동을 이해하고 중재함으로써 교육과 훈련을 포함한 모든 조직적 노력들이 실제로 행동 변화로 이어지도록 돕는 실천적 과학이다. 데이터 기반의 분석, 실험적 설계, 그리고 행동의 기능평가를 통해 조직은 보다 체계적으로 구성원의 행동을 개선하고 성과를 극대화할 수 있다.

Ⅱ 조직문화

1. 조직문화의 정의와 형성

조직문화의 핵심은 조직이 경험을 통해 내면화한 공유된 학습에 있다. 특히 기본적 가정은 가장 깊은 수준에 위치하며, 조직의 판단 기준, 의사결정 방식, 심지어 문제 인식의 틀까지도 규정하는 역할을 한다. Schein은 조직문화를 다음과 같이 정의하였다.

> 조직문화란 집단이 외부 환경에 적응하고 내부적으로 통합하기 위해 문제를 해결하는 과정에서 학습한 기본 가설들의 집합으로 그것이 효과적으로 작동했기 때문에 구성원들에게 '올바른 방식'으로 인식되고, 새로운 구성원에게도 동일한 방식으로 지각하고 사고하며 느끼도록 전수되는 것이다(Schein, 1992).

최근에는 조직문화에 대한 인식이 변화하고 있다. 예전에는 조직문화의 심층 요소가 눈에 잘 띄지 않아 관리하기 어렵다고 여겨졌지만, 오늘날 많은 조직은 오히려 이러한 보이지 않는 요소들까지 명시적으로 규명하고 관리하려는 노력을 기울이고 있다. 이는 일종의 암묵지(tacit knowledge)를 형식지(explicit knowledge)로 전환하려는 지식경영의 흐름과도 유사한 움직임이다(Schein & Schein, 2017). 결국, 조직문화는 단순히 표면적인 행동 양식이나 상징적 요소를 넘어 조직이 '어떻게 문제를 인식하고 해결하는가?'에 대한 집단적 패턴을 반영한다. 따라서 문화는 조직의 지속 가능성과 변화 가능성을 이해하고 관리하는 데 있어 중요한 분석 대상이 된다.

조직문화는 조직 구성원들이 공유하는 가치관, 신념, 행동 규범, 업무 방식 등이 복합

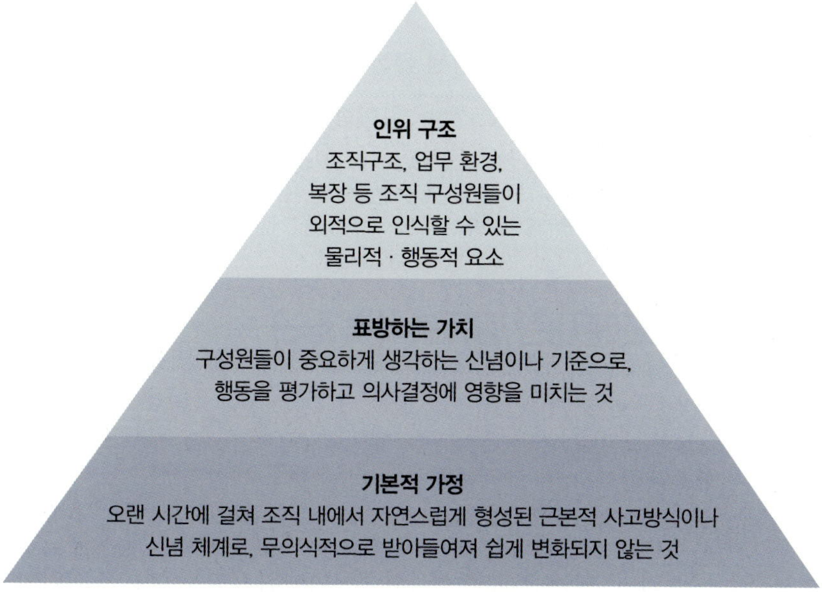

인위 구조
조직구조, 업무 환경,
복장 등 조직 구성원들이
외적으로 인식할 수 있는
물리적 · 행동적 요소

표방하는 가치
구성원들이 중요하게 생각하는 신념이나 기준으로,
행동을 평가하고 의사결정에 영향을 미치는 것

기본적 가정
오랜 시간에 걸쳐 조직 내에서 자연스럽게 형성된 근본적 사고방식이나
신념 체계로, 무의식적으로 받아들여져 쉽게 변화되지 않는 것

[그림 11-2] Schein의 조직문화 모델

출처: Schein (1985).

적으로 작용하여 형성된 조직의 고유한 사회적 환경이다(Schein, 1983). 조직문화에 대한 초기 연구들은 주로 문화의 강점과 약점이나 표층과 심층의 구분에 초점을 맞추었다. 많은 정의는 신념, 가치, 가정과 같은 인지적 요소를 중심으로 조직문화를 설명하며, 이에 더해 행동 양식이나 물리적 산물까지 포함하는 확장된 관점도 제시되어 왔다. 이러한 구분은 문화의 가시적 수준(표층)과 비가시적 수준(심층) 간의 이원적 구조를 형성하며, 이는 때때로 조직의 기후(climate)와 문화(culture)의 차이를 설명할 때 활용되기도 한다(Kotter & Heskett, 1992).

한편, 이러한 이분법적 구분을 넘어서 조직문화를 다층적 구조로 설명하려는 이론가들도 있다. 특히 조직문화 연구의 선구자인 Edgar Schein(1985)은 조직문화를 3가지 수준으로 나누어 체계화하였다. 그에 따르면, 조직문화는 다음과 같은 계층으로 구성된다. 첫째, 인위 구조(artifacts)다. 이는 조직구조, 업무 환경, 복장 등 조직 구성원들이 외적으로 인식할 수 있는 물리적 · 행동적 요소를 의미한다. 비록 그 의미를 완전히 이해하지 못하더라도 이러한 상징들은 조직 내부의 깊은 문화와 긴밀히 연결되어 있으며, 오랜 시간 유지되는 경우가 많다. 둘째, 표방하는 가치(espoused values)다. 이는 구성원들이 중요하게 생각하는 신념이나 기준으로 행동을 평가하고 의사결정에 영향을 미치는 것이다. 보통 웹사이트나 브로슈어 등에 명시되어 있고, 대외적으로 조직의 정체성을 드러내는 도구로 사용된다. 셋째, 기본적 가정(basic assumptions)인데, 오랜 시간에 걸쳐 조직 내에서 자연스럽게 형성된 근본적 사고방식이나 신념 체계로 무의식적으로 받아들여져 쉽게 변화되지 않는 것을 의미한다. 예를 들어, '좋은 아이디어가 있을 때는 반드시 말하는 것이 바람직하다.'와 같은 믿음은 구성원의 행동을 지속적으로 이끄는 보이지 않는 기준이 될 수 있다.

2. 조직문화 변화에 대한 행동분석적 접근

최근 조직을 둘러싼 경영 환경은 점점 더 복잡해지고 있으며, 특히 감성과 가치 중심의 경영 요소가 중요해짐에 따라 조직문화는 전략 실행의 핵심 자산으로 새롭게 조명받고 있다. 조직문화는 단순한 분위기나 철학을 넘어 구성원들이 공유하는 가치, 신념, 행동 규범 등으로 구성되며, 이는 조직의 성과와 방향성, 위기 대응력에 직접적인 영향을 미친다. 특히 지식 기반 산업이 확산되고 조직의 분화가 심화되는 현대 사회에서는 구성원의 내면적 태도와 사고방식까지 포함하는 조직문화가 경영의 중심축이 되고 있다.

이처럼 중요한 문화이지만, 그 특성상 쉽게 관찰하거나 측량하기 어렵기 때문에 조직 내부에서는 변화의 대상이 되기보다는 종종 변화의 장애물로 여겨지기도 한다. 변화가 실패할 때 "우리 조직은 문화가 안 맞아."라는 말이 반복되는 것도 이러한 인식의 반영이라 할 수 있다. 따라서 조직의 지속 가능한 성장을 위해서는 표면적인 제도나 정책 변화만이 아니라 문화 그 자체를 진단하고 점진적으로 변화시키려는 전략이 필요하다(주효진, 조주연, 2009).

기존의 조직변화 접근 방식은 주로 기술, 구조, 인력 역량과 같은 가시적 요소에 초점을 맞췄지만, 실제로는 구성원의 가치관, 신념, 정체성과 같은 심층적인 요소에서 변화가 이뤄지지 않으면 조직 수준의 지속 가능한 변화는 어렵다. 문화는 구성원의 일상적 행동, 의사결정 방식, 학습 동기 등에 깊이 관여하고 있기 때문에 행동 수준에서의 변화가 문화 변화의 출발점이 되어야 한다.

이러한 문제의식 속에서 행동분석적 접근은 문화 변화를 위한 실용적 대안을 제시한다. 이 접근은 조직문화의 추상적 특성을 구체적이고 관찰 가능한 행동 단위로 전환하여 진단하며, 강화, 피드백, 모델링 등 행동수정 기법을 활용해 구성원의 행동을 점진적으로 변화시킨다. 이러한 변화는 조직 전체로 확산되어 문화를 실질적으로 전환하는 효과를 낳을 수 있다.

문화 유형을 보다 구조적으로 이해하고자 할 때는 **경쟁가치모형**(Competing Values Framework: CVF)이 유용한 분석 틀을 제공한다(Quinn & Rohrbaugh, 1983). 이 모형은 조직문화를 '유연성 대 통제' '내부지향 대 외부지향'이라는 두 축을 기준으로 4가지 유형으로 구분한다. 집단문화는 유연성과 내부지향성이 결합된 형태로 공동체 중심의 협력과 상호 존중, 참여적 의사결정이 특징이다. 개발 문화는 유연성과 외부지향성을 기반으로 하며, 혁신과 변화 지향적인 사고와 실행이 중심이다. 위계 문화는 통제와 내부지향성이 강조되어 안정성과 절차 중심의 운영에 강점을 가지며, 합리 문화는 통제와 외부지향성을 중심으로 하여 성과와 목표 달성에 초점을 둔다.

조직은 조직 환경과 전략 목표에 따라 현재의 문화 유형을 진단하고, 적절한 방향으

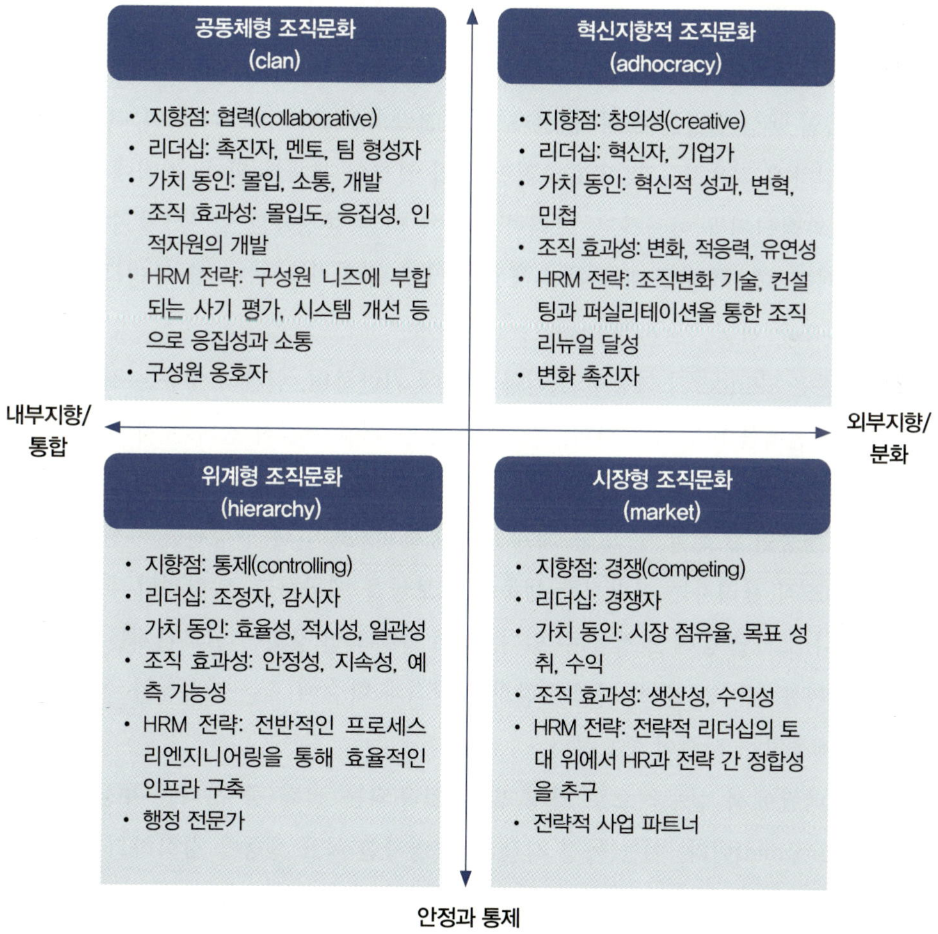

공동체형 조직문화 (clan)	혁신지향적 조직문화 (adhocracy)
• 지향점: 협력(collaborative) • 리더십: 촉진자, 멘토, 팀 형성자 • 가치 동인: 몰입, 소통, 개발 • 조직 효과성: 몰입도, 응집성, 인적자원의 개발 • HRM 전략: 구성원 니즈에 부합되는 사기 평가, 시스템 개선 등으로 응집성과 소통 • 구성원 옹호자	• 지향점: 창의성(creative) • 리더십: 혁신자, 기업가 • 가치 동인: 혁신적 성과, 변혁, 민첩 • 조직 효과성: 변화, 적응력, 유연성 • HRM 전략: 조직변화 기술, 컨설팅과 퍼실리테이션을 통한 조직 리뉴얼 달성 • 변화 촉진자
위계형 조직문화 (hierarchy)	**시장형 조직문화 (market)**
• 지향점: 통제(controlling) • 리더십: 조정자, 감시자 • 가치 동인: 효율성, 적시성, 일관성 • 조직 효과성: 안정성, 지속성, 예측 가능성 • HRM 전략: 전반적인 프로세스 리엔지니어링을 통해 효율적인 인프라 구축 • 행정 전문가	• 지향점: 경쟁(competing) • 리더십: 경쟁자 • 가치 동인: 시장 점유율, 목표 성취, 수익 • 조직 효과성: 생산성, 수익성 • HRM 전략: 전략적 리더십의 토대 위에서 HR과 전략 간 정합성을 추구 • 전략적 사업 파트너

(가로축: 내부지향/통합 ↔ 외부지향/분화, 세로축 아래: 안정과 통제)

내부지향/통합

외부지향/분화

안정과 통제

[그림 11-3] Quinn과 Rohrbaugh의 경쟁가치모형

출처: Quinn & Rohrbaugh (1983).

로 조정해 나가야 한다. 행동분석 기반의 진단과 개입 전략은 이러한 문화 전환 과정을 보다 정밀하고 실천적으로 설계하는 데 효과적이다. 따라서 조직문화 변화는 단순한 구호나 제도적 개편을 넘어 구성원의 행동 수준에서의 체계적 변화와 그에 대한 과학적 관리가 병행되어야 하며, 이는 곧 조직의 지속 가능한 발전과 성과 향상의 토대가 될 수 있다.

Ⅲ 성과관리

1. 성과관리와 강화

1) 성과관리와 강화 이론

행동분석의 핵심 원리는 조직 내 성과 향상 전략의 이론적 기반이 되며, 특히 강화의 원리를 정밀하게 적용하는 것이 효과적인 개입 설계의 전제가 된다. 조직에서 특정 중재가 왜 효과적인지를 이해하고, 그러한 중재가 다른 환경에도 일반화될 수 있는지를 분석하기 위해서는 해당 중재가 어떤 행동 원리에 의해 작동하는지를 규명하는 과정이 필수적이다(Baer et al., 1968; Normand et al., 1999).

강화 이론은 Skinner의 작동적 조건화 이론에 기반하며, 인간의 행동은 결과에 의해 형성된다는 전제를 바탕으로 한다. 즉, 어떤 행동 뒤에 긍정적 결과가 제공되면 그 행동의 다시 발생할 가능성이 높아진다는 것이다. 이러한 개념은 고전적 조건형성과 달리 자발적 행동을 조절할 수 있는 체계를 제공하며, 조직 내 구성원들의 성과 향상과 직결된다. 조직 관리자는 바람직한 행동에는 보상을 제공하고, 바람직하지 않은 행동에는 벌이나 소거를 통해 조정할 수 있다. 특히 즉각적인 강화는 인과관계를 명확히 하고 강화 효과를 높이는 반면, 지연된 강화는 인식과 학습에 혼란을 초래할 수 있으므로 피드백을 제공하는 시점이 중요하다.

이러한 맥락에서 실무적으로 가장 많이 활용되는 전략 중 하나는 **보상 프로그램**(incentive program)이다. 이는 특정 기간 동안 명확한 목표 행동을 강화하기 위한 공식화된 체계로 성과급, 유연근무제, 유급휴가, 승진 기회 등을 통해 구성원의 성과를 장려한다. 이 프로그램은 이직률 감소, 조직 충성도 향상, 근로 의욕 증진, 일상 성과 향상 등 다양한 측면에서 긍정적 효과를 유도하며, 구성원 동기를 통해 조직 전체의 효율성과 성과를 높인다(Watson, 2012; Wei & Yazdanifard, 2014).

또한 Skinner는 강화가 특정 행동의 빈도와 강도에 어떤 영향을 미치는지를 실험적으로 규명했으며, 이는 오늘날에도 교육, 의료, 산업, 공공 정책 등 다양한 분야에서 널리 적용되고 있다. 이론적으로는 다음 4가지 방식으로 강화 전략을 구분할 수 있다. 즉, 정적강화(positive reinforcement), 부적강화(negative reinforcement), 벌(punishment), 소거(extinction)다. 이 중에서도 정적 강화는 신뢰와 도전 수용, 직무 몰입, 창의적 기여로 이어질 수 있으며, 이는 궁극적으로 높은 업무 성과로 귀결된다. 특히 구성원이 스스로 유능감을 느끼고 조직 내 인정과 보상을 경험하게 되면, 보다 복잡한 과업도 두려움 없이 도전하게 된다(Griffin, 2010; Purwanto et al., 2021).

2) 조직 내 성과관리와 강화 원리 적용

조직은 강화나 자극 통제와 같은 기본 행동 원리의 직접적 대상은 아니며(Hayes, 1999), 조직이라는 구조물 그 자체는 행동하지 않는다. 대신, 조직은 목표를 달성하기 위해 협력하는 개인들의 상호작용으로 구성되며, 이들 개별 행동은 응용행동분석의 기본 원리에 의해 통제된다(Malott, 2003). 따라서 조직 수준의 성과 개선을 위해서는 구성원 개개인의 행동 변화를 유도해야 하며, 이러한 행동은 기본적인 강화 원리를 적용함으로써 가장 효과적으로 조절될 수 있다.

조직 환경에서는 대부분의 강화가 즉각적으로 제공되지 않으며, 결과가 지연되거나 추상적인 형태로 나타나는 경우가 많다. 이러한 경우 직접작용 유관(direct-acting contingency)이 아닌, 간접작용 유관(indirect-acting contingency) 또는 모의 상황-직접 환경-전이 유관(analog-to-direct contingency)이 행동을 조절한다(Malott et al., 1992). 예

〈표 11-2〉 직접작용 유관, 간접작용 유관, 모의 상황-직접 환경-전이 유관 비교

형태	결과 발생 시점	통제 방식	특징
직접작용 유관	결과가 즉각적으로 제공됨	실제 결과에 의한 통제	행동과 결과 사이의 인과성이 명확함
간접작용 유관	결과가 지연되어 있음	규칙에 의한 통제	행동과 결과 간의 인과성이 불분명함
모의 상황-직접 환경-전이 유관	실제 결과는 지연되어 있으나 규칙이 결과를 예측 가능한 수준에서 즉각적으로 만들며 행동을 조절함	규칙 기반 통제	실질적인 직접적 강화가 없어도 규칙을 통해 행동 유지 가능

를 들어, 매달 말에 이루어지는 성과급 지급은 개별 행동에 대한 즉각적인 보상이 아니라, "성과가 있으면 보상이 따른다."라는 규칙을 통해 장기적인 목표지향 행동을 유도한다. 이러한 규칙은 구성원의 행동을 간접적으로 조절하는 데 결정적인 역할을 하며, 규칙-지배 행동(rule-governed behavior)이라는 개념을 통해 그 기능적 역할을 분석할 수 있다. 규칙은 단순한 문장 이상의 의미를 가지며, 결과의 지연성, 불확실성, 기대 가치 등의 요소들과 상호작용하여 행동에 영향을 미친다(Peláez & Moreno, 1998).

Stewart 등(2006)은 **관계 틀 이론**(Relational Frame Theory: RFT)을 기반으로 이러한 규칙-지배 행동을 다음과 같이 3가지 유형으로 구분하였다:

첫째, 사회적 규칙 따르기(pliance)다. 이는 행동과 규칙 간의 '동일성 관계'에 기반하여 타인으로부터 제공되는 강화에 의해 조절되는 규칙-지배 행동으로 정의된다. 조직 내에서 관리자들이 특정 규칙의 준수를 지속적으로 강화한 이력이 있을 경우, 그 이후 구성원이 해당 규칙을 따르는 행동을 한 예로 볼 수 있다. 이러한 개념은 Malott(1993)이 제안한 **성과관리 유관**(performance-management contingency)의 개념과 기능적으로 유사하다. 성과관리 결과는 관리자가 특정 행동을 유도하기 위해 의도적으로 설계한 절차이며, 이 절차는 일반적으로 행동-결과 간 관계를 설명하는 규칙 진술을 포함한다. 개인이 이러한 규칙 진술을 따르는 방식으로 행동하는 경우, 이는 RFT에서 정의한 사회적 규칙 따르기와 동일한 조작적 정의를 공유한다고 볼 수 있다.

둘째, 현실 규칙 따르기(tracking)다. 이는 규칙이 환경 내 실제 사건이나 결과와 일관된 방식으로 배열되어 있다는 경험적 역사에 기반하여 조절되는 규칙-지배 행동으로 정의된다(Stewart et al., 2006). 현실 규칙 따르기는 개인이 과거에 경험한 비임의적(non-arbitrary) 결과에 따라 규칙을 따르는 경우에 나타난다. 예를 들어, 직원이 눈 보호 고글을 착용하는 것은 눈 부상 위험을 피하기 위한 행동이며, 이러한 행동은 타인이 만든 규칙이나 강화에 의한 것이 아닌 자연적 결과에 의해 조절된다. 하지만 현실에서는 이러한 자연적 결과만으로 행동을 충분히 조절하지 못하는 경우가 많다. 작업장에 들어가기 전에 고글을 착용하게 만드는 동기가 되는 눈 부상의 확률은 일반적으로 높지 않기 때문에 단순히 위험 가능성을 인지하는 것만으로 고글 착용 행동을 유도하기 어렵다. 이는 곧 현실 규칙 따르기가 충분히 작용하지 않는 상황이라 할 수 있으며, 이런 경우 관리자는 별도의 성과관리 체계를 설계할 필요가 있다.

셋째, 가치 강화에 의한 행동(augmenting)이다. 이는 관계 망(relational networks)이 특정 사건의 결과로서의 기능을 변화시키는 방식으로 규칙-지배 행동을 조절하는 것으로 정의된다(Stewart et al., 2006). 이러한 행동은 2가지 방식 중 하나로 설명되는데, 먼저, 기존에 설립된 강화 또는 벌의 기능을 일시적으로 변화시키는 관계적 네트워크에 의해 조절되는 경우로, 이를 동기적(motivative) 가치 강화에 의한 행동이라고 한다. 이는 규칙이 기존의 결과를 보다 강력하게 혹은 덜 강력하게 지각하도록 유도함으로써 행동의 발생 가능성을 변화시킨다. 예를 들어, 관리자가 "이 과업은 단순한 업무가 아니라 우리 팀의 명예가 걸린 중요한 일입니다."라고 말할 때, 기존의 성과급이나 업무 평가 외에 '팀의 명예'라는 새로운 가치가 부여되면서 과업 수행의 동기가 높아지는 현상이 이에 해당한다. 이와 같이, 규칙은 개인이 특정 행동 결과를 더 중요하게 인식하도록 만드는 역할을 수행한다. 다음으로, 형성적(formative) 가치 강화에 의한 행동은 기존에는 강화나 벌로 기능하지 않던 결과가 관계적 네트워크를 통해 새로운 기능을 갖게 되는 현상을 의미한다. 예를 들어, "이 프로젝트를 성공시키면 당신에게 승진의 기회가 있을 것입니다."라는 규칙은 해당 프로젝트 수행이라는 행동을 '승진 기회'라는 결과와 연결시켜 그 결과를 새로운 강화제로 설립시킨다.

이러한 행동기준과 강화체계는 이후 성과 측정 및 피드백 제공의 기준이 되며, 조직 내 공정성 인식과 평가의 객관성을 뒷받침하는 역할을 한다. 이는 강화의 기능이 단순

〈표 11-3〉 규칙-지배 행동의 유형

유형	정의	사례	설명
사회적 규칙 따르기	타인에 의해 제공되는 강화(칭찬, 승인 등)에 따라 규칙을 따르는 행동	한 마케팅 부서의 신입사원이 상사의 지시에 따라 매일 오전 9시까지 업무일지를 작성함	이 신입사원은 이 규칙이 본인의 업무 효율성에 어떤 영향을 미치는지 보다, 상사의 기대를 충족하고 긍정적인 평가를 받기 위해 행동을 수행함. 이 경우, 행동의 직접적인 결과보다 사회적 승인이 주요 강화로 작용함
현실 규칙 따르기	규칙이 실제 환경 내 결과와 일치하기 때문에 따르게 되는 행동	건설 현장의 근로자가 "안전모를 쓰지 않으면 낙하물에 맞아 다칠 수 있다."라는 규칙을 따름	이 근로자는 관리자의 감시 여부와 관계없이, 안전모 미착용 시 실제로 부상을 입을 수 있다는 환경적 사실을 알고 있기 때문에 규칙을 따름. 즉, 규칙은 자연적인 결과와의 일관성을 통해 행동을 조절하고 있음
가치 강화에 의한 행동	규칙이 특정 결과의 가치나 의미를 변화시켜 하게 되는 행동	한 IT 기업이 "이 프로젝트는 회사의 혁신을 이끄는 첫걸음이며, 참여자들은 차기 리더로 고려될 것이다."라는 메시지를 전달함	이 규칙은 단순한 업무 수행이 아닌, 리더십 기회 및 조직 내 인정과 연결됨으로써 기존 결과의 강화 가치를 새롭게 재정의함. 직원은 기존의 보상 외에 상징적 의미나 정체성 강화를 추구하며 규칙을 따름

한 행동 조절을 넘어, 조직 내 평가 체계의 구조화와 신뢰 형성에도 기여함을 의미한다.

2. 성과관리 체계와 적용 방법

조직에서 성과관리(performance management)는 단순히 목표 달성 여부를 평가하는 수단이 아니라, 전반적인 업무 흐름과 행동 패턴을 조정하고 강화하는 체계적인 전략으로 기능해야 한다. 특히 행동분석에 기반한 성과관리는 관찰 가능한 행동의 분석과 그 행동을 유지 또는 변화시키는 환경적 조건들에 대한 이해를 바탕으로 구성된다. 이는 조직 구성원의 개별 행동뿐만 아니라, 팀 단위의 상호작용, 전체 시스템 구조에 이르기까지 다양한 수준의 성과문제를 해결하는 데 실질적인 방향을 제시한다.

1) 성과관리의 기본 구성 요소

성과관리는 다음의 5가지 핵심 구성 요소를 포함한다. 이 요소들은 성과관리가 순환적이며 상호작용적인 과정임을 보여 준다. 각각의 단계는 그다음 단계의 질을 결정짓는 기반이 되며, 이를 통해 조직은 전략적 목표 달성뿐만 아니라 지속 가능한 성과 창출로 나아갈 수 있게 된다. 첫째, 업무 계획 수립과 기대 수준 설정이다. 둘째, 성과의 지속적 모니터링이다. 셋째, 역량 개발이다. 넷째, 주기적 성과 요약 및 평가다. 다섯째, 성과에 대한 보상이다.

(1) 업무 계획 수립과 기대 수준 설정

조직이 효과적으로 운영되기 위해서는 업무가 사전에 체계적으로 계획되고 정렬되어야 하며, 이를 통해 조직 전체의 전략과 개인의 활동 간 일관성을 확보할 수 있다. 성과관리의 첫 단계인 계획 수립은 개인과 팀의 성과 기대치와 목표를 명확히 설정하고, 구성원의 노력이 조직의 전반적인 목표에 부합하도록 유도하는 과정을 포함한다.

성과 목표설정은 단순히 지시사항을 부여하는 것을 넘어서, 구성원이 조직의 과제와 과업의 중요성, 수행해야 할 역할의 범위와 책임 수준을 충분히 이해하도록 돕는 역할을 한다. 특히 계획 수립 과정에 구성원을 적극적으로 참여시키는 것은 동기 부여를 높이고, 목표 달성에 대한 자율성과 책임감을 증진하는 데 기여한다.

실무적으로는 성과 계획서를 통해 업무 요소와 기준이 구체화된다. 이때 설정되는 성과 요소와 평가 기준은 측정 가능하고, 명확하며, 검증 가능하고, 공정하며, 달성 가능해야 한다는 원칙을 충족해야 한다. 특히 핵심 업무 요소는 각 구성원이 맡은 역할과 과업에 대해 개별적으로 책임을 지는 기반이 되며, 성과 평가의 정당성과 신뢰성을 확보하는 데 중요한 기준이 된다.

또한 성과계획은 고정된 문서가 아닌 업무 환경의 변화와 조직의 전략 조정에 따라 유연하게 수정될 수 있어야 한다. 이는 성과계획이 단순히 연말 평가 시점에만 활용되는 형식적 문서가 아니라 지속적으로 논의되고 갱신되는 실질적 업무 관리 도구로 기능해야 함을 의미한다.

요약하면, 계획 수립 단계는 조직이 구성원에게 '무엇을, 왜, 어떻게, 어느 정도 수준으로' 수행해야 하는지를 명확히 전달하는 전략적 소통 과정이며, 이를 통해 행동의 방향을 정립하고 성과를 위한 기반을 구축하는 역할을 한다.

(2) 성과의 지속적 모니터링

성과관리에서 계획 수립 이후 가장 중요한 단계 중 하나는 업무 수행 과정 전반을 지속적으로 점검하는 것이다. 효과적인 조직에서는 업무 및 프로젝트의 수행 상태가 정기적으로 추적되며, 이를 통해 구성원들이 설정된 목표에 얼마나 근접하고 있는지를 파악할 수 있다.

지속적인 성과 모니터링은 단지 업무의 결과를 확인하는 데 그치지 않고, 성과의 질과 방향에 대한 실시간 피드백을 제공하는 기능을 수행한다. 이를 통해 구성원은 본인의 업무가 성과 기준과 얼마나 부합하는지를 인지할 수 있으며, 필요한 경우에는 목표 조정이나 지원 조치가 신속하게 이루어질 수 있다.

제도적 측면에서는 일정 기간 동안의 중간 점검이 요구되며, 이때 구성원의 실제 수행 결과는 사전에 설정된 성과 요소 및 기준과 비교된다. 이러한 비교는 성과 수준을 객관적으로 평가할 수 있도록 도와주며, 성과가 미흡한 경우 이를 조기에 식별하고 개선을 위한 지원이나 코칭을 제공할 수 있는 기회를 제공한다.

무엇보다 성과 모니터링은 연말 평가를 위한 형식적인 절차가 아니라 성과 향상과 조기 개입을 위한 전략적 수단으로 활용되어야 한다. 평가 기간이 종료될 때까지 기다리기보다는 성과문제를 조기에 발견하고 실질적인 지원을 제공함으로써 조직 전체의 생산성과 업무 몰입도를 높일 수 있다.

(3) 역량 개발

성과관리는 단순히 현재의 업무 수행을 평가하는 데 그치지 않고, 구성원의 역량을 체계적으로 강화하는 방향으로 전개되어야 한다. 효과적인 조직에서는 구성원의 개별적 발전 필요성을 지속적으로 진단하고, 이를 반영한 교육 및 개발 전략을 실행한다.

이때 개발은 단지 교육 훈련만을 의미하는 것이 아니라 새로운 기술 습득, 책임 범위 확대, 직무 순환, 업무 절차 개선 등 다양한 방법을 포함한다. 이러한 전략은 단기적인 성과 향상뿐만 아니라 장기적인 직무 역량과 조직 적응력을 높이는 데 기여한다.

조직 내 성과관리 과정을 일관되게 실행하면, 개인의 성과 부족 영역이나 성장 가능성을 자연스럽게 도출할 수 있다. 예를 들어, 업무 계획 수립이나 중간 점검 과정에서 식별된 문제점은 교육 기회로 전환될 수 있으며, 이미 우수한 성과를 보이는 구성원에게는 더 높은 수준의 도전 과제나 프로젝트를 부여하여 잠재력을 더욱 확장시킬 수 있다. 특히 기술 환경의 변화나 조직 전략의 전환에 따라 요구되는 직무 능력이 달라지는 상황에서는 선제적인 역량 개발이 조직의 경쟁력을 좌우하게 된다. 따라서 성과관리는 단기적인 목표 달성뿐만 아니라, 장기적인 인적 자원 개발 계획과 유기적으로 연계되어야 한다.

(4) 주기적 성과 요약 및 평가

조직에서 일정한 주기로 성과를 요약하고 평가하는 과정은 성과관리 체계의 핵심 단계 중 하나다. 이는 구성원의 업무 성과를 시계열적으로 비교하거나, 조직 내 다른 구성원들과 상대적으로 파악하는 데 유용하다. 조직은 누구에게 성과기반 보상, 승진, 보류 등의 인사 결정을 내려야 할지를 판단해야 하며, 이를 위해 객관적이고 일관된 평가 기준이 필요하다.

형식적인 성과 평가 체계에서는 구성원이 한 업무 평가 기간 동안 수행한 일에 대해 사전에 설정된 요소와 기준에 따라 평가를 실시하고, 이를 종합하여 최종 등급을 부여한다. 이 최종 평가는 공식 문서화되며, 차등 보상, 인사고과, 직급 유지, 조직 내 잔류 결정 등의 다양한 인사 조치의 근거 자료로 활용된다.

특히 중요한 점은 성과 평가는 개인에게 귀속되는 평가이며, 팀의 성과가 일부 반영될 수는 있어도 최종 평가에 대한 결과는 개별적으로 부여된다는 것이다. 이를 통해 조직은 개인의 공헌도와 개선 필요성을 정확히 파악하고, 각 개인에 대한 차별화된 피드백 및 개발 기회를 설계할 수 있다.

이처럼 평가는 단지 점수를 매기는 과정이 아니라 과거 성과를 정리하고 미래 성장을 위한 전략을 수립하는 계기로 기능해야 하며, 전체 성과관리 체계의 신뢰성과 효과성을 결정짓는 중추적 역할을 수행한다.

(5) 성과에 대한 보상

조직의 성과관리 체계에서 마지막이자 가장 중요한 단계 중 하나는 성과에 대한 적절한 보상이다. 보상이란 구성원이 조직의 목표 달성을 위해 기여한 바를 인정하고, 이를 개인 혹은 팀 단위로 공개적 · 비공개적으로 혹은 비공식적으로 표현하는 모든 활동을 포함한다.

효과적인 관리의 기본 원리는 행동은 결과에 의해 조절된다는 점이다. 이때 결과는 긍정적이거나 부정적일 수 있으며, 공식적 · 비공식적일 수도 있다. 구성원의 바람직한 행동과 성과가 반복되기 위해서는 그에 상응하는 긍정적인 결과가 반드시 뒤따라야 하며, 이는 보상의 핵심 기능이다.

우수한 성과는 반드시 공식적인 포상 제도에 의존하지 않고도 인정되어야 한다. 예를 들어, 감사의 말 전하기, 상사의 즉각적인 칭찬, 동료의 긍정적 피드백 등은 비용이 들지 않지만 높은 동기 부여 효과를 낼 수 있는 일상적인 보상의 형태다. 이러한 비형식적 인정은 구성원으로 하여금 자신의 노력이 조직 내에서 가치 있게 여겨지고 있음을 실감하게 하며, 이는 업무 몰입과 지속적인 성과 향상으로 이어진다.

물론 조직 내에는 다양한 공식적 보상 체계도 함께 작동해야 한다. 이는 현금 보너

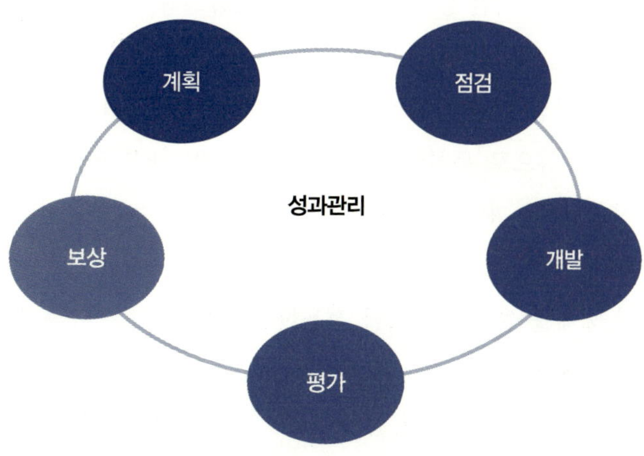

[그림 11-4] 성과관리의 5가지 주요 요소

스, 유급 휴가, 포상휴가, 비금전적 상품 등으로 구성될 수 있으며, 개인의 제안부터 팀 단위의 성과까지 다양한 형태의 기여가 보상의 대상이 된다. 이러한 보상은 단지 격려의 차원을 넘어서 성과 중심의 조직문화 형성에 기여하고, 구성원들이 목표 달성에 적극적으로 참여하도록 유도하는 전략적 도구로 기능한다.

결국, 보상은 단순한 결과물이 아니라 조직의 기대와 구성원의 행동을 연결하는 중요한 매개체이며, 전체 성과관리 체계를 실질적으로 작동시키는 핵심 동인으로 작용한다.

2) 성과관리 적용 절차

성과관리는 구성원의 행동과 결과를 과학적으로 측정하고 개선하기 위해 구조화된 일련의 절차로 구성된다.

첫째, 성과 요소의 명확화다. 성과관리의 출발점은 개선하고자 하는 행동이나 결과를 구체적으로 정의하는 것이다. 이를 **핀포인트**(pinpoint)라고 하며, 성과관리를 성공적으로 실행하기 위한 필수 단계다. 핀포인트는 행동의 형태(topography), 즉 어떤 행동이 발생했는지를 명확히 식별할 수 있도록 기술할 수도 있고, 또는 성과물이나 결과 기반으로 정의될 수도 있다. 특히 조직 환경에서는 최종 산출물이나 업무의 성취도가 더욱 중요한 지표가 되므로, 결과 기반의 핀포인트가 보다 자주 활용된다.

둘째, 성과의 반복 측정이다. 정의된 핀포인트는 일정 기간 동안 반복적으로 측정된다. 이를 통해 기초선 자료를 확보하고, 이후 개입이 얼마나 효과적인지를 비교 분석할 수 있다. 측정은 관찰, 기록, 자동화 시스템 등 다양한 방식으로 이루어질 수 있으며, 행동의 빈도, 정확성, 지속시간 등이 주요 지표로 사용된다.

셋째, 자료 수집이 완료되면, 성과분석(performance analysis)이 이루어진다. 이 과정에서는 현재 성과 수준의 원인을 탐색하며, 행동이 유지되거나 감소되는 이유를 선행자극과 후속결과를 중심으로 분석한다. 이를 통해 어떤 환경 요인이 바람직한 성과를 방해하거나 촉진하는지를 파악할 수 있으며, 향후 개입의 초점을 설정하는 데 핵심적인 정보를 제공한다.

넷째, 성과개선 중재를 설계하고 이를 적용한다. 성과분석 결과를 기반으로 중재 전략 또는 성과개선 계획(performance improvement plan)을 수립하고 적용한다. 이때 강화 조건의 재설정, 피드백 체계 개선, 업무 구조 조정, 교육 및 훈련 제공 등이 활용될 수 있다. 중재가 적용되는 동안 핀포인트는 계속해서 측정되며, 변화의 추이를 정량적으로 파악할 수 있도록 한다.

다섯째, 중재의 유지와 조직 내 확산이다. 중재가 효과적으로 적용된 경우, 해당 전략이 지속 가능하도록 관리자 및 실무자에 대한 교육을 진행한다. 현장 내에서 자율적으로 개입을 유지하면서 다른 유사 상황에도 일반화할 수 있도록 체계화 하는 것이 중요하다.

마지막으로, 중재의 효과를 평가하고 사회적 타당도를 검토한다. 이 과정에서는 **비용-편익 분석**(cost-benefit analysis)과 사회적 타당도에 대한 평가가 진행된다. 즉, 투입된 자원 대비 얼마나 높은 성과가 창출되었는지, 그리고 조직 구성원이나 이해관계자들이 해당 중재를 얼마나 긍정적으로 받아들이는지에 대해 평가한다. 이러한 평가는 향후 유사한 프로젝트의 실행 가능성과 전략적 의사결정의 근거가 된다.

성과관리의 전체 과정은 순차적으로 구성되어 있으나, 핵심은 '성과분석'과 성과관리를 위한 '중재 실행'의 두 단계에 집중된다. 이 두 단계를 얼마나 정밀하고 효과적으로 수행하는가에 따라 전체 성과관리의 성공 여부가 결정된다. 각 단계의 질은 상호 연계되어 있으므로 계획부터 평가까지 전 과정에 걸쳐 일관성과 정밀성이 요구된다.

3) 성과분석과 성과관리를 위한 보상 체계

(1) 성과분석의 개요 및 이론적 배경

성과분석은 조직 내 특정 성과문제가 발생했을 때, 그 원인을 단순히 개인의 태도나 능력 부족에 귀속시키는 것이 아니라 행동주의적 시각에서 접근하여 관찰 가능한 행동, 그 행동을 유발하거나 유지시키는 환경적 요인(선행 자극 및 후속결과)을 체계적으로 진단하고 분석하는 전략적 도구다. 이는 **작동적 조건화**(operant conditioning)의 원리에 근거하여 특정 행동이 왜 반복되거나 억제되는지를 실증적으로 탐색하는 과정이다.

이러한 성과분석의 과정은 다음과 같은 특징을 가진다. 조직 내부의 문제는 종종 추상적이거나 모호하게 제시된다. 예를 들어, '팀워크 부족' '성과 부진' '생산성 하락' 등과 같은 진술은 실질적인 개입을 위한 구체적 정보가 부족하다. 따라서 행동분석가는 문제의 실체를 핀포인트하는 작업, 즉 특정 행동 또는 산출 결과를 명확하게 정의하고 측정 가능하도록 조작적 정의를 부여하는 작업부터 시작한다. 이 과정은 성과문제를 구체적 행동이나 결과 단위로 전환함으로써, 이후의 진단과 개입이 타당하고 실질적인 방향으로 진행되도록 한다.

성과분석은 단순한 성과 평가와는 구별된다. 평가가 현재 상태를 기술하거나 판단하는 데 목적이 있다면, 분석은 성과를 저해하는 원인을 구조적 · 환경적 · 행동적 관점에서 파악하고, 지속 가능한 개선책을 도출하는 데 그 목적이 있다. 따라서 성과분석은 문제 중심적이면서도 해결 지향적인 활동이다.

이러한 접근은 산업 및 조직심리학 내에서도 OBM과 맞닿아 있으며, 실무에서의 적용성을 높이기 위해 행동 측정, 분석, 중재 설계, 지속적 평가의 4단계로 구성된다. 각 단계는 실제 조직의 상황에 맞게 유연하게 조정될 수 있으며, 단기적 성과 향상뿐만 아니라 장기적인 조직 역량 강화에도 기여할 수 있다.

결과적으로, 성과분석은 단순한 행동 수정 기술이 아니라, 조직 내에서 발생하는 성과 저하 문제를 체계적이고 과학적으로 해결하기 위한 행동기반 진단 도구이자, 성과 개선 전략의 출발점으로 기능한다. 특히 복잡한 조직 환경에서 성과에 대한 문제를 구성원 개인의 문제로 축소시키지 않고, 시스템 전체의 구조와 상호작용 속에서 원인을 규명하고 해결하는 방식은 조직의 전략적 의사결정에도 중요한 시사점을 제공한다.

(2) 성과분석의 3가지 수준: 개인, 프로세스, 시스템

성과분석은 주로 3가지 분석 수준, 즉 개인(individual), 프로세스(process), 시스템(system)에서 수행된다. 각 수준은 고유한 진단 도구와 해석 모델을 통해 조직의 성과 문제를 조명한다. 먼저, 개인 수준의 분석에서 가장 대표적으로 사용되는 진단 도구는 Daniels(1989)가 제시한 **ABC분석**이다. 이 접근은 Skinner의 작동적 조건화 원리를 기반으로 문제행동의 선행사건(Antecedents), 행동(Behavior), 후속결과(Consequence)를 구조화하여 분석한다. 예를 들어, 생산직 근로자가 보호 고글 착용을 지속적으로 회피할 경우, 분석자는 '행동하지 않는 것'의 선행 요인(예: 불편함, 착용 습관 없음)과 결과 요인(예: 편안함, 시야 확보 등)을 파악하고, 바람직한 행동을 긍정적이고, 즉각적이며 확실한 결과를 부여함으로써 행동 수정 전략을 설계한다. Daniels(1989)는 ABC분석을 수행할 때 다음과 같은 7단계 절차로 수행할 것을 제안하였다.

- 1단계: 문제행동 및 행동의 주체 기술. 우선 해결이 필요한 바람직하지 않은 행동을 명확히 기술하고, 해당 행동을 보이는 사람을 특정한다. 단순히 '태도가 나쁘다.' '책임감이 없다.'는 식의 모호한 진술이 아니라, 관찰 가능한 행동 수준에서 정의해야 한다.
- 2단계: 바람직한 행동의 정의. 해당 구성원이 어떻게 행동해야 하는지, 즉 원하는

성과 또는 바람직한 행동을 구체적으로 기술한다. 예를 들어, '실수를 하지 않는다.'가 아닌 '오류 없이 업무를 처리하는 비율을 높인다.'와 같이 긍정적이고 행동 중심적으로 서술해야 한다.

- 3단계: 문제의 심각도 판단. 이 문제가 얼마나 자주 발생하며 조직에 미치는 영향이 어느 정도인지 평가한다. 만약 문제행동이 드물게 발생하거나 경미하다면, 이후 단계의 분석은 보류될 수 있다.
- 4단계: 문제행동에 대한 ABC분석.
  - 해당 직원과 문제 행동을 기록지에 기재한다.
  - 그 행동에 영향을 미칠 수 있는 모든 선행사건과 후속결과를 나열한다.
  - 나열된 결과 중 해당 직원에게 무관한 것은 제외한다.
  - 남은 결과들을 다음의 기준에 따라 분류한다.
    * 긍정/부정(Positive/Negative: P/N)
    * 즉각/지연(Immediate/Future: I/F)
    * 확실/불확실(Certain/Uncertain: C/U)
- 5단계: 바람직한 행동에 대한 ABC분석. 바람직한 행동을 정의한 뒤, 4단계와 동일한 방식으로 선행사건 및 후속결과를 나열하고 분류한다. 이를 통해 두 행동의 환경적 맥락과 결과 차이를 비교할 수 있다.
- 6단계: 진단. 실제 작업 환경에서 현재 어떤 선행사건과 후속 결과들이 작동하고 있는지 종합하여 분석한다. 이 분석은 어떤 요인이 문제행동을 유지시키고, 어떤 요인이 바람직한 행동을 방해하고 있는지 보여 준다.
- 7단계: 문제 해결 전략 수립. 분석 결과에 따라 바람직한 행동을 촉진하기 위해 즉각적이며 확실하고 긍정적인 결과를 설계하고, 이에 부합하는 선행사건도 함께 조정한다. 이러한 개입은 단순한 처벌이 아닌 강화 중심의 전략이어야 한다.

개인 수준 분석 사례: 직원의 안전 장비 미착용 문제

• **사례 배경**

한 제조 공장에서 일부 직원이 작업 중 보호 고글을 착용하지 않는 문제가 빈번히 발생하였다. 이는 작업 안전에 심각한 위협이 되며, 반복적 부상으로 이어질 수 있는 상황이었다.

• **문제행동 정의**

'작업 중 보호 고글 미착용'이라는 문제 행동을 명확히 기술하고, 해당 행동이 발생하는 시간, 장소, 대상자를 구체화하였다.

• **ABC 분석**

- 선행사건(A): 안전 장비 착용에 대한 구체적 지시 부족, 불편한 착용감, 상급자의 소극적 감독
- 행동(B): 작업 시 보호 고글을 착용하지 않음
- 후속결과(C): 작업이 더 편리함, 상사나 동료의 제재 없음, 부상 가능성에 대한 낮은 인식

• **개입 전략**

- 선행사건 기반 전략: 작업 전 안전 점검 시 체크리스트 활용
- 후속결과 기반 전략: 즉각적이고 긍정적인 피드백 제공(착용 시 칭찬, 미착용 시 구두 경고)
- 시각적 지원 제공: 작업장 곳곳에 안전 착용 관련 포스터 부착

• **성과**

2주 후 착용률이 90% 이상으로 증가하였으며, 작업자들 사이에서 자발적인 착용 문화가 형성되기 시작하였다.

성과관리를 위한 두 번째 수준의 접근은 프로세스 기반(process-based)의 분석이다. 이 접근은 조직이 일상적으로 수행하는 업무 흐름, 즉 비즈니스 프로세스를 체계적으로 검토하고, 그 과정을 구성하는 개별 단계를 시각적으로 구성하여 구조적 문제를 진단하고 개선하는 것을 목표로 한다. 특히 이러한 분석에서는 프로세스 매핑(process mapping) 기법이 핵심 도구로 활용된다. Rummler와 Brache(1995)는 "어떤 조직이든 그 효과성은 해당 조직이 수행하는 프로세스의 질에 달려 있다."라고 하였으며, 이는 개별 인력의 역량을 아무리 강화하더라도 잘못 설계된 프로세스하에서는 기대하는 성과를 달성하기 어렵다는 점을 강조한 것이다. 프로세스 매핑은 다음과 같은 단계로 진행된다.

- 1단계: 분석 대상 프로세서 선정 및 팀 구성. 해당 프로세스에 관련된 각 부서(예: 영업, 마케팅, 기획, 생산 등)의 대표자들이 참여하는 팀을 구성한다.
- 2단계: 현행 프로세스('As-Is') 매핑 작성. 각 부서를 세로축에 나열하고 해당 부서가 담당하는 프로세스 단계를 시간 순서에 따라 가로 방향으로 기록한다. 각 단계는 화살표로 연결하여 전체 흐름을 파악할 수 있도록 한다.
- 3단계: 비효율 탐색 및 문제 확인. 매핑된 과정에서 중복된 작업, 병목현상, 책임 불분명, 수행되지 않는 필수 단계 등을 확인한다. 이러한 문제는 종종 여러 부서가 동일한 작업을 반복하거나, 특정 단계가 누락되는 구조에서 발생한다.
- 4단계: 이상적 프로세스('To-Be') 매핑 작성. 기존 프로세서에서 확인된 문제를 제거하고, 가장 효율적이고 일관된 업무 흐름을 반영한 새로운 매핑을 작성한다. 이 과정에서는 불필요한 단계를 줄이고, 역할과 책임을 명확하게 배분한다.
- 5단계: 개선 계획 수립 및 실행. 최종적으로 비교된 두 매핑을 바탕으로 프로세스 개선안을 수립하고, 각 단계의 변경 사항을 실행에 옮긴다. 이는 제품 품질 향상, 작업 시간 단축, 비용 절담 등의 긍정적 결과로 이어질 수 있다.

프로세스 수준 분석 사례: 고객 주문 처리 지연 문제

- **사례 배경**

한 전자제품 유통회사는 온라인 주문이 폭주하는 시기마다 배송 지연이 발생하였고, 이에 따른 고객 불만이 급증하였다.

- **현행 프로세스('As-Is') 매핑 결과**

주문 접수 → 물류팀 전달 → 재고 확인 → 포장 → 출고 → 배송사 이관

분석 결과, 재고 확인 단계에서 불필요한 중복 확인 절차와 정보 전달 지연이 병목 현상의 주요 원인으로 나타났다.

- **문제점 진단**

- 각 단계가 수직적 기능부서(영업, 물류, CS 등)로 구분되어 있어, 협업보다는 부서 간 전달에 의존
- 일부 작업이 자동화되지 않아 수작업 오류 발생 빈도가 높음

- **이상적 프로세스('To-Be') 재설계**

- 재고 확인 및 주문 승인 단계를 통합, 시스템 자동 연동

- 각 부서 간 업무 흐름을 수평적으로 재정렬하여 병목 구간 해소
- 전산적 자원 관리(ERP)시스템 활용으로 실시간 데이터 공유

• **성과**

재설계 이후 평균 배송 기간이 기존 5일에서 2.5일로 단축되었으며, 고객 불만 접수 건수도 60% 이상 감소함.

조직의 성과를 분석하고 향상시키기 위한 세 번째 수준의 접근은 **총체적 성과 시스템**(Total Performance System: TPS)으로, 이는 개별 구성원 또는 단일 프로세스를 넘어서 조직 전체를 하나의 통합적이며 적응적인 시스템으로 이해하는 틀을 제공한다(Brethower, 1982, 1997). TPS는 각 구성 요소(개인, 프로세스, 시스템)를 유기적으로 연결하고, 이들의 상호작용을 통해 성과가 어떻게 생성되고 유지되며 변화하는지를 실증적으로 분석할 수 있는 모델이다. 이 모델은 시스템 이론(system theory)에 기반하여 조직 운영의 전 과정을 '입력(input)-처리(process)-출력(output)-피드백(feedback)' 구조로 구분하고, 이를 통해 성과 생성의 전주기를 시각화하고 진단하는 것을 목적으로 한다. TPS는 모든 수준(개인, 팀, 부서, 조직 차원)에 적용 가능하나, 특히 조직 전체의 기능을 통합적으로 조망하는 데 효과적이다.

- 1단계: 입력 요소. 입력은 조직이 외부 환경으로부터 끌어들이는 자원을 의미하며, 이들은 조직의 운영을 가능하게 하는 근본적인 기반을 형성한다. 주요 입력 요소에는 다음과 같은 자원이 포함되며, 조직이 어떤 자원을 얼마나 효과적으로 확보하고 배분하는가는 이후 처리 과정의 질과 효율성에 직접적인 영향을 미친다.
  - 인적 자원: 직원, 관리자, 전문 인력 등
  - 물적 자원: 기계, 장비, 기술 설비
  - 재정 자원: 예산, 투자 자본, 외부 펀딩
  - 정보 자원: 정책 지침, 데이터베이스, 법령 기준
  - 시간 자원: 업무 일정, 마감 기한
- 2단계: 처리 시스템. 처리 시스템은 입력된 자원을 조직 내 다양한 구조 및 절차를 통해 실질적인 성과로 전환하는 중심 과정이다. 여기에는 다음과 같은 구성 요소가 포함되는데, 처리 시스템은 프로세스 맵을 활용하여 시각적으로 분석할

수 있으며, 불필요한 단계나 병목현상, 중복 업무 등을 식별하여 효율성과 품질을 동시에 향상시키는 개입 지점을 도출할 수 있다.

- 업무 절차 및 프로세스: 조직이 설정한 표준작업지침(SOP) 및 실제 운영 단계
- 부서 간 협업 체계: 기능별 역할 수행과 정보 전달 경로
- 성과관리 및 감독 체계: 업무 수행 현황을 점검하고 조정하는 행위
- 기술적/행동적 개입: 프로세스를 개선하기 위한 IT 시스템, 피드백 체계, 교육 훈련 등

- 3단계: 출력. 출력은 조직이 외부 수요자 또는 고객에게 제공하는 산출물이며, 유형/무형의 제품 또는 서비스 형태를 포함한다. 출력의 질과 적시성은 곧바로 고객의 만족도 및 조직의 평판으로 이어지므로 내부 기준(예: 품질 기준, 처리 기한)에 부합하는지 여부를 지속적으로 모니터링할 필요가 있다. 출력의 예시는 다음과 같다. 기업의 경우, 제조 제품, 서비스 상품 등이 이에 포함되며, 교육기관의 경우, 교육 프로그램, 졸업생 등이 이에 해당된다.
- 4단계: 수용 시스템 및 피드백. 수용 시스템은 조직의 산출물을 받는 최종 수혜자 또는 고객을 의미하며, 이들은 조직이 제공한 결과물에 대해 다양한 형태의 피드백을 반환한다. 예를 들어, 고객 만족도 설문, 재구매율/반복 이용, 불만 접수/민원 처리 데이터 등이 이에 해당된다. 이 외에도 조직 내부에서 수집되는 자체 품질관리 피드백은 내부 기준 충족 여부를 지속적으로 점검하며, 프로세스 개선이나 교육 훈련 개입의 기반으로 활용된다. 이 피드백 체계는 TPS 모델의 순환성과 적응성을 강화하는 핵심 구성 요소로 작용한다.

TPS 적용 사례: 대학 행정 서비스 개선 프로젝트

- **사례 배경**

A 대학교는 학생들의 행정 서비스 만족도 조사에서 '수강 신청 오류 처리 지연'과 '학사 행정 응대 불친절'에 대한 불만이 지속적으로 제기되었다. 이에 대학 본부는 TPS 모델을 활용하여 전반적인 학사 행정 프로세스를 분석하고 개선 방안을 도출하기 위한 프로젝트를 착수하였다.

- **TPS 적용 절차**

- Input 분석: 학생 요청 및 행정 수요

TPS 모델의 입력 요소는 학생들의 수강 정정 요청, 졸업 요건 확인 요청, 학적 변경 신청 등 다

양한 행정 수요로 구성된다. 이들은 대부분 온라인 시스템을 통해 접수되며, 데이터 형태로 행정처에 전달된다.

입력 예: 졸업예정자의 졸업요건 이수 확인 요청

- 처리 분석: 부서 간 흐름 파악

  요청은 다음과 같은 부서들을 통과하며 처리된다.

  · 교무과: 졸업요건 이수 여부 검토

  · 전공 주임교수: 필수 과목 이수 여부 확인

  · 학생 지원센터: 학적 정보 업데이트

  · 정보처리팀: 졸업 판정 시스템 반영

  이를 프로세스 맵으로 시각화한 결과, 다음과 같은 문제가 확인되었다.

  · 동일한 정보가 중복 입력됨

  · 요청이 한 부서에서 다른 부서로 전달될 때, 종종 누락되거나 지연됨

  · 부서 간 책임 소재가 불명확하여 처리 지연 발생

- 출력 평가 및 내부 피드백

  결과적으로 졸업 요청에 대한 공식 통보까지 평균 7일 이상이 소요되고 있었으며, 이로 인해 졸업 유예 대상자 관리가 늦어지는 문제가 발생하고 있었다. 내부 기준에 따르면, 요청 처리 기간은 3영업일 이내여야 하므로 기준 미달로 판단되었으며, 교무과는 즉각적인 개선이 요구되는 부서로 진단되었다.

- 피드백 분석: 학생의 외부 평가와 피드백

  학생들은 졸업요건 확인 결과를 이메일 또는 학사 시스템을 통해 받는다. 피드백 수단은 만족도 조사 및 민원 시스템을 통해 수집되었으며, 주요 외부 기준은 다음과 같다.

  · 처리 속도에 대한 기대: 평균 3일 이내

  · 정확성에 대한 기대: 오답률 0%

  · 커뮤니케이션 방식의 친절성

  학생 피드백 분석 결과, TPS의 수용 시스템에서 지속적으로 '처리 지연'과 '불명확한 안내'에 대한 부정적 피드백이 발생하고 있었다.

- **개입 및 결과**

TPS 분석 결과에 따라 다음과 같은 개선 전략이 도입되었다.

- 프로세스 간소화: 전공 주임교수의 확인 절차를 전산화하여 자동 승인 시스템으로 전환
- 책임 매트릭스 설계: 각 부서별 책임 항목을 명확히 정의한 차트 도입
- 성과 모니터링 체계: 업무별 처리 소요시간을 실시간으로 기록하고, 기준을 초과한 경우 관리자 알림이 가도록 시스템 설정

- 정기 피드백 회의: 수용 시스템의 데이터를 기반으로 월 1회 부서장 회의에서 성과 검토
개선 3개월 후, 졸업요건 요청의 평균 처리 시간은 2.4일로 단축, 학생 만족도는 84%에서 91%로 상승하였다.

(3) 성과관리를 위한 보상 체계

조직 내에서 바람직한 행동을 유도하고 유지하기 위해서는 강화의 원리, 특히 긍정적 강화가 반드시 작동해야 하며, 이에 따라 조직의 보상 시스템은 성과관리에서 핵심적인 역할을 수행한다. 조직이 아무리 정교한 정보기술 체계, 전략 계획, 직무 기술서, 교육 프로그램 등을 갖추고 있다 하더라도 이러한 선행조건들만으로는 구성원의 성과 관련 행동을 지속시키기 어렵다. Skinner가 강조했듯이, 선행 자극이나 규칙은 그에 따른 결과가 강화의 기능을 할 때에만 행동에 실제적인 영향을 미친다. 즉, 업무 계획이나 시스템 같은 앞단의 구조들은 결과에 따른 강화가 뒤따를 때 비로소 행동을 통제하거나 유발하는 역할을 할 수 있다. 낮은 품질, 높은 비용, 낮은 생산성 같은 문제도 결국 그러한 결과를 유발하는 부적절한 행동들이 조직 내에서 은연중에 강화되고 있다는 사실을 반영한다. 이러한 관점은 행동과학이 조직 문제를 분석하고 개입하는 데 있어 얼마나 현실적인 접근을 제공하는지를 보여 준다.

따라서 성과관리의 핵심 과제는 문제행동에 대한 강화 요인을 제거하는 동시에, 바람직한 행동에는 즉각적이고 일관된 강화를 제공하는 것이다. 이는 조직이 성과를 향상시키고 장기적으로 성공을 달성하기 위해 반드시 고려해야 할 요소다. 특히 보상 시스템은 종종 간과되기 쉽지만, 실질적인 행동 변화를 유도하는 데 있어 결정적인 중재변수로 기능한다.

성과관리를 위한 보상은 다음과 같은 다양한 형태로 제공된다.

첫째, 금전적 보상이다. **금전적 보상**(financial rewards)은 전통적으로 가장 널리 사용되는 강화 방식으로, 여전히 모든 수준의 조직 구성원에게 강력한 동기 부여 요소로 작용한다. 그러나 일반적인 급여 지급이나 고정급제와 같은 방식은 실질적인 행동 변화와의 연계가 부족하여 강화 효과가 제한적이라는 한계가 있다. 특히 이러한 보상이 성과 향상으로 이어지기 위해서는 구성원의 구체적인 행동 기준에 따라 명확하게 연계되고, 공정하고 납득 가능한 방식으로 제공되어야 한다. 최근에는 이러한 한계를 극복하기 위해 성과 기반 보상 시스템이 각광받고 있으며, 이는 개인 또는 팀의 실질적인 기

여도에 따라 보상을 차등화함으로써 전통적인 보상 방식보다 더 높은 효율성과 효과성을 보이고 있다. 실제로 행동 성과관리 기법을 도입한 연구에서는 금전적 보상이 단독으로 제공될 때보다, 명확한 행동 목표와 결합되어 제공될 때 성과가 유의미하게 향상된다는 결과가 보고되었다(Lam et al., 2002). 이러한 결과는 금전적 보상 역시 행동분석 원리에 기반하여 정교하게 설계될 때 더욱 강력한 강화 수단으로 기능할 수 있음을 시사한다.

둘째, **비금전적 보상**(nonfinancial rewards)이다. 금전적 보상이 조직 내에서 가장 대표적인 보상 형태로 활용되고 있으나, 비금전적 보상 또한 구성원의 행동을 강화하는 데 있어 중요한 기능을 수행하며, 이에 대한 관심이 점차 증가하고 있다. 조직심리학 및 인적자원관리 분야의 연구들은 직원들이 실제로 중요하게 인식하는 보상이 단순한 급여 이상의 요소임을 반복적으로 지적하고 있으며, 특히 상호작용 속에서 제공되는 인정과 즉각적인 피드백이 강력한 동기 유발 요인으로 작용함을 강조한다.

비금전적 보상은 단순히 보조적인 수단이 아니라, 조직성과를 향상시키는 데 있어 독립적이고 핵심적인 강화 요인으로 기능할 수 있다. 특히 **사회적 인정**과 **성과 피드백**은 금전적 자원 소요가 적음에도 불구하고, 높은 강화 효과를 나타내는 전략으로 평가된다. 이러한 보상은 구성원의 내재적 동기를 자극하고, 직무 몰입 및 조직 충성도를 증진시키는 데 기여한다.

한편, 일부 비금전적 보상 유형은 일정한 자원 투입이 필요한 경우도 존재하지만, 사회적 보상이나 피드백과 같은 상호작용 기반의 보상은 상대적으로 비용이 적고 적용이 용이하다는 점에서 행동 성과관리 전략의 핵심 요소로 간주된다. 특히 이러한 전략은 조직 내 성과 문화를 형성하는 데 중요한 역할을 하며, 금전적 보상과 병행될 때 행동 변화를 더욱 효과적으로 유도할 수 있다.

셋째, **사회적 인정과 관심**(social recognition and attention)이다. 사회적 인정과 관심은 대부분의 조직 구성원에게 있어 강력한 긍정적 강화 자극으로 작용한다. 특히 진정성 있는 칭찬과 주의는 별도의 비용을 소모하지 않으면서도 구성원의 행동을 효과적으로 강화할 수 있는 수단으로 금전적 보상에 비해 조직에서 보다 쉽게 활용 가능한 전략으로 간주된다. 이러한 보상이 목표 행동과 그 결과에 조건적으로 연결될 때, 즉 특정 성과에 대한 명확한 기준과 연계되어 제공될 때 그 효과는 극대화된다. 반대로 비계획적이거나 진정성이 결여된 칭찬은 오히려 역효과를 초래할 수 있으며, 기대했던 강화 효과를 얻지 못하는 경우도 발생할 수 있다.

사회적 보상의 또 다른 장점은 조직 차원에서 별도의 자원이나 예산을 들이지 않고도 구성원의 동기를 유발하고 유지할 수 있다는 점이다. 특히 개인에게 심리적으로 의미 있는 인물로부터의 인정은 내부 동기 부여를 증진시키는 데 중요한 역할을 하며, 이는 공식적인 보상제도 이상으로 긍정적 영향을 미칠 수 있다. 다만, 사회적 보상이 효과적으로 작동하기 위해서는 보상 수단의 진정성, 시의성, 맥락적 적합성 등이 전제되어야 하며, 잘못 설계된 경우에는 의도하지 않은 행동을 강화할 위험도 존재한다.

문화적 특성과 개인의 성향 차이를 고려하는 것도 중요하다. 일부 문화권이나 조직 분위기에서는 공개적 인정보다는 비공식적이고 조용한 방식의 칭찬이 선호될 수 있으며, 이는 사회적 보상 전략의 설계 시 문화적 맥락을 반영해야 함을 시사한다. 사회적 인정이 보편적으로 효과적인 강화 전략이지만, 수용자 중심의 접근과 맞춤형 실행이 병행되어야 최대의 효과를 발휘할 수 있다.

현대 조직에서는 팀 기반의 협업 구조가 확산됨에 따라 구성원 간 상호 인정과 피드백이 조직 성과에 긍정적으로 기여하는 요소로 부각되고 있다. 개인 단위의 보상 방식에서 벗어나 팀 차원의 비금전적 보상 구조를 도입하는 것은 구성원의 공동 책임감과 혁신성을 촉진하는 효과가 있으며, 이는 성과 향상을 위한 실질적인 대안으로 기능할 수 있다(LePine & Van Dyne, 2001). 결과적으로 사회적 보상은 개인뿐만 아니라 집단의 행동 개선과 조직문화의 긍정적 형성에 기여할 수 있는 실용적이고 효과적인 전략으로 평가된다.

마지막으로, **성과 피드백**(performance feedback)이다. 성과 피드백은 행동 성과관리의 핵심 도구로, 구성원의 업무 수행을 강화하고 개선하는 데 중요한 역할을 한다. 대부분의 직원들은 자신이 잘하고 있는지에 대해 알고 싶어 하며, 피드백은 이를 충족시켜주는 수단이 된다. 특히 피드백은 긍정적 · 즉각적 · 구체적으로 전달될 때 가장 효과적으로 작용하며, 수용자의 특성이나 피드백 전달 방식에 따라 그 영향력이 달라질 수 있다. 예를 들어, 상사나 조직으로부터 받는 피드백보다 구성원이 스스로 생성하는 자기생성 피드백(self-generated feedback)이 더 긍정적으로 인식되는 경향도 있다. 더욱이 단순한 평가에 그치지 않고 실제 행동 변화를 이끌 수 있는 실행 가능한 피드백일 때, 그 효과는 훨씬 크다. 최근에는 상사뿐만 아니라 동료, 부하직원, 고객 등 다양한 이해관계자가 익명으로 참여하는 360도 피드백 시스템이 주목받고 있다. 다원적 피드백 구조는 단일 평가자의 편향을 줄이고, 구성원이 자신의 강점과 개선이 필요한 부분을 보다 균형 있게 인식할 수 있도록 도와주며, 리더십 개발과 긍정적인 조직 행동을 촉진하는 수단으로 널리 활용되고 있다.

요약

조직행동관리는 응용행동분석의 원리에 기반하여 조직 내 인간 행동을 과학적으로 이해하고 체계적으로 변화시키려는 실천적 접근으로, 협력, 성과, 규범 준수 등의 행동을 환경 변인을 중심으로 분석하고 조정한다. 조직문화는 반복된 강화 경험을 통해 형성된 집단의 공유된 행동 양식이며, 행동분석적 관점에서는 환경 조건을 조절하고 바람직한 행동을 강화함으로써 문화 변화를 유도한다. 성과관리는 목표 설정, 행동 기준 수립, 행동 관찰과 기록, 피드백과 강화 제공, 결과 평가의 절차를 통해 조직 목표에 부합하는 행동을 증진시키고, 구성원의 동기와 조직 방향의 일치를 도모한다.

조직행동관리는 응용행동분석의 원리를 조직 환경에 적용하여 인간 행동을 과학적으로 이해하고 변화시키려는 실천적 접근으로, 초기에는 산업안전과 생산성 향상에 초점을 두었으나 이후 다양한 조직 맥락으로 확대되었다. 이 접근은 행동이 개인의 특성보다는 선행사건, 후속결과, 자극 통제와 같은 환경 변수에 의해 형성되고 유지된다는 전제하에 조직 내 협력, 성과, 규범 준수 등의 행동을 측정 가능하고 조작 가능한 방식으로 분석하고 조정함으로써 실질적 변화를 유도한다.

조직문화는 집단 내에서 오랜 시간에 걸쳐 형성된 공유된 신념, 가치, 행동 양식의 집합으로, 구성원들의 인지와 행동에 지속적으로 영향을 미치는 구조적 요인이다. 이러한 문화는 외부 환경에 대한 적응과 내부 통합의 과정에서 반복된 행동 패턴이 축적됨으로써 자연스럽게 형성되며, 조직의 정체성과 운영 방식에 깊숙이 뿌리내린다. 행동분석적 접근에서는 조직문화를 반복된 강화 경험의 결과로 이해하며, 문화 변화를 위해서는 기존의 행동 패턴을 유지시켜 온 환경 조건을 분석하고, 바람직한 새로운 행동을 지속적으로 강화하는 전략이 요구된다. 이는 조직이 기존의 문화적 틀을 유연하게 수정하면서도 기능적으로 발전할 수 있도록 돕는다.

성과관리는 조직 목표를 효과적으로 달성하기 위해 구성원의 행동을 분석하고 이를 변화시키는 전략으로, 강화 이론에 기초하여 설계된다. 행동은 그에 따른 결과에 의해 반복 여부가 결정된다는 원리를 바탕으로, 성과관리는 정적 강화, 부적 강화, 소거, 처벌 등의 절차를 상황에 맞게 조합하여 원하는 행동의 빈도를 높이는 데 초점을 둔다. 조직 내에서는 관찰 가능한 행동을 명확히 정의하고, 그 행동이 발생할 때 적절한 강화가 제공되도록 체계를 구성하며, 이를 위해 피드백, 보상, 목표설정 등 다양한 실천 기법이 활용된다. 효과적인 강화체계는 즉각성, 일관성, 개인 적합성 등의 요소를 고려하여 행동의 변화를 지속 가능하게 만든다.

성과관리 체계는 구성원의 행동을 체계적으로 변화시키기 위한 일련의 절차와 중재 방법으로 구성된다. 주요 절차는 조직 목표에 부합하는 명확한 목표설정에서 시작하여, 행동기준의 수립, 실제 행동의 관찰 및 기록, 적절한 피드백과 강화 제공, 그리고 결과에 대한 평가 단계로 이어진다. 이 과정을 통해 조직은 행동 데이터를 기반으로 성과를 지속적으로 분석하고 개선할 수 있다. 또한 효과적인 성과관리를 위해 설계된 보상 체계는 물리적 보상뿐만 아니라 사회적 인정이나 경력 개발 기회 등 다양한 형태를 포함하며, 강화가 즉각적이고 개인 맞춤형일수록 그 효과는 더욱 높아진다. 성과 수준에 따라 차등적으로 제공되는 보상은 구성원의 동기를 유지하고 조직 목표와의 정렬을 유도하는 데 중요한 역할을 한다.

제12장

행동분석가 윤리

개요

윤리는 개인의 도덕적 신념을 넘어 사회적 · 철학적 합의에 기초한 가치체계로 고객의 안전 · 복지 · 권리를 최우선에 두고 자율성 존중, 정직 · 투명성 유지, 과학적 근거 제시 등의 구체적 책임을 규정한다. 행동분석가의 전문직 윤리강령은 BACB, QABA, KABA 등 주요 기관에서 발전해 왔으며, 전문적 역할, 고객 관계, 자료 관리, 연구 수행 등 모든 실천 영역에서 일관된 지침을 제공한다. 이 장에서는, 먼저 윤리의 개념과 전문직 윤리의 특징을 정리한 뒤, ABA 분야 윤리강령의 역사적 전개 과정을 살펴본다. 이어 BACB, QABA, KABA 강령의 구조와 핵심 원칙을 비교 · 분석하고, 고객 복지, 전문적 역량, 정직성, 이해 상충 방지, 비밀 유지 등 행동분석가의 기본 윤리 원칙을 제시한다. 또한 윤리적 딜레마에 적용할 수 있는 BACB 의사결정 도구와 Bailey와 Burch의 7단계 모델을 설명하며, 중재 설계, 슈퍼비전, 연구, 디지털 ABA, 기관 내 윤리 문화 구축 등 실제 사례를 다룬다. 마지막으로, 디지털 시대, 평생 교육, 사회 참여라는 미래 과제를 검토하여 과학적 엄격성과 인도적 가치를 조화시키는 행동분석가 윤리의 나침반적 역할을 제시한다.

APPLIED BEHAVIOR ANALYSIS

• 핵심 용어

- 개인정보 보호(data privacy)
- 과학적 근거(scientific evidence)
- 기록 관리(record keeping)
- 디지털 윤리(digital ethics)
- 문화적 대응성(cultural responsiveness)
- 복지(welfare)
- 비밀유지(confidentiality)
- 원격 응용행동분석(tele-ABA)
- 윤리(ethics)
- 윤리강령(code of ethics)
- 윤리적 의사결정 모델(decision-making model)
- 이해상충(conflict of interest)
- 자율성(autonomy)
- 전문적 역량(competence)
- 전문직 윤리(professional ethics)
- 정직성(integrity)
- 중재 충실도(fidelity)
- 최소 제한 절차(least restrictive procedures)
- 투명성(transparency)
- 평생 윤리 교육(lifelong ethics education)

I 행동분석가 윤리의 기초

1. 윤리의 개념과 행동분석가 윤리

윤리(ethics)는 인간의 행동이 옳고 그름, 정의와 부정의를 구분하는 사회적 · 철학적 규범 체계로 선과 악, 의무와 권리, 공동선과 개인적 이익 간의 균형을 탐구한다(Beauchamp & Childress, 2013). 윤리는 개인의 도덕적 신념을 넘어, 사회 구성원 간 합의에 기반한 가치체계로서 법률이나 조직 규정과는 별개로 '어떤 행동이 바람직한 인간관계와 사회질서를 유지하는가?'를 규정한다.

전문직 윤리는 일반 윤리보다 한층 구체화된 형태로 특정 직무 영역에서 요구되는 도덕적 · 사회적 책임을 명시한다. 예를 들어, 의사, 변호사, 행동분석가 등 각 전문 분야에서는 자율성 존중, 정의, 정직성 등 기본 원칙이 조직적 · 제도적으로 강화된다. 전문직 윤리는 단순히 법규 준수를 넘어 직무 수행 전반에서 타인의 권리 · 안전 · 복지에 대한 사려 깊은 고려를 요구하며, 이를 위반할 경우 징계, 자격정지, 면허취소 등의 제재가 뒤따른다.

응용행동분석은 강화, 벌, 소거, 차별강화 등 행동 원리를 과학적으로 적용하여 인간의 삶에 구체적 변화를 이끌어 내는 실천 분야다(Cooper et al., 2020). 행동분석가는 기능행동평가를 바탕으로 중재 계획을 수립하고, 자료 수집 및 분석을 통해 중재 효과를 검증한다. 이 과정에서 중재 대상자의 신체적 · 정신적 안전 보장을 최우선으로 삼아야 하며, 윤리는 응용행동분석 실천의 토대 역할을 한다.

구체적으로 행동분석가는 다음과 같은 핵심 윤리 기준을 엄격히 준수해야 한다.

- 고객의 복지 보장: 중재로 인한 불필요한 불이익이나 역효과를 방지하고, 중재 계획의 **위험-편익 비율**(risk-benefit ratio)을 지속적으로 평가
- 자율성 존중: 고객 및 보호자가 중재 목적, 절차, 대안에 대해 충분히 이해하고 선택할 수 있도록 정보 제공, 자발적 참여 보장
- 정직성과 투명성 유지: 중재 설계, 진행, 결과를 투명하게 보고하고, 잠재적 **이해상충**(conflict of interest)이 있는 경우 즉시 공지
- 과학적 근거 제시: 중재 기법 선택 및 수정 시 최신 연구와 실증 자료를 근거로 의

사결정하고, 새로운 기법 적용 시 윤리적 사전 검토(IRB 승인) 실행

윤리는 단순히 "무엇을 할 수 있는가?"가 아니라, "무엇을 해야 하는가?"를 묻는 지속적 성찰을 요구한다(Bailey & Burch, 2022). 예를 들어, 중재 목표 설정 시 이를 단순히 목표 달성이라는 결과 지향이 아니라, 삶의 질을 고려한 과정 지향으로 설계해야 하며, 중재 종료 후에도 유지와 일반화를 위한 후속 지원 계획을 포함해야 한다.

행동분석가 윤리는 일회성 교육만으로 완성되지 않는다. BACB는 자격 유지 요건으로 매년 일정 시간 이상의 계속 교육(Continuing Education Units: CEUs)을 필수화하고 있으며, 정기 슈퍼비전, 동료 피드백, 윤리적 사례 분석 등을 통해 실제 현장에서의 적용 능력을 강화하도록 권장한다. 다양한 문화, 언어, 장애 특성을 지닌 고객에게 적절한 중재를 제공하기 위해 행동분석가는 자신의 **문화적 편향**(cultural bias)을 자각하고 **다문화 민감성**(cultural responsiveness)을 지속적으로 개발해야 한다(BACB, 2022). 윤리는 이처럼 변화하는 사회 · 기술 환경 속에서 행동분석 실천을 조율하고, 과학적 엄격성과 인도적 가치가 조화를 이루도록 안내하는 나침반 역할을 한다.

2. 행동분석가 윤리강령의 역사적 발전

행동분석가 윤리강령의 발전은 1947년 미국심리학회(American Psychological Association: APA)가 윤리강령 개발을 시작하고, 1953년 초판을 제정하며 행동과학 전반에 기초를 마련하면서 출발하였다(APA, 2017).

1980년대 응용행동분석 분야에서는 행동분석가 전용 윤리 기준이 필요하다는 목소리가 높아졌고, 2001년 John Bailey와 Mary Burch는 『Ethics for Behavior Analysts』를 통해 ABA 실천 윤리 체계의 구체화를 주도했다(Bailey & Burch, 2001). 같은 해 Board Certified Behavior Analyst(BCBA)는 최초의 『Guidelines for Responsible Conduct for Behavior Analysts』를 발표하였고, 2014년 『Professional and Ethical Compliance Code for Behavior Analysts』를 제정해 체계성을 강화했고, 2016년 개정에서는 고객 권리 보호와 문화적 감수성을 보강했다. 2020년에는 『Ethics Code for Behavior Analysts 2.0』을 시행했는데, 이 개정판은 전문적 책임, 실무 책임, 고객에 대한 책임 등 여섯 개 주요 영역으로 구성되어 있으며, 특히 행동분석가가 BACB, 면허위원회, 자금지원기관 등 관련 기관의 자기보고 요건을 숙지하고 준수할 책임을 명확히

강조하고 있다.

한편, Qualified Applied Behavior Analysis Credentialing Board(QABA)는 2012년 전 세계 행동분석가 수요 충족을 위해 설립된 국제 자격 인증 기관이다. 자폐스펙트럼장애 및 관련 장애인의 행동중재 서비스를 제공할 전문 인력 양성을 목표로, QABA는 Autism Behavior Analysis Technician(ABAT), Qualified Autism Services Practitioner-Supervisor(QASP-S), Qualified Behavior Analyst(QBA)의 3단계 자격 인증 체계를 운영한다. 설립 시 제정된 「The QABA Ethical Code of Conduct」는 국제적 기준과 각국 현장의 법적·제도적 요구를 모두 반영하도록 구성되었으며, 전문가 및 회원 피드백과 원격 서비스, 다문화 환경, AI 보조 도구 등 사회적·기술적 변화에 맞춰 지속적으로 개정되어 왔다. 특히 2024년 개정판에서는 **원격 실습**(telepractice), 다문화 민감성, AI 활용 지침, 소셜미디어 사용 규범 등을 새로 포함하여 현대적 윤리 이슈를 폭넓게 다루고 있다(QABA, 2024).

국내에서는 한국행동분석학회(Korean Association for Behavior Analysis: KABA)가 2013년 초판 윤리강령을 제정·시행한 이후, 개정 과정에서 「개인정보보호법」, 「저작권법」, 「전자상거래법」, 「아동·청소년 성보호법」, 「장애인복지법」 등 주요 법률을 반영하며 윤리 기준을 체계적으로 보완해 왔다. 특히 2018년 개정에서는 원격 슈퍼비전·원격 중재 가이드라인을 신설했고, 2021년 개정에서는 최신 법률 개정사항을 통합·검토하기 위한 30일 공개 의견 수렴 절차와 윤리심의위원회 내부 심의 프로세스를 명문화함으로써 법령과 윤리 규정 간 충돌을 방지하는 체계적 검토 절차를 강조하였다(백종남 외, 2025).

이처럼 APA 초기 규정에서 출발해 BACB, QABA, KABA에 이르는 행동분석가 윤리강령의 역사는 시대의 변화에 맞추어 끊임없이 발전해 왔으며, 실천 중심의 윤리를 구현해 온 과정임을 보여 준다.

3. BACB, QABA, 한국행동분석학회의 윤리강령

BACB의 「Ethics Code for Behavior Analysts」는 6개 섹션, 85개 세부 기준으로 구성되어 있다. 이 기준들은 행동분석가가 제공하는 직접 서비스, 자문 활동, 감독 및 교육 업무, 연구 수행, 그리고 공적 진술에 이르기까지 모든 실천 영역에 일관되게 적용된다고 명확히 규정하고 있다. 각 섹션은 전문적 역할에 따른 책임과 의무, 고객과의 관계 설정, 데이터 수집 및 분석 절차, 공정성 유지, 동료 및 기타 전문가와의 협력, 그리고 행동분석 연구의 설계와 윤리적 실행 방안 등을 포괄하도록 설계되어 있다. 윤리강령 서문에서는 행동분석가의 판단과 행동을 구체적으로 이끌어 주는 4가지 핵심 원칙을 제시하고 있다.

- 타인에게 이익을 줌(Benefit others)
- 연민, 존엄, 존중으로 타인을 대함(Treat others with compassion, dignity, and respect)
- 진실하게 행동함(Behave with integrity)
- 전문적 역량을 보장함(Ensure competence)

이 4가지 핵심 원칙은 단순한 도덕적 지침을 넘어 임상 및 실무 현장에서 마주하는 복합적인 윤리적 쟁점에 대해 구체적 판단 기준을 제시하도록 설계되었다(BACB, 2022).

QABA는 ABAT, QASP-S, QBA 3가지 자격 인증을 운영하며, 모든 인증자에게 윤리적 실천을 요구하기 위해 「QABA Ethical Code of Conduct」를 제정 · 시행하고 있다. 이 윤리강령은 역할 및 업무 범위 설정, 대인관계와 보고 의무, 문서화 기준, 개인정보 보호, 문화적 다양성 존중 등 실무에 즉시 적용할 수 있는 기준을 6개 주요 섹션으로 상세히 제시하고 있다(QABA, 2024).

- 규정 준수(Compliance)
- 전문적 역량(Competence)
- 개인정보 보호 · 기밀 유지(Privacy/Confidentiality)
- 서비스 제공(Provision of Service)
- 고객에 대한 책임 및 권리 보장(Responsibility to Clients and Clients' Rights)
- 대인관계(Human Relations)

QABA는 윤리강령 위반 시 경고, 자격 정지, 자격 박탈 등 명확한 징계 절차를 규정하고 있으며, 자격 유지 조건으로는 정기 갱신, 계속 교육 이수, 윤리강령 준수 서약을 요구한다. 이를 통해 자격자들은 다양한 실천 상황에서 구체적이고 실질적인 판단 기준을 바탕으로 윤리적 행동을 지속할 수 있다.

한국행동분석학회는 국내 행동분석 실천의 윤리적 기준을 수립하기 위해 2013년 윤리강령을 제정하고, 2021년 「윤리강령 및 윤리심의 규정」으로 개정하였다(한국행동분석학회, 2021). 개정된 윤리강령은 총칙, 윤리 기준, 윤리심의 절차의 세 부분으로 구성되어 있다.

- 총칙에서는 윤리강령의 목적, 적용 대상과 범위를 규정하고, 기본 원칙을 제시한다. 이를 통해 학회 회원의 올바른 윤리 의식 확립과 윤리적 실천의 중요성을 강조하며, 모든 회원과 학회 관련 활동에 대한 적용 범위를 명확히 한다.
- 윤리 기준에서는 행동분석가가 준수해야 할 구체적인 윤리 의무 행동 지침을 제시한다. 여기에는 고객 권리 보호, 개인정보 및 비밀 유지, 공정한 서비스 제공, 전문성 유지, 연구와 실무에서의 정직성, 법률 준수 등 국내 법률과 사회문화적 특성을 반영한 세부 항목들이 포함된다.
- 윤리심의 절차에서는 윤리 위반 사례의 신고, 조사, 심의, 징계 및 재심 절차를 명확히 규정한다. 또한 윤리심의위원회의 구성과 역할, 심의 과정의 공정성과 비밀성 유지, 피신고인 권리 보장 등 실질적 집행 절차를 상세히 제시한다.

이러한 세 부분 체계의 윤리강령은 국내 관련 법률과 사회문화적 특성을 반영해 현장 적용성을 높이도록 설계되었다. 특히 「개인정보보호법」, 「아동복지법」, 「장애인복지법」 등 법적 요구사항을 준수함으로써 중재의 적법성과 윤리성을 동시에 확보할 수 있도록 규정하고 있다. 윤리 위반이 발생하면 윤리심의위원회에서 정식 심의를 거쳐 위반 정도에 따라 경고, 자격 제한, 학회 제명 등 단계적 징계 조치를 부과한다.

Ⅱ 행동분석가의 기본 윤리 원칙

1. 고객의 복지, 권리, 존엄성의 최우선

행동분석가는 모든 실천 활동에서 **고객의 복지**(welfare), **권리**(rights), **존엄성**(dignity)을 최우선으로 고려해야 한다. 이는 국내외 행동분석 윤리강령에서 공통적으로 강조하는 핵심 원칙이다. BACB 윤리강령(2022)에서는 행동분석가가 타인의 복지를 증진하고, 타인을 존중하며, 정직하게 행동하고, 전문적 역량을 유지해야 함을 규정하고 있다. OABA 윤리강령(2024)에서는 고객의 권리 보호와 존엄성 존중을 행동분석가의 기본 책임으로 명시하고 있다. 한국행동분석학회 윤리강령(2021) 또한 고객의 권리와 복지를 최우선으로 고려하는 윤리적 실천을 강조하고 있다.

응용행동분석 실천에서 고객의 복지는 단순히 신체적 안전을 보장하는 차원을 넘어 목표 행동 설정, 강화제 선택, 중재 절차 설계 등 모든 과정에서 고객의 개인적 가치, 선호, 문화적 배경을 존중하는 것을 포함한다. 이를 위해 행동분석가는 고객의 문화적 특성을 민감하게 파악하고, 중재 계획 전반에 걸쳐 문화적 차이를 반영해야 한다. 문화적 대응성(cultural responsiveness)은 윤리적 실천의 필수 요소이며, 이를 통해 고객의 진정한 이익을 도모할 수 있다(BACB, 2022).

행동분석가는 자신의 문화적 편향을 자각하고, 다양한 문화권의 관습과 신념을 이해한 뒤, 문화적으로 적합한 중재를 설계하여 제공해야 한다. BACB 윤리강령(2022)의 표준 1.07 '문화적 대응성과 다양성'은 전문 지식을 지속적으로 개발하고, 실제 서비스 설계 · 제공 시 고객의 문화적 배경을 적극 반영할 것을 명확히 규정하고 있다.

2. 전문적 역량 유지와 윤리적 경계 설정

전문적 역량(competence)은 행동분석가 윤리의 핵심 원칙 중 하나로 효과적이고 윤리적인 실천의 기초가 된다. 행동분석가는 자신이 충분한 교육과 훈련을 받은 영역에서만 서비스를 제공해야 하며, 직무 수행 과정에서 지속적으로 전문성을 유지하고 향상시켜야 한다(한국행동분석학회, 2021; BACB, 2022).

BACB 윤리강령(2022)에 따르면, 행동분석가는 자신의 전문성 범위 내에서만 중재를 수행해야 하며, 새로운 기술이나 절차를 사용할 경우 적절한 교육과 슈퍼비전을 먼저 받아야 한다. 전문성 유지에는 다음의 요소가 포함된다.

- 최신 연구 동향과 윤리 기준에 대한 지속적인 학습을 한다.
- 실무 경험을 통해 전문기술을 지속적으로 개발한다.
- 슈퍼비전, 자문, 피드백을 통해 전문적 판단을 정기적으로 검토한다.

OABA 윤리강령(2024) 역시 전문성 유지 의무와 함께 명확한 윤리적 경계 설정의 중요성을 강조한다. 전문성과 관련된 윤리적 경계는 다음과 같다.

- 훈련받지 않은 절차는 무리하게 적용하지 않는다.
- 과학적 근거가 부족한 절차는 개인적 신념이나 경험만으로 선택하지 않는다.
- 자신의 역량을 벗어나는 문제에 직면했을 때는 반드시 전문가 자문이나 슈퍼비전을 요청한다.

이러한 경계 설정은 고객의 복지를 보호하고, 전문가로서의 신뢰를 유지하는 데 필수적이다.

전문적 역량 유지	윤리적 경계 설정
• 최신 연구 • 동향 학습 • 윤리 강령 숙지 • 사례 기반 • 교육 이수	• 훈련받지 않은 절차는 적응 금지 • 비과학적 중재 지양 • 자문 · 슈퍼비전 요청 필수

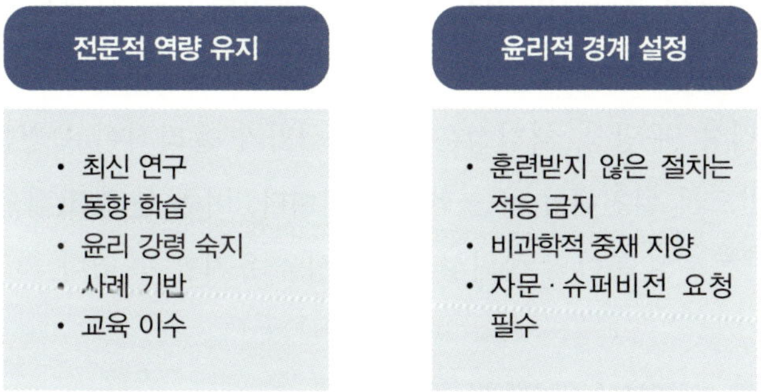

[그림 12-1] 전문적 역량 유지와 윤리적 경계 설정

3. 정직성, 투명성, 책임성

행동분석가는 전문직으로서의 신뢰를 유지하기 위해 정직성, 투명성, 책임성을 실천해야 한다. 이 3가지 원칙은 윤리적 의사결정과 실천의 핵심 요소로 고객의 복지와 권리를 보호하고, 응용행동분석 분야의 전문성과 신뢰성을 유지하는 데 필수적이다(한국행동분석학회, 2021; BACB, 2022).

정직성(integrity)은 행동분석가가 모든 전문적 활동에서 진실되고 정직하게 행동하는 것을 의미한다. 이는 고객, 동료, 사회와의 신뢰 기반 관계를 유지하는 핵심 요소다. 행동분석가는 자신의 자격, 경험, 능력에 대해 과장하거나 허위로 진술해서는 안 되며, 중재 효과나 결과를 왜곡해서도 안 된다. 또한 자신의 업무에 대한 책임을 지고, 오류나 실수를 인식했을 때 이를 즉시 수정해야 한다(한국행동분석학회, 2021; BACB, 2022).

투명성(transparency)은 행동분석가가 중재의 목적, 절차, 예상 결과, 잠재적 위험 등을 고객과 보호자에게 명확히 설명하고, 그들의 의사결정 과정에 적극적으로 참여하도록 하는 것을 의미한다. 이는 고객의 자율성과 권리를 존중하는 윤리적 실천의 일환이다. 행동분석가는 고객이 충분한 정보를 바탕으로 동의하거나 거부할 수 있도록 해야 하며, 중재 중 발생하는 변화에 대해 신속히 알리고 설명해야 한다(한국행동분석학회, 2021; BACB, 2022).

책임성(accountability)은 행동분석가가 자신의 전문적 판단과 행동에 대해 책임을 지는 자세를 의미한다. 중재 결과에 대한 평가와 피드백을 수용하고, 필요한 경우 중재를 수정하거나 중단하는 것을 포함한다. 또한 윤리적 기준에 대한 지속적인 자기점검과 슈퍼비전 요청은 책임성의 중요한 요소다. 데이터 조작, 성공 과장, 부작용 은폐 등은 심각한 윤리 위반에 해당하며, BACB는 이와 관련된 위반 사례를 BACB 공식 웹사이트(https://www.bacb.com/)에 정기적으로 공개하고 있다.

이와 같이 정직성, 투명성, 책임성은 행동분석가가 윤리적이고 전문적인 서비스를 제공하기 위해 반드시 실천해야 하는 핵심 원칙이다. 이를 통해 고객의 권리와 복지를 보호하고, 응용행동분석 분야의 신뢰성과 전문성을 유지할 수 있다.

4. 이해상충 방지와 윤리적 리더십

이해상충(conflict of interest)은 행동분석가의 개인적 이익이 고객의 복지에 영향을 줄 수 있는 상황을 의미한다. 이는 실제 이해상충뿐만 아니라 이해상충처럼 보일 수 있는 상황도 포함된다. Bailey와 Burch(2022)는 행동분석가가 이러한 상황을 인식하고 예방하는 것이 윤리적 실천의 핵심이라고 강조한다. 이해상충의 주요 예시는 다음과 같다.

- 자신이 소유하거나 투자한 기관으로 고객을 유도하는 행위
- 가족이나 친구를 직접 고객으로 수락하는 행위
- 경제적 보상을 위해 특정 서비스나 제품을 권유하는 행위

이러한 행위는 고객의 복지를 해칠 수 있으며, 행동분석가의 전문성과 신뢰성을 저해할 수 있다.

BACB와 한국행동분석학회의 윤리강령은 모두 이해상충 가능성 발생 시 즉시 기관과 고객에게 공개할 것을 요구하고 있다(한국행동분석학회, 2021; BACB, 2022). 또한 행동분석가는 이해상충을 예방하고 관리하기 위한 절차를 마련해야 하며, 필요한 경우 자문을 구하거나 슈퍼비전을 받아야 한다. 이러한 절차는 행동분석가가 이해상충을 효과적으로 관리하고, 고객의 복지를 최우선으로 고려하는 데 도움이 된다.

행동분석가는 개인 차원을 넘어 기관과 지역사회 차원에서도 윤리적 기준을 세우고, 동료들에게 모범을 보여야 한다. **윤리적 리더십**은 다음과 같은 요소를 포함한다.

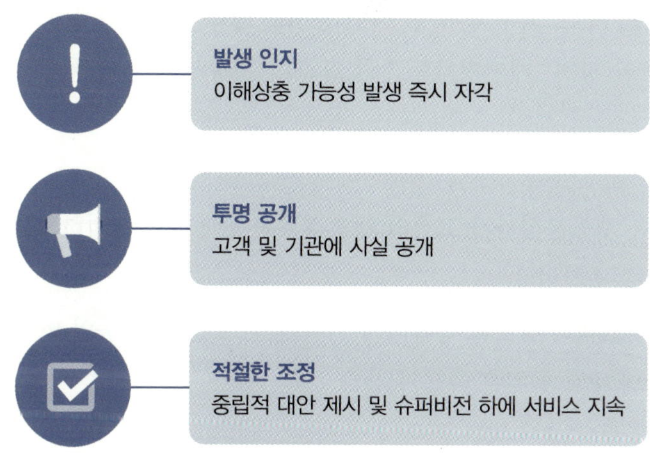

[그림 12-2] 이해상충 발생 시 행동 원칙

- 윤리강령의 준수와 실천
- 윤리적 딜레마에 대한 적극적인 대응
- 동료 및 후배 행동분석가에 대한 윤리 교육과 멘토링

윤리적 리더십은 조직의 윤리 문화를 형성하고, 고객의 권리와 복지를 보호하는 데 기여한다. 이와 같이 이해상충 방지와 윤리적 리더십은 행동분석가의 전문성과 신뢰성을 유지하고, 고객의 복지를 보호하는 데 필수적인 요소다.

5. 비밀유지, 개인정보 보호, 기록 관리

비밀유지(confidentiality)는 행동분석가가 고객의 개인정보를 보호하고, 제3자에게 무단으로 공개하지 않는 것을 의미한다. 이는 고객과의 신뢰를 구축하고, 윤리적 서비스를 제공하기 위한 기본 원칙이다. 행동분석가는 모든 서면 기록, 영상 자료, 구두 정보 교환에 대해 법적 · 윤리적 기준을 철저히 준수해야 한다(BACB, 2022). 대한민국의 「개인정보 보호법」은 개인정보의 수집, 이용, 보관, 파기에 대한 명확한 기준을 제시하고 있다(개인정보보호위원회, 2023). 행동분석가는 비밀유지, **개인정보 보호**, 기록 관리를 위해 다음과 같은 원칙을 준수해야 한다.

- 최소한의 정보 공유: 업무 수행에 꼭 필요한 정보만을 수집하고 공유한다.
- 보호자 동의 확보: 외부 공유 전 서면 동의를 필수적으로 확보한다.
- 디지털 보안 강화: 개인정보는 암호화하여 저장하고, 안전한 전송 방식을 사용한다.

이러한 원칙은 행동분석가가 고객의 개인정보를 안전하게 관리하고, 법적 책임을 회피하기 위한 필수 조건이다.

행동분석가는 고객의 정보를 정확하게 기록하고, 보관 기간 동안 안전하게 유지해야 한다. **기록 관리**의 주요 원칙은 다음과 같다.

- 정확한 기록: 중재 내용, 평가 결과, 의사소통 내용을 정확하게 기록한다.
- 보관 기간 준수: 법적 기준에 따라 기록을 보관하며, 보관 기간이 지난 후에는 안전하게 폐기한다.
- 접근 제한: 기록에 대한 접근은 권한이 있는 사람으로 제한한다.
- 정확하고 안전한 기록 관리는 행동분석가의 전문성과 신뢰성을 높이는 데 기여한다.

이와 같이 비밀유지, 개인정보 보호, 기록 관리는 행동분석가가 윤리적이고 전문적인 서비스를 제공하기 위해 반드시 실천해야 하는 핵심 원칙이다. 이를 통해 고객의 권리와 복지를 보호하고, 행동분석 분야의 신뢰성과 전문성을 유지할 수 있다.

Ⅲ 윤리적 의사결정 모델

윤리적 딜레마(ethical dilemma)는 2가지 이상의 윤리 원칙 또는 법적·문화적 가치가 서로 충돌하여 행동 선택이 명확하지 않을 때 발생한다(Bailey & Burch, 2016). 이러한 상황에서는 어떠한 결정을 내려도 일정 부분의 가치가 손상되기 때문에 단순한 규칙 적용 이상의 깊이 있는 사고가 요구된다. 다음은 윤리적 딜레마의 실제 상황이다.

> "아동의 자해행동을 감소시키기 위한 강력한 절차가 효과적이지만, 부모는 해당 절차가 지나치게 제한적이라며 반대하고 있다. 기관은 효율성과 빠른 성과를 중시하는 입장을 견지하고 있으며, 해당 절차가 가장 빠른 개선을 보이는 방법임은 데이터로 입증된 상황이다."

이 경우, 행동분석가는 다음의 4가지 상충된 요소 사이에서 윤리적 균형을 고민하게 된다.

- 고객의 권리와 복지: 아동의 안전과 장기적인 삶의 질 확보
- 보호자의 의사 및 문화적 신념: 가족 가치와의 조화
- 기관의 정책 및 기대: 결과 중심의 평가 기준
- 전문적 판단과 윤리 기준: 과학적 근거 기반의 중재

윤리적 딜레마 상황에서는 감정이나 개인적 신념에 의존하기보다 윤리적 의사결정 모델에 따라 체계적으로 접근해야 한다. 이렇게 절차적이고 논리적인 과정을 따르면, 감정이나 직관에 흔들리지 않고 일관성과 객관성을 유지할 수 있다. 특히 응용행동분석 분야에서는 고객의 권리 보호, 전문가로서의 책임 완수, 법적·윤리적 기준 준수를 동시에 고려해야 하므로 구체적인 의사결정 모델이 필요하다.

BACB(2022)는 「Ethics Code for Behavior Analysts」에서 행동분석가가 윤리적 딜레마에 직면했을 때 참조할 수 있는 윤리적 의사결정 도구(decision-making tool)를 제공하고 있다. 이 도구는 문제를 구조적으로 분석해 이해관계자, 윤리강령, 법률, 개인적 편향 등 모든 관련 요소를 고려하고, 이를 바탕으로 바람직한 행동을 선택할 수 있도록 설계되어 있다. BACB 공식 문서는 이 도구를 활용한 다음과 같은 단계적 접근을 권장하였다.

- 문제를 명확히 정의하고, 관련자에게 미칠 수 있는 위해(harm) 가능성을 고려한다.
- 관련된 모든 이해관계자를 확인한다.
- 지원 문서를 수집하고, 정보를 검증한다.
- 개인의 학습 이력과 편향을 고려한다.
- 핵심 원칙과 윤리강령 기준을 확인한다.
- 가용한 자료(연구, 의사결정 모델, 신뢰할 수 있는 동료)를 참고한다.
- 위험을 줄이거나 제거할 수 있는 여러 행동 방안을 개발한다.
- 각 방안의 윤리적 · 법적 · 실질적 결과를 평가한다.
- 가장 적합한 행동을 선택한다.
- 선택한 행동을 실행하고, 관련자와 협력하여 문서화한다.
- 실행 결과를 평가한다.

한편, Bailey와 Burch(2022)는 실무에서의 응용 가능성을 높이기 위해 7단계 윤리적 의사결정 모델을 제안하였다.

- 1단계: 사건이 윤리강령에 해당하는지 확인한다.
  - 문제 상황이 윤리강령 또는 관련 지침에 포함되는지 점검한다.
- 2단계: 위험을 평가한다.
  - 제안된 행동이 고객에게 위험을 줄 수 있는지 평가한다.
  - 주변 사람(예: 교실, 가족)에게 위험이 있을 수 있는지 평가한다.
  - 행동분석가 본인에게 위험이 있을 수 있는지 평가한다.
- 3단계: 관련자를 확인한다.
  - 행동분석가, 고객, 슈퍼바이저, 기관 책임자 등 문제와 연관된 모든 당사자를 파악한다.
- 4단계: 윤리적 대응 계획을 수립한다.
  - 문제 해결을 위해 회의 개최, 조직 내 협력 강화, 여러 기관 간 협상 등 다양한 대응 전략을 마련한다.
- 5단계: 필요한 기술과 영향력을 확인한다.
  - 문제 해결에 필요한 기술과 영향력이 무엇인지, 누가 그것을 보유하고 있는지

파악한다.

- 6단계: 계획을 실행한다.
  - 누가, 언제, 어디서, 어떤 방식으로 계획을 실행할지 결정하고 실제로 실행한다. 관련 서류 작업도 수행한다.
- 7단계: 결과를 평가한다
  - 실행 결과가 긍정적이었는지 검토하고, 얻은 교훈을 확인한다.

윤리적 딜레마 상황에서는 의사결정 모델에 입각한 체계적이고 분석적인 접근이 필수적이다. 이러한 접근은 각 단계에서 고려해야 할 윤리적 기준과 이해관계자의 입장을 명확히 파악하도록 도와주며, 이를 통해 결정 과정 전반에 걸쳐 일관성을 유지할 수 있다. 또한 의사결정 과정을 문서화하고 투명하게 제시함으로써 내부 검토나 외부 감사 시에도 의사결정의 근거를 분명히 밝힐 수 있다. 궁극적으로 이러한 분석적 절차는 법적·전문적 검토 단계에서 결정의 정당성을 뒷받침해 주며, 윤리적 책임 이행과 조직의 신뢰도 향상에도 기여한다(Sellers et al., 2016).

Ⅳ 행동분석가 윤리 적용의 실제

1. 행동평가, 중재설계, 실행 단계에서의 윤리

행동분석가는 행동평가, 중재설계, 실행 및 모니터링 전 과정에서 일관된 윤리 기준을 준수해야 한다(BACB, 2022). 행동분석가는 기능행동평가(FBA) 또는 기능분석(FA)을 수행할 때 과학적 근거와 객관성을 확보해야 한다. 이는 평가 도구와 절차가 신뢰할 수 있어야 하고, 고객의 특성과 환경에 맞게 적용되어야 함을 의미한다. 단일한 관찰이나 개인적 판단에 의존해서는 안 되며, 다양한 정보원과 방법을 통해 자료를 수집해야 한다. 모든 평가는 고객의 복지를 우선하는 방향으로 이루어져야 한다. 따라서 행동분석가는 편향을 의식적으로 배제하고, 중재 전 평가 단계부터 고객의 권리 보호에 유의해야 한다. 예를 들어, 평가 중에 고객이 과도한 스트레스를 경험하지 않도록 주의해야 하며, 참여자의 자발성과 동의를 전제로 한다.

중재를 계획할 때는 과학적으로 검증된 절차에 기반해야 하며, 실증적 연구 결과가 뒷받침되지 않은 방법은 사용을 피해야 한다. 행동분석가는 최신 학술자료를 검토하고, 근거에 기반하여 최적의 중재 방안을 설계해야 한다. 이는 중재 효과를 높이는 동시에 윤리적 정당성을 확보하는 데 중요한 역할을 한다. 중재의 설계는 최소 제한 절차(least restrictive procedures)의 원칙을 따라야 한다. 이는 중재가 고객의 삶에 주는 부담을 최소화하고, 가능한 한 자율성을 해치지 않도록 구성해야 함을 의미한다. 예를 들어, 동일한 효과를 기대할 수 있다면 보다 덜 제한적인 중재 방안을 선택해야 한다.

중재가 설계대로 정확히 수행되고 있는지를 확인하는 '**중재 충실도**(intervention fidelity)' 점검은 윤리적 실천의 핵심이다. 행동분석가는 중재의 효과성을 데이터에 근거하여 지속적으로 평가해야 하며, 계획된 절차와 실제 실행 사이에 차이가 발생하지 않도록 유의해야 한다. 중재 중 예상치 못한 부작용이 나타날 수 있으며, 이 경우 행동분석가는 신속하게 중재를 조정하거나 중단해야 한다. 고객의 안전과 복지를 최우선으로 고려하며, 부작용 여부는 지속적인 관찰과 분석을 통해 확인한다. 이는 단지 중재의 성패 문제가 아니라 윤리적 책임과 직결되는 사안이다.

행동분석가는 실천 전 과정에서 윤리적 기준을 준수해야 하며, 이는 단지 규정 준수를 넘어 중재의 효과성과 신뢰도를 높이는 핵심 요소다. 과학적 근거에 기반한 절차의 적용, 고객 중심의 의사결정, 부작용에 대한 민감한 대응은 모두 윤리적 실천의 구체적인 형태다. 윤리는 실천의 시작이자 마지막 기준이며, 행동분석가의 전문성을 구성하는 핵심 중 하나다.

■ 사례: 기능적 의사소통 훈련의 적용

한 행동분석가는 기능행동평가(FBA)를 통해 특정 아동의 문제행동이 '사회적 관심' 획득을 위한 것임을 확인하고, 이를 대체할 적절한 의사소통 행동을 강화하는 기능적 의사소통 훈련을 설계하였다. 초기 중재에서 긍정적 강화에도 문제행동 감소가 미흡하자, 추가 평가를 통해 아동이 일정 성공 경험 후 보상을 받을 때 참여도가 높아짐을 파악하고, 고정 간격 스케줄을 점차 비율 간격 스케줄로 조정하여 중재를 개선하였다. 전 과정에서 부모와 교사에게 중재 목적과 절차를 설명하여 동의를 얻고, 데이터 수집 시 개인정보를 철저히 보호했으며, 주기적인 모니터링을 통해 윤리적 평가 기준을 적용하여 필요시 중재 절차를 수정 또는 중단함으로써 아동 복지를 최우선에 두었다 (Brodhead et al., 2018).

2. 슈퍼비전과 훈련 윤리

응용행동분석 분야에서 슈퍼비전과 훈련의 윤리는 행동분석가의 전문성과 서비스 품질을 유지하는 데 필수적이다. 행동분석가는 슈퍼비전을 단순한 관찰에 그치지 않고, 체계적인 피드백과 기술 향상을 위한 기회로 삼아야 한다. 슈퍼비전은 정기적이고 구조화되어야 하며, 대상자의 능력과 수준을 고려한 개별화된 지도를 포함해야 한다. BACB는 슈퍼비전이 윤리적으로 설계되어야 하며, 슈퍼바이지의 실무 역량을 실제로 향상시킬 수 있도록 설계되어야 함을 강조하고 있다. 슈퍼바이저는 슈퍼비전 전 과정에 대해 윤리적·행정적 책임을 가지며, 슈퍼비전 활동을 체계적으로 문서화해야 한다. 이는 슈퍼비전의 효과를 평가하거나 슈퍼비전 관계를 종료할 때 근거 자료로 활용된다(BACB, 2022).

훈련의 윤리적 기준은 행동실무사(Registered Behavior Technician: RBT)나 수련생에게 체계적인 교육과 윤리를 강조하고 있다. RBT나 수련생에게는 절차의 단순 암기가 아닌 이론적 원리와 윤리적 기준까지 포함한 통합적 교육이 필요하다. BACB는 행동분석가가 자신이 수행하는 중재에 대한 이론적 근거와 윤리적 책임을 인식하고, 이를 교육 대상자에게 명확히 전달해야 한다고 명시한다. 또한 훈련 과정에서는 학습자의 존엄성을 존중하며, 차별이나 괴롭힘 없이 공정하고 안전한 교육 환경을 보장해야 한다. 이는 훈련생의 자율성과 윤리적 판단력을 기르는 데 중요한 역할을 한다(BACB, 2022).

슈퍼비전과 훈련은 단순한 기술 전달을 넘어 윤리적 기준을 기반으로 설계되어야 한다. 슈퍼비전과 훈련 과정은 정기적으로 이루어지며, 각 고객의 특성을 반영한 맞춤형 방식으로 제공되고, 누구에게나 평등하게 기회를 보장해야 한다. 행동분석가는 이러한 윤리 기준을 실천함으로써 보다 책임감 있는 전문가로 기능할 수 있으며, 이는 궁극적으로 서비스 이용자의 복지 향상으로 이어진다.

■ 사례: 개별시도훈련 기술 습득 및 피드백

Downs 등의 연구팀은 미국 발달장애 유치원 교사 6명을 대상으로 응용행동분석 기본 원리와 개별시도훈련(Discrete trial training: DTT) 절차를 포함한 8시간 워크숍을 실시한 뒤 즉시 수행 능력을 평가했다. 평가 결과 교사들은 DTT 절차 정확도에서 63~80% 수준을 보였다. 첫 번째 피드백 세션은 각 교사의 중재 장면을 영상으로 녹화하여 중재 충실도 체크리스트에 따라 분석한 후, 개별 면담과 서면 지침으로 제공되었다. 이를 통해 두 번째 평가에서는 평균 90% 정확도로 향상되었으며, 교사들은 피드백의 구체성과 실용성을 높이 평가했다. 연구팀은 동일한 '관찰-피드백' 절차를 세 번째, 네 번째 세션(각 1주 간격)에도 반복 적용했고, 네 번째 평가에서 교사들의 정확도는 97~100%에 도달했다. 또한 2주, 4주, 6주, 10주차 관찰에서 훈련 효과가 안정적으로 유지됨을 확인했다.

윤리적 설계 측면에서는 참가자의 사전 동의를 확보하고, 모든 영상 및 평가 데이터는 식별 정보를 제거해 안전하게 저장·관리하였다. 연구진은 강점 기반 코칭으로 학습자의 존엄성을 존중했으며, 절차와 결과를 투명하게 공유함으로써 교사와 학습자의 자율성과 안전, 복지를 보장했다(Downs et al., 2008).

3. 연구, 발표, 데이터 관리 윤리

행동분석가는 연구 수행, 결과 발표, 데이터 관리의 전 과정에서 윤리적 기준을 철저히 준수해야 한다. 이는 단지 과학적 신뢰성을 위한 것이 아니라 연구 참여자의 권리와 복지를 보호하고, 응용행동분석 분야의 전문성을 유지하기 위한 핵심 조건이다(APA, 2017; BACB, 2022).

연구를 수행할 때는 반드시 명시적인 사전 동의를 받아야 하며, 연구 참여자는 연구 중 언제든지 자신의 참여를 철회할 수 있는 권리를 보장받아야 한다. 연구 설계는 연구 참여자에게 발생할 수 있는 물리적·심리적 위험을 최소화해야 하며, 가능한 한 긍정적인 효과를 가져올 수 있도록 구조화되어야 한다. 또한 연구 참여자의 사생활 보호와 개인정보의 비식별화(deidentification) 처리는 연구 전 과정에서 필수적으로 수행되어야 한다(APA, 2017).

연구 결과를 발표하거나 출판할 때는 모든 데이터를 사실에 입각해 정확하게 보고해야 하며, 결과를 과장하거나 조작해서는 안 된다. 또한 부당한 저자 등재, 중복 출판, 타인의 연구 결과 표절 등의 행위는 엄격히 금지된다. 연구의 투명성과 객관성 유지를 위해, 공동 연구자 간의 기여도를 명확히 구분하여 저자 자격을 부여해야 한다(BACB, 2022).

■ 사례: 응용행동분석 중재 연구의 윤리적 준수

연구팀은 자폐스펙트럼장애 아동을 대상으로 응용행동분석 중재 프로그램을 설계·실행하기 전에 모든 참여 아동의 보호자로부터 서면 동의를 받고 소속 기관 윤리심사위원회(IRB)의 승인을 공식적으로 획득하였다. 이 과정에서 연구 목적, 절차, 잠재적 이득 및 위험 요소를 명확히 안내하여 보호자의 충분한 이해를 보장했으며, 기관생명윤리위원회(Institutional Review Board: IRB)의 사전 검토를 통해 연구 설계 전반의 윤리적 타당성이 검증되었다.

중재 데이터 수집 단계에서는 참여 아동의 개인정보를 완전 비식별화 처리하였다. 수집된 행동의 빈도 및 지속시간 측정치에는 연령, 성별, 진단군 외에 어떠한 식별 정보도 포함되지 않았으며, 각 데이터군은 암호화된 식별 코드로만 관리되었다. 연구 결과는 아동의 사회적 상호작용 및 의사소통 기술 향상 효과를 객관적 행동 측정치와 부모 보고 척도를 통해 제시하였으며, 모든 발표 자료에서는 개인별 사례가 특정되지 않도록 주의하였다. 이러한 절차와 보고 방식은 BACB 윤리강령 Section 6의 '연구 및 출판에서의 책임' 지침을 충실히 준수한 모범 사례로 평가받고 있다(BACB, 2022).

4. 디지털 환경에서의 행동분석 윤리

현대 행동분석가는 전통적인 대면 치료를 넘어 디지털 플랫폼에서도 서비스를 제공하며 새로운 윤리적 과제에 직면한다. 원격 화상 세션, 클라우드 기반 데이터 저장, 모바일 앱을 통한 행동 모니터링 등은 중재의 효과를 높이지만 그만큼 개인정보 보호와 데이터 보안, 접근성 보장, 디지털 격차에 대한 세심한 고려가 필요하다. 예를 들어, 플랫폼을 선택할 때 암호화 지원 여부, 서버 위치(국내외 법규 준수 여부), 세션 기록 접근 권한 관리 등을 꼼꼼히 따져 봐야 하며, 고객이 사용하는 기기 사양이나 인터넷 연결 상태를 미리 파악해 서비스 품질이 유지되도록 해야 한다. 또한 고령자나 경제적 · 지리적 제약이 있는 가정이 디지털 도구에 익숙지 않을 수 있음을 고려해 사용법 교육과 기술 지원을 제공하는 것도 중요한 윤리적 책임이다(BACB, 2022).

디지털 환경이 확대되면서 **원격 응용행동분석**(tele-ABA) 중재, 데이터 저장 · 공유, 소셜미디어 활용 등 다양한 분야에서 새로운 윤리 기준이 요구된다. 원격 중재 시 암호화된 통신과 이중 인증 같은 기술적 안전장치를 도입하고 고객의 개인정보를 한층 더 강화된 방식으로 보호해야 한다(BACB, 2022). 디지털 플랫폼을 고를 때는 「Health Insurance Portability and Accountability Act(HIPAA)」와 같은 국제 보안 기준을 충족하는 시스템을 사용하고, 보호자나 법적 대리인의 사전 동의를 반드시 받아야 한다(U.S. Department of Health and Human Services, 2013). 아울러 소셜미디어에서의 발언은 전문가로서의 신뢰도에 직접적인 영향을 미치므로 개인정보 노출을 자제하고 일관된 전문성을 유지해야 한다.

■ 사례: 어린이병원의 원격 응용행동분석 프로그램

미국 아이오와 대학교 어린이병원(UICH)의 소아정신건강 연구팀은 2~6세 자폐스펙트럼장애 아동 15명을 대상으로 원격 응용행동분석 중재 프로그램을 실시했다. 모든 참여 가정으로부터 서면 동의를 취득했으며, 연구 설계와 절차는 IRB의 승인을 받아 진행되었다. 원격 세션에는 HIPAA Security Rule이 요구하는 종단 간 암호화(end-to-end encryption)를 지원하는 Zoom for Healthcare 플랫폼을 사용했고, 세션 전 플랫폼 및 네트워크 연결 검사를 통해 속도와 보안 상태를 확인했다. 수집된 데이터는 미국 내 보안 클라우드 서버에 암호화된 형태로 저장·관리되었으며, 접근 권한은 최소한의 연구진으로 제한되어 철저히 통제되었다. 기술적 접근성 보장을 위해 연구팀은 사전 기기 셋업 및 사용법 교육을 제공했다. 각 가정에 태블릿 PC와 모바일 와이파이 라우터를 대여하여 디지털 격차를 해소했고, 사용법 워크숍과 실시간 기술 지원을 통해 참여자의 원활한 접속을 도왔다. 연구 결과, 문제 행동이 평균 92% 감소했으며, 보호자 만족도는 93%에 달했다(Romani & Schieltz, 2017).

이 사례는 디지털 환경에서 ABA 서비스를 제공할 때 개인정보 보호, 데이터 보안, 접근성 보장 및 디지털 격차 해소를 위한 윤리적 고려사항을 종합적으로 적용한 모범 사례로 평가받고 있다.

5. 기관 내 윤리적 실천과 문제 보고

행동분석가는 개인 차원의 윤리적 실천뿐만 아니라 소속 기관에서도 윤리 문화를 조성하고 유지할 책임이 있다. 기관 내 윤리 기준은 조직 문화로 내재화되어야 하며, 모든 구성원이 이를 인식하고 실천할 수 있도록 제도적 장치가 마련되어야 한다 .

기관은 정기적인 윤리 교육 프로그램을 운영하고, 윤리 위반에 대한 무관용 정책을 명확히 수립해야 한다. 구성원 간 윤리 의식 격차를 줄이기 위해 사례 기반 교육, 윤리 매뉴얼 공유, 상시 상담 창구 등의 시스템이 병행되어야 한다. 특히 윤리적 딜레마 상황에서의 의사결정 능력을 향상시키기 위한 시나리오 기반 훈련이 효과적이라는 연구 결과도 있다(Picard et al., 2023).

윤리 위반을 인지했을 경우, 행동분석가는 이를 즉시 상급자, 기관 내 윤리위원회, 또는 BACB, QABA, 한국행동분석학회 등 외부 기관에 공식적으로 보고할 의무가 있다. 특히 내부적으로 해결이 어렵거나 위협이 존재하는 경우, 보호를 위한 익명 제보 시스템 및 외부 제보 경로가 필수적이다. BACB는 윤리 위반 보고를 위한 명확한 절차를 제공하고 있으며, 보고자는 온라인 양식을 통해 위반 사항을 제출할 수 있다. 또한 BACB는 보고된 내용을 검토하고 필요한 조치를 취하는 과정을 투명하게 운영하고 있다(BACB, 2022).

■ 사례: 직장 내 성희롱 발언 보고 및 BACB 제재

ABA센터에서 근무하던 RBT-A는 동료 BCBA-B가 RBT 여러 명에게 직장 내 성적 농담과 외설적 언어를 사용하는 장면을 목격했다. RBT-A는 우선 상급자와 기관 내 인사 부서에 이 문제를 제기했으나 별다른 조치가 이루어지지 않았다. 내부 해결이 어렵다고 판단한 RBT-A는 BACB 웹사이트의 공개적으로 이용 가능한 문서(publicly available documentation) 양식을 통해 익명으로 위반 사항을 제출했다. 이 절차에서는 공증된 목격자 진술서를 첨부하도록 권고되며, 제보자는 신원을 노출하지 않아도 된다. BACB 윤리 부서는 제출된 공증 진술서를 검토한 뒤, BCBA-B의 행동이 윤리강령 1.04(진실성과 정직성) 및 1.05(전문적 관계 유지) 위반에 해당한다고 판단했다. 그 결과, B의 BCBA 자격이 1년간 정지되고, 윤리교육 이수 및 BCBA-D 감독 하 재인증 조건이 부과되었다(BCBA, n.d.)

이 사례는 행동분석가가 윤리 위반을 인지했을 때 상급자, 인사 부서 등 내부 경로를 우선 활용하되, 내부 시스템이 작동하지 않을 경우 BACB의 익명 제보 채널을 통해 신속히 공식 보고해야 함을 보여 준다.

V 행동분석가 윤리의 미래

1. 디지털 시대의 윤리 과제

디지털 기술의 비약적 발전은 ABA 실천의 패러다임을 급격히 변화시키고 있다. 특히 COVID-19 팬데믹 이후 원격 응용행동분석(tele-ABA) 중재, 비대면 슈퍼비전, 클

라우드 기반 데이터 관리 등의 디지털 실천이 ABA의 일상적인 활동으로 정착되었다(Bailey & Burch, 2016). 이러한 변화는 기술 활용의 편의성을 제공함과 동시에 새로운 윤리적 과제를 수반한다.

디지털 플랫폼을 통한 원격 서비스 제공 시, 고객의 개인정보 보호는 행동분석가의 핵심 윤리 의무 중 하나로 간주된다. 원격 세션 기록, 클라우드 기반 저장소, 온라인 전송 과정에서는 암호화, 사용자 인증, 접근 권한 제어 등 기술적 보안 조치를 반드시 이행해야 한다(BACB, 2022). 예를 들어, BACB는 자동 세션 기록 기능을 기본으로 내장한 일부 원격 플랫폼 사용을 지양하도록 권고하고 있으며, 세션 내용의 무단 저장 또는 유출 가능성을 차단하는 것이 필수적이라고 강조하고 있다.

행동분석가는 사용 중인 플랫폼이 국제적 개인정보 보호 기준(HIPAA)에 부합하는지를 사전에 검토해야 한다. 이 기준들은 의료 및 행동건강 분야에서 민감한 개인정보를 다루는 데 필요한 최소한의 법적 기준을 제시한다. 적절한 보안 정책과 감사 추적 기능이 없는 플랫폼은 사용을 지양해야 하며, 기관은 정기적인 플랫폼 평가 및 보안 갱신 절차를 통해 법적 위험을 예방해야 한다.

최근 행동패턴 분석, 중재반응 예측, 자동 기록 등 다양한 분야에서 AI 기반 응용행동분석 도구가 도입되고 있다. 그러나 이러한 기술은 알고리즘 편향(bias), 투명성 부족, 의사결정 과정의 불확실성 등 윤리적 위험을 내포하고 있다(Heinrich et al., 2021). 따라서 행동분석가는 인공지능이 제공하는 결과를 참고 자료로만 활용하고, 최종 판단은 반드시 인간 전문가가 수행해야 한다. 또한 알고리즘이 내포한 사회적 편향 가능성을 사전에 검토하고, 고객의 권익을 침해하지 않도록 관리해야 한다.

2. 행동분석가 평생 윤리 교육 체계 구축

윤리적 실천 능력은 단발성 교육이나 자격 취득으로 완성되지 않는다. 행동분석가는 경력 전반에 걸쳐 지속적으로 윤리적 사고력과 의사결정 능력을 발전시켜야 하며, 이를 위해서는 구조화된 평생 교육 체계가 필수적이다(BACB, 2022). 현장 경험이 쌓이면서 행동분석가가 직면하는 윤리적 문제의 복잡성과 난이도는 높아진다. 초기에는 명백한 규정 위반 여부가 주요 쟁점이라면, 경력이 쌓일수록 윤리적 딜레마, 이해상충, 문화적 민감성 등 고차원적 문제를 다루게 된다(Brodhead et al., 2018). 이에 따라 평생 윤리 교육은 단순 지식 습득을 넘어서 실제 사례에 대한 분석, 반성적 사고, 동료와의 토론 등을 포함하는 종합적 학습 모델이어야 한다.

효과적인 평생 윤리 교육을 위해서는 경력 수준에 따른 차등 교육 체계가 필요하다. 수련생은 기본 윤리강령과 사례 분석을 중심으로, 초임자는 현장 적용 중심의 훈련이 요구된다. 중견 이상의 경력자에게는 복합적 딜레마 해결 전략, 지도자에게는 윤리 리더십 및 조직 문화 구축 교육이 핵심이 된다.

경력 단계	교육 핵심 내용
수련생	기본 윤리강령 이해, 모의 사례 분석, 슈퍼비전하 훈련
초임자	실제 사례 중심 훈련, 보고 체계 이해, 보고 의무 이행
경력자	고급 윤리적 딜레마 해결 전략, 문화적 윤리 사례 분석
지도자	조직 내 윤리 리더십, 윤리 정책 수립, 후배 지도 역량

[그림 12-3] 경력별 행동분석가 윤리 교육 내용

이와 같은 다층적 교육 체계는 개인의 윤리적 판단 능력을 강화할 뿐만 아니라 기관 전체의 윤리 문화 정착에도 기여한다(Bailey & Burch, 2022).

행동분석가는 단순 이론 학습보다는 실제 현장에서 발생한 윤리 위반 사례를 중심으로 학습해야 효과적인 윤리 의사결정을 수행할 수 있다. 최근 연구에 따르면, 사례 기반 윤리 교육은 학습자의 비판적 사고와 도덕적 민감성을 향상시키는 데 효과적이다(Sellers et al., 2016). 특히 사례 내 인물의 행동을 분석하고, 대안적 의사결정 과정을 모색하는 훈련은 실무 현장에서 직접적으로 활용될 수 있다.

윤리 교육의 효과를 장기적으로 유지하기 위해서는 정기적인 자기평가와 피드백 체계를 병행해야 한다. 행동분석가는 스스로의 윤리적 실천을 점검하고, 개선 방향을 탐색할 수 있어야 하며, 이를 위한 디지털 포트폴리오 또는 자기기록 일지 기반 시스템 도입이 점차 확대되고 있다. 또한 **동료 간 피드백**(peer review)을 통해 맹점을 줄이는 것도 중요한 전략이다.

3. 윤리적 사회참여와 전문성 강화

행동분석가는 단순히 치료나 중재에 국한된 전문가가 아니라 사회적 책임을 인식하고 이를 실천할 수 있는 전문직 리더로서의 역할을 수행해야 한다. 이러한 관점은 현대 전문가 윤리의 핵심이며, 행동분석학의 적용 영역이 점점 확대되고 있는 현실에서 더욱 중요해지고 있다(Bailey & Burch, 2022).

행동분석가는 장애인, 성소수자, 학대 피해자, 저소득층 아동 등 사회적 소외 계층의 권리를 옹호하는 데 자신의 전문적 역량을 활용할 수 있어야 한다. 특히 발달장애인을 대상으로 한 중재에서는 단순한 기술 제공을 넘어 그들의 자기결정권과 인간 존엄성 보호를 우선해야 하며, 윤리강령에서도 이를 명시하고 있다(BACB, 2022). 예를 들어, 행동 중재가 사회적 규범에 맞춰 아동을 '순응'시키는 데 그치지 않고, 그 아동의 고유한 의사 표현과 문화적 정체성을 보장하는 방식으로 설계되어야 한다.

행동분석가는 현장에서 쌓은 실천적 지식을 기반으로 법과 제도 개선에도 기여할 수 있다. 실제로 많은 국가에서 행동분석가들이 발달장애인 권리법, 특수교육 정책, 행동지원 관련 조례 제정에 자문 역할로 참여하고 있으며, 이는 전문성의 사회적 확장을 보여 주는 대표 사례다(Hughes & Schwartz, 2012). 정책 참여는 단순한 의견 개진이 아니라 근거 기반 실천과 윤리 원칙에 입각한 공공 가치 실현의 수단이 되어야 한다.

응용행동분석 분야에 대한 오해와 편견을 줄이기 위해, 전문가들은 대중에게 정확하고 투명한 정보를 제공해야 할 책임이 있다. 윤리강령의 실천은 전문가들 간의 내부적 규율에 그치지 않고, 지역사회와 일반 시민에게도 공유되어야 한다. 공개 강연, 언론 기고, 온라인 콘텐츠 제작 등을 통해 응용행동분석의 철학과 윤리적 접근법을 전달하는 것이 필요하다(Fong et al., 2016). 이는 응용행동분석의 사회적 수용성을 높이고, 사회참여 기반을 넓히는 데 중요한 기제로 작용한다.

요약

윤리는 개인의 도덕적 신념을 넘어 사회 구성원 간에 합의된 가치체계로서 '옳고 그름'과 '정의와 불의'를 판단하는 규범이다. 전문직 윤리는 이를 더욱 구체화한 것으로 행동분석가는 중재 과정에서 언제나 고객의 안전과 복지를 최우선으로 고려해야 한다. 주요 원칙으로는 고객 복지 보장, 자율성 존중, 정직성·투명성 유지, 과학적 근거 제시가 있다. 윤리는 '무엇을 할 수 있는가?'가 아니라 '무엇을 해야 하는가?'를 묻는 지속적인 성찰을 요구한다. 이를 실천하기 위해 행동분석가는 매년 계속 교육을 이수하고, 정기적인 슈퍼비전 및 동료 피드백을 통해 현장에서의 윤리적 판단 능력을 강화해야 한다.

행동분석가 윤리강령은 1947년 미국심리학회(APA) 윤리강령 초안으로 시작해 1953년 초판이 제정됐다. 1980년대 응용행동분석 분야에서는 자체 윤리기준의 필요성이 대두됐으며, 2001년 Bailey와 Burch가 그 체계를 구체화했다. 같은 해 BACB가 최초의 행동분석가 윤리지침을 발표했고, 2014년과 2016년 개정을 거쳐 2020년 'Ethics Code 2.0'을 시행했다. QABA는 2012년 국제 자격 인증을 위해 설립됐으며, 2024년 개정판에서 원격 실습, 다문화 민감성, AI 활용 지침 등을 포함했다. 국내에서는 2013년 한국행동분석학회(KABA)가 초판을 제정한 뒤 2018년 원격 가이드라인을 신설하고, 2021년 공개 의견 수렴 절차를 도입해 법 · 제도적 요구를 반영해 왔다.

BACB 윤리강령은 6개 섹션, 85개 기준으로 구성되어 있으며 타인에게 이익 제공, 존엄과 존중으로 응대, 진실성, 전문적 역량 보장 등 핵심 원칙을 제시하고 있다. QABA 윤리강령은 규정 준수, 전문적 역량, 개인정보 보호 · 기밀 유지, 서비스 제공, 고객에 대한 책임 및 권리 보장, 대인관계의 6개 섹션으로 나뉘며, 자격 유지와 징계 절차를 상세히 규정하고 있다. 한국행동분석학회(KABA) 윤리강령은 총칙, 윤리 기준, 윤리심의 절차로 구성되며, 고객 권리 보호, 개인정보 · 비밀 유지, 공정한 서비스 제공, 연구 · 실무의 정직성 등을 국내 법 · 사회문화적 특성에 맞춰 규정하고 있다.

행동분석가는 고객의 복지와 권리 · 존엄성을 최우선으로 보장하는 한편, 전문적 역량을 유지하고 윤리적 경계를 설정하며, 정직성 · 투명성 · 책임성을 준수하고 이해상충을 방지하며, 비밀 유지와 개인정보 보호 및 기록 관리를 철저히 해야 한다.

윤리적 딜레마는 상충하는 원칙이나 이해관계로 인해 명확한 행동을 선택하기 어려운 상황을 말한다. BACB는 이를 해결하기 위해 문제 정의, 이해관계자 확인, 문서 수집, 편향 검토, 윤리강령 기준 적용, 대안 평가, 행동 선택 · 실행, 결과 평가의 8단계 절차를 제시하고 있다. Bailey와 Burch는 윤리강령 해당 여부 확인, 위험 평가, 관련자 파악, 대응 계획 수립, 필요한 기술 및 영향력 확인, 실행, 결과 평가로 이루어진 7단계 모델을 제안하였다. 이러한 체계적 의사결정 절차는 객관성과 일관성을 확보하고, 문서화를 통해 결정의 정당성을 뒷받침한다.

윤리의 미래 과제는 다음과 같다. 첫째, 디지털 시대 윤리는 AI 기반 도구 사용 시 알고리즘 편향을 검토하고 최종 판단은 전문가가 내리며, 원격 플랫폼이 개인정보 보호 기준을 지속 충족하는지 점검해야 한다. 둘째, 평생 윤리 교육 체계는 경력 수준별 차등화된 사례 기반 교육과 동료 피드백, 디지털 포트폴리오를 통해 윤리 역량을 꾸준히 강화해야 한다. 셋째, 사회 참여와 전문성 강화를 위해 소외 계층 권리를 옹호하고 정책 자문 및 대중 교육을 통해 응용행동분석의 윤리적 접근을 확산하며, 전문가로서 사회적 책임을 다해야 한다.

• 참고문헌

강영모(2025). 특수교사와 일반교사의 행동중재 전문성 향상을 위한 학교 중심 행동기술훈련 개발 및 효과 검증. 고려대학교 대학원 박사학위논문.

개인정보보호위원회(2023). **개인정보 보호법 해설서**. https://www.pipc.go.kr

백종남, 홍이레, 최진혁, 박계신(2025). 한국 행동분석전문가 윤리 규정의 쟁점 사항에 대한 중요도-실행가능성 차이 분석. **행동분석·지원연구**, 12(1), 197-208.

부산광역시교육청(2014). **장애학생의 문제행동 사례별 중재 가이드북**. 부산광역시교육청.

양명희(2015). **개별대상연구**. 학지사.

이성봉, 김은경, 박혜숙, 양문봉, 정경미, 최진혁(2019). **응용행동분석**. 학지사.

이소현, 박은혜, 김영태(2000). **단일대상연구**. 학지사.

정경미, 김수연, 정다이(2017). 행동원인규명척도(FAPB)의 개발 연구. **재활심리연구**, 24(1), 97-117.

주효진, 조주연(2009). 조직문화평가도구를 활용한 조직문화 유형 분석: 한국철도공사(KORAIL)를 대상으로. **한국행정연구**, 18(3), 3-23.

한국행동분석학회(2021). **응용행동분석 윤리강령**. 한국행동분석학회.

홍준표(2014). 응용행동분석의 특성과 발전 배경. **행동분석·지원 연구**, 1, 1-19.

Alberto, P. A., & Troutman, A. C. (2013). *Applied behavior analysis for teachers*(9th ed.). Pearson.

Aldis, O. (1961). Of pigeons and men. *Harvard Business Review, 39*(4), 59-63.

American Psychological Association. (2017). *Ethical principles of psychologists and code of conduct.* https://www.apa.org/ethics/code

Austin, J., & Carr, J. E. (2000). Organizational behavior management: Contributions of behavior analysis to organizational performance. In J. Austin & J. E. Carr (Eds.), *Handbook of applied behavior analysis* (pp. 379-395). Reno, NV: Context Press.

Azrin, N. H., & Foxx, R. M. (1972). A rapid method of toilet training the institutionalized retarded. *Journal of Applied Behavior Analysis, 5*(2), 89-99.

Baer, D. M., Peterson, R. F., & Sherman, J. A. (1967). The development of imitation by reinforcing behavioral similarity to a model. *Journal of the Experimental Analysis of Behavior, 10*(3), 405-416. https://doi.org/10.1901/jeab.1967.10-405

Baer, D. M., Wolf, M. M., & Risley, T. R. (1968). Some current dimensions of applied behavior analysis. *Journal of Applied Behavior Analysis, 1*(1), 91-97. https://doi.org/10.1901/jaba.1968.1-91

Baer, D. M., & Wolf, M. M. (1970). The current status of applied behavior analysis. *American Psychologist, 25*(3), 313-318.

Bailey, J. S., & Burch, M. R. (2001). *Ethics for behavior analysts.* Lawrence Erlbaum Associates.

Bailey, J. S., & Burch, M. R. (2017). *Ethics for behavior analysts*(3rd ed.). Routledge.

Bailey, J. S., & Burch, M. R. (2022). *Ethics for behavior analysts*(4th ed.). Taylor & Francis.

Bandura, A. (1969). Social-learning theory of identificatory processes. In D. A. Goslin (Ed.), *Handbook of socialization theory and research*(pp. 213-262). Rand McNally.

Bandura, A. (1977). *Social learning theory*. Prentice Hall.

Bandura, A. (1986). *Social foundations of thought and action: A social cognitive theory.* Prentice Hall.

Barbera, M. L. (2007). *The verbal behavior approach.* Jessica Kingsley Publishers.

Barkley, R. A. (2015). *Attention-deficit hyperactivity disorder: A handbook for diagnosis and treatment*(4th ed.). Guilford Press.

Barlow, D. H., & Hersen, M. (1984). *Single-case experimental designs: Strategies for studying behavior change*(2nd ed.). Pergamon.

Barlow, D. H., Nock, M. K., & Hersen, M. (2009). *Single case experimental designs: Strategies for studying behavior change*(3rd ed.). Pearson.

Barrish, H. H., Saunders, M., & Wolf, M. M. (1969). Good behavior game: Effects of individual contingencies for group consequences on disruptive behavior in a classroom. *Journal of Applied Behavior Analysis, 2*(2), 119-124. https://doi.org/10.1901/jaba.1969.2-119

Baum, W. M. (1994). *Understanding behaviorism: Science, behavior, and culture.* HarperCollins College Publishers.

Beauchamp, T. L., & Childress, J. F. (2013). *Principles of biomedical ethics* (7th ed.). Oxford University Press.

Behavior Analyst Certification Board. (2020). *Ethics code for behavior analysts*. https://www.bacb.com/wp-content/uploads/2022/01/Ethics-Code-for-Behavior-Analysts-240830-a.pdf

Behavior Analyst Certification Board. (2022). *Ethics code for behavior analysts*. https://www.bacb.com/ethics-code/

Behavior Analyst Certification Board. (n.d.). *Reporting alleged violations based on publicly available documentation.* Retrieved June 22, 2025, from https://www.bacb.com/ethics-information/reporting-to-ethics-department/reporting-alleged-violations-based-on-publicly-available-documentation/

Bellini, S., & Akullian, J. (2007). A meta-analysis of video modeling and video self-modeling interventions for children and adolescents with autism spectrum disorders. *Exceptional Children, 73*(3), 264-287.

Benedict, H. (1979). Early lexical development: Comprehension and production. *Journal of Child Language, 6*(2), 183-200.

Bijou, S. W. (1961). *Behavior analysis of child development.* University of Illinois Press.

Bijou, S. W., & Baer, D. M. (1961). *Child development: Volume 1, A systematic and empirical theory.* Appleton-Century-Crofts.

Blackledge, J. T. (2003). An introduction to relational frame theory: Basics and applications. *The Behavior Analyst Today, 3*(4), 421.

Bowman-Perrott, L., Burke, M. D., de Marin, S., Zhang, N., & Davis, H. (2015). A meta-analysis of single-case research on behavior contracts: Effects on behavioral and academic outcomes among children and youth. *Behavior Modification, 39*(2), 247-269. https://doi.org/10.1177/0145445514551383

Brethower, D. M. (1982). The total performance system. In R. M. O'Brien, A. M. Dickinson, & M. P. Rosow (Eds.), *Industrial behavior modification* (pp. 350-369). Pergamon Press.

Brethower, D. M. (1997). *Improving the value of performance: Case studies.* Author.

Briesch, A. M., Briesch, J. M., & Chafouleas, S. M. (2015). Investigating the usability of classroom management strategies among elementary school teachers. *Journal of Positive Behavior Interventions, 17*(1), 5-14. https://doi.org/10.1177/1098300714523255

Briesch, A. M., & Chafouleas, S. M. (2009). Review and analysis of literature on self-management interventions to promote appropriate classroom behaviors (1988-2008). *School Psychology Quarterly, 24*(2), 106-118. https://doi.org/10.1037/a0016185

Brodhead, M. T., Quigley, S. P., & Wilczynski, S. M. (2018). *Practical ethics for effective treatment of autism spectrum disorder.* Academic Press.

Browder, D. M., & Spooner, F. (2006). *Teaching reading, math, and science to students with significant cognitive disabilities.* Paul H. Brookes Publishing Co.

Bucklin, B. R., Dickinson, A. M., & Brethower, D. M. (2000). A comparison of two job- aid training programs for teaching a complex software system. *Journal of Organizational Behavior Management, 20*(2), 27-48. https://doi.org/10.1300/J075v20n02_03

Buggey, T. (2009). *Seeing is believing: Self-modeling applications with children with autism and other developmental disabilities.* Woodbine House.

Carr, E. G., & Durand, V. M. (1985). Reducing behavior problems through functional communication training. *Journal of Applied Behavior Analysis, 18*(2), 111-126.

Carr, J. E., & Miguel, C. F. (2013). The analysis of verbal behavior and its therapeutic applications. In G. J. Madden (Ed.), *APA handbook of behavior analysis: Vol. 2. Translating principles into practice*(pp. 335-350). American Psychological Association. https://www. apa.org/pubs/books/4311509.aspx

Catania, A. C. (1998). *Learning*(4th ed.). Prentice Hall.

Charlop-Christy, M. H., LeBlanc, L. A., & Carpenter, M. H. (1999). Naturalistic teaching strategies (NaTS) to teach speech to children with autism: Historical perspective, development, and current practice. *California School Psychologist, 4*, 30-46.

Chiesa, M. (1994). *Radical behaviorism: The philosophy and the science*. Authors Cooperative.

Chomsky, N. (1959). A review of B. F. Skinner's Verbal Behavior. *Language, 35*(1), 26-58.

Christ, T. J., & Christ, J. A. (2006). Application of an interdependent group contingency mediated by an automated feedback device: An intervention across three high school classrooms. *School Psychology Review, 35*(1), 78-90.

Church, R. M., Alvero, A. M., & Wilder, D. A. (2019). The role of feedback in organizational behavior management: A review of the literature and a guide for implementation. *Journal of Organizational Behavior Management, 39*(3-4), 166-192. https://doi.org/10.1080/ 01608061.2019.1631788

Cipani, E., & Schock, K. M.(2011). *Functional behavioral assessment, diagnosis, and treatment: A complete system for education and mental health settings(2nd ed.). Springer Publishing Company.*

Cooper, J. O., Heron, T. E., & Heward, W. L. (2007). *Applied behavior analysis* (2nd ed.). Pearson.

Cooper, J. O., Heron, T. E., & Heward, W. L. (2020). *Applied behavior analysis*(3rd ed.). Pearson Education.

Courtemanche, A. B., Turner, L. B., Molteni, J. D., & Groskreutz, N. C. (2020). Scaling up behavioral skills training: Effectiveness of large-scale and multiskill trainings. *Behavior Analysis in Practice, 14*(1), *36-50.* https://doi.org/10.1007/s40617-020-00414-4

Cumming, W. W., & Berryman, R. (1965). The complex discriminated operant: Studies of matching-to-sample and related problems. In G. H. Bower (Ed.), *Stimulus generalization*(pp. 284-330). Appleton-Century-Crofts.

Daniels, A. C. (1989). *Performance management: Improving quality productivity through positive reinforcement*. Performance Management Publications.

DeSouza, A. A., Akers, J. S., & Fisher, W. W. (2017). Empirical application of Skinner's verbal behavior to interventions for children with autism: A review. *The Analysis of Verbal Behavior, 33*, 229-259.

Downs, A., Downs, R. C., & Rau, K. (2008). Effects of training and feedback on discrete trial teaching skills and student performance. *Research in Developmental Disabilities, 29*(3), 235-246. https://doi.org/10.1016/j.ridd.2007.05.001

Durand, V. M., Berotti, D. J., & Weiner, H. (1993). Functional communication training: A review and practical guide. *Behavior Modification, 17*(3), 417-448.

Durand, V. M., & Merges, E. (2001). Functional communication training: A contemporary behavior analytic intervention for problem behavior. *Focus on Autism and Other Developmental Disabilities, 16*(2), 110-119.

Eby, C. M., Greer, R. D., Tullo, L. D., Baker, K. A., & Pauly, R. (2010). Effects of multiple exemplar instruction on transformation of stimulus function across written and vocal spelling responses by students with autism. *Journal of Speech and Language Pathology - Applied Behavior Analysis, 5*(1), 20-31. https://doi.org/10.1037/h0100262

Ennis, R. P. (2018). Group contingencies to increase appropriate behaviors in the classroom: Tips for success. *Beyond Behavior, 27*(2), 82-89. https://doi.org/10.1177/1074295617728509

Ferguson, J., Gillis, J. M., & Sevlever, M. (2019). A brief group parent training intervention for families of children with autism spectrum disorders. *Behavior Analysis in Practice, 12*(3), *666-681.* https://doi.org/10.1007/s40617-019-00377-0

Ferguson, J. L., Leaf, J. A., Cihon, J. H., Milne, C. M., Leaf, J. B., McEachin, J., & Leaf, R. (2020). Practical functional assessment: A case study replication and extension with a child diagnosed with autism spectrum disorder. *Education and Treatment of Children, 43*(2), 171-185.

Ferster, C. B., & DeMyer, M. K. (1961). *The development of performances in autistic children in an automatically controlled environment. Journal of Chronic Diseases, 13*(4), *312-345. https://doi.org/10.1016/0021-9681(61)90059-5 eurekamag.com+2scilit.net+2*

Ferster, C. B., & Skinner, B. F. (1957). *Schedules of reinforcement*. Appleton-Century-Crofts.

Filcheck, H. A. (2003). *Evaluation of a whole-class token economy to manage disruptive behavior in preschool classrooms.* Doctoral dissertation, West Virginia University.

Filcheck, H. A., & McNeil, C. B. (2004). The use of token economies in preschool classrooms: Practical and philosophical concerns. *Journal of Early and Intensive Behavior Intervention, 1*(1), 94-98. https://doi.org/10.1037/h0100285

Filcheck, H. A., McNeil, C. B., Greco, L. A., & Bernard, R. S. (2004). Using a whole-class token economy and coaching of teacher skills in a preschool classroom to manage disruptive behavior. *Psychology in the Schools, 41*(3), 351-361. https://doi.

org/10.1002/pits.10168

Finkel, A. S., & Williams, R. L. (2001). A comparison of textual and echoic prompts on the acquisition of intraverbal behavior in a six-year-old boy with autism. *The Analysis of Verbal Behavior, 18*, 61-70.

Fiorile, C. A., & Greer, R. D. (2007). The induction of naming in children with no prior tact responses as a function of multiple exemplar histories of instruction. *The Analysis of Verbal Behavior, 23*, 71-87.

Fisher, W. W., Kelley, M. E., & Lomas, J. E. (2003). Visual aids and structured criteria for improving visual inspection and interpretation of single-case designs. *Journal of Applied Behavior Analysis, 36*(3), 387-406.

Fisher, W. W., Kodak, T., & Moore, J. W. (2007). Embedding instructive feedback into discrete-trial instruction: A research review. *Journal of Applied Behavior Analysis, 40*(3), 463-478.

Fong, E. H., Catagnus, R. M., Brodhead, M. T., Quigley, S. P., & Field, S. (2016). Developing the cultural awareness skills of behavior analysts. *Behavior Analysis in Practice, 9*(1), 84-94. https://doi.org/10.1007/s40617-016-0111-6

Fuller, P. R. (1949). Operant conditioning of a vegetative human organism. *American Journal of Psychology, 62*(4), 587-590.

Gable, R. A., Hester, P. P., Rock, M. L., & Hughes, K. G. (2009). Back to basics: Rules, praise, ignoring, and reprimands revisited. *Intervention in School and Clinic, 44*(4), 195-205.

Gast, D. L., & Spriggs, A. D. (2014). Visual analysis of graphic data. In D. L. Gast & J. R. Ledford (Eds.), *Single case research methodology: Applications in special education and behavioral sciences*(2nd ed., pp. 176-210). Routledge.

Goetz, E. M., & Baer, D. M. (1973). Social control of form diversity and the emergence of new forms in children's block-building. *Journal of Applied Behavior Analysis, 6*(2), 209-217.

Goldstein, H. (1984). Effects of modeling and corrected practice on generative language learning of preschool children. *Journal of Speech and Hearing Disorders, 49*(4), 389-398.

Greer, R. D., Yaun, L., & Gautreaux, G. (2005). Novel dictation and intraverbal responses as a function of a multiple exemplar instructional history. *The Analysis of Verbal Behavior, 21*(1), 99-116. https://doi.org/10.1007/BF03393012

Gresham, F. M., Watson, T. S., & Skinner, C. H. (2001). Functional behavioral assessment: Principles, procedures, and future directions. *School Psychology Review, 30*(2), 156-

172.

Griffin, R. W. (2010). *Organizational behavior: Managing people and organizations*(9th ed.). South-Western, Cengage Learning.

Hagopian, L. P., Boelter, E. W., & Jarmolowicz, D. P. (2011). Reinforcement schedule thinning following treatment with functional communication training. *Journal of Applied Behavior Analysis, 44*(2), 387-399.

Hagopian, L. P., Fisher, W. W., Sullivan, M. T., Acquisto, J., & LeBlanc, L. A. (2005). Effectiveness of functional communication training with and without extinction and punishment: A summary of 21 inpatient cases. *Journal of Applied Behavior Analysis, 38*(2), 229-247.

Haim, A. (2002). *The analysis and validation of the Motivation Assessment Scale-II Test Version: A structural equation model*. State University of New York at Albany.

Hanley, G. P., Iwata, B. A., & Thompson, R. H. (2001). Reinforcement schedule thinning following treatment with functional communication training. *Journal of Applied Behavior Analysis, 34*(1), 17-38.

Hanley, G. P., Iwata, B. A., & McCord, B. E. (2003). Functional analysis of problem behavior: A review. *Journal of Applied Behavior Analysis, 36*(2), 147-185.

Hanley, G. P., Jin, C. S., Vanselow, N. R., & Hanratty, L. A. (2014). Producing meaningful improvements in problem behavior of children with autism via synthesized analyses and treatments. *Journal of Applied Behavior Analysis, 47*(1), 16-36.

Hanley, G. P., & Tiger, J. H. (2011). Differential reinforcement procedures. In W. W. Fisher, C. C. Piazza, & H. S. Roane (Eds.), *Handbook of applied behavior analysis* (pp. 229-249). The Guilford Press.

Hantula, D. A. (2006). The impact of JOBM: ISI impact factor places the Journal of Organizational Behavior Managementthird in applied psychology. *Journal of Organizational Behavior Management, 25*(3), 1-15.

Hawkins, E., Kingsdorf, S., Charnock, J., Szabo, M., Middleton, E., Phillips, J., & Gautreaux, G. (2011). Using behaviour contracts to decrease antisocial behaviour in four boys with an autistic spectrum disorder at home and at school. *British Journal of Special Education, 38*(4), 201-208. https://doi.org/10.1111/j.1467-8578.2011.00518.x

Hawkins, R. P., & Dobes, R. W. (1977). Behavioral definitions in applied behavior analysis: Explicit or implicit? In B. C. Etzel, J. M. LeBlanc, & D. M. Baer (Eds.), *New developments in behavioral research: Theory, method and application—In honor of Sidney W. Bijou* (pp. 167-188). Hillsdale, NJ.

Hayes, L. J. (1999). Dining with the devil: A response to Normand, Bucklin and Austin.

Journal of Organizational Behavior Management, 19(3), 63-65.

Heinrich, A., Urban, B., & Grabenhorst, F. (2021). Ethical dilemmas in AI-assisted decision making: A behavior analytic perspective. *Journal of Technology in Human Services, 39*(4), 345-359. https://doi.org/10.1080/15228835.2021.1913702

Herrnstein, R. J. (1961). Relative and absolute strength of response as a function of frequency of reinforcement. *Journal of the Experimental Analysis of Behavior, 4*(3), 267-272.

Heward, W. L., Heron, T. E., Neef, N. A., Peterson, S. M., Sainato, D. M., Cartledge, G., Gardner, III, R., Peterson, L. D., Hersh, S. B., & Dardig, J. C. (Eds.). (2005). *Focus on behavior analysis in education: Achievements, challenges, and opportunities. Pearson/Merrill Prentice Hall.* books.google.com+2search.worldcat.org+2

Higgins, J., Williams, R., & McLaughlin, T. F. (2001). The effects of token economy systems on academic performance in special and general education settings. *Remedial and Special Education, 22*(2), 62-67.

Hockett, C. F., & Hockett, C. D. (1960). The origin of speech. *Scientific American, 203*(3), 88-97.

Horne, P. J., & Lowe, C. F. (1996). On the origins of naming and other symbolic behavior. *Journal of the Experimental Analysis of Behavior, 65*, 185-241.

Horne, P. J., Lowe, C. F., & Randle, V. R. (2004). Naming and categorization in young children: II. Listener behavior training. *Journal of the Experimental Analysis of Behavior, 81*(3), 267-288.

Horner, R. H., Carr, E. G., Strain, P. S., Todd, A. W., & Reed, H. K. (2002). Problem behavior interventions for young children with autism: A research synthesis. *Journal of Autism and Developmental Disorders, 32*(5), 423-446.

Horner, R. H., Carr, E. G., Halle, J., McGee, G., Odom, S., & Wolery, M. (2005). The use of single-subject research to identify evidence-based practice in special education. *Exceptional Children, 71*(2), 165-179.

Horner, R. H., & Day, H. M. (1991). The effects of response efficiency on functionally equivalent competing behaviors. *Journal of Applied Behavior Analysis, 24*(4), 719-732.

Horne, P. J., & Lowe C. F. (1996). On the origins of naming and other symbolic behavior. *Jounal of the Experimental Analysis of Behavior 65*, 185-241.

Hughes, C., & Schwartz, I. S. (2012). Applied behavior analysis: Policy and practice dimensions. In S. L. Odom, R. H. Horner, M. E. Snell, & J. Blacher (Eds.), *Handbook of developmental disabilities*(pp. 381-403). Guilford Press.

Ingvarsson, E. T., & Le, D. D. (2011). Further evaluation of prompting tactics for establishing intraverbal responding in children with autism. *The Analysis of Verbal Behavior, 27*, 75-93.

Ivy, J. W., Meindl, J. N., Overley, E., & Robson, K. M. (2017). Token economy: A systematic review of procedural descriptions. *Behavior Modification, 41*(5), 708-737. https://doi.org/10.1177/0145445517691103

Iwata, B. A., Dorsey, M. F., Slifer, K. J., Bauman, K. E., & Richman, G. S. (1994). Toward a functional analysis of self-injury. *Journal of Applied Behavior Analysis, 27*(2), 197-209.

Iwata, B. A., DeLeon, I. G., & Roscoe, E. M. (2013). Reliability and validity of the functional analysis screening tool. *Journal of Applied Behavior Analysis, 46*(1), 271-284.

Johnston, J. M. (2010). *Strategies and tactics of behavioral research*(3rd ed.). Routledge.

Kahng, S., Iwata, B. A., & Lewin, A. B. (2002). Behavioral treatment of self-injury, 1964-2000. *American Journal on Mental Retardation, 107*(2), 212-221.

Kaminski, J. W., Valle, L. A., Filene, J. H., & Boyle, C. L. (2008). A meta-analytic review of components associated with parent training program effectiveness. *Journal of Abnormal Child Psychology, 36*(4), 567-589. https://doi.org/10.1007/s10802-007-9201-9

Kazdin, A. E. (1972). Response cost: The removal of conditioned reinforcers for therapeutic change. *Behavior Therapy, 3*, 533-546.

Kazdin, A. E. (1982). *Single-case research designs: Methods for clinical and applied settings*. Oxford University Press.

Kazdin, A. E. (2017). *Single-case research designs: Methods for clinical and applied settings*(3rd ed.). Oxford University Press.

Kazdin, A. E., & Polster, R. A. (1973). Intermittent reinforcement, response persistence, and schedules of reinforcement in behavior therapy. *Journal of Behavior Therapy and Experimental Psychiatry, 4*(2), 165-171.

Kelly, M. B. (2006). A review of academic permanent-product data-collection and reliability procedures in applied behavior analysis research. *Journal of Behavioral Education, 15*(1), 69-84.

Kelley, M. E., Lerman, D. C., & Van Camp, C. (2002). The effects of competing reinforcement schedules on the acquisition of functional communication. *Journal of Applied Behavior Analysis, 35*(1), 59-63.

Kern, L., & Clemens, N. H. (2007). Antecedent strategies to promote appropriate classroom behavior. *Psychology in the Schools, 44*(1), 65-75.

Kerr, M. M., & Nelson, C. M. (2010). *Strategies for addressing problem behavior in the classroom*(6th ed.). Pearson.

Kerr, M. M., & Nelson, C. M. (2016). *Strategies for addressing behavior problems in the classroom*(7th ed.). Pearson.

Koegel, L. K., Ashbaugh, K., Navab, A., & Koegel, R. L. (2016). Improving empathic communication skills in adults with autism spectrum disorder. *Journal of Autism and Developmental Disorders, 46*(3), 921-933.

Kornacki, L. T., Ringdahl, J. E., Sjostrom, K., & Nuernberger, J. (2013). A component analysis of a behavioral skills training package to teach conversation skills to young adults with autism and/or developmental disabilities. *Research in Developmental Disabilities, 34*(2), *451-461.* https://doi.org/10.1016/j.ridd.2012.11.006

Kotter, J. P., & Heskett, J. L. (1992). *Corporate culture and performance*. Free Press.

Krantz, P. J., & McClannahan, L. E. (1998). Social interaction skills for children with autism: A script-fading procedure for beginning readers. *Journal of Applied Behavior Analysis, 31*(2), 191-202. https://doi.org/10.1901/jaba.1998.31-191

Kratochwill, T. R., & Levin, J. R. (2010). *Single-case intervention research: Methodological and statistical advances*. American Psychological Association.

LaFrance, D. L., & Miguel, C. F. (2014). Teaching language to children with autism spectrum disorder. In J. Sturmey, D. R. Dixon, & J. L. Matson (Eds.), *Handbook of early intervention for autism spectrum disorders: Research, practice, and policy*(pp. 403-436). Springer.

Lalli, J. S., Livezey, K., & Kates, K. (1996). Functional analysis and treatment of eye poking with response blocking. *Journal of Applied Behavior Analysis, 29*(1), 129-132.

Lam, S. S., Chen, X. P., & Schaubroeck, J. (2002). Participative decision making and employee performance in different cultures: The moderating effects of allocentrism/idiocentrism and efficacy. *Academy of Management Journal, 45*(5), 905-914.

Lang, P. J. (1985). Cognition in emotion: Concept and action. In C. Izard & J. Kagan (Eds.), *Emotions, cognition, and behavior*(pp. 192-226). Cambridge University Press.

Laraway, S., Snycerski, S., Michael, J., & Poling, A. (2003). Motivating operations and terms to describe them: Some further refinements. *Journal of Applied Behavior Analysis, 36*(3), 407-414.

LeBlanc, L. A., Dillon, C. M., & Sautter, R. A. (2009). Establishing mand and tact repertoires. In R. A. Rehfeldt & Y. Barnes-Holmes (Eds.), *Derived relational responding: Applications for learners with autism and other developmental disabilities*(pp. 79-108). New Harbinger.

Ledford, J. R., & Gast, D. L. (2018). *Single case research methodology: Applications in special education and behavioral sciences(3rd ed.). Routledge.*

Ledford, J. R., Gast, D. L., Luscre, D., & Ayres, K. M. (2008). Observational and experimental analysis of errorless learning procedures. *Journal of Behavioral Education, 17*(3), 225-244.

Lee, Y. (2024). Technology-enhanced permanent product measurement in school-based ABA. *Korean Journal of Special Education Technology, 5*(1), 17-34.

LePine, J. A., & Van Dyne, L. (2001). Peer responses to low performers: An attributional model of helping in the context of groups. *Academy of Management Review, 26*(1), 67-84.

Lerman, D. C., & Iwata, B. A. (1996). Developing a technology for the use of operant extinction in clinical settings: An examination of basic and applied research. *Journal of Applied Behavior Analysis, 29*(3), 345-382.

Lerman, D. C., Iwata, B. A., & Wallace, M. D. (1999). Side effects of extinction: Prevalence of bursting and aggression during the treatment of self-injurious behavior. *Journal of Applied Behavior Analysis, 32*(1), 1-8.

Lerman, D. C., Vorndran, C. M., Addison, L. R., Kuhn, D. E., Dixon, M. R., & Kelley, M. E. (2015). Using behavioral skills training to teach adults with autism spectrum disorder to implement discrete-trial and incidental teaching procedures with young children with ASD. *Journal of Applied Behavior Analysis, 48(2), 316-328.* https://doi.org/10.1002/jaba.191

Lindberg, J. S., Iwata, B. A., Roscoe, E. M., Worsdell, A. S., & Hanley, G. P. (2003). Treatment efficacy of noncontingent reinforcement during brief and extended application. *Journal of Applied Behavior Analysis, 36*(1), 1-19.

Lindsley, O. R. (1972). *From Skinner to precision teaching: The child knows best. In J. B. Jordan & L. S. Robbins (Eds.), Let's try doing something else kind of thing: Behavioral principles and the exceptional child(pp. 1-11). Council for Exceptional Children.* sk.sagepub.com

Lovaas, O. I. (1987). Behavioral treatment and normal educational and intellectual functioning in young autistic children. *Journal of Consulting and Clinical Psychology, 55*(1), 3-9.

Lowenkron, B. (1996). A developmental account of joint control in the idiom of Horne & Lowe (1996). Retrieved August 1, 2010, from https://behavior.org/resources/

Lowenkron, B. (1997). The role of joint control in the development of naming. *Journal of the Experimental Analysis of Behavior, 68*(2), 244.

Lowenkron, B. (1998). Some logical functions of joint control. *Journal of the Experimental Analysis of Behavior, 69*(3), 327-354.

Lucyshyn, J. M., Horner, R. H., Dunlap, G., Albin, R. W., & Ben, K. (2015). Positive behavior support with families. In W. Sailor, G. Dunlap, G. Sugai, & R. H. Horner (Eds.), *Handbook of positive behavior support* (pp. 365-398). Springer. https://doi.org/10.1007/978-0-387-09632-2_15

Luitink, J., Vlaskamp, C., & van der Putten, A. (2023). Training direct support staff to implement evidence-based practices: A review of the effectiveness of behavioral skills training. *Research in Developmental Disabilities, 130, 104367.* https://doi.org/10.1016/j.ridd.2022.104367

Lutzker, J. R., & Sherman, J. A. (1974). Producing generative sentence usage by imitation and reinforcement procedures. *Journal of Applied Behavior Analysis, 7*(3), 447-460.

Luyben, P. D., Funk, D. C., Morgan, S. K., Clark, K. E., Delulio, S. A., & Hursh, S. R. (1986). The effects of least-to-most and most-to-least prompting on the acquisition of sight words by children with developmental disabilities. *Education and Treatment of Children, 9*(3), 215-228.

MacDuff, G. S., Krantz, P. J., & McClannahan, L. E. (1993). Teaching children with autism to use photographic activity schedules: Maintenance and generalization of complex response chains. *Journal of Applied Behavior Analysis, 26*(1), 89-97.

Majeika, C. E., Wilkinson, S., & Kumm, S. (2020). Supporting student behavior through behavioral contracting. *TEACHING Exceptional Children, 53*(2), 132-139. https://doi.org/10.1177/0040059920931896

Malott, R. W. (1993). The three-contingency model of performance management and support in higher education. *Educational Technology, 33,* 21-28.

Malott, R. W., Shimamune, S., & Malott, M. E. (1992). Rule-governed behavior and organizational behavior management: An analysis of interventions. *Journal of Organizational Behavior Management, 12*(2), 103-116.

Malott, M. E. (2003). *Paradox of organizational change: Engineering organizations with behavioral systems analysis.* Context Press.

Martin, G., & Pear, J. J. (2019). *Behavior modification: What it is and how to do it* (11th ed.). Routledge. https://doi.org/10.4324/9780429020599

Mayer, G. R., Sulzer-Azaroff, B., & Wallace, M. (2012). *Behavior analysis for lasting change*(3rd ed.). Sloan Publishing.

McDonnell, A. A. (2010). *Managing aggressive behaviour in care settings: Understanding and applying low arousal approaches.* John Wiley & Sons.

Michael, J. (1982). Distinguishing between discriminative and motivational functions of stimuli. *Journal of the Experimental Analysis of Behavior, 37*(1), 149-155.

Michael, J. (1993). *Establishing operations. The Behavior Analyst, 16*(2), 191-206.

Miguel, C. F. (2016). Common and intraverbal bidirectional naming. *The Analysis of Verbal Behavior, 32*, 125-138.

Miguel, C. F., Carr, J. E., & Michael, J. (2002). The effects of a stimulus-stimulus pairing procedure on the vocal behavior of children diagnosed with autism. *The Analysis of Verbal Behavior, 18*, 3-13.

Miguel, C. F., Petursdottir, A. I., & Carr, J. E. (2005). The effects of multiple-tact and receptive discrimination training on the acquisition of intraverbal behavior. *The Analysis of Verbal Behavior, 21*, 27-41.

Miguel, C. F., Petursdottir, A. I., Carr, J. E., & Michael, J. (2008). The role of naming in stimulus categorization by preschool children. *Journal of the Experimental Analysis of Behavior, 89*(3), 383-405.

Miles, N. I., & Wilder, D. A. (2009). The effects of behavioral skills training on caregiver implementation of guided compliance. *Journal of Applied Behavior Analysis, 42*(2), *405-410.* https://doi.org/10.1901/jaba.2009.42-405

Miltenberger, R. G. (2007). *Behavior Modification: Principles and Procedures* (4th ed.). Thomson Wadsworth.

Miltenberger, R. G. (2008). Behavioral contracts. In R. G. Miltenberger (Ed.), *Behavior modification: Principles and procedures* (pp. 521-536). Wadsworth Publishing.

Miltenberger, R. G. (2012). *Behavior modification: Principles and procedures*(5th ed.). Cengage Learning.

Miltenberger, R. G. (2018). *Behavior modification: Principles and procedures*(6th ed.). Cengage Learning.

Miltenberger, R. G. (2023). *Behavior modification: Principles and procedures*(8th ed.). Cengage Learning.

Morris, R., Smith, J., & Lee, A. (2015). The effects of applied behavior analysis interventions on attention and self-regulation skills in children with ADHD. *Journal of Behavioral Interventions, 20*(3), 123-135.

Mueller, M. M., Palkovic, C. M., & Maynard, C. S. (2007). Errorless learning: Review and practical applications for teaching children with autism spectrum disorders. *Psychology in the Schools, 44*(7), 691-700.

Murphy, K. A., Theodore, L. A., Aloiso, D., Alric-Edwards, J. M., & Hughes, T. L. (2007). Interdependent group contingency and mystery motivators to reduce preschool disruptive behavior. *Psychology in the Schools, 44*(1), 53-63. https://doi.org/10.1002/pits.20204

Myles, B. S., Moran, M. R., Ormsbee, C. K., & Downing, J. A. (1992). Guidelines for establishing and maintaining token economies. *Intervention in School and Clinic, 27*(3), 164-168. https://doi.org/10.1177/105345129202700310

National Autism Center. (2015). *National standards project, phase 2.* Author. National Autism Center. (2025). *Profound Autism: A Parent's Guide.* Author.

Neely, L. C., Rispoli, M., Gerow, S., Ninci, J., Boles, M., & Hedrick, T. (2021). Effects of telehealth-mediated behavioral assessments and interventions on client outcomes: A quality review. *Behavior Analysis in Practice, 14*(2), 492-507. https://doi.org/10.1007/s40617-020-00552-4

Normand, M., Bucklin, B., & Austin, J. (1999). The discussion of behavioral principles in JOBM. *Journal of Organizational Behavior Management, 19*(3), 45-56.

Northup, J., Wacker, D., Sasso, G., Steege, M., Cigrand, K., Cook, J., & DeRaad, A. (1991). A brief functional analysis of aggressive and alternative behavior in an outpatient clinic setting. *Journal of Applied Behavior Analysis, 24*(3), 509-522.

OBM Network. (n.d.). *What is OBM?* Retrieved June 8, 2025, from https://www.obmnetwork.com/page/WhatisOBM

O'Leary, K. D., & O'Leary, S. G. (1977). Teaching parents to discipline: Effect of a warning and praise procedure. *Behavior Therapy, 8*, 217-222.

O'Neill, R. E., Horner, R. H., Albin, R. W., Sprague, J. R., Storey, K., & Newton, J. S. (1997). *Functional assessment and program development for problem behavior: A practical handbook*(2nd ed.). Brooks/Cole Publishing Company.

O'Neill, R. E., Albin, R. W., Storey, K., Sprague, J. R., & Horner, R. H. (2015). *Functional assessment and program development for problem behavior*(3rd ed.). Brooks.

Ottenbacher, K. J. (1990). *Single-subject research in behavioral sciences.* Academic Press.

Paclawskyj, T. R., Matson, J. L., Rush, K. S., Smalls, Y., & Vollmer, T. R. (2001). Questions About Behavioral Function (QABF): A behavioral checklist for functional assessment of aberrant behavior. *Research in Developmental Disabilities, 22*(4), 341-352.

Parker, R. I., Vannest, K. J., & Davis, J. L. (2011). Effect size in single-case research: A review of nine nonoverlap techniques. *Behavior Modification, 35*(4), *303-322.*

Parsons, M. B., Rollyson, J. H., & Reid, D. H. (2012). *Evidence-based staff training: A guide for practitioners. Behavior Analysis in Practice, 5*(2), *2-11.* https://doi.org/10.1007/BF03391710

Partington, J. W. (2010). *The assessment of basic language and learning skills-Revised (ABLLS-R): Scoring instructions and IEP development guide.* Behavior Analysts, Inc.

Pavlov, I. P. (1927). *Conditioned reflexes.* Oxford University Press.

Pelaez, M., & Moreno, R. (1998). A taxonomy of rules and their correspondence to rule-governed behavior. *Mexican Journal of Behavior Analysis, 24*(2), 197-214.

Peltier, W., Newell, K. L., Linton, E., Holmes, S. C., & Donaldson, J. M. (2023). Effects of and preference for student-and teacher-implemented good behavior game in early elementary classes. *Journal of Applied Behavior Analysis, 56*(1), 216-230. https://doi.org/10.1002/jaba.965

Penney, A. M., Bateman, K. J., Veverka, Y., Luna, A., & Schwartz, I. S. (2023). Compassion: The eighth dimension of applied behavior analysis. *Behavior Analysis in Practice, 16*(2), 506-518. https://doi.org/10.1007/s40617-023-00888-9

Peterson, N. (1978). *An introduction to verbal behavior*. Behavior Associates, Inc.

Pfiffner, L. J., & O'Leary, K. D. (1987). The efficacy of an all-positive approach to classroom management. *Journal of Applied Behavior Analysis, 20*(3), 255-261.

Piazza, C. C., Fisher, W. W., Hagopian, L. P., Bowman, L. G., & Toole, L. (1996). Functional analysis of problem behavior: A review. *Journal of Applied Behavior Analysis, 29*(2), 197-204.

Piazza, C. C., Patel, M. R., Gulotta, C. S., Sevin, B. M., & Layer, S. A. (2003). On the relative contributions of positive reinforcement and escape extinction in the treatment of food refusal. *Journal of Applied Behavior Analysis, 36*(3), 309-324.

Picard, C., Razon, N., & Reynaud, C. (2023). Scenario-based ethics training improves decision-making in healthcare and education contexts. *Ethics & Behavior*. https://www.ncbi.nlm.nih.gov/pmc/articles/PMC10050523/

Purwanto, A., Purba, J. T., Bernarto, I., & Sijabat, R. (2021). The role of transformational leadership, organizational citizenship behaviour, innovative work behaviour, quality work life, digital transformation and leader member exchange on universities performance. *Linguistica Antverpiensia, 2021*(2), 2908-2932.

Qualified Applied Behavior Analysis Credentialing Board. (2024). *QABA ethical code of conduct*. QABA.

Quinn, R. E., & Rohrbaugh, J. (1983). A spatial model of effectiveness criteria: Towards a competing values approach to organisational analysis. *Management Science, 29*(3), 363-377.

Rahman, F., Karim, Md. R., Rahman, Md. M., Patwary, S. J., & Rahman, M. S. (2022). Machine learning-based ABA treatment recommendation and personalization for autism spectrum disorder: an exploratory study. *Brain Informatics, 9, Article 16*. https://doi.org/10.1186/s40708-022-00164-6

Reid, D. H., Parsons, M. B., Phillips, J. F., & Green, C. W. (1993). Reduction of self-injurious hand mouthing using response blocking. *Journal of Applied Behavior*

Analysis, 26(1), 139-140.

Reid, D. H., Parsons, M. B., & Green, C. W. (2003). *The supervisor's guidebook: Evidence-based strategies for promoting work quality and enjoyment among human service staff.* Morganton, NC: Habilitative Management Consultants.

Richman, D. M., Wacker, D. P., Asmus, J. M., Casey, S. D., & Andelman, M. S. (1999). Further analysis of problem behavior in children with developmental disabilities: The role of setting events. *Journal of Applied Behavior Analysis, 32*(3), 371-384.

Romani, P. W., & Schieltz, K. M. (2017). Ethical considerations when delivering behavior analytic services for problem behavior via telehealth. *Behavior Analysis: Research and Practice, 17*(4), 312-324.

Rummler, G. A., & Brache, A. P. (1995). *Improving performance: How to manage the white space on the organization chart.* Jossey-Bass.

Sarokoff, R. A., & Sturmey, P. (2004). The effects of behavioral skills training on staff implementation of discrete-trial teaching. *Journal of Applied Behavior Analysis, 37*(4), 535-538. https://doi.org/10.1901/jaba.2004.37-535

Schein, E. H. (1983). Organizational culture: A dynamic model. *Working paper*. MIT Sloan School of Management.

Schein, E. H. (1985). Defining organizational culture. In J. M. Shafritz & J. S. Ott (Eds.), *Classics of organization theory*(3rd ed., pp. 490-502). Brooks/Cole.

Schein, E. H. (1992). *Organizational culture and leadership*(2nd ed.). Jossey-Bass.

Schein, E. H., & Schein, P. A. (2017). *Organizational culture and leadership*(5th ed.). Wiley.

Skinner, B. F. (n.d.). *A brief survey of operant behavior.* The B.F. Skinner Foundation. Retrieved January 26, 2012, from http://www.bfskinner.org/BFSkinner/SurveyOperantBehavior.html

Schreibman, L. (1975). Effects of within-stimulus and extra-stimulus prompting on discrimination learning in autistic children. *Journal of Applied Behavior Analysis, 8*(1), 91- 112.

Schroeder, S. R., & Baer, D. M. (1972). Social reinforcement for operant crying in an infant. *Journal of Applied Behavior Analysis, 5*(4), 529-533.

Scruggs, T. E., & Mastropieri, M. A. (1998). Summarizing single-subject research: Issues and applications. *Behavior Modification, 22*(3), 221-242.

Seaver, J. L., & Bourret, J. C. (2014). An evaluation of response prompts for teaching behavior chains. *Journal of Applied Behavior Analysis, 47*(4), 777-792. https://doi.org/10.1002/jaba.163

Seaver, J. L., & Bourret, J. C. (2014). Teaching daily living skills to children with autism using forward chaining and backward chaining. *Behavioral Interventions, 29*(2), 120-137.

Seiverling, L., Williams, K. E., Sturmey, P., & Hart, S. (2012). *Effects of behavioral skills training on parental treatment of children's food selectivity. Journal of Applied Behavior Analysis, 45*(1), 197-203. https://doi.org/10.1901/jaba.2012.45-197 pubmed.ncbi.nlm.nih.gov

Sellers, T. P., Valentino, A. L., & LeBlanc, L. A. (2016). Recommended components of effective and ethical behavior-analytic supervision. *Behavior Analysis in Practice, 9*(4), 274-286. https://doi.org/10.1007/s40617-016-0144-x

Shonkoff, J. P., & Phillips, D. A.(Eds.). (2000). *From neurons to neighborhoods: The science of early childhood development*. National Academy Press.

Sidman, M. (1960). *Tactics of scientific research: Evaluating experimental data in psychology*. Basic Books.

Sidman, M. (1971). Reading and auditory-visual equivalences. *Journal of Speech and Hearing Research, 14*(1), 5-13.

Sidman, M. (1986). Functional analysis of emergent verbal classes. In T. Thompson & M. D. Zeiler (Eds.), *Analysis and integration of behavioral units*(pp. 213-245). Erlbaum.

Sidman, M. (1994). *Equivalence relations and behavior: A research story*. Authors Cooperative.

Sidman, M. (2000). Equivalence relations and the reinforcement contingency. *Journal of the Experimental Analysis of Behavior, 74*, 127-146. https://doi.org/10.1901/jeab.2000.74-127

Sidman, M., & Tailby, W. (1982). Conditional discrimination vs. matching to sample: An expansion of the testing paradigm. *Journal of the Experimental Analysis of Behavior, 37*(1), 5-22.

Sidman, M., Kirk, B., & Willson-Morris, M. (1985). Six-member stimulus classes generated by conditional-discrimination procedures. *Journal of the Experimental Analysis of Behavior, 43*, 21-42. https://doi.org/10.1901/jeab.1985.43-21

Skinner, B. F. (1938). *The behavior of organisms: An experimental analysis*. Appleton-Century-Crofts.

Skinner, B. F. (1953). *Science and human behavior*. Macmillan.

Skinner, B. F. (1957). *Verbal behavior*. Appleton-Century-Crofts.

Skinner, B. F. (1969). *Contingencies of reinforcement: A theoretical analysis*. Appleton-Century-Crofts.

Slocum, T. A., Detrich, R., Wilczynski, S. M., Spencer, T. D., Lewis, T. J., & Wolfe, K. (2014).

The evidence-based practice of applied behavior analysis. *The Behavior Analyst, 37*(1), 41-56. https://doi.org/10.1007/s40614-014-0005-2

Stewart, I., Barnes-Holmes, D., Barnes-Holmes, Y., Bond, F. W., & Hayes, S. C. (2006). Relational frame theory and industrial/organizational psychology. *Journal of Organizational Behavior Management, 26*(1/2), 55-90.

Stewart, I., McElwee, J., & Ming, S. (2013). Language generativity, response generalization, and derived relational responding. *The Analysis of Verbal Behavior, 29*, 137-155.

Stokes, T. F., & Baer, D. M. (1977). An implicit technology of generalization. *Journal of Applied Behavior Analysis, 10*(2), 349-367.

Striefel, S. (1974). Teaching imitation. *Journal of Applied Behavior Analysis, 7*(4), 619-636. https://doi.org/10.1901/jaba.1974.7-619

Sugai, G., Lewis-Palmer, T., & Horner, R. H. (2005). Function-based intervention planning: Comparing the effectiveness of FBA function-based and non-function-based intervention plans. *Behavioral Disorders, 30*(3), 233-246.

Sugai, G., & Simonsen, B. (2012). *Positive Behavioral Interventions and Supports and Student Behavior.*

Sullivan, A. L., & Bogin, J. L. (2010). Strategies for teaching students with behavioral problems. *Intervention in School and Clinic, 45*(4), 276-282.

Sundberg, M. L. (2008). *VB-MAPP: Verbal Behavior Milestones Assessment and Placement Program: A language and social skills assessment program for children with autism or other developmental disabilities: Guide.* AVB Press.

Sundberg, M. (2014). *The verbal milestones assessment and placement program: The VB-MAPP*. AVB Press.

Sundberg, M. L., & Michael, J. (2001). The benefits of Skinner's analysis of verbal behavior for children with autism. *Behavior Modification, 25*(5), 698-724.

Sundberg, M. L., & Partington, J. W. (1998). *Teaching language to children with autism and other developmental disabilities.* Behavior Analysts, Inc.

Sutherland, K. S., Wehby, J. H., & Copeland, S. R. (2000). The influence of teacher praise on student engagement and disruptive behavior. *Journal of Applied Behavior Analysis, 33*(2), 161-178.

Tarasiuk, H., & Weiss, P. L. (2021). Using video social praise as reinforcement in students with intellectual disabilities: A pilot study. *Journal of Intellectual Disability Research, 65*(7), 601-613.

Tawney, J. W., & Gast, D. L. (1984). *Single subject research in special education.* Merrill/Charles E. Merrill Publishing Company.

Taylor, B. A., & DeQuinzio, J. A. (2012). Observational learning and children with autism. *Behavior Analysis in Practice, 5*(2), 31-43. https://doi.org/10.1007/BF03391824

Taylor, J. A., Frye, M. A., & Gharabaghi, B. (2017). Effectiveness of video-based reinforcement in increasing task engagement for students with intellectual disabilities. *Journal of Developmental and Physical Disabilities, 29*(5), 837-852.

Tiger, J. H., Hanley, G. P., & Bruzek, J. (2008). Functional communication training: A review and practical guide. *Behavior Analysis in Practice, 1*(1), 16-23.

Touchette, P. E. (1971). Transfer of stimulus control: Measuring the moment of transfer. *Journal of the Experimental Analysis of Behavior, 15*(3), 347-354.

Umbreit, J., Ferro, J., Liaupsin, C., & Lane, K. L. (2007). *Functional behavioral assessment and function-based intervention: An effective, practical approach.* Pearson.

U.S. Department of Health and Human Services. (2013). *Summary of the HIPAA Security Rule.*

Wacker, D. P., Harding, J. W., Berg, W. K., Lee, J. F., Dolezal, D., & Padilla, Y. C. (1997). Evaluation of long-term effects of functional communication training. *Journal of Applied Behavior Analysis, 30*(2), 219-237.

Wacker, D. P., Lee, J. F., Dalmau, Y. C. P., Kopelman, T. G., Lindgren, S. D., Kuhle, J., Pelzel, K. E., Dyson, S., Schieltz, K. M., & Waldron, D. B. (2013). Conducting functional communication training via telehealth to reduce the problem behavior of young children with autism. *Journal of Developmental and Physical Disabilities, 25*(1), 35-48.

Walker, H. M. (1983). *The ACCESS program: Adolescent curriculum for communication, education, and social skills.* PRO-ED.

Walker, H. M. (1983). Applications of response cost in school settings: Outcomes, issues and recommendations. *Exceptional Education Quarterly, 3*(4), 47-55.

Walker, H. M., & Buckley, N. K. (1968). The identification and measurement of reinforcing stimuli in the classroom. *Journal of Applied Behavior Analysis, 1*(3), 289-296.

Walker, H. M., & Buckley, N. K. (1972). The use of verbal reprimands and contingent praise in the modification of classroom behaviors. *Journal of Applied Behavior Analysis, 5*(4), 531-536.

Watson, J. B. (1913). Psychology as the behaviorist views it. *Psychological Review, 20*(2), 158-177. https://doi.org/10.1037/h0074428

Watson, J. B. (1930). *Behaviorism*(Rev. ed.). University of Chicago Press.

Watson, J. B., & Rayner, R. (1920). Conditioned emotional reactions. *Journal of Experimental Psychology, 3*(1), 1-14.

Wei, L. T., & Yazdanifard, R. (2014). The impact of positive reinforcement on employees' performance in organizations. *International Journal of Academic Research in Business and Social Sciences, 4*(3), 9-12.

Wolf, M. M. (1978). Social validity: The case for subjective measurement or how applied behavior analysis is finding its heart. *Journal of Applied Behavior Analysis, 11*(2), 203-214. https://doi.org/10.1901/jaba.1978.11-203

Worsdell, A. S., Iwata, B. A., Hanley, G. P., Thompson, R. H., & Kahng, S. W. (2000). Effects of continuous and intermittent reinforcement for problem behavior during functional communication training. *Journal of Applied Behavior Analysis, 33*(2), 167-179.

Zirpoli, T. J. (2017). *Behavior management: Applications for teachers*(7th ed.). Pearson.

찾아보기

ㅇ

ㅈ

ㅊ

• 저자 소개

이성봉(Lee Sungbong)

단국대학교 특수교육학 박사

현 백석대학교 교육대학원 대우교수

이영지(Lee Youngzie)

뉴질랜드 오클랜드대학교 교육학 박사

현 백석대학교 특수교육과 교수

조성하(Cho Sungha)

일본 츠쿠바대학교 장애과학 박사

현 백석대학교 특수교육과 교수

홍이레(Hong EeRea)

미국 텍사스 A&M대학교 특수교육학 박사

현 백석대학교 특수교육과 교수

응용행동분석의 이해

Understanding Applied Behavioral Analysis

2025년 11월 25일 1판 1쇄 인쇄
2025년 11월 30일 1판 1쇄 발행

지은이 • 이성봉 · 이영지 · 조성하 · 홍이레
펴낸이 • 김진환
펴낸곳 • (주) 학지사

04031 서울특별시 마포구 양화로 15길 20 마인드월드빌딩
대표전화 • 02)330-5114 팩스 • 02)324-2345
등록번호 • 제313-2006-000265호

홈페이지 • http://www.hakjisa.co.kr
인스타그램 • https://www.instagram.com/hakjisabook

ISBN 978-89-997-3542-4 93370

정가 27,000원

저자와의 협약으로 인지는 생략합니다.
파본은 구입처에서 교환해 드립니다.